Daniel Kehlmann und die Gegenwartsliteratur

**Gegenwartsliteratur – Autoren und Debatten**

# Daniel Kehlmann und die Gegenwartsliteratur

Dialogische Poetik, Werkpolitik und Populäres Schreiben

Herausgegeben von
Fabian Lampart, Michael Navratil, Iuditha Balint,
Natalie Moser und Anna-Marie Humbert

DE GRUYTER

ISBN 978-3-11-064513-2
e-ISBN (PDF) 978-3-11-064748-8
e-ISBN (EPUB) 978-3-11-064525-5
ISSN 2567-1219

**Library of Congress Control Number: 2020939873**

**Bibliografische Information der Deutschen Nationalbibliothek**
Die Deutsche Nationalbibliothek verzeichnet diese Publikation in der Deutschen Nationalbibliografie; detaillierte bibliografische Daten sind im Internet über http://dnb.dnb.de abrufbar.


Umschlagfoto: Peter Rigaud c/o Shotview Syndication
Satz: Integra Software Services Pvt. Ltd.
Druck und Bindung: CPI books GmbH, Leck

www.degruyter.com

# Inhaltsverzeichnis

Iuditha Balint, Fabian Lampart, Anna-Marie Humbert, Natalie Moser, Michael Navratil

# Daniel Kehlmann und die Gegenwartsliteratur: Dialogische Poetik, Werkpolitik und Populäres Schreiben

Daniel Kehlmann ist als Autor ebenso populär wie umstritten. Im literarischen Leben ist Kehlmann eine Stimme, die mit differenzierten Interventionen, gelegentlich auch mit erkennbarer Lust an der Provokation auf sich aufmerksam macht. Seine Romane – etwa *Die Vermessung der Welt* (2005), *Ruhm* (2009) oder *Tyll* (2017) – werden zu Bestsellern, erfahren vonseiten des Feuilletons jedoch höchst widersprüchliche Reaktionen, die zwischen frenetischer Zustimmung und harschem Tadel oszillieren. Bereits seit längerer Zeit ist Kehlmanns Werk auch Gegenstand literaturwissenschaftlicher Forschung und gibt hier immer wieder Anlass zu kontroversen Diskussionen: Während Teile der Forschung die komplexen Erzählarrangements und den intertextuellen Anspielungsreichtum von Kehlmanns Texten herausstellen, finden sich auch Stimmen, die gegen den (vermeintlichen) Konservatismus von Kehlmanns Ästhetik und das (Vermarktungs-)Kalkül bei der öffentlichen Präsentation seines Werks kritisch Stellung beziehen. Offenbar lösen Kehlmann und sein Werk starke Affekte und ein ausgeprägtes Wertungsbedürfnis aus, und zwar sowohl auf der Seite seiner Befürworter*innen als auch auf derjenigen seiner Kritiker*innen. Ein Grund hierfür – wenn auch gewiss nicht der einzige – ist zweifellos die für einen deutschsprachigen Autor ungewöhnliche, auch internationale Popularität Kehlmanns. Der immense kommerzielle Erfolg seiner Bücher sowie seine ausgeprägte öffentliche Präsenz machen es geradezu unmöglich, im literarischen Feld der Gegenwart an Daniel Kehlmann vorbeizukommen. Kehlmann kennt man – eine Behauptung, die man mit ähnlich großer suggestiver Plausibilität wohl für kaum eine*n andere*n deutschsprachige*n Autor*in derselben Generation aufstellen könnte.

Anspielungsreichtum, Werkpräsentation, Popularität und Wertung: Damit sind einige der Leitmotive der nachfolgenden Forschungsdiskussion benannt. Ausgehend von den beschriebenen kursorischen Beobachtungen wird im vorliegenden Band der Versuch unternommen, einen möglichst facettenreichen Blick auf den Autor Daniel Kehlmann und sein Werk zu eröffnen. Dabei soll es erstens darum gehen, Kehlmanns Poetik zu rekonstruieren. Ein besonderer Fokus liegt hierbei auf den vielfältigen intertextuellen und intermedialen Bezügen, die Kehlmanns Werk in so auffälliger Weise auszeichnen. Zweitens wird die Werkpolitik in den Blick genommen, das heißt, Autor, Werk und ihre Wahrnehmung seitens

https://doi.org/10.1515/9783110647488-001

der Literaturkritik und Literaturwissenschaft werden mit Steffen Martus als „Textumgangsformen“ verstanden, „die von einem mehr oder weniger emphatischen Werkkonzept ausgehen“.[1] Dabei rückt ein spezifischer Ausschnitt literarischer Kommunikation ins Zentrum der Aufmerksamkeit, der sich dadurch auszeichnet, dass „Werke u. a. im Blick auf ihre Kritik geschrieben werden und daß diese Kritik selbst wiederum unter Bedingungen Kritik höherer Stufe steht“.[2] Drittens schließlich werden der Autor Kehlmann und sein Werk im Zusammenhang mit spezifischen Diskursen oder auch Diskursreflexen der Gegenwartsliteratur(-wissenschaft) diskutiert, insbesondere des vermeintlichen Spannungsverhältnisses zwischen sogenannter ernster und unterhaltender Literatur. Wir, die Herausgeber*innen des Bandes, sind dabei der Ansicht, dass die Unterscheidung zwischen ‚unterhaltender‘ und ‚ernster‘ Literatur oder gar das unterstellte Ausschlussverhältnis zwischen beiden hinsichtlich ihres analytischen Mehrwerts zumindest fragwürdig sind und im Einzelfall stets der kritischen Prüfung bedürfen.

Die in diesem Band versammelten Beiträge sollen Anlass zur weiteren Differenzierung der Diskussion um den Autor Kehlmann, sein Werk und seine Stellung innerhalb der deutschsprachigen Gegenwartsliteratur geben. Die Aufsätze richten sich dabei an den folgenden drei Kategorien aus: Dialogische Poetik, Werkpolitik und Populäres Schreiben. Die genannten Kategorien scheinen uns in besonderer Weise geeignet, die Spezifik von Kehlmanns Poetik und der Rezeption seines Werks anzuzeigen. Zugleich bezeichnen sie Konzepte, die nicht nur für den Autor Kehlmann und sein Werk von Bedeutung sind, sondern denen in der Gegenwartsliteratur generell gesteigerte Bedeutung zukommt. Entsprechend kann eine Diskussion von Kehlmanns Œuvre entlang der Kategorien Dialogische Poetik, Werkpolitik und Populäres Schreiben möglicherweise auch dazu beitragen, Perspektiven auf übergreifende ästhetische Trends, institutionelle Praktiken und Evaluationsformen des gegenwärtigen literarischen Felds der Gegenwart zu eröffnen. Nicht zuletzt sind die genannten Kategorien als Vorschläge zu verstehen, um für die durchaus rege, bisher jedoch wenig systematisch arbeitende Kehlmann-Forschung Leitkonzepte zur Verfügung zu stellen, die sich für weitere Diskussionen als anschlussfähig erweisen mögen.[3]

---

1 Steffen Martus: Werkpolitik. Zur Literaturgeschichte kritischer Kommunikation vom 17. bis ins 20. Jahrhundert mit Studien zu Klopstock, Tieck, Goethe und George. Berlin 2007, S. 12.

2 Martus: S. 5.

3 Mittlerweile liegt eine stattliche Anzahl von Aufsätzen zum Werk Daniel Kehlmanns vor. Einen Überblick über die einzelnen Beiträge bietet Irene Zanol: Bibliografie Daniel Kehlmann. Bielefeld 2018. Die bisher erschienenen Sammelbände nehmen Kehlmanns Werk in seiner gesamten Breite in den Blick, weisen also keinen thematischen Schwerpunkt auf. Vgl. Text + Kritik 177 (2008) [= Themenheft Daniel Kehlmann]; Jan Standke (Hg.): Gebrochene Wirklichkeit. Daniel

# 1 Dialogische Poetik

Kehlmanns Texte stehen in intensiver Beziehung zu unterschiedlichen literarischen, medialen und wissensgeschichtlichen Traditionen. Mit dem Konzept ‚Dialogische Poetik' sollen Verbindungslinien zu den Texten anderer Autor*innen, zu verschiedenen Genres und zu anderen medialen und ästhetischen Traditionen herausgearbeitet und interpretatorisch fruchtbar gemacht werden. Intertextuelle Verbindungslinien lassen sich bei Kehlmann vor allem zu den Literaturen dreier Sprachbereiche ziehen: Erstens finden sich zahlreiche Anknüpfungen an die deutschsprachige literarische Tradition, etwa in Form der Variation prominenter Prätexte, durch die Einbettung literarhistorischer Galionsfiguren in Kehlmanns Werke sowie durch eine kritische Auseinandersetzung insbesondere mit der deutschen Nachkriegsliteratur in Essays und Poetikvorlesungen. Zweitens rekurriert Kehlmanns vieldiskutierter ‚gebrochener Realismus' erklärtermaßen auf den *realismo mágico* der südamerikanischen Literatur, also etwa auf Autoren wie Jorge Luis Borges, Gabriel García Márquez und Mario Vargas Llosa. Eine dritte, bisher wenig beachtete Inspirationsquelle für Kehlmanns Werk bildet die angloamerikanische Literatur, wobei Vladimir Nabokovs russisch-amerikanischer Synthese eine Sonderrolle zukommt. Unter den zeitgenössischen Autor*innen wären Salman Rushdie, Jonathan Franzen, Ian McEwan oder Zadie Smith zu nennen.

Darüber hinaus bezieht sich Kehlmanns Schreiben in hohem Maße auf nicht-literarische Wissens- und Diskursbereiche: Zu denken wäre hier an andere Kunstformen wie Malerei und Film, aber auch an vielfältige Verweise auf die Naturwissenschaften, die Philosophie und die Theologie. Nicht zu vergessen ist schließlich Kehlmanns Verhältnis zu den für Literatur zuständigen Wissenschaften, insbesondere zur Germanistik.

Über diese werkspezifisch wie werksystematisch relevanten Bezüge hinaus lassen sich unter dem Schlagwort ‚Dialogische Poetik' auch jene Impulse in den Blick nehmen, die sich mit der Rezeption von Autor und Werk befassen. Zu diskutieren

Kehlmanns Romane und Erzählungen im Deutschunterricht. Baltmannsweiler 2016; Gegenwartsliteratur. Ein germanistisches Jahrbuch 16 (2017). Schwerpunkt: Daniel Kehlmann. Mit Kehlmanns Gesamtwerk bis einschließlich dem Roman *F* befasst sich die Monografie von Markus Gasser: Das Königreich im Meer. Daniel Kehlmanns Geheimnis. Reinbek bei Hamburg 2013. Joachim Rickes hat zwei Monografien zu Spezialthemen von Kehlmanns Werk vorgelegt. Vgl. Joachim Rickes: Die Metamorphosen des ‚Teufels' bei Daniel Kehlmann. „Sagen Sie Karl Ludwig zu mir". Würzburg 2010; Daniel Kehlmann und die lateinamerikanische Literatur. Würzburg 2012. Die bisher einzige Dissertation zum Werk Kehlmanns stammt von Juliane Tranacher: Geniekonzepte bei Daniel Kehlmann. Würzburg 2018. Die Potsdamer Veranstaltung, auf welche der Großteil der in diesem Band versammelten Aufsätze zurückgeht, bildete die erste größere wissenschaftliche Tagung zum Werk Daniel Kehlmanns.

wären etwa Bühnenadaptionen und Verfilmungen von Kehlmanns Texten oder aber die Transformation Kehlmanns in eine (literarische) Figur in den Texten anderer Autor*innen, etwa in Wolfgang Herrndorfs *Arbeit und Struktur* und in Thomas Glavinic' *Das bin doch ich.*

## 2 Werkpolitik

„Schreiben unter Bedingungen der Kritik"[4]– mit dieser Formel lässt sich das Konzept der Werkpolitik in aller Kürze umschreiben. Fokussiert werden damit Steuerungsversuche der Werkrezeption in Öffentlichkeit, Literaturbetrieb und Wissenschaft sowie Bemühungen, als öffentlicher Intellektueller mit gesellschaftlich relevanten Meinungen wahrgenommen zu werden. Mit Blick auf Kehlmann lassen sich in diesem Zusammenhang folgende Fragen stellen: Welche Kohärenz- und Differenzlinien finden sich in seinem Werk und wie werden diese gegebenenfalls paratextuell, in Interviews, Poetikvorlesungen und Essays, markiert? Wie und mit welchen Mitteln positioniert Kehlmann sich und sein Werk im literarischen Feld der Gegenwart? Welche Funktion kommt den Netzwerken, Produktions- und Werkästhetiken der Verlage zu, in denen Kehlmanns Werke publiziert wurden oder werden?

Unter Werkpolitik kann aber auch Politik in einem engeren Sinne verstanden werden, sofern sie mit dem Werk einer Autorin oder eines Autors zusammenhängt. Gerade in neuerer Zeit nimmt der Autor Kehlmann verstärkt die Rolle des *public intellectual* wahr. In Leitartikeln, Interviews und im Rahmen öffentlicher Kulturveranstaltungen kommentiert er die künstlerischen, in zunehmendem Maße aber auch die politischen Entwicklungen der Gegenwart. In diesen Kontext gehören Kehlmanns öffentliche Positionierungen zur sogenannten Flüchtlingskrise, zu Neo-Nazismus und zur Präsidentschaftswahl Donald Trumps, aber auch die zunehmende Politisierung in Kehlmanns neuerer literarischer Produktion, insbesondere in seinen Dramen.

## 3 Populäres Schreiben

Eine der am stärksten ventilierten Thesen der Kehlmann-Forschung lautet, das Werk des Autors zeichne sich durch eine ‚doppelte Optik' aus, ermögliche also

4 Martus: S. 5.

eine Rezeption im Register der sogenannten E- ebenso wie der U-Kultur.[5] Das Label ‚Kehlmann' bietet einerseits hochliterarische Traditionsbezüge und komplexe, mitunter sogar kalkuliert paradoxe Erzählarrangements, die nicht zuletzt durch den Autor selbst in Poetikvorlesungen, Werkstattgesprächen und Interviews herausgestellt werden. Spätestens mit *Die Vermessung der Welt* – einem Roman, von dem weltweit über sechs Millionen Exemplare verkauft wurden – avancierte Kehlmann aber auch zu einem Bestsellerautor, dessen Werk ein überaus breites Publikum erreicht. Die Popularität von Kehlmanns Schreiben bildet seither selbst einen entscheidenden Faktor der Rezeption, was wiederum die Produktions- und Rezeptionsbedingungen des Autors modifiziert und damit nicht unwesentlich zur Perpetuierung seines Erfolgs beiträgt.

Mit dem Begriff ‚Populäres Schreiben' soll auf das eigentümliche Spannungsverhältnis zwischen einer vermeintlichen Unterhaltungsliteratur und einer Literatur für gut informierte, wenn nicht gar literaturwissenschaftlich vorgebildete Leser*innen hingewiesen werden, welches die zum Teil disparate Rezeption Kehlmanns bestimmt. So wurde – um zwei Extrembeispiele zu nennen – Kehlmanns Werken einerseits unterstellt, es handele sich dabei um „reine Germanisten- und Kritikerprosa", in der ein gekonntes, aber forciertes Spiel mit komplexen Erzählverfahren betrieben werde, das die literaturwissenschaftliche Beschäftigung mit diesen Werken geradezu herausfordere, dabei aber den „Normalleser auf der Strecke" lasse.[6] Andererseits hat Moritz Baßler den Texten Kehlmanns entgegengehalten, es handelte sich hierbei um eine Spielart des ‚Populären Realismus', um vermarktungsorientierte Prosa also, welche die Gefälligkeit des eigenen Erzählverfahrens durch gewichtige Sujets und den Einsatz wohlfeiler formaler Kniffe zu bemänteln suche.[7] Während der kommerzielle Erfolg des Autors schlicht nicht zu leugnen ist, deckt die Einschätzung seiner literarischen Werke in Feuilleton und Wissenschaft also ein breites Beschreibungs- und Wertungsspektrum ab: von allzu großer formaler Konstruiertheit bis hin zu einer kalkulierten Anbiederung an den Publikumsgeschmack – und natürlich allerlei positiver Zwischenstufen.

---

5 Der Begriff der ‚doppelten Optik' stammt ursprünglich aus der Thomas-Mann-Forschung. Auf das Werk Daniel Kehlmanns wurde er erstmals von Joachim Rickes angewandt: Daniel Kehlmann und die lateinamerikanische Literatur, S. 15, 68–74.

6 So der Vorwurf von Elke Heidenreich in Bezug auf Kehlmanns Roman *Ruhm*. Vgl. Elke Heidenreich: Vergesst Kehlmann, vergesst Roth. In: stern, 10.02.2009, https://www.stern.de/kultur/buecher/elke-heidenreichs-weiterlesen – vergesst-kehlmann–vergesst-roth-3436206.html (Zuletzt angesehen am 22.01.2020).

7 Moritz Baßler: Genie erzählen: Zu Daniel Kehlmanns Populärem Realismus. In: Gegenwartsliteratur. Ein germanistisches Jahrbuch 16 (2017), S. 37–55.

Ausgehend von Kehlmann und seinen Texten lässt sich die möglicherweise hinfällige, in Forschung und Feuilleton jedoch unerschütterlich perpetuierte Unterscheidung von Hoch- und Unterhaltungsliteratur kritisch in den Blick nehmen. Es stellen sich dabei unter anderem folgende Fragen: Wie erklärt sich die verhaltene wissenschaftliche Auseinandersetzung mit Autor*innen, die Bestsellerlisten anführen? Wie reagiert die Literaturwissenschaft in Forschung und Lehre auf verkaufsstarke Literatur? Können weitere Autor*innen identifiziert werden, die sich ähnlich wie Kehlmann auf der Schwelle zwischen breitem Publikum und einer Literatur für informierte Leser*innen bewegen, und wenn ja, lassen sich hier rezeptionsstrukturelle Gemeinsamkeiten benennen?

Die drei vorgeschlagenen Kategorien stellen einen Versuch dar, den gedanklichen Ausgangspunkt für die Beiträge in diesem Sammelband (und im Übrigen auch die im Herausgeber*innen-Quintett vorhandenen, durchaus differenten Annäherungen an Kehlmann) anzuzeigen. Zugleich sollen mit diesen Konzepten Untersuchungsfragen und -ziele so gebündelt werden, dass sie für die weitere Diskussion um Kehlmann eine orientierende Funktion erfüllen können. Die Trias ‚Dialogische Poetik, Werkpolitik, Populäres Schreiben' wird auch in der Anordnung der Beiträge aufgegriffen. Allerdings ist diese Aufteilung erklärtermaßen nicht exkludierend gemeint: Viele der in diesem Band versammelten Aufsätze behandeln nicht nur einen einzelnen der genannten Aspekte, sondern eröffnen Verbindungen zu zwei, wenn nicht gar zu allen dreien der genannten Konzepte. Dass sich über die Beiträge hinweg ein gewisser Schwerpunkt auf Kehlmanns aktuell letztem Roman *Tyll* herausbildete, erklärt sich aus der unmittelbaren Gegenwartsanbindung des Bandes, wie sie für die Gegenwartsliteraturwissenschaft und ihre Beschäftigung mit veränderlichen, beständig anwachsenden Werkkorpora charakteristisch ist.

## 4 Zu den Beiträgen

Den ersten Abschnitt des Bandes, mit Beiträgen zum Konzept der ‚Dialogischen Poetik', eröffnet J. Alexander Bareis mit einem Vergleich von *Beerholms Vorstellung* mit Patrick Süskinds *Die Geschichte von Herrn Sommer*. Bareis thematisiert anhand dieses Vergleichs die Chancen und Gefahren von Interpretationen, die sich auf intertextuelle Referenzen fokussieren. Dabei argumentiert er, dass Kehlmann in seinen Texten nicht nur *Easter Eggs* versteckt, sondern auch interpretatorische Sackgassen angelegt habe.

Sascha Seiler führt anhand intertextueller Bezüge in *Der fernste Ort* und *Du hättest gehen sollen* vor, dass Kehlmanns Texte den Magischen Realismus nicht appropriieren, sondern ein postmodernes Spiel mit Referenzen auf den Magischen Realismus inszenieren. Das Verschwinden des Protagonisten am Ende von *Du hättest gehen sollen* interpretiert Seiler dabei als Kehlmanns Beitrag zur Debatte um den ‚Tod des Autors'.

Leonhard Herrmann nimmt Kehlmanns Verhältnis zur Philosophie in den Blick. In seinem Beitrag zeigt er, dass sich Kehlmann einerseits als philosophisch versierter Autor inszeniert und andererseits in seinen Texten durch Verfahren unzuverlässigen, fantastischen und metaleptischen Erzählens die Möglichkeiten und Grenzen vernünftigen Erkennens strukturell aufgreift und problematisiert. Beispielhaft wird in diesem Zusammenhang Kehlmanns Erstlingsroman *Beerholms Vorstellung* auf der Folie der Schopenhauer'schen Willensmetaphysik gedeutet.

Simon Zeisberg widmet sich den Grimmelshausen-Bezügen in Kehlmanns *Tyll*. Dabei beleuchtet er sowohl Kehlmanns poetologische Annäherung an die Frühe Neuzeit als auch die metareflexive Verhandlung von Grimmelshausens Erzählverfahren im Roman selbst. Kehlmanns Rekurse auf die Frühe Neuzeit seien dabei nicht nur als der Beitrag des Autors zum Gedenkjahr des Dreißigjährigen Krieges 2018 zu verstehen, sondern dienten darüber hinaus der Selbstpositionierung im Resonanzraum des literarisch-historischen Diskurses.

Joachim Rickes setzt in seinem Beitrag den Auftritt des Barockdichters Paul Fleming in Kehlmanns *Tyll* in Beziehung zur Begegnung zwischen Martin Opitz und Andreas Gryphius in Günter Grass' Roman *Der Butt*. In einem Vergleich der beiden Miniaturen zeigt Rickes, wie sich Kehlmann vom Vorgänger Grass absetzt, indem er einerseits mit Fleming einen anderen Barockdichter auftreten lässt als Grass in seinem Roman und andererseits den bei Grass auftretenden Opitz im Roman *Tyll* subtil ironisiert.

Den zweiten Abschnitt des Bandes, mit Beiträgen zum Konzept der ‚Werkpolitik', eröffnet Rena Ukena. In ihrem Beitrag denkt sie anhand von *Die Vermessung der Welt* und *Tyll* über das Erzählen von Geschichte im Werk Kehlmanns nach. Ukena versteht die Geschichtserzählungen als Komplex von Problematisierungen und durchgespielten Lösungsversuchen. Die Frage nach der Erzählbarkeit von Geschichte werde in den Texten also sowohl auf verschiedene Weise aufgeworfen als auch mit möglichen Antworten versehen. Einbezogen wird dabei auch das dialogische Verhältnis, in das Kehlmanns Romane mit anderen literarischen und geschichtswissenschaftlichen Texten treten.

Marie Gunreben untersucht Kehlmanns jüngsten historischen Roman *Tyll* auf seine Gegenwartsbezüge, verlegt jedoch den Fokus von der Ebene der *histoire* auf diejenige des *discours*. In den Blick geraten damit Rückgriffe auf frühneuzeitliche Erzähltechniken, Ästhetiken und poetologische Strategien. Gunrebens These lautet dabei, dass dem literarischen Dialog zwischen vor- und postmodernen Erzähltechniken in *Tyll* politische Bedeutung zukommt, zumal als Antwort auf den aktuellen Diskurs über die drohende Erosion der Grenzen zwischen Fakten und Fiktionen.

Verena Russlies widmet sich in ihrem Beitrag der kulturgeschichtlichen Tradition und den gegenwärtigen Aktualisierungen des *vanitas*-Topos, wobei der zentrale Fokus auf dem Symbol der Fliege liegt. Russlies argumentiert, dass Kehlmann mit seinem Werk an die *vanitas*-Tradition anschließt, und zeigt auf, in welcher Weise die vielzähligen Fliegen in Kehlmanns Romanen funktionalisiert werden, um über Vergänglichkeit und Tod zu reflektieren.

Anna-Marie Humbert wendet sich in ihrem Beitrag den Tieren in Kehlmanns Werk zu. Sie zeigt, dass diese wesentlich zur Verstärkung von Kehlmanns ‚unheimlicher Kunst' (Markus Gasser) beitragen, in gleichem Maße aber auch das komödiantische Moment seiner Texte garantieren. Eine Sonderstellung in dem Zusammenspiel von menschlichen und tierischen Akteuren kommt dem Esel Origenes aus Kehlmanns jüngstem Roman *Tyll* zu, welcher, so argumentiert Humbert, zum poetologischen Dreh- und Angelpunkt des Romans avanciert.

Jens Krumeich untersucht Kehlmanns Verhältnis zur Literaturwissenschaft. Ausgehend von *Tyll* wird Kehlmanns Umgang mit in erster Linie germanistischen Wissensbeständen untersucht, unter anderem in satirischen und essayistischen Schriften sowie im Rahmen von Kehlmanns Poetikvorlesungen und seiner Dozentur in New York. Schließlich wird Kehlmanns Mitarbeit an Jonathan Franzens *Kraus Project* diskutiert. Insgesamt kann dabei gezeigt werden, dass Kehlmanns Verweise auf germanistisches Wissen einer kalkulierten Strategie der Austarierung zwischen der Autorimago als *poeta doctus* und der *scientific persona* des Literaturwissenschaftlers folgen.

Benjamin Schaper widmet sich in seinem Beitrag den Manifestationen Daniel Kehlmanns als Figur in Texten seiner Freunde und Kollegen Helmut Krausser und Thomas Glavinic. Im Rekurs auf die sozialwissenschaftliche *Actor-Network-Theory* begreift Schaper das Feld der Gegenwartsliteratur als Netzwerk und zeigt, wie Krausser in seinen Tagebüchern und Glavinic in seinen Romanen ‚Daniel' als Knotenpunkt beziehungsweise Dispositiv nutzen, um ihr eigenes Werk innerhalb des Netzwerks zu verorten.

Michael Navratil untersucht die zunehmende Bedeutung des Politischen in Kehlmanns jüngeren Texten. In seinem Beitrag zeigt er, dass Kehlmann nach dezidierten Distanznahmen zur politisch engagierten Nachkriegsliteratur am Beginn seiner Karriere in den letzten Jahren immer mehr selbst zum politisch engagierten Autor avanciert. Diese Entwicklung wird im Hinblick auf Kehlmanns poetologische Selbstverortungen, seine schriftstellerische Produktion – insbesondere das Stück *Heilig Abend* – sowie sein Auftreten als *public intellectual* nachgezeichnet. Abschließend wird Kehlmanns zunehmende Politisierung an die spezifisch deutsche Traditionslinie einer ‚engagierten Literatur' angeschlossen.

Hannelore Roth beleuchtet *Die Vermessung der Welt* vor dem Hintergrund des aktuellen Diskurses über nationale Identität. Der Roman thematisiere nicht nur die allmähliche Erfindung der Nation im frühen neunzehnten Jahrhundert, sondern auch deren ‚Wiedererfindung' nach 1990, indem er sich mit gegenwärtigen nationalen Identifikationsmustern wie Preußen und der Kulturnation auseinandersetze. Humboldt und Gauß werden dabei als zwei exemplarische deutsche Bildungsbürger porträtiert, diese Imago dabei aber zugleich kritisch subvertiert. In diesem Kontext steht Roth zufolge auch der Diskurs zur Dialektik der Aufklärung und eine karnevalistische Verkehrung intellektueller Hierarchien in der *Vermessung*.

Den dritten Abschnitt des Bandes schließlich, mit Beiträgen zum Konzept des ‚Populären Schreibens', eröffnet Michael Multhammer. In seinem Beitrag argumentiert er, dass Kehlmann in *Tyll* eine Frühe Neuzeit und, damit zusammenhängend, eine Geschichte vom Dreißigjährigen Krieg erschafft, die sich gerade aus den populärsten Stoffen und Figuren eben jener Frühen Neuzeit zusammensetzt. Inszeniert werde so das Bild einer Epoche, die nicht unbedingt historisch korrekt sei, aber gerade deshalb auf den Konstruktionscharakter historiographischen Schreibens verweise und zugleich für den Laien in sich stimmig erscheine. Die konventionelle Unterscheidung zwischen ‚high' und ‚low' werde auf diese Art zwar nicht geleugnet, aber mit den Mitteln des Erzählens gekonnt unterlaufen.

Mit Blick auf Kehlmanns historisches Erzählen vertritt Claude Haas die These, dass insbesondere in der *Vermessung der Welt* weder die Regeln der Syntax noch diejenigen der Wirklichkeit gebrochen würden. Die thematisierte Wirklichkeitsproblematik bleibe ohne Auswirkung auf die Struktur des Textes. Stattdessen würden gegenwärtige Bewertungsmaßstäbe auf historische Wirklichkeiten rückprojiziert.

Natalie Moser untersucht die textuelle und paratextuelle Genre- und Medienreflexion in *Du hättest gehen sollen*. Dabei zeigt sie auf, dass in dieser Erzählung die ‚doppelte Optik' früherer Texte Kehlmanns im Rekurs auf eigene und fremde Prätexte ausgestellt und reflektiert wird. Diese Strategie der Selbstkommentierung wiederum korreliere mit den Darstellungsverfahren, welche dem Umschlagsbild von Thomas Demand zugrunde liegen.

Jörg Magenau rekonstruiert ausgehend von seinen Überlegungen zum Phänomen des Bestsellers mögliche Gründe für den Erfolg der *Vermessung der Welt*. Insbesondere die Situierung des Textes in einer fortschrittsgläubigen Vergangenheit sowie die Versöhnung von Gegensätzen wie Bildung und Unterhaltung sowie Ernst und Heiterkeit sind gemäß Magenau für den anhaltenden Publikumserfolg von Kehlmanns Roman verantwortlich.

Das Gros der in diesem Band versammelten Aufsätze zum Werk Daniel Kehlmanns wurde im Rahmen einer Tagung an der Universität Potsdam vom 13. bis zum 14. Dezember 2018 diskutiert. Das Herausgeber*innen-Team möchte sich bei allen Diskutand*innen und Beiträger*innen für die überaus angenehme Zusammenarbeit und den anregenden fachlichen Austausch bedanken. Den wissenschaftlichen Hilfskräften Gizem Güldere und Max Tillner gebührt Dank für ihre Unterstützung bei der Ausrichtung der Tagung und für die formale Einrichtung der Aufsätze. Für die freundliche Betreuung durch den De Gruyter Verlag danken wir Stella Diedrich, Dr. Anja-Simone Michalski und Dr. Marcus Böhm.

## Literaturverzeichnis

Baßler, Moritz: Genie erzählen: Zu Daniel Kehlmanns Populärem Realismus. In: Gegenwartsliteratur. Ein germanistisches Jahrbuch 16 (2017), S. 37–55.

Gasser, Markus: Das Königreich im Meer. Daniel Kehlmanns Geheimnis. Reinbek bei Hamburg 2013.

Gegenwartsliteratur. Ein germanistisches Jahrbuch 16 (2017). Schwerpunkt: Daniel Kehlmann.

Heidenreich, Elke: Vergesst Kehlmann, vergesst Roth. In: stern, 10.02.2009, https://www.stern.de/kultur/buecher/elke-heidenreichs–weiterlesen – vergesst-kehlmann–vergesst-roth-3436206.html (Zuletzt angesehen am 22.01.2020).

Martus, Steffen: Werkpolitik. Zur Literaturgeschichte kritischer Kommunikation vom 17. bis ins 20. Jahrhundert mit Studien zu Klopstock, Tieck, Goethe und George. Berlin 2007.

Rickes, Joachim: Daniel Kehlmann und die lateinamerikanische Literatur. Würzburg 2012.

Rickes, Joachim: Die Metamorphosen des ‚Teufels' bei Daniel Kehlmann. „Sagen Sie Karl Ludwig zu mir". Würzburg 2010.

Standke, Jan (Hg.): Gebrochene Wirklichkeit. Daniel Kehlmanns Romane und Erzählungen im Deutschunterricht. Baltmannsweiler 2016.

Text+Kritik 177 (2008) [= Themenheft Daniel Kehlmann].

Tranacher, Juliane: Geniekonzepte bei Daniel Kehlmann. Würzburg 2018.

Zanol, Irene: Bibliografie Daniel Kehlmann. Bielefeld 2018.

# I Dialogische Poetik

J. Alexander Bareis

# Kehlmann komparativ: Intertextualität, Poetologie und Narratologie

## 1 Einleitung

Wenn zwei deutschsprachige Gegenwartsautoren einen unzuverlässigen Erzähler einen möglicherweise tödlichen Sturz anhand physikalisch-mathematischer Genauigkeit und explizit mit Hilfe des Galileischen Fallgesetzes berechnen lassen, dann wird der aufmerksame Literaturwissenschaftler hellhörig. Sowohl der namenlose Erzähler in Süskinds *Die Geschichte von Herrn Sommer*[1] als auch Arthur Beerholm in *Beerholms Vorstellung*[2] zitieren explizit Galileis Formel: „$s = ½ gt^2$“ (HS, S. 10; BV, S. 244). Die beiden Textstellen weisen so hohe Ähnlichkeiten auf, dass man dies mit Kehlmann (jedoch in Bezug auf die Novelle *Der fernste Ort*[3]) möglicherweise bereits als „holzhammerhaft“[4] bezeichnen könnte. In beiden Fällen handelt es sich um autodiegetische Erzähler, deren Zuverlässigkeit hochgradig zweifelhalft ist. Beiden Texten ist zudem gemein, dass die unzuverlässige Erzählweise von der Literaturkritik schlicht und einfach nicht bemerkt wurde. Die Unzuverlässigkeit des Erzählens in *Beerholms Vorstellung* ist einer Reihe von Kritikern ebenso entgangen wie im Falle der späteren Novelle *Der fernste Ort*;[5] Süskinds Erzählung wurde in der Literaturwissenschaft über Jahrzehnte hinweg überhaupt nicht als unzuverlässig erzählt erkannt.[6]

1 Patrick Süskind: Die Geschichte von Herrn Sommer. Mit Bildern von Sempé. Zürich 1994 [1991]. Im Folgenden unter der Sigle HS im Text nachgewiesen.

2 Daniel Kehlmann: Beerholms Vorstellung. Roman. Vom Autor behutsam überarbeitete Neuausgabe. Reinbek bei Hamburg 2007 [Wien 1997]. Im Folgenden unter der Sigle BV im Text nachgewiesen.

3 Daniel Kehlmann: Der fernste Ort. Frankfurt a. M. 2004 [2001].

4 Daniel Kehlmann: Diese sehr ernsten Scherze. Poetikvorlesungen. Göttingen 2007, S. 19.

5 Vgl. Kehlmann: Poetikvorlesungen, S. 16–20, hier S. 16: „es gehörte zu meinen bedrückendsten Erlebnissen als Schriftsteller, daß so etwas in Deutschland einfach nicht verstanden wird.“

6 Vgl. J. Alexander Bareis: Was ist wahr in der Fiktion? Zum Prinzip der Genrekonvention und die Unzuverlässigkeit des Erzählers in Patrick Süskinds *Die Geschichte von Herrn Sommer*. In: Scientia Poetica 13 (2009), S. 230–254. Ich habe bereits an anderer Stelle die beiden Textstellen miteinander in Verbindung gebracht, allerdings ohne dabei die Bedeutung dieses Vergleichs näher zu untersuchen: Vgl. J. Alexander Bareis: Moderne, Postmoderne, Metamoderne? Poetologische Positionen im Werk Daniel Kehlmanns. In: Die Unendlichkeit des Erzählens. Der Roman in der deutschsprachigen Gegenwartsliteratur seit 1989. Hg. v. Carsten Rohde/Hansgeorg Schmidt-Bergmann. Bielefeld 2013, S. 321–344, insbesondere S. 330–333.

https://doi.org/10.1515/9783110647488-002

Dieser Befund – zwei unzuverlässig erzählte Texte aus den 1990er Jahren, in denen beide Erzähler mittels der explizit angegebenen physikalischen Formel einen Fall berechnen – ist zunächst einmal Anlass genug, die beiden Stellen genauer zu untersuchen. Sowohl Süskind als auch Kehlmann sind dafür bekannt, in ihren Texten Verweise auf andere Autoren unterzubringen, wie die Forschung ausführlich dargelegt hat.[7] Da zwischen dem Erscheinen der beiden Texte nur sechs Jahre liegen, liegt es also nahe, davon auszugehen, dass Kehlmann bereits in seinem Debütroman eines seiner ‚easter eggs'[8] für den aufmerksamen Leser hinterlassen hat, dessen Auffinden im Sinne einer ‚doppelten Optik' (in Anlehnung an die Rezeption Thomas Manns) der gebildeten Leserschicht zusätzliches Lesevergnügen bereiten soll.[9] Gerade in der Kehlmannforschung ist das Sortieren und Sichten intertextueller Verweise zu einer der wichtigsten Aufgaben geworden. Fundierte Überlegungen zur Funktion und im Anschluss daran zum Problem der Funktionalisierung von Intertextualität im bisherigen Gesamtwerk Kehlmanns stehen allerdings noch aus.

Die folgende Untersuchung soll deshalb ausgehend von der Komparation zweier spezifischer Textstellen einige grundlegende Fragen zu Kehlmanns Poetik und dem Umgang damit diskutieren. Erstens: Wie kann (nicht) und wie sollte (nicht) mit intertextuellen Bezügen in Kehlmanns Werk umgegangen werden? Welche Ansprüche stellen diese Bezüge nicht nur an das Feuilleton, sondern insbesondere an die Literaturwissenschaft beim Sichten intertextueller Bezüge im Werk Kehlmanns, und in welcher Weise trägt Kehlmann selbst zu dieser Praxis bei, mit seinen häufigen Äußerungen in Interviews, in seinen Aufsätzen zur Literatur und

7 Vgl. exemplarisch Markus Gasser: Das Königreich im Meer. Daniel Kehlmanns Geheimnis. Göttingen 2010; und Andreas Pfister: Der Autor in der Postmoderne. Mit einer Fallstudie zu Patrick Süskind. Fribourg 2004.

8 Der Begriff des Ostereies stammt aus der Computerspielszene. Man meint damit eine absichtlich versteckte Überraschung, einen *insider joke* oder auch einen versteckten Level, beispielsweise in einem Videospiel. Die deutschsprachige Wikipedia-Seite gibt entsprechende Auskünfte und Beispiele: https://de.wikipedia.org/wiki/Easter_Egg (Zuletzt angesehen am 26.10.2019). Die in Potsdam während des Workshops stattfindenden Diskussionen haben meines Erachtens deutlich gemacht, dass mehr oder weniger versteckte Hinweise und immer wiederkehrende leicht überlesene Motive (z. B. die Fliege [vgl. den Beitrag von Verena Russlies im vorliegenden Band] oder die bereits breit dargelegte Teufelsfigur [vgl. Joachim Rickes: Die Metamorphosen des ‚Teufels' bei Daniel Kehlmann. „Sagen Sie Karl Ludwig zu mir". Würzburg 2010]) einen konstanten Bestandteil des bisherigen Gesamtwerks Kehlmanns ausmachen.

9 Die Verbindung der ‚doppelten Optik' und Kehlmanns Poetik stellt Joachim Rickes her (vgl. Rickes: Metamorphosen, S. 49). Der Begriff geht zurück auf Nietzsches Wagner-Rezeption und wurde in der Literaturwissenschaft von Eberhart Lämmert auf Thomas Mann bezogen (vgl. Eberhart Lämmert: Doppelte Optik. Über die Erzählkunst des frühen Thomas Mann. In: Literatur, Sprache, Gesellschaft. Hg. v. Karl Rüdinger. München 1970, S. 50–72).

in seinen Poetikvorlesungen? Eine weiterreichende Frage, die im Rahmen dieses Beitrags nicht behandelt werden kann, die aber meines Erachtens ein Desiderat der Kehlmannforschung ausmacht, zielt auf eine Unterscheidung verschiedener Formen von Intertextualität ab und müsste zu einer Kategorisierung unterschiedlicher intertextueller Verfahrensweisen führen. Die im Folgenden aufgestellten Überlegungen können hoffentlich als Ausgangspunkt hierfür dienen.

Zweitens: Welchen interpretatorischen Wert besitzt der eventuelle intertextuelle Bezug in diesem spezifischen Fall? Davon ausgehend stellen sich weitere Fragen: Lassen sich anhand des Vergleichs zwischen Süskinds und Kehlmanns Text Rückschlüsse und Argumente für weiterreichende Fragen in Hinblick auf das Gesamtwerk Kehlmanns stellen? Wie trägt der Vergleich von Parallelstellen beispielsweise zur Zuordnung von Kehlmanns Werk zur sogenannten Unterhaltungs- bzw. Höhenliteratur bei?

Drittens: In welchem Zusammenhang stehen intertextuelle Interpretationen mit erzähltheoretischen Kategorien wie dem unzuverlässigen Erzählen sowie metafiktionalen und metaleptischen Erzählstrategien, die sich ebenfalls reichlich im bisherigen Gesamtwerk nachweisen lassen? Welche Rückschlüsse lassen sich anhand der Verbindung von intertextuellen und erzähltheoretischen Verfahrensweisen auf die Poetik, die Werkpolitik und die ‚Narratologie' Kehlmanns ziehen?

## 2 Die Texte

Süskinds 1991 erschienener *Geschichte von Herrn Sommer* ist nur wenig akademische Aufmerksamkeit zuteilgeworden. Dies mag mit der scheinbaren Naivität des Werkes zusammenhängen, das sich der Kindheit des namenlosen Erzählers widmet, verstärkt durch die pastellfarbenen Aquarelle Jean-Jacques Sempés, die auch der weit verbreiteten Taschenbuchausgabe von Diogenes einen Eindruck von kindlicher Unschuld und Leichtigkeit geben. Möglicherweise mag dies aber auch mit der Verhaltenheit der Forschung gegenüber Bestsellern zusammenhängen – manche Kollegen meinen möglicherweise, der Text halte einer wissenschaftlichen Auseinandersetzung nicht stand, oder gehen davon aus, für Literaturwissenschaftler sei da schlicht und einfach nichts zu holen. Zudem steht die Erzählung im Schatten des ungleich erfolgreicheren Werkes *Das Parfum*, durch das Süskind sechs Jahre zuvor zum Bestsellerautor wurde. Die wenigen wissenschaftlichen Texte, die sich überhaupt mit der *Geschichte von Herrn Sommer* auseinandergesetzt haben, richten zudem ihr Hauptaugenmerk auf thematische Fragen. Der Sonderling Sommer wird als traumatisierter Weltkriegsveteran gedeutet, der – und dies ist vielleicht der abenteuerlichste Deutungsversuch in der vorliegenden Forschung – durch seinen vermeintlichen Selbstmord „metaphorisch in den ‚Mutterleib' zurückkehrt, als er in den See abtaucht".[10] Dahingegen spricht einiges dafür, dass es sich hier um eine subtil markierte Variante des unzuverlässigen Erzählens handelt, die, wie im Falle Kehlmanns Novelle *Der fernste Ort*, aber auch bereits in seinem Debütroman *Beerholms Vorstellung*, weder vom Feuilleton noch (zumindest anfänglich) von der Forschung erkannt wurde.[11]

Ein Vergleich der beiden Textstellen erweist also wie bereits angeführt zunächst eine Reihe deutlicher Parallelen. In beiden Texten wird explizit Galileis Fallgesetz als Formel zitiert: $s = \frac{1}{2} gt^2$. In beiden Texten wird anhand des Gesetzes mathematisch berechnet, wie lange der Fall dauern wird – in Süskinds Fall gar bis zu sieben Stellen nach dem Komma. In beiden Texten ist es ein unzuverlässiger Ich-Erzähler, der anhand dieser Berechnung (in Süskinds Text allerdings nur vermeintlich genauen Berechnung) von einem geplanten, freiwilligen freien Fall berichtet. In beiden Texten handelt es sich – zumindest auf den ersten Blick – gerade *nicht* um Selbstmord. Der erzählte und berechnete Sturz des unzuverlässigen Erzählers in *Die Geschichte von Herrn Sommer* wird vom autodiegetischen Erzähler als Unfall bezeichnet. Wenngleich Süskinds Ich-Erzähler durchaus von kindlichen Selbstmordgedanken geplagt wird (ein geplanter Selbstmord, ebenfalls durch einen freien Fall von einem Baum, wird an einer anderen Stelle in der Erzählung durch das unerwartete Auftauchen Herrn Sommers vereitelt), liegt der Fall in Kehlmanns Roman – zumindest gemäß der expliziten Aussage des unzuverlässigen Erzählers – etwas anders: „Schließlich bin ich kein Selbstmörder", so Arthur Beerholm (BV, S. 246). Diese Aussage des autodiegetischen Erzählers in Kehlmanns Debütroman muss allerdings mit Vorsicht bewertet werden, denn Arthurs Unzuverlässigkeit als Erzähler, die sich auch in der explizit erhofften Alternative einer Himmelfahrt zeigt, und die zu Arthurs eigener Einschätzung, dass er nur „vielleicht, vielleicht, vielleicht" (BV, S. 247) aufsteigen werde nach dem Loslassen, geben letztlich genug Spielraum, um auch hier zumindest die Erwägung der Selbsttötung in Betracht zu ziehen. Allerdings, und darin unterscheiden sich die beiden Texte gründlich, stellt die Art der Unzuverlässigkeit in *Beerholms Vor-*

---

**10** Andreas Blödorn: Wahrnehmung der Zeit(lichkeit) im Raum: *Die Geschichte von Herrn Sommer* – ein postmodernes Spiel mit Deutungsmustern. In: Psychogramme der Postmoderne. Untersuchungen zum Werk Patrick Süskinds. Hg. v. Andreas Blödorn/Christine Hummel. Trier 2008, S. 81–102, hier S. 101. Ansonsten scheint vor allem die autobiographische Lesart in Hinblick auf *Die Geschichte von Herrn Sommer* zu dominieren. Vgl. Pfister, S. 96, der *Die Geschichte von Herrn Sommer* das „autobiographischste Werk" Süskinds nennt, in seiner Untersuchung jedoch nicht berücksichtigt.

**11** Vgl. Bareis: Was ist wahr in der Fiktion.

*stellung* die fiktionalen Wahrheiten eines Großteils des Erzählten grundsätzlich in Frage, während bei einer Interpretation von Süskinds Erzählung als unzuverlässig die fiktionalen Wahrheiten weitestgehend intakt bleiben. Mit anderen Worten: *Beerholms Vorstellung*, interpretiert als unzuverlässiges Erzählen, führt dazu, dass mehr als zwei Drittel des Textes ihre augenscheinliche Gültigkeit verlieren.[12]

Für die Unzuverlässigkeit in Süskinds Erzählung lässt sich keine vergleichbare ‚Sollbruchstelle' ausmachen – selbst eine Zuschreibung globaler Unzuverlässigkeit des Erzählers stellt nicht notwendigerweise eine Mehrheit der fiktionalen Wahrheiten der Erzählung in Frage. Die ‚fiktiven Tatsachen' der Erzählung bleiben, so zumindest meine Interpretation der Geschichte, überwiegend intakt.[13] Letztlich, auch dies im Unterschied zum Text Süskinds, äußert sich Kehlmann selbst in seinen Göttinger Poetikvorlesungen explizit zur Frage der Unzuverlässigkeit und legt die Interpretation nahe, dass es sich bei dem Text ab S. 63 („Ich versuchte, mir ein Kloster vorzustellen [. . .]", BV, S. 63) tatsächlich, im wahrsten Sinne des Wortes, nur um Beerholms *Vorstellung* (im Sinne einer Imagination) handelt, d. h., dass es sich eben nicht um fiktionale Wahrheiten bzw. fiktive Tatsachen, sondern auch in der fiktionalen Welt um Imaginationen des unzuverlässigen Erzählers handelt.[14] Weiter untermauert wird dies am Ende des Romans dadurch, dass Beerholm sich einer Reihe theologisch-philosophischer Gedankenspiele bedient, die man aus modallogischer Sicht als Beschreibungen möglicher Welten im Sinne einer *possible-world-Theorie* begreifen kann: „Ich habe diese Welt nie anders vorgefunden als gehüllt in mein Bewußtsein; wie also kann ich gehen, ohne sie mitzunehmen?" (BV, S. 248) Denn: „Wie auch das Ende dieser Erzählung nicht Teil dieser Erzählung ist. So lange sie anhält, lebe ich." (BV, S. 249) Fiktionslogisch gedacht könnte man diese Passage so deuten, dass sich der Erzähler seines fiktionalen Status bewusst ist, dass es sich also um zumindest metanarratives, möglicherweise sogar metafiktionales Erzählen dreht: So lange ich erzähle, lebe ich, etwa im Sinne einer Scheherazade. Fiktionslogisch gesprochen kann ein Ich-Erzähler nicht das Resultat

---

**12** Vgl. Juliane Tranacher: Geniekonzepte bei Daniel Kehlmann. Würzburg 2018, S. 99: „Spätestens ab der zentralen Traumsequenz am Ende des ersten Drittels des Romans (BV, S. 63 f.) ist für den Leser nicht mehr eindeutig bestimmbar, ob die Geschehnisse innerhalb der Diegese real sind oder ob es sich um bloße Imaginationen des Protagonisten handelt." Innerhalb der Narratologie gibt es eine Reihe von Versuchen, unterschiedliche Arten des unzuverlässigen Erzählens zu unterscheiden und kategorisieren, jedoch keine allgemein akzeptierte Theorie. Für eine kritische Gesamtschau des Forschungsstands vgl. Meir Sternberg/Tamar Yacobi: (Un)Reliablity in Narrative Discourse: A Comprehensive Overview. In: Poetics Today 36 (2015), H. 4, S. 327–498.

**13** Zum Begriff der ‚fiktiven Tatsachen' vgl. zuletzt Tilmann Köppe: Fiktive Tatsachen. In: Fiktionalität. Ein interdisziplinäres Handbuch. Hg. v. Tobias Klauk/Tilmann Köppe. Berlin/Boston 2014, S. 190–208.

**14** Vgl. Kehlmann: Poetikvorlesungen, S. 16–20.

eines Selbstmordes erzählen – zumindest nicht im Rahmen eines realistischen Erzählens.[15] Legt man eine streng realistische Perspektive an, sind die Schilderungen Beerholms ab S. 63 nichts weiter als ein erzählter Traum:[16] „Und ich fühlte, wie ich schon ruhiger wurde und wie sich langsam, wie Wasser in einem überschwemmten Keller, in mir der Schlaf ausbreitete." (BV, S. 63–64)

Eine Interpretation der *Geschichte von Herrn Sommer* hingegen läuft darauf hinaus, dass der autodiegetische Erzähler aufgrund des besagten Sturzes einen Gehirnschaden davonträgt, an dessen Nachwirkungen er bis zum Zeitpunkt des Erzählens, also als Erwachsener, „viele Jahre und Jahrzehnte" (HS, S. 5) später, immer noch leidet. Denn auch noch

> heute, fast vierzig Jahre später, dient mir mein Hinterkopf als zuverlässiges Barometer, und ich kann genauer als der Wetterdienst vorhersagen, ob es morgen regnen oder schneien wird, ob die Sonne scheint oder ob ein Sturm heraufzieht. Auch glaube ich, daß eine gewisse Konfusion und Unkonzentriertheit, an der ich neuerdings leide, eine Spätfolge jenes Sturzes von der Weißtanne ist. (HS, S. 11–12)

Die zitierte Textstelle ist nur eine von mehreren Hinweisen auf die Unzuverlässigkeit des Erzählers – ohne dabei allerdings gleich ‚holzhammerhaft' daherzukommen. In der von Ansgar Nünning bereits 1998 vorgeschlagenen Liste „von textuellen Signalen für die Ermittlung von *unreliable narration*" sind neben vielen anderen Merkmalen auch „Hinweise auf kognitive Einschränkungen" explizit genannt, ebenso wie „explizite, autoreferentielle, metanarrative Thematisierung der eigenen Glaubwürdigkeit",[17] wofür ebenfalls ein kurzes Beispiel angeführt sei: Das Blockzitat oben schließt ein paar Zeilen weiter unten auf der gleichen Seite mit der lapidaren Bemerkung ab, dass der Erzähler „höllisch aufpassen" müsse, „den Faden nicht" zu verlieren, denn „sonst komme ich vom Hundertsten ins Tausendste und weiß zum Schluß nicht mehr, womit ich überhaupt angefangen habe." (HS, S. 12) Eine Ankündigung, die dann folgerichtig zum Ende der

15 Die Ausnahmen bzw. die Widerlegung jenes fiktionslogischen, realistischen Schlusssatzes sind zahlreich; neben dem Hinweis auf Thomas Hettches *Nox* ließen sich problemlos weitere Beispiele nennen. Vgl. hierzu die Studie von Nora Haller: Ich bin tot – Vom eigenen Tod erzählen. Eine literaturwissenschaftliche Studie zu Ästhetik, Poetologie und Poetik. Stuttgart 2019, in der eine Reihe weiterer literarischer Fälle des ‚postmortalen Erzählens' analysiert werden.

16 Vgl. Kehlmanns eigene Ausführungen in den Göttinger Poetikvorlesungen: „Man könnte vermuten, daß alles, was von da an geschieht, noch Teil des Traumes ist." (Kehlmann: Poetikvorlesungen, S. 18).

17 Ansgar Nünning: Unreliable Narration zur Einführung: Grundzüge einer kognitiv-narratologischen Theorie und Analyse unglaubwürdigen Erzählens. In: Unreliable Narration: Studien zur Theorie und Praxis unglaubwürdigen Erzählens in der englischsprachigen Erzählliteratur. Hg. v. dems. Trier 1998, S. 3–39, hier S. 28.

Erzählung auch eintritt: Der vermeintliche Selbstmord von Herrn Sommer wird auf eine Art und Weise vom Erzähler geschildert, dass ein aufmerksamer Leser unmittelbar Zweifel an der physikalischen Durchführbarkeit haben muss, was in starkem Kontrast zum Beginn der Erzählung steht, in der mittels (allerdings nur scheinbarer) physikalischer Genauigkeit unter Zuhilfenahme von Galileis Fallgesetz erzählt wird. Anhand dieses Widerspruchs und einer Reihe weiterer Signale von erzählerischer Unzuverlässigkeit in Kombination mit Hinweisen auf das sogenannte Gerstmann-Syndrom, einer Schädigung des *gyrus angularis*, lässt sich *Die Geschichte von Herrn Sommer* als unzuverlässig erzählt interpretieren.[18] Der in der Forschung immer wieder eingeforderte ‚Aha-Effekt' erzählerischer Unzuverlässigkeit, der übrigens auch für *Beerholms Vorstellung* keineswegs leicht zu diagnostizieren ist, vielmehr handelt es sich wohl eher um ein langsam einsetzendes, schleichendes Misstrauen, stellt sich dann ein, wenn man in der Lage ist, die Eigentümlichkeiten der Geschichte mit der Diagnose des auch in der Medizin nicht unumstrittenen Gerstmann-Syndroms in Verbindung zu bringen.[19]

Der Vergleich der Unzuverlässigkeitsmarkierung zwischen Süskinds Erzählung auf der einen Seite und Kehlmanns *Beerholms Vorstellung* sowie auch *Der fernste Ort* fällt relativ deutlich aus: Meines Erachtens ist die Unzuverlässigkeit im Falle Süskinds bedeutend subtiler gestaltet als in Kehlmanns Texten.[20] Gleichwohl bleiben derartige Einschätzungen wohl oder übel eher spekulativ – oder zumindest subjektiv. Da unzuverlässiges Erzählen, darin scheinen sich die meisten Narratologen einig zu sein, eher als Interpretationsprodukt denn als ‚harte' erzähltheoretische Kategorie eingeschätzt wird, lassen sich vergleichende Aussagen über die Stärke oder Schwäche der signalisierten Unzuverlässigkeit bestenfalls im Rahmen von interpretationsabhängigen Einschätzungen treffen und unterliegen somit mehr oder weniger subjektiven Werturteilen.

**18** Für eine genaue Rekonstruktion vgl. Bareis: Was ist wahr in der Fiktion.

**19** Eine weitere potentielle Parallele zwischen Kehlmanns Roman und Süskinds Erzählung liegt in einer plötzlichen Veränderung der kognitiven (oder im Falle Beerholms ‚magischen') Fähigkeiten des Protagonisten durch einen Unfall, bei dem der Kopf in Mitleidenschaft gezogen wird – Beerholm verliert ja bekanntlich aufgrund eines Autounfalls, in dessen Folge er eine „mittelschwere Gehirnerschütterung" (BV, S. 212) erleidet, seine (vermeintlichen) magischen Fähigkeiten: „Was auch immer es gewesen sein mag: Es war vorbei." (BV, S. 215) In Süskinds Erzählung resultiert der Fall vom Baum in einer wetterfühligen „Beule" (*GS*, S. 11), die die Konzentrationsschwäche des Protagonisten verursacht.

**20** Vgl. Moritz Baßler: Genie erzählen: Zu Daniel Kehlmanns Populärem Realismus. In: Gegenwartsliteratur. Ein germanistisches Jahrbuch 16 (2017), S. 37–55, hier S. 49, der „zahlreiche Unzuverlässigkeitsmarker" in *Beerholms Vorstellung* ausmacht. Es lässt sich hinzufügen, dass Beerholm seine erzählerische Unzuverlässigkeit an einer Stelle sogar explizit macht (wenngleich dies kurz anschließend wieder relativiert wird): „Nein, was ich erzählt habe, ist nicht wahr." (BV, S. 214).

Die Unzuverlässigkeit im Falle Süskinds scheint also schwächer markiert und signalisiert, auch wenn man wie oben eine Reihe von typischen Signalen aus dem Text herausarbeitet, und folgerichtig wurde bis 2009 die *Geschichte von Herrn Sommer* durchgängig als zuverlässig erzählt eingestuft – die potentielle Unzuverlässigkeit ist in keinem mir bekannten Forschungs- oder Lexikonartikel in Betracht gezogen worden. Kehlmanns Debütroman hingegen wurde in der Forschung (im Unterschied zum Feuilleton) relativ zügig als unzuverlässig erzählt erkannt (wenngleich die wissenschaftliche Auseinandersetzung mit Kehlmanns Erstling erst sehr viel später, nach dem Verkaufserfolg von *Die Vermessung der Welt,* begonnen hat). Die Zuschreibungen von Unzuverlässigkeit im Falle Kehlmanns können zudem durch Autorenäußerungen sowie vergleichbarer Erzählverfahren in anderen Werken unterfüttert werden – für Süskinds Erzählung fehlt hier vergleichbares (para)textuelles Material. Zudem lassen sich in Kehlmanns Fall intertextuelle Vergleiche anhand des unzuverlässigen Erzählens treffen.

# 3 Intertextualität

Daniel Kehlmanns Werk zeichnet sich durch eine Fülle an intertextuellen Bezügen aus. Die immer wieder in Rezensionen angesprochene stupende Belesenheit Kehlmanns manifestiert sich auch außerhalb seiner eigenen Romane in einer Vielzahl von Publikationen über die Literatur anderer.[21] Markus Gassers Monographie, die erste zum Werk Kehlmanns, besteht aus einer imponierenden (und aufgrund eines summarischen Endnotenapparats nicht immer leicht nachvollziehbaren) Detektivarbeit in Sachen Intertextualität.[22] Kehlmann selbst hebt immer wieder in Interviews und poetologischen Schriften hervor, wie sehr und wie oft seine eigenen Texte in Verbindung zur (Welt-)Literatur stehen, mit häufig wiederkehrenden ‚Hausgöttern' wie Nabokov, Perutz und den lateinamerikanischen, sogenannten ‚magischen Realisten'. Kehlmann ist offensichtlich ein genauer Kenner der Literaturgeschichte, und es liegt demzufolge nahe, davon auszugehen, dass es sich bei der genauen Berechnung anhand Galileis Fallgesetz in *Beerholms Vorstellung* nicht um eine zufällige Parallele zur Erzählung Süskinds handelt. Trotz aller bereits aufgezeigter Unterschiede weisen die beiden Texte ja zweifelsfrei eine Reihe von substantiellen Gemeinsamkeiten auf.

**21** Vgl. Daniel Kehlmann: Wo ist Carlos Montúfar? Über Bücher. Reinbek bei Hamburg 2005; und Daniel Kehlmann: Lob. Über Literatur. Reinbek bei Hamburg 2010.
**22** Gasser: Das Königreich im Meer.

Aber auch abgesehen von textuellen Merkmalen wie den oben skizzierten werden die beiden Autoren und ihre Werke immer wieder miteinander in Verbindung gesetzt: Baßler stellt beispielsweise Süskind und Kehlmann gemeinsam als Vertreter eines ‚populären Realismus' und ‚Neuen Erzählens' dar, gemeinsam mit Robert Schneider, Helmut Krausser und Christoph Ransmayr – und übrigens durchgängig kritisch: Für Baßler ist die Literatur Kehlmanns dem *midcult* im Sinne Dwight McDonalds und Umberto Ecos zuzurechnen – das sei „gut gemacht",[23] ästhetisch allerdings bestenfalls mittelmäßig, auf der Höhe von Dan Brown. Kurz: Kehlmann sei Vertreter eines kommerziell erfolgreichen, aber literarisch bestenfalls mittelwertigen „International Style".[24]

Nun kann an dieser Stelle nicht ausführlich auf Baßlers nur bedingt kohärenten Einschätzungen eingegangen werden, der Vergleich zwischen Süskind und Kehlmann hingegen lässt sich durchaus über den enormen Erfolg der beiden Autoren herstellen. Soweit, so richtig: *Das Parfum* und *Die Vermessung der Welt* sind wahrscheinlich die beiden erfolgreichsten deutschsprachigen Romane der letzten 50 Jahre.[25] Weitere potentielle Gemeinsamkeiten zwischens Kehlmanns und Süskinds Schreiben ließen sich anhand von Zuschreibungen wie ‚Mischung von E- und U-Literatur', ‚close the gap' und ‚Mehrfachcodierung' unter dem diffusen Oberbegriff ‚Postmoderne' subsumieren, um dies anschließend mehr oder weniger gewinnbringend auf einen Vergleich zwischen Süskind und Kehlmann anzuwenden. Intertextualität, gerade in der universalistischen Variante poststrukturalistischer Prägung, stellt selbstverständlich eine weitere Komponente dar in solchen Versuchen, die das Werk Kehlmanns im postmodernen Diskurs verorten. Die Frage, ob Kehlmann ein moderner, postmoderner oder gar metamoderner Autor ist, habe ich bereits an anderer Stelle versucht zu beantworten,[26] und halte, auch im Lichte der seither hinzugekommenen Werke Kehlmanns, den damals gefundenen Schluss für grundsätzlich richtig: Das Werk Kehlmanns eindeutig und unzweifelhaft einem wie auch immer näher ausformulierten Postmodernismus zuzuschreiben, verkennt meiner Ansicht nach die poetologischen Grundlagen und literarischen Verfahrensweisen, die darin zum Ausdruck

23 Baßler: Genie erzählen, S. 43.

24 Baßler: Genie erzählen, S. 50.

25 Vgl. Heinz-Peter Preußer: Zur Typologie der Zivilisationskritik. Was aus Daniel Kehlmanns Roman „Die Vermessung der Welt" einen Bestseller werden ließ. In: Text + Kritik 177 (2008) [= Themenheft Daniel Kehlmann], S. 73–85, hier S. 73. Vgl. auch Jörg Magenaus Beitrag im vorliegenden Band.

26 Vgl. Bareis: Moderne, Postmoderne, Metamoderne?

kommen.[27] Die daran anschließende Frage ist, welche ästhetischen Implikationen aus den poetologischen Grundlagen und den Verfahrensweisen – wie beispielsweise Kehlmanns immer wiederkehrenden Versatzstücken intertextueller Art, aber auch der erzähltheoretischen Verfahrensweisen – resultieren. Wenig ist damit gewonnen, allein intertextuelle Bezüge oder erzähltechnische Kniffe aufzuzeigen, ohne dabei tatsächlich deren poetologischen Funktionsweisen und deren Gehalt für die Interpretation herauszuarbeiten.

Bevor jedoch eine potentielle Wirkungs- und Deutungszuweisung möglich ist, sollte zunächst einmal geklärt werden, was konkret als intertextueller Verweis Geltung beanspruchen kann. Im Anschluss daran wird auf die erzähltechnischen Verfahrensweisen im Werk Kehlmanns eingegangen. Ein potentieller Wirkungsbereich intertextueller Referenzen für den konkreten Vergleich zwischen Süskind und Kehlmann wurde bereits angesprochen: Das oftmals (und wohl auch zurecht) als postmodernes Erzählen kategorisierte Werk Süskinds könnte über einen intertextuellen Verweis eine Zuschreibung Kehlmanns zu ebensolchen postmodernen Verfahrensweisen belegen und im besten Fall interpretatorisch bereichern. Wie Kehlmann in wohl allen seinen von historischen Motiven nicht beeinflussten Werken ist auch Süskinds Erzählung in der Gegenwart zu verorten, einem Dorf in Süddeutschland, in einer Wald- und Seenlandschaft; nicht unähnlich der Gegend am Starnberger See, in der Süskind selbst aufwuchs, ohne dabei jedoch tatsächlich konkret zu werden. Es handelt sich um eine Art ‚Realistik',[28] ein typisches Stück Deutschland ohne konkrete Bezugnahme auf tatsächlich existierende Orte, das damit eine wiedererkennbare Kulisse einer relativ undramatischen Kindheitsschilderung bietet. Ein Verfahren, das auch Kehlmann in seinen Werken (inklusive der Bühnenwerke), die in der Gegenwart spielen, immer wieder anwendet: *Beerholms Vorstellung* ist hier durchaus kein Einzelfall. Die wirklichen Ausnahmen sind wohl allein *Tyll* und *Die Vermessung der Welt*, sowie sein erstes Bühnenstück *Geister in Princeton*.

---

**27** Vgl. auch Erik Schillings eindeutigen Befund, *Die Vermessung der Welt* sei nicht dem Korpus der historischen Romane der Postmoderne zuzurechnen, denn seine Untersuchung zeige, „dass *Die Vermessung der Welt* kein postmoderner Roman ist, der die Überlieferungen eines vergangenen Ereignisses ins Zentrum stellt, indem er die Möglichkeiten, Voraussetzungen und Grenzen der Überlieferungsgeschichte thematisiert, ihre Fiktionalität betont und das Werk in einem Konzept von Simultaneität situiert. [. . .] Keine postmoderne Pluralität, keine ironisch gebrochene Aussage, keine Zweifel am Status des eigenen Subjekts – stattdessen die Grundlage eines neuen Paradigmas im Felde des historischen Romans." (Erik Schilling: Der historische Roman seit der Postmoderne. Umberto Eco und die deutsche Literatur. Heidelberg 2012, hier S. 254–255).

**28** Vgl. Frank Zipfel: Fiktion, Fiktivität, Fiktionalität. Analysen zur Fiktion in der Literatur und zum Fiktionsbegriff. Berlin 2001, S. 107–108.

Süskind, der nicht nur von Baßler dem ‚neuen Erzählen' (in Anlehnung an Försters *Die Wiederkehr des Erzählens*) zugerechnet wird, reichert nun jene scheinbar idyllische Erzählung mit Markierungen des unzuverlässigen Erzählens an und bietet dadurch Anknüpfungspunkte an ein postmodernes und neorealistisches Programm, dass sich durch leichte Lesbarkeit und Mehrfachcodierung bestens eignet, sowohl den selten lesenden Unterhaltungskonsumenten anzusprechen als auch die bürgerlich bildungsbeflissenen Leserinnen und Leser, „die die Mühen ‚schwieriger' Kunst nicht mehr auf sich nehmen wollen oder können und doch am bürgerlich valorisierten Kunstdiskurs teilhaben wollen"[29], kurz gesagt ‚mittelschwere Kost für den Durchschnittsbürger'. Dies wäre der wohl eher negative Interpretationsbefund, der durch eine Komparation der beiden Textstellen und insbesondere der erzählerischen Verfahrensweisen in beiden Texten gezogen werden könnte, wenn man sich den Einschätzungen Baßlers anschließen möchte.

Andere Interpreten Kehlmanns gehen hingegen von einer weitaus bedeutsameren Funktionalisierung der Intertextualität aus. Gassers Monographie stellt eine beeindruckende Reihe von interpretatorisch mehr oder weniger relevanten Zusammenhängen zwischen Kehlmanns Gesamtwerk und einer Vielzahl an intertextuellen Vorlagen her. In *Beerholms Vorstellung* entschlüsselt Gasser neben Anleihen aus der Bibel vor allem Bezugnahmen auf Nabokov: Die Figur Adam von Librikov stellt natürlich ein Anagramm zu Vladimir Nabokov dar, auch der Blitztod der Schwester Ella ist für Gasser ein Verweis auf Nabokov, denn in *Lolita* wird Humberts (leibliche) Mutter ebenfalls durch einen Blitzschlag getötet.[30] Darüber hinaus sind es Hermann Burger (*Diabelli*, 1979) und Leo Perutz (*St. Petri-Schnee*, 1933), aber auch Miguel de Unamuno (hierzu später mehr), auf die Gasser unterschiedliche Bezugnahmen in *Beerholms Vorstellung* nachweist. Insgesamt betrachtet kann man konstatieren, dass Gasser die intertextuellen Bezüge in Kehlmanns Werk vor allem dahingehend funktionalisiert, um einen Zusammenhang zwischen Kehlmann und einem Kanon der Weltliteratur herzustellen und dadurch letztlich das literarische Schaffen Kehlmanns auf qualitativ höchster Stufe zu verorten, gemeinsam mit „Borges, Proust, Nabokov, García Márquez, Roth und Henry James".[31]

---

**29** Baßler: Genie erzählen, S. 50.

**30** Gasser: Das Königreich im Meer, S. 137 (Sammelendnote 17). Auch hier verweisen die intertextuellen Parallelen zudem auf erzähltheoretische Ähnlichkeiten – der Begriff des ‚unreliable narrator', den Wayne C. Booth in *The Rhetoric of Fiction* (1961) in die Literaturtheorie einführte, fußte erheblich auf Booths Auseinandersetzung mit Nabokovs Prosa, die voll von unzuverlässigen Erzählern ist.

**31** Gasser: Das Königreich im Meer, S. 132.

Tranacher weist in ihrer Studie zur Genieästhetik Parallelstellen zur Bibel nach, diskutiert den Bezug zum Merlin- und Pygmalion-Stoff in *Beerholms Vorstellung* und stellt ausgehend von Faust-Bezügen die Beziehung zu Thomas Manns *Doktor Faustus* (1947) in den Vordergrund der intertextuellen Analysen.[32] Insbesondere untersucht sie die beiden Hauptfiguren Adrian Leverkühn und Arthur Beerholm, was laut Tranacher zum Befund einer „in vielerlei Hinsicht übereinstimmenden [. . .] Figurenkonzeption" führt.[33] Dieser Befund wird anschließend für die Fragestellung der Genieästhetik interpretationsrelevant.

Leonhard Herrmann diskutiert unter anderem Jeremias Gotthelfs Novelle *Die schwarze Spinne* (1842), auf die in *Beerholms Vorstellung* auf S. 19 direkt Bezug genommen wird.[34] Darüber hinaus verweist Herrmann ebenso auf die Bibel, während das Hauptaugenmerk in seiner Argumentation allerdings darauf verwendet wird, die philosophischen Bezugnahmen zu Schopenhauer nachzuweisen.[35] Diese Parallelen fallen eher motivisch und kompositorisch aus. Für Herrmann stellt *Beerholms Vorstellung* und die darin dargestellte Zauberei einen

> vernunftkritischen Verweis auf die epistemischen Möglichkeiten von Kunst dar: Anders als die abstrakten Unendlichkeitsmodelle von Theologie und Mathematik kann die Erzählung im metaleptischen Modell des simultanen Schöpfens und Bewohnens fiktiver Welten eine konkrete Anschauung der Unendlichkeit vermitteln.[36]

Der Roman „versinnbildlicht" einige von Schopenhauers philosophischen Thesen, so Herrmann, insbesondere in Bezug auf die Vernunftkritik.[37] Auch wenn dies von Herrmann als „intertextuelle[r] Verweis",[38] wohl hauptsächlich anhand des Vornamens Arthur Beerholms, kategorisiert wird, scheint mir die einleuchtend von Herrmann diskutierte Bezugnahme auf Schopenhauer weniger intertextuell im engen Sinne als die anderen zitierten Verweise, da es eher um die Darstellung philosophi-

32 Vgl. Tranacher: Geniekonzepte, S. 99–141.

33 Tranacher: Geniekonzepte, S. 100.

34 Leonhard Herrmann: Literarische Vernunftkritik im Roman der Gegenwart. Stuttgart 2017, S. 93–94.

35 Ähnlich bereits Gasser: „Daß man sich die Welt auch als bloßen Kulissenzauber denken kann, hat Kehlmann nicht zuletzt von Schopenhauer, dessen Gesamtwerk, handschriftlichen Nachlaß miteingeschlossen, er spätestens mit achtzehn Jahren und dann sein ganzes Philosophiestudium hindurch intensiv las" (Das Königreich im Meer, S. 137 [Sammelendnote 18]).

36 Herrmann: Literarische Vernunftkritik, S. 96. Die Beschäftigung mit mathematischen Problemen, insbesondere der Unendlichkeit, ist übrigens eine weitere Parallele zwischen Kehlmann und seinem ‚Hausgott' Nabokov: „Nabokov had a long-standing interest in infinity." (Brian Boyd: Stalking Nabokov. Selected Essays. New York 2011, S. 53).

37 Herrmann: Literarische Vernunftkritik, S. 96.

38 Herrmann: Literarische Vernunftkritik, S. 95.

scher Gedankengänge anhand literarischer Motive und Erzählverfahren geht, als um Intertextualität im engen Sinne, beispielsweise um textuelle Parallelstellen.

Dieser kurze Überblick über die literaturwissenschaftlichen Auseinandersetzungen mit Intertextualität in *Beerholms Vorstellung* ließe sich durch eine noch umfassendere Liste mit Diskussionen intertextueller Bezugnahme für die nachfolgenden Romane und Erzähltexte Kehlmanns ergänzen. Neben der bereits zitierten Monographie Gassers bietet vor allem die Sekundärliteratur zu *Die Vermessung der Welt* eine Vielzahl an Rekonstruktionen der literarischen Bezüge, die dem Roman zugrunde liegen. Auch erste Untersuchungen zum bisherigen Gesamtwerk liegen bereits vor: Joachim Rickes hat in seiner zweiten Monographie zu Kehlmanns Werk den Versuch unternommen, die Bezugnahme auf die lateinamerikanische Literatur in Kehlmanns Werk von *Beerholms Vorstellung* bis *Ruhm* zu untersuchen.[39] Eine Vielzahl weiterer Beispiele, insbesondere auch im Feuilleton, ließen sich problemlos aufreihen. Vielen ist gemeinsam, dass sie erhellend zu einer Reihe von Interpretationsansätzen, oft gespiegelt in Kehlmanns eigenen Äußerungen in Essays und poetologischen Schriften, beitragen. ‚Magischer Realismus‘ und Kehlmanns eigener Begriff „gebrochener Realismus“[40] sind die wichtigsten Interpretationsansätze, die in Verbindung mit Kehlmanns eigenen poetologischen Aussagen zu literaturwissenschaftlichen Deutungsvorschlägen formuliert werden. Ein wiederkehrender Befund ist hierbei eine Spiegeltechnik, eine Umkehrung intertextueller Prätexte, die von Kehlmann immer wieder benutzt wird. Dies sei kurz an einem Beispiel aus *Die Vermessung der Welt* illustriert:

In *Die Vermessung der Welt*, Kapitel 9 „Der Garten“, trifft Gauß auf einen Grafen von der Ohe zur Ohe. Kehlmann selbst schlägt in seinen Göttinger Poetikvorlesungen ausdrücklich vor, dass der Graf eine Darstellung Gottes auf Erden ist: „Ja, manches deutet darauf hin, daß er der ist, an den Gauß so lange schon einige Fragen richten wollte. Ihm wird eine Audienz gewährt, die Menschen normalerweise nicht gewährt wird.“[41] Mehr noch: In Interviews, aber auch kurz vor der oben zitierten Stelle in den Poetikvorlesungen, stellt Kehlmann selbst eine Verbindung zu Kafkas Roman *Das Schloss* her; er bezeichnet die Darstellung in der *Vermessung der Welt* explizit als eine „Kafka-Umkehrung“. Bedenkt man nun den Namen des Schlossbesitzers bei Kafka, Graf Westwest, und vergleicht diesen mit dem Namen des Besitzers des Herrenhauses, Graf von der Ohe zur Ohe, könnte man zumindest auf den Gedanken kommen, dass es sich auch hier um eine absichtliche Umkehrung auf Vokalebene handelt; anstatt ‚Ostost‘ trifft Gauß

---

**39** Joachim Rickes: Daniel Kehlmann und die lateinamerikanische Literatur. Würzburg 2012.
**40** Vgl. Kehlmann: Poetikvorlesungen, S. 20.
**41** Kehlmann: Poetikvorlesungen, S. 34.

auf ‚von der Ohe zur Ohe'. Es bietet sich also die Vermutung an, dass Kehlmann hier absichtlich einen Namen erfunden hat, der als weiteres Signal der Umkehrung von Kafkas Text funktionieren soll. Aber hier läge man mit dieser Vermutung falsch, zumindest was die ‚Veränderung' bzw. das Erfinden des Namens angeht. Tatsächlich ist der Name Hinrich von der Ohe zur Ohe keine Erfindung Kehlmanns, sondern ein historisch verbürgter Name, den Kehlmann möglicherweise dem Briefwechsel zwischen Gauß und Schumacher entnommen hat

> Ganz so schlecht wie ich gefürchtet hatte ist der Aufenthalt hier doch nicht, ohne Vergleich besser, wie in Ober Ohe von wo aus ich den Hauselberg und Breithorn bestritt. Dort lebt eine Familie, deren Haupt „Peter Hinrich von der Ohe zur Ohe" sich schreibt (falls er schreiben kann), dessen Eigenthum vielleicht 1 [Quadrat-] Meile gross ist, dessen Kinder aber die Schweine hüten. Manche Bequemlichkeiten kennt man dort gar nicht, z. B. einen Spiegel, einen A—t und dergleichen.[42]

Geht man davon aus, dass Kehlmann diesen (und möglicherweise weitere) Briefwechsel kannte, liegt die Vermutung nahe, dass er den Namen schlicht übernommen hat und dabei die glückliche Doppelung und Vokalumkehrung des Namens in Bezug auf Kafkas Graf Westwest harmonisch in die intertextuelle Umkehrung einfügen konnte. Ein deutliches Signal für eine intentionale Intertextualität stellt der Name des Grafen in *Die Vermessung der Welt* damit nicht dar. Folgerichtig verwirft Kehlmann auch in seinen Poetikvorlesungen eine Lesart, die den tropischen Garten des Grafen in *Die Vermessung der Welt* zum Garten Eden macht, aus dem Adam vertrieben wurde:

> Das wird mir zuviel, zu germanistisch. Nein, einfach ein Garten. Und der alte Mann ist einfach ein Graf, der zufällig in einem Brief des Landvermessers Gauß Erwähnung findet. Man habe ihn da schlecht behandelt, schreibt Gauß, habe ihn in einem dreckigen Raum ohne Toilette einquartiert. Der Rest ist Erfindung, Ausschmückung – Spiel.[43]

Damit ist meines Erachtens eines der Probleme der Literaturwissenschaft für den Umgang mit intertextuellen Bezugnahmen im Werk Kehlmanns umrissen. Es wird dem Autor hier nach eigenem Bekunden schlicht und einfach ‚zu germanistisch'; für den Literaturwissenschaftler bedeutet dies, dass das literaturtheoretische Problem der Intentionalität aktualisiert wird. Zwar weist Kehlmann einmal mehr an dieser Stelle der Poetikvorlesungen darauf hin, dass es sich beim Garten um eine Kafka-Umkehrung handelt – anstatt der stickigen Interieurs bei Kafka ist es bei ihm ein tropischer Garten, anstatt vom Schloss abgewiesen zu werden,

---

**42** Brief von Gauß an Schumacher, 29.9.1822, zitiert nach http://resolver.sub.uni-goettingen.de/purl?PPN63510248X (Zuletzt angesehen am 26.10.2019), Brief Nr. 157, S. 286.
**43** Kehlmann: Poetikvorlesungen, S. 34–35.

wird Gauß direkt Einlass gewährt – aber der interpretatorisch letzte Schritt zur Vertreibung aus dem „in die Lüneburger Heide verlegte[n] Paradies" stellt für Kehlmann eine typisch germanistische Interpretation dar,[44] die er persönlich ablehnt.

Da es in Kehlmanns poetologischen Schriften ebenso wenig wie in seinen Essays zur Literatur einen Hinweis auf Süskind allgemein und die *Geschichte von Herrn Sommer* selbst gibt,[45] habe ich 2015 im Rahmen eines persönlichen Gesprächs Daniel Kehlmann direkt gefragt, was es mit der Parallele zu Süskinds Erzählung auf sich hat. Seine Antwort war eindeutig: Nichts. Zwar hat Kehlmann nach eigenem Bekunden Süskinds *Parfum* gelesen, *Die Geschichte von Herrn Sommer* war ihm allerdings unbekannt. Als ich ihm von den Parallelen berichtete, zeigte er sich sehr erstaunt und auch interessiert, wies aber auf eine von ihm für sich persönlich aufgestellte Regel in Bezug auf intertextuelle Verbindungen hin: ‚Wenn ich das Buch nicht gelesen habe, ist es keine Intertextualität.' Methodologisch gesprochen will Kehlmann also die Möglichkeit nicht-intentionaler Intertextualität für sein eigenes Schaffen nicht ausschließen – die unbewusste Beeinflussung durch eigene Lektüre scheint Kehlmann durchaus als einen potentiellen Einfluss seines Schaffens zu betrachten. Die einzige Art für ihn persönlich – wenn man seiner Antwort denn Glauben schenken möchte in Anbetracht seiner eigenen Formulierung in den Göttinger Poetikvorlesungen, „[g]lauben Sie keinem Poetikdozenten"[46]– eine intertextuelle Verbindung auszuschließen, scheint der Lackmustest der eigenen Lektüreliste zu sein. So ließe sich wohl auch eine der vielen Sammelendnoten in Gassers Monographie deuten, der dort in Bezug auf Unamunos Roman *Niebla* schreibt, dass Kehlmann die Novelle „zur Zeit der Niederschrift von *Beerholms Vorstellung* allerdings nicht kannte".[47] In der theoretischen Auseinandersetzung stellt die Frage

---

**44** Rickes: Metamorphosen des Teufels, S. 41.

**45** Möglicherweise ließe sich eine Anspielung auf den Autor Süskind in der Beschreibung Arthur Friedlands in *F* herstellen, der nach seinem Erfolg mit folgenden Worten charakterisiert wird: „wer denn dieser Arthur Friedland sei, der sich derart still verhielt, sein Buch nicht verteidigte, nicht auftrat und sich nicht einmal fotografieren ließ" (Kehlmann: F, S. 91). Hier enden allerdings auch schon wieder die Ähnlichkeiten.

**46** Kehlmann: Poetikvorlesungen, S. 5.

**47** Gasser: Königreich im Meer, S. 138. Gasser vermerkt einleitend zu seinen Sammelendnoten: „Ohne die vielen Gespräche mit Daniel Kehlmann, auch sie eine Form des Glücklichseins, wäre das Buch nicht entstanden. Ihnen wurden die Details aus seiner Biographie und Zitate entnommen, die in den Anmerkungen nicht eigens angeführt sind." (Gasser: Königreich im Meer, S. 133) Gasser scheint demzufolge identisch verfahren zu haben und hat Kehlmann direkt gefragt, ob die Verbindung zu Unamunos Roman intendiert war oder nicht.

nach der Intentionalität von intertextuellen Anspielungen eine wiederholt diskutierte Streitfrage dar, die an dieser Stelle nur erwähnt werden kann.[48]

Die zu Beginn gestellte Frage, wie man (nicht) mit Kehlmanns intertextuellen Bezügen sowie seinen eigenen Aussagen hierzu umgehen sollte, und was überhaupt als intertextueller Verweis Geltung beanspruchen kann, muss anhand des hier Erörterten also mit einer Mahnung zur Vorsicht beantwortet werden: Ja, Kehlmanns Werk weist eine Vielzahl von intertextuellen Bezugnahmen auf; diese sind in vielen Fällen gewinnbringend für die Analyse und die Interpretation verwendet worden. Oftmals zeigen sich anhand der intertextuellen Bezugnahmen neue Möglichkeiten, die Texte selbst zu entschlüsseln und zu verstehen. Insbesondere die Umkehrungen und Spiegelungen bieten ein reichhaltiges Material, ohne welches es oftmals schwierig bleibt, die dargestellten Motive völlig oder auch nur hinreichend zu verstehen. Bisweilen lassen sich die intertextuellen Bezüge als Argumentationsmaterial funktionalisieren, um weiterreichende Interpretationen und literaturgeschichtliche Einordnungen zu unterfüttern. Intertextualität macht einen grundlegenden poetologischen Baustein im Werk Kehlmanns aus, dies steht anhand der angeführten Beispiele und der bislang geführten Diskussion wohl außer Frage. Der jeweilige interpretatorische Wert einer intertextuellen Parallelstelle muss allerdings immer wieder neu verhandelt werden, und in Anbetracht der Voraussetzungen der Beschäftigung mit lebenden Autoren und der neuesten Gegenwartsliteratur spielt die Frage nach der Intentionalität der Intertextualität einen methodologischen Prüfstein dar, der wie gezeigt zu unerwarteten Folgen führen kann. Mehr noch: Kehlmanns Inszenierungspraktiken dürfen hierbei keineswegs übersehen werden. Was Herrmann im vorliegenden Band in Bezug auf die Bildungsbiographie Kehlmanns und dessen Darstellung in Interviews und anderen sekundären Texten herausgearbeitet hat, gilt mit größter Wahrscheinlichkeit auch für den literarischen Bildungsweg Kehlmanns. Die zahlreichen Bezugnahmen auf Nabokov und Perutz in Rezensionen und Interviews haben mit Sicherheit auch einen Einfluss auf die Sekundärliteratur.

Darüber hinaus, und darauf soll im nächsten Abschnitt eingegangen werden, beantworten intertextuelle Verfahrensweisen keineswegs alle Fragen, die in Hinsicht auf die Poetologie des bisherigen Gesamtwerks gestellt werden sollten. In Bezug auf literaturgeschichtliche Fragestellungen, beispielsweise in Hinblick auf die Einordnung von Kehlmanns Werk unter dem Oberbegriff der Postmoderne, liefern gerade auch die Einordnung der intertextuellen Verfahrensweisen eher Hin-

**48** Vgl. Göran Hermerén: Allusions and Intentions. In: Intention and Interpretation. Hg. v. Gary Iseminger. Philadelphia 1992, S. 203–220; und William Irwin: The Aesthetics of Illusion. In: The Journal of Value Inquiry 36 (2002), S. 521–532.

weise für eine Abgrenzung von der Postmoderne, da die Funktionalisierung der intertextuellen Bezugnahmen gerade nicht auf eine rhizomatische Verflechtung hinausläuft, die Hierarchien zu verschleiern versucht. Aber auch ein negativer Befund ist ein Resultat.

# 4 Narratologie und Intertextualität

Unzuverlässiges Erzählen ist eine problematische narratologische Kategorie. Trotz des vehementen Interesses, das dem Phänomen in der internationalen Forschung zuteilwurde, kann man nach wie vor nicht davon ausgehen, dass es eine allgemein gültige und für jeden Fall von potentieller Unzuverlässigkeit zutreffende Definition gibt, die von den tonangebenden Theoretikern des Fachs geteilt würde. Auch wenn Gérard Genette unzuverlässiges Erzählen kein einziges Mal in seinem narratologischen Hauptwerk erwähnt (und dies wohl aus gutem Grunde), stellt die Kategorie des unzuverlässigen Erzählens mittlerweile ein Standardingrediens einer jeden erzähltheoretischen Einführung dar – wenngleich auch auf bisweilen höchst unterschiedliche Weise. Das grundlegende Problem, aufgrund dessen eine einheitliche Definition nach wie vor aussteht, scheint mir in der Verortung des Phänomens zu liegen: Erzählerische Unzuverlässigkeit ist ebenso interpretationsrelevant wie interpretationsabhängig. Das unzuverlässige Erzählen bedarf eines intrikaten Zusammenwirkens von Autor, Text und Leser. Ohne das Zusammenwirken dieser drei Größen findet kein unzuverlässiges Erzählen statt. Unzuverlässiges Erzählen ohne Anhaltspunkte für die zumindest hypothetische Intention des Autors kann zu anachronistischen Leseweisen führen,[49] während intendierte Unzuverlässigkeit und mangelnde textuelle Markierung zum Ausbleiben entsprechender Interpretationen als unzuverlässig führen kann – und genau hierfür bietet die diskutierte *Geschichte von Herrn Sommer* zumindest einen temporär gültigen Beweis. Grundsätzlich stellt sich die Frage, ob unerkanntes unzuverlässiges Erzählen als Fauxpas oder gar Versagen der Kritik oder, wenn nicht als ‚Fehler', so zumindest als ‚unterlassene Hilfeleistung' seitens des Autors bewertet werden sollte.

Bereits ein kurzer Überblick über Kehlmanns bisheriges Gesamtwerk macht unmittelbar deutlich, dass unzuverlässiges Erzählen durchaus als Konstante

49 Vgl. Bareis: Ethics, the Diachronization of Narratology, and the Margins of Unreliable Narration. In: Narrative Ethics. Hg. v. Jakob Lothe/Jeremy Hawthorn. Amsterdam/New York 2013, S. 41–55; sowie Vera Nünning: Narration and the Historical Variability of Values and Norms: *The Vicar of Wakefield* as a Test Case of Cultural-Historical Narratology. In: Style 38 (2004), S. 236–252.

der verwendeten erzählerischen Mittel zu betrachten sind: Wenn nicht relativ eindeutig unzuverlässig erzählt oder Unzuverlässigkeit zumindest als Interpretationsansatz angeboten wird wie in *Beerholms Vorstellung*, *Mahlers Zeit*, *Ich und Kaminski*, *Vermessung der Welt* und *Du hättest gehen sollen*, findet man zumindest andere, verwandte Erzählweisen wie beispielsweise metafiktionales, metaleptisches und multiperspektivisches Erzählen, das ebenfalls die fiktionalen Wahrheiten der jeweiligen erzählten Welt in Frage stellt (*Ruhm*, *F*, *Tyll*).

Dieser sehr kurze Blick auf die verwendeten narratologischen Konzepte im Werk Kehlmanns führt mich zur folgenden, vorläufigen Bestandsaufnahme: Es sind nicht die Regeln der Wirklichkeit, die in Kehlmanns literarischen Werken gebrochen werden, sondern die Regeln der Epistemologie: Statt Ontologie, statt Wirklichkeit, ist es die Wahrheit, das Wissen, die Epistemologie, die immer wieder in Frage gestellt wird, deren Regeln neu verhandelt werden, die zu konkurrierenden Interpretationsansätzen führen. Vielleicht sind es gerade deshalb immer wieder die Genies, die im Vordergrund stehen – Menschen, die wissen, die mehr wissen möchten und auch neues, teilweise unsicheres Wissen erreichen und bestehendes Wissen neu verhandeln.[50] Kehlmanns Poetologie zeigt, das ist meine These, deutlich die Tendenz, dass ‚fiktionsepistemologische' Fragestellungen in fast jedem seiner Werke eine herausragende Rolle in der Interpretationsarbeit spielen. Es ist dabei ‚Fiktionsepistemologie' in doppeltem Sinne: Nicht nur die Frage, was in der Fiktion des jeweiligen Werkes wahr ist, sondern auch, welches Wissen aus anderen Fiktionen und über andere Fiktionen aktualisiert werden kann. Insbesondere an intertextuellen Verfahrensweisen lassen sich immer wieder Interpretationsansätze anhängen, beispielsweise durch intertextuelle Hinweise auf Leo Perutz und Vladimir Nabokov, aus denen eben gerade auch erzähltechnische Verfahrensweisen importiert werden. Die Parallelen zwischen *Der fernste Ort* und Perutz' *Zwischen neun und neun* sind meines Erachtens ebenso offensichtlich wie die zwischen *Ruhm* und Perutz' *Nachts unter der steinernen Brücke*.[51] Wie gezeigt ist dies aber kein ‚Selbstläufer' – die intertextuellen Ähnlichkeiten zwischen Miguel de Unamunos *Niebla* und der Geschichte „Rosalie geht sterben" in *Ruhm* scheint, so deute ich Gassers Auskunft, für *Beerholms Vorstellung* gerade nicht relevant, trotz der offensichtlichen Parallelen, das Dasein nur als einen Traum zu begreifen. Auf gleiche Weise erweisen sich die Parallelstellen in *Die Geschichte von Herrn Sommer* und *Beerholms Vorstellung* als eine der vielen interpretatorischen Sackgassen, mit denen die Leser und Interpreten Kehlmanns bestens vertraut sind und die vielleicht dennoch einen entscheiden-

---

**50** Zum Geniebegriff vor allem Tranacher: Geniekonzepte.

**51** Vgl. dazu den Beitrag von Claude Haas im vorliegenden Band.

den Teil des ästhetischen Genusses ausmachen. Der schriftstellerische ‚Magier' und ‚Hypnotiseur' Kehlmann erlaubt sich immer wieder, durch blinde Fährten, Volten und Ebenensprünge die gerade noch so intakte Epistemologie der Fiktion, die der Leser während der Rezeption mühselig zusammengebastelt hat, im Handumdrehen zu zertrümmern. Dem Literaturwissenschaftler bleibt in den hier diskutierten problematischen Fällen bisweilen nur die Hoffnung auf einen *actual intentionalism*, nicht nur beim Interpretieren, sondern auch bei der Analyse der intertextuellen Referenzen: Wie Gasser blieb auch mir nur die Möglichkeit, *straight from the horse's mouth* zu erfahren, ob die Parallelstellen intentionale Allusionen darstellen und damit für eine eventuelle Interpretation nutzbar gemacht werden können. Sicherlich steht es der Literaturwissenschaft frei, dennoch fruchtbare Verbindungslinien zwischen den Parallelstellen herzustellen, die dann möglicherweise einen eingeschlagenen Interpretationsweg anreichern und zu neuen Perspektiven und Deutungsmöglichkeiten führen können, und dies auch ohne ‚Autorisierung'. In weniger intrikaten Fällen funktioniert dies sicherlich problemlos. Der argumentative Aufwand in den hier diskutierten problematischen Fällen scheint mir allerdings zu hoch. In Hinblick auf das bisherige Gesamtwerk steht hingegen der Befund fest, dass es gerade nicht ‚die Wirklichkeit' ist, mit der gebrochen wird, sondern mit der Epistemologie: Wer Kehlmann liest, sollte wissen, dass er nichts wissen kann.

## Literaturverzeichnis


Bareis, J. Alexander: Ethics, the Diachronization of Narratology, and the Margins of Unreliable Narration. In: Narrative Ethics. Hg. v. Jakob Lothe/Jeremy Hawthorn. Amsterdam/New York 2013, S. 41–55.

Bareis, J. Alexander: Moderne, Postmoderne, Metamoderne? Poetologische Positionen im Werk Daniel Kehlmanns. In: Die Unendlichkeit des Erzählens. Der Roman in der deutschsprachigen Gegenwartsliteratur seit 1989. Hg. v. Carsten Rohde/Hansgeorg Schmidt-Bergmann. Bielefeld 2013, S. 321–344.

Bareis, J. Alexander: Was ist wahr in der Fiktion? Zum Prinzip der Genrekonvention und die Unzuverlässigkeit des Erzählers in Patrick Süskinds *Die Geschichte von Herrn Sommer*. In: Scientia Poetica 13 (2009), S. 230–254.

Baßler, Moritz: Genie erzählen: Zu Daniel Kehlmanns Populärem Realismus. In: Gegenwartsliteratur. Ein germanistisches Jahrbuch 16 (2017), S. 37–55.

Blödorn, Andreas: Wahrnehmung der Zeit(lichkeit) im Raum: *Die Geschichte von Herrn Sommer* – ein postmodernes Spiel mit Deutungsmustern. In: Psychogramme der Postmoderne. Untersuchungen zum Werk Patrick Süskinds. Hg. v. Andreas Blödorn, Christine Hummel. Trier 2008, S. 81–102.

Boyd, Brian: Stalking Nabokov. Selected Essays. New York 2011.

Carl Friedrich Gauß an Heinrich Christian Schumacher, 29. 9.1822, Brief Nr. 157, S. 286, http://resolver.sub.uni-goettingen.de/purl?PPN63510248X (Zuletzt angesehen am 26.10.2019).
Easter Egg. In Wikipedia.de, https://de.wikipedia.org/wiki/Easter_Egg (Zuletzt angesehen am 26.10.2019).
Gasser, Markus: Das Königreich im Meer. Daniel Kehlmanns Geheimnis. Göttingen 2010.
Haller, Nora: Ich bin tot – Vom eigenen Tod erzählen. Eine literaturwissenschaftliche Studie zu Ästhetik, Poetologie und Poetik. Stuttgart 2019.
Hermerén, Göran: Allusions and Intentions. In: Intention and Interpretation. Hg. v. Gary Iseminger. Philadelphia 1992, S. 203–220.
Herrmann, Leonhard: Literarische Vernunftkritik im Roman der Gegenwart. Stuttgart 2017.
Irwin, William: The Aesthetics of Illusion. In: The Journal of Value Inquiry 36 (2002), S. 521–532.
Kehlmann, Daniel: Lob. Über Literatur. Reinbek bei Hamburg 2010.
Kehlmann, Daniel: Diese sehr ernsten Scherze. Poetikvorlesungen. Göttingen 2007.
Kehlmann, Daniel: Beerholms Vorstellung. Roman. Vom Autor behutsam überarbeitete Neuausgabe. Reinbek bei Hamburg 2007 [Wien 1997].
Kehlmann, Daniel: Wo ist Carlos Montúfar? Über Bücher. Reinbek bei Hamburg 2005.
Kehlmann, Daniel: Der fernste Ort. Frankfurt a. M. 2004 [2001].
Köppe, Tilmann: Fiktive Tatsachen. In: Fiktionalität. Ein interdisziplinäres Handbuch. Hg. v. Tobias Klauk, Tilmann Köppe. Berlin/Boston 2014, S. 190–208.
Lämmert, Eberhart: Doppelte Optik. Über die Erzählkunst des frühen Thomas Mann. In: Literatur, Sprache, Gesellschaft. Hg. v. Karl Rüdinger. München 1970, S. 50–72.
Nünning, Ansgar: Unreliable Narration zur Einführung: Grundzüge einer kognitiv-narratologischen Theorie und Analyse unglaubwürdigen Erzählens. In: Unreliable Narration: Studien zur Theorie und Praxis unglaubwürdigen Erzählens in der englischsprachigen Erzählliteratur. Hg. v. dems. Trier 1998, S. 3–39.
Nünning, Vera: Narration and the Historical Variability of Values and Norms: *The Vicar of Wakefield* as a Test Case of Cultural-Historical Narratology. In: Style 38 (2004), S. 236–252.
Pfister, Andreas: Der Autor in der Postmoderne. Mit einer Fallstudie zu Patrick Süskind. Fribourg 2004.
Preußer, Heinz-Peter: Zur Typologie der Zivilisationskritik. Was aus Daniel Kehlmanns Roman „Die Vermessung der Welt“ einen Bestseller werden ließ. In: Text + Kritik 177 (2008) [= Themenheft Daniel Kehlmann], S. 73–85.
Rickes, Joachim: Daniel Kehlmann und die lateinamerikanische Literatur. Würzburg 2012.
Rickes, Joachim: Die Metamorphosen des ‚Teufels‘ bei Daniel Kehlmann. „Sagen Sie Karl Ludwig zu mir“. Würzburg 2010.
Schilling, Erik: Der historische Roman seit der Postmoderne. Umberto Eco und die deutsche Literatur. Heidelberg 2012.
Sternberg, Meir/Tamar Yacobi: (Un)Reliablity in Narrative Discourse: A Comprehensive Overview. In: Poetics Today 36 (2015), H. 4, S. 327–498.
Süskind, Patrick: Die Geschichte von Herrn Sommer. Mit Bildern von Sempé. Zürich 1994 [1991].
Tranacher, Juliane: Geniekonzepte bei Daniel Kehlmann. Würzburg 2018.
Zipfel, Frank: Fiktion, Fiktivität, Fiktionalität. Analysen zur Fiktion in der Literatur und zum Fiktionsbegriff. Berlin 2001.

Sascha Seiler

# „Ich habe ein paarmal an diesen Film denken müssen“: Spuren von Intertextualität und Intermedialität im Werk Daniel Kehlmanns

## 1 Zur Einleitung: Daniel Kehlmann und der Magische Realismus

Daniel Kehlmann hat nie ein Geheimnis daraus gemacht, wie sehr andere Autoren und Werke, vornehmlich aus der angloamerikanischen und lateinamerikanischen Literatur, sein Schreiben beeinflusst haben. Nicht nur seine große Leidenschaft für das Werk Vladimir Nabokovs, sondern vor allem sein fortwährender Rekurs – sowohl in seinen literarischen als auch in seinen essayistischen Texten – auf lateinamerikanische Autoren wie Gabriel García Márquez[1], Mario Vargas Llosa oder Jorge Luis Borges macht ihn zu einem Sonderfall in der deutschsprachigen Literatur. Und weil auch Kehlmanns Texte sich meist an der Schwelle zwischen Realität und Illusion bewegen, ein „Spiel mit Schein und Wirklichkeit“[2] spielen, wird er wiederholt mit dem Magischen Realismus lateinamerikanischer Prägung in Verbindung gebracht. Tatsächlich kann es nämlich als schwieriges Unterfangen angesehen werden, den lateinamerikanischen Magischen Realismus[3], wie er zunächst von dem kubanischen Schriftsteller Alejo

1 Bei seiner Rede zur Berufung als Dozent für Weltliteratur an der Universität Köln im Jahr 2010 hielt Kehlmann auch einen Vortrag zur Bedeutung von Márquez' *Hundert Jahre Einsamkeit*, das er als „weltgewinnende[s] Werk, das für immer das Bild eines Kontinents verändert hat“ bezeichnete. (Daniel Kehlmann: Wege nach Macondo. In: Literator 2010. Dozentur für Weltliteratur. Daniel Kehlmann. Hg. v. Ines Barner/Günter Blamberger. München 2012, S. 19).

2 Joachim Rickes: Daniel Kehlmann und die lateinamerikanische Literatur. Würzburg 2012, S. 21.

3 Tatsächlich wurde der Begriff erstmals 1925 von dem deutschen Kunstkritiker Franz Roh, bezogen auf einen postexpressionistischen Malstil, verwendet. Doch erschien ein Teil von Rohs Text in der spanischen Zeitschrift *Revista del Occidente* und gelangte auf diesem Weg, immer noch auf die Bildende Kunst bezogen, nach Lateinamerika. Die erste Erwähnung im Kontext der lateinamerikanischen Literatur ist bei dem venezolanischen Autor Arturo Uslar Pietri zu finden, doch Carpentiers Vorwort gilt gemeinhin als Manifest des lateinamerikanischen Magischen Realismus. (Vgl. Michael Scheffel: Magischer Realismus. Die Geschichte eines Begriffes und ein Versuch seiner Bestimmung. Tübingen 1990 [Stauffenburg-Colloquium. Bd. 16].) Zwar werden auch europäische Werke der ersten Jahrhunderthälfte der Gattung zugeordnet, doch nicht zuletzt aufgrund von

https://doi.org/10.1515/9783110647488-003

Carpentier formuliert und dann von Autoren wie Gabriel García Márquez, Miguel Ángel Asturias, Juan Rulfo oder dem frühen Mario Vargas Llosa als Schreibweise etabliert wurde, auf mitteleuropäische Verhältnisse zu übertragen. Die Problematik hat dabei zumindest nach Ansicht Carpentiers kulturhistorische Ursachen, rekurriert der Magische Realismus ursprünglich doch auf den tief in den indigenen Völkern Mittelamerikas sowie der Andenstaaten verwurzelten, archaischen Glauben an das Magische im Alltag, so dass eine für den Magischen Realismus paradigmatische Akzeptanz der plötzlich auftauchenden phantastischen Elemente in der Beschreibung jenes Alltags programmatisch ist.[4] Carpentier schreibt in dem Vorwort zu seinem Roman *Das Reich von dieser Welt* aus dem Jahr 1949, das gemeinhin als Manifest des Magischen Realismus angesehen wird, dass der Grund für die Hinwendung lateinamerikanischer Autoren zu magischen Elementen in genau dieser tief in der Bevölkerung verwurzelten heidnischen Tradition liegt. Er bezeichnet dies als das „wunderbare Wirkliche", das er als „Erbteil von ganz Amerika" ansieht: „Das wunderbare Wirkliche begegnet uns auf Schritt und Tritt im Leben von Menschen, die in die Geschichte des Kontinents Daten eingeschrieben und bis heute nicht ausgestorbene Namen hinterlassen haben."[5] In Westeuropa hätten solche kulturellen Elemente „jeden magischen oder beschwörenden Charakter eingebüßt"[6], während in Amerika rituelle Bedeutungen noch überall spürbar und erfahrbar seien:

> Und das kommt daher, daß Amerika durch die Unberührtheit seiner Landschaft, durch die Kultur, das Seinsverständnis, das Faustische des Indianers und des Negers, durch die Offenbarung, die deren Entdeckung vor noch nicht allzulanger Zeit darstellte, und die fruchtbaren Mestizierungen, die sie zeitigte, weit davon entfernt ist, seinen Reichtum an Mythologien erschöpft zu haben.[7]

---

Carpentiers starker Polarisierung des Begriffs hat sich der lateinamerikanische Magische Realismus als eigenständiges Genre entwickelt und wird auch meist als solches wahrgenommen. Dennoch sollte aus diesem Grund die Eingrenzung ‚lateinamerikanisch' im Folgenden wenn nicht explizit erwähnt, so doch stets mitgedacht werden, da auch Kehlmann sich stets darauf bezieht.

4 Aus diesem Grund wäre eine pauschale Übertragung des Magischen Realismus auf die gesamte lateinamerikanische Literatur fehlgeleitet, denn weder die meisten Texte Jorge Luis Borges' noch jene Julio Cortázars, beides argentinische Autoren, die zumal primär von der europäischen Kultur und Literatur beeinflusst waren, können im Kontext der Carpentier'schen Definition als solcher aufgefasst werden. Nur vereinzelte populäre Romane aus den südlichen Staaten Lateinamerikas fallen unter die Kategorie, so etwa Isabel Allendes *La casa de los espíritus* sowie Tomás Eloy Martinez' *Purgatorio*.

5 Alejo Carpentier: Vorwort des Autors zur Originalausgabe von *Das Reich von dieser Welt* aus dem Jahr 1949. In: ders.: Das Reich von dieser Welt. Frankfurt a. M. [3]1991, S. 1728.

6 Carpentier: S. 1728.

7 Carpentier: S. 1729.

Und überhaupt sei die „Geschichte ganz Amerikas" nichts anderes „als eine Chronik des wunderbaren Wirklichen"[8], das sich, so die Schlussfolgerung, im westeuropäischen Raum höchstens in historischen Stoffen vermitteln lasse.

Nun sind diese Überlegungen Carpentiers auch schon vor nahezu einem dreiviertel Jahrhundert getätigt worden und die Globalisierung hat auch vor dem lateinamerikanischen Kulturraum nicht haltgemacht. Dennoch ist es auffällig, dass das erste Werk Kehlmanns, das die Vorgehensweise des Magischen Realismus konsequent erforscht und rezipiert, jenes ist, das konsequenterweise in Lateinamerika spielt – *Die Vermessung der Welt*. „Weimarer Klassik goes Macondo"[9] nannte Kehlmann einst selbst sein Vorhaben mit dem Roman, und tatsächlich ist die Chiffre für die Totalität Lateinamerikas, eingefangen im magisch-realistischen Mikrokosmos des Márquez'schen Urwald-Dorfes, in diesem Zusammenhang durchaus zutreffend.

So ist es bezeichnend, dass Kehlmann selbst in seinen Poetikvorlesungen die bedeutende Rolle des Magischen Realismus für die Weltliteratur, aber auch für sein eigenes Schreiben hervorhebt:

> Die größte literarische Revolution der zweiten Hälfte des zwanzigsten Jahrhunderts, das waren die Erzähler Südamerikas, die an Kafka anknüpften und die Grenzen zwischen Tages- und Nachtwirklichkeit, zwischen Wachen und Traum durchlässig machten. Romane als große Träume, in denen alles möglich ist. So entstanden die funkelnden Meisterwerke dieses Kontinents: *Hundert Jahre Einsamkeit*, *Fiktionen*, *Das Reich von dieser Welt*, *Pedro Páramo*. Hierorts wollte man davon nicht viel wissen, knüpfte an den Dadaismus der Vorkriegszeit an, zog den Humor ab und nannte es ein Experiment.[10]

Dahin anknüpfend sieht Bettina Davis in *Die Vermessung der Welt* „die Identifikation seines Erzählvorhabens als eine künstlerische Begegnung der Weimarer Klassik mit dem magischen Realismus"[11], interessanterweise dargestellt anhand eines interkulturellen Sujets, also einer Bereisung der fremden, ‚magischen' Welt durch die Vertreter des ‚aufgeklärten' Kontinents. So bleibt jedoch, dies ist meine These, das Magisch-Realistische im Roman stets ein Fremdkörper, es findet durch die europäischen Besucher lediglich eine Beobachtung, später eine Appropriation dieser

---

**8** Carpentier: S. 1730.

**9** Michael Lentz: „Die Fremdheit ist ungeheuer." Daniel Kehlmann und Michael Lentz im Gespräch über historische Stoffe in der Gegenwartsliteratur. In: Neue Rundschau (2007), H. 1 (Historische Stoffe), S. 33–47, hier S. 46.

**10** Daniel Kehlmann: Diese sehr ernsten Scherze. Poetikvorlesungen. In: ders.: Lob. Über Literatur. Reinbek bei Hamburg 2010, S. 125–168, hier S. 136–137.

**11** Bettina Davis: Das Schmunzeln im Spiegel (kolonialer) Erinnerung: Parodierte nationale Selbstbilder in Christian Krachts *Imperium* und Daniel Kehlmanns *Die Vermessung der Welt*. University of New Mexico: Electronic Dissertation, S. 85, https://digitalrepository.unm.edu/fll_etds/87 (Zuletzt angesehen am 26.10.2019).

Elemente statt, ohne dass sie im Kontext der Figuren, oder des Erzählten, ‚natürlich‘ im Sinne der lateinamerikanischen Vertreter des Magischen Realismus wirken können. So ist es naheliegend, dass auch in *Die Vermessung der Welt* ein Rekurs auf den in Bezug auf das Werk Kehlmanns häufig aufgerufenen Begriff des ‚gebrochenen Realismus‘ genommen werden kann. Joachim Rickes spricht in seinem Band *Daniel Kehlmann und die lateinamerikanische Literatur* von einem „oft mißverstandene[n] Verhältnis zum sog. magischen Realismus“[12], da man keinesfalls „von einer direkten Übernahme lateinamerikanischer Erzählverfahren“[13] ausgehen könne, übernehme er doch „keineswegs die unmittelbare Einbeziehung des Wunderbaren in die Wirklichkeit“. Stattdessen sei „im Sinne seines ‚gebrochenen Realismus‘ stets eine – mitunter kaum merkliche – Markierung der Ungewißheit zu erkennen“.[14] Als Beispiele führt Rickes die Relativierung von Humboldts Erblicken eines Fabelwesens[15], die Sichtung eines UFOS über dem Orinoco[16] sowie das scheinbar telepathische Gespräch am Ende des Romans[17] an. Verstärkt werden Erschöpfung, Wirklichkeitsverlust oder Sinnestäuschungen zumindest als Möglichkeit der Evokation des Magischen ins Spiel gebracht, so dass, wie der Begriff bereits suggeriert, die Wirklichkeit aus logisch nachvollziehbaren Gründen gebrochen, jedoch nicht – im engeren Sinne – magisch wird. Solche Relativierungen finden in paradigmatischen lateinamerikanischen Texten wie *Hundert Jahre Einsamkeit* oder *Pedro Páramo* nicht statt.

Jene Gebrochenheit könnte man jedoch durchaus im Kontext einer systematischen Gegenüberstellung von europäischem Rationalismus und lateinamerikanischer Archaik deuten. Dies wird besonders im Kapitel *Der Fluß* deutlich, als Humboldt auf dem Río Negro seinen vier Ruderern Goethes *Wanderers Nachtlied* vorträgt. Jene Ruderer, mit Namen Gabriel, Mario, Carlos und Julio und somit jeweils benannt nach einem der Großen der lateinamerikanischen Literatur,[18] können (oder wollen) den Sinn des klassischen Gedichts nicht erfassen, was Humboldt zu der aufgeregten Bemerkung führt: „Es sei natürlich keine Geschichte über Blut, Krieg und Verwandlungen [. . .], es komme keine Zauberei darin vor, niemand werde zu einer Pflanze, keiner könne fliegen oder esse einen anderen auf.“[19] So bleibt das Spiel mit dem Magischen Realismus

12 Rickes: S. 87.
13 Rickes: S. 87.
14 Rickes: S. 87.
15 Vgl. Daniel Kehlmann: Die Vermessung der Welt. Reinbek bei Hamburg 2008, S. 45.
16 Vgl. Kehlmann: Die Vermessung der Welt, S. 135.
17 Vgl. Kehlmann: Die Vermessung der Welt, S. 290.
18 Gabriel García Márquez, Mario Vargas Llosa, Carlos Fuentes und Julio Cortázar.
19 Kehlmann: Die Vermessung der Welt, S. 128.

stets ein intertextuelles, also ein Spiel mit Referenzen *auf* den Magischen Realismus und weniger eine natürliche Appropriation desselben.

Dies sieht auch Davis ähnlich, wenn sie schreibt:

> Die ästhetische Begegnung der Ideale der Weimarer Klassik mit dem magisch realistischen Weltbild Lateinamerikas stellt sich im Roman über den intertextuellen Bezug zu den Namen einiger der in Europa meistbekannten lateinamerikanischen Autoren dar.[20]

Deren Motive kommen in den Geschichten jener Ruderer vor, denen Humboldt während besagter Flussfahrt lauscht. Sie deutet zudem die interkulturelle Begegnung als metafiktionalen Diskurs im Kontext eines Verlusts der Tradition des (mündlichen) Geschichtenerzählens, das mit dem Bereisen des lateinamerikanischen Kontinents ebenso wieder entflammt werde wie die europäische Literatur – im übertragenen Sinne – durch besagte Autoren das Erzählen wieder entdeckt habe.[21] So fällt Humboldt, aufgefordert, eine Geschichte zu erzählen, keine ein, da ihm „jeglicher Sinn für imaginatives Erzählen und das Ästhetische"[22] fehlt; es folgt lediglich das zitierte Gedicht Goethes. Auch Rickes geht auf diese Szene vor dem Hintergrund der in ihr enthaltenen poetologischen Reflexion ein und beobachtet eine „immense Erzählfreude und die Einbeziehung des Übernatürlichen"[23] in den Geschichten der Ruderer. Er geht sogar so weit, die Figur Humboldt hier als Allegorie auf die deutsche Literatur zu deuten, die in ihrer Nüchternheit im Gegensatz zur fabulierfreudigen, das Magische integrierende lateinamerikanischen Dichtkunst stehe:

> Der unbedingten Erzählfreude der Lateinamerikaner steht nach der Darstellung in Daniel Kehlmanns Roman eine faktenorientierte, Realismus-versessene, phantasie- und erzählfeindliche deutsche Literatur gegenüber, die vor allem eines verbreitet: Langeweile.[24]

Dies versteht Rickes nicht zuletzt als „kritische Sicht auf die jüngere deutsche Literatur".[25]

---

**20** Davis: S. 86.

**21** Man könnte in diesem Zusammenhang noch Mario Vargas Llosas Roman *Der Geschichtenerzähler* heranziehen, der durchaus als poetologische Auseinandersetzung mit dem Magischen Realismus gerade im Zusammenhang des Konflikts zwischen den Überresten archaischen, einstmals mündlichen Geschichtenerzählens – repräsentiert durch die von der Zivilisation scheinbar unberührten Naturvölker im Amazonas-Gebiet – und der zunehmend globalisierten Welt – repräsentiert durch das kosmopolitische Lima – gelesen werden kann. Vgl. Mario Vargas Llosa: Der Geschichtenerzähler. Frankfurt a. M. 1982.

**22** Vargas Llosa: S. 88.

**23** Rickes: S. 73.

**24** Rickes: S. 76–77.

**25** Rickes: S. 77.

Ganz anders deutet Klaus Zeyringer die Gegenüberstellung deutscher und lateinamerikanischer Literatur, die im Kapitel *Der Fluß* stattfindet. Dass Kehlmann auch jenseits der oben analysierten Szene die Elemente des Magischen Realismus aufgreift, legt auch er mit Rekurs auf jenen ‚gebrochenen Realismus' dar, jedoch betont er, dieser helfe dem Autor, eine Annäherung der deutschen, klassischen Erzähltradition an die lateinamerikanische zu wagen.[26] Jene Annäherung stellt, so Davis ergänzend, „nicht nur den literarischen Versuch dar, die Distanz zwischen dem kulturell Eigenen und dem kulturell Anderen zu überbrücken, sondern auch die Annäherung des deutschen historischen Kontexts an andere westliche Erzähltraditionen und -kontexte."[27] Literatur solle die Regeln der Wirklichkeit, nicht der Syntax brechen, beschrieb Kehlmann einst seine Vorliebe für den Magischen Realismus, und es sei die Unwirklichkeit der Welt, die jene lateinamerikanischen Autoren umgebe, welche die magischen Elemente quasi automatisch hervorrufe.[28]

Doch finden sich in *Die Vermessung der Welt* weitere Anspielungen, vor allem auf Márquez' *Hundert Jahre Einsamkeit.* Rickes weist insbesondere auf die Insel-Episode hin, in der Humboldt und Gauß nach einem Sturm auf einer Insel des Orinoco Treibgut an sich vorbeifließen sehen. Jene Gegenstände seien vor allem Reliquien der Zivilisation, die man an diesem Ort im Dschungel nicht erwarten würde. Dies trägt im Kontext der Szene mit Sicherheit eine symbolische Bedeutung in sich, ist aber gleichzeitig ein direkter Verweis auf Márquez' Roman, denn allesamt sind die Gegenstände auch gleichzeitig Versatzstücke aus *Hundert Jahre Einsamkeit.*[29]

Eine Aneignung der Schreibweisen des Magischen Realismus gelingt Kehlmann in einem späteren Werk, das immer wieder (wenn auch nicht exklusiv) auf magische Elemente und ihrem als natürlich wahrgenommenen Einbruch in den Alltag verweist, und das wie schon *Die Vermessung der Welt* ein historischer Roman ist, nämlich *Tyll.* In diesem vermengt der Schriftsteller konsequent seine Leidenschaft für den Magischen Realismus – der sprechende Esel und die Versetzung der Eulenspiegel-Figur in den Dreißigjährigen Krieg seien hier genannt – mit seiner Liebe zu postmodernen Kompositionen, also dem Borges'schen Metatext

**26** Vgl. Klaus Zeyringer: Gewinnen wird die Erzählkunst. Ansätze und Anfänge von Daniel Kehlmanns „Gebrochenem Realismus". In: Text + Kritik 177 (2008) [= Themenheft Daniel Kehlmann], S. 36–44, hier S. 36–39.

**27** Davis: S. 92.

**28** Vgl. Kehlmann: Diese sehr ernsten Scherze, S. 15.

**29** Vgl. Rickes: S. 90–94.

(wie im nächsten Kapitel aufgezeigt wird) sowie zum damit letztlich eng verknüpften Spiel mit tradierten Formen und Schreibweisen.[30]

Im Folgenden soll es jedoch nicht weiter um die schon vielfach und umfangreich untersuchten Elemente des Magischen Realismus in den umfangreicheren Romanen Kehlmanns – neben der *Vermessung der Welt* und *Tyll* sei hier noch (wenn auch in deutlich niedriger Dosierung) *F* erwähnt – gehen, sondern der Versuch unternommen werden, zwei seiner kürzeren Werke in Hinblick auf ihre allgemeinen intertextuellen wie intermedialen Verflechtungen zu lesen. Zunächst soll es um die Rezeption von Jorge Luis Borges' Erzählung *Der Süden* in Kehlmanns Kurzgeschichte *Der fernste Ort* gehen, um schließlich anhand der beeindruckenden Vielzahl an literarischen und filmischen Hypotexten, auf die sich die Erzählung *Du hättest gehen sollen* bezieht, eine poststrukturalistische Lesart vorzuschlagen, die den Text – und seine von zahlreichen Kritikern vielleicht vorschnell und zu Unrecht hervorgehobenen Schwächen – erklären könnte. Anhand einer streng intertextuellen Herangehensweise – die natürlich mitunter durchaus exkludierend wirken kann – an ausgewählte Texte Kehlmanns soll also letztlich der Versuch unternommen werden, neue Bedeutungsebenen in den Werken zu erschließen.

## 2 Der fernste Ort: Kehlmann und Borges

Texte über sterbende Figuren, die sich über ihr Sterben im Moment des Erzählens selbst nicht bewusst sind, gibt es zahlreiche.[31] Einer der bekanntesten ist Jorge Luis Borges' 1944 erschienene Erzählung *Der Süden*. In dieser geht es um einen Mann namens Juan Dahlmann, der sich auf dem Weg in seine Wohnung an einem offenen Fenster im Treppenhaus schwer den Kopf stößt. Er legt sich daraufhin in sein Bett, wird vom Fieber heimgesucht, deliriert und erträumt schließlich Bilder aus seiner kurz zuvor noch vollzogenen Lektüre von *1001 Nacht* (ein früher, deutlicher Hinweis auf den Überlebenskampf mithilfe des Erschaffens fiktiver Welten); schließlich wird er in ein Sanatorium transportiert, wo er sich mehreren Behandlungen unterziehen muss. Als er genesen ist, erzählt ihm sein Arzt, er sei fast an

**30** Zum Verhältnis von Kehlmanns Werk zum Magischen Realismus vgl. auch Friedhelm Marx: Dunkle Geschichten. Daniel Kehlmanns Gespenster. In: Gegenwartsliteratur. Ein germanistisches Jahrbuch 16 (2017), S. 57–76, hier S. 58 f.

**31** Herauszuheben ist in diesem Zusammenhang Ambrose Bierces 1891 erschienene Erzählung *Zwischenfall an der Eulenfluß-Brücke*.

einer Sepsis gestorben. Daraufhin beschließt Dahlmann, zur Erholung Buenos Aires zu verlassen und auf eine im Familienbesitz befindliche *Estancia* tief im wilden, kaum besiedelten Patagonien zu reisen. Der übervorsichtige, kränkliche Dahlmann, Sekretär einer städtischen Bibliothek, kennt den Süden des Landes nur aus Erzählungen, und die Tatsache, dass er sich nun plötzlich allein in diese Region der Gauchos und der Gesetzlosen wagt, überrascht ihn selbst.

> Seine Arbeit und vielleicht seine Trägheit hielten ihn in der Stadt fest. Sommer auf Sommer begnügte er sich mit der abstrakten Vorstellung des Besitzes und mit der Gewissheit, dass dort an einer bestimmten Ebene ein Haus auf ihn wartete.[32]

Die Zugreise ist beschwerlich, doch am Ende der Erzählung kommt er an, geht in eine Wirtschaft und gerät dort in Streit mit einem Messerstecher[33]. Die Erzählung endet, als Dahlmann sich mit diesem vor der Tür der Kneipe zum Messerkampf aufstellt. Der letzte Satz lautet: „Mit festem Griff packt Dahlmann das Messer, das er vielleicht nicht einmal zu führen wissen wird, und geht in die Ebene hinaus."[34]

*Der Süden* lässt sich nicht eindeutig entschlüsseln, da mehrere Lesarten möglich sind.[35] Ein Grund dafür ist die wechselnde Fokalisierung der Erzählung, da Borges alle drei Typen alternierend einsetzt. Erkennt also Dahlmann den fiebrigen Todeskampf als Zeichen, das einen Wendepunkt in seinem Leben markieren soll und ihm einen Ausbruch aus seinem langweiligen, trostlosen Dasein suggeriert, so dass er in die damals noch mythisch angehauchte Welt der Pampa flüchtet? Oder befindet sich der Protagonist während der gesamten, letztlich nur imaginierten Zugfahrt in den Süden tatsächlich im fiebrigen Todeskampf im Sanatorium, so dass die Schilderungen dessen Kampf mit dem Tod illustrieren – mit einem für den Leser ungewissen Ausgang? Letzteres suggeriert ein Einwurf des Erzählers just am Wendepunkt der Geschichte, als Dahlmann die Klinik verlässt, um mit einer Kutsche zum Bahnhof zu fahren: „Die Wirklichkeit liebt die Symmetrien und die leichten Anachronismen: Dahlmann war in einer Mietkutsche ins Sanatorium gekommen, und jetzt brachte ihn eine Mietkutsche zum Bahnhof Constitución."[36]

---

**32** Jorge Luis Borges: Der Süden. In: ders.: Gesammelte Werke. Der Erzählungen erster Teil. Hg. v. Gisbert Haefs/Fritz Arnold. München 2000, S. 238–245, hier S. 238.

**33** Der ‚Messerstecher' als Figuration des Gefahr ausstrahlenden, als primitiv wahrgenommenen Gesetzlosen, der das ‚urtümlich Argentinische' in sich trägt, ist ein häufig auftauchender Typus in Borges' Erzählungen und Gedichten.

**34** Borges: Der Süden, S. 245.

**35** Es ist, nebenbei bemerkt, eine der wenigen Erzählungen des Autors, in der seine beiden Leidenschaften, das traditionell Archaische und das Phantastische, zusammenfallen. Auch die Figur Juan Dahlmann ist eine der wenigen in seinem Oeuvre, die eindeutig autobiographische Züge trägt.

**36** Borges: Der Süden, S. 240.

In Kehlmanns Roman *Der fernste Ort* beschließt der frustrierte Versicherungsmathematiker Julian während einer Tagung, trotz eindringlicher Warnungen vor lebensbedrohlichen Strömungen, in einem dem Hotel nahegelegenen See schwimmen zu gehen. Tatsächlich gerät er in eine dieser Strömungen und ertrinkt fast. Obwohl er das Bewusstsein verliert, wacht er am sicheren Ufer wieder auf. Er beschließt, sein Leben zu ändern und nimmt sich vor, spurlos zu verschwinden. Während er ein letztes Mal heimlich seine Wohnung betritt, trifft er dort auf seinen Bruder Paul, der ihm mitteilt, er werde als vermisst gemeldet, möglicherweise sei er ertrunken. Widerwillig nimmt er Pauls Hilfe an, akzeptiert ihn so als Mitwisser und steigt in einen Zug; dort wird er ausgeraubt und springt aus dem Wagon, um den Dieben zu folgen, findet sich jedoch plötzlich alleine in einer fremden Landschaft wieder. Hier wartet er auf den nächsten Zug, als der Roman endet.[37]

Tatsächlich ist *Der Süden* als wichtiger Hypotext zu Kehlmanns *Der fernste Ort* anzusehen; nicht nur, weil die Grundthematik – Mann entkommt knapp dem Tod und begibt sich daraufhin auf eine abenteuerliche Reise, um zu verschwinden – ähnlich ist, sondern weil jeweils auch die Motivation für die Flucht sowie ihre Ausführung gleicher Natur sind. Den beiden Texten gemein ist eine mysteriöse Zugfahrt, die beide Protagonisten am Ende ihrer jeweiligen Reise durch fremdartig anmutende Landschaften führt bis sie schließlich an einem einsamen, verlassenen Bahnhof aussteigen. Kehlmanns Protagonist Julian wie auch Dahlmann laufen schließlich alleine durch ein ihnen unbekanntes Land und jeweils erfüllt sich ihnen im Moment ihres Todes mit Hilfe einer (möglicherweise) erträumten Fiktion der Lebenswunsch: Die Flucht vor dem eigenen Ich (symbolisiert durch das Leitmotiv des Spiegels) bei Kehlmann, der Traum vom mythischen Süden – der kulturhistorisch mehrfach codiert ist und somit nicht nur als individueller, sondern auch als kollektiver Traum gedeutet werden kann – bei Borges.

In beiden Texten jedenfalls führt die Fiktion des Weiterlebens im Augenblick des Todes zu einer befreienden Handlung, die jedoch unbewusst stets von der grausamen Realität unterlegt wird, die allerdings wiederum zugunsten der selbst konstruierten Fiktion, so lange es geht, zurückgedrängt wird. Ein Unterschied besteht indes darin, dass Kehlmanns Text anhand seines geschickten Platzierens von Leitmotiven – allem voran der ständige Rekurs auf Wasser – schon früh (vielleicht etwas zu früh) preisgibt, dass der Protagonist seine Reise während seines Todeskampfs lediglich imaginiert, während Borges' Erzählung dies nicht nur bis zum Ende, sondern auch über dieses hinaus offenlässt. Von

37 Dies ist eine Kurzzusammenfassung der chronologischen Handlungsabfolge; im Roman kommen mehrere Rückblenden vor, die den Charakter und die Geschichte Julians weiter vertiefen.

Bedeutung ist in Kehlmanns Fall vor allem das Spiegelmotiv, das jedoch möglicherweise eine weitere Referenz auf Borges – über dessen Erzählung *Der Süden* hinaus – darstellt.

Nicht umsonst erwähnt Rickes Borges' Vorliebe für den Spiegel als Leitmotiv, das sich durch dessen gesamtes Werk zieht. Auf *Der fernste Ort* bezogen, greift er auf dessen Gedicht *Der Spiegel* zurück, das die Macht des Spiegels über das menschliche Bewusstsein beschreibt.[38] Auch Zeyringer stellt fest, Kehlmann lasse Julian „im Spiegel die eigene Gestalt betrachten, diese als einen ‚Anderen' verstehen – und dann den ‚Anderen', das Spiegelbild, weggehen. Auch dies ist ein Schritt durch eine Tür zur Irrealität."[39] Es laufen im Roman somit fortlaufend scheinbar reale Szenen ab, die gleichzeitig als irreale Spiegelung der Realität gedeutet werden können.

Der Spiegel spielt im Werk von Jorge Luis Borges eine zentrale Rolle: Am Anfang der Erzählung *Tlön, Uqbar, Orbis Tertium* zitiert Adolfo Bioy Casares (als Protagonist) Borges (ebenfalls als Protagonist) eine Passage aus einem fiktiven Lexikon: „die Spiegel und die Paarung seien abscheulich, weil sie die Zahl der Menschen vervielfachen."[40] Diese Feststellung ist eine Variation des bereits in Borges' *Universalgeschichte der Niedertracht* (im Prosastück *Die abscheulichen Spiegel*) auftauchenden Satzes: „Die Spiegel und die Vaterschaft sind abscheulich, weil sie sie vervielfältigen und bekräftigen."[41] Beides verweist auf den Spiegel als Sinnbild dekonstruktivistischer narrativer Praxis, denn Spiegel verzerren die Identität, da sie ein Bild wiedergeben, welches das Selbst repräsentiert und es gleichzeitig nicht repräsentiert; ein Substitut also, das gleichsam keine Repräsentation eines dominanten Signifikats ist.[42]

Borges' Bild des Spiegels als lediglich ‚verdoppelndes' Medium scheint also eine – bewusste – Fehlleitung zu sein, wie sich im Verlauf der Erzählung *Tlön,*

---

**38** Vgl. Rickes: S. 62f.

**39** Zeyringer: S. 36–44, hier S. 42. Das ‚auch' bezieht sich auf die vorangegangene Analyse einer Szene aus *Beerholms Vorstellung*, als der Protagonist vor einer Tür stehend den Namen der Figur ersinnt, die sich dahinter befindet und diese damit zum Leben erweckt.

**40** Jorge Luis Borges: Tlön, Uqbar, Orbis Tertius. In: ders.: Gesammelte Werke. Der Erzählungen erster Teil. Hg. v. Gisbert Haefs/Fritz Arnold. München 2000, S. 99–118, hier S. 99.

**41** Jorge Luis Borges: Die abscheulichen Spiegel. In: ders.: Gesammelte Werke. Der Erzählungen erster Teil. Hg. v. Gisbert Haefs/Fritz Arnold. München 2000, S. 63–64, hier S. 63.

**42** Michel Foucault sieht den Spiegel als Utopie, da er „ein Ort ohne Ort" sei. Man sehe sich im Spiegel immer da, wo man nicht ist, „in einem irrealen Raum, der virtuell hinter der Oberfläche des Spiegels liegt." Der Betrachtende ist da, wo er nicht ist, „gleichsam ein Schatten, der mich erst sichtbar für mich selbst macht und der es mir erlaubt, mich dort zu betrachten, wo ich gar nicht bin". Michel Foucault: Von anderen Räumen. In: ders.: Schriften in vier Bänden. Dits et Escrits. Bd. 4. Hg. v. Daniel Defert/Francois Ewald. Frankfurt a. M. 2005, S. 931–942, hier S. 935.

*Uqbar, Orbis Tertium* zeigt, da auch hier die gespiegelte Welt lediglich eine real erscheinende Fiktion ist, sie aber ihrerseits immer das Spiegelbild unserer realen Welt, eine „ästhetische Gegenwelt [. . .] als Wahngebilde der Imagination" bleiben wird – selbst wenn sie, wie am Ende der Geschichte, in diese ‚eingedrungen' ist. Die monströse Macht des Spiegels besteht also gemäß Borges nicht nur darin, Menschen zu verdoppeln, sondern sie auch in Reflexionen eines illusorischen Universums zu verwandeln und somit aus der ‚realen' Welt verschwinden zu lassen – so, wie die reale Welt in ihrem Spiegelbild verschwindet und zu Tlön wird: „Die Welt wird Tlön sein."[43] Aus diesem Grund beginnt die Erzählung, die das Verschwinden der ‚realen' Welt zugunsten einer imaginierten thematisiert, auch mit einem ‚Blick' aus der Perspektive des Spiegels auf die Protagonisten, der als Pforte in die Welt der Imagination gedeutet wird. Auf genau diese Parallele zwischen Kehlmann und Borges weist Sophie Dorothee von Werder hin, die in einem Aufsatz die Erzählung *Tlön, Uqbar, Orbis Tertium* als Hypotext des Kapitels *Der Ausweg* aus Kehlmanns *Ruhm* ausmacht. Sie liest beide Texte im Kontext von Jean Baudrillards Theorie des Simulacrums sowie der damit zusammenhängenden Frage, ob Fiktion und Realität als konträre Systeme angesehen werden müssen.[44] Tatsächlich ähneln sich beide Geschichten insofern, als das ihnen zugrundeliegende metafiktionale Spiel ab einem gewissen Zeitpunkt beginnt, faktisch in die Realität einzudringen: auf der einen Seite die von tausenden Wissenschaftlern in jahrhundertelanger Arbeit erschaffene fiktionale Welt Tlöns, deren exklusive Artefakte plötzlich in der realen Welt der Erzählers auftauchen, auf der anderen Seite das zunächst animierende Spiel Ralf Tanners mit seiner eigenen Identität, die jedoch plötzlich ausgelöscht wird, weil die Fiktion – seine Imitatoren bzw. Doppelgänger – die reale Identität sukzessive zerstört. Der Erzähler in Tlön spricht hierbei ganz konkret von einem „Eindringen der phantastischen in die reale Welt"[45], und es ist dieser Einbruch, der die Texte Borges' gerade in ihrer europäischen Rezeption fälschlicherweise in die Nähe des Magischen Realismus platziert hat. Dies ist nicht ganz richtig, wie bereits zu Beginn im Zusammenhang mit Elementen des Magischen Realismus in Kehlmanns Werk aufgezeigt wurde. Vielmehr handelt es sich bei Tlön, wie im ganzen Roman *Ruhm* (nicht nur in dieser einen, mit den anderen schließlich auch untrennbar verknüpften Episode) um Metafiktion, die stets die Reflexion über das (fiktive) Geschriebene miteinschließt. Die ‚phantastischen'

43 Borges: Tlön, S. 118.

44 Vgl. Sophie Dorothee von Werder: Ficción o hiperrealidad? Un estudio comparado de los relatos „Tlön, Uqbar, Orbus Tertius", de Jorge Luis Borges y „La salida", de Daniel Kehlmann. In: Literatura y Lingüistica 28 (2013), S. 107–120.

45 Borges: Tlön, S. 115.

Elemente dienen hier vielmehr der Konstruktion jenes Diskurses über Fiktionalität und weniger der Akzeptanz des Archaisch-Magischen inmitten einer aufgeklärten Welt.

## 3 Kehlmann und die Gespenstergeschichte: *Du hättest gehen sollen*

*Du hättest gehen sollen* ist eine Gespenstergeschichte, die auf mehreren intertextuellen bzw. intermedialen Ebenen rezipiert werden kann. Zum einen verwebt Kehlmann Motive wie auch Struktur klassischer Gespenstergeschichten miteinander, zum anderen suggeriert er anhand deutlicher intertextueller Bezüge ein postmodernes Spiel mit Zeichen, die der Leser entziffern muss, um dem Geheimnis hinter dem auf den ersten Blick möglicherweise oberflächlich anmutenden Text auf die Spur zu kommen. Da Kehlmann diese Zeichen keinesfalls subtil einwebt, sondern sie auch intradiegetisch immer wieder zur Diskussion stellt, wird der Leser aufgefordert, sein Wissen um die Hypotexte unbedingt in seine Deutung der Erzählung einfließen zu lassen.

Zunächst ist die Form des Textes stark orientiert an dem, was man bisweilen unter einer klassischen Gespenstergeschichte versteht, also auch an der ursprünglichen mündlichen Variante, die man in der angloamerikanischen Tradition etwa bei Familienfesten weitergab. Henry James hat für seine Novelle *Die Drehung der Schraube* bekanntermaßen diese Tradition aufgegriffen – was bereits an der Rahmenhandlung zu erkennen ist, in der eine Versammlung von Menschen dargestellt wird, die einer vermeintlich wahren Gespenstergeschichte lauschen wollen. Das Konstruktionsprinzip von James' Gespenstergeschichte ist nun, wie der Titel bereits sagt, die Evokation von Spannung durch ein stetes Drehen an der ‚Schraube', bis die Anspannung beim Leser kaum zu ertragen ist und eine finale Katharsis eintritt, jedoch in Form einer die Geschichte zu einem negativen Ende bringenden Auflösung.

*Die Drehung der Schraube* ist somit gleichzeitig inhaltlich bedrohlich – und daher für den Leser mit viel Spannung verbunden – wie formal äußerst konstruiert, wie es Edgar Allan Poe in seiner minutiösen Darlegung des kompositorischen Vorgehens in *Die Methode der Komposition* am Beispiel seines Gedichts *Der Rabe* genrebildend vorgeführt hat. Kehlmann hat diese James'sche Vorstellung der Schraubendrehung – die vor allem die Verbindung einer unterhaltsamen, im gängigen Sinne ‚spannenden' Geschichte mit einem strengen Kompositionsprinzip darstellt – bereits in seinem Roman *Mahlers Zeit* erprobt, in dem der Leser den Protagonisten dabei beobachten kann, sukzessive in den (vermeintlichen) Wahnsinn zu gleiten. Die Betonung der ‚Möglichkeit‘ soll aufzeigen, dass jenes James’sche Prinzip der Schraubendrehung nicht zuletzt aufgrund der personalen Erzählhaltung auch stets die Unmöglichkeit der Determination der Handlung impliziert. In *Mahlers Zeit* bedingt die personale Erzählhaltung, dass der Leser sich niemals sicher sein kann, ob Mahler einem Wahn erliegt, oder tatsächlich, wie er selbst meint, eine Weltformel zur Abschaffung des Todes gefunden hat. Die im Text gestreuten Codes bleiben uneindeutig, wenn auch, wie noch aufzuzeigen ist, handlungsbedingt konkreter als in *Du hättest gehen sollen*. Dies ist in erster Linie durch das Genre bedingt; die im Großen und Ganzen realistische Handlung in *Mahlers Zeit* kontrastiert mit der zumindest vordergründig übersinnlichen in *Du hättest gehen sollen*.

Zu entschlüsseln ist *Du hättest gehen sollen* jedoch möglicherweise aufgrund seiner intertextuellen bzw. intermedialen Verweise. Und hier kommen wir zur eingangs erwähnten zweiten Ebene, dem postmodernen Spiel mit Zeichen, die sogar intradiegetisch in den Text gestreut werden, also nicht als Spiel des Autors, der auf einer Metaebene auf weitere Texte verweist, sondern auch in der konkreten Thematisierung durch die Figuren. Als Hypotext fungiert hier Stanley Kubricks Verfilmung von Stephen Kings Roman *Shining*.

Zunächst beginnt die Erzählung mit der Beschreibung der kurvenreichen Straße, die zur Berghütte führt:

> Tief unten liegt das Tal mit seinen würfelkleinen Häusern, der Länge nach durchschnitten von drei Bändern: Straße, Fluss, Eisenbahn. Wie ein dünner Bleistiftstrich zweigt die Serpentinenstraße ab, auf der wir heraufgekommen sind.
> Eine furchtbare Fahrt übrigens. Diese Straße ist steil, ohne Seitenabsperrung, und Susanna fährt verheerend.[46]

Diese ersten Bilder der Erzählung – eine Familie fährt im Auto eine Serpentinenstraße entlang zu einem einsamen, weit abgelegenen Ferienhaus auf einem verschneiten Berg – evozieren sofort die Eingangssequenz von Kubricks Film, in der wir zunächst eine eindrucksvolle Totale einer Serpentinenstraße sehen, auf der eine dreiköpfige Familie in Richtung einer abgelegenen Ferienunterkunft fährt. Doch die Parallelen hören beim Setting nicht auf. Wie Kings bzw. Kubricks Figur Jack Torrance ist auch der namenlose Ich-Erzähler ein Schriftsteller mit Schreibblockade, der in der Abgelegenheit seine Muse finden will (und darüber, vermutlich, den Verstand verliert). Das Spiel mit den überdeutlichen Verweisen auf *Shining* wird damit auf die Spitze getrieben, dass Kehlmanns Erzähler hauptsächlich Drehbuchautor ist, das heißt, das Medium Film

46 Daniel Kehlmann: Du hättest gehen sollen. Reinbek bei Hamburg 2016, S. 8.

somit ebenfalls in der Erzählung reflektiert wird. Wie Torrance scheint er seine Ideen für eine Beziehungskomödie dank des Einflusses der Umgebung zu Papier zu bringen, doch als am Ende sein Produzent anruft, scheint das Notizbuch plötzlich leer zu sein (genau wissen wir es nicht), ein ähnlich erschreckender Moment wie die Enthüllung der (fast) inhaltsleeren Manuskript-Seiten auf Torrances Schreibtisch.[47] Es ist jedoch vor allem der Dialog mit seiner Frau Susanna, der wohl nicht zufällig ziemlich genau in die Mitte der Erzählung gesetzt ist, der dieses Verweisspiel sogar in der erzählten Handlung sichtbar macht:

> Jetzt, wo du es erwähnst, sagte Susanna. Ich habe ein paarmal an diesen Film denken müssen. Diesen guten Film nach dem nicht so guten Buch.
> Welchen Film?
> Der mit den vielen Steadicam-Aufnahmen.
> Ach ja, sagte ich, Steadicam. Es ärgerte mich, dass ich nicht wusste, was eine Steadicam war. Ich war Autor, kein Kameramann, und ich hatte mit Technik nichts zu tun. Aber peinlich war es trotzdem. Welcher Film denn?
> Egal, sagte sie. Nicht wichtig.
> Na, aber sag doch, welcher!
> Ist wirklich nicht wichtig.
> Warum fängst du davon an, wenn es wirklich nicht wichtig ist?[48]

Es ist mehr als ein stilistischer Manierismus, dass in den Dialogen keine Anführungszeichen gesetzt sind, um die Sprecherstimme von der inneren Fokalisierung des Erzählers abzugrenzen, sondern möglicherweise ein Verweis auf die Irrealität des Geschehens, von dem er uns berichtet. Möglicherweise handelt es sich hier auch um einen Verweis auf das Medium Drehbuch, in dem auch keine Anführungszeichen üblich sind. Der Ich-Erzähler scheint zudem den Film – *Shining* – nicht zu erkennen, in den er sich, so könnte man diese Stelle deuten, doch eigentlich selbst hineinprojiziert. Dieser kurze Dialog kann letztlich auf zwei Arten gelesen werden: Entweder der Autor Daniel Kehlmann gibt dem Leser lediglich einen Wink auf seinen Hypotext, unter dessen Einfluss er seine Erzählung komponiert hat; dies wäre aufgrund der Überdeutlichkeit der Verweise eine in ihrer Simplizität eher enttäuschende Erklärung. Oder aber er spielt ein postmodernes Verweisspiel mit seinen Protagonisten. Der Erzähler ist sich durchaus darüber bewusst, dass er sich in ein Drehbuch einschreibt und er möchte sich selbst in diesem Moment nicht als Plagiator überführt sehen – schließlich, und das erfahren wir aus seinen eher jämmerlich zu nennenden und von seiner Frau Susanna auch

---

47 Auf diesen steht lediglich der unendlich wiederholte Satz: „All work and no play makes Jack a dull boy."

48 Kehlmann: Du hättest gehen sollen, S. 47.

stets spöttisch kommentierten Versuchen, eine romantische Komödie zu schreiben, scheint sein Talent eher überschaubar zu sein.

Tatsächlich ist seine plötzliche Besessenheit, mehr über den ursprünglichen Ort des neuen Hauses zu erfahren, ein Rekurs nicht nur auf *Shining*, sondern auf eine Kernthematik zahlreicher Gespenstergeschichten. Das neue Haus wurde, so der im Roman formulierte Verdacht, wie das Overlook Hotel in *Shining* und das mysteriöse, unendliche Haus in Mark Z. Danielewskis *Das Haus*, auf einen Grund gebaut, auf dem einst mysteriöse archaische Riten vollzogen wurden. Das Haus ist demnach, da ist sich der Erzähler zunehmend sicher, verflucht, heimgesucht von den Gespenstern der dort Gestorbenen. In einem Telefongespräch mit dem Inhaber des Ladens im anliegenden Dorf macht dieser vielsagende Andeutungen über den Ursprung des Hauses, die ihrerseits wie das Klischee einer bahnbrechenden Enthüllung in einem Horrorfilm klingen:

> Was war hier vorher? Das Haus ist neu, aber es hat eine eigene Straße, wann wurde die angelegt?
> Vorher gab es ein anderes Haus.
> Ich weiß, aber was für eines?
> Schrei nicht so. Ein anderes. Auch ein Ferienhaus. Leute sind gekommen, haben Ferien gemacht, sind wieder abgefahren [. . .]
> Und hier sind immer Leut' verschwunden. Auch früher schon.
> Was war hier vor dem alten Haus?
> Ein anderes.
> Was für eines?
> Ein anderes eben. Und irgendwann war da ein Turm, heißt es.[49]

Nach seiner belächelten Frage nach einer Dorfchronik verfolgen allerdings weder der Erzähler noch der Autor Kehlmann diese bedeutende Spur weiter. Fast scheint es, als hätten Erzähler wie Autor diese Information einfach nur als Verweis auf das tradierte Symbol des verfluchten Grundes ins Spiel bringen wollen, um nach dem Horrorgeschichten-Baukastenprinzip den nächsten Stein zu setzen. Dieses offensichtliche Spiel mit Genreklischees verwirrt, weil sie den Text auf den ersten Blick abwerten. Doch scheint Kehlmann dies bewusst in Kauf zu nehmen, da es gerade jenes Baukastenprinzip ist, welche die artifizielle Konstruktion der Erzählung ausmacht.

An dieser Stelle kann man noch eine dritte Ebene eröffnen, die wiederum als Verweis auf die Texte Paul Austers – allen voran der *New York Trilogie* – zu lesen ist: Das Einschreiben des (fiktiven) Erzählers in den Text, das zu einer zirkulären Bewegung führt. Das wichtigste Indiz hierfür ist das Notizbuch. Dieses

---

**49** Kehlmann: Du hättest gehen sollen, S. 72.

spielt in der *New York Trilogie* wie in *Du hättest gehen sollen* eine zentrale Rolle: In beiden Texten schreibt sich der Protagonist in seinen eigenen Text ein, bis die Unterscheidung von (wahrgenommener, intradiegetischer) Realität und Fiktion vom Leser nicht mehr getroffen werden kann. Am Ende des dritten Teils der *New York Trilogie*, *Der verschlossene Raum*, sind alle agierenden Figuren verschwunden, es bleibt lediglich das Notizbuch, das der vermeintliche ‚Schreiber' des Textes am Ende findet. Austers Roman ist bekanntermaßen eine fiktionale Abhandlung von Roland Barthes' Theorie vom *Tod des Autors*, und wie sein Protagonist Quinn schreibt sich auch Kehlmanns Erzähler selbst in die Erzählung ein; dafür gibt es mehrere Beispiele: Zunächst versucht er verstärkt, seine unmittelbare Umgebung in sein geplantes Drehbuch einzubauen, was recht skurril wirkt, da die düstere Handlung und die unheimliche Atmosphäre rund um das möglicherweise verfluchte Haus sich nicht mit der gewohnten oberflächlichen Leichtigkeit einer romantischen Komödie vereinen lassen. Irgendwann im Laufe der Erzählung erfährt der Leser, dass das von ihm Gelesene dem Inhalt des Notizbuchs des Erzählers entspricht; eine Enthüllung, welche die häufigen Text- bzw. Gedankenabbrüche mitten im Geschehen erklärt. Friedhelm Marx weist dabei auf die Diskrepanz zwischen der Oberflächlichkeit der geplanten Beziehungskomödie und der künstlerischen Ambition der Skizzen im Notizbuch hin,[50] die gleichsam zu einem Film werden, ein Vorhaben, das der Erzähler seiner Frau auch gleich zu Beginn des Aufenthalts ankündigt: „Irgendwann schreibe ich über all das einen Film. Lange Dialoge, viele Rückblenden, keine Musik. Er wird *Ehe* heißen."[51] Gespenstisch wird dieses ‚Sich-selbst-einschreiben' in den Text jedoch, als der Protagonist am Ende der Erzählung verschwindet und nur das Notizbuch bleibt – wie bereits erwähnt eine eindeutige Parallele zum Ende von *Der verschlossene Raum* –, veranschaulicht durch die drei leeren, aber mit Paginierung versehenen Seiten 93, 94 und 95 – nachdem die Handlung mitten im Satz abgebrochen ist. Dieser letzte Halbsatz lautet: „Und dabei bin ich erst am", das (mutmaßlich) fehlende Wort Anfang wird ersetzt durch ein Ende (der Erzählung, also auch der Handlung), das nur noch Leere signalisiert.

Des Weiteren treten auch Parallelen zu Mark Z. Danielewskis bereits erwähnten epischen Roman *Das Haus* auf; vor allem das sich am Ende in sich selbst duplizierende und somit endlos werdende Haus sowie die den Naturgesetzen spottende Unmöglichkeit der Rechtwinkligkeit, die sich als Leitmotiv durch den Roman zieht.

---

**50** Vgl. Marx: S. 71.
**51** Kehlmann: Du hättest gehen sollen, S. 10.

Anders als Auster, James, Poe oder eben Danielewski verwendet Kehlmann jedoch keine Herausgeberfiktion, um das Vorhandensein des ‚gefundenen' Notizbuchs zu erklären und damit einen narratologischen Rahmen zu geben, sondern verzichtet gänzlich auf eine Explikation des – hier im wahrsten Sinne, bedenkt man die Leerseiten – materiellen Textes, den wir in den Händen halten. Dies macht die Erzählung einerseits mysteriöser, andererseits, nicht zuletzt auch aufgrund der offensichtlichen, intradiegetischen wie extradiegetischen Verweise auf den Film *Shining*, etwas zu offensichtlich in seiner intertextuellen Konstruiertheit. Da man jedoch mit Recht die Frage stellen darf, warum man in heutiger Zeit noch eine klassische Gespenstergeschichte erzählen sollte, wenn die Gespenster doch jenseits der Genreliteratur keine große Rolle mehr spielen, so kann die Antwort lauten: Um ein intertextuelles wie intermediales Vexierspiel zu konstruieren, das vor allem aufgrund des steten Rekurses auf bekannte Bilder und literarische Konstruktionen funktioniert.[52]

Der Grund des Einschreibens des Protagonisten in den eigenen Text bleibt indes offen, was letztlich die Qualität der Erzählung jenseits ihrer Genre-Ambitionen ausmacht: Wir wissen nicht, ob die gesamte Handlung eine Konstruktion der Imagination des Erzählers ist, und ob er, wie Jack Torrance in *Shining*, dem Wahnsinn verfällt. Neben den erwähnten literarischen Bezügen lassen sich auch zahlreiche Filmbilder aus jüngeren Gespenstergeschichten finden – anders als in der Literatur nimmt die Gespenstergeschichte im zeitgenössischen Horrorfilm immer noch eine prominente Rolle ein –, allen voran die unheimliche Verbindung mit neuester Technik, in diesem Fall das Bilder übertragende Babyphone, das erst die Tochter in unheimlichen Posen zeigt und dann den Erzähler selbst als Doppelgänger und somit als Bedrohung, wie es vor allem die japanische *Ringu*-Reihe populär gemacht hat.

Letztlich kann diese Einschreibung mitunter auch als Kommentar Kehlmanns zur Debatte um den ‚Tod des Autors' verstanden werden, gerade dann, wenn er das Sterben der Autorfigur inszeniert. Hierfür gibt es mehrere Hinweise, vor allem das Verschwinden des namenlosen Erzählers mit Hilfe des Spiegelmotivs, womit man wieder bei der im Zusammenhang von *Der fernste Ort* beobachteten Parallele zu Borges' Obsession mit der Macht des Spiegelbilds wäre: Zunächst sieht der Erzähler noch sein eigenes Spiegelbild, später jedoch nur noch das Notizbuch, das ja eigentlich vor ihm liegt; der Raum ist menschenleer, der Autor ist verschwunden, es bleibt nur noch das von ihm Geschriebene. Und es ist der Spiegel, der dieses Verschwinden erst deutlich macht; so löst sich die

52 Vgl. Moritz Baßler/Bettina Gruber/Martina Wagner-Egelhaaf: Einleitung. In: Gespenster. Erscheinungen – Medien – Theorien. Hg. v. dens. Würzburg 2005, S. 9–23. Die Herausgeber bezeichnen darin Gespenster als „Reflexionsfiguren der Medialität" (ebd., S. 11).

Schwelle zwischen realer und imaginierter Welt – wenn auch unter anderen Vorzeichen als in *Der Ausweg* – ebenfalls auf.

Am Schluss der Geschichte wird dieses Verschwinden auch in Bezug auf den Text aufgelöst, wenn die Erzähler-/Autorfigur, und damit auch die Möglichkeit des Erzählens, aus dem Text verschwindet und nur leere, jedoch paginierte Seiten bleiben. Auch in diesem Sinne spielt Kehlmann Austers *New York Trilogie* durch, nimmt ihr aber, wie erwähnt, die Binnenerzählung in Form der Autorfiktion.[53]

# 4 Fazit und Desiderat

Eine weitere Diskussion über die unbefriedigende Verwendung des Begriffs ‚Magischer Realismus' gerade in der feuilletonistischen Rezeption von Kehlmanns Werk, dem dieser Terminus oft fälschlicherweise zugeschrieben wird – und, wenn wir diverse Äußerungen des Autors zu seinem eigenen Werk berücksichtigen, auch nicht in seinem Sinne – wäre sicherlich von großem Interesse. Im ersten Kapitel konnte aufgezeigt werden, wie die Zuschreibung magisch-realistischer Elemente oft an den metafiktionalen Intentionen von Kehlmanns Werk vorbeigeht, und dass seine umfangreichste Evokation dieser Elemente in einem Roman – *Die Vermessung der Welt* – geschieht, in dem es ihm um die (wiederum) metafiktionale Debatte in Bezug auf eine interkulturelle literarische Begegnung geht. In der Forschung wird hier dankenswerterweise immer häufiger der Begriff des ‚gebrochenen Realismus' angewandt, der als eines der zentralen Stilmittel des Kehlmann'schen Werks angesehen werden kann und eine feine Differenzierung zum Begriff des Magischen Realismus impliziert. Interessant wäre durchaus, noch etwas näher auf die Elemente des Magischen Realismus in *Tyll* einzugehen, wo sich Kehlmann, wieder im Rahmen des (im weitesten Sinne) historischen Romans, dieser Elemente bedient und sie in den Kontext von populärer deutscher Mythologie und Märchen stellt.[54]

Zugleich ist anzumerken, dass die Untersuchung intertextueller Verweise – seien sie inhaltlicher oder stilistischer Natur – ein äußerst umfangreiches Unterfangen ist. Den Spuren von Vladimir Nabokov gerade im Werk des frühen Kehlmanns nachzuspüren, ist eine schon häufiger unternommene, jedoch immer noch ergiebige Aufgabe für die Literaturwissenschaft. Im Vorhergegangenen sollte der Schwerpunkt zum einen auf dem Einfluss des Magischen Realismus sowie den

53 Übrigens kann hier ein Bezug zu einem Kapitel aus Kehlmanns *Ruhm* hergestellt werden, in dem die Protagonistin in einen Disput mit ihrem Autor über ihren geplanten Tod gerät, am Ende von diesem erlöst wird, nur um schließlich als nicht mehr relevant aus der Welt zu verschwinden.

54 Siehe hierzu die Beiträge von Michael Multhammer und Rena Ukena im vorliegenden Band.

Metafiktionen Jorge Luis Borges' und zum anderen auf dem Versuch, einen Text von Kehlmann – *Du hättest gehen sollen* – ausschließlich intertextuell zu interpretieren, liegen. Dass dies nur einen kleinen Teil der Intertextualität im Werk Kehlmanns abbildet, muss eigentlich nicht mehr eigens erwähnt werden.

# Literaturverzeichnis

Baßler, Moritz/Bettina Gruber/Martina Wagner-Egelhaaf: Einleitung. In: Gespenster. Erscheinungen – Medien – Theorien. Hg. v. dens. Würzburg 2005, S. 9–23.

Borges, Jorge Luis: Der Süden. In: ders.: Gesammelte Werke. Der Erzählungen erster Teil. Hg. v. Gisbert Haefs/Fritz Arnold. München 2000, S. 238–245.

Borges, Jorge Luis: Die abscheulichen Spiegel. In: ders.: Gesammelte Werke. Der Erzählungen erster Teil. Hg. v. Gisbert Haefs/Fritz Arnold. München 2000, S. 63–64.

Borges, Jorge Luis: Tlön, Uqbar, Orbis Tertius. In: ders.: Gesammelte Werke. Der Erzählungen erster Teil. Hg. v. Gisbert Haefs/Fritz Arnold. München 2000, S. 99–118.

Carpentier, Alejo: Vorwort des Autors zur Originalausgabe von *Das Reich von dieser Welt* aus dem Jahr 1949. In: ders.: Das Reich von dieser Welt. Frankfurt a. M. 1991.

Davis, Bettina: Das Schmunzeln im Spiegel (kolonialer) Erinnerung: Parodierte nationale Selbstbilder in Christian Krachts *Imperium* und Daniel Kehlmanns *Die Vermessung der Welt*. University of New Mexico: Electronic Dissertation, https://digitalrepository.unm.edu/fll_etds/87 (Zuletzt angesehen am 26.10.2019).

Foucault, Michel: Von anderen Räumen. In: ders.: Schriften in vier Bänden. Dits et Escrits. Bd. 4. Hg. v. Daniel Defert, Francois Ewald. Frankfurt a. M. 2005, S. 931–942.

Kehlmann, Daniel: Du hättest gehen sollen. Reinbek bei Hamburg 2016.

Kehlmann, Daniel: Wege nach Macondo. In: Literator 2010. Dozentur für Weltliteratur. Daniel Kehlmann. Hg. v. Ines Barner, Günter Blamberger. München 2012.

Kehlmann, Daniel: Diese sehr ernsten Scherze. Poetikvorlesungen. In: ders.: Lob. Über Literatur. Reinbek bei Hamburg 2010, S. 125–168.

Kehlmann, Daniel: Die Vermessung der Welt. Reinbek bei Hamburg 2008.

Lentz, Michael: „Die Fremdheit ist ungeheuer." Daniel Kehlmann und Michael Lentz im Gespräch über historische Stoffe in der Gegenwartsliteratur. In: Neue Rundschau (2007), H. 1 (Historische Stoffe), S. 33–47.

Marx, Friedhelm: Dunkle Geschichten. Daniel Kehlmanns Gespenster. In: Gegenwartsliteratur. Ein germanistisches Jahrbuch 16 (2017), S. 57–76.

Rickes, Joachim: Daniel Kehlmann und die lateinamerikanische Literatur. Würzburg 2012.

Scheffel, Michael: Magischer Realismus. Die Geschichte eines Begriffes und ein Versuch seiner Bestimmung. Tübingen 1990 [Stauffenburg-Colloquium. Bd. 16].

Vargas Llosa, Mario: Der Geschichtenerzähler. Frankfurt a. M. 1982.

Werder, Sophie Dorothee von: Ficción o hiperrealidad? Un estudio comparado de los relatos „Tlön, Uqbar, Orbus Tertius", de Jorge Luis Borges y „La salida", de Daniel Kehlmann. In: Literatura y Lingüística 28 (2013), S. 107–120.

Zeyringer, Klaus: Gewinnen wird die Erzählkunst. Ansätze und Anfänge von Daniel Kehlmanns „Gebrochenem Realismus". In: Text+Kritik 177 (2008) [= Themenheft Daniel Kehlmann], S. 36–44.

Leonhard Herrmann

# Beerholms Vorstellung und ihre Folgen: Daniel Kehlmanns Dialoge mit der Philosophie

Sowohl durch motivisch-inhaltliche Bezüge als auch durch ihre Erzählstruktur stehen Daniel Kehlmanns Erzähltexte in einem kontinuierlichen Dialog mit der Philosophie. Von seinem Beginn an – markiert durch die drei frühen, als Trilogie zu betrachtenden kurzen Romane *Beerholms Vorstellung* (1997), *Mahlers Zeit* (1999) und *Der fernste Ort* (2001) – lässt sich Kehlmanns Schreiben als eine poetisch-fiktionale Auseinandersetzung mit zentralen Fragen der philosophischen Erkenntnistheorie begreifen, die insbesondere die ersten drei Romane, aber letztlich auch alle folgenden Texte Kehlmanns leitmotivisch durchziehen: „Was kann ich wissen?“[1] Wie weit reicht die menschliche Vernunft? Wo liegen ihre Grenzen? Und (wie) sind Wahrnehmungen vorstellbar, die nicht durch die Vernunft erklärbar sind?

Motivisch-inhaltliche Bezüge auf diese Fragen finden sich in Kehlmanns Erzähltexten – und gleiches gilt für sein späteres Drama *Geister in Princeton* (UA 2011) – vor allem in Gestalt ihrer (allesamt männlichen) Protagonisten, die Wissenschaftler, Künstler, Glaubende oder Schreibende sind. Sie sind mit Wahrnehmungen, Entdeckungen oder Beobachtungen konfrontiert, die sie mit den Mitteln ihrer Vernunft nicht erklären können. Diese Unerklärlichkeit führt dazu, dass Kehlmanns Figuren verschiedene Erkenntnisweisen oder „Rationalitäten“[2] durchstreifen, um zu Erklärungen zu gelangen – viele seiner Protagonisten begeben sich auf einen Bildungsweg, um immer wieder nach neuen Lösungswegen zu suchen. Dieses Suchen und Fragen wird zum Ausgangspunkt und Antrieb einer Romanhandlung, die in aller Regel keinen konkreten Abschluss findet, sondern in das (häufig auch räumlich als solches markierte) Nichts eines offenen Endes führt. In anderen Fällen, wie etwa in *F* (2013), konfrontieren die Romane in Gestalt

1 Vgl. dazu Kants bekannte Bestimmung des „Feld[es] der Philosophie“ in einer „weltbürgerlichen Bedeutung“, die sich auf vier zentrale Fragen bringen lasse: „1) Was kann ich wissen? 2) Was soll ich thun? 3) Was darf ich hoffen? 4) Was ist der Mensch?“ (Immanuel Kant: Logik. Ein Handbuch zu Vorlesungen. In: Gesammelte Schriften. Bd. IX: Logik, Physische Geographie, Pädagogik. Hg. v. der Königlich Preußischen Akademie der Wissenschaften. Berlin 1923, S. 25).

2 Zur Rationalität als grundlegend plurales Phänomen vgl. Donald Davidson: Paradoxien der Irrationalität. In: ders.: Probleme der Rationalität. Frankfurt a. M. 2006, S. 285–315.

https://doi.org/10.1515/9783110647488-004

verschiedener Figuren unterschiedliche Arten des Welt- und Selbstverstehens, dies freilich ebenfalls ohne eines dieser Episteme als ‚überlegen' oder unbegrenzt zu markieren. Dennoch kreist die Handlung elliptisch um ein unausgesprochenes Zentrum: die Frage nach dem Warum und Wozu fiktionalen Erzählens. Auch dieses liefert keine definitiven Antworten auf die Fragen des menschlichen Erkennens, wird bei Kehlmann aber als *eine* Möglichkeit etabliert, nach den Wissens- und Verstehensmöglichkeiten des Menschen zu fragen. In diesem Sinne ist poetisch-fiktionales Erzählen für Kehlmann eine ästhetische Form, die Grenzfragen der Vernunft zu artikulieren, ohne dabei ihrerseits auf rein rationales Verstehen angewiesen zu sein, indem mit ästhetischen Verfahren agiert wird. Jene Fragen nach den Grenzen der Vernunft, die die philosophische Erkenntnistheorie unter abermaliger Angewiesenheit auf die Mittel der Vernunft (nicht zuletzt: als Form der Produktion und Rezeption von Text) erörtert, sind – so die unausgesprochene Poetik Kehlmanns – im poetisch-fiktionalen Erzählarrangement Gegenstand einer ästhetischen Erfahrung. Sie ‚zeigen sich', so ihr Anspruch, ohne dass sie auf dem Wege des abstrakten Räsonnements erörtert werden.[3] Als ein Epiphänomen ist das ‚Zeigen' von Grenzfällen der Rationalität anhand fiktiver Beispiele bei Kehlmann jedoch grundlegend abhängig vom abstrakten ‚Denken' der Philosophie, dessen Kenntnis vorausgesetzt werden muss, um die Texte als ästhetische Rekurse auf philosophische Vernunftkritik begreifen zu können. Insbesondere Kehlmanns Erstling *Beerholms Vorstellung*, aber auch sein Bestseller *Die Vermessung der Welt* (2005) machen in Form von Anspielungen diese Abhängigkeit vom ‚Denken' der Philosophie, das der ästhetischen Transformation vorgängig ist, explizit.

Strukturell (und damit nicht inhaltlich, sondern durch ihre Form) greifen die Erzähltexte Kehlmanns die Debatten um Möglichkeiten, Grenzen und etwaige Alternativen des vernünftigen Erkennens durch Verfahren komplexen Erzählens auf – insbesondere durch das unzuverlässige, das fantastische und das metaleptische Erzählen. Durch diese Verfahren sind in Kehlmanns Texten nicht allein die Handlungsstränge, sondern auch die fiktiven Welten als solche unabgeschlossen: Welche Gesetzmäßigkeiten in ihnen herrschen – ob die bekannten Naturgesetze unserer erfahrbaren Wirklichkeit oder aber andere, uns unbekannte – bleibt zumindest phasenweise, häufig über den gesamten Erzählvorgang hinweg unentscheidbar, wobei eine zuweilen tentative, zuweilen offensive Tendenz zur binnenfiktionalen Negation der in der ‚actual world' von Leserinnen und Lesern weithin akzeptierten natürlichen Gegebenheiten erkennbar ist – letzteres etwa in Kehlmanns als Novelle zu betrachtendem Erzähltext *Du hättest gehen sollen* (2016).

**3** Vgl. dazu meine früheren Auseinandersetzungen mit Kehlmann in Leonhard Herrmann: Literarische Vernunftkritik im Roman der Gegenwart. Stuttgart 2017.

Rezeptionsästhetisch stehen Leserinnen und Leser durch diese Erzählverfahren vor denselben epistemischen Herausforderungen wie die Protagonisten auf der Handlungsebene: mit Wahrnehmungen konfrontiert zu sein, für die es rein rational keine Erklärungsmöglichkeit gibt, weil sie sich weder dem Satz vom zureichenden Grund noch dem Anspruch an Widerspruchsfreiheit fügen.

Das poetisch-epistemologische Ziel dieser Erzählverfahren liegt darin, so soll im Folgenden deutlich werden, die Grenzen rational-logischen Erkennens auf dem Wege literarischer Verfahren ästhetisch erfahrbar zu machen. Hypothetische Intention der Erzählmuster Kehlmanns ist nicht die Feststellung, dass die uns bekannten Gesetze relativ sind oder ‚eigentlich' keine Gültigkeit haben – das wäre eine ontologische Aussage über die Wirklichkeit, die Kehlmanns Texte nicht in Anspruch nehmen. Vielmehr wollen sie deutlich machen, dass das vernünftige Erkennen auf bestimmten Grundannahmen beruht, die für die Vernunft unhintergehbar sind. Kehlmanns frühe Texte rücken dabei insbesondere die Kontinuität von Raum und Zeit ins Zentrum. Seit Kant gilt diese als eine Annahme, ohne die unsere Vernunft nicht auskommt. Was wäre, wenn es Raum und Zeit in unserer Welt nicht gäbe, ist für unsere Vernunft keine sinnvolle Frage, weil unsere Welt – und mit ihr unsere Vernunft – auf der Annahme ihrer Kontinuität beruht. In Form fiktionalen Erzählens eliminieren die Texte Kehlmanns diese Kontinuität hypothetisch – durch ein Erzählarrangement, in welchem Raum und/oder Zeit *potenziell* diskontinuierlich werden (die Zeit *könnte* angehalten werden, der Raum *könnte* geschrumpft sein).

Im Sinne des fantastischen Erzählens, wie es Uwe Durst[4] in der Nachfolge Tzvetan Todorovs[5] definiert, liefern Kehlmanns Texte sowohl Belege dafür, dass die in der ‚actual world' von Leserinnen und Lesern weithin akzeptierten Bedingungen von Raum oder Zeit binnenfiktional verändert sind, als auch Hinweise darauf, dass sie innerhalb der Textwelt genau so strukturiert sind wie außerhalb. Veränderungen im Raum-Zeit-Gefüge sind nach dieser Lesart keine tatsächlichen Ereignisse in der fiktiven Wirklichkeit, sondern auf wahnhafte Vorstellungen von Protagonisten zurückzuführen, die sie fälschlicherweise für ‚wirklich' halten. Eine definitive Entscheidung ist für Leserinnen und Leser deshalb nicht möglich, weil die fiktive Wirklichkeit überwiegend oder gar ausschließlich durch die Wahrnehmung der Figuren zugänglich ist. Nach dieser Deutung ist ihre Veränderlichkeit nur eine scheinbare; sie basiert auf trügerischen, wahnartigen Wahrnehmungen der Protagonisten, die durch die Erzählinstanzen in interner Fokalisierung wiedergegeben werden. Beide Lektürepfade – die Deutung der Textwelt als grundlegend abwei-

4 Uwe Durst: Theorie der phantastischen Literatur. Berlin/Münster $^{2}$2010.
5 Tzvetan Todorov: Einführung in die fantastische Literatur. Frankfurt a. M. 1992.

chend und die Deutung von Fokalisierungsinstanzen als wahrnehmungsgestört – sind gleichermaßen durch Texthinweise belegbar. Was innerhalb des literarischen Schreibens als gelerntes, seit der Romantik etabliertes Verfahren gilt, muss durch ein vernünftiges Erkennen, das auf dem ‚Satz vom Grunde' basiert, abgelehnt werden: Zwei einander wiedersprechende Annahmen können nicht beide gleichermaßen zutreffend sein. In dieser Hinsicht machen es Kehlmanns paradoxale Erzählarrangements möglich, die Grenzen von Vernunft und Logik ästhetisch zu erfahren, und konfrontieren dazu dialogisch die Reflexivität philosophischen Denkens mit Praktiken komplexen fiktionalen Erzählens.

In diesem Sinne die Grenzen rationalen Erkennens ästhetisch erfahrbar zu machen, ist von Beginn an zentraler Bestandteil der Werkpoetik und „Werkpolitik"[6] Daniel Kehlmanns. In den ersten drei Romanprojekten ist die Veränderlichkeit der Grundstrukturen von Raum und Zeit ein besonders drastisches Beispiel für die ‚Undenkbarkeiten' der menschlichen Vernunft. In *Beerholms Vorstellung* ist die gesamte erzählte Wirklichkeit nicht zu unterscheiden von der ‚Vorstellung' des Ich-Erzählers Arthur Beerholm. In *Mahlers Zeit* glaubt der Protagonist David Mahler, durch ein mathematisch-physikalisches Verfahren die Zeit aufhalten zu können. In *Der fernste Ort* erweist sich die räumliche Struktur der Wirklichkeit als fraglich: Dem (sterbenden) Protagonisten Julian erscheinen auch entfernte Orte als zugänglich – ein Umstand, der einerseits als Todesvision erklärt werden könnte, andererseits aber eine binnenfiktionale ‚Wahrheit' darstellen könnte, die durch eine weitere Figur der fiktiven Welt bestätigt wird: einen fiktiven Mathematiker des Spätbarock, über den Julian eine mathematikgeschichtliche Dissertation geschrieben hatte.

In späteren Werkphasen werden die Grenzen der Vernunft anhand weiterer Erkenntnis- und Erfahrungsbereiche narrativ gestaltet, etwa der Religion, der Sexualität, der Kunst oder der Ökonomie, und auch das Motiv des Zufalls erhält eine ähnliche Bedeutung. *Ich und Kaminski* (2003) verhandelt vor diesem Hintergrund die Möglichkeit der Kunst, eine kategorial erweiterte, vernunftunabhängige Wahrnehmungsform zu stiften. *Die Vermessung der Welt* vollzieht anhand der Figur Humboldts eine Grenzziehung insbesondere des empirischen Forschungsstrebens, während die abstrakte Mathematik von Gauß mit dem eigenen, ästhetischen Ansatz korreliert wird. Die dann folgenden Romane *Ruhm* (2009) und *F* (2013) aktualisieren Kehlmanns literarische Vernunftkritik mit einem latent komplexitätsreduzierten Inventar narrativer Formen: In *Ruhm* werden zunächst das unzuverlässige

6 Zum Begriff vgl. Steffen Martus: Werkpolitik. Zur Literaturgeschichte kritischer Kommunikation vom 17. bis ins 20. Jahrhundert. Mit Studien zu Klopstock, Tieck, Goethe und George. Berlin/New York 2007.

und fantastische Erzählen aufgegeben, dies zugunsten der Metalepse als zentraler narrativer Struktur. *F* lässt auch diese hinter sich, um in Form multiperspektivischen Erzählens verschiedene Verstehensweisen von Welt zu konfrontieren, die schließlich allesamt als trügerisch (und zugleich be-trügerisch) ausgewiesen werden. In der Manier des poetischen Realismus bleibt hier die Erzählkunst als Verfahren der Konfrontation und des Vergleichs verschiedener epistemischer Systeme bestehen. *Du hättest gehen sollen* bemüht sich um eine fantastische Darstellungsweise ohne metaleptische Elemente und integriert spannungssteigernde Bestandteile, die an Fantasy erinnern, um Komplexität zu reduzieren und ein ‚sinnliches Verstehen' zu ermöglichen. In *Tyll* (2017) erweisen sich die komplexen sozialen Strukturen der frühen Neuzeit als zugänglich, indem sie ein Narr durchschreitet. Leserinnen und Lesern wird sogar nahegelegt, dass dieser Narr seine soziale Umwelt verändern könnte.

Als ‚Dialog' mit der Philosophie begreife ich diese Verfahren insofern, als das Aufzeigen der Grenzen der Vernunft traditionell im Zentrum der philosophischen Disziplin der Epistemologie steht, wie sie auf Kants Vernunftkritik zurückführbar ist. Kehlmann will diese jedoch nicht im Bewusstsein einer ästhetizistischen Überbietung der Vernunft aufgreifen und fortführen, sondern dialogisch, indem die Darstellung des Denkbaren auf die Selbsterkenntnis der Vernunft rekurriert, die sich in der philosophischen Vernunftkritik als begrenzt erweist. Überlegenheit gegenüber der Philosophie beansprucht die Poetik Kehlmanns nicht dadurch, dass sie Antworten liefert, die über diejenigen der Philosophie hinausgehen, sondern allenfalls dadurch, dass sie Formen nutzt, die für den eigenen, vernunftkritischen Ansatz geeigneter sind, indem sie ihrerseits (so zumindest ihr impliziter Anspruch) nicht auf die Mittel der formalen Logik, sondern diejenigen einer „ästhetischen Rationalität"[7] angewiesen ist.

# 1 Kehlmanns Inszenierungspraxis

Die philosophische Kontextualisierung seiner Texte deckt sich partiell mit der Vermarktung und Selbstinszenierung des Autors Daniel Kehlmann. Die paratextuellen Rezeptionssteuerungssignale – jene, die er selbst als Autor zeichnet, aber auch diejenigen aus seinem literarischen Betriebsumfeld – lenken auf den philosophischen Kontext seiner Texte gleichermaßen hin wie von diesem ab. Deutlich wird dies bereits in *Mein Werdegang*, einer kurzen autobiografischen Skizze, die der

7 Vgl. dazu Martin Seel: Die Kunst der Entzweiung. Zum Begriff der ästhetischen Rationalität. Frankfurt a. M. 1997.

dreißigjähre Kehlmann kurz nach dem Erscheinen von *Die Vermessung der Welt* im November 2005 in der FAZ veröffentlicht. Kehlmann betont hier ein beendetes Philosophiestudium als biografischen Hintergrund zu seinem Erstling *Beerholms Vorstellung*; der Roman sei „gleich nach dem Ende meines Philosophiestudiums und eigentlich durch Zufall und Glück [,] veröffentlicht“[8] worden – wobei sich hinter der ostentativen Bescheidenheit ein nicht eben gering ausgeprägtes Selbstbewusstsein artikuliert, denn *Beerholms Vorstellung* erschien, wie der Artikel ebenso verschweigt wie voraussetzt, als Daniel Kehlmann 22 Jahre alt war. Kehlmanns autobiografische Notiz fügt dem Wunderknabenimage, das im Kontext der Publikation des Romandebüts zum Markenkern Kehlmanns aufgebaut wurde, also *en passant* noch ein abgeschlossenes Philosophiestudium hinzu. Doch bei dieser Anspielung auf philosophische Kontexte belässt es die Notiz: Kehlmann nimmt für sich weniger den Typus des gelehrten *poeta doctus* in Anspruch als vielmehr das Bild eines naiven, aus der eigenen ästhetischen Anschauung schreibenden Autors, der vor allem selbst ein begeisterter Leser literarischer Texte war und ist: Gemeinsam mit allen anderen „Schreibenden“ zählt er sich zu den „lesenden Kindern“, zu jenen „Zehnjährige[n], denen Bücher wichtiger und wirklicher waren als alles andere“[9], wobei das absolvierte Lesepensum sich von Jules Verne und Karl May über Enid Blyton zu Michael Ende erstreckt.

In seinem essayistischen, poetologischen und literaturkritischen Schaffen, das sich dem Erscheinen von *Die Vermessung der Welt* anschließt und das Romanschaffen Kehlmanns seither begleitet – angefangen vom Essayband *Wo ist Carlos Montúfar* (2005) über die als Dialog gestalteten Göttinger Poetikvorlesungen *Diese sehr ernsten Scherze* (2007) und den Dialog *Requiem für einen Hund* (2008), vom autofiktionalen Experiment *Leo Richters Porträt* (2009) und den Essayband *Lob. Über Literatur* (2010) bis hin zur Frankfurter Poetikvorlesung *Kommt, Geister* (2015) – präsentiert sich Kehlmann als belesener, literaturgeschichtlich und poetologisch hoch reflektierter Autor literarischer Texte – am einschlägigsten ist hier vielleicht seine aphoristische Selbstaussage „Ich fand Literatur immer am faszinierendsten, wenn sie nicht die Regeln der Syntax bricht, sondern die der Wirklichkeit“[10]–, nicht aber als Philosoph oder gar Epistemologe. Letzteres wäre dem Fremd- und Selbstbild als Autor anspielungsreicher, rätselhafter und enigmatischer Texte abträglich. Der Literat will vieldeutig sein und seine Texte nicht auf philosophische oder gar weltanschauliche Positionen festlegen lassen. Zwar ist

---

8 Daniel Kehlmann: Mein Werdegang. Warum Schriftstellerei kein Beruf ist. In: Frankfurter Allgemeine Zeitung, 12.11.2005, S. 33. Online abrufbar unter https://fazarchiv.faz.net/document?id=FAZ__FD120051112441521#start (Zuletzt angesehen am 30.04.2019).

9 Kehlmann: Mein Werdegang, S. 33.

10 Daniel Kehlmann: Diese sehr ernsten Scherze. Poetikvorlesungen. Göttingen 2007, S. 15.

gerade das Enigmatische der Texte Kehlmanns ein Verweis auf Fragen und Probleme der Philosophie – diesen Umstand aber zum Bestandteil der Selbstvermarktung zu machen, würde auf die Erklärung dessen hinauslaufen, was als Unerklärliches die Faszination an den Texten ausmachen soll. Und das dürfte der Grund dafür sein, warum der eigentlich so auskunftsfreudige Kehlmann seine genauen Dialogpartner in der Philosophie nur selten (und nur in einem Fall namentlich) benennt, obwohl er seine literarischen Vorbilder und Vorlagen dagegen immer wieder erwähnt – insbesondere die ‚magischen Realisten' Lateinamerikas, aber auch Autoren der amerikanischen Postmoderne und der deutschen Romantik. Dennoch reklamiert Kehlmann schon in seiner kleinen autobiografischen Skizze epistemologische Ziele für sein Schreiben: Durch die Beschäftigung mit Humboldt und Gauß sei seine eigene Bewunderung für „den tiefen Antrieb des Verstehenwollens" und das „ernste Spiel der Forschung" noch einmal mehr gestiegen. Doch fehlten ihm „die Gaben der Konzentration, der Sachlichkeit und der Akkuratesse", sodass er selbst dieses Verstehen „weiterhin statt auf dem analytischen auf dem Weg des Erzählens suchen" müsse. Dabei fühle er sich „normalerweise" ganz wohl. Nur in „Momenten der Rechenschaft" überfalle ihn zuweilen das „schlechte Gewissen"[11].

Deutlicher als der Autor selbst ziehen die Literaturkritik und die Sekundärliteratur[12] Verbindungslinien zwischen Kehlmann und der Philosophie. Entsprechend läuft auch hier die Inszenierungspraxis Kehlmanns darauf hinaus, dass er selbst diese Verbindung nicht herstellt, aber von anderen herstellen lässt, um sie dann ohne weitere Kommentare bestehen zu lassen. In dieser Hinsicht finden sich immer wieder Hinweise auf eine unvollendete Dissertation zu Immanuel Kant, resp. zum Verhältnis zwischen Kant und Schiller. Kehlmanns Dissertationsprojekt bezieht sich damit auf ein Thema, das philosophische Vernunftkritik und ästhetische Reflexion verbindet: Als poetische Reflexion der Kantischen Transzendentalphilosophie entsteht ‚um 1800' die Vorstellung von der Kunst als einem Medium des Verstehens, das ohne das starre Kategoriensystem der Vernunft auskommen soll – ein Verständnis von Kunst, das der Schriftsteller Kehlmann zu seiner eigenen poetologischen Basis macht. „Studium der Philosophie und Germanistik. Beginn einer Dissertation über das Erhabene bei Kant, Abbruch

**11** Kehlmann: Mein Werdegang, S. 33.

**12** Vgl. dazu unter anderem Joachim Rickes: Die Metamorphosen des ‚Teufels' bei Daniel Kehlmann. „Sagen Sie Karl Ludwig zu mir". Würzburg 2010; Markus Gasser: Das Königreich im Meer. Daniel Kehlmanns Geheimnis. Göttingen 2010; sowie Michael Navratil: Fantastisch modern. Zur Funktion fantastischen Erzählens im Werk Daniel Kehlmanns. In: literatur für leser 37 (2014), H. 1, S. 39–57.

nach ersten Erfolgen als Schriftsteller“,[13] kanonisiert etwa das *Kritische Lexikon zur deutschsprachigen Gegenwartsliteratur* die Bildungsbiografie des Autors, ohne weitere Details zu erläutern – wann und mit welchen Schwerpunkten etwa das Studium begonnen und abgeschlossen wurde oder unter wessen Betreuung die Dissertation begonnen und auf welcher Bearbeitungsstufe aufgegeben wurde.

In der Bildungsbiografie einer historischen Autorpersönlichkeit dürfen diese Angaben natürlich nicht fehlen. Dass sie uns von Daniel Kehlmann nicht vorliegen, liegt an der Zeitgenossenschaft von Autor und der sich mit ihm auseinandersetzenden Literaturwissenschaft und verweist damit auf grundlegende Probleme autor- (und auch: autorimago-)bezogener Gegenwartsliteraturforschung: Für die entsprechenden Informationen sind keine unabhängigen oder auch nur überprüfbaren Quellen verfügbar. Zu unterstellen ist daher, dass die Information, seine Romane gingen aus einer unvollendeten philosophischen Arbeit zu Kant hervor – eine weitere biografische Notiz erwähnt eine Tätigkeit für die Österreichische Akademie der Wissenschaften[14] –, ganz bewusst und in rezeptionssteuernder, ‚werkpolitischer‘ Absicht verbreitet worden ist. Dies geschieht im Mindesten mit dem Wissen, wahrscheinlich mit Billigung, womöglich gar im Auftrag von Autor und/oder Verlag.

Deutlich wird dies auch in einem langen Interview mit dem Nachrichtenmagazin *Der Spiegel* im Dezember 2005, in dem sich Kehlmann zu den wissenschafts- und erkenntnistheoretischen Grundlagen von *Die Vermessung der Welt* äußert. Die Anmerkung des Interviewpartners, die groteske Kant-Episode des Romans sei womöglich eine Rache des Schriftstellers an dem Philosophen, der ihm offenbar als Gegenstand der geplanten Dissertation zu kompliziert gewesen sei,[15] erscheint im Zuge des Interviews zunächst als humoristische Geste der Provokation, die den Gesprächspartner aus der Reserve locken und den Text auflockern soll. Im Zusammenhang mit der Selbstinszenierung Kehlmanns als philosophisch reflektierter Autor ist sie vermutlich als gezieltes Marketing zu verstehen, das hier auch die Interview-Partner des *Spiegels* einbezieht. Denn die

---

13 Henning Bobzin: Daniel Kehlmann. In: nachschlage.NET/KLG – Kritisches Lexikon zur deutschsprachigen Gegenwartsliteratur, Stand 01.12.2017. Online abrufbar unter http://www.nachschlage.net/search/document?index=mol-16&id=16000000708&type=text/html&query.key=nSNlRE5m&template=/publikationen/klg/document.jsp&preview= (Zuletzt angesehen am 23.11.2018).

14 Birgit Lermen: Einführung in das Werk von Daniel Kehlmann, S. 524. Online abrufbar unter: https://www.kas.de/c/document_library/get_file?uuid=59095286-4f96-521f-1a2d-8926e53bb409&groupId=252038 (Zuletzt angesehen am 23.11.2018).

15 Daniel Kehlmann: „Mein Thema ist das Chaos“. Interview. In: Der Spiegel 49, 05.12.2005, S. 174–178, hier S. 176. Online abrufbar unter https://magazin.spiegel.de/EpubDelivery/spiegel/pdf/43513122 (Zuletzt angesehen am 30.04.2018).

Frage verweist nicht allein *en passant* auf die aufgegebene Dissertation, ohne dass der Autor selbst sie erwähnen muss; sie greift auch jenen Gestus vermeintlicher Bescheidenheit auf, den Kehlmann bereits in seiner autobiografischen Notiz nutzt – nämlich ‚nur' Romanautor und kein ‚richtiger' Wissenschaftler geworden zu sein. Im weiteren Verlauf des Interviews bezeichnet Kehlmann das Verstehen als einen unabgeschlossenen Prozess, für den Mathematiker ebenso wie für den Literaten: „Wir können die Welt vielleicht berechnen, aber nicht wirklich verstehen."[16]

In Adam Soboczynskis Porträt von Daniel Kehlmann, das, ursprünglich für die *Zeit* geschrieben, zusammen mit einem Porträt Daniel Kehlmanns über seine fiktive Dichter-Figur Leo Richter 2009 unter dem Titel *Leo Richters Porträt* erscheint, wird die philosophische Grundierung von Kehlmanns Texten ebenfalls deutlich herausgestellt, aber in deutlich überzeichneter Weise als Rezeptionshindernis in einer vermeintlich geistig verflachten literarischen Landschaft gedeutet:

> Kehlmann war unter seinen Kollegen ein Nerd inmitten von Stars, traurig, hoch gebildet, enorm belesen, ausgestattet mit einem Literatur- und Philosophiestudium, einer abgebrochenen Promotion über Kant und drei Büchern, die keine Leser fanden.[17]

Im Gespräch *Requiem für einen Hund* (2008) gibt Kehlmann in einem von zwölf thematischen Kapiteln genauer Auskunft über sein „Studium" – so der Titel des vier von 130 Seiten umfassenden Abschnitts – und benennt einige philosophiegeschichtliche Themen, mit denen er sich intensiver befasst habe. In dem konservativ ausgerichteten philosophischen Institut der Universität Wien sei vor allem der Deutsche Idealismus gelehrt worden – „Hegel, Fichte, Schelling und Kant"[18] –, wenig dagegen

> von den angelsächsischen analytischen Strömungen, wenig Sprachphilosophie und Wissenschaftstheorie, dafür gründliche Seminare über die philosophischen Klassiker und natürlich Heidegger und Hermeneutik. Für jemanden wie mich, dessen Herz ja nicht für die Philosophie an sich schlug, dessen Zugang immer literarisch war, war das sehr hilfreich.[19]

Die geplante und (auf welchem Stand auch immer) abgebrochene Dissertation wird nicht angesprochen, aber das Thema der Studienabschlussarbeit benannt: „Schillers Theorie der Entfremdung".[20] Dennoch steht hinter der vermeintlichen Subordination des eigenen Weltzugangs – das soll im Folgenden anhand von Kehlmanns *Beerholms Vorstellung* gezeigt werden – ganz offenbar der Wunsch

---

**16** Kehlmann: „Mein Thema ist das Chaos", S. 176.

**17** Daniel Kehlmann: Leo Richters Porträt sowie ein Porträt des Autors von Adam Soboczynski. Reinbek bei Hamburg 2009, S. 55.

**18** Daniel Kehlmann/Sebastian Kleinschmidt: Requiem für einen Hund. Berlin 2008, S. 113.

**19** Kehlmann/Kleinschmidt: S. 114.

**20** Kehlmann/Kleinschmidt: S. 114.

nach einem Dialog mit der Philosophie, der auf Augenhöhe stattfinden soll. Und zumindest ein philosophischer Dialogpartner lässt sich genau identifizieren, der womöglich auch an der Universität Wien gelehrt worden ist: Arthur Schopenhauer.

Das *Requiem für einen Hund* ist von kleinen Schopenhauer-Anspielungen durchzogen, wobei auffälligerweise nicht Kehlmann, sondern meist – und vor allem: zuerst – der Dialogpartner Sebastian Kleinschmidt den Namen des Philosophen einfließen lässt. Im Kapitel „Kindheit" berichtet Kehlmann schließlich selbst von einer sehr frühen Schopenhauer-Lektüre als Wurzel seines späteren Philosophie-Studiums sowie von seinem Philosophieunterricht an einem Wiener Jesuiten-Gymnasium, das das Vorbild für jenes Internat abgibt, in welchem sein erster Protagonist Arthur Beerholm ausgebildet wird. Er hatte bereits „viel von Schopenhauer" gelesen, der ihm als „der typische Philosoph für die Siebzehnjährigen"[21] gilt, bevor das Fach Philosophie in der siebten und achten Klasse verpflichtend gewesen sei. Von Schopenhauer will Kehlmann einen grundlegenden Pessimismus gelernt haben, der seine Bücher präge:

> Die Weltsicht meiner Bücher ist ziemlich pessimistisch. Überall Mißverständnisse und gescheiterte Bemühungen. Aber Schopenhauer lesen bedrückt ja nicht, im Gegenteil, es macht gute Laune. Es gibt einen Pessimismus des Temperaments und einen Pessimismus der Meinungen. Mein Temperament neigt zur Fröhlichkeit, meine Meinungen tendieren zum Pessimismus. Ein bißchen war es wohl auch bei Schopenhauer so.[22]

Auch „Schopenhauers Theorie des Komischen" ist für Daniel Kehlmann

> sehr hilfreich. Sie macht plausibel, was den meisten Dinge, die wir lustig finden, gemeinsam ist, nämlich die plötzliche Wahrnehmung einer Inkongruenz von begrifflich gedachtem und anschaulich gegebenem Gegenstand.[23]

Die oben beschriebene epistemologische Herausforderung, dass Kehlmanns Figuren ihre Wahrnehmungen nicht rational erklären können, wird von Kehlmann selbst als ‚Humor' bezeichnet, dessen Quelle die Philosophie Schopenhauers sei.

Auch in einem Interview im Magazin der *Süddeutschen Zeitung* aus Anlass des Erscheinens von *F* im Herbst 2013 betont Kehlmann – *nota bene*: auf Nachfrage –, dass Schopenhauer für ihn von großer Bedeutung ist:

---

**21** Kehlmann/Kleinschmidt: S. 112.
**22** Kehlmann/Kleinschmidt: S. 111.
**23** Kehlmann/Kleinschmidt: S. 47.

**Sie haben mit 16 in Ihrer Freizeit Schopenhauer gelesen. Halten Sie das für normal?**

Mit 16 kann man durchaus Schopenhauer lesen, das ist nicht so selten. Vielleicht hat es mir geschadet, aber es war ein lebensveränderndes Erlebnis. Deswegen habe ich später Philosophie studiert. Schopenhauer ist der literarischste unter den großen Philosophen. Philosophieprofessoren hören so eine Überlegung nicht gern, aber ich habe heute noch Momente, wo ich mich frage, ob es sein kann, dass Schopenhauer in allem Recht hat. Für ihn ist die Welt, wie wir sie wahrnehmen, Einbildung und Illusion, ein großer Traum. Mein neuer Roman hat auch viel mit Schopenhauers Aufsatz über die anscheinende Absichtlichkeit im Leben des Einzelnen zu tun. Schopenhauer stellt da die Frage, ob wir unser Leben komponieren, oder ob es uns nur passiert.[24]

# 2 Beerholms Vorstellung

Dass Daniel Kehlmanns erster Roman einen Protagonisten mit dem Vornamen Arthur hat und den Begriff der Vorstellung im Titel trägt, kann vor dem Hintergrund der späteren Inszenierungspraxis Kehlmanns keinesfalls als Zufall erscheinen.[25] Exemplarisch für Kehlmanns Dialog mit der Philosophie soll der Roman im Folgenden als literarische Auseinandersetzung mit Schopenhauers *Die Welt als Wille und Vorstellung* gelesen werden.

Kehlmanns erster Romanprotagonist ist – so steht es in Dutzenden Inhaltsangaben wissenschaftlicher und literaturkritischer Provenienz – ein Zauberkünstler, der sich nach Zwischenstufen in der Mathematik und der Theologie, die ihn beide intellektuell enttäuschen, der Magie zuwendet; beflügelt von seinem Erfolg zunächst als Falschspieler, dann als gefeierter Bühnenmagier, ist er bald überzeugt, die Naturgesetze nicht nur scheinbar, sondern tatsächlich beherrschen zu können. Im Zuge einer Krise lassen seine Zauberkünste jedoch plötzlich nach. Er befindet sich – und das ist gleichermaßen das Ende der erzählten Handlung und der Erzählstandpunkt, von dem aus der als autodiegetische Erzähler berichtende Beerholm auf seine Geschichte zurückblickt – auf der Aussichtsplattform eines Fernsehturms, von der er sich, sobald er seine Notizen beendet hat, in die Tiefe stürzten wird – aus Verzweiflung, aber auch, um eine definitive Antwort auf die Frage zu erhalten, ob er die Naturgesetze nur scheinbar oder tatsächlich beherrschen könne. Könnte er es, dann wäre ein

24 Michael Ebert: „Der Zombiefilm erlaubt uns den Blick des Psychopathen". Interview mit Daniel Kehlmann. In: Süddeutsche Zeitung Magazin 35/2013, 04.09.2013, https://sz-magazin.sueddeutsche.de/literatur/der-zombiefilm-erlaubt-uns-den-blick-des-psychopathen-79885 (Zuletzt angesehen am 30.04.2019).

25 Vgl. dazu Navratil: S. 46.

Selbstmord vermutlich undenkbar – denn dann, so vermutet Beerholm, würde ‚die Schwerkraft um ihn einen Bogen machen'.

Diese Inhaltsangabe ist ebenso weit verbreitet wie falsch – zumindest aber: unvollständig. Denn ob Arthur Beerholm ein Zauberer ‚ist', seine Kindheit ‚wirklich' so traumatisch war, wie Beerholm das rückblickend erinnert und er den geschilderten Bildungsweg ‚tatsächlich' – das heißt auch für andere Figuren der fiktiven Wirklichkeit – absolviert hat, ist nicht definitiv zu entscheiden.[26] Die ‚Vorstellungen' des Ich-Erzählers Beerholms – seine Imaginationen und Träume – sind von der übrigen binnenfiktionalen Wirklichkeit nicht zu unterscheiden. Zwischen jenen Ereignissen, die ihm innerhalb der fiktiven Wirklichkeit ‚wirklich' passieren, und jenen, die er imaginiert oder fantasiert, gibt es keinen kategorialen Unterschied. Das liegt an der grundlegend metaleptischen Erzählweise des Textes, auf die Kehlmann selbst, freilich ohne den Begriff zu benutzen, immer wieder hinweist.

Jenes Jesuiten-Kloster, in das Beerholm der weit verbreiteten Inhaltsangabe zufolge eintritt und das für sein weiteres Leben eine entscheidende Bedeutung haben wird, ist auf der Handlungsebene des Textes zunächst eine Einbildung Beerholms, entstanden deshalb, um sich die Angst vor den bevorstehenden Abschlussprüfungen zu nehmen und in den Schlaf zu finden:

> Dann versuchte ich nachzudenken: Wo würde ich studieren? Es gab einige Möglichkeiten, und ich hatte mich noch nicht entschieden. Unter Umständen würde ich sogar in einen Orden eintreten; diese Idee hatte etwas Strenges, Soldatisches, das mir gefiel. Ich versuchte, mir ein Kloster vorzustellen: hohe Mauer, Kreuzgänge, ein alter Brunnen, ein Gemüsegarten. Das Gebäude, das meine Phantasie in aller Eile errichtete, war ein wenig unscharf und enthielt Versatzstücke aus der *École Internationale* und dem Haus Beerholms.[27]

Die Imaginationen dauern so lange, bis sich in ihm „der Schlaf ausbreitete" (BV, 64), „wie Wasser in einem überschwemmten Keller" (BV, 63–64).

Beerholm betritt das Kloster, wobei die Beschreibung laufend zwischen Präteritum („Ich ging auf das Kloster zu, öffnete das große Portal – es ging ganz leicht – und ging hinein", BV, 64) Präsens und Futur wechselt („Ich bleibe stehen und trete näher heran, ach ja, hier werde ich hineingehen", BV, 64). Das Präsens markiert dabei die bewusste Imagination des Klosters, das ausschließlich in Beerholms eigenen Inneren existiert:

> Ein leeres Messingschild hängt in Augenhöhe – jetzt muß ein Name her. Etwas Originelles, vielleicht Lateinisches . . . – Oder lieber etwas Einfaches: Weber, Schuster . . . –

**26** Vgl. dazu Gasser: S. 31.

**27** Daniel Kehlmann: Beerholms Vorstellung. Roman. 2. Aufl. Reinbek bei Hamburg 2007, S. 63. Im Folgenden zitiert unter der Sigle: BV.

> nein, wenn schon ein Handwerksname, dann: Fassbinder. Sehr gut, das klingt einfach und zugleich irgendwie passend. (BV, 64)

Im Folgenden werden dann Pater Fassbinder, dem er sich mit einem lakonischen „‚Man hat mich zu ihnen geschickt'" (BV, 65) vorstellt, und das Kloster zu unhinterfragbaren Bestandteilen der fiktiven Wirklichkeit, über die Beerholm nicht etwa allwissend verfügt, sondern deren Extensionen er sich erst sukzessive erschließt – Fassbinder ist blind, wie Beerholm, der ihn ja eigentlich bewusst imaginiert hatte, überrascht feststellt. Insbesondere in seiner Göttinger Poetikvorlesung verweist Kehlmann selbst auf die Metalepse dieser Passage – es gehöre zu seinen „bedrückendsten Erlebnissen als Schriftsteller, daß so etwas in Deutschland einfach nicht verstanden wird"[28].

Doch nicht allein das Kloster, sondern auch alle weiteren Schlüsselmomente im Leben von Beerholm sind in ihrem ontologischen Status unsicher – etwa die Bühnenshow des Magiers Jan van Rode, die Beerholm unversehens aufsucht; bereits ihre Beschreibung durch den sich erinnernden Ich-Erzähler enthält Signale, dass die gesamte Show lediglich eine Imagination gewesen sein könnte:

> War es vorbei? Es war vorbei. Es mußte vorbei sein. Die Bühne war leer, das Licht war zu einem blassen Gelb heruntergedämpft. Und in den Reihen vor mir saß niemand mehr. Ich brachte es fertig, mich umzudrehen: Ich war allein im Raum." (BV, 81)

„[E]s gibt Reiche unterhalb von Vernunft und Sprache" (BV, 83–84) spricht Beerholm im Anschluss an die ominöse Show in ein Telefon, das er gegen alle Regeln der Logik benutzen kann, obwohl es nicht funktioniert. Schließlich erinnert sich Beerholm an sein Erwachen unter der Obhut von Pater Fassbinder, der ihn erstaunt fragt, wie er, als ein „erwachsener Mensch" „zum Teufel" auf die Idee komme „ins Kindertheater" (BV, 86) zu gehen.

Tief beeindruckt von diesem ‚Kindertheater', wird Beerholm von van Rode aufgenommen – ohne dass sich an seinem fraglichen ontologischen Status etwas ändert. Auch die sich an diesen Bühnenbesuch anschließende Magier-Karriere als Zauberlehrling Jan van Rhodes wird durch eine Metalepse in ihrem ontologischen Status grundlegend hinterfragt. Gegen Ende seiner Magierausbildung fragt Beerholm seinen Lehrer nach einem für ihn unerklärlichen Trick. Als Antwort erhält er eine fundamentale Gleichsetzung von Traum und Wirklichkeit:

> Arthur, Sie ziehen die Grenzen zu eng. Ich verrate Ihnen ein Geheimnis, ein sehr großes und streng gehütetes Geheimnis, von dem alle wissen, außer Ihnen. Das hier ist ein Traum. Ich meine das nicht philosophisch, Gott bewahre! Es ist wirklich einer. Und zwar

---

**28** Kehlmann: Diese sehr ernsten Scherze, S. 16.

> Ihrer. Wir alle gehören dazu, jeder von uns ist ihre Erfindung. Wenn Sie aufwachen, sind wir weg, nichts mehr, gelöscht, es hat uns nie gegeben. (BV, 150)

Eine erträumte Figur, die den Träumenden an ihr eigenes Erträumtsein erinnert, stellt ein Paradoxon dar, das sich der außerliterarischen Kommunikationslogik entzieht: Um einen Gegenstand als erträumt zu erkennen, bedarf es einer Wahrnehmungsposition außerhalb des Traumes. Zugleich bricht diese paradoxale Aussage die gesamte Zauberer-Episode abermals metaleptisch: Nicht allein Pater Fassbinder ist ein Bestandteil der ‚Vorstellung' Beerholms, sondern auch sein Zaubermeister Jan van Rode – und, so ließe sich innerhalb dieser Traum-Logik folgern, auch die gesamte sich anschließende Zauberer-Laufbahn Beerholms.

In deren weiterem Verlauf mischt sich eine dritte Traum- oder Imaginationsebene in Beerholms Selbstbericht und auch diese interagiert metaleptisch mit jener Handlungsebene, auf der sie erzeugt wird. Beerholm schildert, wie er sich in die Figur des Merlin imaginiert und sich in dieser Rolle mit der Nymphe Nimue[29] ein weibliches Gegenüber erträumt; Nimue erweist sich schließlich als Adressatin der gesamten Erzählung. Auch diese Nimue bleibt aber nicht auf der Ebene des Traums, sondern taucht als leibhaftige, weibliche Gestalt auf, während er selbst als Zauberlehrling tätig ist („Als ich mein Engagement im *Chez Janine* beendete und in Jan van Rodes Nähe zog, nahm ich dich einfach mit, dich und alles, was zu dir gehört: Freundin, Tante, Wohnung", BV, 166). Und obwohl er selbst „die Grenze zwischen dem Traum- und Alptraumreich [seiner, L.H.] Phantasie und der Wirklichkeit, der sogenannten, immer bemerkenswert durchlässig gefunden" (BV, 193) habe, wundert sich Beerholm auch noch im Nachhinein über die Fragwürdigkeit und die Konnektivität der von ihm erzeugten und bewohnten Wirklichkeitsebenen: Der Umstand, dass seine Welt von ihm selbst imaginiert ist, entzieht sich offenbar immer wieder dem Bewusstsein Beerholms. Er unterliegt selbst der eigenen Illusionskunst, was der Roman durch das Motiv des perfekten Zaubertricks deutlich macht. Nach langem Training ist Beerholm selbst nicht mehr in der Lage, seine Zauberei von der übrigen Wirklichkeit zu unterscheiden, weil er diese unterhalb des eigenen Bewusstseins ausübt:

> Es war Magie. Ganz von selbst färbten sich die Karten, sobald meine Finger sich ihnen näherten; ganz von selbst hoben sich die Könige, schwebten zitternd durch die Luft, senkten sich wieder, landeten auf dem Tisch. (BV, 131)

---

**29** Zum Bezug des Textes auf die Arthus-Sage vgl. zuerst Navratil: S. 45.

# 3 Beerholms Welt(en)

Die gesamte fiktive Wirklichkeit von *Beerholms Vorstellung* ist fiktionsintern keine objektiv gegebene, auch für andere Romanfiguren potenziell sicht- und erfahrbare Außenwelt, die unabhängig von Beerholm bestünde und durch die er sich bewegen könnte, sondern sie ist identisch mit der Innen- und Vorstellungswelt des Ich-Erzählers. Sie ist nicht das Objekt der Welterkenntnis und Welterfahrung des Protagonisten, sondern seine Hervorbringung. Damit macht sich der Roman die wohl grundlegendste Feststellung von Schopenhauers *Die Welt als Wille und Vorstellung* zu eigen und nutzt sie als grundlegendes Modell nicht allein für die fiktive Welt des Romans, sondern für das fiktionale Erzählen als solches.

> „Die Welt ist meine Vorstellung:" – dies ist eine Wahrheit, welche in Beziehung auf jedes lebende und erkennende Wesen gilt; wiewohl der Mensch allein sie in das reflektirte abstrakte Bewußtsein bringen kann: und thut er dies wirklich; so ist die philosophische Besonnenheit bei ihm eingetreten. Es wird ihm dann deutlich und bewußt, [. . .] daß die Welt, welche ihn umgiebt, nur als Vorstellung da ist, d. h. durchweg nur in Beziehung auf ein Anderes, das Vorstellende, welches er selbst ist. – Wenn irgend eine Wahrheit a priori ausgesprochen werden kann, so ist es diese: denn sie ist die Aussage derjenigen Form aller möglichen und erdenklichen Erfahrung, welche allgemeiner, als alle andern, als Zeit, Raum und Kausalität ist [. . .].[30]

Diese Sätze, mit denen Schopenhauer sein epochemachendes Werk beginnt, liegen Kehlmanns Roman in doppelter Hinsicht zugrunde: Sie bestimmen das Weltverhältnis des fiktiven Arthur Beerholm und das Verhältnis des Romans zur Philosophie. Der Umstand, dass nichts innerhalb der Romanhandlung unabhängig von der ‚Vorstellung' Beerholms existiert, ist zunächst als exemplarische Veranschaulichung von Schopenhauers Kardinalsthese zu begreifen, dass es kein Objekt der Erkenntnis gibt, sondern lediglich seine ‚Vorstellung' im Inneren des Erkenntnissubjekts. Damit artikuliert der Roman seine ‚philosophische Besonnenheit' (s. o.) im Sinne Schopenhauers: Er etabliert ein fiktionales Erzählarrangement, das die Einsicht, dass alles Vorstellung ist, für Leserinnen und Leser exemplarisch miterlebbar macht. Damit will er offenbar jene ‚Wahrheit' aufzeigen, die im Sinne Schopenhauers als einzige a priori ausgesprochen werden kann.

Im Sinne von Schopenhauers Bestimmung des Subjekts als dasjenige, „was alles erkennt und von Keinem erkannt wird"[31], ist Beerholm ein eingängiges fik-

**30** Arthur Schopenhauer: Die Welt als Wille und Vorstellung. München 1998, S. 31.
**31** Schopenhauer: S. 33.

tives Exempel für diese These: Indem er Leserinnen und Lesern ausschließlich in der von ihm selbst erzeugten Vorstellungswelt begegnet, ist es unmöglich, ihn selbst als fiktive Figur mit stabilen äußeren und inneren Eigenschaften zu ‚erkennen' – wir wissen nichts über ihn abgesehen von dem, was er selbst sich vorstellt. Und er selbst wiederum kann deshalb kein ‚Objekt' von Erkenntnis sein, weil er im Sinne Schopenhauers wiederum nur als ‚Vorstellung' von Leserinnen und Lesern präsent ist. Als lediglich vorstellendes und gleichzeitig vorgestelltes Individuum steht Arthur Beerholm exemplarisch für die *conditio humana* im Sinne Schopenhauers: „Als dieses Subjekt findet Jeder sich selbst, jedoch nur sofern er erkennt, nicht sofern er Objekt der Erkenntniß ist"[32]. Beerholm ist in dieser Hinsicht durchaus als Identifikationsfigur für Leserinnen und Leser angelegt, die an einem fiktiven Beispiel ihre eigene Unergründlichkeit erfahren. Und diese Unergründlichkeit des menschlichen Subjekts, das im Auge des Gegenüber immer nur als dessen ‚Vorstellung' erscheint, dürfte der wesentliche Grund dafür sein, dass Kehlmann seinen experimentellen Erstling als ‚pessimistisch' bezeichnet.[33]

Auch das Verfahren der Metalepse, mit dem Kehlmanns Roman laufend zwischen den Vorstellungswelten verschiedener Ebenen hin- und herblendet, findet seine Begründung bei Schopenhauer. Da für Schopenhauer jede Wahrnehmung eines vermeintlichen Objekts eine Vorstellung darstellt, lassen sich Traum und Wirklichkeit wohl akzidentiell – nämlich durch den Akt des Erwachens –, nicht aber prinzipiell unterscheiden: Ausgehend von einem Beurteilungsstandpunkt jenseits von Tag und Nacht „findet sich in ihrem Wesen kein bestimmter Unterschied", weshalb er, der Philosoph, sich genötigt sieht, „den Dichtern zuzugeben, daß das Leben ein langer Traum sei"[34]. Die im Schlaf vorgestellten Welten unterscheiden sich für Schopenhauer auch deshalb nicht grundlegend von denen des übrigen Daseins, weil beide eine Bedeutung für die Konstitution des eigenen Selbst besitzen – und zwar insbesondere in ihrer gegenseitigen Interferenz: „Das Leben und die Träume sind Blätter eines und des nämlichen Buches. Das Lesen im Zusammenhang heißt wirkliches Leben."[35] ‚Wirkliches Leben' entsteht für Schopenhauer also erst dann, wenn Zusammenhänge zwischen den all-‚täglichen' und den nächtlich-traumhaften Vorstellungswelten hergestellt werden. Nichts anderes geschieht in Arthur Beerholms permanenten Metalepsen, in deren Rahmen verschiedene Ereignisse, Orte oder Figuren – wie zum Beispiel Pater Fassbinder oder

32 Schopenhauer: S. 33.
33 Vgl. Kehlmann/Kleinschmidt: S. 111.
34 Schopenhauer: S. 50.
35 Schopenhauer: S. 49.

Nimue – zunächst explizit imaginiert werden, schließlich aber zum Bestandteil der Aktionsfläche des Protagonisten werden und mit diesem interagieren.

Sein geplanter Selbstmord ist für Beerholm nicht allein der Versuch, nach der Natur seiner Zauberkunst zu fragen, sondern auch ein Lackmustest für die Reichweite seiner ‚Vorstellung': Gilt die Annahme, dass es keine vom eigenen Selbst unabhängige Objektwelt gibt, auch für den eigenen Tod? Ist innerhalb dieser Vorstellungs-Logik ein Selbstmord überhaupt denkbar? Und würde dieser bedeuten, dass mit dem eigenen Tod die gesamte Außenwelt, die ja nichts anderes ist als seine ‚Vorstellung', ebenfalls endet? In diesem Sinne fragt sich Arthur Beerholm:

> Aber kann ich überhaupt sterben? Ist es denn möglich, daß ich so einfach aus der Zeit verschwinde . . . ? Ich habe diese Welt nie anders vorgefunden als gehüllt in mein Bewußtsein. Wie also kann ich gehen, ohne sie mitzunehmen? (BV, 248)

Nicht erst hier spielt der Text auf Wahrnehmungen an, die Beerholm immer wieder irritieren, weil sie sich seiner ‚Vorstellung' nicht fügen oder ihr nicht entsprechen. Nicht allein Pater Fassbinder, sondern auch Beerholms Geliebte Nimue entzieht sich allmählich seinem Einflussbereich und entwickelt ein von ihm unkontrollierbares Eigenleben. Damit spielt der Text – im Einklang mit der Zauberer-Allegorie[36] als Bild für den Prozess der Fiktion – auf die Autonomie der Kunst an als einer Eigenschaft, die diese auch für Schopenhauer besitzt: Für Schopenhauer ist Kunst eine Möglichkeit des Menschen, sich der physischen Allmacht des ‚Willens' zu entziehen.[37] Beerholms Irritationen lassen sich als Ausdrucksformen des schopenhauerschen ‚Willens' verstehen, der als universales, per se unergründliches Weltprinzip dem nur vermeintlichen ‚Willen' des Einzelnen zuwiderlaufen kann – dass sich seine ‚Vorstellungen' seinem Einflussbereich entziehen, ließe sich also als eine metaphysische Erfahrung des ‚Willens' erklären. Auch die plötzliche Krise in der Zauberkunst Beerholms, die durch einen zufälligen Autounfall initiiert wird, dem Beerholm zum Opfer fällt, legt nahe, dass die äußere Wirklichkeit des Textes womöglich nicht vollständig durch die eigene ‚Vorstellung' determiniert ist, sondern durch ein von Beerholm selbst unerkanntes Prinzip, das sich dieser ‚Vorstellung' entzieht. Auch in dieser Hinsicht stehen Beerholms Zauberkünste allegorisch für die imaginative Tätigkeit des fiktionalen Schreibens: Wie die ‚erzauberten' Welten Arthur

36 Zu den Parallelen zwischen *Beerholms Vorstellung* und Thomas Manns *Mario und der Zauberer* siehe Heinrich Detering: Die Spuren des Zauberers. Über Daniel Kehlmann und Thomas Mann. In: Thomas-Mann-Jahrbuch 23 (2010), S. 119–126.

37 Dies der zentrale Gegenstand im dritten Buch von *Die Welt als Wille und Vorstellung*, vgl. dazu frühere Überlegungen in Herrmann: S. 96.

Beerholms entwickelt ein fiktionaler Erzähltext ein Eigenleben, indem er durch seine Polyvalenz unterschiedlichen Leserinnen und Lesern je Unterschiedliches sagt und zu weiteren, je unterschiedlichen Imaginationen anregt. Diese Dimension fiktionalen Erzählens scheint Kehlmann selbst jedoch nicht ganz geheuer zu sein: Denn wenn er darüber klagt, seine Leserschaft habe den Text falsch verstanden,[38] dann gesteht er seinem eigenen Werk offensichtlich nicht zu, nicht als ‚Objekt', sondern lediglich als ‚Vorstellung' individueller Leserinnen und Leser zu existieren; die schopenhauersche Lehre, die das gesamte binnenfiktionale Geschehen des Textes präfiguriert, wird innerhalb der Pragmatik des Literaturbetriebs offenbar nicht als gültig angenommen.

Die Erfahrung, dass sich seine Umwelt offenbar nicht vollständig der eigenen ‚Vorstellung' fügt, stürzt Beerholms Inneres am Schluss seiner Erzählung in ein Wechselspiel aus Allmachtsfantasien und ohnmächtiger Verzweiflung – dies ein weiterer Anlass für seinen Wunsch, aus dem Leben zu fliehen. Einerseits sieht er sich in der Lage, kraft seines Bewusstseins die Wirklichkeit zu gestalten – „etwas in mir wußte, daß sie alle [. . .] gehorchen würden" (BV, 205). Zugleich hat Beerholm den Wunsch, seine Kräfte loszuwerden, kann dann aber wiederum keinen Grund für das plötzliche Nachlassen seiner Kräfte erkennen, wodurch seine letzte Show, live im Fernsehen übertragen, zum Fiasko wird. Geradezu konträr zu den eigenen bewussten Vorstellungen erlebt Beerholm offenbar einen unbewussten ‚Willen' in und an sich, der sich der Kontrolle seines Bewusstseins entzieht. Unmittelbare Folge seiner Lebensführung als einziges Subjekt, das umgeben ist von einer unendlichen Vielfalt transgressiver, divergierender und inkohärenter Vorstellungswelten anderer, ist die Einsamkeit – für Außenstehende mag es so aussehen, als sitze ein der Welt Entrückter auf der Aussichtsplattform eines Fernsehturms, der nie irgendetwas von dem gewesen ist, an das er selbst sich erinnert – kein Mathematiker, kein Zauberer, und erst recht: kein Theologe – sondern ein Zweifelnder, dessen radikaler Skeptizismus keinen Platz mehr lässt für ein eigenes Selbstbild.

38 Vgl. Kehlmann: Diese sehr ernsten Scherze, S. 16.

# Literaturverzeichnis

Bobzin, Henning: Daniel Kehlmann. In: nachschlage.NET/KLG – Kritisches Lexikon zur deutschsprachigen Gegenwartsliteratur, Stand 01.12.2017, index=mol-16&id=16000000708&type=text/html&query.key=nSNlRE5m&template=/publikationen/klg/document.jsp&preview=",1,0,0>http://www.nachschlage.net/search/document?>index=mol-16&id=16000000708&type=text/html&query.key=nSNlRE5m&template=/publikationen/klg/document.jsp&preview= (Zuletzt angesehen am 23.11.2018).

Davidson, Donald: Paradoxien der Irrationalität. In: ders.: Probleme der Rationalität. Frankfurt a. M. 2006, S. 285–315.

Detering, Heinrich: Die Spuren des Zauberers. Über Daniel Kehlmann und Thomas Mann. In: Thomas-Mann-Jahrbuch 23 (2010), S. 119–126.

Durst, Uwe: Theorie der phantastischen Literatur. Berlin/Münster $^{2}$2010.

Ebert, Michael: „Der Zombiefilm erlaubt uns den Blick des Psychopathen“. Interview mit Daniel Kehlmann. In: Süddeutsche Zeitung Magazin 35/2013, 04.09.2013, https://sz-magazin.sueddeutsche.de/literatur/der-zombiefilm-erlaubt-uns-den-blick-des-psychopathen-79885 (Zuletzt angesehen am 30.04.2019).

Gasser, Markus: Das Königreich im Meer. Daniel Kehlmanns Geheimnis. Göttingen 2010.

Herrmann, Leonhard: Literarische Vernunftkritik im Roman der Gegenwart. Stuttgart 2017.

Kant, Immanuel: Logik. Ein Handbuch zu Vorlesungen. In: Gesammelte Schriften. Bd. IX: Logik, Physische Geographie, Pädagogik. Hg. v. der Königlich Preußischen Akademie der Wissenschaften. Berlin 1923.

Kehlmann, Daniel: Leo Richters Porträt sowie ein Porträt des Autors von Adam Soboczynski. Reinbek bei Hamburg 2009.

Kehlmann, Daniel/Sebastian Kleinschmidt: Requiem für einen Hund. Berlin 2008.

Kehlmann, Daniel: Diese sehr ernsten Scherze. Poetikvorlesungen. Göttingen 2007.

Kehlmann, Daniel: Beerholms Vorstellung. Roman. 2. Aufl. Reinbek bei Hamburg 2007.

Kehlmann, Daniel: „Mein Thema ist das Chaos“. Interview. In: Der Spiegel 49, 05.12.2005, S. 174–178, https://magazin.spiegel.de/EpubDelivery/spiegel/pdf/43513122 (Zuletzt angesehen am 30.04.2018).

Kehlmann, Daniel: Mein Werdegang. Warum Schriftstellerei kein Beruf ist. In: Frankfurter Allgemeine Zeitung, 12.11.2005, S. 33, https://fazarchiv.faz.net/document?id=FAZ__FD120051112441521#start (Zuletzt angesehen am 30.04.2019).

Lermen, Birgit: Einführung in das Werk von Daniel Kehlmann, S. 524, https://www.kas.de/c/document_library/get_file?uuid=59095286-4f96-521f-1a2d-8926e53bb409&groupId=252038 (Zuletzt angesehen am 23.11.2018).

Martus, Steffen: Werkpolitik. Zur Literaturgeschichte kritischer Kommunikation vom 17. bis ins 20. Jahrhundert. Mit Studien zu Klopstock, Tieck, Goethe und George. Berlin/New York 2007.

Navratil, Michael: Fantastisch modern. Zur Funktion fantastischen Erzählens im Werk Daniel Kehlmanns. In: literatur für leser 37 (2014), H. 1, S. 39–57.

Rickes, Joachim: Die Metamorphosen des ‚Teufels‘ bei Daniel Kehlmann. „Sagen Sie Karl Ludwig zu mir“. Würzburg 2010.

Schopenhauer, Arthur: Die Welt als Wille und Vorstellung. München 1998.

Seel, Martin: Die Kunst der Entzweiung. Zum Begriff der ästhetischen Rationalität. Frankfurt a. M. 1997.

Todorov, Tzvetan: Einführung in die fantastische Literatur. Frankfurt a. M. 1992.

Simon Zeisberg

# Aus dem Krieg der Roman: Grimmelshausen in Kehlmanns *Tyll*

Es ist bekannt, dass Daniel Kehlmann seine Rezeption durch strategische Selbstverortungen in der literarischen Tradition steuert. Dies geschieht zum einen in seinen literarischen Texten, von denen zu Recht gesagt wurde, dass sie „nicht zuletzt auch eine intertextuelle Literatur darstellen“;[1] zum anderen aber auch auf paratextueller Ebene, etwa wenn Kehlmann in Poetikvorlesungen oder Interviews „auf große Namen der Weltliteratur [verweist], die ihm Vorbilder für seinen Stil, für die Komposition und die Struktur seiner Texte gewesen seien“.[2] Wohl vor allem weil es sich bei diesen Verweisen um – zumindest der Tendenz nach – ‚große Literatur‘ handelt, ist die literatursoziologische Forschung auf Kehlmanns Intertextualitätsstrategie aufmerksam geworden. Der Erfolg des Autors auf dem literarischen Feld, so etwa Tommek, habe mit seiner „gemischte[n] Größe“ zu tun, „die sich aus einem ökonomischen Erfolg, ästhetischen Ambitionen, der Kopplung mit Deutungs- und Konsekrationsinstanzen und der Verbindung von Leitideen der Wissensgesellschaft mit bildungsbürgerlichem Ansehen zusammensetzt“.[3] In seinen Büchern führe dies zu einer kunstvollen Doppelkodierung „zwischen einem intertextuellen und metafiktionalen Anschluss an literarische ‚Meisterwerke‘ einerseits und leicht zugänglicher Unterhaltung andererseits“.[4] *Wie* die ‚großen Werke‘ dabei in Kehlmanns Spiel mit „literarisch-kulturelle[n]

1 Oliver Ruf: ‚Transzendenz‘-Kanäle: Medienphilosophie und Memoria bei Daniel Kehlmann. In: Entwicklungen in der deutschsprachigen Gegenwartsliteratur. Hg. v. Carsten Gansel, Elisabeth Herrmann. Göttingen 2013, S. 259–284, hier S. 283.

2 Ina Ulrike Paul: Autorfunktion, Autorfiktion: Schriftstellerfiguren bei Daniel Kehlmann. In: Gegenwartsliteratur. Ein germanistisches Jahrbuch 16 (2017), S. 77–99, hier S. 95.

3 Heribert Tommek: Der lange Weg in die Gegenwartsliteratur. Studien zur Geschichte des literarischen Feldes in Deutschland von 1960 bis 2000. Berlin/Boston 2015, S. 400.

4 Tommek: Der lange Weg in die Gegenwartsliteratur, S. 404. In ähnlicher Weise spricht Baßler von einem Operieren Kehlmanns mit „literarisch-kulturelle[n] Bedeutsamkeitsmarker[n]“, die die Attraktivität seiner Werke für das gebildete Publikum erhöhe, ohne das weniger gebildete Publikum „zu stören“. Moritz Baßler: Genie erzählen: Zu Daniel Kehlmanns Populärem Realismus. In: Gegenwartsliteratur. Ein germanistisches Jahrbuch 16 (2017), S. 37–55, hier S. 49 f. Ob in der Störung eingespielter Leser*innenerwartungen dabei tatsächlich ein künstlerischer Wert an sich liegt, wie Baßlers Ausführungen suggerieren, sei freilich dahingestellt. Man muss diese impliziten oder expliziten Wertungsmuster nicht teilen, um die Ergebnisse der Analysen Tommeks und Baßlers anzuerkennen.

https://doi.org/10.1515/9783110647488-005

Bedeutsamkeitsmarker[n]“[5] einbezogen werden, interessiert die Literatursoziologen weniger: Es geht ihnen zuallererst um die Feststellung der (Markt-)Wirksamkeit der Strategie als solcher, wobei philologische Aspekte – Fragen nach den konkreten textuellen Praktiken des Zitierens, Referierens, der Appropriation, Transformation oder auch Verfremdung bekannter literarischer „Meisterpartien“[6] – notwendig in den Hintergrund treten.

Wenn im vorliegenden Aufsatz nach Aspekten der ‚dialogischen Poetik‘ Kehlmanns gefragt wird, so unter der Annahme, dass der differenzierte Blick auf die Intertextualitätsstrategie(n) des Autors ohne philologische Analyse nicht auskommt. Um zu einer Aussage darüber zu kommen, wie Kehlmanns Werke ästhetisch funktionieren – und daraus mögliche Ableitungen bezüglich der Werkpolitik zu treffen –, braucht es die Einsicht in die Verfahren, die so etwas wie ‚Bedeutung‘ oder ‚Bedeutsamkeit‘ im intertextuellen Bezug produzieren. Wie eine solche Analyse aussehen könnte, soll im Folgenden an einem Beispiel gezeigt werden. Es handelt sich um einen relativ dominanten Aspekt der Intertextualität in Kehlmanns jüngstem Werk, der schon deshalb bemerkenswert erscheint, weil der Autor sich in diesem Fall von seiner vorherigen Fixierung auf die Literatur der Moderne und Postmoderne offensichtlich gelöst hat. Die Rede ist von Kehlmanns werkstrategisch wie poetologisch signifikantem Bezug auf ‚Meisterpartien‘ Hans Jakob Christoffel von Grimmelshausens. Als einzig kanonisierter deutschsprachiger Erzähler der Frühen Neuzeit erfüllt der *Simplicissimus*-Autor die Kriterien, nach der Kehlmanns Intertextualität insgesamt funktioniert: Es handelt sich bei Grimmelshausen fraglos um einen ‚großen Autor‘, dessen Werke nicht nur zum Bildungskanon in Deutschland und auch zur erweiterten Weltliteratur zählen, sondern der zugleich auch *der* Gewährsmann für die deutschsprachige Erzählliteratur des Dreißigjährigen Krieges ist. Dass die Aufnahme des ‚barocken Meisters‘ in die „geistig-literarische Biografie“[7] des *Tyll*-Autors damit werkpolitisch gewissermaßen vorprogrammiert gewesen sein dürfte, sollte allerdings nicht darüber hinwegtäuschen, dass der intertextuelle Bezug auf Grimmelshausen (und die Literatur des siebzehnten Jahrhunderts) für den erklärten ‚Modernen‘ Kehlmann spezifische ästhetische und ideologische Herausforderungen mit sich gebracht hat. Um diese zu bewältigen, hat er bereits im Sommer 2014 im Rahmen der Frankfurter Poetikvorlesungen einen Vortrag zu seinem frühneuzeitlichen Vorgänger gehalten, in

5 Baßler: S. 49.

6 Tommek: S. 410. Wie die Formulierung Tommeks anzeigt, geht es bei Kehlmann (unter anderem) um eine Form intertextuellen Schreibens, die nach dem postmodernen Muster des *Best of* funktioniert: Es werden besonders bekannte, ikonische Passagen aus den ‚großen Texten‘ herausgelöst, um einen Wiedererkennungseffekt seitens der Leser*in zu garantieren.

7 Paul: S. 95.

dem er nicht zuletzt auf die Frage nach dessen Modernität eingegangen ist. Diese paratextuelle Arbeit Kehlmanns an der transepochalen Dialogizität seines Werks soll im ersten Abschnitt vorliegender Untersuchung genauer analysiert werden. Im zweiten Abschnitt geht es dann um die intertextuellen Fährten zu Grimmelshausen im Roman *Tyll* (2017), der als Kehlmanns Beitrag zum Gedenkjahr des Dreißigjährigen Krieges 2018 ein umfassendes historisches Panorama aufspannt. Auf Grundlage der These, dass in diesem Roman zentrale Motive, vor allem aber das Erzählverfahren Grimmelshausens metareflexiv beobachtet werden, um darüber die ‚eigene' Position im historisch-literarischen Resonanzraum des Diskurses zu bestimmen, sollen besonders markante intertextuelle Knotenpunkte untersucht werden. Neben der Romanexposition und der Verwandlung Tylls zum Eselsnarren handelt es sich dabei insbesondere um die Erzählung vom kaiserlichen Gesandten Martin von Wolkenstein, der bei der autobiographischen Schilderung seiner Kriegserlebnisse zu einem einschlägigen Grimmelshausen-Zitat greift.

## 1 Grimmelshausen in Kehlmanns „Frankfurter Poetikvorlesungen" (2014/2015)

Kehlmanns programmatischer Bezug auf Grimmelshausen beginnt gute drei Jahre vor der Veröffentlichung von *Tyll* in der im Frühsommer 2014 gehaltenen Frankfurter Poetikvorlesung „Teutsche Sorgen oder Die Entdeckung der Stimme". Die Hinwendung zur Literatur des siebzehnten Jahrhunderts, bei Kehlmann zuvor ohne Beispiel,[8] erfolgt hier im Rahmen altbewährter literarhistorischer Formatierungen: dem Genie- und dem Modernitätskonzept. Im Ton des Kenners bezeichnet Kehl-

**8** Vielleicht erklärt sich daraus, dass die Rezensenten der Buchveröffentlichung auf den Grimmelshausen-Bezug Kehlmanns überhaupt nicht eingegangen sind. Vgl. etwa Yun-Chu Cho: Ein kleine, subjektive Literaturgeschichte. Daniel Kehlmanns Frankfurter Vorlesung ‚Kommt, Geister' als Abrechnung mit der Vergangenheit, https://literaturkritik.de/id/20778 (Zuletzt angesehen am 30.04.2019); Günter Kaindlstorfer: Daniel Kehlmann. Hemmungslos subjektiv. In: Deutschlandfunk, 02.12.2015, https://www.deutschlandfunk.de/daniel-kehlmann-hemmungslos-subjektiv.700.de.html?dram:article_id=338599 (Zuletzt angesehen am 30.04.2019); Martin A. Hainz: Wäre, hätte, würde. In: Fixpoetry, 29.102016, https://www.fixpoetry.com/feuilleton/kritiken/daniel-kehlmann/kommt-geister (Zuletzt angesehen am 30.04.2019). Offenbar ahnte man zu diesem Zeitpunkt noch nicht, dass die Grimmelshausen-Vorlesung für das Werk des Autors von größerer Bedeutung sein würde.

mann Grimmelshausen als „Deutschlands größten Barockschriftsteller“[9] und ordnet ihn in die erste Reihe der frühmodernen Autoren Europas ein. Zu Beginn wird Grimmelshausen mit Shakespeare verglichen, da beide – der „Schöpfer[ ] des ‚Simplicissimus‘“ und der „Autor[ ] von ‚Hamlet‘ und ‚King Lear‘“ (KG 99) – trotz ihrer epochemachenden Werke als Personen niederen Standes im Dunkel der Geschichte ständen.[10] Kehlmanns Leitreferenz im weltliterarischen Bezugsfeld ist gleichwohl nicht der Engländer, sondern Cervantes. Die chaotischen Biographien des Spaniers und seines deutschen Pendants Grimmelshausen zeigten, dass diese Menschen „ohne feste Identität“ (KG 121) gewesen seien – was sich in den Identitätskrisen ihrer berühmtesten Figuren literarisch niedergeschlagen habe. Damit sei, so Kehlmann in auffälliger Übereinstimmung mit Lukács' *Theorie des Romans* (1916), im siebzehnten Jahrhundert im Zuge des Verlusts transzendentaler Sicherheiten die (literarische) Moderne angebrochen: „Man wird sich seiner selbst unsicher, man weiß nicht, wohin man gehört. Die Welt hat keinen Boden mehr, und es entsteht der moderne Roman.“ (KG 121)[11]

Soweit die ins Register einer ‚klassisch-modernen‘ Literaturgeschichtsschreibung greifende Konzeption der Grimmelshausen-Vorlesung. Dass diese Konzeption von gegenwärtigen Ansätzen literaturwissenschaftlicher Frühneuzeitforschung deutlich abweicht, braucht im Einzelnen hier nicht aufgezeigt werden – zu offensichtlich ist die Diskrepanz zwischen dem teleologischen, auf die ‚großen‘ Werke konzentrierten Konzept Kehlmanns und den aktuellen Bemühungen der Forschung, genau diese aus dem neunzehnten und zwanzigsten Jahrhundert stammenden Denkmuster zu überwinden.[12] Was in der Vorlesung an Diskurs vorliegt, ist also (auch) als gezielte Provokation der Literaturwissenschaft zu verstehen. Gerade dies macht die Aussagen in werkpolitischer Hinsicht interessant

9 Daniel Kehlmann: Kommt, Geister. Frankfurter Poetikvorlesungen. Reinbek bei Hamburg 2014, S. 100. Zitate aus dem Text werden im Folgenden unter der Sigle KG und mit Angabe der Seitenzahl im Haupttext nachgewiesen.

10 In diesem Sinne wundert sich Kehlmann über die Tatsache, dass in Deutschland die Autorschaft Grimmelshausens nie angezweifelt worden sei – ganz anders als im Fall Shakespeares. Vgl. KG 99 f.

11 Diese Diagnose wird am Ende der Vorlesung nochmals bekräftigt: „Mit dem ‚Simplicissimus‘, nicht weniger als mit dem ‚Don Quixote‘, kommt der europäische Roman zu sich.“ KG 131.

12 Es ist festzustellen, dass die germanistische Frühneuzeitforschung der letzten zwei Jahrzehnte tendenziell von Kanon auf Kanonkritik und von geschichtsphilosophischer Teleologie auf alternative Modelle der Beschreibung historischen und kulturellen Wandels umgestellt hat. Zu den Grundlagen dieser ‚Wende‘ vgl. Peter-André Alt: Die Dynamik der Tradition. Theoretischer Exkurs über einen alten Begriff (Luhmann, Blumenberg). In: ders.: Imaginäres Geheimwissen. Untersuchungen zum Hermetismus in literarischen Texten der Frühen Neuzeit. Göttingen 2012, S. 43–66.

und gibt eine bestimmte Haltung für die Untersuchung vor: Anstatt sich auf den Pfad philologischer Gegenprüfung und Gegendarstellung zu begeben und damit eben die Rolle zu erfüllen, die der Autor für den Literaturwissenschaftler (als impliziten Gegenspieler) vorsieht, sollte hier vor allem nach den strategischen Formatierungen und konzeptuellen Potenzialen dessen gefragt werden, was laut Kehlmann Frühe Neuzeit ist. Was bedeutet es, wenn der Gegenwartsautor die literarische Moderne – und damit letzthin auch sein eigenes Schreiben – auf ein Werk des siebzehnten Jahrhunderts zurückführt? Welche Möglichkeiten, aber auch: welche Spannungen und Probleme resultieren aus der historischen Horizonterweiterung, die notwendigerweise auch Aspekte des Fremden, Noch-nicht-Modernen miteinbezieht?

In seiner Darstellung der Modernität Grimmelshausens folgt Kehlmann einem Konzept, das die aufmerksamen Leser*innen aus der Göttinger Poetikvorlesung von 2007 bereits kennen. Es basiert auf der – zumindest aus poststrukturalistischer Sicht provokanten – These, dass der Autor sich selbst über seine ‚Stimme' ins Werk setze, wobei diese im Fall ‚großer' Literatur einen Zugang zu Residuen „existenzieller Wahrheit" hinter der Fiktion ermögliche.[13] Was in Göttingen dabei qua Textauswahl nur für die im engeren Sinne moderne Literatur Geltung beanspruchen kann, wird in der Frankfurter Vorlesung auf seine (vermeintlichen) Ursprünge im frühneuzeitlichen Werk Grimmelshausens zurückgeführt. Hierfür kombiniert Kehlmann das historisch-psychologische Argument von einer nie gekannten existenziellen Bedrohung des Menschen durch den Dreißigjährigen Krieg mit formalen Beobachtungen zur autodiegetischen pikarischen Erzählweise, die bereits in den romanischen Prätexten Grimmelshausens – erwähnt werden der *Lazarillo de Tormes* (1554)[14] und Charles Sorels *Francion* (1660) – zu einer Ablösung der Literatur von religiösen und moralischen Doktrinen geführt habe. Um seinen „Ton zu finden", habe „Grimmelshausen die Erzählhaltung der spanischen Pikareske übernehmen" müssen, „bei der jeder Satz dem Autor freistellt, ob er den abgeklärt zurückblickenden alten oder den mitten

---

**13** Vgl. Daniel Kehlmann: Diese sehr ernsten Scherze. Poetikvorlesungen. Göttingen 2007, S. 12f.

**14** Die Erwähnung des *Lazarillo* gibt ein Beispiel für die philologische Unzuverlässigkeit der Aussagen Kehlmanns. Seine Behauptung, Grimmelshausen spiele auf den *Lazarillo* an, trifft so nicht zu. Vielmehr findet sich zu Beginn des *Simplicissimus Teutsch* eine Anspielung auf Cervantes' Novelle *Rinconete y Cortadillo*, die in der deutschen Ausgabe von 1617 mit dem *Lazarillo* in einem Band erschienen war (der Grimmelshausen wahrscheinlich vorlag). Auf weitere philologisch-kritische Nachweise dieser Art wird im Folgenden, wie angekündigt, verzichtet. Sie sind in dem Maße müßig, in dem natürlich auch für Kehlmanns Grimmelshausen-Vorlesung sein Göttinger Diktum gilt: „Glauben Sie keinem Poetikdozenten." Kehlmann: Diese sehr ernsten Scherze, S. 5.

im Leben stehenden jungen Helden hervorkehren möchte“ (KG 113). Erst durch diesen Emanzipationsprozess sei die ‚Stimme‘ Grimmelshausens zu sich gekommen – als universelles Medium eines Autoren-Ichs, das sich selbst aus allen existenziellen Widrigkeiten heraus und gegen die tradierten literarischen Normen ins Licht der Literaturgeschichte katapultiert habe:

> Auch Simplicius beteuert natürlich seine Absicht, die Torheit der Welt anzuprangern. Aber Grimmelshausens Entdeckung, die er vermutlich als unerhörte Befreiung von den Zwängen seiner apokalyptischen Umwelt erfahren hat, ist die moralfreie Universalität dieser Stimme, die jedem Inhalt gewachsen ist und Dinge in Worte fassen kann, die überhaupt nicht erzählbar waren, bevor es die Stimme gab. Grimmelshausen machte die Entdeckung nicht nur für sich. Er macht mit ihr Literaturgeschichte. (KG 114)

Der sich hier in Spekulationen über Grimmelshausens Befindlichkeit beim Schreiben äußernde psychologisierende Zug ist typisch für den Zugang Kehlmanns. Im konsequenten Verstoß gegen zwei zentrale Tabus der Literaturwissenschaft – nämlich gegen das Tabu der Identifizierung von Erzähler und Autor und gegen das Tabu von hermeneutischen Rückschlüssen auf die Autorenseele[15] – wird Grimmelshausen zum Gegenstand einer psychologischen Analyse, in der es nicht zuletzt um Annäherung und Einfühlung geht. Modern ist Grimmelshausen für Kehlmann dabei vor allem deshalb, weil sein Schreiben aus einem Trauma resultiert. In einer besonders eindringlichen Passage versucht der Poetikdozent das Weiterschreiben am Simplicianischen Zyklus – jener fast zweitausend Seiten umfassenden Romanserie um die Figuren Simplicissimus, Courasche, Springinsfeld und die zwei Träger des ‚wunderbarlichen Vogel-Nestes‘ – als selbsttherapeutisches Unternehmen Grimmelshausens zu deuten. Um die Wunden seiner Seele nicht wieder aufbrechen zu lassen, habe Grimmelshausen die Fiktion immer weitergetrieben, dabei jedoch an der einmal gefundenen ‚Stimme‘[16] festgehalten:

---

**15** Beide gehören zum Grundlagenwissen für angehende Studierende der Literaturwissenschaft. Vgl. etwa Ralf Klausnitzer: Literaturwissenschaft. Begriffe – Verfahren – Arbeitstechniken. 2., überarbeitete Auflage. Berlin/Boston 2012, S. 71 und 85; Benedikt Jeßing/Ralph Köhnen: Einführung in die Neuere Deutsche Literaturwissenschaft. 3., aktualisierte und überarbeitete Auflage. Stuttgart 2012, S. 183.

**16** Wie die Stimme Grimmelshausens eigentlich beschaffen sei, deutet Kehlmann im Laufe der Vorlesung nur an. In der Passage zur *Courasche* – dem von Kehlmann offensichtlich am meisten geschätzten Text Grimmelshausens – heißt es, die Courasche teile „mit Simplicissimus eine Stimme“. Und weiter: „Die Stimme ist nicht geschlechtslos, sie ist wohl doch eher männlich als weiblich, aber eine männliche Stimme ist nicht geknüpft an einen männlichen Charakter; eben da hinter der Stimme keine geformte Psychologie steht, ist sie auf alle Psychologien, Charaktere, Altersstufen und Geschlechter anwendbar.“ (KG 130).

> Eine Figur ist Illusion, eine Stimme ist real. [. . .] Was immer man gesehen, erfahren und gedacht hat: Die Stimme kann es aufnehmen, kann es im wahrsten Wortsinn bewältigen. [. . .] Man ist in einer chaotischen Welt geboren, man hat wieder alles verloren, es gibt nichts, dem man vertrauen kann. Außer der Stimme. Soll man sich so einfach von ihr trennen? Soll es wirklich vorbei sein, einfach so? Man wäre wieder sprachlos. Man wäre wieder allein mit Verlusten und Wunden und mit dem, was viel später Kriegstrauma heißen wird. [. . .] So schreibt man also weiter. Man fügt dem ‚Simplicissimus' noch ein Buch hinzu, die ‚Continuatio'.[17] (KG 124 f.)

Auffällig ist hier die Verwendung des Indefinitpronomens „man". Liest man die Passage als einen durch die Divination Kehlmanns vermittelten inneren Monolog Grimmelshausens, so erscheint das „man" zunächst als adäquate grammatische Form für die dem *Simplicissimus*-Autor unterstellte Erfahrung des Ich-Verlustes: Der traumatisierte Autor findet sein ‚Ich' erst im Roman, außerhalb desselben ist und bleibt seine Person schmerzhaft dissoziiert. Weil diese Erfahrung laut Kehlmann für die Literatur der Moderne aber allgemein kennzeichnend ist, indiziert die unpersönliche Form zugleich auch die relative Nähe zwischen dem Gegenwartsautor und seinem frühneuzeitlichen Vorläufer. Dies ist die Voraussetzung für die divinatorische Annäherung Kehlmanns, die durch Feststellungen zur exzeptionellen Künstlerpsychologie eine zusätzliche persönliche Note erhält (etwa wenn es heißt, „Romanautoren" seien „grundsätzlich zwanghafte Leute, Grimmelshausen aber muss ein sogar unter den Obsessiven ungewöhnlicher Fall gewesen sein" [KG 118]). Insofern das Ungewöhnliche den ‚großen Autor' erst eigentlich ausmacht, greifen die oben genannten Aspekte von Kehlmanns Grimmelshausen-Porträt an dieser

---

17 Als eine Art konzeptueller Probe aufs Exempel lohnt es sich, die Aussagen Kehlmanns zur Stimme Grimmelshausen neben Aussagen Maurice Blanchots zur Modernität Samuel Becketts zu setzen. Es erweist sich, dass das, was der französische Theoretiker zum Autor des zwanzigsten Jahrhunderts sagt, nicht wesentlich von dem abweicht, was Kehlmann zum Autor des siebzehnten Jahrhunderts sagt: „Wer spricht hier? Wer ist dieses Ich, dazu verdammt, rastlos zu sprechen, die Stimme, die sagt: ‚ich bin gezwungen zu sprechen. Ich werde nie stillschweigen. Nie.'? Einer beruhigenden Übereinkunft gehorchend geben wir zur Antwort: ‚Der Sprecher ist Samuel Beckett.' Nur so scheinen wir uns mit der Last einer Situation abfinden zu können, die nicht erfunden ist, sondern die echte Qual eines wirklichen Daseins heraufbeschwört. [. . .] Aber auch hierdurch suchen wir die Sicherheit eines Namens wiederzufinden und den ‚Inhalt' des Buches auf jener persönlichen Ebene anzusetzen, auf der alles Geschehende durch ein Bewusstsein verbürgt ist, in einer Welt, die uns das schlimmste Unglück erspart, das im Verlust des Vermögens, ‚Ich' zu sagen, besteht." Maurice Blanchot: Der Gesang der Sirenen. Essays zur modernen Literatur. Aus dem Französischen von Karl August Horst. Frankfurt a. M. 1988, S. 289. Es soll damit nicht gesagt sein, dass Kehlmann in der Grimmelshausen-Vorlesung auf Blanchot rekurriert (wobei das durchaus im Bereich des Denkbaren liegt). Ziel ist nur, die ‚modernistische' Anlage des Diskurses Kehlmanns aufzuzeigen.

Stelle nahtlos ineinander: Es entsteht das Bild eines (vor-)modernen Genies, das aus unerhörten inneren und äußeren Zwängen heraus ‚Literaturgeschichte macht'.

Gerade vor diesem Hintergrund spielen die Versuche Kehlmanns, sich die – gleichwohl diagnostizierte – Fremdheit des Grimmelshausen'schen Werkes zu erklären, eine wichtige Rolle. Unterscheiden lassen sich auf dieser Ebene ästhetische Werturteile und ideologische Aspekte. Was erstere betrifft, macht Kehlmann keinen Hehl daraus, mit den Augen des an der klassischen Moderne geschulten Autors auf das frühneuzeitliche Textkorpus zu blicken. Dies führt zu mehr oder weniger impliziten Gegenüberstellungen von ‚Epochenstilen', bei denen die Frühe Neuzeit tendenziell Attribute wie Kompliziertheit, Weitschweifigkeit, Kuriosität, Lehrhaftigkeit zugewiesen bekommt, während für die Literatur ab dem achtzehnten Jahrhundert Konzepte der Einfachheit, Reinheit, Organizität, Autonomie postuliert werden. Die Wertungen, die daraus resultieren, betreffen gelegentlich die Sprache als solche – etwa wenn gesagt wird, das frühe Neuhochdeutsch gefalle sich in seiner „Kompliziertheit" und finde „erst im 18. Jahrhundert zum Ideal der Einfachheit" (KG 104). Vor allem aber geht es um die ästhetische Konsistenz der seriell veröffentlichten Romane Grimmelshausens. Dabei erfahren diejenigen Teile des Zyklus eine deutliche Abwertung, die aus Kehlmanns Sicht an der Modernität des Werks keinen oder nur geringen Anteil haben: Die *Continuatio*, so heißt es etwa, habe die „schöne[ ] Vagheit" (KG 124) des Endes des *Simplicissimus*-Romans zunichte gemacht und stelle in ihrem Hang zum „Bizarren" oder zu „heiteren Kuriositäten" insgesamt „leider eine quälende Lektüre" dar (KG 125 f.); dasselbe darf seitens der Leser*innen für den *Springinsfeld* und die beiden Teile des *Wunderbarlichen Vogel-Nestes* angenommen werden, die in der Vorlesung nicht näher besprochen werden.[18] Überaus positiv fällt dagegen Kehlmanns Urteil zur *Courasche* aus. Bei diesem Text handele es sich um eine „echte Innovation" (KG 127), da Grimmelshausen in ihm auf die zeittypische Lehrhaftigkeit ganz verzichte und stattdessen die pure Erzählessenz einer im Dreißigjährigen Krieg angesiedelten Schelm(inn)en-Autobiographie präsentiere: „Ihr [Courasches, S.Z.] kurzer [!] Roman ist reines Erzählen, zur Gänze angesiedelt in der Welt der Söldnerheere, die Grimmelshausen besser kennt als jeder andere Schriftsteller vor und nach ihm." (KG 128)[19] In der Zeit nach der Veröffentlichung von *Tyll* hat Kehlmann diese Einschätzung noch bekräftigt, während der *Simplicissimus* eine schleichende Abwertung erfahren hat. Hatte es 2014 mit Blick auf den simplicianischen

18 Diese Texte werden im Rahmen einer Aufzählung der verschiedenen Teile des Zyklus bloß erwähnt. Vgl. KG 125.

19 In dieselbe Richtung geht die überschwängliche Einschätzung: „So ungehemmt, so frei, so wild und lustig ist vielleicht nie zuvor erzählt worden." KG 129.

Hauptroman noch geheißen, dieser sei „immer noch [. . .] mit Erstaunen und Glück [zu] lesen" (KG 132), so hat sich Kehlmann im ‚Spiegel'-Interview vom Spätsommer 2018 mit der Aussage eingelassen, dass es „heute kaum noch mit Genuss möglich" sei, „[d]as Buch im originalen Barockdeutsch und auch noch vollständig zu lesen [. . .], obwohl es natürlich immer wieder überwältigend gute Stellen gibt."[20] Zu dieser veränderten Einschätzung passt, dass Kehlmann die in der Vorlesung profilierte Rolle Grimmelshausens als ‚einsames Genie' unter den deutschen Barockdichtern inzwischen insgesamt abgeschwächt hat. Schaut man auf *Tyll* und die paratextuellen Äußerungen des Autors in den letzten zwei Jahren, so wird die Genierolle darin mehr und mehr dem früh verstorbenen Lyriker Paul Fleming (1609–1640) zugewiesen.[21] Dass Kehlmann dadurch – etwa nach dem Vorbild von Günter Grass' *Das Treffen in Telgte* – das Barock-Konzept seines Werks diversifiziert und für die gebildeten Leser*innen spannender gemacht haben dürfte, liegt auf der Hand.[22] Ob und inwieweit der gelehrte Opitzianer Fleming von Kehlmann darüber hinaus als Komplementär- und Gegenfigur zu Grimmelshausen konstruiert wird und welches Bild von der frühneuzeitlichen ‚Geburtsstunde' der deutschen Literatur auf diese Weise entsteht, wäre an anderer Stelle genauer zu diskutieren.[23]

Die ideologischen Aspekte von Kehlmanns Blick auf Grimmelshausen sind zumal dort interessant, wo sie das Thema Krieg betreffen. An diesem Punkt

---

**20** Daniel Kehlmann/Herfried Münkler: „Zwei schwierige Wörter, deutsch und Identität". In: Der Spiegel 37, 07.09.2018, S. 110–116, hier S. 113. Im ebenfalls Ende 2018 erschienenen Interview mit Jakob Augstein hat Kehlmann den *Simplicissimus* gar nur mehr als Lektüre zu Recherchezwecken bezeichnet, während die *Courasche* von ihm als eigentliche (und einzige) Inspirationsquelle herausgestellt wurde: „Die Mutter Courage selber ist ja eine Figur von Grimmelshausen, der eben nicht nur den ‚*Simplicius Simplicissimus*' geschrieben hat, ein Buch, das natürlich auch für mich wichtig war, vor allem aus Recherchegründen. Aber für ‚Tyll' in seiner merkwürdig spöttischen Widerstandskraft war nun nicht der ‚*Simplicissimus*' das Vorbild, sondern eben die andere große Figur von Grimmelshausen, die ‚Landstörzerin Courasche', wie sie bei ihm heißt." Daniel Kehlmann/Jakob Augstein: „Künstler in einer rohen Welt". In: Der Freitag 49, 16.12.2018, https://www.freitag.de/autoren/der-freitag/kuenstler-in-einer-rohen-welt (Zuletzt angesehen am 31.05.2019).

**21** Im erwähnten ‚Spiegel'-Interview bringt Kehlmann Fleming als (verhinderten) Neuerer der deutschen Literatur ins Gespräch, wobei Grimmelshausen rhetorisch in die zweite Reihe gestellt wird: „Die deutsche Literaturgeschichte sähe anders aus, wenn Fleming 70 Jahre alt geworden wäre. Seine Gedichte und auch die von Gryphius und die Romane von Grimmelshausen – das sind Werke, die heute noch direkt zu uns sprechen." Kehlmann/Münkler: „Zwei schwierige Wörter, deutsch und Identität", S. 113.

**22** Dem Thema der Barockrezeption bei Grass und Kehlmann widmete das Günter-Grass-Haus im Herbst/Winter 2019 die Ausstellung „Grass, Kehlmann und die Welt des Barocks" Vgl. https://grass-haus.de/grass-kehlmann-und-die-welt-des-barocks (Zuletzt angesehen am 16.10.2019).

**23** Siehe hierzu den Beitrag von Joachim Rickes im vorliegenden Band.

scheint sich für den Gegenwartsautor eine historisch-literarische Spannung zu ergeben, aus der er – im vielschichtigen Bezug auf seinen frühneuzeitlichen Vorläufer – kreative Potenziale schöpft. Ausgangspunkt ist hierbei Kehlmanns Beobachtung, dass Grimmelshausen den *Simplicissimus* zwar als ein „Buch gegen den Krieg" (KG 122) ausgebe – was die heutige Leserschaft nur allzu gern auch annehmen wolle –, dass es tatsächlich jedoch der Krieg sei, der die genialen Erzählmomente des Autors hervorgebracht habe; wie seine Figur Simplicissimus lebe auch Grimmelshausen auf, „sobald es ums militärische Dasein geht." (KG 122) Im Rahmen dieser Ambivalenz sieht sich der moderne Beobachter einerseits also mit einer Form von Fremdheit konfrontiert, die die Einfühlung in den Autor und sein Werk erschwert,[24] andererseits kommt er gerade dadurch auf die Spur des Paradoxes, das den Diskurs über Literatur und Krieg im Werk seither bestimmt hat. So ist es sicher kein Zufall, dass die Hauptfigur in *Tyll* die Gauklerkunst perfekt beherrscht, zugleich jedoch auf unheimliche Weise mit dem Krieg verbunden bleibt.[25] In Interviews hat Kehlmann auf diesen Aspekt eigens hingewiesen, wobei er Tyll gar als ‚Verkörperung des Kriegs' bezeichnet hat.[26] Der Gaukler repräsentiere die unheimliche, abgründige Dimension des Künstlertums, habe ihm, Kehlmann, gerade dadurch aber über lähmende Ängste angesichts der politischen Weltlage hinweggeholfen.[27] Auf der höheren

---

24 So meint Kehlmann, dass es „einem das Herz zusammenzieht", wenn man erfahre, dass der „Schöpfer des ‚Simplicissimus Teutsch'" (KG 131) sich kurz vor seinem Tod nochmals zum Kriegsdienst gemeldet habe.

25 Paradigmatisch erweist sich dies im ersten Kapitel, in dem Tyll mit seinen Gauklertricks Unruhe und Gewalt unter der Bevölkerung einer kleinen Stadt stiftet, bevor diese später von marodierenden Truppen gänzlich ausgelöscht wird. Die Fremdheit des Künstlers wird dabei über die Figur der kleinen Martha perspektiviert. Diese beobachtet Tyll, wie er über den von ihm bewirkten Gewaltausbruch lacht: „Da stand er und lachte. Den Leib zurückgebogen, den Mund weit aufgerissen, mit zuckenden Schultern. [. . .] Martha kam es vor, als müsste sie nur besser hinsehen, dann würde sie begreifen, warum er sich so freute – aber da rannte ein Mann auf sie zu und sah sie nicht, und sein Stiefel traf ihre Brust [. . .]." Daniel Kehlmann: Tyll. Roman. Reinbek bei Hamburg 2017, S. 24. Zitate aus dem Roman werden im Folgenden unter der Sigle T und mit Angabe der Seitenzahl im Haupttext nachgewiesen.

26 Vgl. Daniel Kehlmann im Interview: „Ich dachte, ich erlebe das Ende der Demokratie". In: Die Zeit, 06.11.2017, https://www.zeit.de/kultur/literatur/2017-11/daniel-kehlmann-tyll-interview (Zuletzt angesehen am 27.04.2019).

27 So Kehlmann im Interview mit der *Zeit*, in dem er betont, der Künstler sei „nicht einfach nur die vernünftige Stimme, die in Gegnerschaft steht zu allem Unsinn, der um ihn herum vorgeht. Im Idealfall ist er noch mehr, da spielt etwas Dunkles und Unheimliches hinein." Anschließend geht Kehlmann dann auf seine Depressionen und Ängste nach der Wahl Trumps zum US-Präsidenten ein, aus denen ihm der furchtlose (und gerade deshalb fremde) Narr Tyll herausgeholfen habe: „Nach einer Woche der vollkommenen Niedergeschlagenheit habe ich gedacht: Nimm dich zusammen, Tyll würde jetzt nicht rumsitzen und weinen. Tyll leidet nie in meinem Buch, er

Ebene einer Geschichte der deutschen Literatur hat der Autor das Paradox schließlich auch zur historischen Reihenbildung eingesetzt. Es sei beim Umgang mit dem Stoff des Dreißigjährigen Krieges „ermutigend" gewesen, „dass einige der größten Schriftsteller deutscher Sprache gerade bei diesem Thema zu ihren bedeutendsten Werken gelangt" seien.[28] Die Gruppe der in der Folge genannten Autoren – sie umfasst neben Grimmelshausen auch Schiller, Döblin, Brecht und Grass – dokumentiert dabei nicht nur die selbstbewusste Werkpolitik Kehlmanns, der mit Aussagen wie dieser den Aufstieg von *Tyll* zum deutschen Klassiker gewissermaßen antizipiert, sondern unterstreicht zugleich das Modernitätsparadigma in seinem literarhistorischen Zugriff: Aus dem Dreißigjährigen Krieg, so die seit der Frankfurter Grimmelshausen-Vorlesung geltende Formel, geht die moderne deutsche Literatur hervor, und sie bleibt auf diesen Krieg bezogen, da „in dem Chaos jener Zeit [. . .] etwas für Sprache und Fantasie ungeheuer Belebendes" liege.[29]

## 2 Grimmelshausen in „Tyll" (2017)

Wieviel Grimmelshausen steckt in *Tyll* und welche Relevanz haben die intertextuellen Bezüge für die Anlage des Romans? Wie Claude Haas in seiner Rezension festgestellt hat, bildet der *Simplicissimus* (und dasselbe gilt auch für die *Courasche*) für Kehlmann „eher ein Reservoir für Anspielungen als eine Art Muster", da der Gegenwartsautor trotz Übernahme gewisser Motive nicht auf die autodiegetische Erzählweise des pikarischen Romans zurückgreife.[30] Dieser Verzicht erscheint schon deshalb wenig überraschend, weil Kehlmann die authentische Wirkung der pikarischen Stimme(n) Grimmelshausens in der Frankfurter Poetikvorlesung an die realen Kriegserlebnisse des Autors geknüpft hat. Wo diese Erfahrungen nicht vorliegen, kann eine autodiegetische Erzählweise das poetologische Wahrheits- und Originalitätspostulat also nur verfehlen – was im Umkehrschluss heißt: Als historischer Roman *kann Tyll* nur heterodiegetisch erzählt werden, da der Gegenwartsautor beim Finden *seiner* Stimme(n)

---

bleibt auf eine fast unmenschliche Art ungebeugt. Ich dachte: Sei ein bisschen wie er!" „Ich dachte, ich erlebe das Ende der Demokratie", Interview mit Daniel Kehlmann.

**28** Kehlmann/Münkler: „Zwei schwierige Wörter, deutsch und Identität", S. 113.

**29** Kehlmann/Münkler: „Zwei schwierige Wörter, deutsch und Identität", S. 113.

**30** Claude Haas: Zur Aktualität des Dreißigjährigen Krieges (II): „Denn es ist alles nicht lang her?" Daniel Kehlmanns Roman „Tyll". In: Blog des Zentrums für Literatur- und Kulturforschung, Berlin, 31.05.2018, http://www.zflprojekte.de/zfl-blog/2018/05/31/claude-haas-zur-aktualitaet-des-dreissigjaehrigen-krieges-ii-denn-es-ist-alles-nicht-lang-her-daniel-kehlmanns-roman-tyll/#_ftnref1 (Zuletzt angesehen am 21.11.2018).

notwendig aus der Position desjenigen heraus operiert, der beim Schreiben über den Dreißigjährigen Krieg auf das seit Grimmelshausen anwachsende Archiv literarischer und historischer Texte zum Thema zurückgreifen kann.

Für die Perspektivierung des Schelmes als Figur bringt das spezifische Möglichkeiten mit sich. Anstelle der fixierten internen Fokalisierung des pikarischen Romans präsentiert *Tyll* ein höchst variables Fokalisierungskonzept, in dem sich interne, externe und nullfokalisierte Passagen stetig abwechseln. Dieses Hin- und Herschalten zwischen individueller und kollektiver Erfahrungsebene, inklusive der daran jeweils geknüpften Dimensionen des Unbewussten und Verdrängten, gibt Zeugnis von der genuin modernen, an psychoanalytischen Konzepten geschulten Auffassung des Picaro bei Kehlmann, der in diesem Zusammenhang auf C.G. Jung als Stichwortgeber verwiesen hat.[31] In dessen Aufsatz zur *Psychologie der Tricksterfigur* (1954) finden sich entsprechend viele interessante Hinweise, die man auf die Poetik des Romans beziehen kann. Eine wesentliche Rolle für Kehlmann spielt offensichtlich Jungs These, dass es sich beim Trickster um „eine eindrucksvolle, gegensätzliche Schattenfigur" handelt, „die einem persönlichen Bewußtsein gegenübergestellt ist".[32] Wenn bei Jung daraus resultiert, dass das Unbewusste, Fremde und Beängstigende, für das die Figur steht, als „Mythos vom Bewußtsein gestützt und gepflegt wird" – das es also, etwas vereinfacht gesagt, eine ausgeprägte Ich-Persönlichkeit braucht, um „die Schattenfigur bewußtzuhalten" –, so könnte hierin ein Schlüssel zur Beschreibung von Kehlmanns multifokalem, vom transpersonalen und transhistorischen Mythos ‚Eulenspiegel' ausgehenden Erzählkonzept liegen.[33] Besonderes Augenmerk wäre dabei auf das multifokale ‚Bewusstsein' der heterodiegetischen Erzählinstanz zu richten. Folgt man Jung, so

---

31 So etwa im Interview mit Jakob Augstein: „Der Narr ist ein Archetypus. Es gibt einen wunderbaren Aufsatz von C. G. Jung über den Pikaro, also über die Narrenfigur. [. . .] Der Narr ist die Figur, die sich diesem Prozess der Zivilisation verweigert. Mit burleskem Humor, und dann auch mit Geschichten, die überhaupt nicht lustig sind für uns." Daniel Kehlmann/Jakob Augstein: „Künstler in einer rohen Welt". In: Der Freitag 49, 16.12.2018, https://www.freitag.de/autoren/der-freitag/kuenstler-in-einer-rohen-welt (Zuletzt angesehen am 31.05.2019).

32 C.G. Jung: Zur Psychologie der Tricksterfigur. In: ders.: Die Archetypen und das kollektive Unbewusste. Hg. v. Lilly Jung-Merker/Elisabeth Rüf. Freiburg i. B. [7]1989, S. 271–290, hier S. 283.

33 Jung: S. 283. Dies hätte den nennenswerten Nebeneffekt, dass die Tricksterfigur Tyll mit der impliziten Erinnerungsethik des Romans in Zusammenhang zu bringen wäre. Laut Jung bedeutet die „vielfache Wiedererzählung des Mythos die *therapeutische Anamnese* von Inhalten, die aus zunächst unersichtlichen Gründen auf längere Zeit nicht verlorengehen dürfen." Jung: S. 283. Der Roman würde in der Tyll-Figur also etwas bewahren, von dem nicht gesagt werden kann, ob, wo, wann und wie es für die Kultur der Gegenwart von Bedeutung sein wird. Denkt man in diesem Kontext an Kehlmanns Aussagen zu Donald Trump und einem möglichen Ende der westlichen Demokratien, so ergeben sich die Fluchtlinien eines politisch-psychologischen Komplexes, den es im Sinne der Gegenwartsaussage des Romans weiter zu erforschen gilt.

würde diese Instanz als „höheres Bewußtsein, das sich seiner Freiheit und Unabhängigkeit erfreut" mit der „Autonomie der mythologischen Figur" konfrontiert, wobei sich erweist, dass diese „im geheimen [sic!] Anteil hat an der Psyche des Zuschauers" (oder eben der Erzählinstanz): „Da der individuelle Schatten ein nirgends fehlender Bestandteil der Persönlichkeit ist, so erzeugt sich daraus auch die kollektive Figur immer wieder."[34] Hier ginge es, anders als bei Grimmelshausen, also nicht mehr darum, im Chaos der dissoziierenden Erfahrungen eine Möglichkeit zu finden, ‚Ich' zu sagen (Moderne erster Stufe), sondern vielmehr darum, das nur vermeintlich bewältigte Andere des kollektiven Bewusstseins, den unvernünftigen, unbewussten, anarchischen Trickster, im Akt des Erzählens heraufzubeschwören, um es (oder ihn) qua Objektivierung als abgespaltenen, möglicherweise vergessenen Teil des Eigenen erkennbar werden zu lassen (Moderne zweiter Stufe).

Mag man damit in der Erzählanlage von *Tyll* insgesamt einen Kommentar auf die Möglichkeit oder Unmöglichkeit pikarischen Erzählens in der Gegenwart sehen, so lassen sich im Text verschiedene intertextuelle Brücken zu Grimmelshausen ausmachen, die wegen ihrer poetologischen Relevanz hier besondere Beachtung verdienen. Es handelt sich erstens um die Romanexposition im Kapitel „Schuhe", die – so meine These – zumindest in Teilen eine Kontrafaktur der berühmten *Simplicissimus*-Exposition darstellt, zweitens um die dämonische Verwandlung Tylls im Wald, die auf ein entsprechendes Erlebnis des Simplicissimus in der Feste Hanau anspielt, und drittens um die Wolkenstein-Handlung im Kapitel „Zusmarshausen", in der Grimmelshausen als Lieferant einer eindrücklichen Kriegsschilderung schließlich auch namentlich Erwähnung findet.

## 2.1 „Schuhe"

Die herausstechende formale Auffälligkeit des Romanbeginns von *Tyll* ist die Verwendung der Ersten Person Plural, die ein Erzählen aus der Perspektive eines Kollektivs erlaubt. Es melden sich im ersten Satz des Romans die Bewohner einer namenlosen Stadt, die vom Krieg noch verschont geblieben ist, am Ende des Kapitels jedoch wüst gefallen sein wird: „Der Krieg war bisher nicht zu uns gekommen. Wir lebten in Furcht und Hoffnung und versuchten, Gottes Zorn nicht auf unsere fest von Mauern umschlossene Stadt zu ziehen [. . .]." (T 7) Die Erzählweise erfüllt verschiedene Funktionen, auf die kurz einzugehen ist, bevor Grimmelshausens Romananfang vergleichend hinzugezogen werden kann.

34 Jung: S. 288.

Ein erster Aspekt des ‚Wir' bei Kehlmann ist, dass es eine kollektive Mentalität zum Ausdruck bringt, die von modernen Identitätskonzepten erkennbar abgerückt erscheint, gerade damit allerdings die Erwartungen der (gebildeteren) Leser*innen bezüglich der Alterität frühneuzeitlicher Identitätskonzepte erfüllt.[35] Ob es die Verschränkung christlich-religiöser mit magischen Glaubensinhalten ist[36] oder die extrem hohe Bindekraft der sozialen Gemeinschaft,[37] ob die Sublimation und gleichzeitige Verstärkung von Konfliktpotenzialen im Karneval oder die zwiespältige Haltung des Kollektivs zum Krieg[38]– alle diese Elemente tragen zur Erzeugung einer Matrix des ‚gewöhnlichen' Lebens in der Vormoderne bei, die es der Erzählung erlaubt, das Denken und Handeln einzelner Figuren – etwa das der kleinen Martha oder des Gauklers Tyll – in historisch-spezifischen Spannungsfeldern von Ideologie und Mentalität anzusiedeln. In dieser Hinsicht – und hier lohnt der Rückgriff auf die Terminologie Lotmans – steht das ‚Wir' für die sujetlose Struktur der erzählten Welt, vor der sich die zunächst nur angedeutete sujethafte Struktur als Bedingung der Möglichkeit von romanhaftem Erzählen semantisch wirkungsvoll abhebt.[39] Oder anders gesagt: Die Welt von *Tyll* ist eine ‚noch-nicht' moderne Welt, und gerade das macht sie für die Leser*innen interessant.

Die zweite wichtige Funktion dieses Erzählmodus besteht darin, dass er eine auf die namenlosen Opfer des Dreißigjährigen Krieges ausgerichtete Darstellung kollektiver Gewalt- und Todeserfahrung ermöglicht. Zu diesem Zweck greift Kehlmann zu einem Mittel, das man aus Texten des ‚Magischen Realismus' kennen mag, das in *Tyll* jedoch in den Rahmen eines genuin historischen Settings, nämlich der längst etablierten Geschichtsmatrix des Dreißigjährigen Krieges gesetzt wird. Im letzten Absatz des Kapitels wird deutlich, dass das ‚Wir' das geisterhafte

35 Dazu mehr im Aufsatz von Michael Multhammer in vorliegendem Band.

36 Ein Beispiel: Die Stadtbewohner beten zum Allmächtigen, zur Jungfrau Maria, aber auch zur „Herrin des Waldes und zu den kleinen Leuten der Mitternacht, zum heiligen Gerwin, zu Petrus dem Torwächter, zum Evangelisten Johannes, und sicherheitshalber [. . .] auch zur Alten Mela, die in den rauen Nächten, wenn die Dämonen frei wandeln dürfen, vor ihrem Gefolge her durch die Himmel streift." (T 7).

37 Dies wird nicht nur im beschränkten Gesichtskreis der Stadtbewohner ablesbar, sondern auch grammatisch an der ‚Wir'-Form: Die Stadtgemeinschaft erzählt sich selbst als Kollektiv, in dem Individualität nicht oder nur bedingt vorgesehen ist.

38 Kehlmann gestaltet hier die Erfahrung, die er in seiner Grimmelshausen-Lektüre gemacht hatte: Tyll singt eine Ballade vom Krieg, und außer einer alten Frau, die fürchtet, dass er „es" beschwöre, werden alle Zuhörer von angenehmen Affekten beherrscht: „Vom Söldnerleben sang er und von der Schönheit des Sterbens, [. . .] und wir alle spürten unsere Herzen schneller schlagen. Die Männer unter uns lächelten, die Frauen wiegten die Köpfe, die Väter hoben ihre Kinder auf die Schultern, die Mütter blickten stolz auf ihre Söhne hinab." (T 14).

39 Zur Theorie sujethaften Erzählens vgl. Jurij Lotman: Die Struktur des künstlerischen Textes. Aus dem Russischen übersetzt von Rainer Grübel. Frankfurt a. M. 1973, S. 357.

Kollektiv der namenlosen – man könnte mit Foucault auch sagen: ‚infamen' – Kriegstoten umfasst, das sich durch das Erzählen, mittels seiner Stimme also, gegen das Vergessenwerden zur Wehr setzt:

> Uns andere [die Nicht-Überlebenden, S.Z.] aber hört man dort, wo wir einst lebten, manchmal in den Bäumen. Man hört uns im Gras und im Grillenzirpen, man hört uns, wenn man den Kopf gegen das Astloch der alten Ulme legt, und zuweilen kommt es Kindern vor, als könnten sie unsere Gesichter im Bach sehen. Unsere Kirche steht nicht mehr, aber die Kiesel, die das Wasser rund und weiß geschliffen hat, sind noch dieselben, wie auch die Bäume dieselben sind. Wir aber erinnern uns, auch wenn keiner sich an uns erinnert, denn wir haben uns noch nicht damit abgefunden, nicht zu sein. Der Tod ist immer noch neu für uns, und die Dinge der Lebenden sind uns nicht gleichgültig. Denn es ist alles nicht lang her. (T 29)

Den vergessenen Toten eine Stimme geben: Unter diesem letzthin geschichtsethischen Motto steht das erste Romankapitel und kombiniert dabei Motive einer seit der Romantik etablierten poetisch-‚magischen' Erinnerungskultur. Die Toten sprechen eine geheime Natursprache, die nur von Kindern und divinatorisch operierenden Dichtern verstanden werden kann – mit einer perspektivischen Selbstverortung der (post-)modernen heterodiegetischen Erzählinstanz, die gemeinsam mit den Toten an der Zerstörung der Illusion ‚sicherer' historischer Ferne arbeitet: Wer denkt, dass der Dreißigjährige Krieg erledigt ist, der tritt im nächsten Moment auf einen Kiesel, der Zeugnis von den Gräuel geben könnte, die an selber Stelle wenige Jahrhunderte zuvor geschehen sein mögen.

Was hat das nun mit Grimmelshausen zu tun? Ein Vergleich der *Simplicissimus*-Exposition mit der von *Tyll* erscheint nicht nur deshalb naheliegend, weil beide auf den unerhörten Gewaltexzess eines Marodeaktes hinauslaufen, dem hier wie dort (mehr oder weniger) unschuldige, friedliche Menschen zum Opfer fallen, sondern auch, weil in beiden Texten das Erinnern an den Krieg als eigentliche Funktion des Erzählens ausgegeben wird. Simplicissimus beginnt seine Erzählung vom Überfall der Marodeure auf den Bauernhof seiner Stiefeltern Knan und Meuder mit einer Leser*innenanrede, in der er seine Rolle als Zeuge der Kriegsgräuel affektrhetorisch transparent macht:

> WJewol ich nicht gesinnet gewesen / den Friedliebenden Leser / mit diesen Reutern / in meines Knans Hauß und Hof zu führen / weil es schlimm genug darinn hergehen wird: So erfordert die Folge meiner Histori / daß ich der lieben *poster*ität hinderlasse / was vor Grausamkeiten in diesem unserm Teutschen Krieg hin und wieder verübet worden [. . .].[40]

Worin der Unterschied zwischen Kehlmann und Grimmelshausen besteht, ist sogleich ersichtlich. Wie bezüglich der pikarischen Stimme schon besprochen,

**40** Hans Jakob Christoffel von Grimmelshausen: Simplicissimus Teutsch. In: ders.: Werke, Bd. I/1, hg. v. Dieter Breuer. Frankfurt a. M. 1989, S. 27.

geht es beim frühneuzeitlichen Autor bzw. seiner Erzählerfigur um das Ausstellen authentischer, selbst gemachter Erfahrung, während sich Kehlmann als Gegenwartsautor der Geschichte zwar auch annähert, dabei jedoch auf Vermittlungsinstanzen wie die magische Natursprache sowie mutmaßlich auch auf Geschichtsbücher angewiesen bleibt. Gerade dadurch freilich bringt sein Diskurs ein strukturelles Grundproblem von Überlieferung, Geschichtsschreibung und Erinnerungskultur zum Vorschein, das bei Grimmelshausen so nicht vorliegt: das Schweigen der Toten, die von der ihnen angetanen Gewalt nicht mehr zeugen können und deren Auslöschung in der auf die Zeugnisse der Überlebenden ausgerichteten Erinnerungskultur daher gewissermaßen ewig wiederholt wird. Im ‚Spiegel'-Interview ist Kehlmann auf diesen Aspekt ausführlich eingegangen, wobei er implizit die von Walter Benjamin stammende Denkfigur des Zitierens der vergessenen Momente in der von Gewalt geprägten Menschheitsgeschichte bemüht hat. Da diese Denkfigur sich auch bei Carlo Ginzburg, dem Stichwortgeber für die Müller-Handlung von *Tyll*, programmatisch ausformuliert findet,[41] entsteht das Bild einer zielgerichteten konzeptuellen Anlehnung Kehlmanns an eine Geschichtsethik in der Benjamin-Nachfolge:

> In der Literatur können wir auch über die Vergessenen schreiben. [. . .] Mich fasziniert der Umstand, dass ein normaler Mensch, der in solchen Zeiten ins Zentrum einer Katastrophe gerät, normalerweise nicht überlebt. Unser Blick auf die vergangenen Kriege und Katastrophen ist automatisch davon verzerrt, dass wir Berichte nur von Überlebenden haben, dass aber der Überlebende ein Outlier, ein Ausreißer von der Norm ist, ein Lottogewinner. Wie ist es denn, wenn man in die Mitte einer Schlacht gerät oder in eine große Hungersnot oder wenn man in einem Dorf lebt, das von Marodeuren überfallen wird? Nun es ist so, dass man nicht überlebt.[42]

**41** Es wäre in diesem Sinne lohnenswert zu prüfen, inwiefern sich die Erzählweise von *Tyll* auf die einschlägigen Thesen aus Benjamins Aufsatz *Über den Begriff der Geschichte* (1940) beziehen lässt, etwa auf Benjamins Gegenüberstellung des löchrigen Geschichtsdiskurses des historischen Chronisten mit dem totalen Geschichtswissen der erlösten Menschheit (These III), auf die Warnung vor der Gefahr des Konformismus, die durch die Tradition auf den Menschen komme (These VI), auf die berühmte IX. These mit der Allegorie des Engels der Geschichte oder auch auf die XVI. These, in der Benjamin gegen das ‚Es war einmal' des Historismus und für eine Sprengung des traditionellen Geschichtsdiskurses argumentiert. In diesem Zusammenhang wäre dann auch zu klären, ob Kehlmann in *Tyll* eigentlich Benjamin verarbeitet oder eher die Benjamin-Rezeption bei Carlo Ginzburg, dessen mikrohistorische Studie zum Müller Menocchio für die Müller-Handlung in *Tyll* offensichtlich von größter Bedeutung ist. Zu Ginzburgs Benjamin-Bezug vgl. ders.: Der Käse und die Würmer. Die Welt eines Müllers um 1600. Aus dem Ital. von Karl F. Hauber. Frankfurt a. M. 1979, S. 21.

**42** Kehlmann/Münkler: „Zwei schwierige Wörter, deutsch und Identität", S. 114.

Besondere Beachtung fordert Kehlmann in diesem Zusammenhang für die Martha-Handlung des ersten Kapitels ein. Gegen die Tradition eines historischen Erzählens, das sich allein den Überlebenden widmet, soll die mit dem gewaltsamen Tod der Figur abrupt endende Erzählung vom Mädchen Martha auf die nicht gelebten Leben der Opfer des Krieges aufmerksam machen. Er habe, so Kehlmann weiter, seinen Roman bewusst mit der nach allen Regeln des „klassischen Romanhandwerks" vorgenommenen Anlage eines Erzählkeims beginnen lassen, der dann wegen des hereinbrechenden Krieges aber gar nicht aufgehe:

> Solche Menschen hatten eine ganze lange Zukunft vor sich, aber dann wurden sie ausgelöscht, und wir wissen nichts mehr von ihnen. Das ist, ohne hochtrabend klingen zu wollen, die moralische Aufgabe des Romanautors: das Leben der Vergessenen zu gestalten, die für Historiker nicht mehr greifbar sind.[43]

Wenn Kehlmann in „Schuhe" also Grimmelshausens Romananfang strukturell zitiert – die ‚populäre' Inventio der *Simplicissimus*-Exposition, nämlich die jähe Konfrontation von Kindheit und Krieg, ist im Kapitel als solche klar erkennbar[44] –, so tut er dies in deutlicher Abgrenzung von dessen Entscheidung, mit der Simplicissimus-Figur einen statistischen „Outlier" zum poetischen Regelfall zu machen. In *Tyll* spricht zu Beginn kein Überlebender, sondern es sprechen die Toten, wobei mit Martha gewissermaßen der Anti-Mythos der immer schon gestorbenen Alternativfigur ins Bewusstsein der Leser*innen gebracht wird: Weil Martha, das unbekannte Mädchen aus der namenlosen Stadt, nicht auf das Angebot Tylls eingeht, mit der Truppe fortzuziehen, verpasst sie die Chance, in jenen ‚anderen', mythischen Raum der Literatur einzutreten, in dem man den eigenen Tod bis in alle Ewigkeit überleben kann.

---

**43** Kehlmann/Münkler: „Zwei schwierige Wörter, deutsch und Identität", S. 114. Kehlmanns Einlassung unterstreicht die besondere Aufgabe der Dichtung, vernebelt dabei jedoch die Tatsache, dass die Geschichtswissenschaft durchaus daran gearbeitet hat, das Leben der Vergessenen in Erinnerung zu rufen. Eine der von Kehlmann besonders intensiv genutzten historiographischen Quellen, Ginzburgs Studie über den Müller Menocchio, betreibt genau dies. Eine so scharfe funktionale Differenzierung von Literatur und Geschichte, wie Kehlmann sie vornimmt, dürfte einer genaueren Prüfung nicht standhalten.

**44** Dass eigentlich nur dieser Teil des *Simplicissimus* dem Publikum bekannt ist, hat Kehlmann in besagtem ‚Spiegel'-Interview ironisch herausgestellt. Er treffe immer wieder Leute, die sagten, sie hätten den *Simplicissimus* „so gern gelesen, aber wenn man nachfragt, merkt man, dass sie nur das erste Kapitel aus einem Schulbuch kennen." Kehlmann/Münkler: „Zwei schwierige Wörter, deutsch und Identität", S. 113.

## 2.2 Tylls Eselwerdung im Wald

Einen zweiten wichtigen intertextuellen Knotenpunkt bietet die Initiationsszene Tylls im Wald, die durch die ‚Verschmelzung' des menschlichen Körpers mit tierischen Körperteilen unverkennbar auf Grimmelshausens Schilderung der Verwandlung des Simplicissimus in einen ‚Kalbs-Narren' anspielt (*Simplicissimus Teutsch*, Buch II, Kap. V–VII). In seiner Poetikvorlesung hat Kehlmann im impliziten Rekurs auf Jungs Trickster-Aufsatz auf die Abgründigkeit der Passage bei Grimmelshausen hingewiesen. Indem Simplicissimus vom Kommandanten der Feste Hanau zum Narren gemacht werde – was mittels eines archaischen, schaurigen Rituals im Keller derselben geschehe –, bewirke er eine „schamanische Transformation", an deren Ende Simplicissimus nicht nur Hofnarr sei, sondern auch Tier und Teufelsgestalt – eine Figur zwischen Diesseits und Jenseits, Welt und Hölle: „Der Narr [. . .] ist nicht bloß Spaßmacher, er ist ein Halbmensch, eine Gestalt aus dem Schattenreich." (KG 105) Die Freiheit, die die Figur in diesem Ritual gewinne – es handele sich dabei letzthin um die Freiheit der närrischen Parrhesie, der Wahrrede gegenüber den Mächtigen –, komme ohne einen Aspekt der Unfreiheit nicht aus: „Der Narr ist ein Witzbold, aber er ist zugleich ein gefesselter Dämon: Puck und Ariel verkörpern zwar die Freiheit, sind aber selbst unfrei und gebunden an ihren jeweiligen Herrn." (KG 105)

Ein detaillierter Vergleich der beiden Initiationsszenen würde hier zu weit führen. Hingewiesen sei jedoch auf drei Punkte, die die Schwerpunktsetzung Kehlmanns bei der Aktualisierung des Motivs skizzenhaft deutlich machen:

Erstens fällt ins Auge, dass die Verwandlung der Hauptfigur in *Tyll* aus dem Kontext des höfischen Rituals komplett herausgelöst ist. Genau genommen handelt es sich bei Kehlmann überhaupt nicht um ein Ritual, sondern um eine Szene, die den Ursprung des Rituellen schlechthin zeigt: Die blutige Schlachtung des Esels und die magisch-schamanische Anverwandlung seiner Körperteile durch Tyll zeugen von der existenziellen Angst des Kindes, das von seiner Mutter und dem Knecht allein im Wald zurückgelassen wird. Tyll, so heißt es im Roman, wartet auf die Rückkehr seiner Mutter, hört die Geräusche des Waldes, macht sich in die Hose und legt sich neben dem mitgeführten Esel wimmernd unter einen Busch (vgl. T 61f.). Es erfolgt ein nullfokalisierter Schwenk aus dieser Situation in die Situation der anderswo im Wald ihr Kind gebärenden Mutter mit dem Knecht Heiner und im Anschluss eine viele Seiten andauernde Entfernung des narrativen Fokus von Tyll. Erst nach 15 Seiten – in der erzählten Welt sind zwei Nächte vergangen – machen sich Claus, der Müller und die Knechte Heiner und Sepp auf, Tyll zu suchen. Sie finden ihn in entsetzlichem Zustand vor, den Skalp des Esels als eine Art Hut tragend, mit Blut und Mehl beschmiert auf einem Ast sitzend, hysterisch lachend und von einer Fremdheit, die die Männer schauern lässt (vgl. T 79–83).

Die Abgründigkeit des Geschehens, seine elementare Unheimlichkeit, wird auf diese Weise von Kehlmann im Sinne Jungs auf die Spitze getrieben: Tylls Alterität hat mit den Ursprüngen menschlicher Angst, genauer: menschlichen Überlebens mit der und durch die Angst zu tun und gewinnt damit eine psychologisch-anthropologische Dimension, die die bei Grimmelshausen vorliegende Schilderung ätiologisch überbietet.

Der zweite Aspekt ist damit bereits angesprochen. Er besteht darin, dass Kehlmann den Ablauf des Verwandlungsgeschehens als solchen eben *nicht* schildert, was verschiedene Deutungen zulässt. Zum einen darf vermutet werden, dass es dem Gegenwartsroman auch hier um eine implizite Kritik an der sujetorientierten Erzählweise des historischen Romans als „Genre der Trivialliteratur" (Kehlmann) geht.[45] Anders als in konventionellen Varianten des Romantypus wird bei Kehlmann die Verschiebung des narrativen Fokus auf das besonders interessante Motiv – in diesem Fall das der ‚plötzlichen Geburt mitten im Wald' und des Kindstods – mit einem Entzug an anderer Stelle ‚bestraft', so dass den Leser*innen die Willkürlichkeit und Insuffizienz der linearen Erzählweise schmerzlich bewusst wird: Das für die weitere Handlung mutmaßlich bedeutendere Geschehen ereignet sich auf der Rückseite des sich im narrativen Vordergrund abspielenden Ereignisses. Zum anderen darf der Grund für die Aussparung in dem zu schildernden Geschehen selbst vermutet werden. Geht man davon aus, dass Tylls symbolische Narr-Werdung mit einem Trauma einhergeht, so scheint sich dieses hier als etwas zu erweisen, von dem auf direktem Wege nicht erzählen werden kann.[46] Anhaltspunkte für die Nicht-Erzählbarkeit des Traumas liefert die Wolkenstein-Handlung, auf die unten noch einzugehen sein wird. Anders als im Fall Wolkensteins verzichtet die nullfokalisierte Erzählinstanz bei Tyll freilich darauf, die Leerstellen aufzufüllen bzw. die Unmöglichkeit ihrer narrativen Erschließung als solche zu benennen. Dies nährt den Verdacht, dass das Geschehen im Innern Tylls – anders als das im Innern Wolkensteins – von einer Fremdheit sein könnte, die die

45 Daniel Kehlmann/Sebastian Kleinschmidt: Requiem für einen Hund. Ein Gespräch. Berlin 2008, S. 66.

46 Es sei an dieser Stelle angemerkt, dass das Erlebnis im Wald nicht das einzige, wenngleich wohl das symbolisch-markanteste traumatische Moment in Tylls Kindheit und Jugend ist. Zu nennen wären außerdem Tylls Beinahe-Tod unter dem Mühlrad, seine Rolle bei der Hinrichtung des Vaters und die mutmaßliche Kastration durch Marodeure, die auf die von Tyll selbst oder aber Nele vollzogene Tötung des Spielmanns Pirmin folgt. Ob Tyll tatsächlich kastriert wird, bleibt freilich offen – und auch der Autor Kehlmann hat behauptet, dies nicht genau zu wissen: „Ich weiß es nicht genau, aber das wird angedeutet." Daniel Kehlmann/Jakob Augstein: „Künstler in einer rohen Welt". In: Der Freitag 49, 16.12.2018, https://www.freitag.de/autoren/der-freitag/kuenstler-in-einer-rohen-welt (Zuletzt angesehen am 17.05.2019).

divinatorische Kompetenz der Erzählinstanz an ihre Grenzen stoßen lässt. Liest man Tylls Werdegang nicht als Exempel einer erstaunlichen individuellen Resilienz, sondern als Ausdruck der von C.G. Jung postulierten „Unbewußtheit“ des Narren, den letzthin nichts traumatisieren kann, weil er „[t]eils drohend, teils lächerlich“ überhaupt erst „am Anfang des Individuationsweges“ steht, dann verändert sich der Blick auf die Figur grundlegend.[47] Sie wird den Leser*innen in dem Maße unheimlich, in dem sie sich als Figuration verdrängter, abgespaltener Teile des kollektiven Bewusstseins – einschließlich des Bewusstseins der Erzählinstanz – erweist. Indem Kehlmanns Text auch diese Lesart im Spiel hält, versetzt er den Diskurs um den Protagonisten in eine beständige Oszillationsbewegung: Wo genau die Grenze verläuft zwischen Tyll als Repräsentation eines traumatisierten menschlichen Einzelbewusstseins und Tyll als Repräsentation des archaischen Mythos vom Trickster ist hier nicht mehr eindeutig zu bestimmen.

Gleichwohl ist festzustellen – und das ist der dritte Aspekt –, dass Kehlmann die liminale Funktion des Transformationsgeschehens gegenüber der frühneuzeitlichen Erzählung deutlich abschwächt. In seiner Grimmelshausen-Vorlesung hat er darauf hingewiesen, dass im *Simplicissimus*, wie in frühneuzeitlichen Romanen überhaupt, keine „Konsistenz der Charaktere“ (KG 196) hergestellt werde. Der Protagonist verwandele sich vielmehr von einem Moment zum anderen: Eben noch das „arme Kind“, das auf Hilfe und Beistand angewiesen sei, zeige sich Simplicissimus nach dem Ritual im Keller der Feste Hanau plötzlich „mit allen Wassern gewaschen, er bietet spielend den gebildetsten Höflingen im Streitgespräch Paroli, und es fällt ihm leicht, zu jedem Thema mit literarischen Bezügen aufzuwarten.“ (KG 106 f.) Hätte im intertextuellen Bezug nun die Möglichkeit bestanden, diese von modernen Konventionen abweichende Erzählweise zu adaptieren – etwa um den Einbruch des Archaischen formal zu betonen –, so geschieht dies in *Tyll* gerade nicht. Vielmehr ändert sich im Leben der Hauptfigur nach dem Erlebnis erst einmal nichts. Nachdem Tyll im Wald wieder zu sich gekommen ist, kehrt er mit den Männern ins Dorfleben zurück, und es wird noch neunzig Buchseiten dauern, bis er nach der Hinrichtung seines Vaters mit Nele in die Welt ziehen wird.[48] Auch hier bleibt die ‚doppelte Optik‘ auf die Figur also in Kraft: Der oder die Leser*in, die mit psycho-

47 Jung: S. 282, 290.

48 Und auch dieser Aufbruch aus dem Dorf resultiert nicht aus einem plötzlichen Wesenswandel, sondern aus einer rationalen Überlegung, die die Leser*in psychologisch nachvollziehen kann: Tyll wird klar, dass er sich nach dem Tod seines Vaters selbst ernähren muss, und anstatt Tagelöhner zu werden, wie die Mutter vorschlägt, bricht er mit Nele auf und schließt sich dem Spielmann Gottfried an. Vgl. T 167 f.

logischen und kausalen Kohärenzerwartungen an die Erzählung herangeht, wird die relative Bruchlosigkeit der Handlung als Indiz für das Vorhandensein kognitiver und sozialer Kontinuen in der erzählten Welt deuten (und goutieren). Der oder die Leser*in, der den intertextuellen Signalen folgt und die Verwandlung des Protagonisten vor dem Hintergrund der Texte Grimmelshausens und Jungs liest, wird dagegen dazu neigen, Tylls Aussage, es sei im Wald alles „nur ein Spaß" (T 82) gewesen, ernst zu nehmen und die Initiation als Chiffre für die vom Autor betriebene Aktualisierung des archaischen Mythos vom Narren zu deuten. Erzählstrategisch entscheidend ist dabei, dass beide Lektüren durch den Abbau der liminalen Dimension des Motivs parallel nebeneinander funktionieren können. Es entsteht (auch) an dieser Stelle bei Kehlmann ein hoher Grad an semantischer Komplexität, ohne dass die Leitfunktion eines Erzählens im ‚populären' Romanformat als solche in Frage gestellt würde.

## 2.3 Wolkensteins Plagiat

Die einzige Stelle des Romans, an der der *Simplicissimus Teutsch* explizit erwähnt wird, findet sich im Kapitel „Zusmarshausen", in dessen Zentrum die Figur des Habsburger Gesandten Graf Martin von Wolkenstein steht. Dieser reist im Auftrag des Kaisers durch den bayerischen Raum, um den „berühmten Spaßmacher" (T 183) Tyll an den Wiener Hof zu holen. Auf dem Rückweg von Kloster Andechs, wo er Tyll schließlich findet, gerät er in die letzte große Schlacht des Dreißigjährigen Krieges, die Schlacht bei Zusmarshausen. In der autobiographischen Schilderung seines Kriegserlebnisses, einem späteren Klassiker in der erzählten Welt,[49] greift Wolkenstein auf eine Passage aus dem *Simplicissimus* zurück, ohne dies gegenüber den Leser*innen „seiner in den frühen Jahren des achtzehnten Jahrhunderts verfassten Lebensbeschreibung" (T 183) zu kennzeichnen. Die Leser*innen von Kehlmanns Roman werden darüber jedoch

49 Es gehört zur Ironie des Wolkenstein-Diskurses, dass der Autor als barocker Klassiker in der fiktiven Gegenwart des Erzählers ein Autor ist, den keiner mehr liest. Gelesen wird Wolkenstein nur von den Schüler*innen, die mit dem ästhetisch längst ungenießbar gewordenen Text in Schulbüchern konfrontiert werden. Die Sätze, die der Graf im „Modeton seiner Jugendtage, das heißt der gelehrten Arabeske und der blumigen Ausschmückung" zu Papier gebracht habe, hätten „gerade ihrer exemplarischen Gewundenheit wegen den Weg in manches Schullesebuch gefunden" (T 186). Die Parallele zu Grimmelshausen ist offensichtlich: Wie Kehlmann im ‚Spiegel'-Interview festgestellt hat, findet der einzige Kontakt des lesenden Publikums mit dem *Simplicissimus* in der Schule statt. Dabei würde in den Schulbüchern immer nur das erste Kapitel präsentiert, so dass der Rest des Textes den meisten Menschen völlig unbekannt sei. Vgl. Kehlmann/Münkler: „Zwei schwierige Wörter, deutsch und Identität", S. 113.

in Kenntnis gesetzt. Anders als das fiktive Publikum Wolkensteins erhalten sie sämtliche Informationen vom extradiegetischen, nullfokalisierten Erzähler, der nicht nur die Erlebnisse Wolkensteins kennt, sondern auch beurteilen kann, an welchen Stellen sich die fiktive Autobiographie der Figur vom tatsächlich Erlebten entfernt, wo Erinnerungslücken zu verzeichnen sind und wie die Nachwelt auf das Buch reagiert hat. Auf diese Weise entsteht ein doppelter Resonanzraum literarischer Beobachtung, der auf die poetologische Problemstellung des Kapitels, die Frage nach der literarischen Repräsentation von individueller (Kriegs-) Erfahrung, punktgenau zugeschnitten ist. Stärker noch als an anderen Stellen des Romans geht es in „Zusmarshausen" um das *schriftliche* Erzählen vom Krieg, wobei das implizite Postulat einer wahrhaftigen, authentischen Wiedergabe der Vergangenheit auf vielfältige Weise ironisch gebrochen wird.[50]

Dass Grimmelshausen genau in diesem Zusammenhang auftaucht, kann natürlich schon deshalb nicht überraschen, weil Simplicissimus (und sein Erfinder Grimmelshausen) mit Wolkenstein die Eigenschaft teilt, ein Überlebender des Krieges und damit einer jener „Outlier" der Geschichte[51] zu sein, deren Diskurs nichts transparent machen kann, ohne etwas anderes zu verdunkeln oder gar zu verschweigen. Nur weil er überlebt, kommt Wolkenstein in die Situation, „mehr als fünfzig Jahre später" (T 184) an der literarischen (Re-)Produktion von Erinnerung zu arbeiten. Für den mit allen Wassern (post-)moderner Authentizitätsskepsis gewaschenen Erzähler stellt dieses Überleben als solches freilich keinen Beweis für die Wahrhaftigkeit der Erinnerung dar, weshalb er sich daran macht, die transformativen Aktivitäten des fiktiven Autorenbewusstseins minutiös aufzudecken. Wie die eingestreuten Kommentare zeigen, weicht Wolkenstein schon bei den einfachsten Angaben zum zeitlichen Ablauf des Geschehens und seinen eigenen Handlungen von der Wahrheit ab, und zwar insbesondere dann, wenn es der Dramaturgie der Erzählung und dem auktorialen Self-Fashioning dient. So verschweigt er Phasen des Leerlaufes und der Erholung[52] und gibt an, im Feld Athanasius Kircher

---

50 An zumindest einer Stelle wird das Postulat auch explizit, nämlich wenn der Erzähler von Wolkensteins Ekel über den Anblick eines zerplatzten Gänsekopfes berichtet. Wolkenstein will das Bild aus seiner Erinnerung verbannen, was ihm nicht gelingt – aufschreiben kann er es am Ende seines Lebens aber trotzdem nicht: „In einem ganz und gar ehrlichen Buch hätte er davon erzählen müssen, aber er brachte es nicht über sich [. . .]." (T 189 f.).

51 Vgl. Kehlmann/Münkler: „Zwei schwierige Wörter, deutsch und Identität", S. 114.

52 So etwa bei der Schilderung seines angeblich spontan-beherzten Aufbruchs in Wien und seines angeblich nur eine Nacht dauernden Aufenthalts im Kloster Melk. In beiden Fällen wird Wolkenstein vom Erzähler korrigiert: „Das mit der Eile stimmte nicht, in Wahrheit war mehr als eine Woche vergangen." (T 184). Und: „Das stimmte wieder nicht ganz, in Wirklichkeit blieben sie einen Monat. Sein Onkel war der Prior, und so aßen sie vortrefflich und schliefen gut." (T 186).

gelesen zu haben, obwohl er dessen *Ars magna lucis et umbrae* tatsächlich gar nicht kennt.[53] Dass es sich beim Titel von Kirchers Schrift – ‚Die große Kunst des Lichts und des Schattens' – um einen metaphorischen Fingerzeig auf die im Kapitel vollzogene Kunst der Sichtbarmachung des Dunklen, Vergessenen und Verdrängten handelt, liegt auf der Hand. Je genauer die Leser*innen in die Textgenese des fiktiven Lebensberichtes eingewiesen werden, desto deutlicher wird, dass gerade die Passagen, die von der Nachwelt besonders geschätzt werden, literarische Versatzstücke sind, die das, was vom Autor *nicht* gesagt wird, fiktional supplementieren. Dies ist nicht erst bei der intertextuell herausstechenden Grimmelshausen-Anleihe der Fall. Schon die Unfähigkeit Wolkensteins, sich an die Namen der ihn begleitenden Dragoner zu erinnern, steht im Zeichen von Verdrängung und Supplementierung. Auf dem Weg nach Andechs schießt ein Dragoner einer Gans den Kopf ab, und Wolkenstein wird Zeuge ihres gewaltsamen Todes. Obwohl er das Bild des verstümmelten Tierkörpers „unbedingt vergessen" will, bleibt es in seinem Kopf präsent, was ihn schließlich daran hindert, den Vorfall in den Lebensbericht aufzunehmen: „In einem ganz und gar ehrlichen Buch hätte er davon erzählen müssen, aber er brachte es nicht über sich und nahm es mit ins Grab [. . .]." (T 189) Wenn er in sein Buch stattdessen schließlich eine „blumige Abschweifung, siebzehneinhalb Seiten lang, über die Kameradschaft der Männer, die einer Gefahr entgegengehen [. . .]" einbaut – eine Passage, die später „berühmt [wurde], unerachtet des Umstands, dass sie erlogen war, denn in Wahrheit war keiner der Männer sein Freund geworden." (T 192) –, so sagt dies über die psychische Disposition der Figur mehr aus, als es zunächst den Anschein haben mag: Hinter den rhetorisch geschickt in Szene gesetzten Topoi soldatischer Tapferkeit verbirgt sich das sprachlose Trauma der Gewalt. Auf dieser Ebene ähneln sich Wolkenstein und Grimmelshausen nach der Auffassung von Kehlmann: Sie sind auch und gerade dort, wo sie die Affektsprache des Krieges sprechen, Zeugen seiner zerstörerischen Kraft, Traumatisierte, die den Ursprung ihrer Angst im Schreiben zugleich umkreisen und wortreich verdecken.

Für die eigentliche Kernpassage des Kapitels, die Erzählung von der Schlacht bei Zusmarshausen und Wolkensteins Grimmelshausen-Plagiat,

---

**53** Das Buch wird von seinem an Alchemie interessierten Begleiter Karl von Doder in der Klosterbibliothek von Melk gelesen. Wolkensteins behauptete Eigenlektüre wird vom Erzähler als Fehlangabe entlarvt, wobei die Ironie allerdings nicht nur Wolkenstein trifft, sondern auch die Historiker, die ihre habituelle Gehässigkeit hinter wissenschaftlicher Sachlichkeit verstecken: „Er beschrieb, wie er das Werk in der Satteltasche mit sich getragen habe, was allerdings, wie die Fußnotenschreiber später mit spöttischer Sachlichkeit anmerkten, klar verriet, dass er dieses riesenhafte Buch nie in Händen gehalten hatte." (T 188).

mobilisiert Kehlmann eine philologische Einsicht, die sich bereits in seiner Poetikvorlesung findet. Dort hatte er die Zuhörer*innen mit der interessanten Tatsache konfrontiert, dass ausgerechnet Grimmelshausens berühmteste Schlachtschilderung, nämlich die Erzählung von der Schlacht bei Wittstock, gar nicht vom Autor stamme. Obwohl Grimmelshausen die Schlacht wahrscheinlich persönlich erlebt habe, habe er für deren Darstellung im Roman einen „meisterhaften Absatz" verwendet, „den man lange für einen Augenzeugenbericht gehalten" habe, der tatsächlich jedoch „wörtlich aus dem Roman ‚Arcadia' von Philip Sidney in der Übersetzung von Martin Opitz übernommen" sei (KG 111). Den Grund hierfür vermutet Kehlmann in der emotionalen Überforderung des Kriegsteilnehmers. Nicht zuletzt an der Tatsache, dass Grimmelshausen die Schlachtbeschreibung nahtlos in die alberne Schilderung von Simplicissimus' Ungezieferbefall übergehen lässt, könne man sehen, dass er das Eigentliche seiner Erfahrung nicht habe aufschreiben können:

> In der Schlacht bei Wittstock sind sechstausend Menschen gestorben, elend und schmerzvoll, an einem einzigen Tag. Könnte es sein, dass die Erinnerung daran, falls Grimmelshausen denn wirklich dabei war, sich auch aus der Distanz vieler Jahre dem Erzähler entzieht und zu den eigentümlichsten Umkreisungen zwingt? Simplicius ist erfunden worden, um Erinnerungen ins Wort zu fassen. Aber mancher dunklen Dinge wird man nicht einmal mit seiner Hilfe Herr. (KG 111)

Diese auf den Autor Grimmelshausen bezogene Mutmaßung wird in der Wolkenstein-Handlung in *Tyll* poetisch bekräftigt, indem das Scheitern des fiktiven Autobiographen bei der Schilderung der Schlacht von Zusmarshausen einerseits auf die traumatische Erfahrung der Figur zurückgeführt wird, andererseits dieselbe Aneignung von Fremdmaterial nach sich zieht, die, wie Kehlmann aus der Grimmelshausen-Forschung – etwa aus dem *Simplicissimus*-Kommentar Dieter Breuers – erfahren haben dürfte, im *Simplicissimus* vorliegt.[54] Schon beim Erleben der Schlacht „ahnt[ ]" Wolkenstein, „dass das alles in seinem Buch einst anders berichtet werden müsste. Keine Beschreibung würde ihm gelingen, denn alles würde sich entziehen, und die Sätze, die er formen konnte, würden nicht zu den Bildern in seinem Gedächtnis passen." (T 223) Diese Diagnose unterfüttert Kehlmanns Erzähler mit Einsichten aus der modernen Trauma-Theorie. So berichtet er von

---

**54** Vgl. Grimmelshausen: S. 868. Hier findet sich auch der Hinweis Breuers, dass eine Teilnahme Grimmelshausens an der Schlacht von Wittstock als unwahrscheinlich einzustufen sei. Dass Kehlmann in der Grimmelshausen-Vorlesung 2014 trotzdem das Gegenteil behauptet, unterstreicht seinen selektiven Umgang mit Forschungsergebnissen. Der Autor braucht einen Grimmelshausen, der in Wittstock traumatisiert wurde, also schafft er sich einen Grimmelshausen, der in Wittstock traumatisiert wurde.

Triggern, die bei Wolkenstein noch Jahre später Erinnerungen an die Schlacht auslösen: „Nur manchmal erkannte er da in scheinbar ganz anderen Ereignissen ein fernes Echo jener Momente, als er am Waldrand des Streitheimer Forsts in der Nähe von Zusmarshausen ins Feuer geraten war“ (T 223). Außerdem weiß er den sich in den Kriegswirren wiederholenden Vorgang der Dissoziation exakt zu beschreiben. Als Wolkenstein im Lager vor Augsburg „die verformten Leiber, die schwärenden Gesichter, die offenen Wunden, die Kothaufen“ wahrnimmt, brennen sich die Bilder „[w]ie Höllenvisionen“ in sein Gedächtnis ein (T 226). In einer Art diffusem Trauma-Bewusstsein erfährt er den Verlust seiner personalen Integrität, bei der sich der belastete vom unbelasteten Teil seines Ichs dissoziiert: „Ich werde nie mehr derselbe sein, dachte er [. . .], und: Es sind doch nur Bilder, sie können mir nichts tun, sie fassen mich nicht an, nur Bilder. Und er malte sich aus, er wäre ein anderer, der unsichtbar neben ihnen ging und nicht sehen musste, was er sah.“ (T 226)

Vor diesem Hintergrund erhält die Supplementierung dessen, was nicht aufgeschrieben werden kann, durch den aus fremder Feder stammenden Text eine existenzielle Note, die auch durch die latente Absurdität des Geschehens und die immer wieder durchscheinende Ironie des Erzählers nicht neutralisiert wird. Im Gegenteil trägt die Unwahrscheinlichkeit, dass es in der erzählten Welt zu einem Fall von Doppel-Plagiierung kommt, zum Aufbau einer reflexiven Erzählkonstruktion bei, in der die Schreib- bzw. Erzählstrategien *beider* Erzähler – Wolkensteins und des extradiegetischen Erzählers – kritisch zur Disposition stehen. Wolkenstein greift zum Text Grimmelshausens, weil er ihm gefällt und weil die vorhandene Leerstelle zu auffällig ist, um sie einfach stehen zu lassen; und der Erzähler berichtet davon im Ton des über allen Dingen schwebenden ‚Meisters der Geschichte‘, der das Nicht-Wissen der diegetischen Instanz(en) mit herablassenden Formulierungen bedenkt:

> Doch die Sätze wollten sich nicht fügen. Und so stahl er andere. In einem beliebten Roman fand er eine Beschreibung, die ihm gefiel, und wenn Menschen ihn drängten, die letzte Feldschlacht des großen deutschen Krieges zu schildern, so sagte er ihnen das, was er in Grimmelshausens ‚Simplicissimus‘ gelesen hatte. Es passte nicht recht, weil es sich dort um die Schlacht bei Wittstock handelte, aber das störte keinen, nie fragte jemand nach. Was der dicke Graf nicht wissen konnte, war aber, dass Grimmelshausen die Schlacht von Wittstock zwar selbst erlebt, aber ebenfalls nicht hatte beschreiben können und stattdessen die Sätze eines von Martin Opitz übersetzten englischen Romans gestohlen hatte, dessen Autor nie im Leben bei einer Schlacht dabei gewesen war. (T 224)

Welche Deutungspotenziale resultieren aus der reflexiven Faltung des Diskurses? Auf einer ersten Ebene rangiert die oben bereits formulierte Einsicht, dass die Authentizität des Augenzeugenberichts Wolkensteins eigentlich keine ist bzw. dass sie ein paradoxer Texteffekt ist, der gerade dort entsteht, wo authentische Erlebnisse durch (Fremd-)Text supplementiert werden. Die Erwartung der (diegetischen) Leser*innen, dass sie im Buch auf die ‚wahre' Geschichte des Dreißigjährigen Krieges treffen, wird als Illusion entlarvt und eine Unterscheidung von trivialer und nicht-trivialer literarischer Geschichtsdarstellung reproduziert, die Kehlmann bereits vor über zehn Jahren bezüglich der *Vermessung der Welt* expliziert hatte: Während triviale historische Romane so täten, „als könnten sie zeigen, wie das Vergangene gewesen ist", was den Leser*innen das „fernsehverwandte[ ] Vergnügen" beschere, „dabeizusein [sic!] bei großen Augenblicken und zu sehen und zu empfinden, wie alles wirklich war", würde der „anspruchsvolle Gegenwartsroman" das Material nach ästhetischen Kategorien formen und dürfe dabei nicht bei der „außerästhetische[n] Frage" nach der Wahrheit stehen bleiben.[55] Gerade aus diesem Grund freilich erscheint die arrogante Einstellung des Erzählers in *Tyll* verdächtig. Die Ironie seiner Formulierungen erweist sich (auch) insofern als ambivalent, als sie einerseits die strenge Hierarchie von Wissen und Nicht-Wissen, Erzählen und Erzählt-Werden, Moderne und Vormoderne affirmiert, andererseits aber Ausdruck eines nicht eingestandenen Verwandtschaftsverhältnisses zu sein scheint, das den impliziten Textkonstrukteur Kehlmanns mit dem „dicke[n] Graf[en]" (T 224) der erzählten Welt verbindet. Dabei geht es, schlicht gesagt, um die Kunst des Montierens von Zitaten mit dem Ziel der poetischen Kohärenzbildung. In Anbetracht der Tatsache, dass Kehlmann die Ästhetik als einzig gültiges Bewertungskriterium für die (Schreib-)Kunst ausgibt, erscheint es durchaus bedeutsam, dass es sich bei der von Grimmelshausen und Wolkenstein benutzten Passage aus Opitz' Sidney-Übersetzung um einen, so die Formulierung in der Poetikvorlesung, „meisterhaften Absatz" (KG 111) handelt. Es wird von den Figuren also nicht irgendein Text plagiiert – und vom Publikum nicht irgendein Text goutiert –, sondern ein Stück besonders gelungener Literatur, dessen autonome „künstlerische Wahrheit" die triviale oder historiographische Unterscheidung von ‚wahr' und ‚falsch' suspendiert.[56] Insofern Wolkenstein dies, wie vor ihm angeblich auch schon Grimmelshausen, intuitiv spürt – „In einem beliebten Roman fand er eine Beschreibung, die ihm gefiel [. . .]." (T 224) –, trifft ihn die Her-

---

**55** Kehlmann/Kleinschmidt: S. 66 f. Damit lässt sich für *Tyll* sagen, was für *Die Vermessung der Welt* in der Forschung bereits festgestellt wurde: „Die Intertextualität des Romans betont ergänzend seinen Konstruktcharakter. [. . .] Dabei erweist sich der Roman schon auf formaler Ebene als metahistorisch konzipiert: Die scheinbare Linearität und Geschlossenheit der Geschichte wird kontinuierlich aufgebrochen [. . .]. In der Imitation historischen Erzählens wird so bereits seine Dekonstruktion angebahnt [. . .]." Max Doll: Der Umgang mit Geschichte im historischen Roman der Gegenwart. Am Beispiel vom Uwe Timms ‚Halbschatten', Daniel Kehlmanns ‚Die Vermessung der Welt' und Christian Krachts ‚Imperium'. Frankfurt a. M. 2017, S. 525.

**56** Kehlmann/Kleinschmidt: S. 69.

ablassung des Erzählers zu Unrecht, darf der/die kritische Leser*in doch in Anschlag bringen, dass auch das Gelingen von *Tyll* als populärer, von breiten Massen gelesener Text auf der intuitiven Kunst der Supplementierung von Leerstellen basiert, die bei der Konstruktion einer poetischen ‚Wirklichkeit' des Krieges aus dem im Archiv verfügbaren Textmaterial entstehen.[57] Dies führt zu einer interessanten Dialektik im metareflexiven Diskurs: Je mehr der Erzähler auf die Unterschiede zwischen dem authentischen Erleben der Figur und ihrem Text pocht – je faktenfixierter und aggressiv-ironischer er wird –, desto mehr arbeitet er der übergeordneten Textintention des Kapitels zu, deren Ziel die Dekonstruktion eines ‚falschen', weil außerästhetisch begründeten Verständnisses historischen Romanerzählens ist.

Auf einer zweiten Ebene der Deutung liegt die Frage, was das mit dem Trauma-Komplex in der Wolkenstein-Handlung zu tun hat. Mit etwas Mut zur Zuspitzung lässt sich die These vertreten, dass im Konzept der ewigen Wiederholung des Zitats im Zeichen des Traumas ein pathologischer Ursprung postmodernen Schreibens angesprochen ist. Wenn für *Tyll* sicher nicht weniger als für *Die Vermessung der Welt* Kehlmanns Credo gilt, ‚Gegenwartsromane zu schreiben, die in der Vergangenheit spielen',[58] so stellt sich die Frage, ob und wie sich die im Wolkenstein-Kapitel thematisierten Prozesse einer sich im Schreiben vollziehenden Verdrängung und gleichzeitigen unendlichen Umkreisung traumatischer Erfahrungen auf literarische Praktiken der Gegenwart beziehen lassen. Beantwortet man diese Frage mit Blick auf die stereotyp behauptete Geschichtsvergessenheit der Postmoderne, so scheint die Antwort zunächst entlarvenden Charakter zu haben: Zum Vorschein kommt eine unheimliche ‚Unterkellerung' des heiter-selbstreferentiellen Spiels mit Zitaten und *Best of*s, dessen Abstinenz von ontologischen Essentialismen und Tendenz zur Wiederholung als mehr oder weniger unbewusste Fortsetzung jener Logik des Supplements – als Wiederholungszwang im Sinne Freuds – zu verstehen sind, die mit Grimmelshausens und Wolkensteins Textoperation ihren fiktiven Anfang nimmt. Plausibel erscheint eine solche Deutung durchaus, lassen sich mit der forcierten Modernitätsdiagnose Kehlmanns in der Grimmelshausen-Vorlesung sowie seiner werkpolitischen Hinwendung zum Erinnerungskonzept („Denn es ist alles nicht lang her.") doch zwei zentrale paratextuelle Faktoren ausmachen, die die transepochale Ausrichtung des Romanprojekts *Tyll* unterstreichen. Übersehen werden sollte dabei allerdings

57 Der/die kritische Leser*in ist dem Text dabei in dem Maße implizit, in dem ihr naives Gegenbild aufgebaut wird. Dort, wo sich die Leser Wolkensteins angeblich durch nichts gestört fühlen und keinen Grund zum Nachfragen sehen (vgl. T 224), wird der/die empirische Leser*in von ‚Tyll' zu einer kritischen Haltung gegenüber dem Erzählten geradezu herausgefordert.

58 Vgl. – bezogen auf *Die Vermessung der Welt* – Kehlmann/Kleinschmidt: S. 67.

eben nicht, dass Verdrängung und Vergessen in diesem Zusammenhang zugleich als Möglichkeitsbedingungen für die Entwicklung der Literatur in Richtung Moderne und Postmoderne reflektiert werden. Erst durch den pathologischen Riss zwischen Wirklichkeit und Text entstehen die Freiräume, die so etwas wie Kunstautonomie und ästhetische Selbstreflexivität überhaupt möglich machen (werden). Und wenn Kehlmanns impliziter Autor diese Potenziale nutzt, um sich kritisch-selbstreflexiv auf sein eigenes Verfahren zu beziehen, dann erfüllt er die in Rede stehende Teleologie geradezu idealtypisch: Er setzt auf die Selbstreflexivität der Literatur, um nach deren verdrängten Ursprüngen zu fragen.

## Literaturverzeichnis

Alt, Peter-André: Die Dynamik der Tradition. Theoretischer Exkurs über einen alten Begriff (Luhmann, Blumenberg). In: ders.: Imaginäres Geheimwissen. Untersuchungen zum Hermetismus in literarischen Texten der Frühen Neuzeit. Göttingen 2012, S. 43–66.

Baßler, Moritz: Genie erzählen: Zu Daniel Kehlmanns Populärem Realismus. In: Gegenwartsliteratur. Ein germanistisches Jahrbuch 16 (2017), S. 37–55.

Blanchot, Maurice: Der Gesang der Sirenen. Essays zur modernen Literatur. Aus dem Französischen von Karl August Horst. Frankfurt a. M. 1988.

Cho, Yun-Chu: Ein kleine, subjektive Literaturgeschichte. Daniel Kehlmanns Frankfurter Vorlesung ‚Kommt, Geister' als Abrechnung mit der Vergangenheit, https://literaturkritik.de/id/20778 (Zuletzt angesehen am 30.04.2019).

Doll, Max: Der Umgang mit Geschichte im historischen Roman der Gegenwart. Am Beispiel vom Uwe Timms ‚Halbschatten', Daniel Kehlmanns ‚Die Vermessung der Welt' und Christian Krachts ‚Imperium'. Frankfurt a. M. 2017.

Ginzburg, Carlo: Der Käse und die Würmer. Die Welt eines Müllers um 1600. Aus dem Ital. von Karl F. Hauber. Frankfurt a. M. 1979.

Grass, Kehlmann und die Welt des Barocks. https://grass-haus.de/grass-kehlmann-und-die-welt-des-barocks (Zuletzt angesehen am 16.10.2019).

Grimmelshausen, Hans Jakob Christoffel von: Simplicissimus Teutsch. In: ders.: Werke, Bd. I/1, hg. v. Dieter Breuer. Frankfurt a. M. 1989.

Haas, Claude: Zur Aktualität des Dreißigjährigen Krieges (II): „Denn es ist alles nicht lang her?" Daniel Kehlmanns Roman „Tyll". In: Blog des Zentrums für Literatur- und Kulturforschung, Berlin, 31.05.2018, http://www.zflprojekte.de/zfl-blog/2018/05/31/claude-haas-zur-aktualitaet-des-dreissigjaehrigen-krieges-ii-denn-es-ist-alles-nicht-lang-her-daniel-kehlmanns-roman-tyll/#_ftnref1 (Zuletzt angesehen am 21.11.2018).

Hainz, Martin A.: Wäre, hätte, würde. In: Fixpoetry, 29.102016, https://www.fixpoetry.com/feuilleton/kritiken/daniel-kehlmann/kommt-geister (Zuletzt angesehen am 30.04.2019).

Jeßing, Benedikt/Ralph Köhnen: Einführung in die Neuere Deutsche Literaturwissenschaft. 3., aktualisierte und überarbeitete Auflage. Stuttgart 2012.

Jung, C.G.: Zur Psychologie der Tricksterfigur. In: ders.: Die Archetypen und das kollektive Unbewusste. Hg. v. Lilly Jung-Merker, Elisabeth Rüf. Freiburg i. B. $^{7}$1989, S. 271–290.

Kaindlstorfer, Günter: Daniel Kehlmann. Hemmungslos subjektiv. In: Deutschlandfunk, 02.12.2015, https://www.deutschlandfunk.de/daniel-kehlmann-hemmungslos-subjektiv.700.de.html?dram:article_id=338599 (Zuletzt angesehen am 30.04.2019).
Kehlmann, Daniel/Jakob Augstein: „Künstler in einer rohen Welt". In: Der Freitag 49, 16.12.2018, https://www.freitag.de/autoren/der-freitag/kuenstler-in-einer-rohen-welt (Zuletzt angesehen am 31.05.2019).
Kehlmann, Daniel/Herfried Münkler: „Zwei schwierige Wörter, deutsch und Identität". In: Der Spiegel 37, 07.09.2018, S. 110–116.
Kehlmann, Daniel: „Ich dachte, ich erlebe das Ende der Demokratie". In: Die Zeit, 06.11.2017, https://www.zeit.de/kultur/literatur/2017-11/daniel-kehlmann-tyll-interview (Zuletzt angesehen am 27.04.2019).
Kehlmann, Daniel: Tyll. Roman. Reinbek bei Hamburg 2017.
Kehlmann, Daniel: Kommt, Geister. Frankfurter Poetikvorlesungen. Reinbek bei Hamburg 2014.
Kehlmann, Daniel/Sebastian Kleinschmidt: Requiem für einen Hund. Ein Gespräch. Berlin 2008.
Kehlmann, Daniel: Diese sehr ernsten Scherze. Poetikvorlesungen. Göttingen 2007.
Klausnitzer, Ralf: Literaturwissenschaft. Begriffe – Verfahren – Arbeitstechniken. 2., überarbeitete Auflage. Berlin/Boston 2012.
Lotman, Jurij: Die Struktur des künstlerischen Textes. Aus dem Russischen übersetzt von Rainer Grübel. Frankfurt a. M. 1973.
Paul, Ina Ulrike: Autorfunktion, Autorfiktion: Schriftstellerfiguren bei Daniel Kehlmann. In: Gegenwartsliteratur. Ein germanistisches Jahrbuch 16 (2017), S. 77–99.
Ruf, Oliver: ‚Transzendenz'-Kanäle: Medienphilosophie und Memoria bei Daniel Kehlmann. In: Entwicklungen in der deutschsprachigen Gegenwartsliteratur. Hg. v. Carsten Gansel, Elisabeth Herrmann. Göttingen 2013, S. 259–284.
Tommek, Heribert: Der lange Weg in die Gegenwartsliteratur. Studien zur Geschichte des literarischen Feldes in Deutschland von 1960 bis 2000. Berlin/Boston 2015.

Joachim Rickes

# Opitz und Gryphius versus Magister Fleming: Zu zwei poetischen Miniaturen bei Günter Grass und Daniel Kehlmann

## 1 Einleitung

Daniel Kehlmanns jüngster Roman *Tyll* entfaltet auf fast 500 Seiten ein umfassendes Panorama des Dreißigjährigen Krieges in Deutschland. Ausgehend vom Leben der einfachen Leute im Kapitel „Schuhe“ und dem ersten Teil von „Herr der Luft“, treten in den folgenden Romanteilen immer mehr höhere Personen bzw. Gesellschaftskreise hinzu, u. a. Kirche, Wissenschaft, Diplomatie und Militär. In das facettenreiche Bild des Barockzeitalters wird auch die deutsche Literatur des siebzehnten Jahrhunderts einbezogen – allerdings nur ganz am Rande. Sie ist im Wesentlichen vertreten durch Paul Fleming, den frühverstorbenen Lyriker aus Hartenstein (1609–1640). Dieser wird in einem späten Kapitel auf wenigen Seiten eingeführt und dabei nicht einmal sein Äußeres beschrieben. Fleming spricht kaum mehr als zwanzig Sätze und verschwindet umgehend wieder aus dem Handlungsgeschehen. Im Schlusskapitel wird noch lapidar sein Tod vermeldet und dabei – quasi als Nachruf – ein Zweizeiler aus einem seiner Gedichte zitiert.

Die betont knappe Abhandlung dieses Aspekts lässt an eine andere, ähnlich komprimierte Darstellung der deutschen Barockliteratur denken – an die Begegnung zwischen Martin Opitz und Andreas Gryphius in Günter Grass’ 700-seitigem Roman *Der Butt* (1979). Ein Vergleich der beiden Szenen verspricht nicht nur Aufschlüsse über den jeweiligen poetischen Zugang zur deutschen Barockliteratur, sondern ebenso zum Verhältnis von Kehlmanns zu Grass’ Text. Im Folgenden wird zunächst die Darstellung von Paul Fleming in Kehlmanns *Tyll* analysiert, anschließend die Begegnung zwischen Opitz und Gryphius bei Grass untersucht. Im dritten Schritt erfolgt eine vergleichende Betrachtung der beiden Miniaturen.

## 2 „Magister Fleming ist kundig und hilfreich“ – Paul Fleming in Daniel Kehlmanns *Tyll*

Die Einführung von Paul Fleming im sechsten Kapitel „Die große Kunst von Licht und Schatten“ steht im Zusammenhang einer grotesk anmutenden Suche. Der weltberühmte Forscher Pater Athanasius Kircher, Professor am Collegium

https://doi.org/10.1515/9783110647488-006

Romanum, will in Holstein den „letzte[n] Drachen des Nordens“ (T, 352)[1] finden, um aus dessen Blut „ein Heilmittel gegen die Pest“ (T, 348) zu gewinnen. Bei dieser Suche setzt er auf die Unterstützung des bekannten deutschen Forschers und Persien-Reisenden Adam Olearius, den er in Gottorf aufsucht. Auf die skeptische Frage, ob der Drache denn in Holstein gesichtet worden sei, antwortet Kircher: „Natürlich nicht. Ein Drache, den man gesichtet hat, wäre ein Drache, der über die wichtigste Dracheneigenschaft nicht verfügt – jene nämlich, sich unauffindbar zu machen“ (T, 352). Trotz seiner Zweifel will Olearius die Bitte des berühmten Gelehrten nicht abschlagen; er äußert jedoch einen Wunsch: „Ich würde gerne meinen Assistenten mitnehmen. [. . .] Magister Fleming ist kundig und hilfreich“ (T, 353). Kircher stimmt zu.

Bei der am nächsten Morgen beginnenden Suche nach dem „Tatzelwurm“ (T, 359) folgt dann der einzige Auftritt von Paul Fleming im Roman. Während der Fahrt in einer Kutsche erkundigt sich Kircher nach dem Werdegang des Magisters. Dieser antwortet, dass er „Arzt“ sei und „in Leipzig die Musik studiert“ habe (T, 354) – für Kircher eine wichtige Information, weil er den Drachen mit Musik besänftigen will. Flemings Interesse richtet sich, wie im Gespräch deutlich wird, jedoch auf etwas ganz anderes: „Vor allem schreibe ich Gedichte“. Auf die Frage, ob es sich um lateinische oder französische Gedichte handele, antwortet er: „Deutsche“ (T, 354). Der verblüffte Universalgelehrte bittet um eine Erklärung. Damit ist, wie Olearius seufzend erkennt, Flemings Lieblingsthema eröffnet. Dieser erläutert sein Vorhaben: „Ich weiß, das klingt wunderlich [. . .] Aber es lässt sich machen! Unsere Sprache wird gerade erst geboren. Hier sitzen wir, drei Männer aus dem gleichen Land, und sprechen Latein. Warum? Jetzt mag das Deutsche noch ungelenk sein, ein kochendes Gebräu, ein Geschöpf im Werden, aber eines Tages ist es erwachsen“ (T, 356).[2] Olearius versucht, das Gespräch wieder auf den Drachen zu lenken:

1 Daniel Kehlmann: Tyll. Reinbek bei Hamburg 2017, S. 352. Auf diese Ausgabe wird bei allen folgenden Zitaten im Fließtext mit der Sigle T und Seitenangabe verwiesen.

2 Bezeichnend für die Sicht des Deutschen als nicht literaturfähige Sprache im siebzehnten Jahrhundert sind die folgenden Überlegungen der aus England stammenden Königin Liz: „Das gute Theater hatte ihr am meisten gefehlt, von Anfang an [. . .]. In deutschen Landen kannte man kein anständiges Theater [. . .] Wahrscheinlich lag es an der klobigen Sprache, das war keine Sprache fürs Theater, ein Gebräu von Stöhnlauten und harten Grunzern war das, es war eine Sprache, die klang, als kämpfe einer gegen das Würgen, als hätte ein Rind einen Hustenanfall, als käme jemandem sein Bier aus der Nase. Was hätte ein Dichter mit dieser Sprache anfangen sollen?“ (T, 230). Vgl. zum sprachgeschichtlichen Kontext: Peter von Polenz: Deutsche Sprachgeschichte vom Mittelalter bis zur Gegenwart. Berlin 2013.

> Er hatte es oft erlebt: Wenn Fleming einmal von seinem Steckenpferd anfing, kam lange kein anderer zu Wort. Und schließlich endete es stets damit, dass Fleming mit rotem Gesicht Gedichte vortrug. Sie waren gar nicht schlecht, seine Gedichte, sie hatten Melodie und Kraft. Aber wer wollte schon ohne Vorwarnung Gedichte hören, und dann noch auf Deutsch? (T, 356 f.)

Wie erwartet, lässt sich Fleming jedoch nicht von seinem Thema abbringen. Er fährt fort:

> Noch ist unsere Sprache ein Wirrnis aus Dialekten [. . .] Weiß man im Satz nicht weiter, greift man sich das passende Wort aus dem Lateinischen oder Italienischen oder sogar Französischen, und die Sätze biegt man irgendwie nach lateinischer Manier zurecht. Aber das wird sich ändern! Man muss eine Sprache nähren und pflegen, man muss ihr helfen, auf dass sie gedeiht! Und ihr helfen, das heißt: dichten! (T, 357)

Der Erzähler merkt an: „Flemings Wangen hatten sich gerötet, sein Schnurrbart sträubte sich leicht, seine Augen blicken starr: ‚Wer einen Satz auf Deutsch anfängt, soll sich zwingen, ihn auf Deutsch zu Ende zu führen.'" In Analogie zur Musik erläutert Fleming genauer, was er unter Dichten in deutscher Sprache versteht:

> [A]ls ich später [in Leipzig] die Kunst des Kontrapunktes gelernt habe, habe ich verstanden, was Sprache ist. Und wie man in ihr dichtet – nämlich, indem man sie walten lässt. Gehen und sehen, Schmerz und Menschenherz. Der deutsche Reim: eine Frage und eine Antwort. Pein, Sein und Schein. Reim ist kein Zufall der Laute. Es gibt ihn dort, wo Gedanken zusammenpassen.[3] (T, 358)

Das ambitionierte Vorhaben des jungen Mannes stößt bei Kircher auf Skepsis:

> Euer Eifer in Ehren, junger Mann [. . .] Aber das Deutsche hat keine Zukunft. Erstens, weil es eine hässliche Sprache ist, dickflüssig und unsauber, ein Idiom für ungelehrte Leute, die nicht baden. Zweitens, es gibt für so ein langwieriges Wachsen und Werden gar keine Zeit mehr. In sechsundsiebzig Jahren endet das eiserne Zeitalter, Feuer kommt über die Welt und unser Herr kehrt in Glorie zurück. Man braucht kein großer Sternenkenner zu sein, um das vorauszusehen. Simple Mathematik genügt. (T, 359)

Am folgenden Morgen findet die Expedition in der Holsteinischen Heide den „Wanderzirkus" (T, 361) von Tyll Eulenspiegel. Hier kommt es zunächst zu einer skurrilen Unterhaltung der drei Reisenden mit dem Esel Origenes, später dann mit Tylls langjähriger Begleiterin Nele und einer „alte[n] Frau", die ebenfalls Mitglied der Zirkustruppe ist. Kircher will das Phänomen des sprechenden

---

**3** Flemings Überlegungen kontrastieren amüsant mit der im zweiten Kapitel erhobenen Klage des – allerdings wenig begabten – Bänkelsängers Gottfried über die unzureichenden Reime in deutscher Sprache: „Dichten ist das Schwerste [. . .] Wisst ihr ein Wort, das sich auf *Schurke* reimt?" (T, 173).

Esels umgehend rational mit „Bauchrednerkunst“ erklären (T, 371). Fleming dagegen erkennt, dass diese Hypothese auf schwachen Füßen steht – schließlich ist kein Sprecher in der Nähe.[4] Wie sich zeigt, ist er in der Tat „kundig“ (T, 353) und z. B. mit Tyll Ulenspiegels Ruhm vertraut. Zugleich erweist sich der Magister als wach und schlagfertig. Als die Zirkusleute eine Menschenpyramide bauen und Nele von oben mit den Reisenden spricht, merkt Fleming trocken an: „Kommst Du wieder runter? [. . .] So redet es sich schwer!“ (T, 374). Während Olearius erkennbar Gefallen an Nele findet, lässt sich Fleming von der „alte[n] Frau“ gegen Bezahlung „[d]eutsche Balladen“ vortragen, „wieder und wieder, um es sich einzuprägen“ (T, 388). Am Morgen macht der einsame Witwer Olearius Nele dann einen Heiratsantrag. Tyll rät ihr aus Versorgungsgründen zu und verlässt schnell das Lager, ehe sie von ihm Abschied nehmen kann. Dabei wird Fleming noch einmal erwähnt:

> Als [Nele] zurückkam, fand sie Tylls Zelt leer. Blitzschnell war er aufgebrochen und hatte nichts mitgenommen, außer den Jonglierbällen, einem langen Seil und dem Esel. Nur Magister Fleming, der ihm draußen auf der Wiese begegnet war, hatte noch mit ihm gesprochen. Aber was Tyll gesagt hatte, wollte er nicht verraten. (T, 390 f.)

Im Schlusskapitel „Westfalen“, das Jahre später in Osnabrück spielt, erfährt der Leser eher nebenbei, dass Magister Fleming inzwischen verstorben ist. Beim Gespräch mit der Winterkönigin Liz in der kaiserlichen Botschaft zitiert der „*Cavalier d’Ambassade*“ (T, 444) Martin von Wolkenstein unvermittelt aus einem seiner Gedichte: „Vergnüge dich an dir und acht’ es für kein Leid, hat sich gleich wider dich Glück, Ort und Zeit verschworen“ (T, 446).[5] Erläuternd fügt Wolkenstein hinzu: „Das ist von einem deutschen Dichter. So etwas gibt es jetzt. Deutsche Dichter! Paul Fleming heißt er. Seine Werke sind zum Weinen schön, leider ist er jung gestorben, krank an der Lunge. Man wagt nicht auszudenken, was aus ihm hätte werden können“ (T, 446 f.).[6] Mit diesem Ausblick endet Kehlmanns knappe, aber ungemein eindringliche Fleming-Miniatur.

---

4 Dementsprechend fragt der skeptische Fleming später nach: „Aber wo versteckt sich der Bauchredner?“ (T, 376). Vgl. dazu: Joachim Rickes: Der Esel ist nicht der Esel. Zu Daniel Kehlmanns Ungewissheitspoetik in ‚Tyll‘. In: Sprachkunst 49 (2018), H. 1, S. 73–86.

5 Das hier zitierte Gedicht *An Sich* wird zu Flemings bedeutendsten Werken gerechnet. Vgl. Paul Fleming: Deutsche Gedichte. Hg. v. Volker Meid. Stuttgart 1986, S. 114.

6 Vgl. zu Flemings lange unterschätzter sprach- und literaturgeschichtlicher Bedeutung: Joachim Rickes: ‚Man wird mich nennen hören‘ – Gedanken über Zeit, Sterben und Küssen bei Paul Fleming. In: Wirkendes Wort 59 (2009), H. 2, S. 177–187. Daniel Kehlmanns Fleming-Miniatur ist als Ausdruck besonderer Wertschätzung des Hartensteiner Dichters zu verstehen. In einem *Spiegel*-Interview hat Kehlmann 2018 festgehalten: „Die deutsche Literaturgeschichte sähe anders aus, wenn Fleming 70 Jahre alt geworden wäre. Seine Gedichte [. . .] das sind Werke, die heute noch

## 3 „Seyn gantzes wesen hat mich verletzet" – Die Begegnung zwischen Opitz und Gryphius in Günter Grass' *Der Butt*

Daniel Kehlmann ist natürlich nicht der einzige deutschsprachige Romancier, der sich mit dem Dreißigjährigen Krieg auseinandersetzt. Hier kann literarhistorisch auf eine lange Reihe von Texten verwiesen werden, u. a. auf Friedrich Schillers *Wallenstein*, Bertolt Brechts *Mutter Courage*, Alfred Döblins *Wallenstein* und Ricarda Huchs *Der Dreißigjährige Krieg*. In jüngerer Zeit haben Monika Maron in *Munin oder Chaos im Kopf* sowie Ralf Rothmann in *Der Gott jenes Sommers* das Thema behandelt. In verschiedenen dieser Romane wird auch auf die Situation der deutschen Sprache und Dichtung im siebzehnten Jahrhundert eingegangen – kaum einmal jedoch so kenntnisreich und poetisch intensiv wie bei Günter Grass. Dabei sind zwei Texte hervorzuheben: zum einen die längere Erzählung *Das Treffen in Telgte* von 1979, in der sich die deutschen Dichter ein Jahr vor Ende des Krieges im münsterländischen Telgte versammeln, und zum anderen der zwei Jahre zuvor erschienene Roman *Der Butt*. Dieser Text ist für den hier untersuchten Zusammenhang von besonderem Interesse, weil sich in ihm eine mit Kehlmanns Text vergleichbare poetische Miniatur zur deutschen Barockliteratur findet.

In *Der Butt*, der in neun Kapiteln die Menschheitsgeschichte aus weiblicher Perspektive ironisch neu erzählt, ist das vierte Kapitel dem Deutschland des Barockzeitalters gewidmet. Dort führt Grass im Unterkapitel „Von der Last böser Zeit" zwei andere bekannte deutsche Barockdichter in einem Treffen zusammen: den bereits etablierten Martin Opitz und den jungen, aufstrebenden Andreas Gryphius. Die Begegnung am 2. September 1636 wird vom Erzähler folgendermaßen eingeführt:

> Im sechzehnten Kriegsjahr, als die Sachsen mit den Kaiserlichen verhandelten und wiederum der Fall Schlesiens bevorstand, zog der achtzehnjährige Andreas Gryphius, dessen Vaterstadt Glogau abgebrannt war, nach Danzig, um dort sein Studium der Geschichte, Theologie, Astronomie und Medizin durch die Unterrichtung von Bürgerkindern zu verdienen[7] (B, 306 f.)

direkt zu uns sprechen." Daniel Kehlmann/Herfried Münkler: „Zwei schwierige Wörter, deutsch und Identität". In: Der Spiegel 37, 07.09.2018, S. 110–116, hier S. 113.

7 Günter Grass: Der Butt. Göttingen 1993. Auf diese Ausgabe wird bei allen folgenden Zitaten im Fließtext mit der Sigle B und Seitenangabe verwiesen.

Der junge Mann, der bis dahin nur „lateinische Heldenepen“ verfasst hat, beginnt am neuen Orte „deutsche Verse“ zu schreiben. Inspiriert wird er hierbei durch ein „Büchlein über die Regeln der Poeterey“ (B, 308), dessen Verfasser der in Danzig lebende Martin Opitz ist. Umgekehrt zeigt auch Opitz Interesse an dem Neuankömmling: Da Gryphius' Gedichte ihm „wegen ihrer lustvollen Leidversessenheit, ihrer alles eitel nennenden Wut, ihrer üppigen Trauer“ auffallen, arrangiert der renommierte Dichter ein Treffen mit dem poetischen Novizen. Die Begegnung verläuft allerdings ganz anders, als es sich der präsumtive Mentor vorgestellt hat. In einem Brief an seinen Verleger hält Opitz bitter fest: „Anietzo begegnete mir ein newer Scribent, des glückselige Sprache hochvermögend, obzwar nicht aller regel kundig ist. Er heißet Andreas Gryph vndt ist von Glogau kommen. Seyn gantzes wesen hat mich verletzet“ (B, 308).

Die nachfolgend geschilderte, den Tag umspannende Begegnung[8] beginnt mit der Beschreibung der beiden Poeten. „Martin Opitz von Boberfeld“ wird charakterisiert als ein „[m]it seinen achtunddreißig Jahren [. . .] kränklicher, des andauernden Krieges und der erfolglosen Diplomatie überdrüssiger Mann“ (B, 307). Der bereits füllige Gryphius verfügt über „ein platzrundes Bubengesicht, das sich plötzlich verfinstern und wie ausgezehrt einfallen konnte, so daß ein zürnender Erzengel aus ihm sprach“ (B, 308).

Anfangs „verlegen“, fühlt sich Gryphius durch Opitz' „[v]ielleicht zu beiläufig“ geäußertes Lob für das „kühne, manchmal freilich zu ungebundene Versmaß einiger [seiner] Sonette“ (B, 309) erst irritiert, dann, als auch noch inhaltliche Kritik folgt, geradezu provoziert. Der etablierte Dichter hält ihm vor, dass seine „ungehemmte[n] Schmerzbekundungen, das Jammertalige ihres Tonfalls und die Verdammung auch der kleinsten irdischen Lust als eitle Nichtigkeit außer Maß seien“ (B, 309). Er fügt hinzu: „Überhaupt sei der Gryphius zu jung, um alle Welt als Jammertal zu lokalisieren und sich pausbäckig, wie er nun mal glänze, Tod und Moderloch zu wünschen. Das alles, Lust und Weh, müsse erst noch gelebt werden“ (B, 309). Daraufhin verdüstert sich der junge Dichter „alttestamentarisch“ und holt zu einer flammenden Gegenrede aus. Zwar sei seine „Poetengeneration“ dankbar für „des Opitz theoretische[s] Werk“, doch habe dieser in anderer Hinsicht versagt:

> Er, der hervorragende Opitz, habe seine Kraft politisierend vergeudet, [. . .] habe der Diplomatie gegeben, was er der Poeterey schuldig geblieben sei, er, der regelkundige Opitz, habe der Hebungen und Senkungen wegen des Menschen ganze Erbärmlichkeit mit Wortplunder verhängt, er, der immer geschäftige Opitz, habe, solange der Krieg sich ziehe, die schmutzigen Geschäfte wechselnder Fürsten besorgt und könne auch jetzt, obgleich im sicheren Hafen, nicht davon lassen (B, 310)

8 „Bis zum Eindunkeln sprachen Opitz und Gryphius“ (B, 308).

Der aufgebrachte Gryphius legt nach:

> All das tue Opitz gewiss in Sorge um das arme, schon wieder katholisch gepreßte Schlesien, aber auch um harte Taler, die ihm polnisch-schwedisch ausgezahlt worden seien für zwielichtigen Doppeldienst, für Spitzeltum und wieselige Zwischenträgerei. [. . .] der wendige Opitz habe, wie es gerad kam, den Evangelischen gedient und den Jesuiten das antiketzerische Manuale verteutscht. In katholischen Messen sei er heuchelnd aufs Knie gefallen.[9] (B, 310 f.)

Der betroffene Opitz räumt zunächst ein, „das stimme alles beinahe", um sich dann mit dem Hinweis zu verteidigen, dass er sich als „Ireniker oder Friedensmann verstehe, denn ihn trüge keine Partei, sondern der Wunsch nach Duldung jeglichen Glaubens" (B, 312). Weiterhin beruft er sich darauf, durch sein Wirken im Dienste unterschiedlicher Herren dafür gesorgt zu haben, „dass ihm noch etwas in Versen gelinge. Denn nur darauf komme es an" (B, 312).

Ehe Gryphius sich erneut „heftig entladen" und den Streit fortsetzen kann, serviert die junge Magd Agnes Kurbiella den „gekochten Dorsch", amüsanter Weise mit einem zum Frieden aufrufenden Vers: „Pomuchel verzanken heißt Liebgottchen nicht danken" (B, 313). Der Erzähler nutzt die Essenspause zu ironischen Charakterisierungen der beiden Dichter:

> Der junge Gryphius stopfte sich heißhungrig über die linke Hand, während Opitz eher lustlos mit einer Gabel stocherte, die er vor Jahren als neumodisches Tischwerk aus Paris mitgebracht hatte. [. . .] Zuerst hörte man nur das Schmatzen des Poeten, der bald wegen seiner wortgewaltigen Todessehnsucht und Absprache aller irdischen Lust berühmt sein sollte, dann hörte man des Opitz nervösen Magen, dessen Nerven durch die Anwesenheit des Gastes gereizt sein mochten: Blubbern, Gurgeln, sauer stieß es ihm auf. (B, 313 f.)

Der Generationenkonflikt bricht nach dem Essen erneut aus, als sich der junge Poet nach den weiteren Projekten des renommierten Dichters erkundigt. Als Opitz mit Blick auf sein Alter anmerkt: „[I]m kalten Ofen solle man nicht nach Glut stochern" und statt der von Gryphius erwarteten „teutschen Tragödie" (B, 314) nur eine Übersetzung von Davids Psalmen ankündigt, hat der Besucher genug gehört: „Der junge Mann stand auf und zeigte ein entsetztes Gesicht: Das sagte, wie erbärmlich ausgebrannt ihm der immerhin verehrte Meister begegnet war." Vollends ernüchtert ist Gryphius, als ihm Opitz „mit schlimmem Grienen eingestand, daß ihm das warme Fleisch Agnes', obgleich er es mit dem hiesigen Stadtmaler [Möller] teilen müsse, neuerdings wieder zärtlich mache, belebe, in Lust bringe, wenn auch zu spät und nur mit halbem Erfolg". Gryphius reagiert „angewidert"

9 Gryphius erhebt gegen Opitz ebenfalls Vorwürfe persönlicher Art, u. a. wegen nicht gezahlter Alimente, vgl. B, 311.

und abweisend: „Er wolle nun gehen. Er wolle nicht stören. Belehrt sei er nun genug. Er habe über der Zeit gesessen“ (B, 314 f.). Seine heftige Kritik an Opitz’ Haltung hindert den aufstrebenden Dichter allerdings nicht daran, den Älteren um Empfehlung eines „gunstreichen Verleger[s]“ zu bitten: „Obwohl er, Gryphius, wisse, dass alles Buchpressen und Trachten auf Nachruhm eitel sei, wolle er doch seine Sonette, die er hier, in der falsch glänzenden und von trügerischem Glück besonnten Stadt geschrieben habe, weil doch gegen solche Eitelkeit gerichtet, auch gedruckt sehen“ (B, 315). Opitz weiß einen „kaiserlichen Rat“ zu benennen, auf dessen Kosten Gryphius „schon im folgenden Jahr [. . .] seine Sonette in Lissa drucken“ lassen kann, „auf daß sie ihn überlebten“ (B, 316).[10]

## 4 Von Grass zu Kehlmann: Die beiden Barock-Episoden im Vergleich

Günter Grass wie Daniel Kehlmann entfalten in ihren zuvor untersuchten Textpassagen jeweils auf eng begrenztem Raum eine ganze Epoche deutscher Sprach- und Literaturgeschichte. Beiden Autoren sind dabei mit unterschiedlichen poetischen Mitteln eindrucksvolle Miniaturen gelungen. Im Folgenden wird zuerst der jeweilige Zugang zum Thema analysiert, anschließend erörtert, in welchem Verhältnis die beiden Texte zueinander stehen.

Geht man zunächst den poetischen Verfahren genauer nach, treten die folgenden Unterschiede hervor:

Grass’ Unterkapitel ist – scheinbar – historisierend und faktenorientiert ausgerichtet; die in die Darstellung eingegangene, gründliche Recherche wird in vielerlei Details spürbar. Damit soll verdeckt werden, dass die geschilderte Begegnung zwischen Opitz und Gryphius frei erfunden ist.[11] Das Gespräch, das nie stattgefunden

---

10 Mit dem Ende des Gesprächs ist die Auseinandersetzung mit den beiden Barockdichtern in *Der Butt* allerdings keineswegs abgeschlossen. Auf der Gegenwartsebene des Romans wird im Fortgang des vierten Kapitels wiederholt auf die Danziger Begegnung Bezug genommen. Im Zusammenhang des „feministische[n] Tribunal[s]“ (B, 318), vor dem sich der Butt zu verantworten hat, wird dem sprechenden Fisch vorgeworfen, die junge Magd Agnes Kurbiella an den alten Opitz und den Stadtmaler Möller verkuppelt und damit den Männern geopfert zu haben. Als sich der Butt auf die Rolle der Frau als Muse der Dichtung und Kunst beruft, werden in Gutachten und Gegengutachten Opitz’ Lebenssituation sowie seine Bedeutung als Dichter ironisch erörtert (B, 321). Vgl. u. a. auch B, 324 ff., 338 ff., 351 ff. sowie ferner B, 692.

11 Vgl. Hans-Gert Roloff: Martin Opitz – 400 Jahre! In: Martin Opitz 1597–1639. Nachahmungspoetik und Lebenswelt. Hg. v. Thomas Borgstedt/Walter Schulz. Tübingen 2002, S. 7–30, hier S. 9.

hat, ist von Grass poetisch geschickt fingiert und mit barockem Sprach- und Zeitkolorit versehen worden. Einige Sätze aus einem angeblichen Opitz-Brief über das Treffen werden eingefügt, gleiches gilt für Originalzitate aus seinen Schriften. Weiterhin finden sich längere Passagen aus Gedichten der beiden Schriftsteller. Zudem werden ihre Lebensläufe nachgezeichnet und die Poeten auch äußerlich genauer beschrieben. Als ein besonders effektvolles Charakterisierungsmittel erweist sich die ironische Haltung des Erzählers gegenüber Opitz und Gryphius. Gerade die Schilderung ihres gemeinsamen Essens ist typisch für die Lebensnähe und Plastizität des Grass'schen Erzählens.

Daniel Kehlmanns Behandlung der deutschen Barockliteratur fällt erheblich knapper, aber keineswegs weniger eindringlich aus. Auch er ist bekannt für intensive Recherche, lässt die Ergebnisse aber nur an wenigen Stellen offen hervortreten.[12] Die geschilderte Episode, die fast ohne Anklänge an barocke Sprache erzählt wird, ist ebenfalls frei erfunden. Im Unterschied zum Grass'schen Spiel mit dem Anschein historischer Authentizität ist das Geschehen hier allerdings schon durch die skurrile Drachensuche in ein fragwürdiges Licht gerückt. Fleming selbst bleibt als Person unscharf: Sein Lebensweg wird nur angerissen, sein Äußeres kaum erwähnt, lediglich ein Zweizeiler aus einem seiner Gedichte zitiert. Aus seinen wenigen Äußerungen geht im Wesentlichen seine Begeisterung für das Projekt von Dichtung in deutscher Sprache hervor. Ansonsten wird der früh verstorbene Dichter mitsamt seinen Dichtungen nur in zwei kurzen Aussagen von Martin von Wolkenstein greifbar: „Seine Werke sind zum Weinen schön" und „Was hätte nicht aus ihm werden können." Diese minimalistische Darstellung vermittelt jedoch gerade in ihrer Offenheit einen intensiven Eindruck von Fleming – ein Verfahren, das kennzeichnend ist für Daniel Kehlmanns äußerst komprimierten, alle unnötigen Ausschmückungen vermeidenden und gerade dadurch die Vorstellungskraft des Lesers aktivierenden Stil.

Wie steht es um das Verhältnis von Kehlmanns *Tyll* zu Grass' *Der Butt*, aber auch zu *Das Treffen in Telgte*? Setzt man voraus, dass Kehlmann mit den genannten Grass-Werken vertraut ist, gilt es zunächst, die Ausgangssituation dieser

---

**12** So geht nur aus knappen Andeutungen hervor, dass Kehlmann sich eingehend mit Adam Olearius' Bericht *Große Moskowitische und Persische Reise* auseinandergesetzt hat, an der Fleming teilnahm, vgl. T, 350, 355 f. Ebenso zeigt sich an den von Fleming während der Kutschenfahrt genannten Reimbeispielen Kehlmanns intensive Beschäftigung mit dessen Gedichten. Unauffällig klingen hier mehrere von Flemings bekanntesten Werken an: „Schmerz und Menschenherz" (T, 358) verweist u. a. auf *Ein getreues Herze wissen*, siehe Fleming: S. 90 f. Vgl. zu „Sein, Pein und Schein" die Gedichte *Bey einer Leichen* (ebd., S. 110) sowie *Mein Unglück ist zu groß* (ebd., S. 93–98, insb. S. 96). Ebenso intensiv hat sich Kehlmann in die sprachgeschichtliche Situation der Barockzeit eingearbeitet. Siehe hierzu Anm. 2 im vorliegenden Aufsatz.

literarischen Relation zu umreißen. Wenn Kehlmann in *Tyll* eine Episode zur deutschen Barockliteratur einbezieht, greift er ein Thema auf, bei dem vielen Lesern gleich zwei renommierte Grass-Texte vor Augen stehen: *Der Butt* gehört – auch wegen seiner feminismuskritischen Grundhaltung, die beim Erscheinen heftige Kontroversen auslöste – bis heute zu Grass' bekanntesten Romanen. Die doppelbödige Erzählung *Das Treffen in Telgte* gilt als literarisches Kabinettstück und wird von verschiedenen Kritikern den bedeutendsten Werken des Nobelpreisträgers zugerechnet. Zudem ist Grass ein exzellenter Kenner der deutschen Barockliteratur. Es liegt auf der Hand, dass in einer solchen Konstellation, auch wenn sie nur ein Segment von Kehlmanns Romans *Tyll* betrifft, ein Spannungsverhältnis liegen kann, unter Umständen auch eine Konkurrenzsituation. Dies vermag z. B. zu Abgrenzungen oder Überbietungsversuchen führen, aber auch zu Anlehnungen und zu kreativer Fortentwicklung. In jedem Fall wird durch die Präsenz der Vorgänger-Texte dem späteren Autor eine Positionierung abverlangt. Wie also verhält sich Daniel Kehlmann im Kapitel „Die große Kunst von Licht und Schatten" gegenüber *Der Butt*, aber auch gegenüber dem *Treffen in Telgte*?

Kehlmanns Ausgestaltung der Barockliteratur-Episode in *Tyll* ist in zweifacher Hinsicht als Abgrenzung zu verstehen:

Zum einen greift er mit Paul Fleming gerade jenen deutschen Dichter des Barockzeitalters heraus, der in den einschlägigen Grass-Werken keine Rolle spielt. Im 1636 spielenden *Butt*-Kapitel bleibt Fleming unerwähnt; zum Zeitpunkt der Handlung von *Der Treffen in Telgte* im Jahre 1647 ist er bereits tot.[13] Indem Kehlmann innerhalb des identischen Themenfeldes einen anderen Dichter in den Mittelpunkt rückt, hebt er sich von den Grass'schen-Darstellungen ab und setzt einen eigenen, originellen Akzent.

Zum anderen werden in seinem Roman jene beiden Barockschriftsteller, die Grass in *Der Butt* hervorhebt, subtil ironisiert. Dabei ist insbesondere Opitz Zielscheibe des Spotts. Das belegt u. a. das Gespräch zwischen der Winterkönigin Liz und Martin von Wolkenstein über die (aus ihrer Sicht) unzureichende Literatur in deutscher Sprache. Liz, die am englischen Hof mit Shakespeare-Stücken aufgewachsen ist, merkt an: „‚Ich habe es mal mit Opitz versucht –' ‚Opitz!' ‚Ja, Opitz.' Beide lachten." (T, 447). Gryphius wird in *Tyll* nicht namentlich genannt, es ist aber davon auszugehen, dass viele Leserinnen und Leser seinen Namen assoziieren,

---

13 In der Erzählung wird zu Beginn des Treffens der verstorbenen Barockdichter gedacht. Simon Dach „zählte feierlich – worauf sich alle erhoben – ‚die viel zu früh Abgeschiedenen' auf, nannte Opitz zuerst, dann Fleming", siehe: Günter Grass: Das Treffen in Telgte. Darmstadt und Neuwied 1979, S. 23. Siehe zu Fleming ebenso ebd., S. 19, 28 f., 45, 93, 155. Gryphius ist auch in *Das Treffen in Telgte* eine häufig erwähnte, analog zu *Der Butt* meist ironisch behandelte Figur.

wenn berichtet wird: „[Liz] hatte es ja versucht mit der deutschen Literatur, einmal mit diesem Opitz und dann noch mit einem anderen, aber sie hatte den Namen vergessen“ (T, 230).[14]

Beide Aspekte können als Abgrenzung von dem arrivierten Vorgängerautor verstanden werden – eine Positionierung, die trotz mancher ironischer Züge nicht als Angriff zu verstehen ist. Kehlmann schätzt Grass und hat wiederholt dessen Verdienste um die deutsche Literatur des zwanzigsten Jahrhunderts hervorgehoben. In seinen Göttinger Poetikvorlesungen würdigte er ihn 2007 „als den einen Magier unserer Literatur“, der sich von der Realismus-Fixierung der deutschen Nachkriegsliteratur absetzte.[15] Im Jahr 2015 hielt er – unter ausdrücklichem Hinweis auf die Bedeutung der barocken Dimension im Werk von Günter Grass – fest: „Er war der Erfinder des magischen Realismus aus dem Geist des deutschen Barock, lange vor den Südamerikanern.“[16] Allerdings hat der österreichisch-deutsche Autor kein Hehl daraus gemacht, dass er längst nicht alle Grass-Werke als gleichrangig ansieht. Er hält die frühen Romane *Blechtrommel* und *Hundejahre* sowie die Erzählung *Katz und Maus* aus den 1950er und frühen 1960er Jahren für die bedeutenden, die späteren Werke werden von ihm skeptischer beurteilt:

> The creator of a child who refused to grow up took on a grandfatherly disposition with dismaying rapidity, in his public appearances as much as in his prose. His early ‚Danzig Trilogy‘ ranks among the masterpieces of 20th-century literature. ‚The Rat‘, however, his novel-treatise on feminism and environmental protection, and his respectable panorama of stories, ‚My Century‘, are works that even his greatest admirers find difficult to defend.[17]

# 5 Schlussbemerkungen

Die Ambivalenz der poetischen Auseinandersetzung mit Vorgänger-Texten ist ein in der Literaturgeschichte wiederkehrendes Phänomen, das ganz unterschiedliche Ausprägungen erfahren kann. Um nur zwei Beispiele zu nennen: Thomas Mann

---

**14** Aufgrund des Zeitpunktes der zitierten Aussage ist es allerdings ungewiss, ob Liz tatsächlich Gryphius gelesen hat.

**15** Vgl. Daniel Kehlmann: Diese sehr ernsten Scherze. Poetikvorlesungen. Göttingen 2007, S. 14.

**16** Daniel Kehlmann: Günter Grass. Die Sonne hat Flecken. Er war der Schriftsteller der Schuld. In: Die Zeit 16/2015, 16.04.2015, https://www.zeit.de/2015/16/guenter-grass-daniel-kehlmann (Zuletzt angesehen am 17.10.2019).

**17** Daniel Kehlmann: Opinion. Daniel Kehlmann on Günter Grass. In: Spiegel Online, 23.08.2006, https://www.spiegel.de/international/opinion-daniel-kehlmann-on-guenter-grass-a-433079.html (Zuletzt angesehen am 17.10.2019). Hier auch: „Later, Grass changed, and his novels changed, too, *becoming didactic and colorless*.“ (meine Hervorhebung, J.R.).

hat wiederholt betont, wie sehr er sich beim Verfassen der *Buddenbrooks* an Tolstois *Krieg und Frieden* orientiert hat und wie wichtig dieses ermutigende Vorbild für die Fertigstellung seines ersten Romans war. Dagegen lässt Thomas Brussigs Roman *Helden wie wir* eindrucksvoll erkennen, wie intensiv sich das Anti-Vorbild Christa Wolf auf den späteren Text ausgewirkt hat. Allerdings handelt es sich bei beiden genannten Beispielen um vergleichsweise extremere Positionen. Weitaus häufiger finden sich Mischformen, in denen sich Abgrenzungsinteresse und poetische Orientierung, die Betonung von Eigenständigkeit und die kreative Rezeption der Vorgänger-Texte überschneiden.

In *Tyll* überwiegt, wie gezeigt, die Abgrenzung, ohne dass damit poetische Anregungen durch die Grass-Texte auszuschließen sind. Dazu abschließend exemplarisch zwei Hinweise:

Eine verdeckte Bezugnahme deutet in Daniel Kehlmanns Roman das Spiel mit der literarischen Provenienz einer bestimmten Schlachtschilderung bei Grimmelshausen an – ein Hinweis, der bereits im *Butt* zu finden ist. Dort wird in einem der Opitz-Gutachten vor dem „feministischen Tribunal“ festgestellt:

> [I]mmerhin sei Opitz literarisch von Einfluss gewesen. Neuerlich habe Germanistenfleiß nachweisen können, dass die Beschreibung der Schlacht bei Wittstock an der Dosse im ‚Simplizissimus‘ mindestens angeregt worden sei durch Schlachtbeschreibungen in der Opitzschen ‚Arcadia‘-Übersetzung. Womöglich habe der junge Grimmelshausen als Augenzeuge von einem Baum herab die Schlachtszenen mit den gedruckten Metaphern verglichen[18] (B, 324)

In Kehlmanns Roman wird ebenfalls auf die genannte Beschreibung Bezug genommen und die Ironisierung noch eine Stufe weiter geführt. Hier steht der alte Graf Wolkenstein beim Verfassen seiner Memoiren – die er aus Bewunderung für Fleming auf Deutsch schreibt[19]– vor der Schwierigkeit, die selbst miterlebte Schlacht bei Zusmarshausen zu schildern. Da ihm dies nicht gelingt, greift er zu anderen Mitteln:

> [D]ie Sätze wollen sich nicht fügen. Und so stahl er andere.
> In einem beliebten Roman fand er eine Beschreibung, die ihm gefiel, und wenn Menschen ihn drängten, die letzte Feldschlacht des großen deutschen Krieges zu schildern, so sagte er ihnen das, was er in Grimmelshausens *Simplicissimus* gelesen hatte. Es passte nicht recht, weil es sich dort um die Schlacht von Wittstock handelte, aber das störte keinen, nie fragte jemand nach. (T, 224)

**18** Die „Opitzsche[.] Übersetzung der ‚Arcadia‘“ wird auch in *Das Treffen in Telgte* erwähnt, siehe Grass: Treffen, S. 12.

**19** Vgl. T, 447.

Sarkastisch fährt der Erzähler fort:

> Was der dicke Graf nicht wissen konnte, war aber, dass Grimmelshausen die Schlacht bei Wittstock zwar selbst erlebt, aber ebenfalls nicht hatte beschreiben können und stattdessen die Sätze eines von Martin Opitz übersetzten englischen Romans gestohlen hatte, dessen Autor nie im Leben bei einer Schlacht dabei gewesen war.[20] (T, 224)

Weiterhin erscheint in der Fleming-Miniatur ein Detail beachtenswert, das als ‚Echo' aus dem *Treffen in Telgte* gedeutet werden kann. Als Tyll nach Neles angekündigtem Abschied seinen Zirkus auflöst und verschwindet, heißt es im Text: „Nur Magister Fleming, der ihm draußen auf der Wiese begegnet war, hatte noch mit ihm gesprochen. *Aber was Tyll gesagt hatte, wollte er nicht verraten* [meine Hervorhebung, J.R.]" (T, 391). In Flemings Schweigen, das dem Leser ein weiteres Mal den Blick in Tylls Inneres verstellt, klingt der bekannte Schluss von Günter Grass' Telgte-Erzählung an. Als dort der Tagungsort in Flammen aufgeht und die Dichtergruppe sich auflöst, hält der anonyme Erzähler (der einer der anwesenden Dichter sein muss[21]), ebenfalls sein Wissen zurück: „Ich weiß, wie sehr uns weitere Treffen gefehlt haben. *Ich weiß, wer ich gewesen bin. Ich weiß noch mehr. Nur wer den Brückenhof hat in Flammen aufgehen lassen, weiß ich nicht, weiß ich nicht* . . . [meine Hervorhebung, J.R.]"[22]

## Literaturverzeichnis

Fleming, Paul: Deutsche Gedichte. Hg. v. Volker Meid. Stuttgart 1986.
Grass, Günter: Der Butt. Göttingen 1993.
Grass, Günter: Das Treffen in Telgte. Darmstadt und Neuwied 1979.

---

**20** Allerdings kann Kehlmann Informationen über diese Zusammenhänge auch auf anderem Wege erhalten haben, z. B. im Zuge seiner intensiven Beschäftigung mit Grimmelshausen, vgl. dazu: Daniel Kehlmann: Teutsche Sorgen oder die Entdeckung der Stimme. In: ders.: Kommt, Geister. Poetikvorlesungen. Reinbek bei Hamburg 2015, S. 99–132, hier S. 111.

**21** Die Identität des Erzählers von *Das Treffen in Telgte* stellt ein in der Grass-Forschung vieluntersuchtes, bislang ungelöstes Rätsel dar.

**22** Grass: Telgte, S. 137. Zur Bedeutung solcher ‚Echos' im Prozess des Schreibens hat Daniel Kehlmann 2016 festgehalten: „Wie könnte man erzählen, ohne an die wunderbaren Schriftsteller zu denken, die ähnliche Dinge erzählt haben, entweder mit ähnlichen, oder aber mit ganz anderen Worten? Natürlich verhält man sich ständig zu ihnen – die einzige Möglichkeit, das nicht zu tun, wäre, das eigene Gedächtnis zu löschen. Alle gute Literatur enthält diese Echos – und je eigenständiger und authentischer sie ist, desto mehr!" Daniel Kehlmann/Jan Standke: *Eine ständige Präsenz von Echos.* Ein Gespräch mit Daniel Kehlmann über das Lesen und Schreiben von Literatur. In: Gebrochene Wirklichkeit. Daniel Kehlmanns Romane und Erzählungen im Deutschunterricht. Hg. v. Jan Standke. Baltmannsweiler 2016, S. 9–17, hier S. 16.

Kehlmann, Daniel/Herfried Münkler: „Zwei schwierige Wörter, deutsch und Identität". In: Der Spiegel 37, 07.09.2018, S. 110–116.
Kehlmann, Daniel: Tyll. Reinbek bei Hamburg 2017.
Kehlmann, Daniel/Jan Standke: *Eine ständige Präsenz von Echos*. Ein Gespräch mit Daniel Kehlmann über das Lesen und Schreiben von Literatur. In: Gebrochene Wirklichkeit. Daniel Kehlmanns Romane und Erzählungen im Deutschunterricht. Hg. v. Jan Standke. Baltmannsweiler 2016, S. 9–17.
Kehlmann, Daniel: Günter Grass. Die Sonne hat Flecken. Er war der Schriftsteller der Schuld. In: Die Zeit 16/2015, 16.04.2015, https://www.zeit.de/2015/16/guenter-grass-daniel-kehlmann (Zuletzt angesehen am 17.10.2019).
Kehlmann, Daniel: Teutsche Sorgen oder die Entdeckung der Stimme. In: ders.: Kommt, Geister. Poetikvorlesungen. Reinbek bei Hamburg 2015, S. 99–132.
Kehlmann, Daniel: Diese sehr ernsten Scherze. Poetikvorlesungen. Göttingen 2007.
Kehlmann, Daniel: Opinion. Daniel Kehlmann on Günter Grass. In: Spiegel Online, 23.08.2006, https://www.spiegel.de/international/opinion-daniel-kehlmann-on-guenter-grass-a-433079.html (Zuletzt angesehen am 17.10.2019).
Polenz, Peter von: Deutsche Sprachgeschichte vom Mittelalter bis zur Gegenwart. Berlin 2013.
Rickes, Joachim: Der Esel ist nicht der Esel. Zu Daniel Kehlmanns Ungewissheitspoetik in ‚Tyll'. In: Sprachkunst 49 (2018), H. 1, S. 73–86.
Rickes, Joachim: ‚Man wird mich nennen hören' – Gedanken über Zeit, Sterben und Küssen bei Paul Fleming. In: Wirkendes Wort 59 (2009), H. 2, S. 177–187.
Roloff, Hans-Gert: Martin Opitz – 400 Jahre! In: Martin Opitz 1597–1639. Nachahmungspoetik und Lebenswelt. Hg. v. Thomas Borgstedt, Walter Schulz. Tübingen 2002, S. 7–30.

# II Werkpolitik

Rena Ukena

# Das Erzählen von Geschichte bei Daniel Kehlmann

Die Frage nach der Erzählbarkeit von Geschichte wird in literarischen Texten gestellt und verhandelt und vor allem seit dem *narrative turn* auch in der Geschichtswissenschaft diskutiert.[1] Im Werk Daniel Kehlmanns sind es zunächst die beiden historisch erzählenden Romane, *Die Vermessung der Welt*[2] und *Tyll*,[3] in denen Überlegungen zur Erzählbarkeit von Geschichte mithilfe verschiedener literarischer Verfahren angestellt werden. Bei genauerer Hinsicht wird aber klar, dass auch in anderen fiktionalen Texten Kehlmanns, beispielsweise in *Ruhm*,[4] indirekt über das Erzählen von Geschichte reflektiert wird. Auch äußert sich der Autor essayistisch dazu. Um sich den Reflexionen über das Erzählen von Geschichte im Werk Kehlmanns analytisch anzunähern, schlage ich vor, diese als Komplex von Problematisierungen und durchgespielten Lösungsversuchen anzusehen. Anders gesagt betrachte ich so einerseits die Frage nach der Erzählbarkeit von Geschichte, die in den Texten auf verschiedene Weise aufgeworfen wird, und andererseits mögliche Antworten darauf. Dabei werde ich mich zunächst auf die Texte von Kehlmann selbst konzentrieren. Es soll aber auch das dialogische Verhältnis betrachtet werden, in das sie mit anderen literarischen Texten und den Geschichtswissenschaften treten, die sich ebenfalls mit diesen Fragen und Antworten befassen.

Wenn ich vom ‚Werk' Daniel Kehlmanns spreche, verwende ich einen dynamischen Werkbegriff im Sinne Michel Foucaults: Er erklärt das Entstehen eines Werkes durch Zuschreibungen an den literarischen Text durch den Autor, aber auch durch Kritiker*innen, den Verlag und (philologische) Leser*innen. Das Werk werde so zum öffentlichen und „offenen" Text, und könne „weder als unmittelbare Einheit noch als eine bestimmte Einheit noch als eine homogene Einheit"

1 Nach Hayden White sei die Darstellung historischer Ereignisse überhaupt erst durch die Form der Erzählung möglich, die ihrerseits nach bestimmten (narrativen) Argumentationstypen verläuft. Vgl. z. B. Hayden White: The Content of the Form. Narrative Discourse and Historical Representation. Baltimore 1987, S. 1–25.

2 Daniel Kehlmann: Die Vermessung der Welt. Reinbek bei Hamburg 2005. Im Folgenden im Fließtext in Klammern zitiert (V).

3 Daniel Kehlmann: Tyll. Reinbek bei Hamburg 2017. Im Folgenden im Fließtext in Klammern zitiert (T).

4 Daniel Kehlmann: Ruhm. Ein Roman in neun Geschichten. Reinbek bei Hamburg 2009. Im Folgenden im Fließtext in Klammern zitiert (R).

https://doi.org/10.1515/9783110647488-007

angesehen werden.[5] Das Werk befinde sich also im ständigen Dialog mit der Außenwelt. Daher sind auch paratextuelle Äußerungen zu beachten. Laut Gérard Genette bilden diese, weil sie „immer einen auktorialen oder vom Autor mehr oder minder legitimierten Kommentar enthalten", einen „geeigneten Schauplatz für eine Pragmatik und eine Strategie, ein Einwirken auf die Öffentlichkeit im [. . .] Dienst einer besseren Rezeption des Textes und einer relevanteren Lektüre – relevanter, versteht sich, in den Augen des Autors und seiner Verbündeten."[6] Aus dieser Perspektive auf das Werk Kehlmanns untersuche ich auch seine paratextuellen Äußerungen zum historischen Erzählen in seinem Essay *Wo ist Carlos Montúfar?*[7] Es geht also nicht nur um die Fragen nach der Erzählbarkeit von Geschichte und die möglichen Antworten, die Kehlmanns literarisches Werk dafür bereitstellt, sondern auch um die Frage, was diese Antworten wiederum für den Dialog mit der Öffentlichkeit bedeuten könnten. Es lässt sich zumindest die Hypothese aufstellen, dass im Werk erörterte Stellungnahmen zur Darstellung und Funktion des Erzählens von Geschichte auch als Selbstpositionierung im literarischen Feld der Gegenwartsliteratur genutzt werden.[8] Diese voraussetzungsreiche These lässt sich hier nur andeuten und steht zur Diskussion; in meinem Beitrag werde ich mich vor allem auf die Fragen und Antworten zum Erzählen von Geschichte bei Kehlmann konzentrieren.

## 1 Fragen nach der Erzählbarkeit von Geschichte

*Wo ist Carlos Montúfar?* fragt Kehlmann in seiner 2005 erschienen Essay-Sammlung. In dem gleichnamigen Eröffnungstext erklärt er, warum der Gouverneurssohn Carlos Montúfar, ein langjähriger Begleiter Alexander von Humboldts auf seinen Südamerikaexpeditionen, nicht als Figur in der *Vermessung der Welt*

5 Michel Foucault: Archäologie des Wissens. Aus dem Französischen von Ulrich Köppen. Frankfurt a. M. 1981, S. 28.

6 Gérard Genette: Paratexte. Das Buch vom Beiwerk des Buches. Aus dem Französischen von Dieter Hornig. Frankfurt a. M. 2008, S. 10.

7 Daniel Kehlmann: Wo ist Carlos Montúfar? In: ders.: Wo ist Carlos Montúfar? Über Bücher. Reinbek bei Hamburg 2005, S. 9–27. Im Folgenden im Fließtext in Klammern zitiert (M).

8 Zur Theorie des literarischen Feldes siehe Pierre Bourdieu: Die Regeln der Kunst. Genese und Struktur des literarischen Feldes. Aus dem Französischen von Bernd Schwibs und Achim Russer. Frankfurt a. M. 1999, vor allem den ersten Teil: „Drei Entwicklungsstufen des Feldes", S. 83–279. Zu den Strategien der Feldpositionierung vgl. ebd., vor allem den zweiten Teil, Kapitel 2: „Der Standpunkt des Autors. Einige allgemeine Merkmale der Felder kultureller Produktion", S. 340–445.

auftaucht – und warum im Gegenzug Aimé Bonpland, der diesen historisch nachweislich nur kurz und nie allein begleitet hat, in der Diegese aber ein „verschworenes, streitendes Paar“ (M, 16) mit Humboldt darstellt, das „umgeben bloß von den Randfiguren wechselnder Führer“ (M, 16) weitestgehend zu zweit reist. Das von Kehlmann bediente Erklärungsmuster für solche schriftstellerischen Entscheidungen, das sich nicht nur paratextuell wiederfinden lässt, soll im Folgenden thematisiert werden. Hier geht es zunächst um die *Frage* nach der Erzählbarkeit von Geschichte. Diese wird sowohl im paratextuellen Werk als auch in den literarischen Texten selbst gestellt; allerdings auf unterschiedliche Weise. Die Argumentation im Essay beginnt mit dem Fallbeispiel von Gauß' Telegraphenanlage, mit der er in der *Vermessung der Welt* Botschaften mit Wilhelm Weber austauscht (vgl. V, S. 281). Bei einem Besuch in der Göttinger Sternwarte wird dem Autor klar: „Mit diesem Apparat jedoch, das zeigte mir in der Sternwarte ein einziger Blick, waren Gespräche unmöglich.“ (M, S. 10) Implizit wird hier die Frage *Wo ist Carlos Montúfar?* erneut gestellt: Wenn dem Autor Kehlmann bekannt ist, wie die historischen Fakten liegen, warum erzählt er sie dann trotzdem anders? Gleichzeitig wird durch diese Fallbeispiele die Frage nach dem Erzählen historischer Zusammenhänge in den Kontext des literarischen Erzählens und die damit einhergehenden Bedingungen gestellt: Es geht um Fragen der Ästhetik (vgl. M, S. 9), um Leser*innen, um die Bewertung der Art, historisch zu erzählen (vgl. M, S. 11) und damit auch immer um die Positionierung im literarischen Feld („trivial“, M, S. 11 vs. „ein ganzer Seitenstrom der Moderne“, S. 12). Diese Kontextualisierung wird bereits deutlich durch den Untertitel des Bandes: *Wo ist Carlos Montúfar? Über Bücher*.

Auch in Kehlmanns literarischen Texten steht bei der Frage nach der Entscheidung, wie geschichtliche Fakten erzählt werden, der Kontext des literarischen Schreibens und seiner produktions- und rezeptionsästhetischen Implikationen im Vordergrund. So hat Alexander von Humboldt in der *Vermessung* genaue Vorstellungen davon, wie fiktionales Schreiben über historische Personen und Begebenheiten aussehen muss. Diese gehen einher mit einem normativen Kunstverständnis, das das Kriterium der Nachahmung in den Vordergrund stellt. Die Aufgabe der Kunst sei „das Vorzeigen dessen, was sei“, denn „Erfundenes verwirre die Menschen, Stilisierung verfälsche die Welt“, wie „Romane, die sich in Lügenmärchen verlören, weil der Verfasser seine Flausen an die Namen geschichtlicher Personen binde.“ Deshalb spricht er sich aus für „Listen der Eigenschaften wichtiger Persönlichkeiten, von denen abzuweichen dann nicht mehr in der Freiheit eines Autors liegen dürfe.“ (V, S. 221f.) Bei der Behandlung der Frage nach dem Erzählen von

Geschichte in literarischen Texten, die selbst von historischen Entitäten erzählen,[9] ist die Dimension der Selbstreferenzialität stets mitzudenken. Die Position der Figur von Humboldt gegen „Abweichungen" (V, S. 221), „Stilisierung" und „Erfundenes" und für die literarische Darstellung dessen, was in der vermeintlichen Realität „sei", steht hier die Position gegenüber, mit der in der *Vermessung* von der Figur von Humboldt erzählt wird, nämlich gerade mit bewussten Abweichungen von der historischen Person. Humboldts Rede gegen diese Art des historischen Erzählens wurde in der Forschung als ironische Vorwegnahme von möglicher Kritik an dem Roman identifiziert, der sich eben nicht an die „Listen" der Eigenschaften halte.[10] Tatsächlich blieb in der Rezeption eine flächendeckende Kritik diesbezüglich aus; vereinzelt wurde sie aber dennoch geäußert: Der dargestellte Carl Friedrich Gauß entspräche nicht der historischen Person und seine wissenschaftlichen Leitungen würden unzureichend erläutert, heißt es in den *Mitteilungen der Gauß-Gesellschaft Göttingen.*[11] Dass die Buchbesprechung von einem Mathematik- und Wissenschaftshistoriker verfasst wurde, könnte als Hinweis darauf dienen, dass Leser*innen aus nicht-literaturwissenschaftlicher Perspektive fiktionale Texte, die historische Entitäten behandeln, unter anderen Kriterien lesen und beurteilen.[12]

Auch in *Tyll* werden historische Begebenheiten und Figuren genutzt und noch offensiver und offensichtlicher abgewandelt – Till Eulenspiegel wird in die Zeit des Dreißigjährigen Krieges „versetzt" oder „verpflanzt".[13] Auch hier

9 Ich übernehme den Begriff der realen Entitäten von Frank Zipfel, der darunter „reale Ereignisträger, Orte oder Zeiten" versteht. Ein fiktionstheoretisches Problem stellten dabei vor allem die Ereignisträger und Orte dar, weniger die Situierung der Diegese in ‚realen' Zeiträumen, „weil Zeitangaben in der Regel zum Hintergrund der Geschichte gehören." Frank Zipfel: Fiktion, Fiktivität, Fiktionalität. Analysen zur Fiktion in der Literatur und zum Fiktionsbegriff in der Literaturwissenschaft. Berlin 2001, S. 91.

10 Vgl. Martin Gerstenbräun: A fiction is a fiction is fiction? Metafiktionalität im Werk von Daniel Kehlmann. Marburg 2012, S. 34 f.

11 Vgl. Ivo Schneider: Buchbesprechung: Daniel Kehlmann: Die Vermessung der Welt. In: Mitteilungen der Gauß-Gesellschaft Göttingen 43 (2006), S. 67–69, hier S. 67.

12 Vgl. dazu auch den Beitrag von Jens Krumeich im vorliegenden Band.

13 So heißt es in den Rezensionen von Jens Jessen (ZEIT online) und Christoph Bartmann (Süddeutsche Zeitung). Versuchte man, diesen Umstand literaturwissenschaftlich präziser zu formulieren, müsste es wohl heißen: „Die Figur des Tyll Eulenspiegel im Roman *Tyll* verweist auf den Mythos um die Person Till Eulenspiegel, der im 14. Jahrhundert gelebt haben soll. Innerhalb der Diegese tritt die Figur Tyll im Zeitraum des Dreißigjährigen Krieges auf, der dem historischen Zeitraum des Dreißigjährigen Krieges, wie er in der Geschichtswissenschaft rekonstruiert wurde, in vielen Merkmalen entspricht, beispielweise in der Abfolge verschiedener Schlachten." Bereits dieses ‚Verpflanzen' Tills/Tylls zeigt auf, inwieweit durch den fiktionalen Umgang mit Geschichte Definitionen rund um die Grenzen von faktualem und fiktionalem Erzählen, aber auch Fragen nach der Kenntnis von historischen ‚Fakten' und deren Darstellbarkeit angeschnitten

wird die Frage nach der Erzählbarkeit von Geschichte in ihrer ästhetischen Dimension behandelt, aber anders als von Humboldt gibt es hier keinen Gegner von „Abweichungen“ – vielmehr werden die Figuren selbst zu Erzählern, die diese Technik perfektionieren. Graf Martin von Wolkenstein wird vom Kaiser des Heiligen Römischen Reiches gesandt, um Tyll in den Kriegswirren zu suchen und an den Hof in Wien zu holen. Seine Erlebnisse während der Reise hält er in seinen Memoiren fest, die er allerdings erst „ein halbes Jahrhundert später“ (vgl. T, S. 192) verfasst, wobei er sich an einiges nicht mehr genau erinnern kann (vgl. T, S. 192). In anderen Fällen verschweigt er bestimmte Ereignisse bewusst, weil sie ein schlechtes Licht auf ihn werfen könnten. Seine Kompensationsmechanismen orientieren sich dabei eher an stilistischen Kategorien und nehmen dabei auch eine bewusste Fiktionalisierung des vermeintlich Erlebten in Kauf – mit Erfolg, wie die Rezeption der Memoiren zeigt:

> In seinem Lebensbericht, dessen Stil noch dem Modeton seiner Jugendtage, das heißt der gelehrten Arabeske und der blumigen Ausschmückung, verpflichtet war, schilderte der dicke Graf in Sätzen, die gerade ihrer exemplarischen Gewundenheit wegen den Weg in manches Schullesebuch gefunden haben, den gemächlichen Ritt durchs Wienerwaldgrün: Bei Melk erreichten wir das breite Blau der Donau, im herrlichen Stift kehrten wir ein, um eine Nacht lang unsere müden Häupter auf Kissen zu betten.
> Das stimmte wieder nicht ganz, in Wirklichkeit blieben sie einen Monat. Sein Onkel war der Prior, und so aßen sie vortrefflich und schliefen gut. [. . .] Erst in der vierten Woche ihres Aufenthaltes holte sie ein Brief von Graf Trauttmannsdorff ein, der ihn schon am Ziel wähnte und fragte, ob sie den Ulenspiegel denn in Andechs vorgefunden hätten und wann mit ihrer Rückkehr zu rechnen sei. (T, S. 185 f.)

Obwohl der Stil der „blumigen Ausschmückung“ hier in erster Linie dazu dient, den langen und nicht besonders heldenhaft anmutenden Aufenthalt beim Onkel zu vertuschen, werden genau diese Passagen von der Nachwelt konserviert. An anderer Stelle fügt der Graf, der bei dem Versuch der Rekonstruktion des zeitlichen Ablaufs der Reise durcheinanderkommt, „[u]m seine Unsicherheit zu kaschieren [. . .] eine blumige Passage, siebzehneinhalb Seiten lang“ ein, „über die

werden. Dies wird dadurch verstärkt, dass der ‚reale‘ Till Eulenspiegel selbst wiederum auf eine literarische Figur zurückgeführt wird. Zur ausführlichen Diskussion des Problems realer Ereignisträger, Orte und Zeiten vgl. Zipfel: Fiktion, Fiktivität, Fiktionalität, S. 90–106. Zu den Rezensionen: Jens Jessen: „Tyll“. Der ewige Gaukler. In: ZEIT online, 13.10.2017, https://www.zeit.de/2017/41/tyll-daniel-kehlmann-roman (Zuletzt angesehen am 22.02.2019). Christoph Bartmann: Ein Clown in düsterer Zeit. In: Süddeutsche Zeitung online, 9.10.2017, https://www.sueddeutsche.de/kultur/deutsche-literatur-ein-clown-in-duesterer-zeit-1.3687866 (Zuletzt angesehen am 22.02.2019).

Kameradschaft der Männer, die einer Gefahr entgegengehen im Wissen, dass ebendiese Gefahr sie entweder töten oder fürs Leben in Freundschaft verbinden wird." (T, S. 192) Auch diese Passage aus den Memoiren wird berühmt, „ungeachtet der Tatsache, dass sie erlogen war, denn in Wahrheit war keiner der Männer sein Freund geworden." (T, S. 192) Die Kriterien, anhand derer die Memoiren gemessen und kanonisiert werden (worauf die Erwähnung der Schullesebücher ausdrücklich hinweist), würde man im weitesten Sinne als von stilistischer oder ästhetischer Natur bezeichnen – Kriterien, die vor allem auf fiktionale Texte angelegt werden. Dagegen treten bei der Rezeption des Textes Alfred von Wolkensteins andere Kriterien wie die der Wahrhaftigkeit, welche bei der Textgattung der Memoiren ja durchaus zu erwarten wären,[14] offenbar in den Hintergrund. In Hinblick auf die Frage nach der Erzählbarkeit von Geschichte werden durch die Erzählerfigur Alfred von Wolkenstein also nicht nur damit verbundene ästhetische Fragestellungen für das Erzählen von Geschichte in fiktionalen Texten problematisiert, sondern auch deren Relevanz für Textsorten, die eigentlich verpflichtet sind, Geschichte wahrheitsgemäß zu rekonstruieren und zu erzählen.

Damit wird die Frage nach der Erzählbarkeit von Geschichte in *Tyll* – vor allem durch die Erzählerfigur des „dicken Grafen" (T, S. 205) – nicht nur im Kontext des literarischen (fiktionalen) Schreibens und dessen Implikationen reflektiert, sondern um eine anthropologische und erkenntnistheoretische Dimension erhöht: Wie ist es (Menschen) überhaupt möglich, Geschichte zu erzählen? Bei den erzählenden und sich erinnernden Figuren gibt es einige Fälle, bei denen Erinnertes, Erzähltes und die vermeintliche (historische) Wahrheit voneinander abweichen. Manchmal ‚korrigiert' und ergänzt die Erzählinstanz die Schilderung in den Memoiren, wie bei der Beschreibung der Schlacht bei Wittstock durch den Grafen, der auch „aus der Distanz eines halben Jahrhunderts" nicht in der Lage ist, „in Sätze zu fassen", „was sie gesehen hatten" (T, S. 216) und so auf die Vorlage der Beschreibung in Grimmelshausens *Simplicissimus Teutsch* zurückgreift.[15] An anderer

---

**14** Memoiren unterstehen als Spielart des autobiographischen Schreibens dem autobiographischen Pakt, der die Identität von Autor*in, Erzähler*in und Hauptfigur voraussetzt: „Der autobiographische Pakt ist die Behauptung dieser Identität im Text, die letztlich auf den Namen des Autors auf dem Umschlag verweist." Philippe Lejeune: Der autobiographische Pakt. Aus dem Französischen von Wolfram Bayer. Frankfurt a. M. 1994, S. 15, 27. Als konstitutiv für das autobiographische Erzählen macht Martina Wagner-Egelhaaf das Kriterium der Wahrhaftigkeit aus: „Wenn die Autobiographie nicht im Stande ist, die ‚wahre Wirklichkeit' zu protokollieren, so hat sie doch ‚wahrhaftig' zu sein, d. h. nach bestem Wissen und Gewissen zu berichten." Martina Wagner-Egelhaaf: Autobiographie. Stuttgart 2005, S. 3.

**15** Die berühmte Schlachtbeschreibung findet sich im Kapitel *Wie es dem Profosen in der Schlacht bei Wittstock ergangen*. Hans Jacob Christoffel von Grimmelshausen: Simplicissimus Teutsch. Hg. v. Dieter Breuer. Frankfurt a. M. 2015, II, 27, S. 213–217. In *Tyll* wird auch darauf

Stelle wird die intradiegetische ,Wahrheit' nicht aufgeklärt; stattdessen lässt der Erzähler zwei Versionen derselben Begebenheit, jeweils intern fokalisiert auf zwei Figuren, nebeneinander stehen. Die Narrationen des ,Winterkönigs' Friedrich V. und seiner Frau Liz von ihrer ersten Begegnung, ihrer Ehe und der politischen Entwicklungen rund um die Annahme der Krone von Böhmen und deren weitreichenden Konsequenzen stehen sich in mehreren Aussagen im Sinne einer semantischen Kontradiktion gegenüber – haben also keine Überschneidungsmenge und können daher nicht beide stimmen.[16] Natürlich könnte einer der beiden bewusst lügen. Da dies aber nicht vom Erzähler entlarvt wird, der stattdessen beide internen Fokalisierungen mitträgt, lässt dies die Möglichkeit offen, dass beide vielleicht doch „nach bestem Wissen und Gewissen", also durchaus wahrhaftig,[17] berichten. Dies verweist wiederum auf Diskussionen zur Selbstnarration und zur *narrativen Identität*, die sowohl in der Narratologie als auch in der Psychologie geführt werden. Deren Grundannahme ist, dass das Subjekt seine Identitätsprojekte stets in Narrationen formuliert. Diese „unterliegen Formgesetzten und sind Gegenstand sozialer Einbettung."[18] Eine erfolgreiche Selbstnarration muss also bestimmte Strukturen aufweisen,[19] um sozial als wahr, plausibel oder ehrlich wahrgenommen zu werden: „Wie wahr oder plausibel eine Narration wirkt, ist keine Frage der Objektivität. Wahrheit wird vielmehr ebenfalls narrativ konstruiert durch die Verwendung

---

verwiesen, dass Grimmelshausen selbst für seine Schlachtbeschreibung „die Sätze eines von Martin Opitz übersetzten englischen Romans gestohlen hatte" (T, S. 224). Dass die Quelle für die Schlachtbeschreibung im *Simplicissimus* hauptsächlich Sidneys *Arcadia*-Roman in der Opitz-Übersetzung (1629) war, ist nachgewiesen worden; eventuell wurden weitere Quellen verwendet. Vgl.: Grimmelshausen: Simplicissimus Teutsch, Stellenkommentar zu S. 215,11–216,35 auf S. 868 und Hans Geulen: ,Arcadische' Simpliciana. Zu einer Quelle Grimmelshausens und ihrer strukturellen Bedeutung für seinen Roman. In: Euphorion 63, 1/2 (1969), S. 426–437. Vgl. dazu auch den Beitrag von Simon Zeisberg im vorliegenden Band.

**16** Beispielsweise bei der Erzählung von der Hochzeitsnacht (vgl. T, S. 254 f. vs. S. 288 f.), von den intellektuellen Fähigkeiten des Partners (vgl. T, S. 240 f., 251 vs. S. 287 f.) oder von der Diskussion über die Annahme der Krone von Böhmen (vgl. T, S. 261–263 vs. S. 289 f.). Dabei gehen die Unterschiede bis ins Detail, so wie bei der Anzahl der Rosenblätter in der zerbrochenen Karaffe in der Hochzeitsnacht: „Es waren drei gewesen, das wusste sie noch ganz genau." (T, S. 255) vs. „Es waren fünf gewesen. Das wusste er noch ganz genau." (T, S. 289).

**17** Vgl. Wagner-Egelhaaf: S. 3.

**18** Wolfgang Kraus: Das erzählte Selbst. Die narrative Konstruktion von Identität in der Spätmoderne. Herbolzheim 2008, S. 168.

**19** Kenneth J. und Mary M. Gergen nennen diesbezüglich folgende relevante Komponenten: „The Establishment of a Valued Endpoint", „Selection of Events Relevant to the Goal State", „The Ordering of Events", „Establishing Causal Linkages" und „Demarcation Signs". Kenneth J. Gergen/Mary M. Gergen: Narrative and the Self as Relationship. In: Advances in Experimental Social Psychology 21, 1 (1988), S. 17–56, hier S. 20–22.

von Erzählkonventionen einer spezifischen Kultur oder Subkultur."[20] Liest man die Kapitel über das Winterkönigspaar als intern fokalisierte Selbstnarrationen der beiden Figuren, wirken sie für sich durchaus schlüssig. Erst der Vergleich mit der anderen Version, die genauso detailliert präsentiert wird, lässt die Unstimmigkeiten und Widersprüche hervortreten.

Nicht nur das Erzählen des Erlebten und die Bedingungen, unter denen es möglicherweise im Prozess des Erinnerns und Wieder-Erzählens verändert wird, werden wie in einer Versuchsanordnung an den Figuren Martin von Wolkenstein, Friedrich V. und Elisabeth Stuart vorgeführt. Auch die Bedingungen, unter denen sich geschichtliche Fakten gemerkt und weitererzählt werden, also die medialen Bedingungen der Tradierung von Erlebnissen bis hin zur Historiographie, werden genauer beleuchtet. Die Chronistenfigur Martin von Wolkenstein hat nach einem halben Jahrhundert nicht nur Schwierigkeiten, die eigenen Erlebnisse rund um den Dreißigjährigen Krieg in den Memoiren wiederzugeben. Auch die Erlebnisse anderer Figuren später genau so wiederzugeben, wie sie ihm einst erzählt wurden, fällt ihm nicht leicht, was aber nicht nur seiner schwindenden Erinnerung geschuldet ist. In dem Kloster, in dem er Tyll findet, spricht er mit dem Abt, der ihm von dem durchlebten Leid der Bewohner erzählt und ihn bittet, seinen gesamten Bericht dem Kaiser in Wien zu übermitteln, dessen Truppen anstatt zu helfen, „schlimmer gewütet hätten als die Schweden" (T, S. 205 f., vgl. auch S. 203 f.). Die Aussagen des Abts werden, intern fokalisiert auf von Wolkenstein, gleichzeitig aus der zeitgenössisch-miterlebenden und aus der späteren Chronistenperspektive wiedergegeben:

> Als der dicke Graf, dem mittlerweile ständig Dinge, Leute und Jahre durcheinandergerieten, in den Tagen Leopolds I. seinen Lebensbericht schrieb, sollte er sich neidvoll an Pater Frieseneggers fehlerloses Gedächtnis erinnern. Die schweren Jahre hätten dem Geist des Abtes nichts anhaben können, schrieb er. Seine Augen seien scharf und aufmerksam gewesen, seine Worte gut gewählt, die Sätze lang und wohlgebildet, doch Wahrhaftigkeit sei nicht alles: Die Unmenge von Ereignissen hätte sich ihm nicht zur Geschichte geformt, und so sei es schwierig gewesen, ihm zu folgen. (T, S. 203)

Im Gegensatz zum Grafen kann sich der Abt gut an die ‚Fakten' erinnern und diese detailliert wiedergeben. Aber sein Wissensbestand ist nicht tradierbar; der Graf (und Chronist) kann ihm nicht „folgen", weil die „Unmenge von Ereignissen" sich ihm nicht zur „Geschichte" „[]formt". Hier wird sehr deutlich, dass Erlebnisse (und ‚Geschichte') offenbar einer narrativen Form, eben der Form einer Geschichte, bedürfen, um eine Tradierung zu ermöglichen. So problematisieren die Figuren in *Tyll*, was Alexander von Humboldt in der *Vermessung* noch nicht

**20** Kraus: S. 171.

berücksichtigt hat (und was dort nur durch ironische Brechung auf metafiktionaler Ebene deutlich wird): Beim Tradieren von Geschichte geht es nicht allein um Fakten und Wahrhaftigkeit im Sinne einer „Liste" von Eigenschaften. Wie können überhaupt Aussagen über geschichtliche Realität und damit verbundene ‚Fakten' gemacht werden, ohne sich mit den Wahrnehmungs- und Tradierungsprozessen zu befassen, die zu einem erheblichen Teil narrative Prozesse sind?

Die hier entfalteten geschichtsdidaktischen Fragestellungen knüpfen somit an Diskussionen rund um den historiographischen Erzähldiskurs an. Stefan Jaeger sieht diesen als eine Form des faktualen Erzählens an. Charakteristisch für das historiographische Erzählen sei dabei der „Wahrhaftigkeitspakt" zwischen Verfasser*in und Leser*in: „Der Leser geht davon aus, dass der Historiker nach bestem Wissen und Gewissen historische Wirklichkeit darzustellen versucht."[21] Die Wortwahl des „Versuchens" der „Darstellung" von historischer Wirklichkeit macht deutlich, dass in der postmodernen Geschichtswissenschaft darauf hingewiesen wurde, dass die Darstellung historischer Ereignisse erst möglich werde durch die Form der Erzählung, die ihrerseits nach bestimmten (narrativen) Argumentationstypen verläuft.[22] Genau diese Abhängigkeit der historischen ‚Wahrheit' von ihrer Darstellung innerhalb des Rasters einer vom Historiker gewählten Erzählform[23] werden durch die Erzählerfiguren in *Tyll* reflektiert. Betrachtet man den Roman in Hinblick auf Ansgar Nünnings Großstudie zu historischen Romanen, in der er eine Skala von fünf Formen vom „dokumentarischen historischen Roman" bis zur „historiographischen Metafiktion" etabliert,[24] würde *Tyll* zur letzteren Kategorie zählen. Romane, die zur historiographischen Metafiktion gerechnet werden, zeichnen sich dadurch aus, dass sie „Geschichte als Medium poetologischer, epistemologischer oder metahistoriographischer Selbstreflexion" und „Figuren als Subjekte metahistorischer Reflexionen und historiographischer Konstruktionen" nutzen.[25]

In den fiktionalen Texten Kehlmanns, die von historischen Stoffen erzählen, insbesondere in *Tyll*, wird das Erzählen von Geschichte nicht nur unter ästhetischen und poetologischen Gesichtspunkten verhandelt. Vielmehr werden darüber

**21** Stephan Jaeger: Erzählen im historiographischen Diskurs. In: Wirklichkeitserzählungen. Felder, Formen und Funktionen nicht-literarischen Erzählens. Hg. v. Christian Klein/Matías Martínez. Stuttgart/Weimar 2009, S. 110–135, hier S. 110.

**22** Vgl. z. B. White: S. 1–25.

**23** Vgl. White: S. 11, 20 und ferner Jaeger: S. 116 f.

**24** Alle fünf Typen sind: dokumentarischer Roman, realistischer Roman, revisionistischer Roman, metahistorischer Roman, historiographische Metafiktion. Vgl.: Ansgar Nünning: Von historischer Fiktion zur historiographischen Metafiktion. Bd. 1: Theorie, Typologie und Poetik des historischen Romans. Trier 1995, S. 256–291.

**25** Nünning: S. 291.

hinaus geschichtsdidaktische Fragen aufgeworfen, die narratologische, geschichtswissenschaftliche und epistemologische Diskussionen dialogisch mit einbeziehen. Welche Antwortentwürfe werden in den fiktionalen Texten Kehlmanns entfaltet und welches Verhältnis besteht zu den Antwortentwürfen anderer literarischer Texte und den betreffenden Wissenschaftsfeldern?

## 2 Antworten – Geschichte erzählen

In dem Fallbeispiel von Gauß' Telegraphenanlage in *Wo ist Carlos Montúfar?* wird die Entscheidung, im Roman auf eine von den historischen Fakten abweichende Version der Ereignisse zurückzugreifen, mit einer poetologischen Positionierung erklärt: „Ein Erzähler operiert mit Wirklichkeiten. Aus dem Wunsch heraus, die vorhandene nach seiner Vorstellung zu korrigieren, erfindet er eine zweite, private, die in einigen offensichtlichen Punkten und in vielen gut versteckten von jener abweicht." (M, S. 10) Das Verständnis eines Erzählers, der die Wirklichkeit nach seinen Vorstellungen „korrigiert", wird auch in fiktionalen Texten deutlich, wo sie als Selbstverständnis eines Autors präsentiert wird. In *Ruhm* heißt es in der Erzählung *Rosalie geht sterben*:

> Dazu kommt, daß ich eigentlich nicht die Art von Schriftsteller bin, bei dem die Fakten stimmen. Andere freuen sich, wenn sie die kleinen Details akribisch recherchiert haben und irgendein Geschäft, an dem eine Figur achtlos vorbeischlendert, im Buch den richtigen Namen trägt. Aber mir ist so etwas egal. (R, S. 53)

Natürlich wäre es ein Fehlschluss, von der Schriftsteller-Figur, die hier Rosalies Schicksal erzählt und währenddessen in dessen Verlauf eingreift, auf den Autor Kehlmann und dessen poetologischen Positionen zu schließen. Eine metafiktionale Lesart solcher Passagen wird aber an einigen Stellen in *Ruhm* zumindest suggeriert, beispielsweise wenn die Schriftsteller-Figur Leo Richter in *In Gefahr* stolz erzählt: „Ein Roman ohne Hauptfigur! Verstehst du? Die Komposition, die Verbindungen, der Bogen, aber kein Protagonist, kein durchgehender Held." (R, S. 25) – womit auch auf die Komposition von *Ruhm* verwiesen wird.

Das poetologische Programm des Abweichens von der vermeintlichen Wirklichkeit wird in der *Vermessung der Welt* nicht nur etwa durch abweichende Eigenschaften der beiden Hauptfiguren realisiert. Manchmal sind die Unterschiede so groß, dass gegenüber dem, was erzählt wird, eine Unschlüssigkeit aufkommt, da es den Anschein des Übernatürlichen hat – es geht also in den Bereich des fantastischen Erzählens.[26] Diese Elemente der Verunsicherung der impliziten Leser*innen durch das Erscheinen übernatürlicher Elemente in einer in vielen Punkten realistisch anmutenden Diegese finden sich auch in anderen Werken Kehlmanns, der selbst für sein Erzählen den Begriff „gebrochener Realismus" verwendet.[27] Ein Paradebeispiel dafür ist *Du hättest gehen sollen*, in der sich der Protagonist (wieder eine Autoren-Figur) mit dem zunehmenden Eindringen von Elementen des Übernatürlichen während eines Urlaubs auf einer einsamen Berghütte konfrontiert sieht, auf der er schließlich – vermutlich für immer – gefangen bleibt.[28] Michael Navratil arbeitet heraus, dass Elemente des Fantastischen in der *Vermessung der Welt*, aber auch in *Beerholms Vorstellung*[29] und *Ruhm* nicht nur in verschiedenen Formen eingesetzt werden, sondern auch eine für die Interpretation maßgebliche Funktion haben. Das Fantastische „fungiert als Verunsicherungsfaktor, durch den die Ordnung spezifisch moderner Weltinterpretationen in Zweifel gezogen wird. Fantastisches Erzählen avanciert für Kehlmann mithin zum Medium einer Epochendiagnose."[30] Als in der *Vermessung* beispielsweise ein Soldat vermutet, fliegende Menschen hätten Zeichen in meterhohe Steine geritzt, weist Humboldt diese These entschieden zurück: „Menschen flögen nicht, sagte Humboldt. Selbst wenn er es sähe, er würde es nicht glauben. Und das sei dann Wissenschaft? Ja, sagte Humboldt, genau das sei Wissenschaft." (V, S. 137 f.) Fantastische Elemente fungierten laut Navratil als Gegenpol zu einer rational-naturwissenschaftlichen Interpretation der Welt im Sinne der Aufklärung und zeigen deren Schwächen auf: „Ein Wissenschaftssystem wie dasjenige Humboldts kalkuliert die Verdrängung, die zu seiner eigenen Aufrechterhaltung notwendig ist, bereits mit ein."[31]

Eine alternative Weltsicht, in der Elemente des Übernatürlichen ihren Platz haben, wird auch in *Tyll* präsentiert, wenn der von Athanasius Kircher gesuchte Drache tatsächlich existiert – obwohl die Begründungen, zumindest nach modernen Standards, nicht rational-logisch sind (vgl. T, S. 352 f.). Ein anderes Beispiel

---

26 Nach der vielbeachteten Definition von Tzvetan Todorov ist das Fantastische „die Unschlüssigkeit, die ein Mensch empfindet, der nur die natürlichen Gesetze kennt und sich einem Ereignis gegenübersieht, das den Anschein des Übernatürlichen hat"; „Das Fantastische liegt im Moment dieser Ungewißheit". Tzvetan Todorov: Einführung in die fantastische Literatur. Aus dem Französischen von Katrin Kersten, Senta Metz und Caroline Neubaur. München 1972, S. 26.

27 Zum Beispiel in der Göttinger Poetikvorlesung von 2006. In: Kehlmann: Lob. Über Literatur. Reinbek bei Hamburg 2010, S. 146.

28 Daniel Kehlmann: Du hättest gehen sollen. Reinbek bei Hamburg 2016. Vgl. dazu auch den Beitrag von Sascha Seiler im vorliegenden Band.

29 Daniel Kehlmann: Beerholms Vorstellung. Wien 1997.

30 Michael Navratil: Fantastisch modern. Zur Funktion fantastischen Erzählens im Werk Daniel Kehlmanns. In: literatur für leser 37 (2014), H. 1, S. 39–57, hier S. 39 f.

31 Navratil: S. 49.

für Übernatürliches in *Tyll* oder zumindest für die Unsicherheit der impliziten Leser*innen darüber ist die Frage, ob Tylls Esel sprechen kann, oder ob Tyll ihn durch Bauchreden sprechen lässt, die letztendlich nicht aufgeklärt wird (vgl. T, S. 292f., 370–372, 376). Die Konfrontation mit dem Magischen passiert bei Kehlmann nicht nur durch das ‚Kippen' der Ungewissheit ins Wunderbare.[32] Die Ruderer, die Humboldt und Bonpland in der *Vermessung der Welt* über den Kanal zwischen Orinoko und Amazonas bringen sollen, heißen Carlos, Gabriel, Mario und Julio. Diese Vornamen verweisen, zusammen mit dem Zylinder, den einer von ihnen trägt, auf prominente Vertreter des südamerikanischen magischen Realismus.[33] Damit sind sie

> Vertreter einer (Erzähl-)Haltung, die das Fantastische und Unerklärliche des Lebens nicht ausschließt, sondern bewusst zu integrieren versucht. Humboldt, der Vertreter der Weimarer Klassik, steht einer solchen Position, die eine Ordnung des Weltganzen nach Regeln der Vernunft gar nicht erst anstrebt, völlig ratlos gegenüber.[34]

Dadurch, dass sich auch in den beiden historisch erzählten Romanen Kehlmanns an einigen Stellen eine Erzählhaltung manifestiert, die Zweifel an spezifisch modernen Weltinterpretationen ausdrückt, hinterfragt diese auch die Annahme, dass es eine ‚wahre' Version der historischen ‚Faktenlage' gibt, die man eben entweder ‚richtig' oder ‚falsch' darstellen kann. Auf die artikulierten epistemologischen Zweifel an der Möglichkeit, Geschichte überhaupt erzählen zu können, antworten Kehlmanns Texte aber eben auch mit einer Erzählhaltung, die genau das Erzählen in seiner Fiktionalität und seiner bewussten und kalkulierten Abweichung von den ‚Fakten' oder der durch Naturgesetze erschließbaren Realität verteidigt.

In Kehlmanns Werk findet sich also ein Bekenntnis zum Erzählen von Geschichte durch gezielte Fiktionalisierung und mithilfe der Ausdrucksmöglichkeiten literarischer Texte. In *Wo ist Carlos Montúfar?* nennt er einige Werke als Vorbilder

32 Ich folge hier weiter der minimalistischen Definition Todorovs: „Wie wir gesehen haben, währt das Fantastische nur so lange wie die Unschlüssigkeit: die gemeinsame Unschlüssigkeit des Lesers und der handelnden Personen, die darüber zu befinden haben, ob das, was sie wahrnehmen, der ‚Realität' entspricht, wie sie sich in der herrschenden Auffassung darstellt. Am Ende der Geschichte kommt, wo nicht die Person, immerhin der Leser zu einer Entscheidung; er wählt die eine oder die andere Lösung und tritt durch eben diesen Akt aus dem Fantastischen heraus. Wenn er sich dafür entscheidet, daß die Gesetzte der Realität intakt bleiben und eine Erklärung der beschriebenen Phänomene zulassen, dann sagen wir, daß dieses Werk einer anderen Gattung zugehört: dem Unheimlichen. Wenn er sich im Gegenteil dafür entscheidet, daß man neue Naturgesetzte anerkennen muß, aus denen das Phänomen dann erklärt werden kann, so treten wir in die Gattung des Wunderbaren ein." Todorov: S. 40.

33 Vgl. Markus Gasser: Das Königreich im Meer. Daniel Kehlmanns Geheimnis. Göttingen 2010, S. 100.

34 Navratil: S. 50.

für seinen schriftstellerischen Umgang mit der Vergangenheit, darunter Thomas Manns *Lotte in Weimar* (1939), E. L. Doctorows *Ragtime* (1975) oder auch Stanley Kubricks Film *Barry Lyndon* (1975). Für ihn ist es „[e]in ganzer Seitenstrom der Moderne", der es unternimmt, „nicht bloß Geschichten, sondern Geschichte zu erzählen und das scheinbar Unseriöse dieses von der Trivialliteratur okkupierten Genres für Spiele mit Fakten und Fiktionen zu nützen." (M, S. 12) Hier wird deutlich, dass Kehlmann sich durch die bewusste Zuordnung zu diesem „Seitenstrom" auch im literarischen Feld der (historisch erzählenden) Gegenwartsliteratur positioniert und seine Texte gegenüber den als „trivial" bezeichneten Romanen abgrenzen möchte, die, so die Zuschreibung, nicht an dem künstlerisch anspruchsvollen Spiel mit Fakt und Fiktion teilhaben.

Mit der Zusammenführung (dezidiert fiktionaler) literarischer Texte und der Möglichkeit, Geschichte zu erzählen, bezieht sich Kehlmann auch auf eine Tradition, deren Argumentationsstrukturen sich bereits in Aristoteles' Poetik finden. Dort heißt es, „daß der Historiker berichtet, was geschehen ist, der Dichter aber Dinge, die gegebenenfalls hätten geschehen können. [. . .] Die Poesie stellt mehr das Allgemeine dar; der geschichtliche Bericht aber das Einzelne."[35] Didaktische Reflexionen über die Darstellbarkeit von historischen Ereignissen durch literarische Texte finden sich auch bei Grimmelshausen, zu dem es in *Tyll*, wie bereits erwähnt, intertextuelle Bezüge gibt. Auf dem Titelblatt des *Simplicissimus* heißt es, auch im Anschluss an Horaz' Diktum des *prodesse et delectare*, das Folgende sei „Überauß lustig / und männiglich nutzlich zu lesen."[36] Für eine angemessene, erfahrbare Darstellung des Krieges ist für Grimmelshausen also nicht nur das Dargestellte, sondern auch die Art der Darstellung entscheidend. Dafür eigne sich laut Andreas Merzhäuser die angekündigte „lustige", erzählende Art des *Simplicissimus* besser als die „auf einen begrifflich-argumentierenden Stil festgelegte Kritik" des Krieges in seinem Erstlingswerk, dem *Satyrischen Pilgram* (1666),[37] zudem werde hier dem Erzählen von „Particularitäten" ein neuer didaktischer Wert gegeben.[38] Ein poetologisches Selbstverständnis und

35 Aristoteles: Poetik. Griechisch und deutsch. Aus dem Griechischen von Walter Schönherr. Stuttgart 1979, Poet. 9, 1451b, S. 36.

36 Grimmelshausen: S. 11. Vgl. auch Andreas Merzhäuser: Über die Schwelle geführt. Anmerkungen zur Gewaltdarstellung in Grimmelshausens Simplicissimus. In: Ein Schauplatz herber Angst. Wahrnehmung und Darstellung von Gewalt im 17. Jahrhundert. Hg. v. Markus Meumann/Dirk Niefanger. Göttingen 1997, S. 65–82, hier S. 75.

37 Merzhäuser: S. 75.

38 Merzhäuser: S. 76.

Selbstbewusstsein, gerade über literarisches Schreiben Geschichte erfahrbar zu machen, findet sich auch bei Günter Grass, der im *Treffen in Telgte*[39] mit derselben offensiven Fiktionalisierung vom Dreißigjährigen Krieg erzählt und den Kehlmann den „Erfinder des magischen Realismus aus dem Geist des deutschen Barock"[40] nennt.

In einem Gespräch mit Heinz Ludwig Arnold sagt Grass: „Ich sehe mich in der Lage, genauere Fakten zu erfinden als die, die uns angeblich als authentisch überliefert wurden."[41] Diskussionen über die Nutzung literarischer Texte als historische Quellen werden auch in der Geschichtswissenschaft geführt – vor allem in der Kulturgeschichte oder Historischen Anthropologie.[42] Bei einer „Bestandsaufnahme" der Verwendung literarischer Texte durch Historiker*innen führt Martina Winkler vor allem das Potenzial zur Veranschaulichung ins Feld, etwa durch Topoi wie „der Gogol'sche Beamte", die „eine ganze Welt von Vorstellungen beim Leser" eröffnen.[43] Das Potenzial des Anekdotischen, der „Particularitäten" wird auch an der Prominenz des ‚Prager Fenstersturzes' deutlich, der – zumindest für die öffentliche Wahrnehmung – ein deutlich wirksameres Narrativ für den Beginn des Dreißigjährigen Krieges zu sein scheint als längere Erklärungen über eine Abfolge politischer Konflikte und Bündniskonstellationen. Auch über die Chronistenfigur in *Tyll* wird die Wirkmächtigkeit des Anekdotischen in diesem Zusammenhang reflektiert. Martin von Wolkenstein kann den detaillierten Beschreibungen des Abtes nicht folgen, trotzdem werden die von ihm berichteten Leiden der ansässigen Bevölkerung in seinen Memoiren für die Nachwelt festgehalten:

> Der Hunger, die verunreinigten Brunnen, die Kälte, die Wölfe! „Wölfe?" In die Häuser seien sie eingedrungen, erzählte der Abt, zunächst nur nachts, aber bald auch tagsüber. [. . .] In

39 Günter Grass: Das Treffen in Telgte. Eine Erzählung. In: Günter Grass Werkausgabe. Hg. v. Volker Neuhaus und Daniele Hermes. Bd. 9, hg. v. Claudia Mayer-Iswandy. Göttingen 1997.

40 Daniel Kehlmann: Günter Grass. Die Sonne hat Flecken. In: ZEIT 16 (2015), 16.04.2015, wieder in: ZEIT online, 30.04.2015, https://www.zeit.de/2015/16/guenter-grass-daniel-kehlmann (Zuletzt angesehen am 22.02.2019).

41 Heinz Ludwig Arnold: Gespräche mit Günter Grass. In: Text + Kritik. Günter Grass 1/1a (1978), S. 1–39, hier S. 31. Im *Treffen in Telgte* wird über die Figur des Gelnhausen, bei der es deutliche Referenzen auf Grimmelshausen gibt und der auch aus der Opitzschen Arcadia-Übersetzung zitieren kann, gesagt: „Der lüge bessere Mär, als sich erdichten lasse." (Grass: S. 12.) Vgl. dazu auch Werner Hoffmeister: Dach, Distel und die Dichter: Günter Grass' Das Treffen in Telgte. In: Zeitschrift für deutsche Philologie 100 (1981), S. 274–287, hier S. 279.

42 Für einen Überblick vgl. z. B. Lynn Hunt: Kulturgeschichte ohne Paradigmen? In: Historische Anthropologie 16, 3 (2008), S. 323–340 und Martina Winkler: Vom Nutzen und Nachteil literarischer Quellen für Historiker. In: Digitales Handbuch zur Geschichte und Kultur Russlands und Osteuropas 21 (2009), S. 1–25, http://epub.ub.uni-muenchen.de/11117/3/Winkler_Literarische_Quellen.pdf (Zuletzt angesehen am 22.02.2019).

43 Winkler: S. 6.

> den schlimmsten Wintertagen hätten sie sogar den Weg ins Kloster gefunden, eines der Tiere habe eine Frau mit einem Säugling angefallen und ihr das Kind aus der Hand gerissen. Nein, genau das war nun wieder nicht passiert, nur vor der Angst um die kleinen Kinder hatte der Abt gesprochen. Aber aus irgendeinem Grund hatte die Vorstellung, ein Säugling könnte vor den Augen der Mutter von einem Wolf verzehrt worden sein, den dicken Grafen, der zu diesem Zeitpunkt schon fünf Enkel und drei Urenkel hatte, so sehr in Bann geschlagen, dass er meinte, der Abt habe ihm wohl auch dies erzählt, weshalb er unter eloquenten Entschuldigungen dafür, dass er dem Leser das Folgende nicht zu ersparen das Recht habe, eine zutiefst grausame Beschreibung von Schmerzensschreien, Entsetzen, Wolfsknurren, scharfen Zähnen und Blut einfügte. (T, S. 204 f.)

Auf die Frage, was er mit *Tyll* über den Dreißigjährigen Krieg erzählen könne, was die Historiker nicht darstellen könnten, antwortet Daniel Kehlmann in einem Interview mit *ZEITGeschichte:*

> Das Vergessen. Die meisten Opfer sind verschwunden und vergessen, ohne Spuren, niemand erinnert sich an sie. Damit sind sie automatisch der Arbeit der Historiker entzogen. Die Romanautoren aber können die Verschwundenen neu erfinden – und damit an all die, die wirklich verschwunden sind, erinnern.[44]

Genau dieser didaktische Anspruch des Erzählens von Geschichte wird in der Wolfsanekdote durchgespielt. Der Graf kann sich die unzähligen Fakten rund um das Schicksal der kriegsgebeutelten Bevölkerung mangels geeigneter Vermittlungsformen und aufgrund seines schwindenden Gedächtnisses nicht merken. Er kann es aber trotzdem, „in Bann geschlagen" durch seine eigene Vorstellungskraft, „neu erfinden" und so vor der Vergessenheit bewahren: Das Bild vom Wolf, der einen Säugling reißt, steht stellvertretend für das Leid der Bevölkerung während des Krieges. Die narrativen Prozesse, die bei der Vermittlung von Geschichte notwendigerweise am Werk sind, werden in Kehlmanns Texten also nicht nur problematisiert, sondern auch in ihrem Nutzen und ihrer Produktivität betrachtet. Verweise auf das Erzählen als Grundkonstante menschlicher Kommunikation finden sich wiederholt in *Tyll,* beispielsweise, wenn Nele gezwungen

---

**44** Markus Flohr: „Eine Zeit der Gärung". Interview mit Daniel Kehlmann. In: ZEITGeschichte 4 (2017), S. 96–99, 21.11.2017, wieder in: ZEIT online, 15.05.2018, https://www.zeit.de/zeitgeschichte/2017/05/daniel-kehlmann-dreissigjaehriger-krieg-interview (Zuletzt angesehen am 22.02.2019). Zu dem Vorhaben, die Geschichte der Vergessenen zu erzählen, passt auch das erste Kapitel in *Tyll,* das sich als eine Art Prolog lesen lässt, in dem sich das erzählende „wir" als Stimme der Kriegstoten eines Dorfes entpuppt (vgl. T, S. 29). Dieses Erzählprogramm wird aber nicht stringent durchgezogen, da dann im Folgenden multifokal erzählt wird – natürlich kann dies auch letzten Endes als das Erzählen verschiedener ‚toter' Stimmen gewertet werden. Allerdings wird intern oft auf Figuren fokussiert, die nicht zu den Vergessenen gehören, wie Tyll oder Kirchner.

wird, dem gewalttätigen Gaukler, dem Tyll und sie sich als Kinder anschließen, auf der Reise Märchen zu erzählen, und dabei genaue Vorstellungen von einem ‚guten' Ende hat (vgl. T, S. 325–329). Damit schließt Kehlmanns Didaktik des Erzählens von Geschichte auch an ‚selbstbewusste' poetologische Traditionen an, die die Möglichkeit des Erzählens von Geschichte gerade durch die dezidierte Abweichung von der ‚Realität' und die Nutzung speziell literarischer Erzählverfahren als die bessere oder gar einzig mögliche sehen. So bestärkt die in Kehlmanns fiktionalen Texten artikulierte Geschichtspoetik in diesem Punkt den unorthodoxen Chronisten und oft ins Lächerliche gezogenen „dicken Grafen" Martin von Wolkenstein: Wahrhaftigkeit sei eben nicht alles.

## Literaturverzeichnis

Aristoteles: Poetik. Griechisch und deutsch. Aus dem Griechischen von Walter Schönherr. Stuttgart 1979.

Arnold, Heinz Ludwig: Gespräche mit Günter Grass. In: Text+Kritik. Günter Grass 1/1a (1978), S. 1–39.

Bartmann, Christoph: Ein Clown in düsterer Zeit. In: Süddeutsche Zeitung online, 9.10.2017, https://www.sueddeutsche.de/kultur/deutsche-literatur-ein-clown-in-duesterer-zeit-1.3687866 (Zuletzt angesehen am 22.02.2019).

Bourdieu, Pierre: Die Regeln der Kunst. Genese und Struktur des literarischen Feldes. Aus dem Französischen von Bernd Schwibs und Achim Russer. Frankfurt a. M. 1999.

Flohr, Markus: „Eine Zeit der Gärung". Interview mit Daniel Kehlmann. In: ZEITGeschichte 4 (2017), S. 96–99, 21. 11.2017, in: ZEIT online, 15.05.2018, https://www.zeit.de/zeit-geschichte/2017/05/daniel-kehlmann-dreissigjaehriger-krieg-interview (Zuletzt angesehen am 22.02.2019).

Foucault, Michel: Archäologie des Wissens. Aus dem Französischen von Ulrich Köppen. Frankfurt a. M. 1981.

Gasser, Markus: Das Königreich im Meer. Daniel Kehlmanns Geheimnis. Göttingen 2010.

Genette, Gérard: Paratexte. Das Buch vom Beiwerk des Buches. Aus dem Französischen von Dieter Hornig. Frankfurt a. M. 2008.

Gergen, Kenneth J./Mary M. Gergen: Narrative and the Self as Relationship. In: Advances in Experimental Social Psychology 21, 1 (1988), S. 17–56.

Gerstenbräun, Martin: A fiction is a fiction is fiction? Metafiktionalität im Werk von Daniel Kehlmann. Marburg 2012.

Geulen, Hans: ‚Arcadische' Simpliciana. Zu einer Quelle Grimmelshausens und ihrer strukturellen Bedeutung für seinen Roman. In: Euphorion 63, 1/2 (1969), S. 426–437.

Grass, Günter: Das Treffen in Telgte. Eine Erzählung. In: Günter Grass Werkausgabe. Hg. v. Volker Neuhaus/Daniele Hermes. Bd. 9, hg. v. Claudia Mayer-Iswandy. Göttingen 1997.

Grimmelshausen, Hans Jacob Christoffel von: Simplicissimus Teutsch. Hg. v. Dieter Breuer. Frankfurt a. M. 2015.

Hoffmeister, Werner: Dach, Distel und die Dichter: Günter Grass' Das Treffen in Telgte. In: Zeitschrift für deutsche Philologie 100 (1981), S. 274–287.

Hunt, Lynn: Kulturgeschichte ohne Paradigmen? In: Historische Anthropologie 16, 3 (2008), S. 323–340.

Jaeger, Stephan: Erzählen im historiographischen Diskurs. In: Wirklichkeitserzählungen. Felder, Formen und Funktionen nicht-literarischen Erzählens. Hg. v. Christian Klein/ Matías Martínez. Stuttgart/Weimar 2009, S. 110–135.

Jessen, Jens: „Tyll". Der ewige Gaukler. In: ZEIT online, 13.10.2017, https://www.zeit.de/2017/41/tyll-daniel-kehlmann-roman (Zuletzt angesehen am 22.02.2019).

Kehlmann, Daniel: Tyll. Reinbek bei Hamburg 2017.

Kehlmann, Daniel: Du hättest gehen sollen. Reinbek bei Hamburg 2016.

Kehlmann, Daniel: Günter Grass. Die Sonne hat Flecken. In: ZEIT 16 (2015), 16.04.2015, wieder in: ZEIT online, 30.04.2015, https://www.zeit.de/2015/16/guenter-grass-daniel-kehlmann (Zuletzt angesehen am 22.02.2019).

Kehlmann, Daniel: Diese sehr ernsten Scherze. Zwei Poetikvorlesungen. In: ders.: Lob. Über Literatur. Reinbek bei Hamburg 2010.

Kehlmann, Daniel: Ruhm. Ein Roman in neun Geschichten. Reinbek bei Hamburg 2009.

Kehlmann, Daniel: Die Vermessung der Welt. Reinbek bei Hamburg 2005.

Kehlmann, Daniel: Wo ist Carlos Montúfar? In: ders.: Wo ist Carlos Montúfar? Über Bücher. Reinbek bei Hamburg 2005, S. 9–27.

Kehlmann, Daniel: Beerholms Vorstellung. Wien 1997.

Kraus, Wolfgang: Das erzählte Selbst. Die narrative Konstruktion von Identität in der Spätmoderne. Herbolzheim 2008.

Lejeune, Philippe: Der autobiographische Pakt. Aus dem Französischen von Wolfram Bayer. Frankfurt a. M. 1994.

Merzhäuser, Andreas: Über die Schwelle geführt. Anmerkungen zur Gewaltdarstellung in Grimmelshausens Simplicissimus. In: Ein Schauplatz herber Angst. Wahrnehmung und Darstellung von Gewalt im 17. Jahrhundert. Hg. v. Markus Meumann/Dirk Niefanger. Göttingen 1997, S. 65–82.

Navratil, Michael: Fantastisch modern. Zur Funktion fantastischen Erzählens im Werk Daniel Kehlmanns. In: literatur für leser 37 (2014), H. 1, S. 39–57.

Nünning, Ansgar: Von historischer Fiktion zur historiographischen Metafiktion. Bd. 1: Theorie, Typologie und Poetik des historischen Romans. Trier 1995.

Schneider, Ivo: Buchbesprechung: Daniel Kehlmann: Die Vermessung der Welt. In: Mitteilungen der Gauß-Gesellschaft Göttingen 43 (2006), S. 67–69.

Todorov, Tzvetan: Einführung in die fantastische Literatur. Aus dem Französischen von Katrin Kersten, Senta Metz und Caroline Neubaur. München 1972.

Wagner-Egelhaaf, Martina: Autobiographie. Stuttgart 2005.

White, Hayden: The Content of the Form. Narrative Discourse and Historical Representation. Baltimore 1987.

Winkler, Martina: Vom Nutzen und Nachteil literarischer Quellen für Historiker. In: Digitales Handbuch zur Geschichte und Kultur Russlands und Osteuropas 21 (2009), S. 1–25, http://epub.ub.uni-muenchen.de/11117/3/Winkler_Literarische_Quellen.pdf (Zuletzt angesehen am 22.02.2019).

Zipfel, Frank: Fiktion, Fiktivität, Fiktionalität. Analysen zur Fiktion in der Literatur und zum Fiktionsbegriff in der Literaturwissenschaft. Berlin 2001.

Marie Gunreben

# Jenseits der Fakten: *Tyll* und die Legitimität der Fiktion

Folgt man Silke Horstkotte und Leonhard Herrmann, so bezeichnet der Begriff ‚Gegenwartsliteratur' nicht nur eine literarhistorische Epoche – jene nämlich, deren Beginn in der Forschung um 1989 verortet wird und in der wir uns noch immer befinden –, sondern impliziert auch eine „Interpretationshypothese, die die unmittelbare Bezogenheit eines Textes auf Diskurse der eigenen Zeit unterstellt und die im Zuge einer wissenschaftlichen Auseinandersetzung zu überprüfen ist."[1] Eine solche Bezogenheit auf gegenwärtige Diskurse lässt sich auch in Daniel Kehlmanns jüngstem Roman *Tyll* (2017) ausmachen, wenngleich sein historisches Sujet auf den ersten Blick wenig Gegenwärtiges an sich zu haben scheint. Auf die Aktualität seines Romans hat Kehlmann jedenfalls selbst an verschiedenen Stellen hingewiesen: Die Welt des Dreißigjährigen Kriegs, wie sie im Roman entworfen wird, fungiert demnach als Perspektiv, über das auch Problemkomplexe der Gegenwart ins Blickfeld geraten: Kehlmann nennt unter anderem das Erstarken religiöser Konflikte, die Wiederkehr dynastischer Herrschaftsformen, wie sie sich an der Politik Donald Trumps beobachten lässt, oder die steigende Bedeutung von Propaganda und Fake News in politischen und gesellschaftlichen Auseinandersetzungen als Parallelen, die sich zwischen der Zeit des Dreißigjährigen Kriegs und dem frühen einundzwanzigsten Jahrhundert ziehen lassen.[2]

Der vorliegende Beitrag will ebenfalls die Gegenwärtigkeit dieses Romans in den Blick nehmen, dabei jedoch im Unterschied und in Ergänzung zu den vom Autor vorgeschlagenen Lektüren den Fokus von der Ebene der histoire auf die des discours verlagern. Der Dialog zwischen Vergangenheit und Gegenwart,

1 Leonhard Herrmann/Silke Horstkotte: Gegenwartsliteratur. Eine Einführung. Stuttgart 2016, S. 4.

2 Vgl. Daniel Kehlmann/Christian Mayer: „Deutschland war wie Syrien heute". Daniel Kehlmann im Interview. In: Süddeutsche Zeitung (08.01.2018), unter: https://www.sueddeutsche.de/kultur/daniel-kehlmann-im-interview-deutschland-war-wie-syrien-heute-1.3754609 [Zuletzt angesehen am 04.02.2019]; Daniel Kehlmann/Martin Ebel: „Wir überschätzen die Stabilität des Status Quo". Interview mit Daniel Kehlmann. In: Süddeutsche Zeitung (29.10.2017), unter: https://www.sueddeutsche.de/kultur/interview-mit-daniel-kehlmann-wir-ueberschaetzen-die-stabilitaet-des-status-quo-1.3728800 [Zuletzt angesehen am 04.02.2019]; Daniel Kehlmann/Lars Weisbrod; „Ich dachte, ich erlebe das Ende der Demokratie". In: Zeit online (06.11.2017), unter: https://www.zeit.de/kultur/literatur/2017-11/daniel-kehlmann-tyll-interview [Zuletzt angesehen am 04.02.2019].

https://doi.org/10.1515/9783110647488-008

um den es im Folgenden gehen soll, kreist um das Wie des Erzählens, um Fragen der Ethik und Ästhetik, um die Möglichkeiten und Grenzen des Erzählens und Erinnerns sowie um die Rolle der Fiktion in einer epistemologisch, sozial und politisch fragilen Wirklichkeit. Der Kosmos des siebzehnten Jahrhunderts, den der Roman schlaglichtartig beleuchtet, bietet sich für eine solche selbstreferenzielle und literaturtheoretische Reflexion an, handelt es sich bei ihm doch um jene Zeit, in der sich das Deutsche als Literatursprache durchzusetzen beginnt – im Roman zu beobachten an dem enthusiastisch auf Deutsch dichtenden Paul Fleming – und in der zugleich die moderne fiktionale Erzählliteratur ihre Ursprünge hat. Dieser literatur- und fiktionsgeschichtliche Archäologie, die der Roman unternimmt, möchte ich im Folgenden nachgehen und dabei die These verfolgen, dass Kehlmanns Roman zum einen formale und narrative Elemente frühneuzeitlichen Erzählens für die Gegenwartsliteratur fruchtbar macht, zum anderen in seiner Auseinandersetzung mit dem Dreißigjährigen Krieg verschiedene poetologische Strategien in Anschlag bringt, die insofern höchst aktuell sind, als sie auf spezifische Diskurse des zwanzigsten und einundzwanzigsten Jahrhunderts reagieren und sich in einer Reihe weiterer historischer Romane der Gegenwart beobachten lassen. Diese dialogische Vermittlung von vor- und postmodernen Erzählmustern hat wiederum (literatur-)politische Implikationen – versteht man sie als Antwort auf die Frage nach dem Status der Literatur in Zeiten, in denen die Arbeitsteilung von Wissenschaft und Literatur, von Fakten und Fiktionen noch nicht etabliert ist oder wieder zu erodieren droht.

## 1 Frühe Neuzeit: Wirkungsästhetik des Narren

An Kehlmanns Roman fällt zunächst ins Auge, dass hier mit der Geschichte Tyll Ulenspiegels und der des Dreißigjährigen Kriegs zwei Erzählstränge miteinander kombiniert werden, die zumindest aus historischer Sicht nicht zusammengehören. Der historische Till Eulenspiegel, dessen Streiche aus der anonymen Sammlung *Ein kurtzweilig lesen von Dil Ulenspiegel* (1510/ 1515) bekannt sind, lebte aller Wahrscheinlichkeit nach im vierzehnten Jahrhundert, war also – sofern es ihn überhaupt gegeben hat – zur Zeit des Dreißigjährigen Kriegs (1618–1648) längst tot. Tyll ist demnach in doppelter Hinsicht ein Störenfried: Innerhalb der Diegese beunruhigt er gesellschaftliche Ordnungen und Hierarchien; aus extratextueller Perspektive stellt er ebenfalls einen Fremdkörper dar, hat er doch im siebzehnten Jahrhundert sowie (als Figur aus dem protestantischen Norden) im katholischen Süden eigentlich nichts zu suchen. Diese spezifische Mobilität gehört jedoch seit jeher zur Signatur der Eulenspiegel-Figur und zieht sich durch ihre Rezeptionsgeschichte: Till

Eulenspiegel ist eine genuin literarische und damit gewissermaßen zeitlose Gestalt, die nicht nur innerhalb der jeweils erzählten Welten diverse Gesellschaftsschichten durchwandern und verstören kann, sondern die auch insofern beweglich ist, als sie sich quer durch verschiedene Epochenkontexte bewegt.

Kehlmann schreibt diese Transformations- und Translokations-Geschichte also fort, wenn er den berühmten Narren noch einmal in eine andere Zeit und in einen anderen Kontext verpflanzt. Dabei bewegt sich sein Roman durchaus nah am Prätext. Zum einen haben Tylls Schelmereien ihre Vorbilder in der berühmten Schwanksammlung: Die Episode mit den Schuhen findet sich dort ebenso wie der Streich mit der leeren Leinwand, die Till/Tyll jeweils einem Herrscher schenkt mit dem Hinweis, nur derjenige könne auf ihr nichts erkennen, der unehelich geboren, ein Dieb oder ein „Arsch mit Ohren" sei.[3] Kehlmann allerdings wendet die Szene insofern, als die Herrscherfigur, für die das Bild bestimmt ist, Tyll hier nicht auf den Leim geht. Elisabeth Stuart, die von dem Narren liebevoll-verächtlich „kleine Liz"[4] genannt wird und ihm vielleicht als einzige Figur des Romans ebenbürtig ist, durchschaut das Spiel und seinen Zweck, die Absurdität der höfischen Kommunikation vorzuführen und ins Leere laufen zu lassen:

> Ratlos standen die Besucher vor dem weißen Bild und wussten nicht, was sie sagen sollten. Denn es war ja kompliziert. Natürlich verstanden sie, dass da nichts war, aber sie waren sich doch nicht sicher, ob Liz es auch verstand, und somit war es doch denkbar, dass sie jemanden, der ihr sagte, dass da nichts war, für unehelich, dumm oder diebisch halten würde. Sie waren alle so verwirrt, zermarterten sich die Köpfe.[5]

Zum anderen lehnt sich die Charakteristik von Tyll in wirkungsästhetischer Hinsicht an die Vorlage an, was sich insbesondere anhand des ersten Kapitels von *Tyll* beobachten lässt. Dass diesem ersten, mit *Schuhe* überschriebenen Kapitel die Funktion eines Prologs zukommt, lassen sowohl seine verhältnismäßige Kürze als auch seine aus dem Rahmen fallende erzähltechnische Gestaltung vermuten: Während im Rest des Romans ein heterodiegetischer Erzähler spricht (der allerdings mehrfach die Fokalisierungsinstanzen wechselt), berichtet in diesem ersten Kapitel ein kollektives Wir, das sich aus den Bewohnern eines kleinen Dorfes zusammensetzt. Dieses erzählende Wir verkörpert ein Publikum, ohne das der Auftritt des berühmten ‚Spaßmachers' nicht möglich wäre – der gleichförmige Alltag des Dorflebens und die Immobilität seiner Bewohner bilden den strukturellen

3 Daniel Kehlmann: Tyll. Reinbek bei Hamburg 2017, S. 237. Vgl. die 27. Histori in: o.V.: Ein kutzweilig lesen von Dyl Ulenspiegel. Nach dem Druck von 1515. Hg. v. Wolfgang Lindow. Stuttgart 1966, S. 77 ff.

4 Kehlmann: Tyll, S. 237.

5 Kehlmann: Tyll, S. 238.

Rahmen für die exzeptionelle Erscheinung Tylls. Zugleich fungiert das anonyme Wir der ersten Seiten als rezeptionspsychologische Folie, spiegelt es doch in seiner Neugier, seiner Bewegtheit und seinem Befremden mögliche Reaktionen auf Kunst im Allgemeinen – und damit auch auf den vorliegenden Roman *Tyll*. Was nun die beiden Narrenfiguren in wirkungsästhetischer Hinsicht miteinander verbindet, ist der zugleich komische und destruktive Charakter ihrer Auftritte. Ebenso wie in der Vorlage gehen auch in Kehlmanns Roman Tylls Späße stets auf Kosten anderer, ziehen psychische und physische Verletzungen nach sich. Die Aussagen und Auftritte des Narren stören soziale Normen und Hierarchien und fördern jenes Gewaltpotenzial zu Tage, das unter der zivilisierten Oberfläche menschlichen Zusammenlebens schlummert. Der Streich mit den Schuhen endet sowohl im Prätext als auch in Kehlmanns Roman in einer Massenschlägerei, bei der sich langgehegte, doch bislang erfolgreich bezähmte oder verdrängte Konflikte in brachialer Gewalt entladen:

> Ein paar, die ihre Schuhe schnell gefunden hatten, machten sich davon, aber zwischen uns anderen brach eine Wut aus, so heftig, als hätte sie sich lange gestaut. Der Tischler Moritz Blatt und der Hufschmied Simon Kern schlugen mit Fäusten aufeinander ein, dass einer, der gedacht hätte, es ginge nur um Schuhe, das nicht hätte verstehen können, denn dafür hätte er wissen müssen, dass Moritz' Frau als Kind dem Simon versprochen gewesen war. Beide bluteten aus Nase und Mund, beide keuchten wie die Pferde, und keiner traute sich dazwischenzugehen; auch Lore Pilz und Elsa Kohlschmitt waren scheußlich ineinander verbissen, schließlich hassten sie einander schon so lange, dass sie die Gründe nicht mehr wussten. [. . .] Wie ein Fieber griff die Wut um sich – wo man hinsah, wurde geschrien und geschlagen.[6]

Tyll wirkt hier wie auch in späteren Episoden gleich einem Katalysator, der bei seinem Publikum heftige Reaktionen auslöst, dabei selbst jedoch unverändert bleibt. Es gehört zu den karnevalesken Befugnissen des Narren, das Verbotene zu tun und das Unsagbare auszusprechen und auf diese Weise die verdeckte oder verdrängte Seite der sozialen Wirklichkeit zu Tage zu fördern. Interessant ist jedoch, dass diese Störungen der Ordnungen, diese entlarvenden Momente situativ sind. Das formale Prinzip der Schwanksammlung ist das der Reihung; *Ein kurtzweilig lesen von Dyl Ulenspiegel* erzählt keine stringente Geschichte, sondern zeigt seinen Protagonisten in einzelnen Szenen, die in jeweils anderen sozialen Kontexten angesiedelt und in sich abgeschlossen sind. Ebenso punktuell und folgenlos sind auch die Auftritte Tylls. Wenn er geht, ist der Moment vergangen und die Dinge kehren wieder in ihre alte Ordnung zurück: „Wir sprachen nie über das, was geschehen war", heißt es am Ende des ersten Kapitels. „Wir sprachen auch nicht über den Ulenspiegel. Ohne es ausgemacht zu haben, hielten

6 Kehlmann: Tyll, S. 23 f.

wir uns daran [. . .].“[7] Kehlmanns Roman zeigt sich also insofern seinem frühneuzeitlichen Vorläufer verwandt, als es in ihm keine Entwicklungen im engeren Sinne gibt: Tylls Auftritte bewirken nichts, er selbst ändert sich nicht. Die Logik des Romans ist damit nicht die moderne Logik der Zeit, der Entwicklung oder der Biografie, sondern die des Raumes, der in einzelnen Episoden schlaglichtartig beleuchtet wird und dessen Ordnungen Tyll immer wieder punktuell durchbricht.

Dieser episodisch-räumliche Charakter des Romans lässt sich auch mit einem anderen Strang frühneuzeitlicher Erzählliteratur in Verbindung bringen, nämlich mit der Tradition des pikarischen Erzählens und Grimmelshausens *Simplicissimus*: Auch dem pikarischen Roman geht es weniger um seinen (Anti-)Helden und dessen linear-kohärent zu entwickelnde Lebensgeschichte als um den Zustand einer Welt, deren Sündhaftigkeit und Verderblichkeit in exemplarischen Ausschnitten beleuchtet wird. Der Schelm ist kein psychologisch ausgestaltetes Individuum im modernen Sinne und entsprechend auch nicht Protagonist einer teleologisch organisierten Bildungs- oder Entwicklungsgeschichte, sondern eine Projektionsfigur, in der sich die Verfallenheit der Welt spiegelt und welche zugleich die einzelnen Episoden der Weltrevue formal miteinander verklammert.[8] Kehlmanns Roman weicht von diesem Format des pikarischen Erzählens zwar ab, da er sich nicht der retrospektiven Ich-Erzählung bedient. Dennoch lässt sich Tyll insofern als Aktualisierung des Pikaro lesen, als auch er in erster Linie die Funktion erfüllt, den Zustand einer Welt vorzuführen und die verschiedenen Schlaglichter auf das Panorama des Dreißigjährigen Kriegs miteinander zu verzahnen. Ebenso wie Simplicissimus, von dem Kehlmann in einer seiner Frankfurter Poetikvorlesungen schreibt, das „offene Geheimnis“ dieser Figur sei, dass sie „keine Identität“ habe, ist auch Tyll mehr Prinzip als Figur, ein Prinzip, das über die Handlung hinweg – trotz der Masken, derer er sich bedient, und der Rollen, die er einnimmt – konstant bleibt.[9]

Allerdings fügt Kehlmann der Narren- und Schelmenfigur, die ihre Vorläufer in den frühneuzeitlichen Erzähltexten hat, eine dezidiert künstlerische Komponente hinzu, wird er doch im Roman als Gaukler charakterisiert, dessen Repertoire mehr umfasst als nur die von der Ulenspiegel-Sammlung inspirierten derben Streiche

7 Kehlmann: Tyll, S. 26.

8 Vgl. zu dieser Deutungstradition, die sich von der Inanspruchnahme des *Simplicissmus* als „Vorläufer Wilhelm Meisters“ kritisch abgrenzt, exemplarisch Alexander Honold: Travestie und Transgression. Pikaro und verkehrte Welt bei Grimmelshausen. In: Das Paradigma des Pikaresken. The Paradigm of the Picaresque. Hg. v. Christoph Ehland/Robert Fajen. Heidelberg 2007, S. 201–227, hier S. 203 f.

9 Vgl. Daniel Kehlmann: Kommt, Geister. Frankfurter Vorlesungen. Reinbek bei Hamburg 2015, S. 113.

und Späße: Tyll erscheint als Schauspieler und Erzähler; seine Kunst, so zeigt das erste Kapitel, ist magisch und nicht ganz von dieser Welt, sie unterhält, berührt und ist zugleich äußerst gewalttätig. Die These, dass Tyll als Personifikation der Kunst, als poetologisches Prinzip schlechthin gelesen werden kann, lässt sich durch zwei weitere Beobachtungen stützen: Erstens scheint es so, dass Tyll nicht nur aufgrund seiner literarischen und halb-fiktiven Abkunft eigentümlich unwirklich und zeitlos wirkt, sondern dass er, so lässt das Ende des Romans zumindest vermuten, tatsächlich unsterblich ist.[10] Zweitens ist er als Einziger in der Lage, eine eigentlich unmögliche Erinnerung zu bewahren, die Erinnerung an jene anonymen und längst vergessenen Opfer des Kriegs nämlich, zu denen die erzählenden Dorfbewohner im ersten Abschnitt des Romans gehören. Denn dass sich „keiner an uns erinnert“[11], wie dieser Chor der Toten am Ende dieses Prologs beklagt, ist doch nicht ganz richtig: Der Roman mit dem Titel *Tyll* tut es ja in seinem Erzählen und ist damit seinem narrenhaften Protagonisten verwandt, von dem es ebenfalls heißt, dass er „nun vielleicht der Einzige war, der sich an unsere Gesichter erinnern und wissen würde, dass es uns gegeben hatte.“[12]

## 2 Gegenwart: Historiographische Metafiktion

Dass Kehlmanns Roman keine quasi-historiographische Darstellung des Dreißigjährigen Kriegs unternimmt, macht also bereits sein Protagonist deutlich, der als zumindest halb-fiktive Figur aus einem anderen Jahrhundert im siebzehnten Jahrhundert buchstäblich am falschen Ort ist. Die vorwiegende Fiktionalität der Erzählung wird somit allein schon durch den Titel deutlich markiert, deutlicher etwa als bei *Die Vermessung der Welt*. Doch auch *Tyll* inkorporiert eine Vielzahl von historischen Personen und Ereignissen, die allerdings durchwegs fiktionalisiert werden: Bei Athanasius Kircher, Adam Olearius und Paul Fleming handelt es sich um historische Figuren, die gemeinsame Reise auf der Suche nach dem Drachen ist allerdings fiktiv. Auch Elisabeth Stuart und Friedrich von der Pfalz – die ‚Winterkönige‘ von Böhmen – sind historisch verbürgt, Elisabeths Reise zu den Verhandlungen nach Osnabrück hat hingegen nicht stattgefunden. Diese Vermengung von historischer Realität mit fiktiven Elementen, für die sich eine Vielzahl von Beispielen anführen ließen, verbindet Kehlmanns Text mit einer

10 Kehlmann: Tyll, S. 473: „Aber weißt du, was besser ist? Noch besser als friedlich sterben?“ „Sag es mir.“ „Nicht sterben, kleine Liz. Das ist viel besser.“

11 Kehlmann: Tyll, S. 29.

12 Kehlmann: Tyll, S. 28.

Reihe weiterer Gegenwartsromane (etwa W.G. Sebalds oder Norbert Gstreins), die sich ebenfalls dadurch auszeichnen, dass sie historische Fakten mit Erfundenem verbinden und diese Verbindung zugleich markieren. Es gehört zur Signatur dieses ‚neuen' historischen Erzählens, das in der Forschung unter dem Stichwort ‚historiographische Metafiktion' diskutiert wird, die eigenen Erzähl- und Fiktionalisierungsstrategien zu thematisieren und dabei die Möglichkeitsbedingungen historischen Wissens im Allgemeinen zu befragen.[13]

In Kehlmanns Roman werden die Probleme retrospektiver Deutung und Erzählung an dem Bericht des (wiederum fiktiven) kaiserlichen Gesandten Martin von Wolkenstein vorgeführt. Martin von Wolkenstein, „der dicke Graf", berichtet im Kapitel *Zusmarshausen* von seiner Reise ins Kloster Andechs, von wo er auf Befehl des Kaisers den berühmten Spaßmacher an den Hof nach Wien holen soll. Sein Bericht erfolgt aus der Rückschau; zwischen dem einst Erlebten und dem Zeitpunkt des Erzählens liegen über fünf Jahrzehnte. Dass die nachträgliche Rekonstruktion der Reise durch das zerstörte Reich in erster Linie eine Konstruktion ist, machen die Kommentare des extradiegetischen Erzählers deutlich, der sich immer wieder in Wolkensteins Bericht einschaltet und auf dessen Lücken, Fehler und Verzerrungen aufmerksam macht. Ein Beispiel liefert das Gespräch zwischen Martin von Wolkenstein und dem Abt des Klosters Andechs. Der Abt bemüht sich darum, dem wichtigen kaiserlichen Gesandten einen umfassenden Bericht von der Lage des Klosters zu geben, von den Plünderungen, Krankheiten und Verlusten, die es über Jahrzehnte zu erdulden hatte. Dabei kommt er auch auf die Bedrohung durch Wölfe zu sprechen, die sich, ausgehungert und durch Rodungen ihres natürlichen Lebensraumes beraubt, immer weiter in menschliche Siedlungen hineingewagt hätten. Den sachlichen und genauen Bericht des Abts gestaltet Martin von Wolkenstein in seiner eigenen Darstellung zu einer geradezu wollüstigen Gewaltorgie aus, was vom Erzähler wie folgt kommentiert wird:

> Wie lebendig gewordene Albträume seien sie [die Wölfe, M.G.] über die Dörfer gekommen, wie Schreckgestalten aus alten Märchen. Mit hungrigen Augen seien sie in Stuben und Ställen erschienen, ohne die geringste Angst vor Messern oder Mistgabeln. In den schlimmsten Wintertagen hätten sie sogar den Weg ins Kloster gefunden, eines der Tiere habe eine Frau mit einem Säugling angefallen und ihr das Kind aus der Hand gerissen.

---

13 Vgl. grundsätzlich Linda Hutcheon: A poetics of postmodernism. History, theory, fiction. New York/London 1988; für die deutschsprachige Gegenwartsliteratur Stephanie Catani: Geschichte im Text. Geschichtsbegriff und Historisierungsverfahren in der deutschsprachigen Gegenwartsliteratur. Tübingen 2016 sowie Stephanie Catani: Metafiktionale Geschichte(n). Zum unzuverlässigen Erzählen historischer Stoffe in der Gegenwartsliteratur. In: Ins Fremde schreiben. Gegenwartsliteratur auf den Spuren historischer und fantastischer Entdeckungsreisen. Hg. v. Christof Hamann/Alexander Honold. Göttingen 2009, S. 143–168.

> Nein, genau das war nun wieder nicht passiert, nur von der Angst um die kleinen Kinder hatte der Abt gesprochen. Aber aus irgendeinem Grund hatte die Vorstellung, ein Säugling könnte vor den Augen der Mutter von einem Wolf verzehrt worden sein, den dicken Grafen, der zu diesem Zeitpunkt schon fünf Enkel und drei Urenkel hatte, so sehr in Bann geschlagen, dass er meinte, der Abt habe ihm wohl auch dies erzählt, weshalb er unter eloquenten Entschuldigungen dafür, dass er dem Leser das Folgende nicht zu ersparen das Recht habe, eine zutiefst grausame Beschreibung von Schmerzensschreien, Entsetzen, Wolfsknurren, scharfen Zähnen und Blut einfügte.[14]

Diese und ähnliche Szenen sind insofern metafiktional, als sie beleuchten, welche Fiktionalisierungsstrategien am Werk sind, wenn historisches Geschehen zur wirkungsvollen Geschichte umgeformt werden soll. Die erzählerischen Handgriffe des Grafen, der das ihm Berichtete inhaltlich verzerrt und mit blutrünstigen Details ausstaffiert, sind offenkundig zumindest fragwürdig.

Kehlmann bedient sich hier einer Erzählstrategie, die sich mit W. G. Sebald als „periskopisch" beschreiben lässt. In einem Interview zu seinem Roman *Austerlitz* (2001) charakterisiert Sebald dieses Verfahren im Umgang mit historischen Inhalten wie folgt:

> Es ist ein paradoxer Sachverhalt, dass die Dokumente in ihrer unverstellten Form nicht zu Literatur werden können. Natürlich gibt es auch falsche Formen von Fiktionalisierung, für mich ist etwa der Film „Schindlers Liste" ein Beispiel. Ich habe versucht, dieses Thema auf schon vermittelte Weise zu präsentieren: Es wird immer wieder daran erinnert, dass es so von jemandem erzählt worden ist, dass es durch den Filter des Erzählers gegangen ist. [. . .] Mein Vorbild ist Thomas Bernhard, den ich als Autor sehr vermisse. Ich würde sein Verfahren als periskopisch bezeichnen, als Erzählen um ein, zwei Ecken herum – eine sehr wichtige Erfindung für die epische Literatur dieser Zeit.[15]

Im Fall von Kehlmanns Roman gibt der extradiegetische Erzähler das Wort an eine intradiegetische Erzählinstanz ab, nämlich an den fiktiven Schriftsteller respektive Kriegsberichterstatter Martin von Wolkenstein, und führt vor, wie das Erzählen von Krieg und Leid misslingen muss, wenn es das Leid der Beteiligten zur Schauergeschichte ausgestaltet und damit trivialisiert. Diese periskopische Betrachtung von Krieg, Gewalt und Leid ‚um ein oder zwei Ecken herum' ist hier damit zugleich eine Betrachtung ex negativo: Der Bericht Martin von Wolkensteins zeigt an dieser Stelle, welche Literarisierungs- und Fiktionalisierungsstrategien sowohl ethisch als auch ästhetisch verfehlt sind.

Demgegenüber fährt der Roman selbst eine Strategie der diskreten Verschwiegenheit: Die zentralen traumatischen Erlebnisse im Leben von Tyll – wie

---

**14** Kehlmann: Tyll, S. 205f.

**15** W.G. Sebald/Martin Doerry/Volker Hage: „Ich fürchte das Melodramatische". Spiegel-Gespräch. In: Der Spiegel 11 (2001), S. 228–234, hier S. 233.

die Hinrichtung seines Vaters oder die mutmaßliche Vergewaltigung durch Marodeure – finden ebenso wenig Eingang in das Erzählen wie die Foltermethoden der Inquisitoren oder die Plünderung und Brandschatzung von Dörfern, denen auch die Bewohner im ersten Kapitel zum Opfer fallen. Diese und weitere Gräuel bilden in Kehlmanns Roman Leerstellen, die zumeist höchstens angedeutet werden und die zu füllen der Imagination der Leser*innen überlassen bleibt. Dieses Erzählen über Ecken und Vermittlungsinstanzen, über Andeutungen, Lücken und Auslassungen sowie unter expliziter Markierung und Thematisierung von Fiktionalität lässt sich in einer Reihe von Gegenwartsromanen mit historischen Sujets beobachten: Zum einen trägt diese Erzählweise sicherlich der Tatsache Rechnung, dass heutige Leser*innen im Zeitalter der Massenmedien von Kriegs- und Gewaltdarstellungen ununterbrochen umgeben, ja überfrachtet sind, und daher die wirkungsästhetische Funktion literarischer Erzählungen vor allem darin bestehen müsste, diese allgegenwärtigen Bilder zu verweigern und reflexhafte Assoziationsketten zu unterbrechen. Zum anderen zeugt dieses selbstreferenzielle und durchaus selbstkritische Erzählen von einer ethischen Haltung dem literarischen Fingieren gegenüber, die in den historischen Katastrophen des zwanzigsten Jahrhunderts und den auf sie folgenden literaturtheoretischen Debatten ihren Hintergrund hat: Wer darf auf welche Weise von historischen Ereignissen erzählen – insbesondere wenn die Zeitzeugen gestorben sind, sich nicht erinnern können oder wollen? Die genannten Strategien des periskopischen Erzählens, der Darstellung ex negativo und der selbstreferenziellen Fiktionsmarkierung stellen einen Versuch dar, auf diese Herausforderung eine Antwort zu finden. Sie sind dabei nicht beschränkt auf den literarischen Umgang mit dem zweiten Weltkrieg und dem Holocaust, sondern finden sich etwa auch in Lukas Bärfuss' Roman *Hundert Tage* (2008), in dem es um den Völkermord in Ruanda geht, oder in Norbert Gstreins *Das Handwerk des Tötens* (2003), der von den Kriegen im ehemaligen Jugoslawien handelt (oder besser gesagt: von den vergeblichen Versuchen, von diesen Kriegen zu erzählen).[16]

## 3 Dialog I: Die Legitimität der Fiktion

Welche Optionen bleiben nun der Literatur angesichts dieses Befunds, oder, um Sebalds Frage aus dem Jahr 2001 an die jüngste Gegenwart heranzutragen: „Darf

16 Vgl. Marie Gunreben: „... der Literatur mit ihren eigenen Mitteln entkommen“. Norbert Gstreins Poetik der Skepsis. Bamberg 2011.

man überhaupt etwas erfinden?“[17] Die Strategie der jüngeren Gegenwartsromane, dem sich in der Ära des Postfaktischen paradoxerweise verstärkenden Authentizitätsdruck zu begegnen, scheint entweder darin bestehen, die Nähe zur Wirklichkeit durch dokumentarische oder autobiographische Referenzen zu betonen (exemplarisch zu beobachten etwa an Jenny Erpenbecks *Gehen, ging, gegangen*, 2015), und/oder, die Möglichkeiten der Fiktion in erster Linie kritisch gegen sie selbst zu richten (prominent vor allem in den Romanen Norbert Gstreins). Kehlmanns Roman offeriert eine dritte Option, wenn er die Frage nach der Legitimität der Fiktion an ihre frühneuzeitlichen Ursprünge zurückspielt. Von Interesse ist in diesem Zusammenhang vor allem jene Schreib- und Erinnerungsszene, in der die Ausdruckskraft des „dicken Grafen“[18] versagt, die es ihm zuvor etwa erlaubte, die Erzählung über die Wölfe zur wonnegrausigen Schauergeschichte umzugestalten. Die Schlacht von Zusmarshausen, in die er zusammen mit seinen Reisebegleitern gerät und die er als Einziger der kaiserlichen Gesandtschaft nur knapp und nur mit der Hilfe des kriegserprobten Tyll überlebt, kann er nicht beschreiben:

> Die Sätze wollten sich nicht fügen. Und so stahl er andere. In einem beliebten Roman fand er eine Beschreibung, die ihm gefiel, und wenn Menschen ihn drängten, die letzte Feldschlacht des großen deutschen Krieges zu schildern, so sagte er ihnen das, was er in Grimmelshausens *Simplicissimus* gelesen hatte. Es passte nicht recht, weil es sich dort um die Schlacht von Wittstock handelte, aber das störte keinen, nie fragte jemand nach. Was der dicke Graf nicht wissen konnte, war aber, dass Grimmelshausen die Schlacht von Wittstock zwar selbst erlebt, aber ebenfalls nicht hatte beschreiben können und stattdessen die Sätze eines von Martin Opitz übersetzten englischen Romans gestohlen hatte, dessen Autor nie im Leben bei einer Schlacht dabei gewesen war.[19]

Die Möglichkeiten des Erzählens kommen also paradoxerweise genau dort an eine Grenze, wo die Nähe zum Geschehen und die persönliche Betroffenheit am größten sind. Diesen Befund teilt der Roman mit jüngeren Erkenntnissen der Psychologie, nach der es zur Signatur traumatischer Erlebnisse gehört, dass sie sich eben erst einmal nicht mitteilen und nicht in konsistente Erzählungen übersetzen lassen.[20]

An dieser Stelle ist es die Fiktion, die einen Ausweg gewährt: Sie tritt dort auf den Plan, wo das individuelle oder kollektive Gedächtnis weiße Flecken aufweist. Der Graf füllt die traumatische Lücke mit fiktiven Elementen, nämlich mit Grimmelshausens Beschreibung der Schlacht von Wittstock, die dieser seinerseits – wie erst in den 1960er Jahren nachgewiesen wurde – weitgehend aus Sir Philip

17 Sebald: S. 232.
18 Kehlmann: Tyll, S. 184 ff.
19 Kehlmann: Tyll, S. 224.
20 Vgl. Catani: S. 3.

Sidneys *Arcadia* (1580, 1629 übersetzt von Martin Opitz) übernommen hat.[21] Dass in dieser Passage, in der es um das Versagen des Augenzeugenberichts und um die Möglichkeiten der Fiktion geht, just Sir Philip Sidney (wenngleich nicht explizit genannt) am Beginn der palimpsestischen Überschreibungs-Kette steht, ist insofern von Interesse, als von Sidney auch eine der frühesten und wirkmächtigsten frühneuzeitlichen Fiktionstheorien stammt. In seiner *Defence of Poesie* (1595) verteidigt Sidney die fiktionale Dichtung gegen den Vorwurf, bei dem in ihr Erzählten handele es sich um verderbliche Lügengeschichten, wie folgt:

> To the second therefore, that they [die Dichter, M.G.] should be the principall lyers, I answere *Paradoxically*, but truly, I think truly: that of all writers under the Sunne, the *Poet* is the least lyer: and though he would, as a *Poet* can scacerly be a lyer. The *Astronomer* with his cousin the *Geometrician*, can hardly escape, when they take upon them to measure the height of the starres. How often thinke you do the *Phisitians* lie, when they averre things good for sicknesses, which afterwards send *Charon* a great number of soules drownd in a potion, before they come to his Ferrie? And no lesse of the rest, which take upon them to affirme. Now for the *Poet*, he nothing affirmeth, and therefore never lieth: for as I take it, to lie, is to affirme that to bee true, which is false. So as the other *Artistes*, and especially the *Historian*, affirming manie things, can in the clowdie knowledge of mankinde, hardly escape from manie lies. But the *Poet* as I said before, never affirmeth, the *Poet* never maketh any Circles about your imaginatiõ, to conjure you to beleeve for true, what he writeth: he citeth not authorities of other histories, but evẽ for his entrie, calleth the sweete *Muses* to inspire unto him a good invention.[22]

Diese frühe Definition von Fiktion beschreibt bereits recht genau jenes Verhältnis, das in der heutigen Forschung unter dem Schlagwort ‚Fiktionsvertrag' oder ‚Institution der Fiktionalität' diskutiert wird: Fiktionale Texte können demnach allein deshalb nicht lügen, weil sie keinen Anspruch erheben, wahre und gerechtfertigte Aussagen über die Wirklichkeit zu treffen; ihre Rezipient*innen können nicht belogen werden, da sie sich auf diese Dispensierung – die über Gattungsbezeichnungen, oder auch, wie hier bei Sidney, den Musenanruf markiert ist – willentlich einlassen.[23] Die Funktion literarischer Fiktionen besteht nach Sidney also nicht darin, zutreffende Aussagen über die Wirklichkeit zu formulieren, sondern darin, historische Figuren und Begebenheiten so darzustellen,

---

**21** Vgl. Hans Geulen: „Arcadische" Simpliciana. Zu einer Quelle Grimmelshausens und ihrer strukturellen Bedeutung für seinen Roman. In: Euphorion 63 (1969), S. 426–437.

**22** Sir Philip Sidney: The Defence of Poesie. In: ders.: The Prose Works of Sir Philip Sidney in Four Volumes, Bd. 3: The Defence of Poesie. Political Discourses, Correspondence. Translation. Hg v. Albert Feuillerat. Cambridge 1968, S. 3–46, hier S. 28 f.

**23** Vgl. exemplarisch Tobias Klauk/Tilmann Köppe: Bausteine einer Theorie der Fiktionalität. In: Fiktionalität. Ein interdisziplinäres Handbuch. Hg. v. dens. Berlin/Boston 2014, S. 3–34, hier insbesondere S. 7 ff.

wie sie hätten sein können oder sollen – lebendig, plausibel, kohärent, anschaulich – und auf diese Weise ihre Leser*innen zu berühren und über exemplarische Beispiele zu tugendhaftem Verhalten zu animieren.[24]

Diese metafiktionale Passage lässt sich damit als selbstreferenzielle Aussage lesen: Auch der Roman *Tyll* schildert die Welt des Dreißigjährigen Kriegs nicht so, wie sie ‚tatsächlich' war, sondern er liefert eine fiktionale Version dieser Welt, in die zwar historische Elemente eingegangen sind, zu deren vertraglich vereinbarten Lizenzen aber auch gehört, die Geschichte anders zu erzählen, als sie sich zugetragen hat, und die Lücken im kulturellen Gedächtnis – die vergessenen Toten, die anonymen Opfer – mit imaginativen Stimmen und Bildern zu füllen.

# 4 Dialog II: Magie und Realismus

Kehlmanns Roman, so wurde bislang gezeigt, übernimmt wirkungsästhetische und formale Elemente der frühneuzeitlichen Erzählliteratur (karnevaleske Komik, panoramisches Erzählen, der Schelm als Spiegel und Klammer) und kombiniert sie mit poetologischen und ästhetischen Strategien des zwanzigsten und einundzwanzigsten Jahrhunderts, die insofern ‚gegenwärtig' sind, als sie sich auch in anderen historischen Gegenwartsromanen beobachten und als Antwort auf spezifische ethisch-ästhetische Herausforderungen des zwanzigsten Jahrhunderts verstehen lassen. Dabei wird die Frage nach der Legitimität der Fiktion an ihre Ursprünge zurückgespiegelt, in jene romantheoretischen Debatten, die sich von Sir Philipp Sidney bis weit ins achtzehnte Jahrhundert hineinziehen.

Doch wie ist es um das ‚Was' des Erzählens, den Inhalt des Romans bestellt? Die Vermutung liegt nahe, dass auch das Bild, das dieser Roman von der Zeit des siebzehnten Jahrhunderts entwirft, von unserer Gegenwart imprägniert ist, allen voran von den sogenannten ‚postfaktischen' Debatten, die derzeit über den Status wissenschaftliche Erkenntnisse sowie über die Grenze zwischen journalistischer Berichterstattung, populistischer Propaganda und künstlerischer Imagination geführt werden. Vor diesem Hintergrund lässt sich Kehlmanns Roman als quasiarchäologischer Text lesen, der den Blick zurückwirft in eine Zeit, in der die Trennung von Fakten und Fiktion, von Wissenschaft und Journalismus einerseits sowie Kunst und Literatur andererseits noch nicht vollzogen war. An Athanasius Kircher lässt sich beobachten, wie eng die Verbindung zwischen Empirie und Magie, zwischen Experiment und Spekulation im wissenschaftlichen Diskurs des siebzehnten Jahrhunderts war. So unternimmt Kehlmanns fiktiver Athanasius

24 Sidney: S. 16 ff.

Kircher – ebenso wie der historische Kircher – durchaus Experimente, die allerdings weniger dem Zweck dienen, empirische Erkenntnisse (im heutigen Sinne) zu produzieren, als das Walten geheimer Kräfte und verborgene Zusammenhänge in der Natur auf möglichst spektakuläre Weise zu demonstrieren:[25]

> „Ein Experiment", sagte er. „Die neue Art, Gewissheit zu finden. Man macht Versuche. Man zündet etwa eine Kugel aus Schwefel, Bitumen und Kohle an, und sofort spürt man, dass der Anblick des Feuers Zorn auslöst. Ganz benommen wird man von Ärger, wenn man sich im selben Raum aufhält. Das liegt daran, dass die Kugel Eigenschaften des roten Planeten Mars abspiegelt. In ähnlicher Weise kann man die wässrigen Eigenschaften zu Beruhigung erregter Gemüter nutzen oder die verwirrenden des trügerischen Mondes zur Sinnesvergiftung. Ein nüchterner Mensch braucht sich nur kurze Zeit in der Nähe eines mondgleichen Magneten aufzuhalten und wird so betrunken, als hätte er einen Schlauch Wein geleert."[26]

In Athanasius Kirchers Denken und Forschen vermengen sich dergestalt experimentelle, empirische Wissenschaft im heutigen Sinne mit ‚vormoderner' Naturmagie und Spekulation. So verwendet Kircher im Roman etwa genau denselben Zauberspruch wie Tylls Vater, der von ihm verhaftet und als Hexer verurteilt wurde.[27] Das magische Denken prägt nicht nur die Weltanschauung der sogenannten ‚einfachen Leute' – etwa der Dorfbewohner im ersten Kapitel – sondern ebenso die wissenschaftliche Theoriebildung der Zeit.

Auch der historische Athanasius Kircher war von der Existenz von Drachen allein schon deshalb überzeugt, weil in der Bibel von ihnen berichtet wird. In seiner Abhandlung über die unterirdische Welt (*Mundus subterraneus,* 1664/65) finden sich neben Überlegungen zur Erosion oder zur Entstehung von Magma, die zum Teil noch heute einige Gültigkeit haben, auch spekulative Thesen über unterirdische Meere, über die Gesellschaftsordnung von Höhlenbewohnern sowie eben auch über die Existenz und zoologischer Einordnung von Drachen,

---

**25** Zur Wissensgenerierung bei (dem realen) Athanasius Kircher vgl. Tina Asmussen: Scientia Kircheriana. Die Fabrikation von Wissen bei Athanasius Kircher. Affalterbach 2016, insbesondere S. 111–157.

**26** Kehlmann: Tyll, S. 350 f.

**27** Zwischen Tyll Ulenspiegel und Athanasius Kircher lassen sich ohnehin einige Ähnlichkeiten ausmachen: Beide bedienen sich magischer Praktiken, stehen unter dem Verdacht der Zauberei und sind für ihre spekulativen Auftritte und Vorführungen auf ein Publikum angewiesen. Diese Verwandtschaft wird im Roman zusätzlich unterstrichen, indem Elemente aus Tylls Lebensgeschichte in Wahrheit aus Athanasius Kirchers Lebensbeschreibung stammen – etwa die Episode mit dem Mühlrad, unter das Tyll (im Roman) bzw. Athanasius Kircher (in seiner Autobiographie) als Kind gerät und dabei nur knapp überlebt. Vgl. dazu Athanasius Kircher: Selbstbiographie. Aus dem Lateinischen übersetzt durch Dr. Nikolas Seng. Hg. v. Uwe Hahner. Petersberg 2011, S. 4 f., sowie Kehlmann: Tyll, S. 44 ff.

über die es im zweiten Kapitel des zweiten Bands, *De Draconibus Subterraneis*, unter anderem heißt:

> Quoniam verò hujusmodi monstruosa animalia in subterraneis antris utplurimum natales suos nidosque sortiuntur, ea tanquam nobile instituti nostri argumentum, subterraneis belluis jure merito adnumeranda duxi.
> Non nescio, duplex huius animalis genus ab Authoribus recenseri, alatum unum, sine alis alterum. De posterioris generis animantibus nemo dubitare aut potest, aut debet, nisi quis forsan Sacris Literis contradire audeat.[28]

> Da die monströsen Tiere dieser Art als Baue und Brutstätten meist unterirdische Höhlen wählen, fand ich es angebracht, sie zu den unterirdischen Tieren zu zählen.
> Es ist mir bekannt, dass andere Autoren zwei Arten dieses Tieres unterschieden haben, die einen mit, die anderen ohne Flügel. Niemand kann oder sollte die Existenz solcher Kreaturen anzweifeln, wenn er nicht wagen will, der heiligen Schrift zu widersprechen.[29]

Das Kapitel *Die große Kunst von Licht und Schatten*, dessen Titel von Athanasius Kirchers Abhandlung über Optik – *Ars magna lucis et umbrae* (1646) – übernommen ist, erzählt von Athanasius Kirchers Suche nach dem Drachen, von dem er sich ein Heilmittel für die Pest erhofft. Diese Reise ist fiktiv; auch spielen Drachen in den Schriften des historischen Athanasius Kircher eher eine nebensächliche Rolle. Die enge Verbindung zwischen naturmagischer Spekulation, christlicher Dogmatik und empirischer Experimentalwissenschaft, wie sie im Roman an Athanasius Kircher vorgeführt wird, spiegelt allerdings durchaus den wissenschaftlichen Diskurs Mitte des siebzehnten Jahrhunderts. Empirie und Imagination sind im Denken der Zeit eng miteinander verwoben: Aus heutiger Sicht ‚faktuale' Texte – wie *Mundus subterraneus* – weisen eine Vielzahl fantastischer und fiktiver Elemente auf, während sich die dichterische Fiktion der klassizistischen Poetik entsprechend möglichst eng an die historische Wahrheit halten muss, will sie nicht den Vorwurf auf sich ziehen, sie erzähle Lügen und verderbe ihre Leser.

Im Kontext aktueller literatur- und kulturwissenschaftlicher Diskussionen ist insbesondere von Interesse, wie sich Kehlmanns Roman dieser Gemengelage gegenüber positioniert – nimmt er doch gerade keine aufklärerische oder dezidiert rationalistische Perspektive ein. Athanasius Kircher wird vom Erzähler als Person durchaus karikiert; seine Weltanschauung allerdings wird ebenso wenig als falsch oder vormodern-primitiv vorgeführt wie die der Dorfbewohner zu

28 Athanasius Kircher: Mundus subterraneus. Teil II. Amsterdam 1665, S. 89.

29 Übersetzung nach: John Glassie: Der letzte Mann, der alles wusste. Das Leben des exzentrischen Genies Athanasius Kircher. Aus dem Englischen von Bernhard Kleinschmidt. Berlin 2012, S. 218.

Beginn des Romans, die ebenso zur Jungfrau Maria beten wie „zur Herrin des Waldes und zu den kleinen Leuten der Mitternacht“[30]. Das Ineinander von Rationalität und Aberglaube, von empirischer Beobachtung und magischer Spekulation, das im Roman allen voran Athanasius Kircher verkörpert, wird von Seiten des Textes selbst nicht aufgelöst oder desavouiert, im Gegenteil: Die Zaubersprüche wirken, die Geister sind real und auch der Drache, den Athanasius Kircher in Kehlmanns Roman nicht mehr finden wird, existiert: „Im selben Jahr“, heißt es am Ende dieses Kapitels, „starb in der Holsteinischen Ebene der letzte Drache des Nordens. Er war siebzehntausend Jahre alt, und er war es müde, sich zu verstecken.“[31]

Diese und weitere Passagen lassen sich anführen, will man Kehlmanns Texte im Kontext der Fantastik oder des Magischen Realismus verorten, wie es von Seiten der Forschung und der Literaturkritik häufiger unternommen wird.[32] Zum Magischen Realismus werden gemeinhin Texte gezählt, die fantastisch-magische Elemente mit rational-realistischen Wirklichkeitskonzepten verbinden.[33] Der Magische Realismus ist keine umgrenzte Epoche oder geographisch-zeitlich abgrenzbare Strömung, sondern eher ein stilistisches und poetologisches Verfahren, das sich insbesondere in der lateinamerikanischen Literatur des zwanzigsten Jahrhunderts, aber etwa auch in der deutschsprachigen Literatur der 1920er Jahre, der Nachkriegsliteratur und vermehrt wieder in der Gegenwartsliteratur beobachten lässt.[34] Im Unterschied zur fantastischen Literatur, die sich mit Todorov dadurch charakterisieren lässt, dass Leserin und Leser (und oft auch eine oder mehrere der Figuren) hin- und hergerissen sind, ob sie es mit übernatürlichen oder natürlichen Phänomenen zu tun haben, zeichnen sich magisch-realistische Texte dadurch aus, dass in ihnen zwei eigentlich unvereinbare Wirklichkeitskonzepte zu einer dritten Wirklichkeit verbunden werden: Innerhalb der fiktiven Welt von Kehlmanns Roman haben magische und fantastische Elemente denselben ontologischen Status wie historisch verbürgte Personen oder Ereignisse.[35] Allerdings tut sich in der

**30** Kehlmann: Tyll, S. 7.

**31** Kehlmann: Tyll, S. 392.

**32** Vgl. exemplarisch Joachim Rickes: Daniel Kehlmann und die lateinamerikanische Literatur. Würzburg 2012.

**33** Vgl. Michael Scheffel: Magischer Realismus. Die Geschichte eines Begriffes und ein Versuch seiner Bestimmung. Tübingen 1990, S. 59–108; Michael Navratil: Fantastisch modern. Zur Funktion fantastischen Erzählens im Werk Daniel Kehlmanns. In: literatur für leser 37 (2014), H. 1, S. 39–57, hier insbesondere S. 57.

**34** Zum Magischen Realismus in der Nachkriegsliteratur vgl. Friedhelm Marx: Magischer Realismus. Wolfgang Koeppen und Friedo Lampe. In: Treibhaus 2 (2006), S. 52–61.

**35** Vgl. Tzvetan Todorov: Einführung in die fantastische Literatur. Aus dem Französischen von Senta Metz und Caroline Neubaur. Frankfurt a. M. 1992, S. 25–33; Scheffel, S. 68.

Rezeption der erzählten Welt eine Kluft auf: Während heutige Leser*innen des Romans das Neben- und Ineinander von realen und magisch-fantastischen Elementen zu irritieren vermag, erleben die fiktiven Figuren ihre Wirklichkeit als ungebrochen und homogen: Drachen sind für den fiktiven Athanasius Kircher ebenso real wie für den historischen – und für den Roman sind sie es auch.

Kehlmanns Roman verbindet dergestalt zwei Strategien: Die metafiktionalen und selbstreferenziellen Techniken, mittels derer vom Dreißigjährigen Krieg erzählt wird, stammen ganz aus dem Repertoire des zwanzigsten Jahrhunderts. Die erkenntnistheoretische Position, von der aus erzählt wird, bemüht sich dagegen um größtmögliche Mimikry zu einer voraufklärerischen Weltwahrnehmung, in der Rationales und Irrationales, Fakten und Fiktion noch keine Gegensätze sind. Auch hier fungiert das Fantastische, so Michael Navratil, als „Verunsicherungsfaktor, durch den die Ordnung spezifisch moderner Weltinterpretation in Zweifel gezogen wird“[36]: Indem *Tyll* seine Leser*innen mit einer vormodernen Wirklichkeitsauffassung konfrontiert und diesen Konflikt nicht zugunsten einer rationalistischen Deutung auflöst, spielt er die Frage nach einer adäquaten Wirklichkeitsauffassung, dem Status des Realen und der Unterscheidung von Fakten und Fiktion an diese zurück.

Kehlmanns Roman unternimmt damit keinen Versuch, der Faktensehnsucht einer ‚postfaktischen‘ Gegenwart durch betonte Nähe zur historischen Wirklichkeit oder Suggestion von Authentizität entgegenzukommen. Stattdessen besteht er auf der Lizenz der literarischen Fiktion, eine andere und magische Version der Wirklichkeit zu entwerfen und dennoch wahr zu sein, indem sie – so Nicholas Paige – ‚schräge‘, vermittelte Aussagen über die Wirklichkeit trifft:

> What makes fiction fiction [. . .] is not content but the oblique manner in which it makes propositions about the world. [. . .] [I]t operates analogically or hypothetically. Hypothetically: the vivid world postulated by Chesney's novella is taken as a comment on the world that we share: "Dear Reader!" writes Dickens at the end of *Hard Times* (1854), "It rests with you and me, whether, in our field of action, similar things shall be or not." Analogically: the writer of fiction says, in essence, "This sort of things is always happening." "This book is like the world."[37]

Ähnliches gilt auch für *Tyll:* So unrealistisch und magisch-fantastisch die geschilderte Wirklichkeit auch ist, formuliert der Roman doch – gewissermaßen über den Umweg des siebzehnten Jahrhunderts – hypothetische und analogische Aussagen über die heutige Wirklichkeit: This sort of things is always happening.

36 Navratil: S. 39.

37 Nicholas Paige: Before Fiction. The Ancient Regime of the Novel. Philadelphia 2011, S. 17 f.

Tyll fungiert als Personifikation dieser Erzählkunst, die zugleich verzaubern und auf brutal-entlarvende Weise die Wahrheit sagen kann. Nimmt man diese Personifikation ernst und fragt nach der Funktion, die der Roman der Literatur in Zeiten der Unmenschlichkeit zuweist, so ergibt sich ein ambiger Befund: Sie kann das Vergessene in Erinnerung rufen, sie kann die Wirklichkeit entlarven, als das, was sie ist, sie kann verstören und verunsichern, ist zäh und überlebensfähig – und doch ändert sie letztlich nichts.

## Literaturverzeichnis

Asmussen, Tina: Scientia Kircheriana. Die Fabrikation von Wissen bei Athanasius Kircher. Affalterbach 2016.

Catani, Stephanie: Geschichte im Text. Geschichtsbegriff und Historisierungsverfahren in der deutschsprachigen Gegenwartsliteratur. Tübingen 2016.

Catani, Stephanie: Metafiktionale Geschichte(n). Zum unzuverlässigen Erzählen historischer Stoffe in der Gegenwartsliteratur. In: Ins Fremde schreiben. Gegenwartsliteratur auf den Spuren historischer und fantastischer Entdeckungsreisen. Hg. v. Christof Hamann, Alexander Honold. Göttingen 2009, S. 143–168.

Geulen, Hans: „Arcadische" Simpliciana. Zu einer Quelle Grimmelshausens und ihrer strukturellen Bedeutung für seinen Roman. In: Euphorion 63 (1969), S. 426–437.

Glassie, John: Der letzte Mann, der alles wusste. Das Leben des exzentrischen Genies Athanasius Kircher. Aus dem Englischen von Bernhard Kleinschmidt. Berlin 2012.

Gunreben, Marie: „. . . der Literatur mit ihren eigenen Mitteln entkommen". Norbert Gstreins Poetik der Skepsis. Bamberg 2011.

Herrmann, Leonhard/Silke Horstkotte: Gegenwartsliteratur. Eine Einführung. Stuttgart 2016.

Honold, Alexander: Travestie und Transgression. Pikaro und verkehrte Welt bei Grimmelshausen. In: Das Paradigma des Pikaresken. The Paradigm of the Picaresque. Hg. v. Christoph Ehland, Robert Fajen. Heidelberg 2007, S. 201–227.

Hutcheon, Linda: A poetics of postmodernism. History, theory, fiction. New York/London 1988.

Kehlmann, Daniel/Christian Mayer: „Deutschland war wie Syrien heute". Daniel Kehlmann im Interview. In: Süddeutsche Zeitung, 08.01.2018, https://www.sueddeutsche.de/kultur/daniel-kehlmann-im-interview-deutschland-war-wie-syrien-heute-1.3754609 (Zuletzt angesehen am 04.02.2019).

Kehlmann, Daniel/Lars Weisbrod; „Ich dachte, ich erlebe das Ende der Demokratie". In: Zeit online, 06.11.2017, https://www.zeit.de/kultur/literatur/2017-11/daniel-kehlmann-tyll-interview (Zuletzt angesehen am 04.02.2019).

Kehlmann, Daniel/Martin Ebel: „Wir überschätzen die Stabilität des Status Quo". Interview mit Daniel Kehlmann. In: Süddeutsche Zeitung, 29.10.2017, https://www.sueddeutsche.de/kultur/interview-mit-daniel-kehlmann-wir-ueberschaetzen-die-stabilitaet-des-status-quo-1.3728800 (Zuletzt angesehen am 04.02.2019).

Kehlmann, Daniel: Tyll. Reinbek bei Hamburg 2017.

Kehlmann, Daniel: Kommt, Geister. Frankfurter Vorlesungen. Reinbek bei Hamburg 2015.

Kircher, Athanasius: Selbstbiographie. Aus dem Lateinischen übersetzt durch Dr. Nikolas Seng. Hg. v. Uwe Hahner. Petersberg 2011.

Kircher, Athanasius: Mundus subterraneus. Teil II. Amsterdam 1665.
Klauk, Tobias/Tilmann Köppe: Bausteine einer Theorie der Fiktionalität. In: Fiktionalität. Ein interdisziplinäres Handbuch. Hg. v. dens. Berlin/Boston 2014, S. 3–34.
Marx, Friedhelm: Magischer Realismus. Wolfgang Koeppen und Friedo Lampe. In: Treibhaus 2 (2006), S. 52–61.
Navratil, Michael: Fantastisch modern. Zur Funktion fantastischen Erzählens im Werk Daniel Kehlmanns. In: literatur für leser 37 (2014), H. 1, S. 39–57.
o.V.: Ein kutzweilig lesen von Dyl Ulenspiegel. Nach dem Druck von 1515. Hg. v. Wolfgang Lindow. Stuttgart 1966.
Paige, Nicholas: Before Fiction. The Ancient Regime of the Novel. Philadelphia 2011.
Rickes, Joachim: Daniel Kehlmann und die lateinamerikanische Literatur. Würzburg 2012.
Scheffel, Michael: Magischer Realismus. Die Geschichte eines Begriffes und ein Versuch seiner Bestimmung. Tübingen 1990.
Sebald, W.G./Martin Doerry/Volker Hage: „Ich fürchte das Melodramatische“. Spiegel-Gespräch. In: Der Spiegel 11 (2001), S. 228–234.
Sidney, Sir Philip: The Defence of Poesie. In: ders.: The Prose Works of Sir Philip Sidney in Four Volumes, Bd. 3: The Defence of Poesie. Political Discourses, Correspondence. Translation. Hg v. Albert Feuillerat. Cambridge 1968, S. 3–46.
Todorov, Tzvetan: Einführung in die fantastische Literatur. Aus dem Französischen von Senta Metz und Caroline Neubaur. Frankfurt a. M. 1992.

Verena Russlies

# Die Kehlmann'sche Fliege: Zur Aktualität des *vanitas*-Topos bei Daniel Kehlmann

Durch die Erzähltexte Daniel Kehlmanns ‚schwirrt' ein ebenso außergewöhnliches wie – mindestens literaturwissenschaftlich – vernachlässigtes Motiv: die Fliege. Bereits im Erstling *Beerholms Vorstellung*[1] krabbelt ein Exemplar der *musca domestica* durch das Krankenzimmer des Protagonisten Arthur; was hier noch als zufälliges Detail anmutet, manifestiert sich in seiner leitmotivischen Verwendung im Folgeroman *Mahlers Zeit*[2] als wesentliches, deutungsbedürftiges Element. Seitdem folgt die Fliege[3] den Figuren als unerwünschte Begleiterin in *Der fernste Ort* (2001),[4] *Ich und Kaminski* (2003),[5] *Die Vermessung der Welt* (2005),[6] *Ruhm* (2009)[7] und *Tyll* (2017).[8]

Falls die Zweiflügler bei der Lektüre von Kehlmanns Texten wahrgenommen werden, dann wohl eher als etwas Banales oder Zufälliges. Auch die Forschung hat ihnen bislang wenig Aufmerksamkeit geschenkt. Die wenigen sowie kurzen Bemerkungen beschränken sich auf Einzeltexte,[9] so denn überhaupt ein

1 Hier verwendete Ausgabe: Daniel Kehlmann: Beerholms Vorstellung. Roman. Neuausgabe. Reinbek bei Hamburg 2007 [OA: Wien 1997]. Fortan im Text unter der Sigle BV zitiert.

2 Daniel Kehlmann: Mahlers Zeit. Roman. Frankfurt a. M. 1999. Fortan im Text unter der Sigle MZ zitiert.

3 Da sie in den untersuchten Texten ebenfalls nicht näher bezeichnet ist, umfasst die Bezeichnung ‚Fliege' in diesem Beitrag diverse Fliegenarten, wie auch im allgemeinen Sprachgebrauch üblich. Gemeint sind die gemeine Stubenfliege, Stech- und Fleischfliegen sowie verschiedene Mückenarten (erklärbar mit der biologischen Zugehörigkeit beider Unterordnungen zur Überordnung der Diptera, Zweiflügler). Vgl. R. Riegler: Art. Fliege. In: Handwörterbuch des deutschen Aberglaubens. Bd. 2.: C. M. B. – Frautragen. Hg. v. Hanns Bächthold-Stäubli. Unter Mitarbeit von Eduard Hoffmann-Krayer. Unveränderte fotomechanische Nachdruck der Ausgabe Berlin/ Leipzig 1930. Berlin/New York 1987, Sp. 1621–1630, hier Sp. 1621.

4 Daniel Kehlmann: Der fernste Ort. Roman. Frankfurt a. M. 2001. Fortan im Text unter der Sigle FO zitiert.

5 Daniel Kehlmann: Ich und Kaminski. Roman. Frankfurt a. M. 2003. Fortan im Text unter der Sigle IK zitiert.

6 Daniel Kehlmann: Die Vermessung der Welt. Roman. Reinbek bei Hamburg 2005. Fortan im Text unter der Sigle VW zitiert.

7 Daniel Kehlmann: Ruhm. Ein Roman in neun Geschichten. Reinbek bei Hamburg 2009.

8 Daniel Kehlmann: Tyll. Roman. Reinbek bei Hamburg 2017. Fortan im Text unter der Sigle T zitiert.

9 Für die jeweiligen Texte stimmig bringt Leonhard Herrmann die Fliege mit Todesnähe, Wesensverwandlung und Reinkarnation in Verbindung, allerdings nur in Kehlmanns frühen Erzählungen bis 2001. Vgl. Leonhard Herrmann: Literarische Vernunftkritik im Roman der Gegenwart. Stuttgart

https://doi.org/10.1515/9783110647488-009

Deutungsversuch vorgenommen wird. Weder wurde bisher eine werkübergreifende Interpretation angestellt noch der Symbolgehalt des Insekts erfasst. Dieser Beitrag hingegen geht davon aus, dass das Erscheinen der Fliegen nur scheinbar nebensächlich ist: Sie markieren Passagen respektive Handlungsmomente als ‚bedeutungsvoll' und stellen die Erzählungen in die Nähe der Themen Vergänglichkeit und Flüchtigkeit.

Die Fliege ist ein zentraler Bestandteil des tradierten Symbolkatalogs des *vanitas*-Topos, mithilfe dessen seit Jahrhunderten die Vergänglichkeit alles Irdischen, und insbesondere des Menschen, im Medium der Kunst reflektiert wird. Seine wesentlichen Aspekte – die imaginäre Vorwegnahme des Todes bzw. des Verschwindens mittels struktureller, motivischer und semantischer Mechanismen – bleiben bis in unsere Gegenwart bestehen. Aktuelle Tendenzen zeigen eine Wiederkehr des Topos in zeitgenössischen Medien, vornehmlich im Bereich des Films, der Fotografie und der Lyrik.[10] Aber auch in Kehlmanns erzählerischem Werk lassen sich seine Spezifika nachweisen, realisiert und aktualisiert in bestimmten Erzählstrukturen und ikonografischen Referenzen. Derart wird eine bislang unbemerkte, jedoch signifikante kulturhistorische Traditionslinie in Kehlmanns literarischem Schaffen offenbar, auf der sein bisheriges Œuvre thematisch und poetologisch neu verortet werden kann. Dieser Beitrag rückt nun sein Werk erstmals in den Problemhorizont der *vanitas* und untersucht dafür exemplarisch die Auftritte von Fliegen in Kehlmanns Texten.

Indem die Fliege als Motiv des *vanitas*-Topos an menschliche Vergänglichkeit erinnert, steht sie in engem Zusammenhang mit fundamentalen Fragen der Anthropologie – bei Kehlmann gestellt in der Form fiktionalen Erzählens. Bevor ich jedoch zu seinen Fliegen komme, folge ich den verschiedenen Spuren des Motivs in den Künsten, im Besonderen seiner Verwendung im Kontext der *vanitas*. Dabei wird deutlich, dass die funktionale Einsetzung des Fliegenmotivs und seine Zeichensprache, bei Kehlmann und anderswo, nach einem bestechend simplen Prinzip verfährt. Es lautet: „Kleinster Auftritt, maximale Performance".[11]

---

2017, S. 94, 99, 101, 105. Eher anekdotisch verweist Markus Gasser im Zusammenhang mit *Mahlers Zeit* auf die „kleine lästige Fliege", jedoch ohne sie als Motiv eingehender auszudeuten. Vgl. Markus Gasser: Daniel Kehlmanns unheimliche Kunst. In: Text + Kritik 177 (2008) [= Themenheft Daniel Kehlmann], S. 12–29, hier S. 16.

**10** Dazu jüngst erschienen: Claudia Benthien/Victoria von Flemming (Hg.): Vanitas. Reflexionen über Vergänglichkeit in Literatur, bildender Kunst und theoretischen Diskursen der Gegenwart. Berlin 2018 (Paragrana. Internationale Zeitschrift für Historische Anthropologie. Bd. 27, H. 2).

**11** Hartmut Böhme: Der Auftritt der Fliege. In: Performing the Future. Die Zukunft der Performativitätsforschung. Hg. v. Erika Fischer-Lichte/Kristiane Hasselmann. München 2013, S. 85–102, hier S. 86.

## 1 Diabolik, Paradoxie, Illusionismus – *musca depicta*

Worauf nun beruht die Achtung vor der Fliege in Dichtung und Malerei,[12] da diesem Wesen doch gemeinhin – als unwillkommenem Intimus unseres Alltags – unverhohlener Vernichtungswille entgegenschlägt?[13] Unsere ungeliebten Kulturfolger fristen ihr Dasein in Schamlosigkeit und Willkür:[14] Sie zeigen sich weder nützlich, noch sind sie schön, sie erregen Ekel und belästigen uns in ihrer Penetranz und vermeintlichen Heimtücke. Allgegenwärtig und unberechenbar nehmen sie einen festen, meist negativ besetzten Platz im Volksglauben ein.[15] Auf Empathie oder Gnade darf die Fliege hier kaum hoffen, sie ist die Verkörperung von Sinnlosigkeit, reiner Kontingenz und somit verdammt zur absoluten Bedeutungslosigkeit.

Und dennoch behalten wir sie im Auge: Fliegen *intervenieren*, sie erscheinen im Modus der Störung[16] und demonstrieren so eine eigentümliche ‚Macht', die von ihrer Andersartigkeit herrührt: Sie konfrontieren uns mit archaischer Fremdheit; unsere Aversion gründet womöglich auf der (un-)heimlichen Gewissheit, dass, obwohl sie unsere Toleranz strapazieren, sie uns nicht beachten, dass wir ihnen gleichgültig sind.[17] Die Fliege bleibt üblicherweise namenlos, anonym und damit bar jeder Identität und Individualität – im Bereich künstlerischer Gestaltung jedoch erfährt sie eine kontextbezogene Aufwertung. In der Literatur und bildenden Kunst verschaffen ihr Kleinheit, ein umfassender figurativ-metaphorischer Verwendungsbereich und (wirkliche wie übertragene) Beweglichkeit, wenn nicht Sympathie, dann zumindest andauernde Faszination. Häufig dient sie als dezenter Hinweis auf bedeutungsvolle Zusammenhänge. Für die weitere

12 Eine große Auswahl aus beiden Bereichen versammelt André Chastel (Hg.): Musca depicta. Mailand 1984.

13 Elias Canetti attestiert dem Akt des Fliegentötens eine „Verachtung fürs völlig Wehrlose, das in einer ganz anderen Größen- und Machtordnung lebt als wir, mit dem wir nichts gemein haben, [. . .] das wir nie fürchten, es sei denn, es tritt plötzlich in Massen auf." Vgl. Elias Canetti: Masse und Macht. Sonderausgabe. Frankfurt a. M. 1992 [OA 1960], S. 225–226.

14 Vgl. zu der ihr gemeinhin negativen eingeschriebenen Semantik Hartmut Böhme: Das Handeln und Denken der Bilder. Oder wie Fliegen den Betrachter verrücken. In: Poiesis. Über das Tun in der Kunst. Hg. v. Andreas Beyer/Dario Gamboni. Berlin/München 2014 (Passagen/Passages. Bd. 42), S. 59–94, hier S. 78.

15 Zugeschrieben wurden ihr beispielsweise übertriebene Lebenszähigkeit, man machte sie als Ursache für Geistesstörungen und als schlechtes Vorzeichen für Seelenheil und Wetter aus. Vgl. Riegler, Sp. 1622–1629.

16 Vgl. Peter Geimer: Fliegen. Ein Portrait. Berlin 2018 (Naturkunden. Bd. 45), S. 14.

17 Vgl. Geimer: S. 24–27.

Analyse sind zwei Spuren der Fliege, eine literaturgeschichtliche und eine kunsthistorische, von Interesse.

Die literaturgeschichtliche Spur lässt sich bis zum antiken, paradoxen Enkomion (Lobgedicht) zurückverfolgen. Hier, im philosophisch-literarischen Kontext, erhielt die Fliege ihre symbolische Tragweite. Bei Lukian und Alberti, die in ihrem jeweiligen Fliegenlob ihren niedrigen Gegenstand in hohem Ton satirisch preisen, wird die Fliege zum „omnivalenten" und „durch und durch poetischen Tier".[18] Und als solches setzte es seine Karriere fort: Rhetorisch wurde „an einer Art Hominisation der Fliege gearbeitet";[19] sie geriet zur literarischen Stellvertreterin des Menschen selbst[20]– sie sei energetisch wie melancholisch, stark wie fragil und sanftmütig wie lästig. Kaum ein menschliches Verhalten oder Empfinden kann diesem Insekt nicht angedichtet werden.

Ihre ontologische wie semantische Aufwertung macht sie literarisch gleichnistauglich. Die Nichtigkeit und Lästigkeit der Fliege „kann symbolisch als Bild auch der menschl[ichen] Fragwürdigkeit gespiegelt werden", ihre lebenszeitliche Flüchtigkeit löst moralische und dabei teilweise ironische Reflexionen aus und in ihrer „Lebenskürze und der nur zufälligen Wahrnehmung durch den Menschen kann die F[liege] zum Zeichen mikrokosm[ischer] Ordnung werden, die sogar den Weg ins Göttliche weist."[21] Sie kann nicht nur beneidenswerte (Selbst-)Zufriedenheit versinnbildlichen, sondern genauso Signum des Bösen sein, als göttliche Bestrafung (Ex 8; Jes 7,18) oder als Zeichen des Teufels, des ‚Baal-Zebub' [Herr der Fliegen] (2 Kön 1). Das Fliegenmotiv erzeugt (dialektische) Spannung, steht in der Nähe zum Nihilismus[22] (Schopenhauer, Goethe), bisweilen auch in Bezug zu Vernunft und Vernunftkritik (Wittgenstein, Gellert).

Während die Fliege also in weiten Teilen ihrer dichterischen Verwendung als vieldeutige Metapher und bedeutungsgeladenes Zeichen anzusehen ist, lässt sich eine Sonderform der literarischen Motivgestaltung identifizieren: der Fliegentod (Keller, Musil, Mansfield, Jandl, Gernhardt). Fliegen sterben – zumindest in der Literatur – keines natürlichen Todes, sie werden stets Opfer des

**18** Böhme: Das Handeln und Denken der Bilder, S. 68.

**19** Böhme: Der Auftritt der Fliege, S. 92.

**20** Eine besondere Nähe habe, so Gregor Eisenhauer, die Fliege zum Dichter: Die Fliege als „Wappentier" der Schreibenden entfalte einen „düsteren Humor, der um die Vergeblichkeit des Lebens wie der Kunst weiß". Vgl. Gregor Eisenhauer: Die Fliege, die Kunst und der Tod. In: Deutsche Vierteljahrsschrift für Literaturwissenschaft und Geistesgeschichte 68 (1994), H. 2, S. 364–390, hier S. 368, 390.

**21** Mathias Mayer: Art. Fliege. In: Metzler Lexikon literarischer Symbole. Hg. v. Günter Butzer/Joachim Jacob. Stuttgart/Weimar 2008, S. 107.

**22** Vgl. Eisenhauer: S. 374–376.

Menschen, von Gesellschaft und Wissenschaft.[23] Im Verenden einer Fliege, deren Ableben für gewöhnlich erbärmlich und leidvoll gezeichnet ist, zeigt sich in der literarischen Bearbeitung, dass sie diesbezüglich vom Menschen bemerkenswert wenig unterscheidet. Sie avanciert somit zur metaphorischen Leidensgenossin im Angesicht der Mortalität.

Bevor dieser Spur weiter in die Nähe irdischer Vergänglichkeit gefolgt wird, soll eine zweite hinzugezogen werden: Ab der Mitte des fünfzehnten Jahrhunderts findet die Fliege Eingang in die Malerei, angeregt von schriftlichen Quellen, die gerade in diesem Insekt ein Symbol des Bösen und des Teufels sahen.[24] Als Teil der christlichen Ikonografie ist sie das Zeichen der Sündhaftigkeit und dämonischer Besessenheit, außerdem verkörpert sie den Unglauben, welchem stets christologische Symbole entgegengesetzt sind.[25] In der sakralen Malerei als unmissverständliches Zeichen diabolischen Einflusses verwendet, taucht die Fliege bereits Ende des fünfzehnten Jahrhunderts in der profanen Malerei, besonders in der Porträtkunst, auf.[26] In beiden Fällen steht sie im Zusammenhang mit (sündhafter) Bilderverehrung und wird mit Idolatrie assoziiert.[27]

Im Übergang zum sechzehnten Jahrhundert verliert die Fliege größtenteils ihre allegorische Bedeutung, wird zum metapikturalen Zeichen[28] und sollte gemalt als *das* illusionsstiftende Motiv überhaupt in Bezug zu ihren Betrachtern treten. Dabei ist sie „keineswegs artistischer Selbstzweck", da sie „auf einer primären, formalen Ebene im Dienst der Definition des oft erstaunlich komplexen Verhältnisses von Bild- und Realraum steht."[29] Der inszenatorische Effekt des Fliegenmotivs befähigt es zur Nutzung im *trompe-l'œil*; einer Darstellung, die mit der sinnlichen Täuschbarkeit seiner Betrachter mittels mimetisch-repräsentativer Detailtreue spielt, ihren künstlichen Charakter aber niemals leugnet. Die Fliegendarstellung bestimmt demnach, „gewissermaßen als an das Reflexionsvermögen

---

**23** Auffällig oft ist diese Variation in der österreichischen Literatur zu finden. Einen Überblick gibt Christoph Leitgeb: Schwirren statt Schweben: Der ironische Tod österreichischer Fliegen. In: Musil anders. Neue Erkundungen eines Autors zwischen den Diskursen. Hg. v. Gunther Martens/Clemens Ruthner/Jaak de Vos. Bern 2005. (Musiliana. Bd. 11), S. 111–136.

**24** Vgl. Harry Kühnel: Die Fliege – Symbol des Teufels und der Sündhaftigkeit. In: Aspekte der Germanistik. Festschrift für H.-F. Rosenfeld. Hg. v. Walter Tauber. Göppingen 1989 (Göppinger Arbeiten zur Germanistik. Bd. 521), S. 285–305, hier S. 287.

**25** Vgl. Kühnel: S. 289–290.

**26** Vgl. Kühnel: S. 294–296.

**27** Vgl. Böhme: Das Handeln und Denken der Bilder, S. 66.

**28** Vgl. Böhme: Das Handeln und Denken der Bilder, S. 66–67.

**29** Harald Jurkovic: Das Bildnis mit der Fliege. Überlegungen zu einem ungewöhnlichen Motiv in der Malerei des 15. und 16. Jahrhunderts. In: Belvedere. Zeitschrift für bildende Kunst 10 (2004), H. 1, S. 4–23, hier S. 14.

des Betrachters appellierende, visualisierte Rezeptionsanleitung, auf subtile Weise die Beziehung zwischen dem Werk und seinem Publikum."[30] Man *darf* der Täuschung erliegen, muss sich aber ‚ent-täuschen' lassen – spätestens beim Versuch, die Fliege vom Bild zu verscheuchen. Erst mit dieser Art der Desillusionierung kann ästhetische Lust entstehen, die das Moment des Schrecks (über den Wechsel von Schein und Sein) im Modus des Spiels auflöst[31] und so kontemplative Wahrnehmung und Reflexion evoziert. Diese Entwicklung geht so weit, dass die Fliege nun in vielen Darstellungen vor allem eine Funktion übernimmt: Ihr Anblick soll desorientieren respektive verstören.

## 2 Ein makabres wie ‚verfliegendes' Motiv: Die Fliege und die *vanitas*

Ihre symbolische Aufladung sowie ihre Funktionalisierung in der Malerei ermöglichten der Fliege auch eine Aufnahme in das ikonografische Inventar des *vanitas*-Topos. In der *vanitas* artikuliert sich, ausgehend von der alttestamentarischen Sentenz des Predigers im Buch Kohelet (Koh 1,2),[32] die Klage über die Kürze des Daseins, den Schein eines guten Lebens, die Vergeblichkeit jeglicher Bemühungen in Anbetracht der eigenen Endlichkeit und die Last des Wissenden um die eigene Sterblichkeit. Vom Mittelalter ausgehend etablierten sich bestimmte Konventionen bezüglich des Aufbaus, der Bildlichkeit und des theologisch-philosophischen Referenzrahmens, die sich in der Frühen Neuzeit nachhaltig festigten.[33] Seitdem wird mithilfe des Topos das Sein als ständiger Wechsel von Werden und Vergehen dargestellt bzw. rhetorisiert.

Von seiner Entstehung an wird der Topos in verschiedenen Medien umgesetzt: Die *vanitas* erscheint in den bildenden und darstellenden Künsten, in allen

30 Jurkovic: S. 14–16.

31 Vgl. Böhme: Das Handeln und Denken der Bilder, S. 65.

32 Im Wortlaut der Vulgata heißt es: „Vanitas vanitatum, dixit Ecclesiastes; vanitas vanitatum et omnia vanitas". *Vanitas* wird in der deutschen Übersetzung mit ‚Windhauch' sowie mit ‚eitel', ‚nichtig', ‚nutzlos' oder ‚sinnlos' übersetzt. Neben dem *vanitas*-Gedanken aus dem alttestamentarischen Buch Kohelet prägen die Reich-Gottes-Verkündigung sowie die Apokalyptik das Vergänglichkeitsverständnis des Christentums. Die *vanitas*, die endliche Zeit menschlichen Daseins, steht also innerhalb der christlichen Lehre der ewigen Zeit des Himmelreichs gegenüber.

33 Diese Konventionen beginnen sich erst zum Ende des siebzehnten Jahrhunderts allmählich zu lockern. Vgl. Ferdinand van Ingen: Vanitas und Memento mori in der deutschen Barocklyrik. Groningen 1966, S. 10.

Gattungen der Literatur (besonders in der Lyrik) und bedient ebenso die Fotografie und den Film. Folgende drei Merkmale sind dabei konstitutiv:

(1) *Ein umfassendes Inventar aus tradierten Symbolen,*[34] *die als ikonografische Referenzen und mit leitender, imperativischer Funktion auftreten*: Die Präsenz von verwaisten und dadurch wertlos gewordenen Objekten weist explizit auf die Absenz von etwas – sei es einer hedonistischen Daseinsweise, des Menschen überhaupt oder des Lebens selbst. In den Motiven ist der permanente Verfall gegenwärtig, wobei vor allem das Alltägliche oder gar Abstoßende fasziniert. Fliegen sind in diesem Zusammenhang ausgesprochen attraktiv: Ihre Fähigkeiten auf dem Gebiet physischer Dekomposition sowie ihre Eingebundenheit in den Kreislauf von Leben und Tod[35] liefern eine drastische Nahaufnahme weltlichen Vergehens. Auch ihre unruhige Eigenbewegung kann als Anzeichen für die Flüchtigkeit des Daseins gelesen werden. Außerdem ist die Fliege weiterhin im christlichen Kontext Zeichen der Sündhaftigkeit (und damit ein „unheimlicher Einspruch gegen die unverhüllte Lust am Reichtum und Wohlleben“[36]), das omnipräsente Symbol der Kurzlebigkeit und transportiert eine unmissverständliche Todesmahnung. Derart erfolgt eine moralische Aufwertung der Fliege, deren Dasein im christlichen Bezugsrahmen nun mindestens eben darin begründet liegt, den Menschen an die Vergänglichkeit allen Seins zu erinnern.[37]

(2) *Das Spiel der Präsentation mit Schein und Sein, ihren medialen Möglichkeiten (besonders an der Grenze zwischen Wahrheit und Erfindung) und Täuschung sowie bewusster ‚Ent-Täuschung‘ ihrer Rezipienten*: Seit der letzten ‚Blüte‘ des Topos in der Frühen Neuzeit stehen *vanitas*-Figurationen zusätzlich in einem Spannungsverhältnis zwischen Schein und Sein, zwischen Medium und Rezipient. Sinnestäuschende Techniken (u. a. das *trompe-l'œil*) werden zur Inszenierungspraxis, welche die Ambiguität optischer Eindrücke für

---

**34** Diese wird auch in der aktuellen Forschung nach dem Kunsthistoriker Ingvar Bergström in drei Gegenstandskategorien eingeteilt: Symbole des diesseitigen Daseins respektive des kurzen irdischen Lebens, Symbole der Vergänglichkeit des Lebens und der Flüchtigkeit der menschlichen Existenz, Symbole der Auferstehung und des jenseitigen, ewigen Lebens. Vgl. Ingvar Bergström: Dutch still-life painting in the seventeenth century. Übersetzt von Christina Hedström/Gerald Taylor. London 1956, S. 154.

**35** Vgl. Katharina Sykora: Enden und Verfliegen. Schädel, Insekten und zwei Temporalitäten der Vanitas in der zeitgenössischen Fotografie. In: Vanitas. Reflexionen über Vergänglichkeit in Literatur, bildender Kunst und theoretischen Diskursen der Gegenwart. Hg. v. Claudia Benthien/Victoria von Flemming. Berlin 2018 (Paragrana. Internationale Zeitschrift für Historische Anthropologie. Bd. 27, H. 2), S. 193–207, hier S. 200–201.

**36** Sykora: S. 201.

**37** Vgl. Eisenhauer: S. 371.

Verweise auf die Uneigentlichkeit der menschlichen Existenz nutzt und aktive Rezipienten fordert: Sie sollen neben dem oberflächlichen Genuss in gleichem Maße auf Bedeutungssuche gehen. Der Schein ist für seine Offenlegung prädestiniert; die Wirklichkeit, das Sein, also alles *vor* der Darstellung ist ebenso vergänglich wie das Dargestellte oder die Darstellung selbst. Die Fliege als grenzenloses bzw. entgrenzendes Motiv eignet sich ideal für diesen illusionsstiftenden Einsatz mit implizitem moralischen Appell.

(3) *Ein Zeitkonzept, das die Gegenwart mit der Zukunft synthetisiert und synchronisiert, um den künftigen Tod zu antizipieren und Vergänglichkeit visuell bzw. poetisch erfahrbar zu machen*: Dieses Merkmal etablierte sich ebenfalls in der Frühen Neuzeit und ist als solches paradox, da es lineare Zeitlichkeit (Chronizität) negiert.[38] Claudia Benthien erläutert hierzu: „Gegenwärtiges Leben und zukünftiger Tod verschmelzen in eine einzige, synthetisierte Zeit, wodurch ein unheimlicher, hybrider Seinszustand entsteht." Durch temporale Inversionen entstehe der Eindruck, „der Tod sei im Leben fortwährend präsent".[39] Da *vanitas* per se auch Auseinandersetzung mit Zeit und Zeitgestalt ist und mit einer spezifischen, ästhetisch geformten Eigenzeit operiert, eröffnet sich in der Rezeption auch Raum für die (Selbst-)Reflexion ästhetischer Zeitwahrnehmung.

*Vanitas*-Figurationen tragen den Charakter einer medial ausgesprochenen Ermahnung an weltliche Zeitlichkeit, welche – drastisch gewendet – die Ohnmacht des Menschen gegenüber der Allgewalt des Todes zeigt. Was diese Art der Reflexion über das Faktum der Vergänglichkeit einzigartig macht, ist ihre

---

**38** Die negierte lineare Zeitlichkeit eröffnet Parallelen zu einem anderen kulturtheoretischen Konzept: dem Trauma. Beide Konzepte verweigern sich Diachroniziät und verbinden zwei Zeitebenen: die *vanitas* Gegenwart und Zukunft, das Trauma Vergangenheit und Gegenwart. Vgl. Claudia Benthien: Vanitas Vanitatum, et Onmia Vanitas: The Baroque Transience Topos and Its Structural Relation to Trauma. In: Enduring Loss in Early Modern Germany. Cross Disciplinary Perspectives. Hg. v. Lynne Tatlock. Leiden/Boston 2010 (Studies in Central European Histories. Bd. 50), S. 51–69, hier S. 59–61. Diese Feststellung ist insofern auch für Kehlmann relevant, als die meisten Protagonisten durch eine traumatische Erfahrung sehr früh die Vergänglichkeit allen Seins erkennen mussten. Der Umgang mit referenziellen Bildern der *vanitas* erscheint so als Bewältigungsstrategie und als Bemühen um Akzeptanz der eigenen Sterblichkeit. Für weitere Überlegungen zum Trauma als produktiven Topos bei Kehlmann vergleiche die Beiträge von Simon Zeisberg und Anna-Marie Humbert in diesem Band.

**39** Claudia Benthien: Vanitas mundi. Der barocke Vergänglichkeits-Topos in bildender Kunst, zeitbasierten Medien und Literatur der Gegenwart. In: Frühe Neuzeit – Späte Neuzeit. Phänomene der Wiederkehr in Literaturen und Künsten ab 1970. Hg. v. Nordverbund Germanistik. Bern u. a. 2011 (Publikation zur Zeitschrift für Germanistik. Neue Folge. Bd. 24), S. 87–108, hier S. 91.

Perspektivierung: Zentral ist, dass hierbei der Weg alles Irdischen (Verschwinden und Vergehen) im Modus der Antizipation ausgestellt wird, während die allgemeine kulturelle Reflexion über Verlust und Tod in der Retrospektive erfolgt.[40] Dieser Mechanismus dient der „Prävention von Trauer und Leid":[41] Rezipienten sollen sich mit dem Umstand ihres eigenen, unabwendbaren Ablebens vertraut machen – der „ethische Imperativ"[42] des *memento mori* [Gedenke des Todes] fordert seine Verinnerlichung und soll eine konstante Auseinandersetzung mit der Unmittelbarkeit des Todes auslösen. In unterschiedlichen Verhältnissen flossen im Mittelalter und in der Frühen Neuzeit die Denkfiguren des *contemptus mundi* [Verachtung der (irdischen) Welt] oder des *carpe diem* [Pflücke den Tag, i.S.v. Genieße den Augenblick!] in die Klage über Tod und Todverfallenheit des Menschen ein.

Aktuelle Überlegungen öffnen erneut die Frage, was vergänglich ist und was dem Vergangenen folgen mag, denn „Sterblichkeit und Tod stellen für Menschen im Zeitalter der technischen und medizinischen Machbarkeit eine massive Provokation dar".[43] Der eigene Tod kann – zumindest in einem säkularisierten Umfeld – keiner ‚Vollendung' als erfüllte ‚Finalität' (im religiösen Sinn) mehr gleichkommen, sondern wird als ‚Endlichkeit', als zu erleidende ‚Mortalität' erlebt.[44] Die früheren Denkfiguren erhalten vor diesem Hintergrund ihre Gültigkeit bzw. werden aktualisiert: Die Endgültigkeit und drohende Plötzlichkeit des Todes (*memento mori*) und das Bedürfnis nach intensiv erlebter Gegenwart (*carpe diem*) bleiben bestehen, dennoch löst sich das Konzept der *vanitas* von seinem jahrhundertelang geltenden theologisch-didaktischen Referenzrahmen. Gegenwärtige Neufigurationen der *vanitas* eröffnen neue Kontexte, stehen in Bezug zu vielfältigen Referenzpunkten[45] und knüpfen dabei beispielsweise an Fragen nach Gegenwärtigkeit, Medialität und Materialität an.

---

**40** Vgl. Benthien: Vanitas Vanitatum, et Onmia Vanitas, S. 51.

**41** Benthien: Vanitas mundi, S. 88.

**42** Benthien: Vanitas mundi, S. 89.

**43** Benthien: Vanitas mundi, S. 107.

**44** Vgl. Odo Marquard: Finalisierung und Mortalität. In: Das Ende. Figuren einer Denkform. Hg. v. Karlheinz Stierle/Rainer Warning. München 1996 (Poetik und Hermeneutik. Bd. 16), S. 467–475, hier S. 467.

**45** Alma-Elisa Kittner: „Ich möchte mehr Gegenwart!" Barocke Vanitas in der Postmoderne. In: Barock – Moderne – Postmoderne. Ungeklärte Beziehungen. Hg. v. Victoria von Flemming. Wiesbaden 2014 (Wolfenbütteler Arbeiten zur Barockforschung. Bd. 50), S. 315–337, hier S. 316.

# 3 Zu Fliegen in Kehlmanns Œuvre

Die Untersuchung beginnt mit der Fliegenepiphanie in *Tyll*, bevor sie der Chronologie von Daniel Kehlmanns Texten folgt. Dies geschieht einerseits aus Gründen der Aktualität, andererseits bildet mitsamt dem Debüt der Fliege in *Beerholms Vorstellung* so eine zwei Dekaden umfassende Klammer den Auftakt der werkübergreifenden Analyse.

In *Tyll* begegnet die Fliege dem Gelehrten Athanasius Kircher. Er wird als Schriftführer beim Hexenprozess während der Geständnisverlesung von einer Fliege gestört:

> Er verstummt. Eine Fliege summt an seinem Ohr vorbei, fliegt einen Bogen, setzt sich auf seine Stirn. Soll er sie verjagen oder tun, als merkte er es nicht? Was ist der Gerichtswürde angemessener, was weniger lächerlich? Er schielt zu seinem Mentor, aber der gibt ihm keinen Hinweis. (T, 127)

Und wenig später, als der Angeklagte Claus Ulenspiegel nach seinen Büchern fragt:

> Beunruhigt sieht Doktor Kircher, dass eine Fliege sich auf dem Papier in seinen Händen niederlässt. Ihre schwarzen Beinchen folgen dem Lauf der Schriftzeichen. Kann es sein, dass sie ihm etwas sagen will? Aber sie bewegt sich so schnell, dass man das, was sie zeichnet, nicht lesen kann, und er darf sich nicht schon wieder ablenken lassen. (T, 131)

Das Insekt ist hier kein bloßer Plagegeist, sondern die Verkörperung von Athanasius' Desorientierung und geistiger Ver(w)irrung. Die Befürchtung, jeden Moment die Kontrolle über die Verhandlung zu verlieren, findet ihren Ausdruck in der Fliege. Interessant ist ihre Platzwahl: Die menschliche Stirn ist auf Porträts ein prominenter Ort, um an die Todverfallenheit der Dargestellten und ihrer Betrachter zu mahnen;[46] die Niederlassung auf einem Schriftstück erinnert an ästhetische Experimente in der Buchmalerei, in welcher die metapikturale Funktion der Fliege vermutlich zuerst umgesetzt wurde.[47] In beiden Fällen kündet die Fliege von Unheil – Athanasius wird sie als Zeichen des Teufels und der Sündhaftigkeit zur Seite gestellt. In ihr versinnbildlicht sich die über allem schwebende Drohung, Satan könne jederzeit in die Verhandlung eingreifen, und „nur Mut und Reinheit der Richter" (T, 120) wüssten dies zu verhindern. Doch ist Athanasius weder mutig noch rein: Er lügt – und die Fliege ist ein diskreter Hinweis darauf. Er folgt einem speziellen Welt- und Wissenschaftsverständnis (vgl. T, 351/368),

46 Vgl. Jurkovic: S. 20. Aktueller und ebenso denkbar ist ein Verweis auf die ‚obama fly', die 2009 und 2014 durch die Medien surrte, vgl. Böhme: Das Handeln und Denken der Bilder, S. 90.

47 Vgl. Böhme: Das Handeln und Denken der Bilder, S. 72.

das ihn Regelhaftigkeiten und naturwissenschaftliche Gesetze dort erkennen lässt, wo keine nachzuweisen sind. Dies lässt ihn zunächst als angesehenen Gelehrten, letztlich jedoch als geständigen Schwindler erscheinen (vgl. T, 384), welcher lediglich einer umfassenden Selbsttäuschung erliegt. Seiner Einschätzung nach ist die Wahrscheinlichkeit hoch, dass der ‚Herr der Luft' ihn lächerlich machen und den Prozess sabotieren würde (vgl. T, 125); in der Fliege und weiteren Zeichen vermutet er Eingriffe des Teufels, die mitunter nur für ihn sichtbar seien (vgl. T, 134). Die Zuordnung zum Diabolischen wird noch deutlicher: Tylls ‚Narrwerdung' im Wald wird von Fliegen begleitet, die nun denjenigen umschwärmen, in den der „große, große Teufel" (T, 81) gefahren ist (vgl. T, 78/80/82). Schon vorher kündigt sich Tylls Narrentum und die Verbundenheit zum ‚Herrn der Fliegen' bei seiner Nahtoderfahrung im Mühlenbach an, wenn „ein Fleck [. . .] sich auf dünnen Beinchen vor seinem rechten Auge [bewegt]" (T, 46). Es verdichtet sich der Verdacht auf dämonische Einflüsse bei Tyll, nicht zuletzt wegen der motivgeschichtlichen Rolle des Narren als personifiziertes *vanitas*-Symbol[48] und seiner traditionellen Nähe zum Teufel. Und in diesem Fall: mit der Fliege als Signum.

Eine teuflische Botschaft hat auch die Fliege in *Beerholms Vorstellung*. Arthur Beerholm erholt sich nach einem Schwächeanfall, dabei stört den Kranken die sprichwörtliche Fliege an der Wand:

> Ich wollte trinken und dann schlafen, nur noch schlafen. Eine kleine Fliege summte durch das Zimmer, landete an der Wand und begann einen schnellen, kurvenreichen Lauf. Was schrieb sie da? Durch meine Arme und Beine lief eine Welle aus [prickelndem][49] Schüttelfrost. (BV, 88)

Der Zweiflügler fungiert bereits hier als Marker für die Gegenwart des Diabolischen, sie malt gleichsam den Teufel an die Wand als Auftakt für das direkt anschließende, angeblich „frömmste Kapitel" (BV, 89) des Romans. Arthur, noch in der Priesterausbildung befindlich, macht schon vor dieser Szene „Monsieur Lucifer" (BV, 73) für sein (Ver-)Zweifeln an der kirchlichen Lehre verantwortlich. Jener hätte die „Langeweile" in die heiligen Schriften eingegeben, die „Leere in alle Dinge gelegt" und setze alte Männer in die benachbarte Kirchenbank, die „einem mit jedem Ton zuschrien: ‚Es ist sinnlos, sinnlos, sinnlos'" (BV, 74). Mit diesem direkten Fingerzeig auf Koh 1,2 bringt Arthur pointiert die Vergeblichkeit seiner Bemühungen um Weltverständnis und Wissensakkumulation zum Ausdruck – ein

---

**48** Vgl. Werner Mezger: Hofnarren im Mittelalter. Vom tieferen Sinn eines seltsamen Amts. Konstanz 1981. S. 29, 44.

**49** In der Neuauflage wurde das Adjektiv im Gegensatz zur Originalausgabe ersatzlos gestrichen. Zur Passage in der ersten Fassung vgl. Daniel Kehlmann: Beerholms Vorstellung. Wien/München 1997. S. 99–100.

solcher Verweis auf tradierte *vanitas*-Inhalte ist an Deutlichkeit kaum zu überbieten. Schon beim Prediger bildete Wissen bzw. Erkenntnis die Wurzel von Enttäuschung sowie Desillusionierung und stellte statt einer Bereicherung eine erdrückende Last dar. Schreibt die Fliege das für Arthur an die Wand? Die mit menschlicher Schrift assoziierte Nachricht, welche sie hier (wie in *Tyll*) auf dem Weiß hinterlässt, ist von ihrem jeweiligen Empfänger nicht zu deuten. Ihr unbekannter Code verhüllt die Information, was Athanasius und Arthur[50] verblendet und zur gleichen Zeit von der Wirklichkeit verunsichert erscheinen lässt. In beiden Fällen ist die Fliege ein Zeichen unbelehrter Einfalt[51] und zugleich eine Botschaft des Demiurgen: ein Hinweis auf die Schadhaftigkeit und Brüchigkeit der Welt bzw. der jeweiligen Konstrukte der Figuren. Das kleine Insekt ist also Auslöser für Irritation, Unsicherheit und säht den Keim des Zweifels.

In *Mahlers Zeit* tritt die Fliege leitmotivisch auf – beginnend in der bis heute unveränderten Covergestaltung[52] wie auch innerhalb verschiedener Erzählebenen des Textes. David Mahler fühlt sich zunehmend verfolgt – und wie sich herausstellen wird – am hartnäckigsten von einer Fliege. Erstmals begegnet er ihr in einem Park, in dem sein verwahrloster Sitznachbar (vgl. MZ, 23) unvermittelt stirbt:

> David stand auf. Er fühlte keinen Schrecken, keine Angst, ihm war, als ob er es erwartet hatte. Am Horizont zeigte sich eine Linie aus blassem Licht; die Nacht würde bald vorüber sein; die Zeit war schnell vergangen, schneller als je, viel zu schnell. Der alte Mann saß starr da, seine Augen standen offen, sein Gesicht sah merkwürdig aus, nicht ganz wie ein wirkliches Gesicht; eher wie ein Gegenstand unter anderen, wie eine Bank, die Laterne dort drüben, die zerbrochene Flasche. Der Wind bewegte seinen Bart. Über seine Hand krabbelte eine kleine Fliege. Der Anblick war merkwürdig schön. David wandte sich ab und ging davon. (MZ, 27)

Diese Szene ist nicht nur die Beschreibung einer *vanitas*-Darstellung, sondern zeigt ebenso deren Wirkung auf den Betrachter – in diesem Fall auf David. Vor seinen Augen spielt sich ein beschleunigter Alterungs- und Sterbeprozess ab („die Zeit

50 Beide Figuren stehen hier stellvertretend für weitere Gelehrtenfiguren bei Kehlmann, die bevorzugtes Ziel der Fliege sind.

51 Eine Eigenschaft, die der Fliege auch im Bereich der Fabel zukommt, beispielsweise in Christian Fürchtegott Gellerts Fabel *Die Fliege*. Vgl. Mayer, S. 107.

52 Das Cover zeigt einen Bildausschnitt aus George de La Tours Gemälde *Le Vielleur (au chapeau) – Der Leierspieler* (um 1635). De La Tour ist bekannt für seine *vanitas*-Darstellungen; gerade dieses Gemälde, auf dem die Fliege lebensgroß abgebildet auf dem Noten- bzw. Gesangbuch des Spielers verharrt, ist im Vergänglichkeitskontext jedoch relativ unbeachtet geblieben, weswegen die Auswahl für die Umschlaggestaltung mindestens bemerkenswert ist.

war schnell vergangen, [. . .] viel zu schnell"), der den Tod gegenwärtig macht. Die Zukunft Davids wird auf diese Weise antizipiert, er befindet sich in einem visionären Zustand, den in der erzählten Wirklichkeit seine Träume auslösen.[53] Der Anblick ängstigt ihn nicht, die Konfrontation mit dem menschlichen Vergehen bleibt nüchtern und der Tod in reflexiver Distanz. Der alte Mann wird zum Leichnam, zur menschlichen Hülle ohne Bewusstsein: verdinglicht zum „Gegenstand unter anderen" wie in einem arrangierten Stillleben. Zur einen Seite wird er von einer Laterne flankiert. Die Straßenleuchten haben in der Diegese eine Kugel aus (Milch-)Glas an ihrer Spitze (vgl. MZ, 9), sie können demnach – insbesondere im zitierten Arrangement – als Zeichen des *homo bulla* [Der Mensch ist eine Seifenblase] gedeutet werden und symbolisieren als solche die Fragilität menschlichen Lebens. Auf der anderen Seite befindet sich die Flasche, die zuvor noch geleert wurde (das schluckweise Trinken war selbst schon Andeutung eines schrittweisen Alterungsvorgangs, dem ‚Tropfen der Zeit') und nun – nach dem Ende – zerbrochen und damit nutzlos die (diesseitige) Abwesenheit, das Verschwinden ihres Besitzers in jedem einzelnen Splitter spiegelt. Dieses bis hierhin unbelebte Bild wird von der krabbelnden Fliege belebt und derart in Aktion versetzt: Sie platziert sich auf die Hand des Mannes, verweist auf die plötzliche Verflüchtigung von dessen Lebenskraft und stellt ihre eigene Agilität indes aus. Außerdem markiert sie den Beginn des transformatorischen Prozesses der Verwesung, das endgültige Verschwinden des nun in der Zersetzung Befindlichen. Davids optische Eindrücke werden mit sprachlichen Mitteln gespiegelt, der parataktische Stil erzeugt ebenso wie die Wortwiederholungen Redundanz, ein klassisches Merkmal verbal ausgedrückter *vanitas*. Die Worte sind also, so könnte man es formelhaft zusammenfassen, stilllebenartig ausgebreitet, bilden beinahe selbst eine *nature morte*.[54] Die Fliege ist dabei jenes Element, das die Motive bzw. ‚Bildbestandteile' zu einer Vergänglichkeitspräsentation verknüpft. Wie oft in *vanitas*-Darstellungen erscheint ihr Anblick „merkwürdig schön". Ästhetische Faszination überwiegt den moralischen Ernst: David versteht das immanente *memento mori* des Arrangements nicht.

Eine ähnliche, für die *vanitas* typische Bildreihe[55] findet sich in einem retrospektiv erzählten Traum Davids. Nach dem Erwachen

---

53 So offenbaren sich David die für den Text zentralen vier Formeln zur Änderung der Zeitrichtung in einem solchen Traumzustand, vgl. Kehlmann: Mahlers Zeit, S. 7–10.

54 Als solches charakterisierte Gregor Eisenhauer Robert Musils *Fliegenpapier*. Vgl. Eisenhauer: S. 382.

55 Vgl. van Ingen: S. 62.

> hatte ihn [der Schreck] getroffen wie ein Peitschenschlag. Es war wieder seine Schwester gewesen. Auf einem Weg, neben einem See unter bizarr verformten Bergen. Sie hatte auf eine Pflanze gezeigt [. . .]. Über das Weiß der Bettdecke krabbelte eine Fliege. Er hielt die Pflanze noch in der Hand. Er schrie auf und schrie, als würde er nie mehr aufhören, und der Schrei zerriß das Zimmer um ihn, und er erwachte noch einmal, im gleichen Raum. Das Meer legte ein durchscheinendes Blau auf die Wände. In einer kleinen Vase standen halb verwelkte Nelken. Auf dem Nachttisch war ein leeres Wasserglas neben Valentinovs neuem Buch *Regel und Kalkül*. [. . .] Er verstand es sehr deutlich: Das war eine Warnung gewesen. (MZ, 59–60, Hervorhebung im Original)

Die *vanitas*-Symbolik ist hier gekoppelt an eine Vorausdeutung auf das Romanende (vgl. MZ, 146/152/154), wo alle Traumelemente, abgesehen von Davids Schwester, äußere Wirklichkeit werden. Die Fliege ist als Mittlerin zwischen den Ebenen eingesetzt: Sie ist auf der zweiten Traumebene, die zwischen Erkenntnistraum und Erwachen liegt, lokalisiert und erneut als einziges Element in Bewegung. Der visionären Antizipation des Sterbens sind abermals einige tradierte Motive stilllebenartig attribuiert: Ehemals vitale Nelken (klassische Grabblumen) wurden *geschnitten*, außerdem das leere Glas als Zeichen eines ausgelebten, abgelassenen Lebens und dessen Fragilität. Der danebenliegende Hort des Wissens – Valentinovs Buch – ist, da es nur unvollkommenes menschliches Wissen versammeln kann und die zeitliche Gebundenheit menschlicher Fähigkeiten versinnbildlicht, das dritte Vergänglichkeitssymbol der Reihe und unterstreicht die Verbindung zu Davids fataler Obsession, der Unausweichlichkeit des Zeitfortschritts zu entgehen. Die Warnung, die David versteht, betrifft die Weiterführung seiner Forschung; die Warnung, die er verstehen sollte, ist eine Mahnung an Zeitlichkeit, die durch die Gegenwart der Fliege vermittelt wird: Die Anziehungskraft von organisch Totem lässt sie im *vanitas*-Kontext auch die Nähe zu Todgeweihtem suchen. Der Weg der Fliege hat sein Ziel am Ende der Erzählung – Davids Ende – erreicht: „Aber am unangenehmsten war eine Fliege gewesen, die sich immer wieder auf Davids Gesicht gesetzt hatte, immer wieder, mit einem tiefen und satten Summgeräusch; sie war einfach nicht zu verscheuchen gewesen." (MZ, 154) Trat die Fliege vorher als Vergänglichkeitssymbol auf, wird sie auf Davids Schädel, posthum, zum Symbol des Todes und verbleibt mahnend als *memento mori* für die Umstehenden. David selbst hat sich verflüchtigt, „[a]ls wäre er nie dagewesen" (MZ, 152).

In *Der fernste Ort* erscheinen Fliegen als Teil von Julians Erinnerungen sowie als Emanation seines Bewusstseins und damit als Teil der imaginierten Welt, durch die er während seiner Agonie wandert. In der Erzählgegenwart begegnet er ihnen an einem symbolischen Transitort, dem Bahnhof:

> Dann saß er auf einer Bank und sah dem Hin und Her der Menschen und den Fliegen zu, die zugleich winzig über die Lampen und als ins Riesenhafte vergrößerte Schatten über den Boden krabbelten. (FO, 62)

Die gleichzeitige Wahrnehmung von Mensch und Insekt knüpft eine metaphorische Verbindung: Die individuelle Bedeutungslosigkeit innerhalb einer Masse und die Hektik wie Kurzlebigkeit beider Existenzen geraten zur Anschauung. Zusätzlich stellen die riesenhaften Schatten Parallelen zu Platons Höhlengleichnis her: Julian befindet sich in einer selbsterzeugten Welt des (vergänglichen) Scheins, sein Bewusstsein produziert lediglich Abbilder einer Wirklichkeit, der Julian im Todeskampf nicht mehr angehört. Julians Verstand entzieht sich dem Erkennen seines Zustands, dabei steht die Fliege in Bezug zur Vernunft und Vernunftkritik.[56] Ludwig Wittgenstein bemühte eine andere Metaphorik, indem er als philosophisches ‚Ziel' der Fliege den Ausweg aus dem Fliegenglas zeigen wollte.[57] In ähnlicher Weise deuten Kehlmanns Fliegen zumindest auf die Scheinwelten hin, in denen sich seine Figuren befinden: Ein Ausweg ist zwar vorhanden, doch nur zufällig zu finden; in ‚Freiheit' aber ist nichts anderes als der Tod zu erwarten.[58] Unterstützt wird dieser Eindruck durch die zweite Begegnung Julians mit Fliegen in Veterings Wohnhaus:

> Das Schlafzimmer: ein kahler Raum, erfüllt vom Geruch nach Staub. [. . .] In einer Vitrine lagen ein Notizblock, ein Abakus und ein rund geschliffenes Stück Bernstein. Er beugte sich vor: Es gab Sandkörner darin, erstarrte Wirbel, ein Stück Holz und eine Fliege, die zwei fein geäderte Flügel ausbreitete. Eine Weile betrachtete er sie, als müßte er sich an etwas erinnern. Dann wandte er sich ab und ging in das letzte Stockwerk hinauf. (FO, 82–83)

Und weiter:

> Sonnenstrahlen fielen schräg durch das Fenster, es war lange nicht geputzt worden, man sah deutlich die Schlieren. Und eine Fliege, die nicht anders aussah als die im Bernstein, schlug wieder und wieder und wieder mit einem dumpfen Geräusch gegen das Glas. (FO, 85)

Die Vitrine im schon lange verwaisten Schlafzimmer fungiert als Rahmen für ein Arrangement aus *vanitas*-Symbolen: Der Notizblock rekurriert auf die vergangene Gegenwart seines Besitzers, er ist ein materielles Produkt menschlichen Fixierungsstrebens flüchtiger Gedanken; der Abakus ist in Bezug zur Wissenschaft zu setzen, deren Erkenntnisse lediglich partiell und zeitlich sind; der Bernstein ist als Attribut der *luxuria* zu verstehen und daher als diesseitiges Luxusgut eitel und nichtig. Die im Bernstein eingeschlossene Fliege ist ihrer eigentlichen Agilität

**56** Zur Vernunftkritik bei Kehlmann siehe den Beitrag von Leonhard Herrmann im vorliegenden Band.

**57** Vgl. Ludwig Wittgenstein: Philosophische Untersuchungen (§ 309). In: ders.: Werkausgabe. Bd. 1: Tractatus logico-philosophicus [u. a.]. Neu durchgesehen von Joachim Schulte. 5. Aufl. Frankfurt a. M. 1989 (Suhrkamp-Taschenbuch Wissenschaft. Bd. 501), S. 378.

**58** Vgl. Eisenhauer: S. 390.

beraubt und selbst vergangen, ihr ‚Fliegenskelett' stellt als Inkluse einen gestoppten Verwesungsprozess dar. Die Fliege befindet sich in einer stehenden Gegenwart, da nicht lebend, aber auch nicht verflüchtig bzw. vergangen – eine Zwischenwelt, in der auch der Protagonist sich befindet. Das Denkgerüst, in dem sich Julian bewegt, ist abgeschlossen,[59] es kann nichts Neues passieren, Julian bleibt ein Gefangener seiner Erinnerungen. Eine (wieder-)belebte Fliege mahnt Julian in manischer Wiederholung und Penetranz („wieder und wieder und wieder") an seine Sterblichkeit und seinen eigenen Tod, der doch schon eingetreten ist, sich aber noch dem Verstehen und der Akzeptanz entzieht.

Erzählstrukturell ähnlich begleitet die Fliege in *Ich und Kaminski* Sebastian Zöllner bei einem Rundgang durch Kaminskis Haus. Zum ersten Mal begegnet er ihr im Esszimmer: „[D]ie Luft war abgestanden. Eine Fliege schlug gegen die Scheibe" (IK, 73). In den Schubladen finden sich Gegenstände, die auf zurückliegende, lebhaftere Zeiten in Kaminskis Biografie verweisen. Nach der folgenden Erkundung des Ateliers und der Entdeckung der ‚Blinden Serie', die ihres Zeichens eine Darstellung des Vergehens ist (der Sehkraft, von Kaminskis Kunst und ihrer Bedeutung im Kunstbetrieb), „brummte noch die Fliege" (IK, 77) – doch kein anderes Lebenszeichen ist wahrzunehmen. Das Thema der Vergänglichkeit bleibt weiterhin im Roman präsent: Seine ‚Kunstwelt' steht im Zeichen der Endlichkeit, wobei vor allem die Flüchtigkeit von Ruhm und Jugend verhandelt wird. Vergänglichkeit wird sowohl symbolisch mithilfe des den Text durchziehenden Spiegelmotivs (vgl. IK, 10/33–36/69/88/120) als auch mittels eines thematischen Fokus auf Alter und den Alterungsprozess (vgl. IK, 45/50/58/143/171) narrativ reflektiert.[60]

In *Die Vermessung der Welt* ist die Fliege ein kleines Detail, das bei der Konfrontation Alexander von Humboldts mit einem Jaguar auffallend nebensächlich anmutet:

> Das Tier hob den Kopf und sah ihn an. Humboldt machte einen Schritt zur Seite. Ohne sich zu bewegen, zog das Tier eine Lefze hinauf. Humboldt wurde starr. Nach sehr langer Zeit legte es den Kopf auf die Vorderpfoten. [. . .] Der Jaguar sah ihn aufmerksam, ohne den Kopf zu heben, an. Sein Schwanz schlug nach einer Fliege. Humboldt drehte sich um. [. . .] Und dann, er konnte nicht anders, begann er zu laufen. Äste hieben ihm ins

59 Eine ähnliche Motivverwendung findet sich in Maxim Billers Erzählung *Bernsteintage* im gleichnamigen Erzählband. Vgl. Maxim Biller: Bernsteintage. Sechs neue Geschichten. Köln 2004, S. 23–24.

60 Auch in der filmischen Adaption des Romans stehen neben visueller Reflexion des Vergehens von Jugend (vgl. u. a. Min. 00:37:00–00:37:45) direkte Anspielungen zur *vanitas*; bestes Beispiel ist der LKW mit eindeutigem Schriftzug im Hintergrund ab Min. 00:57:43. Vgl. Ich und Kaminski. Reg. Wolfgang Becker, X Filme Creative Pool 2015.

> Gesicht, ein Insekt prallte gegen seine Stirn, er strauchelte [. . .]. Schwitzend und außer Atem erreichte er das Boot. (VW, 107–108)

Die bedrohliche Situation führt zur Erstarrung Humboldts und in der Folge zur Erstarrung des Moments: Die Raubkatze wägt ab, wie mit ihrem unterlegenen, hilflosen Gegenüber zu verfahren sei. Dass der Mensch in dieser Situation unbedeutend und klein ist, versinnbildlicht wiederum die Fliege: Beide sind leichte Opfer, äußerst verletzbar und ihr Leben damit allzu flüchtig. Doch lässt der Jaguar Mensch wie Insekt leben. Humboldt dagegen tötet, freilich zu wissenschaftlichen Zwecken, kurz zuvor einen Schmetterling – ein klassisches Symbol der Auferstehung, gerade innerhalb des *vanitas*-Topos. Hier begegnen sich Vorstellungen des notwendigen, ‚sinnvollen' Tötens, die den Menschen in fragwürdiger Position hinterlassen. Dass der Mensch nicht in allen Teilen der Natur geduldet werde, kündet die bedrohliche Präsenz der Zweiflügler auf dem Orinoko; eine Warnung, die nicht verstummt, denn „[Insekten] stürben gar nicht. Das sei eben das Problem" (VW, 110).

Die Zusammenschau der einzelnen Textpassagen zeigt, dass die narrative Darstellung der Fliege bei Kehlmann Züge annimmt, die deutlich an Verfahren der Vergänglichkeitsrepräsentation in der Malerei angelehnt sind: Fliegen werden auch auf der Textebene zum Bestandteil von Arrangements, die an barocke *vanitas*-Stillleben erinnern, sie intervenieren in den Blickachsen von Figuren und ‚beleben' eine Szene(rie) – größtenteils als einziges sich bewegende Element, was ihre Bedeutung für den jeweiligen Handlungsmoment unterstreicht. Solche sind dem linearen Zeitverlauf enthoben und antizipieren das Kommende (Sterben und Vergehen), um eine Wahrnehmung des Jetztzustands als bereits von Auflösung und Verlust geprägt zu ermöglichen. Indem Kehlmann in diesen Passagen die Fliege in ihrer Eigenschaft als ausgewiesenes Vergänglichkeitssymbol auftreten lässt, wird die Verbindung seines Werks zum tradierten *vanitas*-Topos offenkundig. Sie ist das Motiv – im Doppelsinn für ‚Anlass' und ‚Thema' – für eine literarisch gewendete *vanitas*-Erfahrung.

Kehlmanns Fliegen treten als Unheil kündende Wesen auf, als persönliche und zynische Botschaft des Demiurgen und sollen als solche ihre Betrachter zu Erkenntnis führen. Sie vermitteln zwischen Täuschung und Wirklichkeit, zwischen Hybris und Vernunft, zwischen Gewissheit und Flüchtigkeit und zwischen Gegenwart und Zukunft. Sie erinnern ihre Betrachter respektive Leser subtil an die Todverfallenheit des Menschen – was den Figuren selbst allerdings verborgen bleibt. Zum Ziel der ‚Kehlmann'schen Fliege' wird, wer verblendet, verunsichert oder gar naiv erscheint. Nur konsequent ist es deshalb, welcher Figur sie in *Ruhm* begegnet: Es ist nicht Rosalie (*Rosalie geht sterben*), die um ihr Schicksal weiß, sondern Maria Rubinstein (*Osten*, 95/101) – die von ihrem Verhängnis noch nichts ahnt.

# 4 Vergängliche Sujets – ein Ausblick

Die Auftritte von Fliegen im Werk Daniel Kehlmanns wurden mit der Zuordnung des Motivs zum *vanitas*-Topos und ihrer Funktionsweise als Unheil kündendes Zeichen des Demiurgen für Ohnmacht und Handlungsunfreiheit erörtert. Zuletzt fehlt noch der Blick auf eine mögliche Motivation für den motivischen Aufgriff; und die ist das Thema Zeit, mit welchem – so die Hypothese – Kehlmanns Auseinandersetzung mit der *vanitas* in engstem Zusammenhang steht.

Dass Temporalität für Kehlmann bedeutsam ist, wurde in der Forschung bereits festgestellt und narratologisch wie zeittheoretisch gerade in seinen frühen Erzählungen erörtert.[61] Dass aber in seinen Texten neben Erzählstrukturen gleichermaßen eine Vielzahl von Symbolen auf die Problematik der Zeit bzw. des Zeiterlebens verweist, wurde dabei weniger berücksichtigt. Sofern die Symbolik Beachtung fand, gilt sie als Mittel zur poetologischen Reflexion über die Möglichkeiten und Probleme der Kunst bzw. der Literatur. Doch die Symbolik von Zeit untersteht ferner dem Modus der Vergänglichkeit, kann also auch im Lichte des *vanitas*-Topos betrachtet werden. Von dem Leitmotiv der Fliege ausgehend setzt sich eine ganze Motivkette zusammen: Natürliche und künstliche Lichtquellen (Kerzen, Laternen etc.), Spiegel und spiegelnde Flächen, Uhren und andere Zeitmessgeräte sowie Personifikationen der *vanitas* (der Zauberer und seine Kunst, der Narr und seine Attribute, der Gelehrte und sein Streben). Im entstehenden Gesamtbild wird eine komplexe Verweisstruktur erkennbar, die Kehlmanns Texte systematisch miteinander verbindet.[62] Die Bezugnahme auf tradiertes ikonografisches Inventar und die auffällige Wiederholung der Bildlichkeit im Zeichen menschlicher Vergänglichkeit verweisen auf einen produktiven wie stabilen Anschluss an die Tradition von *vanitas*-Darstellungen.

In den frühen Erzählungen operiert Kehlmann zusätzlich mit ‚flüchtigen' Erzählstrukturen, mit deren Hilfe die Vergänglichkeitserfahrungen der Figuren in Lektüreerfahrungen von Lesern transformiert werden. Die narrative Zeitstruktur der Texte lässt die erzählte Wirklichkeit und diegetische Gegenwart

61 Der textintern thematisierte Determinismus durch Zeit steht in Opposition zu einem Grundmotiv Kehlmanns, dem Hinterfragen und Verlassen der Zeit bzw. die (tatsächliche oder gedankliche) Überwindung der menschlichen Begrenzung durch Zeit – mindestens in narrativer Form. Bei allen literarischen Zeitexperimenten bleibt jedoch das unermüdliche Vergehen der Zeit sowie deren individueller Endpunkt im (plötzlichen) Tod ein subtiler, eindringlicher Tenor der Texte.

62 Die Bedeutung dieser Symbole kann hier nicht umfassend ausgeführt werden. Ihre gezielte Aufarbeitung – werkübergreifend, also in Bezug auf erzählende sowie dramatische Einzeltexte und auch in den filmischen Adaptionen –, ist aber sicherlich lohnend.

momentanhaft und nur eingeschränkt greifbar erscheinen – ihr ontologischer Status bleibt fraglich und unterliegt einem permanenten, aus Figuren- und Lesersicht mitunter undurchschaubaren Wandel. Die Grenzen zwischen Wirklichkeit und Vorstellung werden dadurch fluide und es entsteht derart eine spezifische ästhetische Zeiterfahrung, die in enger Verbindung zu dem Zeitempfinden steht, welches von Figurationen des *vanitas*-Topos evoziert wird. Jene charakteristischen Erzählstrukturen werden in späteren Werken – etwa zeitgleich mit der Veröffentlichung von *Ich und Kaminski* – zugunsten einer überwiegend thematischen Reflexion von Endlichkeit in Kombination mit eindeutig konnotierten Symbolen aufgegeben.

Ohne einer biografischen Lesart verfallen zu wollen, möchte ich diesen Beitrag mit einer Anekdote beenden, die von Adam Soboczynski in *Leo Richters Porträt* als Überlieferung eines unbenannten langjährigen Wegbegleiters Daniel Kehlmanns aufgeführt wird. Sie kann zur Erklärung der Motivwahl einen persönlichen Ansatz beitragen:

> Der Vermesser erzählte, er sei einst mit Daniel Kehlmann spontan zum Wandern hinausgefahren, zu einem nahe gelegenen Berg. Sie hätten den Weg nicht gleich gefunden und an einem Bauernhof angehalten. Der Bauer stand am Wegesrand, Kehlmann öffnete das Autofenster und erkundigte sich. Dem Bauern, als er antworten wollte, sei just in diesem Moment eine Fliege in den Mund geflogen.[63]

Das wird kein gutes Zeichen gewesen sein.

## Literaturverzeichnis

Benthien, Claudia/Victoria von Flemming (Hg.): Vanitas. Reflexionen über Vergänglichkeit in Literatur, bildender Kunst und theoretischen Diskursen der Gegenwart. Berlin 2018 (Paragrana. Internationale Zeitschrift für Historische Anthropologie. Bd. 27, H. 2).

Benthien, Claudia: Vanitas mundi. Der barocke Vergänglichkeits-Topos in bildender Kunst, zeitbasierten Medien und Literatur der Gegenwart. In: Frühe Neuzeit – Späte Neuzeit. Phänomene der Wiederkehr in Literaturen und Künsten ab 1970. Hg. v. Nordverbund Germanistik. Bern u. a. 2011 (Publikation zur Zeitschrift für Germanistik. Neue Folge. Bd. 24), S. 87–108.

Benthien, Claudia: Vanitas Vanitatum, et Onmia Vanitas: The Baroque Transience Topos and Its Structural Relation to Trauma. In: Enduring Loss in Early Modern Germany. Cross Disciplinary Perspectives. Hg. v. Lynne Tatlock. Leiden/Boston 2010 (Studies in Central European Histories. Bd. 50), S. 51–69.

63 Daniel Kehlmann: Leo Richters Porträt. Sowie ein Porträt des Autors von Adam Soboczynski. Reinbek bei Hamburg 2009, S. 66.

Bergström, Ingvar: Dutch still-life painting in the seventeenth century. Übersetzt von Christina Hedström und Gerald Taylor. London 1956.

Biller, Maxim: Bernsteintage. Sechs neue Geschichten. Köln 2004.

Böhme, Hartmut: Das Handeln und Denken der Bilder. Oder wie Fliegen den Betrachter verrücken. In: Poiesis. Über das Tun in der Kunst. Hg. v. Andreas Beyer, Dario Gamboni. Berlin/München 2014 (Passagen/Passages. Bd. 42), S. 59–94.

Böhme, Hartmut: Der Auftritt der Fliege. In: Performing the Future. Die Zukunft der Performativitätsforschung. Hg. v. Erika Fischer-Lichte, Kristiane Hasselmann. München 2013, S. 85–102.

Canetti, Elias: Masse und Macht. Sonderausgabe. Frankfurt a. M. 1992 [1960].

Chastel, André (Hg.): Musca depicta. Mailand 1984.

Eisenhauer, Gregor: Die Fliege, die Kunst und der Tod. In: Deutsche Vierteljahrsschrift für Literaturwissenschaft und Geistesgeschichte 68 (1994), H. 2, S. 364–390.

Gasser, Markus: Daniel Kehlmanns unheimliche Kunst. In: Text+Kritik 177 (2008) [= Themenheft Daniel Kehlmann], S. 12–29.

Geimer, Peter: Fliegen. Ein Portrait. Berlin 2018 (Naturkunden. Bd. 45).

Herrmann, Leonhard: Literarische Vernunftkritik im Roman der Gegenwart. Stuttgart 2017.

Ich und Kaminski. Reg. Wolfgang Becker, X Filme Creative Pool 2015.

Jurkovic, Harald: Das Bildnis mit der Fliege. Überlegungen zu einem ungewöhnlichen Motiv in der Malerei des 15. und 16. Jahrhunderts. In: Belvedere. Zeitschrift für bildende Kunst 10 (2004), H. 1, S. 4–23.

Kehlmann, Daniel: Tyll. Roman. Reinbek bei Hamburg 2017.

Kehlmann, Daniel: Ruhm. Ein Roman in neun Geschichten. Reinbek bei Hamburg 2009.

Kehlmann, Daniel: Leo Richters Porträt. Sowie ein Porträt des Autors von Adam Soboczynski. Reinbek bei Hamburg 2009.

Kehlmann, Daniel: Beerholms Vorstellung. Roman. Neuausgabe. Reinbek bei Hamburg 2007 [Wien 1997].

Kehlmann, Daniel: Die Vermessung der Welt. Roman. Reinbek bei Hamburg 2005.

Kehlmann, Daniel: Ich und Kaminski. Roman. Frankfurt a. M. 2003.

Kehlmann, Daniel: Der fernste Ort. Roman. Frankfurt a. M. 2001.

Kehlmann, Daniel: Mahlers Zeit. Roman. Frankfurt a. M. 1999.

Kehlmann, Daniel: Beerholms Vorstellung. Wien/München 1997.

Kittner, Alma-Elisa: „Ich möchte mehr Gegenwart!“ Barocke Vanitas in der Postmoderne. In: Barock – Moderne – Postmoderne. Ungeklärte Beziehungen. Hg. v. Victoria von Flemming. Wiesbaden 2014 (Wolfenbütteler Arbeiten zur Barockforschung. Bd. 50), S. 315–337.

Kühnel, Harry: Die Fliege – Symbol des Teufels und der Sündhaftigkeit. In: Aspekte der Germanistik. Festschrift für H.-F. Rosenfeld. Hg. v. Walter Tauber. Göppingen 1989 (Göppinger Arbeiten zur Germanistik. Bd. 521), S. 285–305.

Leitgeb, Christoph: Schwirren statt Schweben: Der ironische Tod österreichischer Fliegen. In: Musil anders. Neue Erkundungen eines Autors zwischen den Diskursen. Hg. v. Gunther Martens, Clemens Ruthner, Jaak de Vos. Bern 2005. (Musiliana. Bd. 11), S. 111–136.

Marquard, Odo: Finalisierung und Mortalität. In: Das Ende. Figuren einer Denkform. Hg. v. Karlheinz Stierle, Rainer Warning. München 1996 (Poetik und Hermeneutik. Bd. 16), S. 467–475.

Mayer, Mathias: Art. Fliege. In: Metzler Lexikon literarischer Symbole. Hg. v. Günter Butzer, Joachim Jacob. Stuttgart/Weimar 2008.

Mezger, Werner: Hofnarren im Mittelalter. Vom tieferen Sinn eines seltsamen Amts. Konstanz 1981.

Riegler, R.: Art. Fliege. In: Handwörterbuch des deutschen Aberglaubens. Bd. 2.: C. M. B. – Frautragen. Hg. v. Hanns Bächthold-Stäubli. Unter Mitarbeit von Eduard Hoffmann-Krayer. Unveränderte fotomechanische Nachdruck der Ausgabe Berlin/Leipzig 1930. Berlin/New York 1987, Sp. 1621–1630.

Sykora, Katharina: Enden und Verfliegen. Schädel, Insekten und zwei Temporalitäten der Vanitas in der zeitgenössischen Fotografie. In: Vanitas. Reflexionen über Vergänglichkeit in Literatur, bildender Kunst und theoretischen Diskursen der Gegenwart. Hg. v. Claudia Benthien/Victoria von Flemming. Berlin 2018 (Paragrana. Internationale Zeitschrift für Historische Anthropologie. Bd. 27, H. 2), S. 193–207.

van Ingen, Ferdinand: Vanitas und Memento mori in der deutschen Barocklyrik. Groningen 1966.

Wittgenstein, Ludwig: Philosophische Untersuchungen (§ 309). In: ders.: Werkausgabe. Bd. 1: Tractatus logico-philosophicus [u. a.]. Neu durchgesehen von Joachim Schulte. 5. Aufl. Frankfurt a. M. 1989 (Suhrkamp-Taschenbuch Wissenschaft. Bd. 501).

Anna-Marie Humbert

# Von Bienen, Eseln und Menschen: Kehlmanns Tiere

„No more dogs!“, vermerkte Daniel Kehlmanns langjähriger Lektor Thorsten Ahrend wiederholt am Korrekturrand seiner Manuskripte.[1] Mit Blick auf die Romane und Erzählungen Kehlmanns muss man allerdings feststellen: Bewirkt haben Ahrends Aufforderungen nicht viel. In seinen Texten finden sich etliche Hunde und andere Tiere, gleich drei Cover werden von selbigen geziert,[2] der Titel des Gesprächsbands *Requiem für einen Hund* ist gar eine Hommage an den verstorbenen Hund des Autors. In der Forschung indes wurde Kehlmanns Affinität zu Tieren und ihr narratives Potential bisher kaum wahrgenommen.[3] Dieser Beitrag möchte ein erstes Schlaglicht auf die Tiere in Kehlmanns Texten werfen und den mit ihnen verbundenen Erzählverfahren nachgehen. Im Zentrum der Überlegungen steht *Tyll* (2017),[4] vereinzelt wird auch auf frühere Texte des Autors Bezug genommen.

Kehlmanns Protagonisten sind fortlaufend von Tieren umgeben. In der *Vermessung der Welt* (2005) ist es nicht bloß der Schäferhund, der Humboldt zuläuft, auch elektrische Aale, bedrohliche Bienenschwärme und sprechende Vögel begegnen ihm und Bonpland auf ihrer Reise. Und auch das Erzählen von den Verwüstungen des Dreißigjährigen Krieges kommt in *Tyll* nicht ohne die Erwähnung von Tieren aus, hier sind es u. a. Esel, Wölfe und Drachen, welche die Diegese bewohnen. Kehlmanns Tiere erfüllen hier die recht konventionelle Funktion, das jeweilige Setting auszuschmücken und so zu beglaubigen. Doch der über sie entfaltete Realitäts- und Authentizitätseffekt fasst ihr narratologisches wie interpretatives Potential nicht hinlänglich, in ihnen kristallisieren sich – so die grundlegende Beobachtung – vielmehr die zentralen Erzählprinzipien Kehlmanns, wie nachfolgend in einem Dreischritt gezeigt werden soll.

1 Thorsten Ahrend: No more dogs! Erfahrungen mit Daniel Kehlmann. In: Text + Kritik 177 (2008) [= Themenheft Daniel Kehlmann], S. 68–72, hier S. 72.

2 Auf dem Cover von *Mahlers Zeit* ist eine Fliege zu sehen, *Requiem für einen Hund* zeigt eine Fotografie von Kehlmanns Hund Nuschki, auf den beiden Covern von *Unter der Sonne* und *Wo ist Carlos Montúfar?* finden sich ein Frosch und ein Huhn.

3 Ausnahmen bilden die Beiträge von Joachim Rickes: Der Esel ist nicht der Esel. Zu Daniel Kehlmanns Ungewissheitspoetik in ‚Tyll‘. In: Sprachkunst. XLIX (2018), 1. Halbband, S. 73–86, sowie der Beitrag von Verena Russlies im vorliegenden Band.

4 Daniel Kehlmann: Tyll. Reinbek bei Hamburg 2017. Der Roman wird im Folgenden mit der Sigle T im Fließtext zitiert.

https://doi.org/10.1515/9783110647488-010

Die vielzähligen Deutungs- und Auslegungsversuche von Kehlmanns Werk seitens der Literaturkritik und Forschung könnte man vereinfachend auf die Formel bringen, man habe es hier mit einer „unheimliche[n] Kunst" eines „großen Humoristen" zu tun.[5] An diesen beiden zentralen Modi (das Unheilvolle, die Komik) seines Erzählens haben, so wird nachfolgend argumentiert, auch Kehlmanns ‚Texttiere'[6] wesentlichen Anteil: (1) Treten Tiere in den erzählten Welten auf den Plan, wendet sich das Schicksal der Protagonisten in der Folge zumeist drastisch. Tiere markieren wiederholt unheimliche wie unheilvolle Handlungsmomente oder gar Wendungen im *plot*. Den Tieren ist damit gewissermaßen eine ‚Semantik des Unheilvollen' eingeschrieben; ihre Präsenz im Textgeschehen erhebt sie zum Signal dergleichen.[7] (2) Texttiere garantieren zudem eine ironische Brechung des Erzählten, häufig, indem sie ihren menschlichen Widerpart karikieren, deren Unternehmungen konterkarieren. Ihnen ist also gleichermaßen eine ‚Semantik des Komischen' inhärent. Indem die Texttiere als Signale dieser beiden Semantiken im Text präsent sind, ist auch ein weiteres zentrales Prinzip von Kehlmanns Erzählen mit ihnen verbunden, das als ‚verunsichernd' oder, in Anschluss an den Autor selbst, als ‚realistisch gebrochen' bezeichnet werden kann.[8] So eröffnet der Roman *Tyll* etwa die Deutungsmöglichkeit, der sprechende

5 Markus Gasser: Daniel Kehlmanns unheimliche Kunst. In: Text + Kritik 177 (2008) [= Themenheft Daniel Kehlmann], S. 12–29. Die Literaturkritik hat wiederholt auf Kehlmann als „großen Humoristen" (Hubert Spiegel: Der Schrecken der Welt läßt sich messen, aber nicht bannen. In: FAZ, 22.10.2005) verwiesen, für die Forschung steht eine umfassende Untersuchung von Kehlmanns komikerzeugenden Strategien indes noch aus. Vgl. zur Komik in der *Vermessung* Stephanie Catani: Formen und Funktionen des Witzes, der Satire und der Ironie in ‚Die Vermessung der Welt'. In: Daniel Kehlmanns ‚Die Vermessung der Welt'. Materialien, Dokumente, Interpretationen. Hg. v. Gunther Nickel. Reinbek bei Hamburg 2008, S. 198–216.

6 Der Begriff ‚Texttier' geht auf Roland Borgards zurück, um eine Abgrenzung von außertextuellen Tieren zu binnentextuellen Tieren zu markieren. Wenn im Folgenden von Tieren die Rede ist, sind Texttiere gemeint, genauer: ‚diegetische Tiere', die die erzählten Welten Kehlmanns bewohnen. Vgl. Roland Borgards: Tiere und Literatur. In: Tiere. Ein kulturwissenschaftliches Handbuch. Hg. v. dems. Stuttgart 2015, S. 225–244 sowie ders.: Tiere in der Literatur. Eine methodische Standortbestimmung. In: Das Tier an sich. Disziplinenübergreifende Perspektiven für neue Wege im wissenschaftsbasierten Tierschutz. Hg. v. Herwig Grimm/Carola Otterstedt. Göttingen 2012, S. 87–118.

7 Zu einem ähnlichen Ergebnis kommt auch Verena Russlies, wenn sie die Fliegen in Kehlmanns Texten als Symbole des Vanitas-Topos diskutiert. Vgl. den Beitrag von Verena Russlies im vorliegenden Band.

8 Vgl. Daniel Kehlmann: Diese sehr ernsten Scherze, Göttingen 2007, S. 14–21, sowie beispielsweise Klaus Zeyringer: „Gewinnen wird die Erzählkunst." Ansätze und Anfänge von Daniel Kehlmanns „Gebrochenen Realismus". In: Text + Kritik 177 (2008) [= Themenheft Daniel Kehlmann], S. 36–44 oder auch Stefan Tetzlaff: Messen gegen die Angst des Zufalls. Grundgedanken einer Poetik Daniel Kehlmanns. In: textpraxis 4 (1.2012), S. 1–9.

Esel Origenes sei lediglich ein Bauchrednertrick des Narren. Und auch die drei Interpretationsangebote, die *Der fernste Ort* an die Lesenden offeriert (gemeint sind das mögliche Sterben des Protagonisten, dessen, Überleben oder die Agonie), werden von diversen Tierbegegnungen begleitet. In Analogie zu Friedhelm Marx' Bilanz, die vielen Geister und Gespenster in Kehlmanns Texten seien zentrale „Agenten der Störung",[9] lässt sich mit Blick auf die Texttiere also festhalten, dass diese mindestens zentrale ‚Markierer der Störung' sind. Sobald sie in Erscheinung treten, geraten die Raum- und Zeitordnungen wiederholt ins Wanken.[10] Gleichzeitig – und dieser Umstand weist das Texttier als prototypisches Erzählelement Kehlmanns aus – unterstreichen sie in ihrer den Handlungsort ausschmückenden Funktion ebenfalls den Realitätsgehalt der Diegese (im südamerikanischen Urwald leben Raubkatzen und Schlangen, im deutschen Wald Wölfe usw.). Die Tiere bündeln in ihrer doppelten semantischen Codierung also die zentralen Merkmale von Kehlmanns ‚gebrochenen Realismus'.

Dies korrespondiert ferner mit einer dritten Funktion, welche die Texttiere Kehlmanns erfüllen. (3) Gemeint ist das ihnen inhärente Potential, den Menschen in seinem Verhältnis zu seiner nicht-menschlichen Umwelt auszustellen und zu kommentieren. Kehlmann setzt seine menschlichen Protagonisten wiederholt mit Tieren in einen Kontrast, mal auf komödiantische, mal auf bedrohliche, unheimliche Art und Weise. Hierbei sind es wiederholt die Tiere, die sich der Ratio und dem Wirklichkeitssinn der Menschen entziehen, vereinzelt gar aktiv widersetzen und damit die sogenannte ‚anthropologische Differenz' unterlaufen. In besonderem Maße ist dies am Beispiel von Tyll und dem Esel Origenes zu erkennen, kreist jene Figurenkonstellation doch immer wieder um die Fragen nach der Trennung und Zusammengehörigkeit von Tier und Mensch.

9 Friedhelm Marx: Dunkle Geschichten: Daniel Kehlmanns Gespenster. In: Gegenwartsliteratur. Ein germanistisches Jahrbuch 16 (2017), S. 57–76, hier S. 59.

10 Texttiere verfügen bei Kehlmann also über eine gewisse Handlungsmacht. Diese ließe sich mit der von den *Cultural Animal Studies* breit rezipierten sozialwissenschaftlichen Akteur-Netzwerk-Theorie und deren Verständnis von *agency* aufschlüsseln. Das an Bruno Latour anknüpfende Konzept einer *animal agency* ließe sich auch produktiv an Kehlmanns Schreibverfahren anschließen, da auch seine Tiere eine „gegebene Situation" „verändern". Da nachfolgend jedoch auch auf ein Tier mit Sonderstellung eingegangen wird, nämlich der Esel in *Tyll*, eine Netzwerk-Analyse aber gerade keine Einzelfallanalyse vorsieht, sondern das Zusammenspiel des Netzwerks in den Fokus rückt, wird hier auf Latours methodischen Zugriff verzichtet. Es wäre aber sicherlich ein lohnendes Unterfangen, Kehlmanns Texttiere mithilfe der Netzwerktheorie Latours eingehender zu untersuchen. Siehe Bruno Latour: Das Parlament der Dinge. Für eine politische Ökologie. Aus dem Französischen von Gustav Roßler. Frankfurt a. M. 2010; vgl. ferner zu der *animal agency*: Chris Philo/Chris Wilbert: Animal spaces, beastly places. An introduction. In: New Geographies of Human-Animal Relations. Hg. v. dens. London 2000, S. 1–34.

Damit berührt Kehlmann (ob beabsichtigt oder unbeabsichtigt) Denkfiguren einer philosophischen Theorietradition des zwanzigsten und einundzwanzigsten Jahrhunderts, die das spannungsreiche Mensch-Tier-Verhältnis schon lange nicht mehr als eine strikte Oppositions-Konstellation begreift.[11] Das Werk Kehlmanns verhandelt damit über die Darstellung von Tieren und ihrem Aufeinandertreffen mit den Menschen implizit auch die – für die althergebrachte Natur-Kultur-Diskussion seit jeher zentrale – Verhältnisbestimmung zwischen den Kategorien ‚fremd' und ‚eigen'.

## 1 Tiere und die ‚Semantik des Unheilvollen'

Ein besonders eindrückliches Beispiel dafür, wie Tiere in Kehlmanns Romanen als Signale und Vermittler einer unheimlichen und unheilvollen Semantik zum Einsatz kommen, zeigt sich in einer der Schlüsselszenen des Romans *Tyll*: die ‚Narr-Werdung' des Protagonisten. Diese vollzieht sich fernab von der menschlichen Zivilisation im nächtlichen Wald und ist begleitet von diversen Tieren. Tyll befindet sich, zurückgelassen von der Mutter und dem Knecht, allein mit dem Esel der Mühle im Wald. Die der Narr-Werdung vorangehenden und nachfolgenden Szenen arbeiten dem nächtlichen Setting entsprechend mit Leerstellen und vagen, aber atmosphärisch verdichteten Andeutungen: „Der Esel zuckt, Holz knackt in der Nähe, etwas kommt heran, seine Hose füllt sich mit Wärme. Ein wuchtiger Körper streift vorbei und entfernt sich wieder, seine Hose wird kalt und schwer." (T, 62) Und weiter: „Was war das? Jetzt ist da ein grünliches Glimmen zwischen den Ästen, größer als ein Glühwürmchen, doch weniger hell, und vor Angst kommen ihm fiebrige Bilder in den Kopf. Ihm ist heiß, dann wird ihm kalt. Dann wieder heiß." (T, 62) Was genau Tyll gestreift hat und danach teuflisch grünlich glimmt, lässt der Text offen.[12] Ob es durch den Wald ziehende Marodeure, der spukende Geist seines kurz zuvor verstorbenen Geschwisterkindes oder bloß Phantasmen des Jungen sind, löst der Text nicht auf. Lediglich Tylls fiebernder und dehydrierter Zustand wird be-

11 Da es sich bei Kehlmann um einen höchst philosophieinteressierten und theoriegeschulten Autor handelt, ist es keinesfalls auszuschließen, dass er die prominenten Theorie-Diskussionen des 20. und 21. Jahrhunderts zum Verhältnis zwischen menschlicher und nicht-menschlicher Natur bei beispielsweise Derrida, Deleuze/Guattari, Latour oder Haraway eingehender rezipiert hat.

12 Siehe zu der teuflischen Semantik des grünen Lichts, welches in Kehlmanns Werk immer wieder auftaucht: Daniel Kehlmann: Kommt, Geister. Frankfurter Vorlesungen. Reinbek bei Hamburg 2016, S. 42–72.

nannt und plausibilisiert das Geschehen so vermeintlich rational.[13] Schon Markus Gasser hat in seiner wegweisenden Studie zu Kehlmanns Werk auf die auffällig vielen Fieberszenen in Kehlmanns Werk hingewiesen, die er als Referenz (und Reverenz) an Vladimir Nabokov, einem der zentralen literarischen Vorbilder Kehlmanns, versteht.[14] Gleitet der Protagonist in einen fieberhaften Zustand hinüber, hält das Unerklärliche und Spukhafte Einzug in die erzählte Welt, und zwar bei Nabokov als auch bei Kehlmann. Düstere Trugbilder und Gespenster können so in Erscheinung treten, ohne das zentrale Referenzsystem Realistik gänzlich zu unterlaufen. In *Tyll* fiebert nicht nur Tyll, es ist auch der Winterkönig, der unter hohem Fieber in Begleitung seines Narren (und womöglich auch aufgrund dessen Zutun) im Schnee verstirbt. Das gezielt unzuverlässige, verunsichernde Erzählen Kehlmanns wird also wiederholt mithilfe von Beschreibungen von fieberhaften Zuständen der Figuren ermöglicht.[15] Was die Forschung jedoch bisher nicht wahrgenommen hat, ist, dass diese fieberhaften Kippmomente zwischen Realistik und Fantastik wiederholt von Tiererscheinungen vorbereitet oder begleitet werden. So berührt etwa Bonpland in *Die Vermessung der Welt* (2005)[16] giftige Quallen und elektrische Aale, bevor er an Fieber erkrankt, er und Humboldt werden immer wieder von Moskitos gestochen, bevor sie fiebrigen Träumen in Zelten erliegen. (Vgl. VW, 25, 104, 135) Auch Tylls Haut fühlt sich, nachdem der Spuk im Wald vorüber ist, immer noch „heiß an", und „[i]n den frühen Morgenstunden lässt das Fieber des Jungen nach." (T, 82–83) Bevor Tyll jedoch als fiebernd beschrieben wird, begegnen dem Jungen recht unvermittelt, und damit sehr prominent im Text platziert, ein Eichhörnchen und eine Biene. Die schwangere Mutter Agneta, die auf dem Planwagen sitzend ihrem Sohn gerade noch ein Märchen erzählt hatte, unterbricht ihre Erzählung abrupt:

> Agneta verstummt erneut. Der Wald ist nun sehr dicht, nur ganz oben zwischen den Wipfeln blitzt noch hellblauer Himmel. Agneta zieht an den Zügeln, der Esel bleibt stehen.

---

13 Wiederholt wird der drängende Durst Tylls beschrieben. Das Fieber bricht zudem nicht unmittelbar aus, sondern scheint durch die vorangegangene Szene im Fluss und der folgenden Unterkühlung des Jungen kausal motiviert zu sein.

14 Zu dem Leitmotiv des Fiebers, insbesondere in *Mahlers Zeit*, siehe Markus Gasser: Das Königreich im Meer. Daniel Kehlmanns Geheimnis. Reinbek bei Hamburg 2013, S. 41–54.

15 Kehlmann spielt offenkundig mit dem fantastischen Konzept von „Unschlüssigkeit", verlässt durch rationale Plausibilisierungsangebote wie Krankheiten und Träume das Referenzsystem Realistik jedoch nie in Gänze. Siehe zu dem Begriff der Unschlüssigkeit als zentrale Kategorie von fantastischer Literatur Tzvetan Todorov: Einführung in die fantastische Literatur. 2. Auflage Berlin [1976] 2018, S. 34.

16 Daniel Kehlmann: Die Vermessung der Welt. Reinbek bei Hamburg [2005] [27]2012. Der Roman wird im Folgenden mit der Sigle VW im Fließtext zitiert.

> Ein Eichhörnchen springt auf den Weg, sieht sie mit kalten Augen an; dann, schnell wie eine Täuschung, ist es verschwunden. [. . .] „Was ist?“, fragt der Junge wieder. Agneta antwortet nicht. Leichenblass ist sie plötzlich. Und da sieht der Junge, dass ihr Rock voll Blut ist. (T, 56)

Das Eichhörnchen mit den „kalten Augen“ markiert einen Handlungsstopp, der eine folgenschwere Wendung im weiteren Handlungsverlauf einleitet. Agneta erleidet eine Fehlgeburt und muss, um nicht zu verbluten, mit dem Knecht in die heimatliche Mühle zurückkehren. Die entscheidende Wendung ist jedoch das Zurückbleiben Tylls im nächtlichen Wald. Die von Kehlmann immer wieder betonte Bedeutung von Nabokovs Werk für sein eigenes Schreiben legt zudem den Verdacht überaus nahe, dass man das auf den Weg gesprungene Eichhörnchen „mit kalten Augen“ als eine Referenz an Nabokovs Roman *Pnin* verstehen kann.[17] Auch hier treten graue Eichhörnchen wiederholt in dem Moment in Erscheinung, ehe sich eine entscheidende – und für gewöhnlich ungute – Wendung von Pnins Geschichte vollzieht. Allein von Agneta im Wald zurückgelassen beginnt Tyll nun ein Seil zu spannen und „vor Karren und Esel“ über dem „lehmigen Weg“ zu balancieren:

> Er verliert das Gleichgewicht, springt ab, klettert sofort wieder hinauf. Eine Biene steigt aus den Büschen, sinkt wieder und verschwindet im Grün. Langsam setzt der Junge sich in Bewegung. [. . .] Ihm ist, als ob die Zeit stocken würde. Etwas hat sich verändert: Der Wind flüstert weiter, und weiterhin bewegen sich die Blätter, und dem Esel knurrt laut der Magen, aber all das hat nichts mit der Zeit zu tun. Früher war Jetzt, und jetzt ist Jetzt, und in der Zukunft, wenn alles anders ist und wenn es andere Menschen gibt und keiner außer Gott mehr von ihm und Agneta und Claus und der Mühle weiß, dann wird es immer noch Jetzt sein. (T, 59)

Mit dem Aufsteigen der Biene geschieht etwas:[18] Die Zeit stockt, „etwas hat sich verändert“: die Narr-Werdung Tyll kündigt sich an. Mit der Beschwörung „Früher war Jetzt, und jetzt ist Jetzt, und in der Zukunft [. . .] wird es immer noch Jetzt sein“ wird der Legendenstatus des Narren vorausgedeutet. Die anstehende Transformation scheint auch der Protagonist selbst wahrzunehmen: „Ihm ist, als ob die Zeit stocken würde. Etwas hat sich verändert“. Nicht nur den Legen-

---

**17** Auch der Teppich in Julians Wohnzimmer, der „zu einem insektenhaften Leben erwachte[]“, gleicht der zum Leben erwachenden Tapete in Nabokovs *Pnin*, vgl. Daniel Kehlmann: Der fernste Ort. Reinbek bei Hamburg [2001] 2006, S. 43.

**18** Sehr erhellend zu der Auslegung von Bienen *in malam partem* im spätmittelalterlichen, frühneuzeitlichen Schwank, siehe Stefan Matter: Neidhart und die Bienen. Überlegungen zu Text- und Bildtradition des Fassschwankes. In: Literatur und Wandmalerei II. Konventionalität und Konversation. Burgdorfer Colloquium 2001. Hg. v. Eckart Conrad Lutz/Johanna Thali/René Wetzel. Tübingen: Max Niemeyer 2005, S. 435–455 und Abbildungen.

denstatus seines Protagonisten kommentiert der Text hier metafiktional. Auch wird an dieser Stelle die Unsterblichkeit Tylls vorweggenommen, welche wiederum die letzten Kapitel des Romans bestimmt. (Vgl. T, 425, 473) Die von Tyll unvermittelt empfundene Zeitlosigkeit lässt sich zudem als eine Idyllen-Referenz lesen; schließlich befindet er sich in einem idyllen-typischen Setting, dem Wald. Das zeitlose Refugium wird hier indes in sein genaues Gegenteil verkehrt. Der Wald fungiert nicht als Schutzraum, sondern zeigt sich bedrohlich und – mit Blick auf den Mülleresel und die Fehlgeburt Agnetas – sogar als tödlich.[19] Die aus den nächtlichen Büschen aufsteigende Biene – welche eigentlich prototypischer Bestandteil von naturidyllischen Beschreibungen ist – kann hier als Markierer einer unheilvollen Wendung gelesen werden, die den Wald als *locus horribilis* ausweist, in dem der Esel nachfolgend grausam getötet wird und Tyll dem „große[n], große[n] Teufel“ (T, 81) begegnet.

Dass die Biene als semantisches Signal des Unheilvollen hier funktioniert, erklärt sich auch mit Blick auf andere Texte Kehlmanns, in denen es ebenfalls auffällig häufig Bienen und andere Insekten sind, die eine unheilvolle Wendung markieren. So wird beispielsweise auch in Kehlmanns früher Erzählung *Der fernste Ort* (2001) die zentrale Wendung der Geschichte von verschiedenen Tieren begleitet. Kurz bevor Julian mit dem Tode ringt, erkennt er im Wasser auf dem Rücken liegend den „Schatten eines Vogels“, kurz danach greift etwas aus der Tiefe des Sees nach seinem Fuß. Wie auch in den dunklen Büschen in *Tyll* wird nachfolgend ein „grüner Schein“ im dunklen Wasser für ihn erkennbar und „[e]in Fisch schnellte vorbei“, der wie eine Vorwarnung des Kommenden erscheint.[20] So ist die existentielle Bedrohung der Situation dem Protagonisten plötzlich klar: „Er riß sich los, kam wieder nach oben. Sog Luft ein, hustete, spuckte, und auf einmal war ihm klar, daß es um alles ging.“[21] In seinem Kampf unter Wasser versteht er „plötzlich“, „daß es die falsche Richtung war“, in die er zu schwimmen versuchte. Und auch ein vorbeiziehender „Schwarm Fische änderte“, wie zur Verstärkung von Julians bevorstehendem Schicksal, „zuckend seine Richtung“, bevor sein

**19** Kehlmann äußert sich zur Funktion des Waldes im Dreißigjährigen Krieg folgendermaßen: „Daher ist der Wald eine Zone der Gefahr und zugleich eine Zone, die Schutz vor herrschaftlicher Willkür gewährt. Er ist eine Welt der psychoanalytisch aufgeladenen Symbolik und zugleich tatsächlich eine Zone der Herrschaftslosigkeit. Die Gefahr ist größer und der Schutz auch. Daraus ergibt sich eine besondere paradoxe Spannung, die anhaltende Faszination des Waldes.“ In: Daniel Kehlmann/Herfried Münkler: „Zwei schwierige Wörter, deutsch und Identität“. In: Der Spiegel 37, 07.09.2018, S. 110–116, hier S. 112.

**20** Vgl. Kehlmann: Der fernste Ort, S. 15.

**21** Kehlmann: Der fernste Ort, S. 15–17.

Überlebenskampf zum Erliegen kommt: „Dann nichts mehr.“[22] Ob er sich im Folgenden bereits am Ufer oder noch im See befindet, lässt der Text in seiner realistisch gebrochenen Machart offen. Julian aber weiß seinen Zustand für sich zu deuten: „Und plötzlich begriff er.“[23] So wie Tyll auf dem Seil balanciert, bevor die Biene aufsteigt und die entscheidende Wendung präfiguriert, ist es hier eine von Julian beobachtete Ameise, die sich auf einem schwankenden Grashalm zu halten versucht, bevor eine laut brummende Biene erscheint: „Eine Biene flog auf; [. . .] Die Biene flog an seinem Kopf vorbei, ihr Brummen kam ihm sehr laut vor; sie landete, verblaßte und löste sich in Luft auf. Plötzlich mußte er sich übergeben. Wellen von Krämpfen schüttelten ihn, immer wieder und wieder. Dann war es vorbei“.[24] Dem Erscheinen der Biene, die – als könnte sie auch ein Trugbild des ermatteten Julians sein – jäh verschwindet, folgen heftige körperliche Reaktionen des Protagonisten. Die Tiere, und insbesondere die sich scheinbar im Nichts auflösende Biene, unterstreichen hier die verschiedenen Deutungsangebote, die der Text eröffnet, ist es doch genau diese Szene, die darüber entscheidet, ob man einer konsequent realistischen oder realistisch gebrochenen Lesart des Textes folgt (die Literaturkritik, so beklagt Kehlmann, habe eine fantastische oder ‚realistisch gebrochene‘ Fassung leider nicht erkannt).[25]

In *Mahlers Zeit* (1999) findet sich eine verwandte Szene, die zwar keinen Handlungsumschwung markiert, aber zentrale Leitmotive und Themen des Romans bündelt. Es ist die Erinnerung des Protagonisten Davids an dessen lebensbestimmendes Trauma: den grausamen Tod der kleinen Schwester. Die Reminiszenz wird von tief summenden Bienen begleitet und die verstorbene Schwester erscheint, hierauf hat die Forschung mehrfach hingewiesen, in Gestalt einer Libelle.[26] Ähnlich wie in *Der fernste Ort* die Ameise auf dem Grashalm balanciert und Tyll im Wald auf dem Seil wippt, ist es hier jene Libelle, die das Gleichgewicht zu halten sucht: „Auf einem Grashalm hatte eine Libelle balanciert; auf- und ab, auf- und abwippend. [. . .] und war davongeflogen. Die Helligkeit, der Duft und das Bienensummen hatten sich wie ein Vorhang hinter seiner Schwes-

22 Kehlmann: Der fernste Ort, S. 18–19.
23 Kehlmann: Der fernste Ort, S. 19.
24 Kehlmann: Der fernste Ort, S. 19.
25 Kehlmann selbst betont in seinen Göttinger Poetikvorlesungen, dass es sich um einen Zustand der Agonie handelt. Der Text benennt diesen Umstand allerdings nicht, die Unschlüssigkeit darüber, was genau geschieht, wird gezielt aufrechterhalten. Vgl. Kehlmann: Diese sehr ernsten Scherze, S. 19.
26 Vgl. beispielsweise Markus Gasser: Daniel Kehlmanns unheimliche Kunst, S. 16 sowie Leonhard Herrmann: Literarische Vernunftkritik im Roman der Gegenwart. Stuttgart 2017, S. 100f.

ter geschlossen.“[27] Typische Merkmale der Idylle – Sonnenschein, Blumenduft und Insektensummen – verkehren sich auch hier in ihr Gegenteil und markieren so atmosphärisch markant den Tod der Schwester. Auch das Begräbnis von Davids Vater auf dem bewaldeten, sommerlichen Friedhof wird von „besonders laut [summenden]“[28] Bienen gestört und weist den Ort als eine Anti-Idylle aus. Das unheilvolle Summen von Bienen bildet auch die Soundkulisse einer der zentralen Todesszene in *Tyll*: Dorf und Gericht warten still und gespannt auf den zu Tode verurteilten Claus Ulenspiegel, nur im Hintergrund sind Vögel, Kühe und auch Bienen, genauer: das laute „Brummen der Tiere“ zu vernehmen. (T, 119)

Auch in der *Vermessung* werden Humboldt und Bonpland fortwährend von aggressiven Insekten attackiert, was fiebernde Träume und Krankheiten zur Folge hat. Auf einer Bergtour – in einer Höhengegend, in der keine Bienen leben dürften – werden Bonpland und Humboldt von „einem Schwarm pelziger Bienen“ befallen, so dass der sonst so gefasste Humboldt „nah am Losschreien“ ist. „Er setzte sich hin und massierte seine Stirn. Seine Nerven seien nicht mehr wie früher.“ (VW, 101–102) Nicht nur Humboldts Nerven scheinen nach dem Angriff von den Bienen verändert, auch Bonpland fragt in der sich anschließenden Szene, „ob sie noch am Leben seien“, er nehme sie als „Reflexionen zweier Wesen aus einer anderen Welt“ wahr. (VW, 102) Selbst in der Höhengegend des Chimborazo sind Bienen präsent, sie erscheinen Bonpland in Form einer „Bienenwabe“. Erneut bleibt unklar, ob diese eine Chimäre sein könnten, ausgelöst von Bonplands Höhenkrankheit, oder die Protagonisten tatsächlich auf ihrer Wanderung von einem Insektenschwarm begleitet werden. Mehrfach erscheint Humboldts Gefährten die „pulsierende Bienenwabe“: und alles „wurde [. . .] unangenehm“. (VW, 170, 173–174, 179) Nachfolgend überlegt Bonpland gar, Humboldt von einer Brücke zu stürzen. Wie bei Julian aus *Der fernste Ort* hat die Begegnung mit dem Insekt auch bei ihm heftige körperliche Reaktionen zur Folge. So übergibt sich Bonpland zum Ende der bedrohlichen Episode mehrfach und betont, seiner Wahrnehmung sei fortan nicht mehr zu trauen. Auch diese Episode endet mit dem Hinweis, der Protagonist sei an Fieber erkrankt: „Bonplands Kopf tat weh, auch fühlte er wieder sein Fieber. Er war todmüde. Es würde lange dauern, bis er sich von diesem Tag erholt hätte.“ (VW, 180) Bienen markieren in der *Vermessung* also keinen konkreten Tod wie in *Mahlers Zeit*, *Tyll* und *Der fernste Ort*, doch aber Ahnungen und Fantasien desselben und werden auch hier mit dem Leitmotiv des Fiebers verschränkt.

Die ‚Semantik des Unheilvollen‘, welche den Insekten eingeschrieben ist, scheint in der *Vermessung* an die Vorstellung gebunden, diese überlebten die

27 Daniel Kehlmann: Mahlers Zeit. Frankfurt a. M. 1999, S. 42–43.

28 Kehlmann: Mahlers Zeit, S. 55.

Menschen. So konstatiert Gauß, während er an Humboldts Reisebericht denkt, düster: „Angeblich kamen auf jeden Menschen eine Million Insekten. Selbst mit viel Glück und Geschick konnte man die nicht alle ausrotten. [. . .] Nüchtern betrachtet mußte man annehmen, daß die Insekten gewinnen würden." (VW, 192) Das ‚Gewinnen' insinuiert eine bedrohliche Konkurrenzsituation zwischen Insekt und Mensch und findet eine Spiegelung in einem Gespräch zwischen Bonpland und dem Ruderer Mario: „Und die Insekten, fragte Bonpland. Die stürben gar nicht. Das eben sei das Problem." (VW 110) Auch Kehlmann betont im Gespräch mit Sebastian Kleinschmidt:

> Denken Sie an Insekten – das hat mit Idylle nichts mehr zu tun. [. . .] Insekten stehen für die eben nicht liebenswürdige, nicht nette, nicht hübsche Seite der Natur. Insekten sind kriegerisch, sie werden länger auf der Erde existieren als der Mensch. Daß die Natur eben nicht gutwillig ist, sondern fremd, unheimlich, unwirtlich und bedrohlich, das hat Humboldt immer wieder erschreckt. Eine Natur, die sie nicht darum schert, wie es uns geht, die keine milde, gütige Natur ist, sondern eine fressende und tötende.[29]

Wenn Friedhelm Marx für Kehlmanns Erzählen eine spezifische „Zeit- und Raumordnungen des Gespenstischen"[30] ausmacht, dann muss also ergänzt werden, dass diese nicht nur von Geistern und Gespenstern begleitet werden, sondern in ebenjener „fressenden und tötenden" Natur eingebettet sind.[31] Es sind die Tiere, insbesondere Insekten, die Ausdruck dieser ‚fremden' und ‚bedrohlichen' Natur sind und die Anti-Idylle Kehlmanns markieren und unheilvolle Handlungsmomente als solche ausweisen. Dieser Umstand korrespondiert womöglich auch mit den diversen „Warnungen", welche Kehlmanns Protagonisten immer wieder erreichen: Die Natur gibt sich dem Menschen als eine feindselige zu erkennen, die den Menschen warnt und im Zweifel auch mit Tötung straft.[32] Die von Kehlmann beschriebene Natur ist eine, die sich wiederholt dem menschlichen Ordnungsanspruch entzieht, in Einzelfällen das Vordringen des Menschen gar sanktioniert. Tiere fungieren hier als maßgebliche Vermittler und Markierer dieser bedrohlichen Grundspannung, auf der die Diegesen Kehlmanns fußen.

---

**29** Daniel Kehlmann/Sebastian Kleinschmidt: Requiem für einen Hund. Ein Gespräch. Reinbek bei Hamburg [2008] 2010, S. 11.

**30** Marx: Dunkle Geschichten, S. 59.

**31** Siehe zu der Funktion der verdorbenen Natur, der *natura lapsa*, in Kehlmanns Werk auch Leonhard Herrmann: Literarische Vernunftkritik, S. 98 f.

**32** Vgl. beispielsweise Kehlmann: Mahlers Zeit, S. 60, vgl. Rickes: Die Metamorphosen des ‚Teufels' bei Daniel Kehlmann. „Sagen Sie Karl Ludwig zu mir". Würzburg 2010, S. 23 f.

## 2 Tiere und die ‚Semantik des Komischen'

Zugleich sind die Tiere in Kehlmanns Texten aber auch Vermittler von Komik. Zweifelsohne existiert ein Überhang an Genie-Figuren in Kehlmanns Romanen, jedoch wird vom menschlichen Genius immer auch auf eine ironisierender Art und Weise erzählt.[33] Nicht selten sind es Tiere, die vermeintliche epistemische Gewissheiten menschlicher Ratio unterlaufen und das ausgestellte Wissen der Protagonisten satirisch konterkarieren.[34] Kehlmann bricht in seinen Gegenüberstellungen von Mensch und Tier so immer wieder die sogenannte ‚anthropologische Differenz' auf, stellt eine Hierarchisierung von Mensch zu Tier mithilfe seiner Mensch-Tier-Konstellationen wiederholt infrage.

So ist es beispielsweise ein polyglotter Papagei in der *Vermessung*, der als einziger die Sprache eines „ausgestorbenen Stammes" beherrscht und damit auch die unrühmliche Geschichte der Kolonialisten, nach der sich Bonpland in der betreffenden Episode erkundigt, bewahrt. Einer von diesen Kolonialisten ist Pater Zea, der den sprechenden Vogel als seinen „kostbarsten Besitz" vorstellt. (VW, 118) Weder er noch seine Gäste Humboldt und Bonpland verstehen allerdings die Ausführungen des Vogels. Humboldt reagiert auf den „erwartungsvollen" Blick und den wohlüberlegten „langen Satz" des Tiers mit der Geste eines Haustierbesitzers: Er antwortet nicht, möchte den Papageien lieber streicheln. In dieser patriarchalen Geste von Mensch zu Tier spiegelt sich subtil das Verhältnis von Kolonialherrschenden zu indigenen Völkern jener Zeit; der Vogel kann sich allerdings – im Gegensatz zu den ermordeten Völkern – noch wehren: „Humboldt streckte die Hand aus, der Vogel hackte danach und wandte sich beleidigt ab." (VW, 119) Der Papagei erfüllt hier jedoch nicht nur eine ethische, mit Blick auf die Gräueltaten der Kolonialisten moralisierende Funktion. Sein Humboldt, so Kehlmann, sei „unfähig, Gefühle auszudrücken", eine Ausnahme bildeten jedoch Humboldts Umgang mit Pflanzen und Tieren, wovon auch das innige Verhältnis zu dem ihm zugelaufenen Hund zeugt (welcher, ausgerechnet, ein deutscher Schäferhund ist).[35] Der sprechende Papagei stellt

---

33 Den Genies im Werk Kehlmanns widmet sich die Studie von Juliane Tranacher: Geniekonzepte bei Daniel Kehlmann. Würzburg 2018.

34 Kehlmann betont diese Funktion im Gespräch mit Kleinschmidt: „Vor der reinen Natur wirkt Genialität immer komisch, weil die Natur Genialität nicht würdigen kann, [. . .] sondern die Genialität vor der Natur albern dasteht. Das passiert besonders Humboldt immer wieder." Kehlmann/Kleinschmidt: Requiem für einen Hund, S. 132.

35 Vgl. Daniel Kehlmann: Mein Thema ist das Chaos. Ein Gespräch in *Der Spiegel*, 5. Dezember 2005. In: Daniel Kehlmanns ‚Die Vermessung der Welt'. Materialien, Dokumente, Interpretationen. Hg. v. Gunther Nickel. Reinbek bei Hamburg 2008, S. 36–46.

also nicht nur Humboldts emotionale Unbeholfenheit satirisch aus, er erfüllt auch die genau gegenteilige Funktion: Indem Humboldt dem Tier aufmerksam zuhört und sich ihm mit einer für ihn ungewöhnlich zärtlichen körperlichen Geste nähert, wird er als eine Figur gezeichnet, die durchaus zur Empathie befähigt ist. Das Tier trägt also wesentlich dazu bei, die disparaten und daher komikerzeugenden Eigenschaften der Figur Humboldts verstärkend zu illustrieren.

Nicht nur der sprachbegabte Papagei karikiert die soziale Unbeholfenheit und strebsame Gelehrsamkeit Humboldts in der *Vermessung*. Auch Humboldts Weigerung, den körperlichen Befall von den unscheinbarsten Tieren überhaupt, nämlich Sandflöhen, in seinen Aufzeichnungen zu dokumentieren, unterstreicht seine Eitelkeit satirisch: „Er habe, sagte Humboldt, viel über die Regeln des Ruhms nachgedacht. Einen Mann, von dem bekannt sei, daß unter seinen Zehennägel Flöhe gelebt hätten, nehme keiner mehr ernst. Ganz gleich, was er sonst geleistet habe." (VW, 112) Hier wird einmal mehr deutlich, dass der Mensch der Klassik sich zwar als radikales Gegenteil zu der Natur begreifen will („Der Mensch sei kein Tier", sagt Kehlmanns Humboldt an anderer Stelle [VW 48]), dass diese Selbstverortung mithilfe von Tieren im Roman jedoch fortlaufend obstruiert wird.

Neben dem Papagei ist es auch der Esel Origenes aus Kehlmanns jüngstem Roman *Tyll*, der in bemerkenswert kurzer Zeit die menschliche Sprache erlernt und so das zentrale Unterscheidungsmerkmal zwischen Tier und Mensch als obsolet ausstellt. Der sprechende Esel erschüttert das Weltbild des Universalgelehrten Athanasius Kircher und des Forschungsreisenden Adam Olearius deutlich, ihre gelehrige Selbstgefälligkeit tritt in dem Zusammentreffen mit dem Esel besonders hervor. Noch kurz bevor sie auf den Esel Origenes treffen, verkündet Athanasius: „Es gibt keinen Unterschied zwischen Gottes Tieren und Gottes Dingen. [. . .] Sie wollen doch nicht behaupten, dass Tiere unsterbliche Seele haben, was wäre denn das für ein Gewimmel im Paradies" (T, 357), um nur wenige Seiten später von dem sprechenden Esel rhetorisch vorgeführt zu werden: „Es ist bloß ein Esel, dachte Kircher. Aber vor Wut ballten sich seine Fäuste. Jetzt verspotten einen schon die deutschen Tiere!" (T, 372) Auch wissen die Lesenden hier: Ausgerechnet Athanasius Kircher ist es, der von dem Esel verspottet wird, ist es doch sein Buch über sprechende Vögel im Orient gewesen, welches den Winterkönig zu der Wette mit Tyll verleitete, dem Esel das Sprechen überhaupt beizubringen.

Ein Sonderfall stellt die Komik dar, die mithilfe des Drachens in *Tyll* erzeugt wird. Die Episode beschreibt die Forschungsreise Athanasius' und Olearius', die sich zum Ziel setzt, den letzten lebenden Drachen ausfindig zu machen. Allerdings sei, so die Annahme der beiden Gelehrten, das Sich-Nichtzeigen das Hauptcharakteristikum des Drachens: gerade indem sie ihn nicht fänden, bewiesen sie schlussendlich seine Existenz. Kehlmann selbst bezeichnet diese

Episode als ein überaus „komödiantisches Kapitel“. Es erzähle „von der Komik einer Drachensuche auf der Grundlage falscher Argumente zu sinnlosen Zwecken.“[36] Nun hat Kehlmann aber nicht darauf verzichtet, dem fantastischen Tier schlussendlich einen Platz in seiner Romanwelt einzuräumen, dazu noch einen sehr prominenten: Das Sterben des letzten lebenden Drachens wird mit dem Tod Neles, Tylls langjähriger Gefährtin, parallelisiert. Indem der Drache in *Tyll* also schlussendlich doch existiert, werden die beiden Gelehrten in ihrer historischen Situierung durchaus ernstgenommen. Dass Kehlmann den Drachen fernab von seinen Figuren sterben lässt, sodass nur die Lesenden von seiner Existenz wissen, bestätigt schlussendlich doch die vor- bzw. frühmodernen Prämissen des beginnenden Empirismus der Frühen Neuzeit, dem Athansius und Olearius verpflichtet sind: Der Drache zeigt sich ihnen nicht, existiert damit also und kann unentdeckt, fernab von der menschlichen Zivilisation sterben. Kehlmann trägt mit dem Auftritt des Drachens also den Bemühungen seiner Figuren Rechnung, sich die Welt mit zunehmender Ratio denn mit reiner Metaphysik erklären zu wollen. Die Episode von der vergeblichen Drachensuche ist also durchaus ein „komödiantisches Kapitel“, wie Kehlmann es nennt, und gibt zudem eine große Sympathie gegenüber den eigenen Figuren zu erkennen. Denn erst der Auftritt des Drachens verbietet es dieser Episode, die Figuren Athanasius und Olearius in ihrer Gelehrigkeit zu überzeichnen und in bloßen billigen Spott über die zwei Figuren zu verfallen.

## 3 Mensch-Tier, Tier-Mensch

Von allen Texttieren Kehlmanns verfügt der Esel Origenes aus dem Roman *Tyll* über eine Sonderstellung. Ihm kommt nicht nur als einziges Tier der Status einer sich entwickelnden und wiederholt handelnden Figur zu, sein Figurenstatus korrespondiert auch auf eigentümliche Art und Weise mit der Figurenkonzeption Tylls. Der Esel nimmt nicht bloß die Funktion ein, einen Widerpart oder humorvollen *sidekick* zu Tyll darzustellen (die gedoppelte Figurenkonstellation nutzt Kehlmann wiederholt, um die Charakterisierung seiner Protagonisten zu stärken und zu konterkarieren, man denke an Bonpland und Humboldt oder Gauß und dessen Sohn Eugen) Origenes ist, wie gezeigt werden soll, vielmehr notwendiger und integraler Bestandteil, um eine Geschichte vom Typus Narr im Dreißigjährigen Krieg überhaupt erzählen zu können.

---

**36** Daniel Kehlmann: Der unsichtbare Drache. Ein Gespräch mit Heinrich Detering. Zürich 2019, S. 26.

Noch bevor Tyll mit Eselsohren und -skalp bekleidet im nächtlichen Wald als gespenstische Gestalt in Erscheinung tritt und auf diese Weise erstmals mit prototypischen Attributen historischer Narrendarstellungen im Text beschrieben wird – die Narrenkappe entspricht dem Eselskopf, die Glocken der Kappe den Eselsohren –, wird das besondere Verhältnis des Jungen zu dem Tier ausgestellt: „Er kennt ihn [den Esel der Mühle, AMH], so lange er denken kann. Er hat viele Stunden bei ihm im Stall gehockt, hat sich sein leises Schnauben angehört, hat ihn gestreichelt und Freude daran gehabt, wie das Tier ihm seine immerfeuchte Schnauze gegen die Wange gedrückt hat.“ (T, 52) Die Intimität zwischen Tier und Kind wird in eine maximale Grausamkeit verkehrt, als Claus Ulenspiegel und seine zwei Knechte den auf brutale Art und Weise getöteten Esel auffinden und auf eine dämonische Version Tylls treffen: „Etwas schwebt über ihnen, weiß von Kopf bis zu den Füßen, und stiert herab, und obgleich es schon dunkel wird, sieht man die großen Augen, die gefletschten Zähne, das verzerrte Gesicht. [. . .] Was immer da über ihnen ist, es lacht.“ (T, 79) Sie zögern, den Jungen vom Baum zu holen. Während sie noch streiten, steht Tyll plötzlich neben ihnen: „Wie ist er so schnell heruntergekommen? Der Junge nimmt das ab, was er auf dem Kopf getragen hat: ein Stück fellbedeckte Kopfhaut mit zwei langen Eselsohren. Seine Haare sind verkrustet von Blut. [. . .] Wo ist der Rest des Eselskopfes? Die Augen, der Kiefer mit den Zähnen, der ganze riesige Schädelknochen, wo ist das alles?“ (T, 82) Es ist der Junge selbst, der die fehlenden Augen, den fehlenden Esel-Kiefer mit seinem „verzerrten Gesicht“ ersetzt. Der Text führt an dieser Stelle Tyll erstmals als monströses Mensch-Tier-Hybrid mit Eselohren und Menschenaugen ein. Die vielen Ellipsen und vagen Andeutungen – Tyll spricht kichernd vom „große[n], große[n] Teufel“ (T, 81), der in ihn gefahren sei – verstärkt hier einmal mehr die „Ungewissheitspoetik“[37] des Texts; ungeklärt bleibt, wie die Tötung und die Verwandlung sich zutrugen. Tylls Esel- respektive Narr-Werdung wird gezielt mit Monstrosität und Grausamkeit in Verbindung gebracht und stellt so von Beginn an ein wesentliches Merkmal des Narren aus.

Die Gattungshybridisierung von Tier und Mensch kündet sich bereits einige Szenen zuvor an. Zurückgelassen im Wald, wacht der Junge gemeinsam mit dem Esel über den Wagen mit dem Mehl.

> Eine Weile lenkt er sich ab, indem er den Esel an den Ohren zieht. Rechts und links und rechts, jedes Mal gibt das Vieh ein trauriges Geräusch von sich. Warum ist es so geduldig, warum so gutartig, warum beißt es nicht? Er sieht ihm ins rechte Auge. Wie eine Glaskugel liegt es in seiner Höhle, dunkel, wässrig und leer. Es blinzelt nicht, es zuckt bloß ein

37 Rickes: Der Esel ist nicht der Esel, S. 73–86.

> wenig, als er es mit den Fingern berührt. Er fragt sich, wie es wohl ist, dieser Esel zu sein. Eingesperrt in eine Eselseele, einen Eselkopf auf den Schultern, mit Eselgedanken darin, wie mag sich das anfühlen? (T, 58)

Nach der Begegnung mit dem „große[n], große[n] Teufel" (T, 81) trägt Tyll nun den zuvor betrachteten „Eselkopf auf den Schultern" – vielleicht auch „mit Eselgedanken darin". Der hysterisch kichernde und ‚stierende' Tyll scheint, so legt es die Beschreibung nahe, hier einen menschlichen Anteil gegen einen tierischen eingetauscht zu haben. So wundert sich auch der Winterkönig später über Tylls „Kappe aus Kälberfell" und fragt: „warum er diesen Aufzug trage, ob er sich wohl als Tier verkleiden wolle, worauf der Narr geantwortet hatte: ‚O nein, als Mensch!'" (T, 286)

Der Narr ist – hierauf hat Kehlmann in seinen Frankfurter Poetikvorlesungen mit Blick auf Grimmelshausens *Simplicius Simplicissimus* hingewiesen, welcher offenkundig ein wichtiger Bezugstext für *Tyll* ist – „ein Halbmensch, eine Gestalt aus dem Schattenreich".[38] Der Narr sei boshafter, dämonischer als seine Umwelt und dieser daher überlegen. Doch in der Überblendung von Esel und Mensch scheint es in Kehlmanns Roman nicht bloß um die naheliegende (und klamaukige) Pointe zu gehen, dass sich der ‚dumme Esel' schlussendlich als die klügste Figur erweist. Vielmehr ist es Tylls rätselhafte Hybridnatur, die erst eine Erklärung für seine besonderen, ja dämonischen Fähigkeiten anbietet. Gewissermaßen plausibilisiert die Tötung des Esels und die sich hieran anschließende Narr-Werdung also Tylls Anderssein. Schon vor den dämonischen Ereignissen im Wald wird er als eine Figur eingeführt, die sich von seiner Umwelt aufgrund seines abweichenden Verhaltens auszeichnet. Immer wieder nimmt er als Kind die bedrohlichen Stimmen der ihn umgebenden Natur wahr, vernimmt das Murmeln im Bach, das Rauschen im Feld, die bedrohlichen Geräusche im Wald. Es sind die unzähligen begrabenen, verbrannten und ertränkten Opfer des Krieges, die Kehlmann hier als eine andauernde Geräuschkulisse des Textes arrangiert und die Tyll als zukünftige „Gestalt aus dem Schattenreich" zwar vernehmen, wenngleich noch nicht verstehen kann.[39] Erst nach der Narr-Werdung scheint ihm die Fähigkeit gegeben, die Stimmen von belebter und unbelebter Natur zu verstehen. So schließt er mit dem Winterkönig, der sich fasziniert von sprechenden Vögeln zeigt, die Wette ab, einem Tier das Sprechen beizubringen, könne er doch alle Tiersprachen verstehen. Die Wahl des Königs fällt schließlich auf seinen Esel. Damit sind es zwei Esel, die für Tyll

38 Kehlmann: Kommt, Geister, S. 105.

39 Auf diesen Aspekt verweist auch Tilman Spreckelsen: Wenn wir Toten erwachen. In: Frankfurter Allgemeine Zeitung, 7.10.2017.

und den Handlungsverlauf von Bedeutung sind: der erste, namenlose und später getötete Esel im Wald steht am Beginn seiner Narr-Werdung und verleiht ihm die narrentypischen Attribute, die Kappe (Skalp) und die Glöckchen (Eselsohren); die Hinwendung zu dem zweiten, bald schon sprechenden Esel erweist sich als Signum von Tylls abgeschlossener Transformation zum Narr.[40]

Tylls Wette liest sich zunächst als bloße Narretei. Als der Esel jedoch zu sprechen beginnt, verstärkt dies nicht nur einmal mehr die „Ungewissheitspoetik" des Romans, auch intradiegetisch stiftet dieser Umstand Verwirrung. Wiederholt vermuten die Figuren, es handele sich um einen Bauchredner-Trick des Narren. Der Esel, so behauptet es der Text, erlernt nicht nur binnen kürzester Zeit die menschliche Sprache, er plant zudem, ein Buch über Tyll zu schreiben „für Kinder und für alte Leute". (T, 421) An dieser Stelle kommentiert sich der Text also selbst und legt nahe, wie auch Joachim Rickes konstatiert, dass es der Esel sei, der den vorliegenden Roman verfasst habe. Auch die etymologische Wurzel vom Namen des Esels plausibilisiere, so Rickes weiter, diese Pointe: Der Name Origenes bezeichne den Ursprung (lat. *origo*) – ein weiterer Hinweis dafür, dass man es hier mit dem Urheber der Geschichte zu tun habe.[41] Da viele Texte Kehlmanns von einer brutalen Wirklichkeit auf eine komödiantische Art und Weise erzählen, scheint Rickes Vermutung durchaus überzeugend, der Autor erhebe hier ausgerechnet einen Esel zu der Erzählinstanz, um von den Grausamkeiten des Dreißigjährigen Kriegs zu berichten. Die historische Wirklichkeit des Romans verstärkt den komischen Effekt zudem dahingehend, dass man es hier bekanntlich mit der Zeit zu tun hat, in der die Dichtung in deutscher Sprache sich zunehmend durchsetzt. Ein schreibender Esel reihte sich also neben literarischen Größen wie Fleming und Gryphius ein – eine für Kehlmann durchaus denkbare Pointe. Rickes argumentiert ferner, Kehlmann habe sich mit diesem Kniff gar selbstironisch in den Text eingeschrieben: der Autor als ‚dummer Esel' (allerdings lässt die Nähe zu Barockdichtern wie Gryphius nicht nur die Möglichkeit einer Selbstironisierung zu, sondern auch die einer selbstbewussten Selbstverortung Kehlmanns innerhalb des klassischen deutschen Literaturkanons). Was Rickes in seinen Ausführungen zu dem Esel Origenes indes nicht berücksichtigt, ist die spiegelbildliche Konstruktion von Esel und Mensch, auf der der Roman fußt. Der Befund vom Esel als Autorfigur des Textes, dem in diesem Beitrag gefolgt wird, eröffnet eine wesentlich weitreichendere Pointe als lediglich eine komödiantische, insbesondere dann, liest man *Tyll* vor

---

**40** Zur Doppelung des Esel-Motivs siehe auch Rickes: Der Esel ist nicht der Esel, S. 75.

**41** Vgl. Rickes: Der Esel ist nicht der Esel, S. 86. Darüber hinaus wird mit dem lesenden und sprechenden Esel an die vor allem aus der Fabel bekannte Tradition vom erzählenden Tier angeknüpft.

dem Hintergrund des Dreißigjährigen Kriegs als Psychogramm kollektiver denn individueller Traumata.

Auch wenn Tyll titelgebender Protagonist des Romans ist, erzählt der Text doch erstaunlich wenig von und über ihn. In seiner Charakterisierung bleibt er bemerkenswert unterbestimmt. Die Lesenden erfahren kaum etwas über das Innenleben der Figur, auch ist keine Entwicklung derselben auszumachen. Neben diesem Umstand legen auch die von Kehlmann paratextuell vielfach gestreuten Hinweise auf seine Lektüre der Archetypen-Lehre C.G. Jungs nahe, *Tyll* erzähle mehr vom Werden und Entstehen des Archetypus Narr zur Zeit des Dreißigjährigen Kriegs denn die Geschichte vom (Anti-)Helden Tyll Ulenspiegel. Diese Vermutung wird auch durch Hinweise Kehlmanns gestützt, bereits der legendäre ‚Till Eulenspiegel' finde keine Entsprechung in einer realhistorischen Person, sondern bezeichnete bereits im Spätmiittelalter und in der Frühen Neuzeit einen Typus, „der sich nicht in den Zivilisationsprozess einpasst".[42] Die vielerorts behauptete Transponierung von der Figur des Till Eulenspiegels aus dem Mittelalter in die Gegenwart der Frühen Neuzeit verfängt mit Blick auf Kehlmanns Tyll also nicht, folgt man der These, man habe es hier mit einem Roman zu tun, der von dem Archetyp Narr erzählt und nicht zwingend von der mythischen Figur des Till Eulenspiegel.

Der ‚Typus Eulenspiegel' verkörpere, so Kehlmann, „die Angst, die wir davor haben, dass ein Teil von uns tierisch ist. Der Narr ist näher an der Tierheit."[43] Daher sei auch sein Tyll „asozial" im wörtlichen Sinne und erscheine seiner Umwelt bedrohlich wie ein unberechenbares Tier: „Er ist gefährlich, weil man nie wirklich weiß, was er tun wird."[44] Tylls Hinwendung zum Animalischen (i.e. das Aufsetzen des Skalps, das verbildlichte Tier-Werden), ist es also, was das Archetypische seiner Figur im Text markiert.[45] Kehlmanns Tyll ist hierbei von einer permanent aufrechterhaltenen Spannung von menschlicher und tierischer Natur gekennzeichnet. Eine menschliche Komponente muss bestehen bleiben, um ihn als Figur der Diegese zu plausibilisieren; eine tierliche Komponente muss existieren, um ihn als Archetyp zu markieren. Das Symbol dieser Spannung ist die Nar-

42 Daniel Kehlmann: Hält uns die Welt zum Narren? In: Sternstunde Philosophie, 01.07.2018, Min. 8:10–8:17, https://www.srf.ch/kultur/literatur/daniel-kehlmann-nachdenken-im-namen-der-narrenkappe (Zuletzt angesehen am 12.08.2019).

43 Kehlmann: Hält uns die Welt zum Narren? Min. 12:15–12:20.

44 Kehlmann: Hält uns die Welt zum Narren? Min. 10:28–10:37.

45 Kehlmann vergleicht seinen Tyll gar mit einem Dämon: „Tyll fehlt eine menschliche Dimension. Er ist wie ein Dämon." Daniel Kehlmann/Lars Weisbrod: „Ich dachte, ich erlebe das Ende der Demokratie". In: Zeit Online, 06.11.2017, https://www.zeit.de/kultur/literatur/2017-11/daniel-kehlmann-tyll-interview (Zuletzt angesehen am 12.08.2019).

renkappe, wie auch Kehlmann selbst bemerkt: „Sie kommt von den Tierhörnern her. Das heißt: im Grunde hat der Narr Teufelshörner. Und auch das Narrengewand, das er trägt, ist eine Art gewandeltes Tiergewand. Und der Teufel in den alten Darstellungen, als der Gehörnte, ist auch jemand, der noch halb Tier ist".[46]

In Vorbereitung für den Roman sei für ihn besonders die Lektüre von Jungs Essay über den Trickster relevant gewesen, wie Kehlmann mehrfach betont.[47] Der Trickster respektive der Narr sei auch bei Jung eine Figur des Übergangs, „der Mensch, der sich noch nicht ganz vom Tier getrennt hat".[48] Kehlmanns *Tyll* erzählt von eben diesem Übergang: Wie der Archetyp entstand, wie er vom Menschen zum Tier-Mensch wurde. Dass vom getöteten Esel, dem Aufsetzen seiner Kopfhaut und den Ohren erzählt wird, ist demnach notwendig, um auf der Darstellungs- und Handlungsebene die Wandlung Tylls zum Archetyp Narr zeigen zu können. In dem Moment, in dem Tyll tier-ähnlicher wird, tritt das Subjekt Tyll in den Hintergrund und der Archetyp des Narren gewinnt Gestalt. Tylls ‚Identität' ist nun nicht länger individuell geformt, sondern kollektiv: Sie ist das Ergebnis von Geschichten, Überlieferungen und Erzählungen, die den Archetyp Narr konstituieren. So heißt es auch gleich zu Beginn des Romans im Kapitel „Schuhe", „dass Tyll Ulenspiegel vielleicht der Einzige ist, der sich an unsere Gesichter erinnern und wissen würde, dass es uns gegeben hatte." (T, 28) So wird von Beginn an eine wesentliche Funktion Tylls benannt: Als Repräsentant jener Schreckenszeit sind ihm die kollektiven Kriegs-Traumata eingeschrieben und als Archetyp trägt er diese in die Zukunft, erhebt sie zum Bestandteil des kollektiven Geschichtsgedächtnisses. Allein: Folgt man dem von Rickes offengelegten Angebot des Romans, der Esel sei der Erzähler der Geschichte, ist es nicht Tyll, der an die verstorbenen „Gesichter erinner[t]", sondern schlussendlich Origenes. So wäre es der Esel – auch hierin lässt sich unschwer eine unterhaltsame Pointe erkennen –, der die „moralische Aufgabe" erfüllt, die Kehlmann im Gespräch mit Herfried Münkler für das literarische Schreiben über den Dreißigjährigen Krieg formuliert: „das Leben der Vergessenen zu gestalten, die für Historiker nicht mehr greifbar sind."[49]

Liest man die Narr-Werdung als zunehmende „Deterritorialisierung" von Tylls Ich, die zugleich einem fortschreitenden Prozess der „De-Anthropozentrie-

46 Kehlmann: Hält uns die Welt zum Narren? Min. 11:11–11:34.

47 Siehe zu einer psychoanalytischen Grundierung des Romans und Bezügen zu C.G. Jung den Beitrag von Simon Zeisberg im vorliegenden Band.

48 Kehlmann: Hält uns die Welt zum Narren? Min. 11:42–12:00. Auch im Interview mit Jakob Augstein verweist Kehlmann auf C.G. Jung, Daniel Kehlmann/Jakob Augstein: „Künstler in einer rohen Welt". In: Der Freitag 49, 16.12.2018.

49 Kehlmann/Münkler: „Zwei schwierige Wörter, deutsch und Identität", S. 112.

rung" entspricht,[50] ist das Gegenteil für den Esel Origenes zu konstatieren. Tyll wird „unberechenbarer" und tier-ähnlicher, der Esel Origenes erweist sich dank seines Sprechens und Lesens hingegen als zunehmend menschenähnlicher. Die Ergebnisse beider Wandlungen verhalten sich also spiegelbildlich zueinander: Bei Tyll setzt eine Entsubjektivierung ein, der Esel Origenes erfährt hingegen eine Anreicherung an Subjektivität. Diese Konstellation erhellt sich in besonderem Maße mit Blick auf den von Kehlmann zitierten Text C.G. Jungs zum Archetyp Narr. Laut Jung ist es der Narr bzw. der Trickster, der das bedrohliche Unbewusste verkörpere. Alles Unbewusste verweise aber notwendigerweise auf ein existierendes Bewusstsein.[51] Und genau das ist die eigentliche Pointe der besonderen Figurenkonstellation von Origenes und Tyll. *Tyll* ist ein Roman, der in verschiedenen Episoden und mithilfe einem in weiten Teilen historisch verbürgten, umfassenden Figurenpersonal von der Kriegszeit erzählt. Tyll dient jedoch nicht nur dazu, die Episoden miteinander zu verbinden. Als ent-subjektivierter Typus ist er vielmehr Einschreibfläche und Summe aller kollektiven Schrecken und Traumata. Es ist also Tyll, der als Trickster das Bedrohliche und Unbewusste verkörpert, und Origenes, der von diesen mit dem vorliegenden Roman erzählt, also das Bewusstsein repräsentiert – und damit zur metafiktionalen Instanz des Texts avanciert. Die innige Beziehung zwischen dem jungen Tyll und dem Mülleresel sowie die erste dämonische, eselhafte Erscheinung Tylls als Narr bereitete also gewissermaßen die Verschränkung von Esel und Narr, Bewusstsein und Unbewussten, vor. Bezeichnenderweise erscheint Origenes Tyll sodann auch als Imagination, wäh-

---

50 In der Verwandlung Tylls zum Narren wird ferner eine Denkfigur erkennbar, die Gilles Deleuze und Félix Guattari, u. a. in Anschluss an C.G. Jung, als das „Tier-Werden" bezeichnen. Das Tier-Werden meint im Sinne Deleuzes/Guattaris ebenfalls den Vorgang einer zunehmenden Ent-Subjektivierung. Das Ich wird hier nicht mehr als eine geschlossene Einheit, sondern als ein Produkt der Mannigfaltigkeit verstanden. Tier-Werden im Sinne Deleuzes/Guattaris eröffne so die „Möglichkeit des nicht-identitären Denkens", eine „Bewegung der Deterritorialisierung" des menschlichen Ich, wie Esther Köhring für die Einführung in die *Texte zur Tiertheorie* schreibt. Es handelt sich hierbei also um eine Denkfigur, die überaus anschlussfähig für Kehlmanns Figur Tyll ist. Dass in Kehlmanns Roman mit der aufgesetzten Eselskopfhaut und den Eselsohren tatsächlich eine phänotypische, mimetische Tier-Werdung beschrieben wird, ließe sich als ironische Potenzierung des Konzeptes Deleuzes/Guattaris lesen – die Entsubjektivierung vollzieht sich nicht nur metaphorisch, sondern als tatsächliche erkennbare Animalisierung des Menschen. Es könnte also ergiebig sein, *Tyll* eingehender mithilfe verschiedener methodischer Zugänge zu untersuchen, die der Psychoanalyse verpflichtet sind. Vgl. Esther Köhring: Gilles Deleuze/Félix Guattari. In: Texte zur Tiertheorie. Hg. v. Roland Borgards/Esther Köhring/Alexander Kling. Stuttgart 2015, S. 189–191.

51 Vgl. C.G. Jung: Zur Psychologie der Tricksterfigur. In: ders.: Die Archetypen und das kollektive Unbewusste. Gesammelte Werke, 9. Band, 1. Halbband. Hg. v. Lilly Jung-Merker/Elisabeth Rüf. 11. Auflage, Freiburg i. B. 2011, S. 271–290.

rend sich Letzterer im einstürzenden Tunnel von Brünn befindet: „Ich werde an dich denken, sagt Origenes. Ich bring es noch zu was, als Nächstes lern ich schreiben, und wenn du magst, schreib ich ein Buch über dich, für Kinder und alte Leute. Was hältst du davon?“ (T, 421)

Die beidseitige Komplementierung erhebt diese Figurenkonstellation zum poetologischen Dreh- und Angelpunkt des Romans. Denn erst über diese Konstellation kann von den Ursprüngen und dem Fortgang des Narren und damit auch: von den Ursprüngen und dem Fortgang der maximalen Gewalt und Zerstörung erzählt werden. Schließlich verkörpere Tyll, so Kehlmann, nicht weniger als den Krieg selbst.[52] Nicht nur im Namen des Esels Origenes ist dabei der Anfang und die Herrschaft der Entmenschlichung der Kriegszeit angelegt. Auch der Archetyp verweist etymologisch auf den Ursprung (griech. *arche*, Ursprung, Herrschaft).[53]

Indem Origenes ein „Buch für Kinder und alte Menschen“ schreibt, in dessen heimlichen Zentrum Tyll als Summe der kollektiven Traumata steht, erfüllt der Esel also die ethische Verantwortung vom Schreiben gegen das Vergessen. Mit diesem Fluchtpunkt berührt der Roman *Tyll* auch die ‚großen‘, ja existentiellen Fragen nach dem Sinn und Zweck der Kunst: Kunst bzw. das Schreiben erscheint hier als einzige mögliche Bewältigungsstrategie in einer sich selbst entfremdeten,

---

52 Vgl. Kehlmann/Weisbrod: „Ich dachte, ich erlebe das Ende der Demokratie“.

53 Auch die kirchengeschichtliche Referenz, die sich mit dem Namen Origenes verbindet, ist womöglich eines von Kehlmanns vielen versteckten *Easter Eggs*, also ein versteckter Schlüssel für die Interpretation des Texts. Der Namensvetter des Esels, der Kirchenvater Origenes, formulierte im 3. Jahrhundert n. Chr. die Lehre vom dreifachen Schriftsinn der Bibel. Dieser sieht vor – für die Erzählung von einem Archetyp überaus passend –, dass der allegorische Sinn des Wortes neben dem wörtlichen und moralischen Sinn immer besteht. Origenes argumentierte also für die Existenz eines tieferen, verborgenen Schriftsinns; nimmt man diese Referenz ernst, könnte bereits der Name von Kehlmanns Esel die Funktion einnehmen, den vielschichtigen Sinnhorizont des vorliegenden Romans metareflexiv auszustellen. Der Kirchenvater Origenes war seinerzeit ebenfalls für seine überaus kontrovers diskutierte Eschatologie bekannt, die eine Erlösung aller Wesen, auch die des Teufels und der Dämonen, vorsah. Auch wenn an dieser Stelle eine kirchengeschichtliche Referenz nicht überstrapaziert werden soll, würde diese zweifelsohne eine komische, ja zynische – und damit auch eine kehlmanntypische – Pointe eröffnen. Wäre es mit Kehlmanns Origenes doch ausgerechnet ein Esel, der in der Zeit des maximalen Zivilisationsbruches, in der sich ein Drittel der europäischen Bevölkerung in einem Religionskrieg auslöscht, eine Erlösung in Gott in Aussicht stellte. Siehe zu dem Kirchenvater Origenes beispielsweise: Christoph Markschies: Die Kirche in vorkonstantinischer Zeit. Teil B: Von der Mitte des 2. bis zum Ende des 3. Jahrhunderts. In: Ökumenische Kirchengeschichte, Bd. 1: Von den Anfängen bis zum Mittelalter. Von Martin Ebner, Wilfried Hartmann, Bernhard Kötting, Raymund Kottje, Christoph Markschies u. Alfred Schindler. Hg. v. Bernd Moeller. Darmstadt 2006, S. 59–98, hier insbesondere S. 91–94.

grausamen Welt. Mit dieser psychoanalytischen Perspektivierung weist sich *Tyll* als moderner, überaus aktueller Roman unserer Gegenwart aus.

Mit Blick auf die Funktion von Texttieren Kehlmanns lässt sich also festhalten, dass es mindestens bemerkenswert ist, dass es der Esel ist, welcher die doppelte Konfiguration Tylls als Figur und Archetyp sichtbar und erzählbar macht. Auch die eingangs erwähnten Kategorien ‚fremd' versus ‚eigen', Tier versus Mensch, finden über Origenes Eingang in den Text, da dieser das Tierische, Bedrohliche des Narren verkörpert, zugleich aber auch die zunehmende De-Anthropozierung Tylls kompensiert. Kehlmann entfaltet also die zentralen Themen des Romans – Krieg, Entfremdung, Traumata und mögliche Bewältigung dieser mithilfe von Kunst – an der Figur des Esels. Dass der Text, der von der maximalen Ent-Menschlichung erzählt, die Deutung anbietet, von einem Tier verfasst zu sein, es also ausgerechnet der Esel ist, der die Bewältigung des kollektiven Traumas mithilfe des vorliegenden Buches in Aussicht stellt – das ist wohl die stärkste und auch unterhaltsamste Pointe, die ein Tier in Kehlmanns Texten bisher offeriert hat.

# 4 Schluss

Wurde in den ersten beiden Abschnitten gezeigt, wie Texttiere typische Erzählstrategien Kehlmanns bedienen und verstärken, erscheint der Esel als das Kehlmannsche Tier *par excellence*, lassen sich über ihn sowohl die zentralen Semantiken (Komik und Unheilvolles) als auch die für Kehlmanns Œuvre charakteristischen Leitthemen bzw. -motive (Künstlertum und Traumata) entfalten. Auch die für Kehlmanns Werk immer wieder diagnostizierte ‚doppelte Optik' ist am Beispiel des Esels erkennbar: Man kann Origenes, wie hier geschehen, als das den Archetyp Tyll komplementierende Bewusstsein lesen; der Roman ‚funktioniert' in der Rezeption aber ebenso gut, versteht man ihn als bloßen komödiantischen *sidekick* des Narren.

Es ist sicherlich ergiebig, für weitere Untersuchungen von den Funktionen der Texttiere in *Tyll* auch mögliche intertextuelle Bezüge stark zu machen; zum Beispiel zu Grimmelshausens *Simplicissimus* oder zu Thomas Manns *Felix Krull* und dessen vogelhafte Hybridfigur Andromache, die eine gewisse Verwandtschaft zu Kehlmanns Tyll aufweist. Auch die zahlreichen Hunde, über die sich Thorsten Ahrend beklagt, bieten sich als Gegenstand zukünftiger Betrachtungen von Kehlmanns Tieren an. Bereits der ‚prominenteste' Hund Kehlmanns, Humboldts zugelaufener Schäferhund, eröffnet eine Reihe von interessanten Deutungsangeboten. Mit ihm lässt sich über Humboldts Charakter reflektieren, er spiegelt und kommentiert aber auch das in der Weimarer Klassik vorherrschende Verhältnis von Mensch und Natur. Immerhin ist es der Hund, so Kehlmann selbst, der als „einziges Tier evolutionär auf den Menschen gesetzt hat";[54] Humboldts Abneigung gegenüber seinen Mitmenschen und seine starke Zuneigung zu dem Hund erweist sich so als eine eigentliche Faszination am Menschsein, nicht am Tier oder der Natur.

Den Texttieren Kehlmanns ist also ein immenses interpretatives Potential eingeschrieben. Wenn Ahrend „no more dogs!" forderte, muss für die literaturwissenschaftliche Forschung zu Kehlmanns Werk – insbesondere einer, die im Sinne der *Cultural* und *Human Animal Studies* die Tier-Mensch-Beziehung ins Zentrum des Erkenntnisinteresses rückt – also das genaue Gegenteil gelten: more dogs, please!

## Literaturverzeichnis

Ahrend, Thorsten: No more dogs! Erfahrungen mit Daniel Kehlmann. In: Text+Kritik 177 (2008) [= Themenheft Daniel Kehlmann], S. 68–72.

Borgards, Roland: Tiere und Literatur. In: Tiere. Ein kulturwissenschaftliches Handbuch. Hg. v. dems. Stuttgart 2015, S. 225–244.

Borgards, Roland: Tiere in der Literatur. Eine methodische Standortbestimmung. In: Das Tier an sich. Disziplinenübergreifende Perspektiven für neue Wege im wissenschaftsbasierten Tierschutz. Hg. v. Herwig Grimm, Carola Otterstedt. Göttingen 2012, S. 87–118.

Catani, Stephanie: Formen und Funktionen des Witzes, der Satire und der Ironie in ‚Die Vermessung der Welt'. In: Daniel Kehlmanns ‚Die Vermessung der Welt'. Materialien, Dokumente, Interpretationen. Hg. v. Gunther Nickel. Reinbek bei Hamburg 2008, S. 198–216.

Gasser, Markus: Das Königreich im Meer. Daniel Kehlmanns Geheimnis. Reinbek bei Hamburg 2013.

Gasser, Markus: Daniel Kehlmanns unheimliche Kunst. In: Text+Kritik 177 (2008) [= Themenheft Daniel Kehlmann], S. 12–29.

Herrmann, Leonhard: Literarische Vernunftkritik im Roman der Gegenwart. Stuttgart 2017.

Jung, C.G.: Zur Psychologie der Tricksterfigur. In: ders.: Die Archetypen und das kollektive Unbewusste. Gesammelte Werke, 9. Band, 1. Halbband. Hg. v. Lilly Jung-Merker, Elisabeth Rüf. 11. Auflage, Freiburg i. B. 2011, S. 271–290.

Kehlmann, Daniel: Der unsichtbare Drache. Ein Gespräch mit Heinrich Detering. Zürich 2019.

Kehlmann, Daniel/Jakob Augstein: „Künstler in einer rohen Welt". In: Der Freitag 49, 16.12.2018.

Kehlmann, Daniel/Herfried Münkler: „Zwei schwierige Wörter, deutsch und Identität". In: Der Spiegel 37, 07.09.2018, S. 110–116.

54 Kehlmann/Kleinschmidt: Requiem für einen Hund, S. 15.

Kehlmann, Daniel: Hält uns die Welt zum Narren? In: Sternstunde Philosophie, 01.07.2018, https://www.srf.ch/kultur/literatur/daniel-kehlmann-nachdenken-im-namen-der-narren kappe (Zuletzt angesehen am 12.08.2019).

Kehlmann, Daniel/Lars Weisbrod: „Ich dachte, ich erlebe das Ende der Demokratie". In: Zeit Online, 06.11.2017, https://www.zeit.de/kultur/literatur/2017-11/daniel-kehlmann-tyll-interview (Zuletzt angesehen am 12.08.2019).

Kehlmann, Daniel: Tyll. Reinbek bei Hamburg 2017.

Kehlmann, Daniel: Kommt, Geister. Frankfurter Vorlesungen. Reinbek bei Hamburg 2016.

Kehlmann, Daniel: Die Vermessung der Welt. Reinbek bei Hamburg [2005] [27]2012.

Kehlmann, Daniel/Sebastian Kleinschmidt: Requiem für einen Hund. Ein Gespräch. Reinbek bei Hamburg [2008] 2010.

Kehlmann, Daniel: Mein Thema ist das Chaos. Ein Gespräch in *Der Spiegel*, 5. 12.2005. In: Daniel Kehlmanns ‚Die Vermessung der Welt'. Materialien, Dokumente, Interpretationen. Hg. v. Gunther Nickel. Reinbek bei Hamburg 2008, S. 36–46.

Kehlmann, Daniel: Diese sehr ernsten Scherze. Göttingen 2007.

Kehlmann, Daniel: Der fernste Ort. Reinbek bei Hamburg [2001] 2006.

Kehlmann, Daniel: Mahlers Zeit. Frankfurt a. M. 1999.

Köhring, Esther: Gilles Deleuze/Félix Guattari. In: Texte zur Tiertheorie. Hg. v. Roland Borgards/Esther Köhring/Alexander Kling. Stuttgart 2015, S. 189–191.

Latour, Bruno: Das Parlament der Dinge. Für eine politische Ökologie. Aus dem Französischen von Gustav Roßler. Frankfurt a. M. 2010.

Markschies, Christoph: Die Kirche in vorkonstantinischer Zeit. Teil B: Von der Mitte des 2. bis zum Ende des 3. Jahrhunderts. In: Ökumenische Kirchengeschichte, Bd. 1: Von den Anfängen bis zum Mittelalter. Von Martin Ebner, Wilfried Hartmann, Bernhard Kötting, Raymund Kottje, Christoph Markschies u. Alfred Schindler. Hg. v. Bernd Moeller. Darmstadt 2006, S. 59–98.

Marx, Friedhelm: Dunkle Geschichten: Daniel Kehlmanns Gespenster. In: Gegenwartsliteratur. Ein germanistisches Jahrbuch 16 (2017), S. 57–76.

Matter, Stefan: Neidhart und die Bienen. Überlegungen zu Text- und Bildtradition des Fassschwankes. In: Literatur und Wandmalerei II. Konventionalität und Konversation. Burgdorfer Colloquium 2001. Hg. v. Eckart Conrad Lutz, Johanna Thali, René Wetzel. Tübingen 2005, S. 435–455.

Philo, Chris/Chris Wilbert: Animal spaces, beastly places. An introduction. In: New Geographies of Human-Animal Relations. Hg. v. dens. London 2000, S. 1–34.

Rickes, Joachim: Der Esel ist nicht der Esel. Zu Daniel Kehlmanns Ungewissheitspoetik in ‚Tyll'. In: Sprachkunst. XLIX (2018), 1. Halbband, S. 73–86.

Rickes, Joachim: Die Metamorphosen des ‚Teufels' bei Daniel Kehlmann. „Sagen Sie Karl Ludwig zu mir". Würzburg 2010.

Spiegel, Hubert: Der Schrecken der Welt läßt sich messen, aber nicht bannen. In: FAZ, 22.10.2005.

Spreckelsen, Tilman: Wenn wir Toten erwachen. In: Frankfurter Allgemeine Zeitung, 7.10.2017.

Tetzlaff, Stefan: Messen gegen die Angst des Zufalls. Grundgedanken einer Poetik Daniel Kehlmanns. In: textpraxis 4 (1.2012), S. 1–9.

Todorov, Tzvetan: Einführung in die fantastische Literatur. 2. Auflage Berlin [1976] 2018.
Tranacher, Juliane: Geniekonzepte bei Daniel Kehlmann. Würzburg 2018.
Zeyringer, Klaus: „Gewinnen wird die Erzählkunst." Ansätze und Anfänge von Daniel Kehlmanns „Gebrochenen Realismus". In: Text+Kritik 177 (2008) [= Themenheft Daniel Kehlmann], S. 36–44.

Jens Krumeich

# „Germanist[], ohne Germanist zu sein"? Daniel Kehlmann und die literaturwissenschaftliche Forschung

Mit dem berühmten Till Eulenspiegel macht Daniel Kehlmann einen Narren zur titelgebenden Figur seines jüngsten Romans *Tyll* (2017).[1] Kehlmanns Tyll Ulenspiegel zieht mit einer Schaustellertruppe während des Dreißigjährigen Krieges umher und fungiert dabei als eine Art Popstar der fiktionalisierten Welt der Frühen Neuzeit. Gleich zum Beginn des Romans schlägt Ulenspiegel in einem Dorf irgendwo noch fernab vom Kriegsgeschehen des – so Kehlmann – „brutalsten Krieg[es], den die Welt bis dahin gesehen hat",[2] seine Zelte auf und präsentiert mit seiner kleinen Wanderbühnentruppe ein Trauer- und ein Lustspiel, versetzt mit Tanz und Akrobatik. Aus der Perspektive des Dorfes – das etwa ein Jahr später von Kriegsparteien ausgelöscht sein wird – wird ein Spektakel geschildert, das „bis in den Nachmittag" dauert und das Publikum derart in seinen Bann zieht, dass, „obgleich wir wussten, dass den Kühen die Euter schmerzten, [. . .] keiner von uns ungeduldig" wurde (T, S. 11). Gleichwohl haben die Dorfbewohner große Schwierigkeiten, der Handlung zu folgen; die literarhistorisch halbwegs versierte Leser*in hingegen stellt schnell fest, dass es sich bei dem aufgeführten Stück um eine mit „Drachen und [. . .] Hexen und böse[] Könige[]" (T, S. 11) ausgeschmückte Adaption eines heute weidlich bekannten Klassikers handelt:

> Blitzschnell wurde der Wagen zur Bühne. [. . .]. Ihr Dialekt klang nach dem Süden [. . .] und war nicht leicht zu verstehen, aber wir bekamen doch mit, dass es um eine Frau und einen Mann ging, die einander liebten und nicht zueinanderkonnten [. . .]. Am Ende gab es ein Missverständnis: Die schöne Frau hatte sich Gift verschafft, um sich tot zu stellen und nicht den bösen Vormund heiraten zu müssen, aber die alles erklärende Botschaft an ihren Geliebten war auf dem Weg zu ihm verlorengegangen, und als er, der wahre Bräutigam, [. . .] zu guter Letzt bei ihrem reglosen Leib ankam, traf ihn der Schreck wie ein Blitzschlag. [. . .]. Schließlich zog er das Messer und stach sich in die Brust. [. . .]. War tot. [. . .]. Sekunden später wachte die Frau auf und erblickte den toten Leib neben sich [. . .]. Dann nahm sie ein Messer und tötete sich ebenfalls [. . .]. Dann war das Stück zu Ende, und viele von uns weinten noch, als die Toten längst aufgestanden waren und sich verbeugten. (T, S. 10–12)

1 Daniel Kehlmann: Tyll. Reinbek bei Hamburg 2017. Im Folgenden im Fließtext zitiert mit der Sigle T.

2 Daniel Kehlmann: Kommt, Geister. Frankfurter Vorlesungen. Reinbek bei Hamburg 2015, S. 100.

https://doi.org/10.1515/9783110647488-011

Die Wandertruppen, eine aus England stammende frühneuzeitliche theatrale Organisationsform, waren für das Theaterleben in Kontinentaleuropa prägend und gastierten nicht nur an Höfen, sondern auch in Städten und Dörfern, unter anderem mit Stücken wie Shakespeares *Romeo und Julia*.[3] Wie schon in der *Vermessung der Welt* (2005), in der Humboldt mit einer Paraphrase des „schönste[n] deutsche[n] Gedicht[s]“,[4] Goethes *Wandrers Nachtlied/Ein Gleiches*, literarhistorisch einigermaßen gebildeten Leser*innen einen parodistischen Heureka-Moment gewährt,[5] ist auch die notwendige Vorkenntnis in der *Tyll*-Episode nicht allzu hoch zu veranschlagen. Schließlich ist der *Romeo und Julia*-Stoff fest verankert im kulturellen Gedächtnis der westlichen Welt, sodass davon auszugehen ist, dass die Handlung selbst dann wiedererkannt wird, wenn man weder das Stück gelesen oder eine Inszenierung besucht noch eine der zahlreichen populären Verfilmungen gesehen hat. Etwas subtiler, aber immer noch zielsicher im Rahmen der Schulcurricula für das Fach Deutsch gehalten, ist die intertextuelle Anspielung auf Gottfried Kellers *Romeo und Julia auf dem Dorfe* im selben Kapitel: „Sehr wohl allerdings wusste man, warum die Semmler-Familie und die Leute vom Grünangerhaus aufeinander losgingen; es war wegen des strittigen Ackers“ (T, S. 24). Kehlmann gelingt es so, über das bloß Unterhaltende hinaus in abgestimmter Dosierung historisches und literaturwissenschaftliches Wissen über Texte und Autoren „mit leichter Hand“ in eine, wie Moritz Baßler schreibt,

---

3 Vgl. etwa die klassischen Darstellungen von Manfred Brauneck: Die Welt als Bühne. Geschichte des europäischen Theaters. Bd. 2. Stuttgart/Weimar 1996, S. 335–358; Harald Zielske: Die deutschen Höfe und das Wandertruppenwesen im 17. und 18. Jahrhundert. Fragen ihres Verhältnisses. In: Europäische Hofkultur im 16. und 17. Jahrhundert. Bd. 3. Hg. v. August Buck u. a. Hamburg 1981, S. 521–532; Harald Zielske: Drama und Theater in England, den Niederlanden und Deutschland. In: Propyläen. Geschichte der Literatur. Bd. 3: Renaissance und Barock. 1400–1700. Hg. v. Erika Wischer. Berlin 1986, S. 131–176, hier S. 166–171; Alfred Noe: Vorwort. In: Spieltexte der Wanderbühne. Bd. VI: Kommentar zu Bd. I–V. Hg. v. dems. Berlin/New York 2007, S. V–XXV; Alfred Noe: Quellenlage und Fragen der Forschung. In: Spieltexte der Wanderbühne. Bd. VI., S. XXVII–XLIII; sowie Ralf Haekel: Die Englischen Komödianten in Deutschland. Eine Einführung in die Ursprünge des deutschen Berufsschauspiels. Heidelberg 2004. Einen aktuellen Überblick über den Forschungsstand bietet die Dissertation von Tilman Venzl: „Itzt kommen die Soldaten“. Studien zum deutschsprachigen Militärdrama des 18. Jahrhunderts. Frankfurt a. M. 2019, S. 121–172.

4 Daniel Kehlmann: Die Vermessung der Welt. Roman. Reinbek bei Hamburg 2005, S. 128.

5 Vgl. dazu weitergehend Dirk Werle: ‚Unvollständiges Verstehen‘ am Beispiel einer Goethe-Parodie in Daniel Kehlmanns Roman ‚Die Vermessung der Welt‘. Ein Beitrag zur Erforschung interpretatorischer Praxis. In: Theorien, Methoden und Praktiken des Interpretierens. Hg. v. Andrea Albrecht u. a. Berlin u. a. 2015, S. 345–365.

„unterhaltsame, leicht lesbare, gut verständliche Geschichte mit hohem Identifikationspotential“ zu überführen.[6] So ermöglicht Kehlmann seinen Leser*innen auf diese Weise ein populäres, aber stets gebildetes oder zumindest gebildet erscheinendes akademisches Lektürevergnügen;[7] seine geschickte „Mehrfachadressierung“ bewirkt so, dass sich, noch einmal mit Baßler gesprochen, „nicht nur die Lesermassen, sondern auch Kritiker und Literaturwissenschaftler für diese Literatur begeistern“.[8]

Aus Gründen wie diesen wird Kehlmann spätestens seit seinem Welterfolg mit *Die Vermessung der Welt* allgemein, von Feuilleton, Literaturkritik, aber auch Literaturwissenschaft als ein gelehrter Autor, mitunter gar als *poeta doctus*, wahrgenommen und attribuiert.[9] Und er nimmt diese Rolle – wie zeitgleich viele andere Dichter*innen unserer Wissensgesellschaft – dankbar an.

Dass wir es bei Kehlmann mit einem belesenen Autor zu tun haben, der sich souverän in kulturhistorischen Wissensbeständen unterschiedlicher Provenienz bewegt, steht außer Frage. Doch wie steht Kehlmann konkret zur Germanistik und zur Literaturwissenschaft als Wissenschaft? Wie gestaltet sich sein fiktionalisierender Zugriff auf literaturwissenschaftliche Wissensbestände? Und welcher Ratio folgt er dabei? Bei diesen Fragen geht es mir weniger um philologische und historische Adäquatheit der literarisch verarbeiteten Referenzen als vielmehr um die autorpoetischen und werkpolitischen Funktionen, die Kehlmann sich von seinem Rekurs auf germanistisches Wissen für die Formung seines Œuvres und dessen Wirkung erhofft. In der Forschung sind vor allem in Reaktion auf Kehlmanns Bestseller *Die Vermessung der Welt*, aber auch in Bezug auf das Drama *Geister in Princeton* (2011)[10] und frühere Texte sowie auf die darin vorgenommene fiktionalisierende wie popularisierende Beschäftigung mit prägenden Figuren der Geschichte der Wissenschaften – etwa Carl Friedrich Gauß, Alexander von Humboldt, Kurt Gödel, Albert Einstein – wiederholt Fragen nach dem Verhältnis von Wissenschaft beziehungsweise Wissenschaftsgeschichte und ihrer

**6** Moritz Baßler: Genie erzählen. Zu Daniel Kehlmanns Populärem Realismus. In: Gegenwartsliteratur. Ein germanistisches Jahrbuch 16 (2017), S. 37–55, hier S. 49.

**7** Vgl. u. a. Baßler; sowie Andrea Albrecht: „Im Reich der Logik sind die Toten noch da“. Zu Daniel Kehlmanns „Geister in Princeton“. In: Gegenwartsliteratur. Ein germanistisches Jahrbuch 16 (2017), S. 15–35, hier S. 31.

**8** Baßler: S. 50.

**9** So etwa von Wolfgang Braungart: Literatur und Religion in der Moderne. Studien. Paderborn 2016, S. 237, Anm. 120 und Heribert Tommek: Der lange Weg in die Gegenwartsliteratur. Studien zur Geschichte des literarischen Feldes in Deutschland von 1960 bis 2000. Berlin u. a. 2015, S. 399.

**10** Daniel Kehlmann: Geister in Princeton. Wien 2011.

literarischen Adaption gestellt worden.[11] Bislang dominierte dabei die Aufmerksamkeit für Kehlmanns Verhältnis zu den Naturwissenschaften und der Mathematik. Mir geht es im Folgenden um eine Übertragung dieser Befunde auf den Bereich der Geisteswissenschaften allgemein und auf die Germanistik beziehungsweise die Literaturwissenschaften im Speziellen, also um die Frage, wie sich Kehlmann zum literaturwissenschaftlichen Wissen und dessen Akteur*innen, den Literaturwissenschaftler*innen positioniert.

Ausgehend von *Tyll* (1), werfe ich daher im Folgenden ein paar eher impressionistisch gehaltene Schlaglichter auf sein satirisches (2) und essayistisches Werk (3), seine Poetikvorlesungen und seine Dozententätigkeit in New York (4) sowie auf seine Mitarbeit an Jonathan Franzens *Kraus Project*[12] (5) und versuche anhand dieser Beispiele zu eruieren, wie Kehlmanns Autorimago des *poeta doctus* sich zu der *scientific persona*[13] des Literaturwissenschaftlers verhält.

---

11 Vgl. u. a. Frans Oort: [Rez.] Daniel Kehlmann: Measuring the World. In: Notices of the American Mathematical Society 55 (2006), H. 6, S. 681–684; Mark M. Anderson: Der vermessende Erzähler. Mathematische Geheimnisse bei Daniel Kehlmann. In: Text + Kritik 177 (2008) [= Themenheft Daniel Kehlmann], S. 58–67; Andrea Albrecht: „Spuren menschlicher Herkunft". Mathematik und Mathematikgeschichte in der deutschen Gegenwartsliteratur (Daniel Kehlmann, Michael Köhlmeier, Dietmar Dath). In: Zahlen, Zeichen und Figuren. Mathematische Inspirationen in Kunst und Literatur. Hg. v. Andrea Albrecht u. a. Berlin u. a. 2011, S. 543–563; Sean Ireton: Lines and Crimes of Demarcation: Mathematizing Nature in Heidegger, Pynchon, and Kehlmann. In: Comparative Literature 63 (2011), H. 2, S. 142–160; Leonhard Herrmann: Vom Zählen und Erzählen, vom Finden und Erfinden. Zum Verhältnis von Literatur und Mathematik in Daniel Kehlmanns frühen Romanen. In: Fiktum versus Faktum? Nicht-mathematische Dialoge mit der Mathematik. Hg. v. Franziska Bomski/Stefan Suhr. Berlin 2012, S. 169–184; Bernadette Malinowski/Jörg Wesche: Synchrones Lesen. Mathematik und Dichtung bei Michael Wüstefeld und Daniel Kehlmann. In: Poetiken der Gegenwart. Deutschsprachige Romane nach 2000. Hg. v. Silke Horstkotte/Leonhard Herrmann. Berlin 2013, S. 139–154; sowie Albrecht: „Im Reich der Logik".

12 Jonathan Franzen: The Kraus Project. Essays by Karl Kraus. Translated and Annotated by Jonathan Franzen. With Assistance and Additional Notes from Paul Reitter and Daniel Kehlmann. A Bilingual Edition. London 2013. Im Folgenden im Fließtext zitiert mit der Sigle KP. 2014 erschien bei Rowohlt die einsprachige deutsche Erstauflage (Jonathan Franzen: Das Kraus-Projekt. Aufsätze von Karl Kraus mit Anmerkungen von Jonathan Franzen. Unter Mitarbeit von Paul Reitter und Daniel Kehlmann. Aus dem Englischen von Bettina Abarbanell. Reinbek bei Hamburg 2014).

13 Vgl. zu diesem aus der Wissenschaftsgeschichte stammenden Begriff Lorraine Daston, H. Otto Sibum: Introduction: Scientific Personae and Their Histories. In: Science in Context 16 (2003), H. 1/2, S. 1–8. Diese fassen darunter ein historisch und kulturell variantes kollektives Rollenprofil, an dessen Konstruktion sowohl Wissenschaftler*innen und wissenschaftliche Institutionen als auch nicht-wissenschaftliche Akteur*innen und Institutionen, etwa die Literatur, mitwirken.

# 1 „Rätselspuren“: *Tyll* und die Germanistik

Von der positiven Resonanz auf seinen ersten ‚wissenschaftshistorischen Roman‘, *Die Vermessung der Welt*, ermuntert, bleibt Kehlmann in *Tyll* nicht bei Oberflächenwissen stehen, sondern beglückt Germanist*innen und Deutschlehrer*innen auch mit elaborierteren literaturhistorischen Sachverhalten, etwa zur Wanderbühne, zu Opitz und Grimmelshausen (vgl. T, S. 230) und zur inauthentischen Quellenlage von Schilderungen des Dreißigjährigen Krieges. Immer wieder verzichtet er dabei, wie schon am Beispiel von Shakespeares *Romeo und Julia* erwähnt, auf namentliche Markierungen: Shakespeare tritt sogar als namenlose Figur – als „Prinzipal der *King's Men*“ (T, S. 233) – auf, die der ‚Winterkönigin‘ Elisabeth Stuart in ihrer Jugend begegnet ist. Generell denkt die Königin, die die deutschsprachige Dichtung verabscheut und John Donne verehrt, „oft ans Hoftheater in Whitehall“ zurück (T, S. 231) und erinnert sich auch an die Uraufführung von Shakespeares *Macbeth*, ohne den Titel oder den Namen des Autors zu nennen:[14]

> Es handelte von einem Schottenkönig, den ein Schurke tötet, ein Mann mit schwarzer Seele, angetrieben von Hexen, die lügen, indem sie die Wahrheit sagen. Ein schwarzes Stück war es, voller Feuer und Blut und Teufelskraft, und als es zu Ende war, wusste sie, dass sie es nie wieder sehen wollte, obgleich es vielleicht das beste Stück ihres Lebens gewesen war. (T, S. 251)

Literatur als Rätselspiel: Die Leser*in kann die Erinnerungen der ‚Winterkönigin‘ literarhistorisch als Anspielungen auf den kanonischen Text auflösen. Darüber vergegenwärtigt dies der Leser*in durchaus plakativ, dass auch wenn der Text für die Königin bereits ein besonderes Stück unter vielen ist, er in der Handlungszeit noch nicht kanonisiert ist.

Über diese Anspielungen auf Shakespeare und den Kanon der Weltliteratur hinaus treten in *Tyll* weitere schillerndere Figuren der frühneuzeitlichen Geschichte auf, wie etwa der Dichter Paul Fleming oder die Gelehrten Athanasius Kircher und Adam Olearius, für deren historische Identifikation die

**14** „Ich finde, man kann unmöglich im Anfang des 17. Jahrhunderts erzählen, ohne dass einem Shakespeare präsent wird, weil es ja *seine* Zeit war, die Zeit in der er gelebt, die Zeit, in der er gearbeitet hat“, betont Kehlmann im Gespräch mit Heinrich Detering. „Shakespeare ist 1616 gestorben, das Kapitel über Tyll als Kind spielt ungefähr um 1620; aber in den Passagen, die auf Liz' Jugend am englischen Hof zurückblicken, lebt Shakespeare noch und tritt sogar im Roman auf“. Shakespeare sei daher „in gewisser Weise die Luft meines Romans, der Geist im Hintergrund“ gewesen (Daniel Kehlmann: Der unsichtbare Drache. Ein Gespräch mit Heinrich Detering. Zürich 2019, S. 61 f.).

Durchschnittsleser*in wohl zumindest einen Wikipedia-Artikel konsultieren muss. Weniger Rechercheaufwand betreiben muss hingegen eine in der literaturwissenschaftlichen Forschung zur Frühen Neuzeit bewanderte Leser*in, die sogar schnell erkennen dürfte, auf welche Wissensbestände beziehungsweise wissenschaftlichen Referenztexte Kehlmann konkret zurückgegriffen hat, um sein historisches *setting* einigermaßen adäquat auszustaffieren.[15] Auf Nachfrage gibt Kehlmann hier auffallend bereitwillig Auskunft: Als er Anfang Juli 2018 etwa zu einem Gespräch mit Studierenden im Germanistischen Seminar der Universität Heidelberg zu Gast war, strich er Heinz Entners Fleming-Biographie von 1989[16] als wichtige Einflussgröße für seinen Roman heraus.

Fachwissenschaftler*innen neigen dann allerdings auch entsprechend schnell zur Enttäuschung: So sehen manche Germanist*innen trotz der zahlreichen Referenzen, die im *Tyll* vorliegen, den Stand der Frühneuzeitforschung von Kehlmann nicht ausreichend gewürdigt – ein Vorwurf, den er mitunter vielleicht etwas zu nonchalant zurückgibt: Seine in Heidelberg formulierte Klage über die Germanistik, sie habe noch nicht ausreichend erforscht, wie Shakespeares Stücke über Wanderbühnen ihren Weg nach Deutschland fanden, ließe sich durch ein paar einschlägige Literaturhinweise rasch entkräften.[17]

Auch die Ausgestaltung der Figur des Athanasius Kircher lässt sich von wissenschaftlicher Seite aus kritisieren, man kann etwa monieren, dass Kehlmann Kircher anachronistisch aus nachaufklärerischer Perspektive darstellt und so zu einer ‚Witzfigur' abwertet: Ganz und gar der ‚Drakologie' verfallen und als Inquisitor verantwortlich für unverhältnismäßige Rechtsurteile, wirkt Kehlmanns Kircher generell antiquiert und verlachenswert, und dies obgleich die Forschung der letzten Jahrzehnte ein differenzierteres Bild Kirchers und seiner Zeit liefert. Fraglos handelt es sich, wie Jens Jessen in seiner Rezension in der *Zeit* herausgestellt hat, um eine Parodie auf den „berühmtesten Gelehrten" der Frühen Neuzeit.[18] Kehlmann hat offenkundig „Vergnügen am Mischen von Fiktion und geschichtlicher Realität, an erfundenen Figuren, die historisch Beglaubigtes erleben, und historischen Figuren, die frei Erfundenes tun", so dass man mit Jessen davon ausgehen kann, dass Kehlmann sich an den Erwartungsbrüchen seines Publikums erfreut. Es ist ihm, so Jessen,

15 Vgl. z. B. den Beitrag von Simon Zeisberg im vorliegenden Band.

16 Heinz Entner: Paul Fleming. Ein deutscher Dichter im Dreißigjährigen Krieg. Leipzig 1989.

17 Siehe hierzu Anm. 3 im vorliegenden Aufsatz.

18 Jens Jessen: Der ewige Gaukler. In: Die Zeit 41, 09.10.2017. Siehe hierzu auch den Beitrag von Michael Multhammer im vorliegenden Band.

> ein großer Spaß, auch ein beachtlich frivoles Hantieren mit den Kuriosa aus der kulturgeschichtlichen Grabbelkiste. [. . .] Manchmal vermeint man Kehlmann wie ein vergnügtes Rumpelstilzchen kichern zu hören über eine neu gelegte Rätselspur.[19]

Doch wie schon beim *Romeo und Julia*-Stoff gilt auch hier, dass Kehlmann die kulturhistorische ‚Verdünnung', die popularisierende Reduktion und die Komisierung komplexer historischer Gehalte mitreflektiert: Sein drakologisch kontaminiertes Kircher-Bild ist möglicherweise auch maßgeblich durch die Beschäftigung mit Heimito von Doderer geprägt, der in seinem literarischen und essayistischen Werk mehrfach auf den, wie er in einem Brief an Hermann Swoboda verlauten lässt, „absurden"[20] Kircher Bezug nimmt und dabei auch dessen Beschäftigung mit Drachen thematisiert.[21] Kehlmann stellt seine Kircher-Figur folglich in eine literarhistorisch inspirierte Reihe von Kircher-Figuren, konkurriert daher weniger mit dem historisch korrigierten geisteswissenschaftlichen Kircher-Bild als vielmehr mit literarischen Vorläufern, die er – im Sinne von Harold Blooms *anxiety of influence*-These[22]– zu überbieten oder aber im Sinne einer Filiation eminenter Geister auf sich abstrahlen lassen will.

Wie bereits in der heftig geführten mathematik- und wissenschaftshistorischen Diskussion um die historische Adäquatheit der Darstellung von Gauß und Humboldt in *Die Vermessung der Welt* ist es daher wenig sinnvoll, Kehlmann anlässlich von *Tyll* erneut mit dem Vorwurf eines zu laxen Umgangs mit der Historiographie zu konfrontieren. Auf diesen Vorwurf hat Kehlmann in der Vergangenheit wiederholt reagiert und sein Vorgehen mit der alten, aristotelischen

---

**19** Jessen.

**20** Heimito von Doderer an Hermann Swoboda: Brief 16 (15.I.48). In: dies.: Briefwechsel 1936–1963. Hg. u. kommentiert v. Gerald Sommer. In: „Flügel und Extreme". Aspekte der geistigen Entwicklung Heimito von Doderers. Hg. v. Kai Luehrs-Kaisers/Gerald Sommer. Würzburg 1999, S. 11–47, hier S. 26.

**21** Vgl. Heimito von Doderer: Ein Umweg. In: ders.: Die erleuchteten Fenster oder die Menschwerdung des Amtsrates Julius Zihal/Ein Umweg. Zwei Romane. München ²1995, S. 145–299, hier v. a. S. 193–201; ders: Die Wiederkehr der Drachen. In: ders.: Die Wiederkehr der Drachen. Aufsätze/Traktate/Reden. Hg. v. Wendelin Schmidt-Dengler. München 1970, S. 15–35, hier S. 29–33.

**22** Vgl. Harold Bloom: The Anxiety of Influence: A Theory of Poetry. New York 1973. In der *Süddeutschen Zeitung* besprach Kehlmann 2004 Harold Blooms *Genius. Die hundert bedeutendsten Autoren der Weltliteratur* (Daniel Kehlmann: [Rez.] Harold Bloom: Die hundert bedeutendsten Autoren der Weltliteratur. In: Süddeutsche Zeitung [30.11.2004]); die Rezension findet sich auch in der Essaysammlung *Wo ist Carlos Montúfar?* (Daniel Kehlmann: Schätzenswert, aber kein Goethe. [Rez.] Harold Bloom: Genius. Die hundert bedeutendsten Autoren der Weltliteratur. In: ders.: Wo ist Carlos Montúfar? Über Bücher. Reinbek bei Hamburg 2005, S. 109–116). Blooms *Anxiety of Influence* wird von Kehlmann darin als „die wohl beste Studie darüber, wie große Schriftsteller sich ungleich stärker durch die Ablehnung von Einflüssen als durch deren Annahme formen", bezeichnet (Kehlmann: Schätzenswert, S. 109).

Unterscheidung von Dichtung und Geschichtsschreibung verteidigt, dabei allerdings die literarische Traditionslinie ausgespart:

> Ein literarischer Text, der sich historischen Figuren zuwendet, schafft eine eigene Version dieser Figuren, aber eine, die sich auf die wirklichen Figuren bezieht. Der Autor operiert mit einer Vorstellung von Wahrheit, die nicht deckungsgleich ist mit dem historisch und faktisch Richtigen. Das darf Geschichtsschreibung nicht, obwohl sie es in gewisser Weise ständig tut.[23]

Die Berechtigung von Kehlmanns polemischer Spitze gegen die historischen Wissenschaften sei einmal dahingestellt, entscheidender scheint mir die Frage, ob die Fachwissenschaft sich angesichts von Kehlmanns Figurenspiel nicht eher an die eigene Nase fassen und einsehen müsste, dass man es bei Kehlmann eben weder mit verdünnter Gelehrsamkeit noch mit Populärwissenschaft, sondern mit Literatur im engeren Sinne zu tun hat. Für Kehlmann selbst scheint dies ausgemacht, wenn er im Gespräch mit Sebastian Kleinschmidt die „verschiedene[n] Weltzugänge" von Wissenschaft und Kunst betont: „Mein Zugang bleibt ein literarischer. Wenn dem nicht so wäre, könnte man ja mit einem Roman sogar Wissenschaft betreiben oder wissenschaftliche Erkenntnisse befördern. Das ist unmöglich".[24] Friedhelm Marx hat dementsprechend unter anderem in Bezug auf *Die Vermessung der Welt* treffend herausgestellt, dass derjenige, der „historische Irrtümer und Ungenauigkeiten dieser Texte in einer Art von Mängelliste aufführt, [. . .] an der genuin literarischen Signatur des historischen Romans" vorbei greife;[25] dies dürfte erst Recht der Fall sein, wenn es sich bei dieser Signatur um eine satirische handelt.

## 2 Die „helle[ ] Seite": Kehlmanns satirische Auseinandersetzung mit den Literaturwissenschaften

Kehlmann ist alles andere als ein Fachfremder: Er hat immerhin zwischen 1993 und 1998 Philosophie und Germanistik in Wien studiert und sich in seiner Ab-

---

23 Daniel Kehlmann/Sebastian Kleinschmidt: Requiem für einen Hund. Ein Gespräch. Reinbek bei Hamburg 2010 [2008], S. 73.

24 Kehlmann/Kleinschmidt: S. 40 f.

25 Friedhelm Marx: „Die Vermessung der Welt" als historischer Roman. In: Daniel Kehlmanns „Die Vermessung der Welt". Materialien, Dokumente, Interpretationen. Hg. v. Gunther Nickel. Reinbek bei Hamburg 2008, S. 169–185, hier S. 170.

schlussarbeit mit „Schillers Theorie der Entfremdung. Eine Analyse der Abhandlung ‚Über naive und sentimentalische Dichtung‘“ auseinandergesetzt.[26] Man kann somit davon ausgehen, dass Kehlmann aus eigener Erfahrung bekannt ist, wie man die Herzen von Germanist*innen höherschlagen lassen kann, er aber ebenso weiß, wie man sie provoziert und empört. Er selbst scheint zur Literaturwissenschaft im Laufe der Jahre ein ambivalentes Verhältnis ausgebildet zu haben, wie zahlreiche ironisch-satirische Seitenhiebe in seinen Essays, Interviews und Reden bezeugen. Zentral wird diese Haltung in seiner 1998, also ein Jahr nach der Veröffentlichung seines Debütromans *Beerholms Vorstellung*,[27] publizierten Erzählung *Unter der Sonne*.[28] Diesen wohl bereits vor dem ersten Roman verfassten Text[29] erhebt der damals 23-jährige Schriftsteller noch während seines Germanistik-Studiums zur titelgebenden Erzählung seines ersten und bisher einzigen Kurzprosabandes.

Der Protagonist Kramer, ein mäßig erfolgreicher Nachwuchsphilologe, hat seine gesamte bisherige akademische Karriere einem Schriftsteller namens Heinrich Bonvard gewidmet. Seine Suche nach lebensweltlicher Nähe zu seinem Studienobjekt gelingt jedoch nicht, Kramer kann trotz zahlreicher Anläufe keine Verbindung zu Bonvard herstellen und lastet dies desillusioniert und enttäuscht seiner Zunft an: der Literaturwissenschaft. Dennoch bleibt er, als sich die Gelegenheit bietet, im akademischen Betrieb – ohne jedes Interesse an der Literaturwissenschaft und voller Verachtung für seine Kolleg*innen:

> Die Universität war voll von Leuten, würdevollen älteren und bissig dreinschauenden jungen, die Aufsätze verfaßten und in ernstem, knorrigem Ton allerlei Dinge von der *Literatur* forderten, ein Wort, das in ihrem Mund eine Färbung von Langweiligkeit [. . .] annahm. Eine stickige Atmosphäre zog sich um Kramer zusammen; er ertappte sich dabei, wie er *Literatur* im gleichen Tonfall wie die anderen aussprach, und hörte sich von Intertextualität und Diskursbezügen reden. Ein Wort von Bonvard wäre genug gewesen, um die Nebel aufzulösen, ein einziges Zeichen von der anderen, hellen Seite. Das Zeichen kam nicht. Kramer beendete sein Studium, und ihm wurde eine Assistenzstelle angeboten. Immerhin etwas, um davon zu leben, und was sollte man auch sonst tun? Also nahm er an. (US, S. 46)

**26** Vgl. u. a. Kehlmann/Kleinschmidt: S. 124; Elisabeth Flucher: Kehlmanns Vermessung der Welt. Die Neuerfindung eines Zeitalters. In: Umwege. Annäherungen an Immanuel Kant in Wien, in Österreich und in Osteuropa. Hg. v. Violetta L. Waibel. Göttingen/Wien 2015, S. 423–427, hier S. 423; sowie Burkhard Stenzel: Daniel Kehlmann. In: Kindler Kompakt. Reiseliteratur. Hg. v. Andreas Erb u. a. Stuttgart 2017, S. 201–203, hier S. 201.

**27** Daniel Kehlmann: Beerholms Vorstellung. Wien u. a. 1997.

**28** Daniel Kehlmann: Unter der Sonne. In: ders.: Unter der Sonne. Frankfurt a. M. 2000 [1998], S. 37–56. Im Folgenden im Fließtext mit der Sigle US zitiert.

**29** Vgl. Markus Gasser: Das Königreich im Meer. Daniel Kehlmanns Geheimnis. Göttingen 2010, S. 14 f.

Der heterodiegetische, in seinen Wertungen eindeutig kritische Erzähler schildert in interner Fokalisierung Kramers Reise zum südfranzösischen letzten Wohnort Bonvards, wo er in einem finalen Anlauf wenigstens dessen Grab besuchen und ein Foto für den Schutzumschlag seiner sich im Druck befindlichen Habilitationsschrift schießen will. Doch auf groteske Weise kommt fast alles anders als geplant, und so gelingt es dem Wissenschaftler nicht einmal nach dem ‚Tod des Autors', seinem Idol nahezukommen. Stattdessen muss er sich durch seinen journalistischen Widersacher Hans Bahring schwer kränken lassen, als dieser in einer großen und selbstredend auflagenstarken, von Bonvard höchstselbst autorisierten Biographie Kramers Dissertation schlichtweg ignoriert:

> [S]eine Dissertation [. . .] erschien, eine scharfsinnige, genaue und detailreiche Analyse. Als kurz darauf Hans Bahrings große, in alle Weltsprachen übersetzte Biographie herauskam, schlug Kramer noch in der Buchhandlung, zwischen zwei bunten Bestsellerstapeln, das Literaturverzeichnis im Anhang auf. Sieben Seiten, eng bedruckt mit Titeln. Und sein Buch – oder . . .? nein, er hatte es nicht übersehen – war nicht dabei. An diesem Tag ließ er sein Seminar ausfallen und entwarf einen geharnischten Brief an Bahring, den er nie abschickte. Hans Bahring war eine Art Kollege von ihm, aber kein wirklich gleichrangiger. Er hatte irgend etwas anderes studiert, später bei einer Zeitung gearbeitet und ein erfolgreiches, aber völlig unwissenschaftliches Werk über Goethe geschrieben. Kramer hatte ihn einmal auf einem Kongreß gesehen, wo Bahring einen Vortrag über Bonvard gehalten hatte. Sogar den Hauptvortrag. Denn trotz allem war Bahring der wichtigste Bonvard-Kenner der Welt [. . .]. Ein unangenehmer Mensch: klein, schwarzhaarig, mit Schnurrbart [. . .]. Womit konnte er Bonvard nur beeindruckt haben? [. . .] Der Vortrag war mittelmäßig, Bahring unsympathisch. (US, S. 48 f.)

Eine ähnliche Konkurrenz-Konstellation findet sich, verschoben von der Literatur- in die Kunstwissenschaft, in Kehlmanns *Ich und Kaminski* (2003). Der erfolglose und (im Gegensatz zu Kramer) „skrupellose[]"[30] Kunstkritiker Sebastian Zöllner, der – wie Markus Gasser konstatiert – „mit seinen erst einunddreißig Jahren ein Inbild von Niedertracht" ist,[31] hadert auch hier mit einem Widersacher; bei diesem handelt es sich erneut um eine Figur namens Hans Bahring: „Vor einer Buchhandlung war ein Drehständer mit Taschenbüchern: Bahrings *Rembrandt*, Bahrings *Picasso* und in der Auslage, natürlich, ein Hardcoverstapel von *Georges Braque oder Die Entdeckung des Kubus*".[32] Um reüssieren zu können und dabei selbstredend auch aus dem Schatten Bahrings zu treten, sucht der Protagonist den vermeintlich blinden Maler Manuel Kaminski auf, in der Hoffnung, eine große autorisierte

30 Birgit Lermen: Einführung in das Werk von Daniel Kehlmann. In: Innovationen in Medizin und Gesundheitswesen. Beiträge des Symposiums vom 24.–26. September 2009 in Cadenabbia. Hg. v. Volker Schumpelick/Bernhard Vogel. Freiburg i. Br. u. a. 2007, S. 523–532, hier S. 525.

31 Gasser: S. 67.

32 Daniel Kehlmann: Ich und Kaminski. Frankfurt a. M. 2003, S. 13 f.

Biographie über ihn zu schreiben. Dabei geht es ihm anders als Kramer allerdings nicht um ein wissenschaftliches Buch, sondern einzig um Anerkennung und Erfolg auf dem Buchmarkt, die er mit einer reißerischen Geschichte zu erreichen versucht. Gasser fasst anschaulich zusammen: „Wie populärwissenschaftlich beliebig, arrogant und unbelesen Hans Bahring auch immer mit seinen toten Größen verfährt: Zöllner will ihn übertreffen und ist auf dem besten Weg dahin“.[33] Sein Ziel verfehlt er jedoch ebenso gründlich wie Kramer. Am Ende einer rasanten gemeinsamen Odyssee mit Kaminski durch mehrere Länder erfährt Zöllner von der Tochter des Malers, dass es längst einen Vertrag mit Bahring gab, und so muss er sich das Scheitern seines Biographie-Projekts eingestehen: „‚Hat er Ihnen von dem Vertrag erzählt?‘ ‚Welchem Vertrag?‘ [. . .] ‚Ich glaube, er heißt Behring. Hans . . . ‘ ‚Bahring?‘ Sie nickte. ‚Hans Bahring. [. . .] Manuel hat stundenlang mit ihm gesprochen‘“.[34]

Zurück zu *Unter der Sonne*: Die persönliche Ranküne gegen den erfolgreicheren Kollegen aus der – mit Karl Kraus gesprochen – ‚Journaille‘[35] unterstreicht das von Kehlmann scharfsinnig erkannte Dilemma von Gegenwartsliteraturforscher*innen:[36] Abhängig vom Wohlwollen des noch lebenden Autors spielen weniger wissenschaftliche als menschliche Meriten sowie Zufälle wechselseitiger Sympathie eine Rolle – und hier muss Kramer sein Scheitern auf ganzer Linie eingestehen. Die Literaturwissenschaft bereitet ihm nur Kummer und verschafft ihm die Gewissheit, auf der dunklen Seite des Lebens gelandet zu sein:

> Es war vorbei. Bonvard hatte gewonnen. Wieder einmal. Er [Kramer; J.K.] dachte daran, wie das Leben verging, an seine zwei Bücher, die keinen interessierten, und an die Zeit, die er in Seminarräumen verbrachte. Und andere lebten in Villen, schufen Meisterwerke und wurden von der Welt geliebt. Jetzt wußte er es: Er würde nie auf der hellen Seite stehen [. . .]. Die Schönheit war für andere, nicht für ihn. (US, S. 55)

Kehlmanns Akademikersatire spiegelt natürlich weder die tatsächliche Arbeit eines Erfolgsschriftstellers noch die eines Wissenschaftlers, sondern gibt durch eine karikaturhafte und mitunter reichlich klischeehafte Überzeichnung den Literaturwissenschaftler dem satirischen Verlachen preis. Dieser verfehlt nicht nur seinen Forschungsgegenstand, sondern auch die Schönheit und das Leben.

---

33 Gasser: S. 72.

34 Kehlmann: Ich und Kaminski, S. 166 f.

35 Karl Kraus prägte den Begriff in seinem Essay Die Journaille. In: Die Fackel 3 (1902), H. 99, S. 1–9.

36 Zu Möglichkeiten und Problemen von Gegenwartsliteraturforschung vgl. grundlegend Andrea Albrecht u. a.: Editorial. „Nachtaster eines Tastenden“? Zur Geschichte der germanistischen Gegenwartsliteraturwissenschaft. In: IASL 41 (2016), H. 2, S. 412–430.

Auf der polar dazu angelegten, ‚hellen', lebendigen und schönen Gegenseite scheint allerdings weniger die Literaturkritik als vielmehr die Dichtung als positivierte Existenzform auf. Kehlmann, der zum Entstehungszeitraum der Erzählung selbst noch eine akademische Laufbahn in Erwägung gezogen haben dürfte, wie ein im gleichen Jahr veröffentlichter literaturwissenschaftlicher Aufsatz zu Karl Kraus' *Dritter Walpurgisnacht* nahelegt,[37] scheint in dieser satirischen Fiktion vor allem seine eigene Abkehr von der Wissenschaft zu spiegeln. Ein in der Philosophie angesiedeltes Promotionsprojekt über „das Erhabene bei Kant" brach er ab[38] und in den Folgejahren gelang es ihm denn auch, mit fiktionaler Prosa auf „der hellen Seite" zu reüssieren. Zudem profilierte er sich – auch dies zeittypisch – als literaturkritischer und in Maßen auch literaturwissenschaftlicher Kommentator seiner eigenen Texte.

## 3 Kehlmann und das essayistische Reden über sich selbst

Die Essays, mit denen Kehlmann in den Bänden *Wo ist Carlos Montúfar? Über Bücher* (2005) und *Lob. Über Literatur* (2010)[39] hervortrat, sind weder literarische noch literaturwissenschaftliche, sondern literaturkritische Essays, in denen er sich zwar als belesener Dichter, als *poeta doctus* und als ein literaturhistorisch und literaturkritisch beschlagener Schriftsteller in Szene zu setzen versteht,[40] in denen er aber auch eine polemische und wiederum satirische Form der Selbstverteidigung gegen Anwürfe aus der Literaturkritik und der Literaturwissenschaft etabliert. Im titelgebenden Essay der Sammlung *Wo ist Carlos Montúfar?* verteidigt Kehlmann beispielsweise nicht nur die Lizenz der Literatur gegenüber

37 Daniel Kehlmann: Präformation und Schweigen. Karl Kraus und das Dritte Reich. In: Mitteilungen aus dem Brenner-Archiv 17 (1998), S. 21–31.

38 Lermen: S. 523 f.

39 Daniel Kehlmann: Lob. Über Literatur. Reinbek bei Hamburg 2010.

40 Wie Heribert Tommek hervorhebt, tritt Kehlmann „stets im Habitus der weltliterarischen Belesenheit" auf und zeigt sich dabei nicht nur als „Kenner der deutschen klassischen Literatur", sondern vermag es auch mit „pointierten Detailzitaten aus den Werken, Briefen und selbst unveröffentlichten Schriften seiner internationalen Lieblingsautoren" zu überraschen (Tommek: S. 398): „Er brilliert mit einer Belesenheit, die er in seinen Texten zugleich pointiert und unterhaltend vermittelt. Hinzu kommen autodidaktisch erworbene Kenntnisse der Mathematik, Physik etc., mit denen er sich gerne im Gestus eines genialischen *poeta doctus* präsentiert" (Tommek: S. 399).

der Wissenschaftsgeschichte. Hier erinnert sich Kehlmann auch an einen ehemaligen Dozenten aus seiner Studienzeit, den er als rundum gescheiterten Wissenschaftler karikiert – mit „hervorquellende[n] Augen, schlechte[r] Haut und ein[em] Alkoholproblem“.[41] Dieser Dozent sei ein „trauriger Mensch“ mit zwar „unerschütterliche[n]“, aber falschen Überzeugungen gewesen, wie derjenigen, dass „wir Germanisten“ historische Romane „besser meiden“ sollten, da „sie unzuverlässig und trivial“ seien.[42] Der als Dr. S. Bezeichnete dient in Kehlmanns Essay als eine Art ‚Pappkamerad‘ für eine Literaturwissenschaft, die, statt ihren Gegenstand angemessen zu erfassen, normative oder präskriptive Regeln für die poetische Praxis aufzustellen versucht.

Trotz dieser wiederum satirisch artikulierten Abneigung gegen die literaturwissenschaftliche Zunft und ihre Aberrationen greift Kehlmann in seinen Essays immer wieder affirmativ auf literaturwissenschaftliches Wissen zu. Allerdings werden diese Wissensbestände bei genauerer Betrachtung kaum je zu einer wissenschaftlichen These verdichtet, sondern vornehmlich zur Selbstklärung und Selbstkommentierung des eigenen literarischen Schreibens verwendet. Denn auch wenn Kehlmann in seinen Essays *prima facie* über Literatur, ihre Geschichte und ihre Wissenschaft schreibt, geht es in der Regel doch stets um ihn selbst und seine Poetik.

Ein besonders signifikantes Beispiel dafür liefert Kehlmanns Auseinandersetzung mit einem anderen *poeta doctus*, mit Thomas Mann, mit dem Kehlmann nicht nur von Feuilletonist*innen, sondern auch von der Literaturwissenschaft, unter anderem in Gestalt von Heinrich Detering als Laudator des Thomas-Mann-Preises 2008, verglichen wurde.[43] Kehlmann nimmt diesen schmeichelhaften Vergleich in seiner Dankesrede gern auf. Hier lobt er, dass Manns „Erkenntnis-

---

**41** Daniel Kehlmann: Wo ist Carlos Montúfar? In: Ders: Wo ist Carlos Montúfar?, S. 9–27, hier S. 11.

**42** Kehlmann: Wo ist Carlos Montúfar?, S. 11.

**43** Vgl. Heinrich Detering: Die Spuren des Zauberers. Über Daniel Kehlmann und Thomas Mann. In: Thomas Mann Jahrbuch 23 (2010), S. 119–126. Zum literaturwissenschaftlichen Vergleich von Kehlmann und Mann vgl. ferner: Wilhelm Haefs: „Deutschlands literarischer Superstar“? Daniel Kehlmann und sein Erfolgsroman ‚Die Vermessung der Welt‘ im literarischen Feld. In: Mediale Erregungen? Autonomie und Aufmerksamkeit im Literatur- und Kulturbetrieb der Gegenwart. Hg. v. Markus Joch u. a. Tübingen 2009, S. 233–251, hier v. a. S. 241; Ole Petras: Tragischer Realismus. Über Daniel Kehlmanns konservative Ästhetik. In: Gegenwart des Konservatismus in Literatur, Literaturwissenschaft und Literaturkritik. Hg. v. Maike Schmidt. Kiel 2013, S. 61–78, hier S. 68; sowie Katrin Bedenig: „Es kommt darauf an, den Leuten sein Profil einzuprägen . . . “ Thomas Mann als Dichterdarsteller. In: Dichterdarsteller. Fallstudien zur biographischen Legende des Autors im 20. und 21. Jahrhundert. Hg. v. Robert Leucht/Magnus Wieland. Göttingen 2016, S. 63–90, hier S. 63–65.

kraft" da, wo er „nicht Meinungen anderer wiedergibt, wo er seine eigene Fähigkeit zu Einfühlung und höherem Rollenspiel walten läßt", fast unübertrefflich sei;[44] dies manifestiert sich für Kehlmann unter anderem in dem Verhältnis von Thomas Manns essayistischem zum institutionalisierten literaturwissenschaftlichen Wirken:

> Warum wird eigentlich so selten erwähnt, daß seine Essays über Schriftsteller nicht nur wohlformuliert und geistreich sind, sondern vor allem so gut wie immer vollkommen *richtig*? Kaum etwas Treffenderes wurde über Schiller geschrieben als Manns große Schiller-Rede, kaum Besseres über Wagner als sein Wagner-Aufsatz, wohl nichts Gültigeres über Kleists Prosa als seine für amerikanische Leser geschriebene Einführung in dessen Erzählungen, und d[as; J.K.] Korpus seiner Auseinandersetzung mit Goethe läßt sich immer noch spielend mit dem Allerbesten messen, was die Germanistik hervorgebracht hat.[45]

Kehlmann umreißt hier sein subjektives Wahrheitsgefühl etwas vage anhand von Begriffen wie ‚vollkommen richtig', ‚treffend' und ‚gültig'. Dass diese Einschätzungen sowie viele weitere Behauptungen diskussionswürdig sind und außerdem von einer weitgehenden Unkenntnis aktueller literaturwissenschaftlicher Begriffsbildung sowie literaturgeschichtlicher Forschung künden, versteht sich von selbst. Doch es wäre verfehlt, Kehlmann dies zum Vorwurf zu machen. Denn im Rahmen seiner Autorpoetik geht es ihm vor allem um die Ausgestaltung des eigenen Status als *poeta doctus*. Thomas Mann dient ihm dabei als willkommene und nur halbverdeckte Spiegelungsfläche, etwa wenn er Marcel Reich-Ranickis „Diagnose" zitiert, „daß Thomas Mann von wem auch immer er sprach, nur von sich gesprochen habe". In ironischer Diktion bestätigt Kehlmann Reich-Ranickis Thomas-Mann-Deutung, salviert aber zugleich Thomas Manns und damit auch seine eigene literaturwissenschaftliche Kompetenz: Reich-Ranickis Aussage zu Mann sei „sicher richtig", übergehe „aber, daß er [Thomas Mann; J.K.] das Kunststück fertigbrachte, von diesen anderen sprechend so von sich zu sprechen, daß er darin stets und zuverlässig das Wesentliche über die anderen traf".[46] Dem Dichter, der über andere Dichter und ihre Werke spricht wie Thomas Mann und/oder Daniel Kehlmann, wird so ‚durch die Blume' ein weit höherer Wert zuerkannt als den jargonverliebten und abgehalfterten, vom Leben abgezogenen Wissenschaftlern. Kehlmann wie Thomas

44 Daniel Kehlmann: Dionysos und der Buchhalter. Über Thomas Mann. In: Lob, S. 87–99, hier S. 95 f.

45 Kehlmann: Dionysos, S. 96. Jüngst wiederholte Kehlmann: „Vom Essayisten Thomas Mann kann man wirklich lernen, weil seine Essays nicht nur phantastisch geschrieben sind, das versteht sich von selbst, sondern weil er auch fast immer recht hat" (Kehlmann: Der unsichtbare Drache, S. 170).

46 Kehlmann: Dionysos, S. 96.

Mann aktualisieren dabei ein topisches Argument der klassischen Hermeneutik, demzufolge nur dem, der in den Künsten selbst tätig bewandert ist, Kompetenz für die Rede *über* die Künste zukommt. Zudem klingen ebenso topische Vorstellungen an, die seit den 1960er Jahren von Susan Sontag, Hans Magnus Enzensberger und anderen literaturkritischen Instanzen gegen interpretierende (hermeneutische) Textumgangsformen ins Feld geführt werden: „[L]eave the work of art alone"![47] Kehlmann selbst aber kann qua Studium und etwas später auch qua Poetikdozentur zumindest theoretisch eine poetische und wissenschaftliche Doppelkompetenz für sich reklamieren.

## 4 „Das wird mir zuviel, zu germanistisch": Kehlmann als Poetikdozent

Kehlmann ist ein äußerst gefragter Poetikdozent – und er scheint sich gern in dieser Rolle zu sehen. Davon zeugen nicht nur die Poetikdozenturen in Göttingen 2006/2007 und Frankfurt am Main 2014, aus denen Publikationen hervorgegangen sind, sondern auch Dozenturen in Mainz 2001, Wiesbaden 2006/2007 und am Internationalen Kolleg *Morphomata* in Köln 2010.[48] Außerdem nahm er als Diskussionspartner an Jonathan Franzens (mit Adam Haslett geteilter) Tübinger Poetikdozentur 2009 teil.[49]

Die Poetikdozenturen ermöglichten Kehlmann einen institutionellen Rollenwechsel. Hatte er sich zuvor mit seinen Essays schon in das Textsortenfeld der Literaturkritik und Literaturwissenschaft begeben, wurde ihm nun mit den Dozenturen auch die Offerte gemacht, im institutionellen Rahmen der Literaturwissenschaft akademisch zu sprechen. Eine bessere Gelegenheit für Autor*innen,

---

**47** Susan Sontag: Against Interpretation [1964]. In: dies.: Against Interpretation and Other Essays. New York [11]1979, S. 3–14, hier S. 8; ähnlich Hans Magnus Enzensberger: Bescheidener Vorschlag zum Schutze der Jugend vor den Erzeugnissen der Poesie. In: The German Quarterly 49 (1976), H. 4, S. 425–437.

**48** In meinem Beitrag konzentriere ich mich aufgrund der Dokumentationslage auf die Göttinger und die Frankfurter Dozenturen. Vgl. zur Wiesbadener Poetikdozentur https://www.hs-rm.de/de/service/hochschul-und-landesbibliothek/ueber-uns/veranstaltungen/poetikdozenten/3-daniel-kehlmann/ (Zuletzt angesehen am 03.02.2019). Einen Einblick in Kehlmanns Kölner ‚Dozentur für Weltliteratur' bietet der Band von Ines Barner und Günter Blamberger herausgegebene Band Literator 2010. Dozentur für Weltliteratur. Daniel Kehlmann. München 2012.

**49** Vgl. dazu https://www.uni-tuebingen.de/universitaet/campusleben/kunst-kultur-und-freizeit/tuebinger-poetik-dozentur/vergangene-dozenturen/2009-franzen-haslett-kehlmann/ (Zuletzt angesehen am 03.02.2019).

die Position zu wechseln, gibt es – zumindest in Deutschland – nicht. Sowohl Autor*in als auch Universität hoffen dabei auf einen Reputationsgewinn: Die Universität genießt den Werbefaktor ‚Autor*in' und kann auf eine große Außenwirkung in der Presse setzen, während die Übernahme einer Poetikdozentur für die Schriftsteller*innen nicht nur der Wahrnehmung als *public intellecutal* entgegenkommt, sondern auch die wohl beste Chance darstellt, sich als germanistisch versierte Schriftsteller*in zu präsentieren.

Poetikdozent*innen füllen, wie Johanna Bohley und andere gezeigt haben,[50] dieses Rollenangebot ganz unterschiedlich aus, sodass bislang noch nicht von einem gefestigten Repertoire an Rollenschemata gesprochen werden kann und den Poetikdozent*innen ganz verschiedene Optionen offenstehen.

Auch Daniel Kehlmann ging bei seinen Poetikvorlesungen einen eigenen Weg. Die Gelegenheit, wissenschaftlich zu sprechen, schlug er dabei – zumindest in den publizierten Poetikvorlesungen – aus. So wählte Kehlmann in Göttingen das Format eines Selbstgesprächs und beantwortete sich seine eigenen – bei der Veranstaltung von Heinz Ludwig Arnold vorgelesenen[51]– Fragen. Dabei verzichtet er bewusst auf tiefgehende Kontextualisierungen und Historisierungen. Denn wie Kehlmann hier bei einer karikierten hermeneutischen Selbstinterpretation des ‚Gartens' in der *Vermessung der Welt* konstatiert: „Das wird mir zuviel, zu germanistisch".[52]

Vielmehr versucht Kehlmann, der gleichwohl von Literaturwissenschaftler*innen – so der Eindruck Dirk Werles – „gerne interpretiert werden möchte",[53] in beiden Vorlesungen die zu Hauf anwesenden Germanist*innen als multiplikationsstarkes Publikum für seine Autorpoetik zu gewinnen und im Gegenzug der Gegenwartsliteraturforschung just das zu liefern, was seinem unglücklichen Protagonisten Kramer versagt war: Nähe zum Dichter und privilegierte Einsichten in sein intellektuelles Innenleben.

---

**50** Vgl. Johanna Bohley: Dichter am Pult. Altes/Neues aus Poetikvorlesungen 2010–2015. In: Gegenwart schreiben. Zur deutschsprachigen Literatur 2000–2015. Hg. v. Corina Caduff/Ulrike Vedder. Paderborn 2017, S. 243–254; sowie ferner u. a. Johanna Bohley: Zur Konjunktur der Gattung Poetikvorlesung als „Form für nichts". In: Das erste Jahrzehnt. Narrative und Poetiken des 21. Jahrhunderts. Hg. v. Julia Schöll/Johanna Bohley. Würzburg 2012, S. 227–242; Matteo Galli: The Artist Is Present. Das Zeitalter der Poetikvorlesungen. In: Merkur 68 (2014), H. 1, S. 61–65; Monika Schmitz-Emans: Reflexionen über Präsenz. Poetikvorlesungen als Experimente mit dem Ich und mit der Zeit. In: Komparatistik als Humanwissenschaft. Festschrift zum 65. Geburtstag von Manfred Schmeling. Hg. v. ders. u. a. Würzburg 2008, S. 377–386.

**51** Vgl. Daniel Kehlmann: Diese sehr ernsten Scherze. Poetikvorlesungen. Göttingen 2007, o.S.

**52** Kehlmann: Diese sehr ernsten Scherze, S. 34.

**53** Dirk Werle: [Rez.] Daniel Kehlmann: Ruhm. Ein Roman in neun Geschichten. In: Arbitrium 28 (2010), H. 1, S. 122–126, hier S. 123.

Noch forcierter verfolgte Kehlmann diese Agenda im Rahmen seiner Professur an der New York University (NYU). In den Herbstsemestern 2015, 2016 und 2017 war er hier als Inhaber des Eberhard Berent Goethe Chair tätig und hatte die Position eines *Visiting Professor* am German Department inne.[54] Er unterrichtete hier nicht, wie man meinen könnte und wie es für Dozententätigkeiten berühmter Autor*innen in den USA üblich wäre, „kreatives Schreiben“ in der Funktion eines *artist in residence*, sondern lehrte, wie er der *Zeit Campus* verriet, „Germanistik, ohne Germanist zu sein“.[55] Was genau Gegenstand seiner Lehrveranstaltungen – etwa zu Heimito von Doderer oder Heinrich von Kleist – war, ob er sich hier weiter von der Rolle des Schriftstellers zugunsten der Übernahme einer wissenschaftlichen Rolle entfernt oder ob er seine in den Essays kultivierte Haltung zum Gegenstand Literatur in seinen Seminaren weitergeführt hat, lässt sich ohne Erfahrungsberichte aus den Lehrveranstaltungen nicht sagen. Kehlmanns explizite Selbstdistanzierung von der Germanistik aber legt nahe, dass man es hier eher mit einem den Poetikdozenturen entsprechenden Konzept der Rede über Literatur zu tun hat, Kehlmann also die literaturwissenschaftliche Funktion dazu nutzt, am literarischen Objekt Reflexionen über seine eigene literarische Arbeit anzustellen. Doch wie dem auch sei: Die Affinität zu den USA hat Kehlmann eine ungewöhnliche und auch für meine Fragestellung interessante Projektmitarbeit eingetragen; nämlich seine Mitwirkung am *Kraus Project* Jonathan Franzens.

## 5 Kehlmann in Jonathan Franzens „footnoting game“ zu Karl Kraus

Der amerikanische Bestseller-Autor Jonathan Franzen hat es sich mit seinem erstaunlichen Übersetzungsprojekt *The Kraus Project. Essays by Karl Kraus* im Jahr 2013 zum Ziel gesetzt, den in den Vereinigten Staaten nahezu unbekannten österreichischen „Satirist“ und „Controversalist“ Karl Kraus populärer zu ma-

54 Vgl. Kehlmann: Der unsichtbare Drache, S. 215. Auf Kehlmanns NYU-Website (https://www.as.nyu.edu/german/people/faculty.daniel-kehlmann.html) wurde er zunächst als *Visiting Professor* geführt (so zuletzt gesehen am 03.02.2019); mittlerweile wird er dort als *Visiting Scholar* genannt (Zuletzt angesehen am 19.09.2019).

55 Martina Kix/Lara Wiedeking: „Es gibt keine Notwendigkeit, Nazis an die Uni einzuladen“. Interview mit Daniel Kehlmann. In: Zeit Campus 2 (2018).

chen und einer „[f]orgotten voice of the early twentieth century" eine neue, englische beziehungsweise amerikanische Stimme zu geben.[56]

Zu diesem Zweck hat Franzen einige Texte von Kraus übersetzt und in einer bilingualen, deutsch-englischen Ausgabe herausgegeben. Es handelt sich um *Heine und die Folgen* (1910), *Nestroy und die Nachwelt* (1912) – beide nebst späteren Selbstkommentierungen – und *Man frage nicht* . . . (1933). Originale und Übersetzungen kommen allerdings nicht allein daher, sondern sind mit einem reichhaltigen, geradezu überbordenden Fußnotenapparat versehen, der zusammengenommen mindestens so viele Seiten füllt wie die Originaltexte. Äußerlich präsentiert sich das Projekt also in einer ostentativ wissenschaftlichen Form. Allerdings lehnt sich Franzen mit dieser Kommentierungspraxis zugleich an die Kraus'sche Strategie intensiver Text-Kommentierung an, liefert aber dennoch etwas vollkommen anderes. Denn es handelt sich nicht um eine monologische Kommentierung ‚aus einer Hand' wie bei Kraus, sondern wie oftmals in literaturwissenschaftlichen Kommentarprojekten um ein Kollektivunternehmen, hier von drei relativ eigenständigen, jedenfalls markierten und damit erkennbaren Stimmen: Franzen hat sich zur philologischen Absicherung der Übersetzung und zur Professionalisierung des Kommentars zum einen den amerikanischen Literaturwissenschaftler und renommierten Kraus-Forscher Paul Reitter ins Team geholt und zum anderen seinen Freund Daniel Kehlmann[57] als Mitstreiter für sein, wie er es selbst nennt, „footnoting game" (KP, S. 317) gewonnen.

Die Rollenverteilung zwischen Franzen und Reitter ist, betrachtet man die Ausgabe, relativ klar. Franzen übersetzt Kraus und gibt in den Fußnoten Auskunft über seine eigenen Lektüre-Erfahrungen mit Kraus, assoziiert aber auch Autobiographisches, wie etwa seine Erstbegegnung mit ‚romantischer Ironie', die Ablösung von Talking-Heads-Sänger David Byrne als persönlichem Held durch den neuen Held Karl Kraus, er spricht über Privates und Intimes, berichtet davon, dass er Kraus' *Dritte Walpurgisnacht* von seinem „college German professor" George Avery, der ihm „something of a second father" war, „[a]s a wedding present" bekam (KP, S. 269, Anm. 4), oder gibt anekdotisch Auskunft über seine Arbeits- und Schreibpraxis. Wissenschaftlich ist an diesen Fußnoten außer der Form wenig, vielmehr erhält die Leser*in einen begrenzt informativen, teils witzigen, mitunter auch schrägen Einblick in Franzens Intellektuel-

---

**56** So der Klappentext von Franzen: The Kraus Project.

**57** Zur Freundschaft zwischen Kehlmann und Franzen vgl. Rebecca Braun: The World Author in Us All. Conceptualising Fame and Agency in the Global Literary Market. In: Journal of Celebrity Studies 7 (2016), H. 4, S. 457–475, hier v. a. S. 464–473; sowie Benjamin Schaper: „Der weltweit bekannteste Schriftsteller deutscher Literaturtradition". The Reception of Jonathan Franzen in Germany. In: The Modern Language Review 114 (2019), H. 2, S. 294–315.

lendasein. Paul Reitter hingegen kommt die genuin literaturwissenschaftliche Rolle im Projekt zu. Dabei fungiert er neben Franzen als kritischer Kommentator, der relevante literarhistorische Kontexte erklärt, in den Kraus'schen Werkzusammenhang einbettet und damit, wie Franzen herausstreicht, der „author of the more learned of these footnotes“ ist (KP, S. 7, Anm. 2). Dem freieren Rahmen geschuldet spricht Reitter allerdings nicht durchgehend als Wissenschaftler, sondern lässt sich auch immer mal wieder auf die laxere und digressivere Diktion Franzens ein.[58]

Doch welche Funktion kommt in dieser Konstellation Kehlmann zu? Immerhin gilt er Franzen als ein „deep student of Kraus“ (KP, S. 67, Anm. 52)[59] und kann in der Tat auf eine literaturwissenschaftliche Publikation zu[60] und zahlreiche Rückgriffe auf Kraus in seinen essayistischen Schriften verweisen. Im Schlusswort dankt Franzen Kehlmann allerdings nur

> for reading multiple drafts of the translations, for offering dozens of good suggestions and line edits, for saving both Paul and me from several embarrassing mistakes, and for bringing bold opinions to his footnotes and boundless enthusiasm to the project as a whole. (KP, S. 317)

Nach Auskunft dieser Danksagung reduziert sich Kehlmanns Anteil am Projekt also auf marginal eingreifendes Korrekturlesen, gelegentliche Übersetzungshilfen, motivationale Unterstützung („boundless enthusiasm“) und die Beigabe von „bold opinions“, von mutigen Meinungen. Was wir unter Letzteren verste-

---

**58** So äußert sich auch Reitter manchmal autobiographisch, spricht von seinem Auslandsstudium in Heidelberg oder schweift ab, um über Abwegiges zu sprechen; etwa über die – zuvor bereits von Franzen thematisierte – vermeintliche Coolness von Apple-Produkten oder seine Meinung zum deutschen Fußball-Bundestrainer Joachim Löw (vgl. KP, S. 18 f.).

**59** Franzen berichtet anekdotisch davon, wie er Kehlmann kennenlernte und sofort mit ihm über Kraus ins Gespräch kam: „I returned to Vienna, to give a reading at one of its theaters. After the reading, the city's cultural-affairs councillor hosted a dinner for me and a bunch of local journalists who were there for the free food and drink. The spectacle of their implacable swigging and masticating was Krausian. Thankfully, there was also a goofily friendly, immensely well-read young man who apologized for the journalists and was eager to talk to me about Karl Kraus. His name was unfamiliar, but his novel *Measuring the World* was about to become one of the bestselling fiction titles in German publishing history. This was Kehlmann“ (KP, S. 189, Anm. 30). In Thomas Glavinics autofiktionalem Roman *Das bin doch ich* findet das hier anekdotisierte Kennenlernen von Kehlmann und Franzen Eingang in die deutschsprachige Gegenwartsliteratur (Thomas Glavinic: Das bin doch ich. München 2007, hier S. 25–31).

**60** Vgl. Kehlmann: Präformation und Schweigen. Darüber hinaus habe Kehlmann, so Helmut Mayer, „in seinen Wiener Studienzeiten sogar für einige Zeit zum stattlichen Stab der Mitarbeiter an den Kraus-Wörterbüchern der dortigen Akademie der Wissenschaften gezählt“ (Helmut Mayer: Über Hitler war er im Bild. Daniel Kehlmann über Karl Kraus. In: Frankfurter Allgemeine Zeitung [03.06.2014]).

hen dürfen, zeigt ein Blick in den Kommentar selbst. Hier tritt Kehlmann vor allem als deutscher Muttersprachler und intimer Kenner der deutschen und österreichischen Literatur und Kultur in Erscheinung, wenn er für amerikanische Leser*innen (aber auch für Franzen) beispielsweise Erläuterungen zu Heines *Loreley* gibt: Das Gedicht sei „[a]ccording to Daniel Kehlmann [. . .] the one Heine poem that every German knows" (KP, S. 71, Anm. 57). Darüber hinaus scheint er als Lieferant von Anekdoten gefragt, wenn er beispielsweise in derselben Fußnote präzisiert:

> The poem is so famous, such a part of the German collective consciousness, that even the Nazis couldn't take it out of schoolbooks, anthologies, and calendars. Instead, they simply removed the name Heine from the books and wrote ‚Author unknown' above the poem. This is infuriating, of course, but also funny in a certain way.[61] (KP, S. 71, Anm. 57)

Die von Kehlmann eingeworfene Anekdote findet sich unter anderem bei Adorno,[62] belegen lässt sich diese „zählebige Legende"[63] gleichwohl nicht, was nicht nur mühelos der Forschung zu entnehmen wäre,[64] sondern sogar dem deutschsprachigen Wikipedia-Artikel zu Heines Gedicht. Die zitierte Stelle ist typisch: Kehlmann übernimmt im *Kraus Project* keine genuin wissenschaftliche Aufgabe. Er sorgt vielmehr für unterhaltende Momente und nimmt starke Wertungen vor, wie sie für Paul Reitter qua Profession unangebracht wären. Als weiteres Beispiel für die Rollenverteilung mag die Kommentierung zu Kraus'

61 „‚Das Gedicht ist so berühmt, so sehr Teil des deutschen Kollektivbewusstseins, dass sogar die Nazis es nicht aus Schulbüchern, Anthologien und Kalendern zu entfernen wagten. Stattdessen entfernten sie einfach den Namen Heine aus den Büchern und schrieben ‚Autor unbekannt' darüber. Das ist natürlich haarsträubend, aber auf eine gewisse Art auch lustig'" (Franzen: Das Kraus-Projekt, S. 70, Anm. 54). Wie hier zu sehen ist, finden sich in der deutschen Fassung des Kraus-Projekts weniger Fußnoten als in der amerikanischen Vorlage. Dies lässt sich zum einen auf bestimmte Worterklärungen zurückführen, möglicherweise aber auch damit erklären, dass den deutschen Verlegern bestimmte Episoden – etwa zu Heines Biographie (vgl. die in der deutschen Ausgabe fehlende Fußnote 8 auf S. 15f. der amerikanischen Veröffentlichung) – als allgemeines Bildungsgut im deutschsprachigen Raum erscheinen, sodass in der deutschen Fassung diese scheinbar getilgt werden konnte. Dass die deutschsprachige Veröffentlichung hingegen auf den Abdruck von Franzens Übersetzung verzichtet, erscheint etwas merkwürdig, schließlich geht dadurch der genuine Charakter des Projekts verloren; sodass letztlich ‚nur' eine Kraus-Edition mit ungewöhnlichen Fußnoten vorliegt.

62 Vgl. Theodor W. Adorno: Die Wunde Heine. In: Noten zur Literatur. Hg. v. Rolf Tiedemann. Frankfurt a. M. 1981, S. 95–100, hier S. 95.

63 Arno Pielenz/Christian Liedtke: Die Wehrmacht singt die „Loreley". In: Heine-Jahrbuch 52 (2013), S. 173–178, hier S. 173.

64 Vgl. u. a. Pielenz/Liedtke; sowie Anja Oesterhelt: „Verfasser unbekannt"? Der Mythos der Anonymität und Heinrich Heines ‚Loreley'. In: Anonymität und Autorschaft. Zur Literatur- und Rechtsgeschichte der Namenlosigkeit. Hg. v. Stephan Pabst. Berlin u. a. 2011, S. 325–357.

Kommentar von Heinrich Heines „berühmte[r] Platen-Polemik“ dienen. Diese Polemik wird von Kraus im Heine-Aufsatz zitiert und folglich von Franzen auf Deutsch und Englisch wiedergegeben:

> Der eine ißt gern Zwiebeln, der andere hat mehr Gefühl für warme Freundschaft, und ich als ehrlicher Mann muß aufrichtig gestehen, ich esse gern Zwiebeln, und eine schiefe Köchin ist mir lieber, als der schönste Schönheitsfreund. (KP, S. 94 u. 96)

Paul Reitter liefert zunächst in einer ausführlichen Fußnote die nötigen literarhistorischen Informationen zum Streit zwischen Heine und August von Platen (vgl. KP, S. 95f., Anm. 69). Daran schließen sich zwei kürzere Fußnoten von Kehlmann an, die Franzen mit dem Satz einleitet: „Daniel Kehlmann unpacks this“. Kehlmann glossiert den Heine'schen Text und wertet die Kraus'sche Auseinandersetzung wie folgt:

> ‚Warm‘ in German is a code word for gay. So the sentence means: ‚The one [I, Heine] may enjoy eating onions [may be Jewish], but the other [Platen] has more feeling for men [is gay], and to me even a crooked cook [an ugly, coarse woman] is preferable to a gay aesthete.‘ Heine destroyed Platen by outing him, and Kraus, in turn, can't forgive him for that. Rightly so, I think.[65] (KP, S. 97, Anm. 70)

Im Unterschied zu Paul Reitters wissenschaftlich restringierter Diktion darf Kehlmann in seinen, so Helmut Mayer in der *FAZ*, „eher spärliche[n]“[66] Beiträgen werten und in pointierender Kürze kommentieren, da literaturwissenschaftliche Akkuratesse von ihm hier nicht verlangt wird. Er spricht, so viel sollte deutlich geworden sein, bewusst nicht als Wissenschaftler, sondern zum einen als gewitzter und auch witziger Kraus-Kenner und zum anderen als berühmter Starautor, der Franzen freisinnig supplementiert; etwa wenn Franzen bei einer vermeintlich schwierigen Kraus-Stelle Kehlmann um Rat fragt: „To this line my friend Daniel Kehlmann, who is an actual Viennese and a deep student of Kraus, offers the comment: ‚Who the hell knows what Kraus is really saying here‘“ (KP, S. 67, Anm. 52); im Deutschen: „„Keine Ahnung, was Kraus hier meint‘“.[67]

---

**65** „„Der eine (ich, Heine) isst vielleicht lieber Zwiebeln (ist jüdisch), aber der andere (Platen) hat mehr für Männer übrig (ist schwul), und ich ziehe eine schiefe Köchin (eine hässliche, ordinäre Frau) einem schwulen Ästheten vor.‘ Heine zerstört Platen, indem er ihn outet, und Kraus wiederum findet das unverzeihlich. Ich finde, mit Recht“ (Franzen: Das Kraus-Projekt, S. 89, Anm. 67).

**66** Helmut Mayer: Im Anfang war die Presse, und dann erschien die Welt. Heine, Nestroy und die Folgen. Jonathan Franzens Werbeschrift für Karl Kraus liegt jetzt auf deutsch vor. In: Frankfurter Allgemeine Zeitung (28.11.2014).

**67** Franzen: Das Kraus-Projekt, S. 67, Anm. 49.

Ganz am Ende jedoch, in der einzigen Fußnote zu Kraus' Gedicht *Man frage nicht . . .*, spricht Kehlmann durchaus akademisch (vgl. KP, S. 313–315, Anm. 1). In einem „short essay“ (KP, S. 313, Anm. 1) kommt ihm die Aufgabe zu, das erstmals in englischer Übersetzung vorliegende Gedicht für die amerikanischen Leser*innen zu interpretieren und gleichzeitig in gebotener Kürze Einblick in die Kraus'sche Auseinandersetzung mit dem Nationalsozialismus zu geben. Diese Aufgabe erfüllt Kehlmann auf knapp zwei Seiten kompetent und deutlich kürzer, als es Reitter, zu sehr gebunden an wissenschaftliche Standards, vermutlich vermocht hätte. Gleichzeitig kann Kehlmann hier an seinen 1998 in den *Mitteilungen aus dem Brenner-Archiv* veröffentlichten Aufsatz über *Präformation und Schweigen. Karl Kraus und das Dritte Reich* zum gleichen Thema anknüpfen, seine dort formulierten Thesen einem breiteren Publikum präsentieren und darüber hinaus seiner Bewunderung von Karl Kraus' Lyrik Ausdruck verleihen: *Man frage nicht . . .* „is perhaps not the best but certainly one of the most important short poems of the twentieth century, a chilly masterpiece that gives voice to its own muteness“ (KP, S. 315, Anm. 1).

Als Mitarbeiter im Kraus-Projekt wie als Poetikdozent kann Kehlmann mithin zeigen, dass er, wie sein Kollege Helmut Krausser betont, ein Schriftsteller von „[h]öchste[r] Belesenheit“ ist[68] und sich in wissenschaftlichen Debatten erstaunlich gut auskennt, also ‚mitreden‘ kann. Er strebt in diesen Formaten dennoch ebenso wenig wie Franzen nach wissenschaftlichen Meriten – diese kommen Paul Reitter zu – und hält sich auch nicht an wissenschaftliche Standards. Kehlmann baut vielmehr seine Rolle als gut informierter und meinungsstarker *public intellectual* aus[69] und demonstriert, dass seine Fähigkeiten nicht auf rein Literarisches beschränkt sind, er vielmehr als ‚Freund‘ großer amerikanischer Schriftsteller in deren Projekte einbezogen und also ein ‚Mann von Welt‘ beziehungsweise ein ‚globaler‘ *network intellectual*[70] ist.

# 6 Fazit

Wie verhält sich also Kehlmanns Autorimago des *poeta doctus* zu der immer wieder in unterschiedlichen Rollen und Formaten alludierten *scientific persona* des Literaturwissenschaftlers?

---

**68** Helmut Krausser: Ich und Kehlmann. Und „Mahlers Zeit“. In: Text + Kritik 177 [=Themenheft Daniel Kehlmann] (2008), S. 54–57, hier S. 55.

**69** Vgl. hierzu den Beitrag von Michael Navratil im vorliegenden Band.

**70** Vgl. hierzu den Beitrag von Benjamin Schaper im vorliegenden Band.

Wie gesehen, beansprucht Kehlmann keine Position als Literaturwissenschaftler, und zwar selbst dann nicht, wenn ihm diese institutionell oder im Rahmen von literaturwissenschaftlich angelegten Projekten nahegelegt wird. Stattdessen kultiviert er ein intimes literarisches Verhältnis zu punktuellen Episoden und einzelnen Akteuren der Literatur und ihrer Geschichte, in der deutschsprachigen Literatur etwa zu Kleist, Doderer, Mann und Kraus, und nutzt die Literaturwissenschaften bestenfalls als Zulieferer für philologisches Wissen. Die Wissensträger*innen hingegen, also die Literaturwissenschaftler*innen selbst, werden in der Regel nicht einmal mit Namen erwähnt, sie fungieren als anonyme Lieferant*innen. Zugleich verwendete Kehlmann sie aber gern als Objekt satirischer Affektabfuhr. Ähnlich verfährt er in seinem historischen Wissenschaftlerroman *Die Vermessung der Welt*. Auch hier ist die Gestaltung seiner Wissenschaftlerfiguren durch die Wissenschaftsgeschichte informiert. Wie in Bezug auf die Literaturgeschichte anekdotisiert Kehlmann den Stoff, bettet die oftmals abstrakt bleibenden ‚großen Männer‘ der Mathematik und Naturwissenschaften in lebensweltlich vertraute Kontexte ein und lässt selten eine Gelegenheit aus, ihre menschlichen Defizite satirisch auszustellen. Im Vergleich fällt diese Satirisierung jedoch ungleich subtiler und ‚liebevoller‘ aus als die Satirisierung der Literaturwissenschaftler. ‚Große Männer‘ vermag Kehlmann in den Geisteswissenschaften gar nicht erst auszumachen; sein Respekt vor philologischen Leistungen kann jedenfalls nicht annähernd an den Respekt für naturwissenschaftlich-mathematische Verdienste oder auch die poetische Kunst eines Fleming oder Grimmelshausen heranreichen. Dazu trägt sicherlich bei, dass sich Kehlmann mit dem Fachwissen der Naturwissenschaften und der Mathematik nicht im gleichen Maße auskennt wie mit der Literatur, so dass hier die Befassung etwa mit der Sprache beziehungsweise dem Jargon der Mathematik oder gar mit den geologischen oder geometrischen Wissensgebieten seiner Protagonisten blass bleiben muss, die ausgestellte Bewunderung für das wissenschaftliche Genie aber umso größer sein kann.

In Bezug auf den Gegenstandsbereich der Literaturwissenschaft ist Kehlmann deutlich versierter und kann zudem, wie gesehen, sehr genau einschätzen, mit welchen Rätselspielen er Germanist*innen für seine Texte einnehmen kann. So ist es auch nicht verwunderlich, dass die Kritik aus der Reihe der Gauß- und Humboldtkenner*innen auffallend schärfer ausgefallen ist als aus der Reihe der Germanist*innen, ja letztere sich sowohl über die Popularisierung ihrer Stoffe als auch über den Distinktionsgewinn mehrheitlich gefreut und im Gegenzug die stereotype Satirisierung der Vertreter*innen ihrer Zunft großzügig ignoriert haben.

Vereint über die Zuneigung zum Gegenstand Literatur, hat sich Kehlmann auf diese Weise eine ganz eigentümliche Rolle gegenüber der Germanistik erschrieben. Im Rahmen seiner Poetikdozentur in Göttingen warnt Kehlmann die anwesende Germanistenzunft ausdrücklich davor, ihn zu ernst zu nehmen:

> Glauben Sie keinem Poetikdozenten. Mißtrauen Sie Interviews gebenden Autoren, seien Sie skeptisch gegenüber einer Universität, die Ihnen Schriftsteller einlädt, damit sie hier vor Ihnen stehen und tun, als wüßten sie irgend etwas.[71]

Hier und andernorts setzt Kehlmann sich, wenn man so will, eine Narrenkappe auf, er spielt mit den und konterkariert zugleich die Erwartungen der Germanist*innen, hält ihnen einen Spiegel vor, in dem sie sich und die Anomalien ihrer Zunft beobachten können. Kehlmann selbst aber kann nach vollbrachter Tat wie ein „vergnügtes Rumpelstilzchen" oder wie sein Tyll kichernd weiterziehen.

## Literaturverzeichnis


Adorno, Theodor W.: Die Wunde Heine. In: Noten zur Literatur. Hg. v. Rolf Tiedemann. Frankfurt a. M. 1981, S. 95–100.

Albrecht, Andrea: „Im Reich der Logik sind die Toten noch da". Zu Daniel Kehlmanns „Geister in Princeton". In: Gegenwartsliteratur. Ein germanistisches Jahrbuch 16 (2017), S. 15–35.

Albrecht, Andrea u. a.: Editorial. „Nachtaster eines Tastenden"? Zur Geschichte der germanistischen Gegenwartsliteraturwissenschaft. In: IASL 41 (2016), H. 2, S. 412–430.

Albrecht, Andrea: „Spuren menschlicher Herkunft". Mathematik und Mathematikgeschichte in der deutschen Gegenwartsliteratur (Daniel Kehlmann, Michael Köhlmeier, Dietmar Dath). In: Zahlen, Zeichen und Figuren. Mathematische Inspirationen in Kunst und Literatur. Hg. v. Andrea Albrecht u. a. Berlin u. a. 2011, S. 543–563.

Anderson, Mark M.: Der vermessende Erzähler. Mathematische Geheimnisse bei Daniel Kehlmann. In: Text+Kritik 177 (2008) [= Themenheft Daniel Kehlmann], S. 58–67.

Barner, Ines/Günter Blamberger (Hg.): Literator 2010. Dozentur für Weltliteratur. Daniel Kehlmann. München 2012.

Baßler, Moritz: Genie erzählen. Zu Daniel Kehlmanns Populärem Realismus. In: Gegenwartsliteratur. Ein germanistisches Jahrbuch 16 (2017), S. 37–55.

Bedenig, Katrin: „Es kommt darauf an, den Leuten sein Profil einzuprägen . . ." Thomas Mann als Dichterdarsteller. In: Dichterdarsteller. Fallstudien zur biographischen Legende des Autors im 20. und 21. Jahrhundert. Hg. v. Robert Leucht, Magnus Wieland. Göttingen 2016, S. 63–90.

Bloom, Harold: The Anxiety of Influence: A Theory of Poetry. New York 1973.

Bohley, Johanna: Dichter am Pult. Altes/Neues aus Poetikvorlesungen 2010–2015. In: Gegenwart schreiben. Zur deutschsprachigen Literatur 2000–2015. Hg. v. Corina Caduff, Ulrike Vedder. Paderborn 2017, S. 243–254.


71 Kehlmann: Diese sehr ernsten Scherze, S. 5f.

Bohley, Johanna: Zur Konjunktur der Gattung Poetikvorlesung als „Form für nichts“. In: Das erste Jahrzehnt. Narrative und Poetiken des 21. Jahrhunderts. Hg. v. Julia Schöll, Johanna Bohley. Würzburg 2012, S. 227–242.
Braun, Rebecca: The World Author in Us All. Conceptualising Fame and Agency in the Global Literary Market. In: Journal of Celebrity Studies 7 (2016), H. 4, S. 457–475.
Brauneck, Manfred: Die Welt als Bühne. Geschichte des europäischen Theaters. Bd. 2. Stuttgart/Weimar 1996.
Braungart, Wolfgang: Literatur und Religion in der Moderne. Studien. Paderborn 2016.
Daston, Lorraine/H. Otto Sibum: Introduction: Scientific Personae and Their Histories. In: Science in Context 16 (2003), H. 1/2, S. 1–8.
Daniel Kehlmann. NYU-Website. https://www.as.nyu.edu/german/people/faculty.daniel-kehlmann.html (Zugriffe am 03.02.2019 und 19. 09.2019).
Detering, Heinrich: Die Spuren des Zauberers. Über Daniel Kehlmann und Thomas Mann. In: Thomas Mann Jahrbuch 23 (2010), S. 119–126.
Doderer, Heimito von: Ein Umweg. In: ders.: Die erleuchteten Fenster oder die Menschwerdung des Amtsrates Julius Zihal/Ein Umweg. Zwei Romane. München $^{2}$1995, S. 145–299.
Doderer, Heimito von: Die Wiederkehr der Drachen. In: ders.: Die Wiederkehr der Drachen. Aufsätze/Traktate/Reden. Hg. v. Wendelin Schmidt-Dengler. München 1970, S. 15–35.
Doderer, Heimito von/Hermann Swoboda: Briefwechsel 1936–1963. Hg. u. kommentiert v. Gerald Sommer. In: „Flügel und Extreme“. Aspekte der geistigen Entwicklung Heimito von Doderers. Hg. v. Kai Luehrs-Kaisers/Gerald Sommer. Würzburg 1999, S. 11–47.
Entner, Heinz: Paul Fleming. Ein deutscher Dichter im Dreißigjährigen Krieg. Leipzig 1989.
Enzensberger, Hans Magnus: Bescheidener Vorschlag zum Schutze der Jugend vor den Erzeugnissen der Poesie. In: The German Quarterly 49 (1976), H. 4, S. 425–437.
Flucher, Elisabeth: Kehlmanns Vermessung der Welt. Die Neuerfindung eines Zeitalters. In: Umwege. Annäherungen an Immanuel Kant in Wien, in Österreich und in Osteuropa. Hg. v. Violetta L. Waibel. Göttingen/Wien 2015, S. 423–427.
Franzen, Jonathan: Das Kraus-Projekt. Aufsätze von Karl Kraus mit Anmerkungen von Jonathan Franzen. Unter Mitarbeit von Paul Reitter und Daniel Kehlmann. Aus dem Englischen von Bettina Abarbanell. Reinbek bei Hamburg 2014.
Franzen, Jonathan: The Kraus Project. Essays by Karl Kraus. Translated and Annotated by Jonathan Franzen. With Assistance and Additional Notes from Paul Reitter and Daniel Kehlmann. A Bilingual Edition. London 2013.
Galli, Matteo: The Artist Is Present. Das Zeitalter der Poetikvorlesungen. In: Merkur 68 (2014), H. 1, S. 61–65.
Gasser, Markus: Das Königreich im Meer. Daniel Kehlmanns Geheimnis. Göttingen 2010.
Glavinic, Thomas: Das bin doch ich. München 2007.
Haefs, Wilhelm: „Deutschlands literarischer Superstar“? Daniel Kehlmann und sein Erfolgsroman ‚Die Vermessung der Welt‘ im literarischen Feld. In: Mediale Erregungen? Autonomie und Aufmerksamkeit im Literatur- und Kulturbetrieb der Gegenwart. Hg. v. Markus Joch u. a. Tübingen 2009, S. 233–251.
Haekel, Ralf: Die Englischen Komödianten in Deutschland. Eine Einführung in die Ursprünge des deutschen Berufsschauspiels. Heidelberg 2004.
Herrmann, Leonhard: Vom Zählen und Erzählen, vom Finden und Erfinden. Zum Verhältnis von Literatur und Mathematik in Daniel Kehlmanns frühen Romanen. In: Fiktum versus Faktum? Nicht-mathematische Dialoge mit der Mathematik. Hg. v. Franziska Bomski, Stefan Suhr. Berlin 2012, S. 169–184.

Ireton, Sean: Lines and Crimes of Demarcation: Mathematizing Nature in Heidegger, Pynchon, and Kehlmann. In: Comparative Literature 63 (2011), H. 2, S. 142–160.
Jessen, Jens: Der ewige Gaukler. In: Die Zeit 41, 09.10.2017.
Kehlmann, Daniel: Der unsichtbare Drache. Ein Gespräch mit Heinrich Detering. Zürich 2019.
Kehlmann, Daniel: Tyll. Reinbek bei Hamburg 2017.
Kehlmann, Daniel: Kommt, Geister. Frankfurter Vorlesungen. Reinbek bei Hamburg 2015.
Kehlmann, Daniel: Geister in Princeton. Wien 2011.
Kehlmann, Daniel: Lob. Über Literatur. Reinbek bei Hamburg 2010.
Kehlmann, Daniel: Dionysos und der Buchhalter. Über Thomas Mann. In: ders.: Lob. Über Literatur. Reinbek bei Hamburg 2010, S. 87–99.
Kehlmann, Daniel/Sebastian Kleinschmidt: Requiem für einen Hund. Ein Gespräch. Reinbek bei Hamburg 2010 [2008].
Kehlmann, Daniel: Diese sehr ernsten Scherze. Poetikvorlesungen. Göttingen 2007.
Kehlmann, Daniel: Die Vermessung der Welt. Roman. Reinbek bei Hamburg 2005.
Kehlmann, Daniel: Wo ist Carlos Montúfar? In: ders: Wo ist Carlos Montúfar? Reinbek bei Hamburg 2005, S. 9–27.
Kehlmann, Daniel: Schätzenswert, aber kein Goethe. [Rez.] Harold Bloom: Genius. Die hundert bedeutendsten Autoren der Weltliteratur. In: ders.: Wo ist Carlos Montúfar? Über Bücher. Reinbek bei Hamburg 2005, S. 109–116.
Kehlmann, Daniel: [Rez.] Harold Bloom: Die hundert bedeutendsten Autoren der Weltliteratur. In: Süddeutsche Zeitung [30.11.2004].
Kehlmann, Daniel: Ich und Kaminski. Frankfurt a. M. 2003.
Kehlmann, Daniel: Unter der Sonne. In: ders.: Unter der Sonne. Frankfurt a. M. 2000 [1998], S. 37–56.
Kehlmann, Daniel: Präformation und Schweigen. Karl Kraus und das Dritte Reich. In: Mitteilungen aus dem Brenner-Archiv 17 (1998), S. 21–31.
Kehlmann, Daniel: Beerholms Vorstellung. Wien u. a. 1997.
Kix, Martina/Lara Wiedeking: „Es gibt keine Notwendigkeit, Nazis an die Uni einzuladen". Interview mit Daniel Kehlmann. In: Zeit Campus 2 (2018).
Kraus, Karl: Die Journaille. In: Die Fackel 3 (1902), H. 99, S. 1–9.
Krausser, Helmut: Ich und Kehlmann. Und „Mahlers Zeit". In: Text+Kritik 177 [=Themenheft Daniel Kehlmann] (2008), S. 54–57.
Lermen, Birgit: Einführung in das Werk von Daniel Kehlmann. In: Innovationen in Medizin und Gesundheitswesen. Beiträge des Symposiums vom 24.–26. September 2009 in Cadenabbia. Hg. v. Volker Schumpelick, Bernhard Vogel. Freiburg i. Br. u. a. 2007, S. 523–532.
Malinowski, Bernadette/Jörg Wesche: Synchrones Lesen. Mathematik und Dichtung bei Michael Wüstefeld und Daniel Kehlmann. In: Poetiken der Gegenwart. Deutschsprachige Romane nach 2000. Hg. v. Silke Horstkotte, Leonhard Herrmann. Berlin 2013, S. 139–154.
Marx, Friedhelm: „Die Vermessung der Welt" als historischer Roman. In: Daniel Kehlmanns „Die Vermessung der Welt". Materialien, Dokumente, Interpretationen. Hg. v. Gunther Nickel. Reinbek bei Hamburg 2008, S. 169–185.
Mayer, Helmut: Im Anfang war die Presse, und dann erschien die Welt. Heine, Nestroy und die Folgen. Jonathan Franzens Werbeschrift für Karl Kraus liegt jetzt auf deutsch vor. In: Frankfurter Allgemeine Zeitung (28.11.2014).
Mayer, Helmut: Über Hitler war er im Bild. Daniel Kehlmann über Karl Kraus. In: Frankfurter Allgemeine Zeitung [03.06.2014].

Noe, Alfred: Vorwort. In: Spieltexte der Wanderbühne. Bd. VI: Kommentar zu Bd. I–V. Hg. v. dems. Berlin/New York 2007, S. V–XXV.
Noe, Alfred: Quellenlage und Fragen der Forschung. In: Spieltexte der Wanderbühne. Bd. VI: Kommentar zu Bd. I–V. Hg. v. dems. Berlin/New York 2007, S. XXVII–XLIII.
Oesterhelt, Anja: „Verfasser unbekannt"? Der Mythos der Anonymität und Heinrich Heines ‚Loreley'. In: Anonymität und Autorschaft. Zur Literatur- und Rechtsgeschichte der Namenlosigkeit. Hg. v. Stephan Pabst. Berlin u. a. 2011, S. 325–357.
Oort, Frans: [Rez.] Daniel Kehlmann: Measuring the World. In: Notices of the American Mathematical Society 55 (2006), H. 6, S. 681–684.
Petras, Ole: Tragischer Realismus. Über Daniel Kehlmanns konservative Ästhetik. In: Gegenwart des Konservatismus in Literatur, Literaturwissenschaft und Literaturkritik. Hg. v. Maike Schmidt. Kiel 2013, S. 61–78.
Pielenz, Arno/Christian Liedtke: Die Wehrmacht singt die „Loreley". In: Heine-Jahrbuch 52 (2013), S. 173–178.
Poetik-Dozentur 2009, Universität Tübingen. https://www.uni-tuebingen.de/universitaet/campusleben/kunst-kultur-und-freizeit/tuebinger-poetik-dozentur/vergangene-dozenturen/2009-franzen-haslett-kehlmann/ (Zuletzt angesehen am 03.02.2019).
Schaper, Benjamin: „Der weltweit bekannteste Schriftsteller deutscher Literaturtradition". The Reception of Jonathan Franzen in Germany. In: The Modern Language Review 114 (2019), H. 2, S. 294–315.
Schmitz-Emans, Monika: Reflexionen über Präsenz. Poetikvorlesungen als Experimente mit dem Ich und mit der Zeit. In: Komparatistik als Humanwissenschaft. Festschrift zum 65. Geburtstag von Manfred Schmeling. Hg. v. ders. u. a. Würzburg 2008, S. 377–386.
Sontag, Susan: Against Interpretation [1964]. In: dies.: Against Interpretation and Other Essays. New York [11]1979, S. 3–14.
Stenzel, Burkhard: Daniel Kehlmann. In: Kindler Kompakt. Reiseliteratur. Hg. v. Andreas Erb u. a. Stuttgart 2017, S. 201–203.
Tommek, Heribert: Der lange Weg in die Gegenwartsliteratur. Studien zur Geschichte des literarischen Feldes in Deutschland von 1960 bis 2000. Berlin u. a. 2015.
Venzl, Tilman: „Itzt kommen die Soldaten". Studien zum deutschsprachigen Militärdrama des 18. Jahrhunderts. Frankfurt a. M. 2019.
Werle, Dirk: ‚Unvollständiges Verstehen' am Beispiel einer Goethe-Parodie in Daniel Kehlmanns Roman ‚Die Vermessung der Welt'. Ein Beitrag zur Erforschung interpretatorischer Praxis. In: Theorien, Methoden und Praktiken des Interpretierens. Hg. v. Andrea Albrecht u. a. Berlin u. a. 2015, S. 345–365.
Werle, Dirk: [Rez.] Daniel Kehlmann: Ruhm. Ein Roman in neun Geschichten. In: Arbitrium 28 (2010), H. 1, S. 122–126.
Wiesbadener Poetikdozentur. https://www.hs-rm.de/de/service/hochschul-und-landesbibliothek/ueber-uns/veranstaltungen/poetikdozenten/3-daniel-kehlmann/ (Zuletzt angesehen am 03.02.2019).
Zielske, Harald: Drama und Theater in England, den Niederlanden und Deutschland. In: Propyläen. Geschichte der Literatur. Bd. 3: Renaissance und Barock. 1400–1700. Hg. v. Erika Wischer. Berlin 1986, S. 131–176.
Zielske, Harald: Die deutschen Höfe und das Wandertruppenwesen im 17. und 18. Jahrhundert. Fragen ihres Verhältnisses. In: Europäische Hofkultur im 16. und 17. Jahrhundert. Bd. 3. Hg. v. August Buck u. a. Hamburg 1981, S. 521–532.

Benjamin Schaper

# Daniel trinkt Apfelsaft: Kehlmann als Figur

## 1 Einführung

Der Erfolg von Daniel Kehlmanns *Die Vermessung der Welt* (2005) veranlasste Thomas Glavinic und Helmut Krausser dazu, sich intensiv mit ihm und seinem Werk auseinanderzusetzen. In Glavinics Roman *Das bin doch ich* (2007)[1] gibt bereits der Titel den Impuls vor, sich nicht nur wie die meisten bisher erschienenen Studien mit dem Verhältnis zwischen Schriftsteller und inszenierter Autorfigur ‚Thomas Glavinic' zu beschäftigen,[2] sondern auch dessen fiktionale Aufarbeitung des zunehmenden Erfolgs der Figur ‚Daniel' zu untersuchen. Denn im fünften Kapitel wird ersichtlich, dass es sich bei „Das bin doch ich" um eine Replik ‚Glavinics' auf Ijoma Mangolds in der *Süddeutschen Zeitung* erschienene Einschätzung, Kehlmann sei „die größte Begabung der jüngeren deutschen Literatur",[3] handelt. Nachdem ‚Glavinic' dies zunächst intuitiv für sich beansprucht und sich dann dazu durchringt, ‚Daniel' diesen Erfolg ob der Qualität seines Buches zu gönnen, reflektiert er: „[Vielleicht] bin gerade ich derjenige, der sich damit am intensivsten auseinandersetzen muß, eben weil wir Freunde sind. Ich fühle mich im Stich gelassen. Es ist, als hätten sich zwei zu einer Reise verabredet, und dann nimmt der eine den früheren Zug."[4] Indem ‚Glavinic' zum einen die literarische Qualität der *Vermessung* anerkennt und zum anderen durch die Beanspruchung der Vorreiterrolle sei-

1 Thomas Glavinic: Das bin doch ich. München [2007] 2010.

2 Vgl. u. a. Robert Walter-Jochum: Autobiografietheorie in der Postmoderne. Subjektivität in Texten von Johann Wolfgang von Goethe, Thomas Bernhard, Josef Winkler, Thomas Glavinic und Paul Auster. Bielefeld 2016, S. 203–227, Anja K. Johannsen: „In einem Anfall von Literaturbetriebswiderwillen". Die Romane Thomas Glavinics im Geflecht des Literaturbetriebs. In: Wie über Gegenwart sprechen? Überlegungen zu den Methoden einer Gegenwartsliteraturwissenschaft. Hg. v. Paul Brodowsky/Thomas Klupp. Frankfurt a. M. 2010, S. 105–118 oder David-Christopher Assmann: Das bin ich nicht. Thomas Glavinics Literaturbetriebs-Szene. In: „High" und „low". Zur Interferenz von Hoch- und Populärkultur in der Gegenwartsliteratur. Hg. v. Thomas Wegmann/Norbert Christian Wolf. Berlin 2011, S. 121–140. Im Sammelband *Zwischen Alptraum und Glück* (2014) befassen sich die Beiträge von Wynfrid Kriegleder, Jan Standke, Annette Keck, Sandra Potsch und Stephanie Catani mit dem Thema. Vgl. Andrea Bartl/Jörn Glasenapp/Iris Hermann: Zwischen Alptraum und Glück. Thomas Glavinics Vermessungen der Gegenwart. Göttingen 2014.

3 Ijoma Mangold: Da lacht der Preuße, und der Franzose staunt. Süddeutsche Zeitung, 24. September 2005.

4 Glavinic: Das bin doch ich, S. 41.

https://doi.org/10.1515/9783110647488-012

nen eigenen Qualitätsanspruch forciert, offenbart er ein ambivalentes Verhältnis zwischen persönlicher Zuneigung und kollegialem Konkurrenzverhältnis, welches sich dadurch intensiviert, dass sich – trotz ursprünglich ähnlicher Voraussetzungen – ‚Daniels' Vorreiterrolle durch Bestsellerstatus und Kritikerlob manifestiert. Schließlich löst ‚Glavinic' diese Konstellation dahingehend auf, trotz der Enttäuschung auf persönlicher Ebene als Schriftsteller einen kreativen Impuls aus seiner vermeintlichen Unterlegenheit zu ziehen.

Ebenso wie aus der Freundschaft zwischen Glavinic und Kehlmann entwickelte sich aus derjenigen zwischen Krausser und Kehlmann ein produktiver Austausch bezüglich ästhetischer und literaturbetrieblicher Parameter.[5] In seinen Münchner Poetikvorlesungen (gehalten 2007/2008) konstatiert Krausser, dass ihn Kehlmanns Werk dazu gezwungen hätte, sich umfassend mit dessen Arbeiten auseinanderzusetzen; dabei kritisiert er, dass die *Vermessung* bei zunehmenden Verkaufszahlen zusehends als „Unterhaltungsliteratur" eingestuft worden sei: „Verflucht sei die perverse Zeit, die Menschen derlei Gedankengänge einst als logisch anempfohlen hat, als dialektisch notwendiges Zweifeln. Wohingegen man froh sein müßte, daß endlich wieder einmal etwas an sich viel Logischeres stattgefunden hat, nämlich daß sich ein sehr gutes Buch sehr gut verkauft."[6] Indem Krausser die Qualität der *Vermessung* betont und zugleich auf Max Horkheimers und Theodor Adornos Kapitel zur ‚Kulturindustrie' in *Dialektik der Aufklärung* (1944) verweist, in welchem die Philosophen auf Unterhaltung und Breitenwirkung zielende Werke von der Qualitätsliteratur ausschließen,[7] kritisiert er ein in der deutschen Nachkriegsliteratur wirksames Qualitätsstigma gegenüber finanziell erfolgreichen Werken.[8] Demnach nutzt Krausser Kehlmanns Erfolg, um wie die Autorfigur ‚Glavinic' Überlegungen über das eigene Schaffen anzustellen, und zugleich, um ästhetische Vorlieben als qualitativ hochwertig zu etablieren und dadurch das Spannungsfeld zwischen Erfolg und Qualität aufzulösen.

Die nachfolgende Analyse widmet sich der Darstellung Daniel Kehlmanns in Kraussers Tagebüchern und Glavinics Romanen *Das bin doch ich* und *Der Jonas-Komplex* (2016). In ihren Werken setzen sich die Autoren sowohl mit Kehlmanns Erfolg als auch mit ästhetischen Parametern auseinander, wobei insbesondere

---

5 Vgl. Benjamin Schaper: Poetik und Politik der Lesbarkeit in der deutschen Literatur. Heidelberg: 2017 (Germanisch-Romanische Monatsschrift. Beihefte. Bd. 82), S. 126–138.

6 Helmut Krausser: Deutschlandreisen. Köln 2014, S. 243 f.

7 Vgl. Max Horkheimer/Theodor Adorno: Dialektik der Aufklärung. Philosophische Fragmente. Frankfurt a. M. [1944] 2000, insbesondere S. 128–165.

8 Zu diesem Thema siehe Schaper: Poetik und Politik der Lesbarkeit, S. 80–116.

die im Programm einer ‚Neuen Deutschen Lesbarkeit'[9] eingeforderte Ausrichtung der deutschsprachigen Literatur auf Lesbarkeit und Unterhaltung in den Fokus rückt. Anhand einer von der sozialwissenschaftlichen *Actor-Network-Theory* inspirierten Lektüre soll untersucht werden, wie Krausser und Glavinic die enge Verknüpfung von Freundschaft zu und literarischer Wertschätzung von Kehlmann als Dispositiv nutzen, um die gemeinsamen ästhetischen Vorlieben als qualitativ ansprechend zu positionieren und um kreative Potentiale für ihre eigenen Werke zu entwickeln.

## 2 Unter Freunden: Daniel Kehlmann bei Helmut Krausser und Thomas Glavinic

Sowohl Kraussers Tagebücher als auch Glavinics autofiktionale Romane spielen mit dem Spannungsfeld zwischen Authentizität und Fiktion: Während die Tagebuchform traditionell eher dem Authentizitätspol nahesteht, was jedoch etwa bereits Johann Wolfgang Goethes *Dichtung und Wahrheit* (1811–1814) zusehends unterläuft,[10] steht der Roman zumindest in seiner modernen Ausprägung fest im Lager der Fiktion.[11] Glavinics *Das bin doch ich* und *Der Jonas-Komplex* kokettieren jedoch mit dem Genre der Autobiografie und problematisieren ebenso ihren Fiktionalitätsstatus wie Krausser die Authentizität seiner Tagebücher durch das literarisch-ästhetischen Parametern folgende Redigieren seiner Einträge unterläuft.[12] Dieses Spiel mit Authentizität und Fiktion dient beiden Autoren – in Bezug auf die Auseinandersetzung mit der Figur ‚Daniel' – zur eigenen Positionierung im Literaturbetrieb.

Besonders seit den 1990er Jahren beeinflussen ökonomische Faktoren auch ästhetische Überlegungen, wenn deutschsprachige Autor*innen und auch Lite-

9 Den Begriff prägte der Autor Matthias Politycki in der Einleitung zu Matthias Politycki: Die Farbe der Vokale. Von der Literatur, den 78ern und dem Gequake satter Frösche. München 1997, S. 5.

10 Zur Gattung des Tagebuchs siehe Sibylle Schönfeld: Art. Tagebuch. In: Reallexikon der deutschen Literaturwissenschaft. Band III. Hg. v. Jan-Dirk Müller et al. Berlin 2003, S. 574–577.

11 Zur Gattung des Romans siehe Erich Kleinschmidt: Art. Roman. In: Reallexikon. Band III, S. 317–322.

12 Vgl. Helmut Krausser: Mai/Juni. Reinbek bei Hamburg [1993–1994] 1995, S. 6. Wissenschaftliche Arbeiten zu dem Aspekt liefern Dirk Niefanger: Helmut Kraussers Selbstinszenierungen. Strategisches Sammeln und Schreiben in den *Tagebüchern*. In: Sex/Tod/Genie. Beiträge zum Werk von Helmut Krausser. Hg. v. Claude D. Conter/Oliver Jahraus. Göttingen 2009, S. 109–126, hier insbesondere S. 111–113 und Martin Rehfehldt: Der Poeta vates und die Dekonstruktion. Die Inszenierung von Intentionalität im Tagebuchprojekt Helmut Kraussers als Voraussetzung für eine poststrukturalistische Rezeption seiner Texte. In: Deutsche Bücher 35 (2005), S. 189–216.

raturkritiker*innen den zukünftigen Erfolg der deutschen Literatur durch die rapide Neoliberalisierung und Globalisierung des deutschen Buchmarktes als gefährdet ansehen und die Lesbarkeit als poetologischer Begriff hervortritt.[13] Ein Beispiel hierfür ist der Essay *Leselust* (1995) des Verlegers und Kritikers Uwe Wittstock, der eine Abkehr von komplexen, publikumsfernen Formen der Moderne, eine Aufwertung des „common reader"[14] und eine Hinwendung zur anglo-amerikanischen Postmoderne postuliert.[15] Der Autor Matthias Politycki etabliert in *Die Farbe der Vokale* Lesbarkeit als dynamischen Prozess einer „Simplifizierung bei gleichzeitiger Verkomplizierung" in der wirkungsästhetischen Tradition der Rhetorik, welcher zu einem Mittelweg zwischen den Extrempunkten des Einfachen und des Komplexen tendiert.[16] Gekoppelt an einen Fokus auf Unterhaltung soll ein möglichst großes Publikum erreicht werden, um der deutschen Literatur Erfolg im In- und Ausland zu bescheren.[17]

Am Beispiel von Kehlmann zeigt sich, dass die verschärften Marktbedingungen außerliterarische Formen der Einflussnahme notwendig machen, um auf einem zunehmend globalen Literaturmarkt erfolgreich zu sein. Kehlmann profitiert dabei insbesondere von seinen Verbindungen in nationalen und internationalen Netzwerken. In ihrem Artikel *Network Celebrity. Entrepreneurship and the New Public Intellectuals* (2015) etablieren die Kommunikationswissenschaftler Fred Turner und Christine Larson den Begriff der *network intellectuals*, welche die bis dato oppositionellen Kategorien des Bedürfnisses nach medialer Breitenwirkung der „celebrities" und des Anspruchs auf intellektuelle Erhabenheit der „public intellectuals" für sich beanspruchten.[18] Darüber hinaus zeichneten sich die *network intellectuals* dadurch aus, dass sie die Ruhm bringenden Netzwerke

---

13 Siehe Frank Finlay: Literary Debates and the Publishing Industry since Unification. In: Contemporary German Fiction. Writing in the Berlin Republic. Hg. v. Stuart Taberner. Cambridge 2007, S. 21–38.

14 Der Begriff entstammt der britischen Literaturtradition und bezeichnet bei Samuel Johnson und Virginia Woolf eine Leserschaft, die nicht literarisch gebildet ist und von der Lektüre hauptsächlich Unterhaltung erwartet. Vgl. Schaper: Poetik und Politik der Lesbarkeit, S. 100 f.

15 Vgl. Uwe Wittstock: Leselust. Wie unterhaltsam ist die neue deutsche Literatur? München 1995.

16 Vgl. Politycki: Die Farbe der Vokale, S. 9 und dessen Münchner Poetikvorlesungen (1997) in ders.: Kalbfleisch mit Reis! Die literarische Ästhetik der 78er-Generation. In: ebd., S. 23–44, hier S. 39.

17 Zur theoretischen und historischen Basis des Lesbarkeitsbegriffs und für eine Analyse des Programms der ‚Neuen Deutschen Lesbarkeit' siehe Schaper: Poetik und Politik der Lesbarkeit, S. 23–43, 45–116.

18 Fred Turner/Christine Larson: Network Celebrity. Entrepreneurship and the New Public Intellectuals. In: Public Culture. Celebrities and Publics in the Internet Era 27.1 (2015), S. 53–84, hier S. 54 f.

selbst aufbauen, um für sich und Kolleg*innen Sichtbarkeit, Einfluss und Profit zu generieren.[19] Bei Kehlmann trifft dies insofern zu, als dass er – insbesondere nachdem er mit der *Vermessung* zu Erfolg und Prestige gelangt war – ein von Lesbarkeit inspiriertes Literaturprogramm und zugleich ästhetisch gleichgesinnte Kolleg*innen aktiv förderte, wodurch er seinen Einfluss im Literaturbetrieb ausbaute und seinen Wirkungsbereich als *network intellectual* erweiterte.[20] Jedoch lässt sich nicht ausschließen, dass auch traditionelle Institutionen des Literaturbetriebs wie der Rowohlt Verlag etwa Kehlmanns internationale Vernetzung zumindest gefördert, wenn nicht sogar federführend vorangetrieben haben. Während deren genauer Einfluss auf Kehlmann in einer weiterführenden Studie analysiert werden müsste, füllt Kehlmann die Rolle des *network intellectual*, wie sich anhand der in den zu untersuchenden Werken abgebildeten und diskutierten Prozesse der Netzwerkbildung zeigen wird, zweifelsohne sichtbar und produktiv aus. Indem Krausser und Glavinic Kehlmann in ihren Werken als Figur auftreten lassen, treten sie mit ihm in ein wechselseitiges Wirkungsverhältnis, um sich selbst zu ihm zu positionieren und Kehlmanns zentrale Position zu zementieren. Dahingehend kommt ihren Werken im Netzwerk die Funktion von „mediators“ zu, welche „transform, translate, distort, and modify the meaning or the elements they are supposed to carry.“[21] In diesem Spannungsfeld zwischen Affirmation und kreativer Subversion der Kehlmann'schen Persona operieren die im Folgenden zu untersuchenden Werke, wobei der Fokus auf den Prozessen der Netzwerkerweiterung liegen soll.[22]

---

**19** Turner/Larson: Network Celebrity, S. 55, 70.

**20** Siehe Schaper: Poetik und Politik der Lesbarkeit: S. 126–143, 155–167. Hierbei besteht eine weitgehende demografische Homogenität zwischen Kehlmann und seinen Mitstreiter*innen. Mit der prominenten Ausnahme von Zadie Smith handelt es sich überwiegend um weiße, gebildete Männer der Mittelschicht. Eine tiefgreifende wissenschaftliche Auseinandersetzung mit diesen Strukturen wäre wünschenswert, um die – oftmals exkludierenden – Machtstrukturen des Literaturbetriebs offenzulegen. Zum demografischen Aspekt in der Theorie der *network intellectuals* vgl. Turner/Larson: Network Celebrity, S. 77–80.

**21** Bruno Latour: Reassembling the Social. An Introduction to Actor-Network-Theory. Oxford 2005, S. 39.

**22** Ähnlich wie Walter-Jochum in seiner Diskursanalyse *Das bin doch ich* parallel zu Glavinics Poetikvorlesungen und zum Roman *Die Arbeit der Nacht* (2006) liest, werde ich die unterschiedlichen Fiktionsgrade in den Tagebüchern und den Romanen weitgehend ausblenden, da sie bezüglich Kehlmanns Status als *network intellectual* dieselbe Funktion erfüllen. Siehe Walter-Jochum: S. 17, 76–82, 111 f., 191–241.

## 2.1 Der Meister und sein Schüler: Kehlmann in Kraussers Tagebüchern

In seinen Tagebüchern versucht Krausser seinen Einfluss im Literaturbetrieb auszubauen, indem er sich und sein Werk im literarischen Kanon verortet. So schreibt er am 2. Januar 2001:

> Tatsache ist, daß man wirkt, Einfluß nimmt, zum Faktor wird. Dieser freiwillige Eintritt in eine selbstgewählte Tradition [. . .] hat sicher etwas Virtuelles an sich. Dennoch ist es keine Flucht in ein Konstrukt, viel eher [. . .] Zuflucht in etwas faktisch Vorhandenes, das immer bereit gewesen war, einen aufzunehmen.[23]

Er stellt sich demnach in ein virtuelles Netzwerk aus Vorgänger*innen, das es ihm ermöglicht, eine Selbstverortung vorzunehmen und seine Relevanz im Literaturbetrieb der Gegenwart durch Zugehörigkeit zu steigern. In diesem Prozess geht die Wirksamkeitspotenz von den Vorgänger*innen auf ihren Nachfolger über, solange jener dazu bereit ist, sich in deren Tradition zu stellen. Während Niefanger Krausser als Endpunkt dieses Prozesses darstellt,[24] werde ich zeigen, wie Krausser als etwa zehn Jahre älterer Vorgänger Kehlmann angesichts ihrer geteilten ästhetischen und poetologischen Affinität als seinen Nachfolger etabliert, um schließlich nach dem überwältigenden Erfolg des Jüngeren aus seiner Verbindung zu ihm Kapital zu schlagen.

Dass sich Kraussers Traditionsbegriff dezidiert auch auf die Gestaltung einer zukünftigen Traditionslinie bezieht, zeigt sein Eintrag vom 23. März 2003, in dem er angibt, Tradition bedeute für ihn, „Teil eines Orchesters sein, deren Mitglieder nicht zeitgleich spielen. [. . .] Alles ist beeinflußt von etwas, alles wird etwas beeinflussen. Man muß sich in Richtung Zukunft vorarbeiten, man muß sich genauso in die Vergangenheit vorarbeiten."[25] Die Funktion der Einflussnahme auf jüngere Autor*innen besteht demnach darin, seinen Knotenpunkt innerhalb des Netzwerkes ›Literaturbetrieb‹ zu stärken. Am 28. März 2003 liefert er ein konkretes Beispiel dafür, wie sich dieses Vorantreiben in Vergangenheit und Zukunft ausdrückt:

> Ich bin gar nicht auf Platz 8 der SWR-Liste, sondern auf Platz 6, gemeinsam mit Daniel Kehlmann. Auf Platz 2 Céline, mit der neuen Übersetzung der *Reise*. Macht mich stolz

---

**23** Helmut Krausser: Januar/Februar. Reinbek bei Hamburg [2001–2002] 2003, S. 21 f. Niefanger konstatiert, dass Krausser mit der Reflexion von konkreten Marktmechanismen und seiner Verortung in diversen historischen, kulturellen und ästhetischen Kontexten hauptsächlich auf die Sicherung seiner Präsenz im Literaturbetrieb abzielt. Siehe Niefanger: S. 113–119.

**24** Vgl. Niefanger: S. 109 f.

**25** Helmut Krausser: März/April. Tagebuch des März 2003. Tagebuch des April 2004. Reinbek bei Hamburg [2003, 2004] 2006, S. 130.

> meinen Namen neben seinem zu sehen, wenn auch in bedeutungslosem Zusammenhang. Es ist irgendein Zusammenhang. „Wichtigkeit ist nicht wichtig." So der weiseste Satz in Kehlmanns Buch.[26]

In dieser von Rezensionsmedien geprägten Anordnung fungiert der französische Autor Louis-Ferdinand Céline als Vorgänger und Kehlmann als aufstrebender Nachkömmling, der hier bereits mit Krausser gleichgezogen hat. Krausser legitimiert die in einem nichtigen Kontext erscheinende Verknüpfung mit Céline durch das Zitat aus *Ich und Kaminski* (2003), wodurch Krausser Kehlmann zugleich Wertschätzung zuspricht und eng an seine eigene Person knüpft. Demnach lässt sich eine Eigeninitiative erkennen, sein Netzwerk um Kehlmann zu erweitern, welcher somit zum nächsten Glied in Kraussers Traditionskette avanciert.

Wenige Tage nach dem Kennenlernen der beiden auf der Leipziger Buchmesse, die als Ort der Vernetzung verschiedenster Akteur*innen des Literaturbetriebs gelten kann, betont Krausser die Bedeutung der geteilten ästhetischen Vorlieben für die private Verbindung: „Lektüre: Kehlmann. *Ich und Kaminski.* Hervorragend. Klug, witzig, bissig, mit großem Talent für Dialoge, wunderbar komponiert, dabei ganz leicht zu lesen, unbelastet von substanzlosen Tricks."[27] Krausser lobt poetologische Aspekte des Lesbarkeitsbegriffs: Zunächst spiegelt sich dessen dynamischer Grundprozess, eine leichte Lesbarkeit bei ansprechender ästhetischer Gestaltung zu erreichen, zu welcher eine stringente Handlungs- und Dialogkomposition und ein angemessener Einsatz von stilistischen Mitteln beitragen.[28] Zudem spricht Krausser Kehlmanns Werk Intelligenz und Unterhaltungsqualitäten zu, was darauf hindeutet, dass der Roman potentiell eine vielseitig interessierte Leserschaft ansprechen kann.[29] An Kraussers Positionierung gegenüber Kehlmann fällt auf, dass er ihm durch das Heranziehen des Begriffs ‚Talent' zwar Begabung zuerkennt, jedoch zugleich seine Seniorität gegenüber dem aufstrebenden Jungautor bekräftigt.

Ein weiteres Beispiel dafür, wie die beiden Autoren etablierte Institutionen des Literaturbetriebs für ihre Zusammenarbeit nutzen, betrifft den Rowohlt Verlag. Krausser konstatiert: „Ich habe Daniel Kehlmann überredet, zu Rowohlt zu wechseln, habe meinem damaligen Verleger Alexander Fest einen Welterfolg vorhergesagt, und wenn meine Prophezeiungen auch selten in Erfüllung gehen, werde ich

**26** Krausser: März/April, S. 156 f.

**27** Krausser: März/April, S. 153.

**28** Zur Bedeutung dieser Aspekte für den Lesbarkeitsbegriff vgl. Schaper: Poetik und Politik der Lesbarkeit, S. 23–43.

**29** Vgl. Schaper: Poetik und Politik der Lesbarkeit, S. 34–43.

mit dieser einen immer angeben.“[30] Für Kehlmann bedeutet der Verlagswechsel zum einen, dass er sich mit Rowohlt einem Verlag anschließt, welcher sich durch seinen dezidiert ausgestellten Publikumsbezug und seine explizite Ausrichtung auf Breitenwirkung auszeichnet und welcher sich ebenso wie Kehlmann selbst zentralen Postulaten der Lesbarkeitsdebatte verschreibt; zum anderen legt der Rowohlt Verlag traditionell ein besonderes Augenmerk auf die Veröffentlichung amerikanischer Literatur, was Kehlmann seine Vernetzung im amerikanischen Raum – insbesondere mit und über seinen Verlagskollegen Jonathan Franzen – mindestens erleichtert haben dürfte.[31] Krausser hingegen geriert sich als *arbiter elegantiae*, der sein Prestige dadurch ausbaut, dass er Kehlmann in das Rowohlt-Netzwerk lockt und die Traditionslinie so weiterspinnt. Der spätere Erfolg der *Vermessung* liefert ihm dann Bestätigung, was seine eigene Position im Netzwerk aufgrund seiner Hellsichtigkeit stärkt.

Dieses Wechselspiel zwischen Affirmation der eigenen Vorgängerposition und dem Aufbau des Nachfolgers Kehlmann bestimmt in der Folge die Darstellung Kehlmanns in den Tagebüchern und den *Deutschlandreisen*.[32] Dies drückt sich zunächst dadurch aus, dass Krausser sich als Ratgeber zeichnet, der dem Jüngeren Empfehlungen für den weiteren Karriereverlauf ausspricht, Feedback zu den Arbeiten gibt oder sich protegierend vor ihn stellt. Beispielsweise empfiehlt Krausser Kehlmann ein Stipendium an der Deutschen Akademie der Villa Massimo in Rom: „Daniel müßte sich hierfür bewerben. Ich werde es ihm ans Herz legen. Es ist für Künstler seiner Sorte, nämlich meiner, ein geradezu heiliger, heilbringender Ort.“[33] Der vollzogene Wechsel zum Vornamen, Daniel, deutet auf eine intimere Beziehung der beiden hin, die weiterhin auf gemeinsamen ästhetischen Vorlieben basiert, welche hier soweit intensiviert erscheinen, dass die Kunstauffassung der beiden Autoren vonseiten Kraussers als identisch angezeigt wird.[34] Dabei beansprucht Krausser durch das Possessivpronomen „mein“

**30** Helmut Krausser: Ich und Kehlmann. Und „Mahlers Zeit“. In: Text + Kritik 177 (2008) [= Themenheft Daniel Kehlmann], S. 54–57, hier S. 54.

**31** Vgl. https://www.rowohlt.de/verlage/rowohlt (Zuletzt angesehen am 05.09.2019).

**32** Mit dem Titel des Bandes stellt sich Krausser in die Tradition Heinrich Heines. Da er darin zentrale Fragen der deutschen Gegenwartsliteratur verhandelt, tritt wiederum sein von der Auseinandersetzung mit Vergangenheit und Zukunft geprägter Traditionsbegriff hervor.

**33** Krausser: März/April, S. 213 f.

**34** An anderer Stelle wird deutlich, dass dies auch auf private Vorlieben zutrifft, die nicht zwingend etwas mit dem eigenen literarischen Werk zu tun haben, und, wie im Lesbarkeitsbegriff verankert, eine Offenheit gegenüber Unterhaltungsgenres miteinschließt: „Per Mail outet sich Daniel als Fan der SF-Serie Babylon 5 – wie wir ja auch. Schön, so eine Geschmacksverwandtschaft, wie ein Zuckerpuzzlestück ins Bild der inneren Vorliebenlogik.“ Krausser: März/April, S. 225.

die stilprägende Oberhand für sich. Ein weiteres Beispiel betrifft Kraussers Feedback zu Kehlmanns Eröffnungsrede der Salzburger Festspiele 2009: „Ob er damit Ärger bekommen könne? – Viel zu sachlich und milde, sage ich, das lockt keine Kakerlake aus dem Klo. Ich hab auch nicht immer recht.“[35] Zum einen stilisiert sich Krausser zum Vertrauten, der in fachlichen Fragen von Kehlmann hinzugezogen wird, zum anderen schärft er sein eigenes Profil als tendenziell provokant und kämpferisch auftretender Autor, während Kehlmann seiner Darstellung nach umsichtig agiert.[36] Es misslingt ihm zwar, Kehlmann vor dem befürchteten Ärger zu bewahren, jedoch betont er seine Rolle als Mentor und knüpft so das Band zu Kehlmann enger.

Zugleich bemüht sich Kraussers zusehends, über den literarischen Bildungskanon hinausgehend, Kehlmanns intellektuelles Profil öffentlich zu schärfen, was Kehlmann Züge eines Universalgelehrten verleiht. Neben dezidiert literarischem Wissen – z. B. über Lew Tolstoi oder Thomas Bernhard[37] – heben die Kehlmann im Tagebuch zugeschriebenen schnellen wie fundierten Antworten zum Leben Pablo Picassos oder zur physikalischen Versuchsanordnung von Schrödingers Katze dessen Bildungsgrad hervor.[38] Anhand dieser Beispiele zeigt Krausser – etwa dadurch, dass beide das Werk Thomas Bernhards kritisieren – eine ästhetische Verwandtschaft zu Kehlmann und etabliert ihn als beinahe ebenbürtigen Partner, der ihm beratschlagend und informierend zur Seite stehen kann. Indem Krausser Kehlmanns Status seiner eigenen Position annähert, lässt er dessen Wertschätzung für sein eigenes Schaffen umso gewichtiger erscheinen und zieht somit Prestige aus dieser Verbindung. Kehlmann begeistert sich etwa für ein Gedicht Kraussers[39] oder spendet Geld für dessen Opern-Projekt.[40] Daran zeigt sich nicht nur Kehlmanns Wertschätzung für Kraussers künstlerische Arbeiten, sondern auch, dass Kehlmanns Erfolg ihm ermöglicht, seinen Freund als *network intellectual* ideell und finanziell zu fördern.

Abschließend lässt sich konstatieren, dass Krausser eine Art Inthronisationsprozess für Kehlmann inszeniert, indem er ihn kontinuierlich als Nachfolger aufbaut. Dies wird besonders deutlich, wenn er Kehlmann als eminentes Beispiel für

**35** Krausser: Deutschlandreisen, S. 94. Die Rede findet sich in Daniel Kehlmann: Die Lichtprobe. Eröffnungsrede der Salzburger Festspiele 2009. In: ders.: Lob. Über Literatur. Reinbek bei Hamburg 2010, S. 179–188.

**36** Vgl. Schaper: Poetik und Politik der Lesbarkeit, S. 143.

**37** Vgl. Krausser: März/April, S. 303, 297 f., 338 sowie Krausser: Deutschlandreisen, S. 267.

**38** Vgl. Krausser: März/April, S. 288 und Krausser: Deutschlandreisen, S. 15 f.

**39** Vgl. Krausser: März/April, S. 210.

**40** Krausser: Deutschlandreisen, S. 280.

die Umsetzungen eines von Lesbarkeit inspirierten Literaturprogramms in der deutschen Gegenwartsliteratur anführt:

> Daniel ist ein sagenhaftes Talent. Wieso *Talent*? Wo er bereits ein großer Autor ist. Weil er, wie ich glaube, noch viel mehr Zukunft hat, als er schon Gegenwart besitzt. Der Kerl ist 28 Jahre alt. Wo stand ich mit 28? Nicht annähernd dort, wo er heute steht. Er müßte viel berühmter sein. [. . .] Obgleich bei ihm Tiefe und Schönheit mit außergewöhnlicher Lesbarkeit einhergehen, um nicht zu sagen: Unterhaltsamkeit.[41]

Krausser ruft erneut den Begriff des ‚Talents' auf, den er an den poetologischen Parametern der Lesbarkeit und der Unterhaltsamkeit festmacht. Diese koppelt er an die traditionell der Qualitätsliteratur entstammenden Metaphern der Tiefe und der Schönheit und versieht sie dadurch mit Prestige.[42] Ruhm avanciert zur logischen Konsequenz für literarische Qualität, was dem Begriff der ‚Kulturindustrie' zuwiderläuft, aber dem Sichtbarkeits- und Qualitätsanspruch der *network intellectuals* entspricht. Daher löst Krausser Kehlmann vom bloßen Talentstatus und etabliert ihn durch die Größenmetapher als angesehenen Literaten. Zugleich ordnet er sich Kehlmanns Talent unter, knüpft dies jedoch dezidiert an Kehlmanns Alter, wodurch er impliziert, als reifer Autor zumindest vorübergehend noch die Oberhand zu haben und durch die Verbindung zu Kehlmann seinen Einflussbereich im Literaturbetrieb zu erweitern.[43]

## 2.2 SMS von Daniel: Thomas Glavinics *Das bin doch ich* und *Der Jonas-Komplex*

Zwar spielt ‚Daniel' via SMS-Kontakt eine zentrale Rolle in ‚Glavinics' Leben, jedoch tritt er in *Das bin doch ich* und dem *Jonas-Komplex* nur an jeweils einer Stelle *in presentia* auf. Dadurch entsteht eine Spannung zwischen Nähe und Distanz zum

41 Krausser: Deutschlandreisen, S. 202.

42 Immanuel Kant etabliert ‚Schönheit' in der *Kritik der Urteilskraft* (1790) als zentrales Kriterium der Qualitätsliteratur. Vgl. Immanuel Kant: Kritik der Urteilskraft. In: Gesammelte Schriften. Hg. v. d. Königlich Preußischen Akademie der Wissenschaften. 1900 –, Bd. 5. Hg. v. Wilhelm Windelband. Berlin [1790] 1908, S. 165–488, hier S. 303–306, 327. ‚Tiefe' meint einen unter der Textoberfläche verborgenen qualitativen Mehrwert. Siehe Katrin Kohl: Poetologische Metaphern. Formen und Funktionen der deutschen Literatur. Berlin 2007, u. a. S. 308, 344, 555, 580.

43 Kehlmann nimmt diese Rolle an und betont Kraussers Bedeutung für die Aufwertung des Erzählens in der jüngeren deutschen Literatur, indem er äußert, dass in der historischen Rückschau die gegenwärtige Epoche womöglich als die Zeit Helmut Kraussers bezeichnet werden könnte. Vgl. Daniel Kehlmann: Der Mai begann fürchterlich. Helmut Kraussers Tagebücher. In: ders.: Wo ist Carlos Montúfar? Über Bücher. Reinbek bei Hamburg 2005, S. 125–131.

Protagonisten, welche zudem von Kehlmanns wie Glavinics Doppelrollen als Kollegen und Freunde geprägt ist. Das Spannungsfeld zwischen der öffentlichen und privaten Beziehung der beiden soll in der folgenden Analyse von Glavinics Romanen in den Vordergrund rücken. Während deren erster Teil den für *network intellectuals* typischen Schulterschluss zwischen intellektueller Leistung und öffentlicher Wirksamkeit untersucht, fokussiert der zweite Abschnitt die Figurenkonstellation ‚Glavinic'-‚Daniel' in Bezug auf Strategien der *Vermessung*, welche in *Das bin doch ich* als Paradebeispiel eines literarischen Erfolgs fungiert: Es soll argumentiert werden, dass die Dynamik des Paars ‚Glavinic'-‚Daniel' in Bezug auf den Widerspruch zwischen intellektueller Leistung und Sozialkompetenz ähnlich portraitiert wird wie die zwischen Alexander von Humboldt und Aimé Bonplad und dass gerade die Mischung aus sozialer Entfernung und persönlicher Nähe die Strahlkraft der Figuren ausmacht.[44] Abschließend werde ich zeigen, dass sich ‚Glavinic' in *Der Jonas-Komplex* vom Einfluss des vorausgeeilten Freundes emanzipiert.

In *Das bin doch ich* tritt ‚Daniel' auf der traditionellen literaturbetrieblichen Vernetzungsplattform einer Lesung des amerikanischen Autors Jonathan Franzen auf. Vorab werden die Figuren ‚Glavinic' und ‚Daniel' jedoch scharf voneinander abgegrenzt: Während ‚Glavinic' ausgiebig dem Alkohol zuspricht, greift ‚Daniel' zum Apfelsaft.[45] Robert Walter-Jochum konstatiert, dass der Alkohol in Glavinics Texten „zum verbindenden Element, das soziale Kontakte und Einbindungen schafft", avanciert.[46] Es stimmt zwar, dass ‚Glavinic' häufig betrunken auftritt,[47] jedoch scheint dies auf die Vernetzung mit ‚Daniel' keinen Einfluss zu haben und gereicht ‚Glavinic' sogar zum Nachteil, wenn ‚Daniel' versucht, ihn mit ‚Franzen' in Verbindung zu setzen. ‚Glavinics' Versuche mit jenem ein Gespräch anzuknüpfen, scheitern jedoch trotzt ‚Daniels' Fürsprache für ‚Glavinics' Werk gerade an dessen Trunkenheit.[48] ‚Daniel' hingegen bemüht sich im Sinne eines *network intellectual* durch das Diskutieren über ansprechende literarische und intellektuelle Themen aktiv um die Verbindung zu ‚Franzen' und es gelingt ihm schließlich, mit jenem in Kontakt zu treten.[49] Er wird von Glavinic als Musterschüler dargestellt,

**44** Vgl. Rebecca Braun: Daniel Kehlmann. Die Vermessung der Welt. Measuring Celebrity through the Ages. In: Emerging German-language novelists of the twenty-first century. Hg. v. Lyn Marven/Stuart Taberner. Rochester 2011, S. 75–88, hier S. 75.

**45** Siehe Glavinic: Das bin doch ich, S. 26.

**46** Walter-Jochum: S. 211.

**47** Walter-Jochum liefert eine Auflistung der Trinkszenen, vgl. Walter-Jochum: S. 210.

**48** Vgl. Glavinic: Das bin doch ich, S. 29–31.

**49** Vgl. Glavinic: Das bin doch ich, S. 33f., 65.

der durch seine Bildung brilliert[50] und der für die deutschsprachige Literatur Verbindungen zum internationalen Literaturbetrieb herstellen kann. Während die Besinnung auf Bildungsgut für Krausser ein verbindendes Element zu Kehlmann darstellt, scheint es die Protagonisten in *Das bin doch ich* eher zu entzweien. Allerdings kann dies als inszenatorische Pose angesehen werden, die den bodenständigen Lebemann ‚Glavinic' vom intellektuellen ‚Daniel' absetzt, da der Ich-Erzähler beispielsweise ohne Probleme eine Anspielung auf ‚Karl Kraus' *Die letzten Tage der Menschheit* (1915–1922) erkennt.[51]

Anschließend wird ‚Glavinic' Zeuge, wie ‚Daniels' Netzwerk rapide den deutschsprachigen Literaturbetrieb transzendiert: In *Das bin doch ich* diniert ‚Daniel' mit Frank-Walter Steinmeier und dem brasilianischen Außenminister, erhält auf Sylt eine Einladung von Angela Merkel, verfasst einen Artikel für die *New York Times*, trifft die Schauspielerin Iris Berben, die ebenso wie sein Fahrer auf dem Weg in ein Fernsehstudio seinen Roman bewundert, und schlägt eine Einladung von Henry Kissinger aus.[52] Im *Jonas-Komplex* intensiviert er die Vernetzung mit international renommierten Autor*innen – z. B. isst er mit Salman Rushdie oder hält auf einem italienischen Literaturfestival „mit Zadie Smith einen Schwatz"[53]– und erweitert sein Netzwerk auch außerhalb der Literaturszene, wenn er mit dem Anwalt von Julian Assange ein Treffen mit dessen Klienten arrangiert.[54] Es zeichnen sich demnach drei unterschiedliche Tendenzen der Netzwerkentwicklung ab: Erstens, eine energische Internationalisierung, die ‚Daniel' vermehrt Zugang zu exklusiven Personen, Orten und Publikationsmöglichkeiten verschafft. Zweitens, eine Ausweitung des Einflussbereichs in diverse Sparten der Gesellschaft, die sowohl die allgemeine Öffentlichkeit als auch politische Machtinstitutionen umfasst, wobei die mit ihm vernetzten Personen tendenziell immer prominenter und renommierter werden. Drittens offenbart das informelle Wort „Schwatz" eine private Intimität mit den anderen Akteur*innen, die zwar wie bei Smith durch offizielle Plattformen des Literatur-

50 Dies entspricht der tatsächlichen Rezeption von Kehlmanns Werk. Etwa bezeichnet ihn die *Stuttgarter Zeitung* als „Musterschüler". Siehe o.A.: Man bleibt als Erzähler immer ein Dilettant. Der Autor Daniel Kehlmann über Musterschüler und Mittelmaß. Stuttgarter Zeitung 03. November 2007. Zuweilen tendiert die Rezeption jedoch zum Vorwurf des Strebers, wenn etwa Denis Scheck schreibt, die *Vermessung* sei „ein bisschen ein Schweinchen-Schlau-Roman." Vgl. Denis Scheck: Stunde der Schafe. Tagesspiegel, 28. Februar 2006.

51 Vgl. Glavinic: Das bin doch ich, S. 27. Darüber hinaus holt sich ‚Daniel', ähnlich wie Krausser in seinen Tagebüchern erwähnt, Rat zu Veröffentlichungen ein und bekräftigt dadurch ‚Glavinics' literarische Kompetenz. Siehe ebd., S. 11 f., 121.

52 Vgl. Glavinic: Das bin doch ich, S. 175 f., 179, 213, 219, 225.

53 Thomas Glavinic: Der Jonas-Komplex. Frankfurt a. M. 2016, S. 14, 69.

54 Vgl. Glavinic: Der Jonas-Komplex, S. 391.

betriebs ermöglicht sein kann, jedoch nicht an den professionellen Kontext gebunden ist.

Während ‚Glavinic' in *Das bin doch ich* ‚Daniels' Aufstieg noch bewundernd und eifersüchtig verfolgt, revidiert er diese Haltung im *Jonas-Komplex*. Zunächst zum politischen Kontext: Als ‚Daniel' schreibt, er stehe gerade neben dem schwedischen Premierminister, antwortet ‚Glavinic', der sich gerade einen Thai-Boxkampf ansieht: „*Ich stehe gerade neben Hitler* [Hervorhebung im Original, B.S.]."[55] Dass ‚Daniel' in diesem Szenario an ‚Glavinic' schreibt, betont die enge Verbindung der beiden und wertet ‚Glavinic' als relevanten Akteur innerhalb des Netzwerkes der beiden auf. ‚Glavinic' wehrt sich gegen den erfolgreichen Freund, indem er mit einer absurden Antwort kontert. Er lässt die Situation bewusst unaufgelöst, um sich die Deutungshoheit zu bewahren und ‚Daniel' so auszumanövrieren. ‚Daniels' seriöses Treffen mit dem schwedischen Premierminister wird letztlich dadurch konterkariert, dass es sich bei Hitler um ein Mitglied der *Hells Angels* handelt, welche die Thai-Kämpfe im Rahmen eines Großevents veranstalten. Die Gegenüberstellung dieser grundverschiedenen Schauplätze und Netzwerke schärft demnach ‚Daniels' Status als *network intellectual* und ‚Glavinics' Selbstinszenierung als libertärer Draufgänger, der dem Vorbild des Freundes anders als in *Das bin doch ich* nicht mehr nachstrebt und sich mit seiner Rolle arrangiert.

In Bezug auf den literarischen Kontext ist ein Austausch zwischen den beiden zu Beginn des Romans von Belang:

> Eine SMS von Daniel: *Spaziere mit Coetzee durch den Regen. Das ist so ein intelligenter Mensch!* [. . .] Eine Antwort fällt mir auf so etwas auch nicht ein. Ist mir doch schnuppe, wo die herumwandern. Konversieren sicher über kluge Dinge, aber da kann ich nicht mitreden. Also kriegt er ein nichtssagendes Smiley zurück, weil ich weiß, dass er Smileys hasst. *Bist du im Anzengruber mit deinem viehischen Anwalt?* Ich schicke ihm ein Jugendfoto von Daniel Arthur Mead. Es kommt keine Antwort mehr.[56]
>
> [beide Hervorhebungen im Original, B.S.]

‚Glavinic' betont zwar ‚Daniels' Bildungsbeflissenheit, weist diese aber ebenso entschieden von sich. Auch grenzt er sich von ‚Daniels' privater Vernetzung mit einem Nobelpreisträger ab – was in der ordinären Geste, jenem ein Foto von einem britischen Pornodarsteller zu schicken, drastisch Ausdruck findet. Mit der Literatur auf international höchstem Niveau und der Pornografie werden zwei Extrempunkte der Hoch- und Populärkultur einander gegenübergesetzt. Zuletzt ‚gewinnt' der die Populärkultur ins Feld führende ‚Glavinic' den Austausch und

55 Glavinic: Der Jonas-Komplex, S. 472.
56 Glavinic: Der Jonas-Komplex, S. 41.

bringt die Hochkultur zum Schweigen, wodurch er zwar ‚Daniels' Prestige in einem globalen Literaturnetzwerk ausstellt, aber zugleich eine scharfe Linie zu ihm zieht.

Glavinics Inszenierung der privaten Interaktion seiner beiden Protagonisten greift dementsprechend insbesondere ‚Daniels' Status als Intellektueller an. Dabei agiert er auf ähnlich ironische Weise, wie sich Kehlmanns *Vermessung* ihrer Helden Alexander von Humboldt und Aimé Bonpland annimmt.[57] Im titelgebenden Essay seiner Anthologie *Wo ist Carlos Montúfar?* (2005) gibt Kehlmann an, seine Reisenden sollten „ein verschworenes, streitendes Paar sein", in welchem der Lebemann Bonpland als „aufmüpfige[r] Widerpart" zu Humboldts pflichtbeflissenem, aber sozial unbeholfenem Genie fungiert.[58] Abschließend soll argumentiert werden, dass Glavinics *Das bin doch ich* und *Der Jonas-Komplex* ihr komödiantisches Potential aus einer vergleichbaren Figurenkonstellation entwickeln, in welcher mit dem hedonistische Bummelanten ‚Glavinic' und dem karrierebewussten Streber ‚Daniel' zwei ebenso verschiedene Temperamente aufeinandertreffen wie mit Bonpland und Humboldt in Kehlmanns *Vermessung*.

In *Das bin doch ich* stellt Glavinic das Liebespaarsujet explizit durch eine Parallelisierung von ‚Daniel' und ‚Glavinics' Frau dar. So sendet ‚Glavinic' ‚Daniel' die für seine Frau gedachte SMS „Hey, Schneegranate, alles okay? Bussi".[59] Darüber hinaus versuchen sowohl ‚Daniel' als auch ‚Glavinics' Frau die Flugangst des Protagonisten dadurch zu lindern, dass sie das Fliegen mit dem Busfahren vergleichen.[60] Zuletzt ruft ‚Glavinic' unmittelbar nach dem überstandenen Flug nicht seine Frau, sondern ‚Daniel' an, um seiner Freude über die überwundene Angst Ausdruck zu verleihen.[61] Die Komik entsteht zunächst durch eine Verwechselungskomödie, danach durch einen intratextuellen Verweis, der die Unterstützung durch ‚Glavinics' Frau mit der durch ‚Daniel' gleichsetzt und zuletzt durch ‚Daniels' direkte Übernahme der Funktion, die in der logischen Konsequenz der Ehepartnerin zukommen würde. So wird die emotionale Nähe zwischen den Figuren betont und die Dreieckskonstellation zwischen ‚Glavinic', seiner Frau und ‚Daniel' steigert das humoristische Potential des Textes.

Zudem variiert Glavinic bei der Gestaltung der (Liebes-)Beziehung zwischen ‚Glavinic' und ‚Daniel' humoristisch ein gebräuchliches Sprichwort: Die beiden necken sich bzw. vermuten den anderen hinter elaborierten Scherzen. Beispielsweise

---

57 Zu weiteren intertextuellen Verweisen in *Das bin doch ich* siehe Walter-Jochum: S. 222–225.
58 Daniel Kehlmann: Wo ist Carlos Montúfar? In: ders.: Wo ist Carlos Motúfar? Reinbek bei Hamburg [2005] 2010, S. 9–27, hier S. 16, 15.
59 Glavinic: Das bin doch ich, S. 161.
60 Vgl. Glavinic: Das bin doch ich, S. 200, 184.
61 Vgl. Glavinic: Das bin doch ich, S. 204.

wundert sich ‚Glavinic': „So viel Aufwand würde niemand wegen mir treiben. Außer Daniel [. . .]."[62] Der Scherz fungiert als Beweis der gegenseitigen Zuneigung, wobei ‚Daniel' ein distinguierender Sonderstatus zugeschrieben wird. Andererseits beschwert sich ‚Daniel': „Die wollen was über mich schreiben als PERSON [. . .] und da schreibt einer ich sei der SCHRIFTSTELLER-SCHLAKS! Also bitte bin ich schlaksig?"[63] Zwar versucht ‚Glavinic' ‚Daniel' zu trösten, jedoch greift er im weiteren Handlungsverlauf mehrmals selbst auf die Bezeichnung „Schriftsteller-Schlacks" zurück.[64] Bezeichnend ist, dass die Darstellung dezidiert nicht auf das Werk abzielt, sondern auf ein körperliches Attribut des Autors. Dass sich ‚Daniel', der kaum physisch auftritt, gerade über die Beschreibung seiner Physis echauffiert, kritisiert eine körperlich orientierte Identitätsbeschreibung, die ‚Glavinic' durch die Verwendung des Begriffs fortführt. Dies rekurriert auf den was-sich-liebt-das-neckt-sich-Passus und problematisiert zugleich den Realitätsgehalt der Darstellung ‚Daniels': Ähnlich der Gauß-Figur in der *Vermessung* lehnt sich ‚Daniel' dagegen auf, wie er im Roman dargestellt wird, wodurch Glavinic ironisch seine eigene Inszenierungshoheit unterminiert und humoristisch den Fiktionsgehalt der porträtierten Figur betont.[65]

Darüber hinaus übernimmt ‚Daniel' Fürsorgepflichten für ‚Glavinic', die er jedoch mit einer nicht angebrachten Rationalität erfüllt, was auf einen Mangel an Einfühlungsvermögen schließen lässt. Dies zeigt sich etwa im Umgang mit ‚Glavinics' Hypochondrie: Als ihn der ins Krankenhaus eingelieferte ‚Glavinic' besorgt anruft, reagiert er wenig verständnisvoll, da man an einem Blinddarm nicht sterben könne; hingegen warnt er ‚Glavinic' nach einem leichten Skiunfall davor, dass man bei einer gebrochenen Rippe sehr schnell draufgehen könne.[66] In diesen Passagen geht das Narrativ über das Necken hinaus, da ‚Daniel' zwar fachlich kompetent und hilfsbereit erscheint, es ihm jedoch wie Kehlmanns Humboldt an Sozialkompetenz mangelt, was durch die Gegenüberstellung der unangemessenen Hilfeleistungen und ‚Glavinics' überzeichneter Reaktionen Komik entstehen lässt und letztlich das Publikum für ‚Glavinic' einnimmt.

---

**62** Glavinic: Das bin doch ich, S. 20.

**63** Glavinic: Das bin doch ich, S. 114.

**64** Siehe etwa Glavinic: Das bin doch ich, S. 121, 123.

**65** Vgl. Daniel Kehlmann: Die Vermessung der Welt. Reinbek bei Hamburg [2005] 2010, S. 9. Zur Ironie des Verfahrens in der *Vermessung der Welt* siehe Stephanie Catani: Formen und Funktionen des Witzes, der Satire und der Ironie in „Die Vermessung der Welt". In: Daniel Kehlmanns „Die Vermessung der Welt". Materialien, Dokumente, Interpretationen. Hg. v. Gunther Nickel. Reinbek bei Hamburg 2008, S. 198–215.

**66** Vgl. Glavinic: Das bin doch ich, S. 130, 152 f.

Im *Jonas-Komplex* gelingt es ‚Glavinic', sich auch im Privaten von ‚Daniel' zu emanzipieren. Als ‚Glavinic' zum Werbebotschafter einer Schuhmarke ernannt wird, beschwert sich ‚Daniel', dass ihm und Zadie Smith so etwas nicht zuteil würde: „So etwas kriegt kein Schriftsteller, er verstünde überhaupt nicht, wieso ich so etwas kriege. Ich habe ihm erklärt, dass er niemals Schuhbotschafter werden wird, denn die Leute wollen ihre Schuhe ja auch verkaufen. Das hat er nicht gut aufgenommen."[67] ‚Daniel' stellt mit seinem Hinweis auf Zadie Smith seine internationale Vernetzung aus und während er sich durchaus neidisch zeigt, schwingt in seiner Annahme, ein Schriftsteller kriege so einen Auftrag nicht, ein impliziter Angriff auf ‚Glavinics' Schriftstellerstatus mit, den er durch den Schulterschluss mit Zadie Smith forciert. Während ihres Treffens in New York spricht ‚Daniel' ‚Glavinic' dann häufig als ‚Schuhbotschafter' an, worauf ‚Glavinic' ihn als „Samtschuhvater" betitelt, der niemals für Schuhe würde werben können.[68] Dies erinnert an die „Schriftsteller-Schlacks"-Episode, wobei hier der ökonomische und der künstlerische Wert einander gegenüberstehen. ‚Glavinic' erscheint als moderner Markenbotschafter und ‚Daniel', der mit einem edlen, aber antiquiert wirkenden Stoff in Verbindung gebracht wird, als der Alltagswelt entrückter Intellektueller. Dies kehrt die Grundsituation des Strebens nach Markterfolg des ersten Romans um, da ‚Glavinic' mit seinem privaten Werbeauftrag den in schriftstellerischen Absatzzahlen überlegenen Freund übertrumpfen kann. Somit bleibt ‚Daniels' Vorreiterrolle als Schriftsteller intakt, wenn auch dessen Verkaufserfolg ironisiert wird, wohingegen ‚Glavinic' einen alternativen Weg findet, um die berufliche Unterlegenheit zu kompensieren.

Zuletzt bleibt noch das zweite tatsächliche Aufeinandertreffen zu analysieren, da es die Klammer der Auseinandersetzung ‚Glavinics' mit ‚Daniel' im Privaten wie Beruflichen schließt. Bei ihrem Treffen in New York stellt ‚Daniel' zunächst seinen Status als einflussreiche Berühmtheit und vernetzter Intellektueller unter Beweis, indem er ‚Glavinic' Zutritt zu einem exklusiven Restaurant verschafft und sich mit ‚Franzen' trifft.[69] Die Szene schließt an die Franzen-Sequenz in *Das bin doch ich* an und präsentiert ‚Daniel' als zum potenten Knotenpunkt gereiften Akteur, der es seinem Freund ermöglichen kann, an diversen Netzwerken teilzuhaben. Allerdings profiliert sich ‚Glavinic' in der Folge eben dadurch, dass er das Networking ablehnt: „‚Dir kann man nie interessante Leute vorstellen', hat er mir einmal vorgeworfen. Als ob ich interessante Leute kennenlernen wollte."[70] Während ‚Daniel' die Netzwerkbildung als natürliche Entwicklung der Schriftstellerkarriere zur Ausweitung

67 Glavinic: Der Jonas-Komplex, S. 34.

68 Vgl. Glavinic: Der Jonas-Komplex, S. 291.

69 Glavinic: Der Jonas-Komplex, S. 290, 293.

70 Glavinic: Der Jonas-Komplex, S. 298.

des eigenen Einflussbereichs ansieht, spielt dies für ‚Glavinic' keine Rolle. Anders als in *Das bin doch ich* ist die Nicht-Vernetzung jedoch kein Scheitern, sondern eine bewusste Entscheidung, die sich deutlich von ‚Daniels' Persona absetzt und die Eigenständigkeit von ‚Glavinic' ausstellt.

Andererseits untergräbt ‚Glavinic' zusehends ‚Daniels' Autorität und setzt dabei auf den Widerstreit zwischen Intellektuellem und Ordinärem. Als ‚Daniel' in einer Bar über das Werk Arthur Schnitzlers spricht und Mineralwasser bestellt, äußert ‚Glavinic': „Daniel hat gewöhnlich kein Problem damit, sich kaum merklich in den Mittelpunkt einer Unterhaltung zu reden, aber wenn ich lauter werde und Angie betrunken wird, gerät seine Dominanz ins Wanken."[71] ‚Daniels' zentrale Position im Netzwerk bezieht sich demnach ausschließlich auf das intellektuell-literarische Terrain, was ‚Glavinic' erkennt und in der Folge versucht, das Geschehen auf sein eigenes Spielfeld zu verlegen, um die Oberhand zu gewinnen. Als ‚Daniel' früh nach Hause möchte, reagiert er prompt: „Ich halte Daniel fest. Wenn ich schon hier bin, muss er mich ein paar Stunden aushalten. Ich zementiere die Rechtmäßigkeit dieser Forderung mit dem Hinweis, dass [. . .] Manhattan [. . .] in der Munsee-Sprache ‚Ort der Trunkenkheit' bedeutet."[72] Die Szene sticht hervor, da es in ihr zum einzigen Mal in beiden Büchern zu einem physischen Kontakt zwischen den beiden kommt, den ‚Glavinic' energisch herbeiführt, um seinen eigenen Standpunkt zu vertreten. Er beansprucht ‚Daniel' für sich und verlagert das Gespräch, indem er das Bildungsgut über die Geschichte der Stadt ad absurdum führt, auf ordinäres Terrain, um ‚Daniels' Vorreiterrolle zu brechen. Tatsächlich destabilisiert sich ‚Daniels' Geltungsanspruch, wenn sich seine Insider-Empfehlungen bezüglich des New Yorker Nachtlebens als Reinfälle erweisen und der überaus korrekte ‚Daniel' schließlich mit dem rüpelhaften ‚Glavinic' aus einem Lokal fliehen muss.[73]

Es lässt sich konstatieren, dass der zu Beginn von *Das bin doch ich* abgehängte ‚Glavinic' im *Jonas-Komplex* Wege findet, sich gegenüber ‚Daniels' Erfolg zu behaupten. Dies ist schon im Titel des Romans angelegt, da der ‚Jonas-Komplex' einen Mangel an Selbstwertgefühl und die Furcht vor der eigenen Größe suggeriert, die etwa durch die Abarbeitung an einem Idealbeispiel überwunden werden kann, was im Roman aus den Entwicklungen der ‚Glavinic'-‚Daniel'-Konstellation resultiert.[74] Dabei erinnert ‚Daniel' an den Humboldt aus der *Vermessung*, da beide als einflussreiche Intellektuelle auftreten, die sich in gebildeten

71 Glavinic: Der Jonas-Komplex, S. 298.

72 Glavinic: Der Jonas-Komplex, S. 298 f.

73 Vgl. Glavinic: Der Jonas-Komplex, S. 295, 299.

74 Vgl. Abraham Harold Maslow: The Farther Reaches of Human Nature. New York 1971, S. 34–39.

Kreisen sicher bewegen, jedoch Schwierigkeiten haben, sich in das Alltagsleben einzufügen. ‚Glavinic' steht ihm, wie Bonpland, als sozialkompetenter, sympathischer Lebemann gegenüber, der zwar eine ebenso große Liebe für sein Metier hegt, jedoch – teils exzessiv – dem privaten Hedonismus frönt, wobei Bonpland sich zumeist in libidinöse Abenteuer stürzt und ‚Glavinic' zum Alkohol- und Drogenkonsum neigt. Dadurch inszeniert Glavinic für die Leser*innen einen vermeintlich direkten Zugang in das Privatleben der beiden Autoren, der ihnen einen zugleich ausgefallenen und vertrauten Lebensstil vor Augen führt, und sie somit an die Figuren bindet.

# 3 Fazit

Sowohl Helmut Krausser als auch Thomas Glavinic vollziehen eine Annäherung an Daniel Kehlmann, die jedoch von unterschiedlichen Vorzeichen geprägt ist. Krausser operiert aus der Position eines Meisters, der sich einen Nachfolger heranzieht, um dann, sobald dieser ihn in seinem Erfolg überholt hat, selbst von der Verbindung zu profitieren. Bei Glavinic hingegen beginnen beide als Gleichgestellte, ehe ihm ‚Daniel' enteilt, worauf ‚Glavinic' Wege finden muss, seine Position zu behaupten. Dabei findet ebenso eine Konvergenz der Positionen statt, jedoch fällt bei Glavinic aufgrund seiner privaten Freundschaft zu Kehlmann die Abgrenzung zum erfolgreichen Freund umso bestimmter aus. Anders als Krausser kümmert er sich nicht um ein positives Image, sondern stellt sich zuweilen bewusst negativ dar, um den Unterschied zu ‚Daniel' zu betonen. Dies erleichtert das Genre des Romans, da ihn der Fiktionsvertrag vor der rezeptionsseitigen Gleichsetzung von Autor und Figur schützt und er zugleich das Unterhaltungsbedürfnis der Leserschaft befriedigen kann. Krausser hingegen stilisiert zwar ebenso, ist aber in der Tagebuchform tendenziell stärker an den Anspruch einer wirklichkeitsgetreuen Darstellung gebunden.

Die Bedeutung von Netzwerken für den gegenwärtigen Literaturbetrieb zeichnet sich in Kraussers Tagebüchern und Glavinics *Das bin doch ich* und *Der Jonas-Komplex* deutlich ab. Während in diesem Aufsatz nur auf ein konkretes, aber demografisch sehr eingeschränktes Netzwerk eingegangen werden konnte, empfehlen sich für die Zukunft umfassendere Analysen, welche die komplexen Machtstrukturen der Literaturproduktion offenlegen können. Diese könnten sich beispielsweise mit der Rolle von Autor*innen, die Minderheiten angehören, auseinandersetzen und sollten weitere Akteur*innen des Literaturbetriebs wie Verleger*innen, Agenten*innen und Kritiker*innen sowie Auszeichnungen wie Literaturpreise, Festivals und Stipendien miteinschließen. Das Beispiel Kehlmann zeigt, dass dabei auch die durch einen zunehmend globalen Literaturmarkt bedingten internationalen Netzwerke und deren Einfluss auf die Nationalliteraturen in den Vordergrund rücken sollten. Kehlmanns Beziehung zu Franzen ist bereits Gegenstand wissenschaftlicher Untersuchungen geworden,[75] andere Vernetzungen wie etwa die mit Zadie Smith gilt es noch zu betrachten.

## Literaturverzeichnis

Assmann, David-Christopher: Das bin ich nicht. Thomas Glavinics Literaturbetriebs-Szene. In: „High" und „low". Zur Interferenz von Hoch- und Populärkultur in der Gegenwartsliteratur. Hg. v. Thomas Wegmann/Norbert Christian Wolf. Berlin 2011, S. 121–140.

Bartl, Andrea/Jörn Glasenapp/Iris Hermann: Zwischen Alptraum und Glück. Thomas Glavinics Vermessungen der Gegenwart. Göttingen 2014.

Braun, Rebecca: The world author in us all. Conceptualising fame and agency in the global literary market. In: Journal of Celebrity Studies 7.4 (2016), S. 457–475.

Braun, Rebecca: Daniel Kehlmann. Die Vermessung der Welt. Measuring Celebrity through the Ages. In: Emerging German-language novelists of the twenty-first century. Hg. v. Lyn Marven/Stuart Taberner. Rochester 2011, S. 75–88.

Catani, Stephanie: Formen und Funktionen des Witzes, der Satire und der Ironie in „Die Vermessung der Welt". In: Daniel Kehlmanns „Die Vermessung der Welt". Materialien, Dokumente, Interpretationen. Hg. v. Gunther Nickel. Reinbek bei Hamburg 2008, S. 198–215.

Finlay, Frank: Literary Debates and the Publishing Industry since Unification. In: Contemporary German Fiction. Writing in the Berlin Republic. Hg. v. Stuart Taberner. Cambridge 2007, S. 21–38.

Glavinic, Thomas: Der Jonas-Komplex. Frankfurt a. M. 2016.

Glavinic, Thomas: Das bin doch ich. München [2007] 2010.

Horkheimer, Max/Theodor Adorno: Dialektik der Aufklärung. Philosophische Fragmente. Frankfurt a. M. [1944] 2000.

Johannsen, Anja K.: „In einem Anfall von Literaturbetriebswiderwillen". Die Romane Thomas Glavinics im Geflecht des Literaturbetriebs. In: Wie über Gegenwart sprechen? Überlegungen zu den Methoden einer Gegenwartsliteraturwissenschaft. Hg. v. Paul Brodowsky/Thomas Klupp. Frankfurt a. M. 2010, S. 105–118.

Kant, Immanuel: Kritik der Urteilskraft. In: Gesammelte Schriften. Hg. v. d. Königlich Preußischen Akademie der Wissenschaften. 1900 –, Bd. 5. Hg. v. Wilhelm Windelband. Berlin [1790] 1908, S. 165–488.

75 Vgl. Rebecca Braun: The world author in us all. Conceptualising fame and agency in the global literary market. In: Journal of Celebrity Studies 7.4 (2016), S. 457–475 und Benjamin Schaper: „Der weltweit bekannteste Schriftsteller deutscher Literaturtradition". The Reception of Jonathan Franzen in Germany. In: The Modern Language Review 14.2 (2019), S. 294–315.

Kehlmann, Daniel: Die Lichtprobe. Eröffnungsrede der Salzburger Festspiele 2009. In: ders.: Lob. Über Literatur. Reinbek bei Hamburg 2010, S. 179–188.
Kehlmann, Daniel: Die Vermessung der Welt. Reinbek bei Hamburg [2005] 2010.
Kehlmann, Daniel: Wo ist Carlos Montúfar? In: ders.: Wo ist Carlos Motúfar? Reinbek bei Hamburg [2005] 2010, S. 9–27.
Kehlmann, Daniel: Der Mai begann fürchterlich. Helmut Kraussers Tagebücher. In: ders.: Wo ist Carlos Montúfar? Über Bücher. Reinbek bei Hamburg 2005, S. 125–131.
Kleinschmidt, Erich: Art. Roman. In: Reallexikon der deutschen Literaturwissenschaft. Band III. Hg. von Jan-Dirk Müller u. a. Berlin 2003, S. 317–322.
Kohl, Katrin: Poetologische Metaphern. Formen und Funktionen der deutschen Literatur. Berlin 2007.
Krausser, Helmut: Deutschlandreisen. Köln 2014.
Krausser, Helmut: Ich und Kehlmann. Und „Mahlers Zeit“. In: Text+Kritik 177 (2008) [= Themenheft Daniel Kehlmann], S. 54–57.
Krausser, Helmut: März/April. Tagebuch des März 2003. Tagebuch des April 2004. Reinbek bei Hamburg [2003, 2004] 2006.
Krausser, Helmut: Januar/Februar. Reinbek bei Hamburg [2001–2002] 2003.
Krausser, Helmut: Mai/Juni. Reinbek bei Hamburg [1993–1994] 1995.
Latour, Bruno: Reassembling the Social. An Introduction to Actor-Network-Theory. Oxford 2005.
Mangold, Ijoma: Da lacht der Preuße, und der Franzose staunt. Süddeutsche Zeitung, 24.09.2005.
Maslow, Abraham Harold: The Farther Reaches of Human Nature. New York 1971, S. 34–39.
Niefanger, Dirk: Helmut Kraussers Selbstinszenierungen. Strategisches Sammeln und Schreiben in den *Tagebüchern*. In: Sex/Tod/Genie. Beiträge zum Werk von Helmut Krausser. Hg. v. Claude D. Conter/Oliver Jahraus. Göttingen 2009, S. 109–126.
o.V.: Man bleibt als Erzähler immer ein Dilettant. Der Autor Daniel Kehlmann über Musterschüler und Mittelmaß. Stuttgarter Zeitung 03.11.2007.
Politycki, Matthias: Die Farbe der Vokale. Von der Literatur, den 78ern und dem Gequake satter Frösche. München 1997.
Politycki, Matthias: Kalbfleisch mit Reis! Die literarische Ästhetik der 78er-Generation. In: ders.: Die Farbe der Vokale. Von der Literatur, den 78ern und dem Gequake satter Frösche. München 1997, S. 23–44.
Rehfehldt, Martin: Der Poeta vates und die Dekonstruktion. Die Inszenierung von Intentionalität im Tagebuchprojekt Helmut Kraussers als Voraussetzung für eine poststrukturalistische Rezeption seiner Texte. In: Deutsche Bücher 35 (2005), S. 189–216.
Rowohlt, https://www.rowohlt.de/verlage/rowohlt (Zuletzt angesehen am 05.09.2019).
Schaper, Benjamin: „Der weltweit bekannteste Schriftsteller deutscher Literaturtradition“. The Reception of Jonathan Franzen in Germany. In: The Modern Language Review 14.2 (2019), S. 294–315.
Schaper, Benjamin: Poetik und Politik der Lesbarkeit in der deutschen Literatur. Heidelberg 2017 (Germanisch-Romanische Monatsschrift. Beihefte. Bd. 82).
Scheck, Denis: Stunde der Schafe. Tagesspiegel, 28.02.2006.
Schönfeld, Sibylle: Art. Tagebuch. In: Reallexikon der deutschen Literaturwissenschaft. Band III. Hg. von Jan-Dirk Müller u. a. Berlin 2003, S. 574–577.

Turner, Fred/Christine Larson: Network Celebrity. Entrepreneurship and the New Public Intellectuals. In: Public Culture. Celebrities and Publics in the Internet Era 27.1 (2015), S. 53–84.

Walter-Jochum, Robert: Autobiografietheorie in der Postmoderne. Subjektivität in Texten von Johann Wolfgang von Goethe, Thomas Bernhard, Josef Winkler, Thomas Glavinic und Paul Auster. Bielefeld 2016.

Wittstock, Uwe: Leselust. Wie unterhaltsam ist die neue deutsche Literatur? München 1995.

Michael Navratil

# „Auf einmal mochten wir Günter Grass wieder." Die Wiedergewinnung des Politischen in Daniel Kehlmanns jüngeren Texten

## 1 Von der Renaissance des Erzählens zur Wiedergewinnung des Politischen

Am 3. Juni 2014 begann Daniel Kehlmann die erste seiner fünf Poetikvorlesungen an der Frankfurter Goethe-Universität mit der folgenden Anekdote:

> Vor einiger Zeit, Günter Grass hatte gerade sein Gedicht über die israelische Außenpolitik veröffentlicht, geriet ich mit Amerikanern, die Deutsch können und das Land gut kennen, in eine Diskussion: Was für ein albernes Gedicht, wurde da gerufen, welch ein Wichtigtuer, und überhaupt, immer dieses Politikergehabe, das Moralisieren! [. . .]
> „Ihr glaubt, ihr versteht Deutschland. Aber ihr wißt nichts, wenn ihr das nicht kennt." Und ich tippte *Peter Alexander* und wählte den ersten Film, den YouTube mir anbot: *Peter schießt den Vogel ab.*
> Nach fünf Minuten wurde ich leise gebeten abzuschalten, nach sieben Minuten wurde ich laut gebeten abzuschalten, nach neun Minuten wurde mir Gewalt angedroht, und ich schaltete ab. Müde sahen wir einander an.
> „Und das haben Leute gesehen?"
> „Das war der beliebteste Entertainer Deutschlands. In den fünfziger Jahren, in den sechziger Jahren, in den siebziger Jahren und auch noch in den Achtzigern."
> Und auf einmal hatte keiner von uns mehr Lust, über die Gruppe 47 zu spotten: Wir hatten ihrem Anderen ins Gesicht gesehen, der Film gewordenen Verdrängung. Auf einmal mochten wir Günter Grass wieder. Auf einmal waren wir ihm dankbar.[1]

Dass ausgerechnet Daniel Kehlmann die moralische Agenda der Gruppe 47 verteidigt, mag überraschen. Zu der Zeit nämlich, als Kehlmann durch den Sensationserfolg von *Die Vermessung der Welt* Berühmtheit erlangte, hatte er in seinen öffentlichen Äußerungen zur eigenen Poetik sowie zu den Werken anderer Autoren konsequent Stellung *gegen* die politisierte Nachkriegsliteratur bezogen und in entschiedener Abgrenzung zu dieser die Bedeutung der künstlerischen

1 Daniel Kehlmann: Kommt, Geister. Frankfurter Vorlesungen. Reinbek bei Hamburg 2015, S. 9 f.

https://doi.org/10.1515/9783110647488-013

Autonomie und des erzählerischen Experiments – wenn schon nicht mit der literarischen Form, so doch mit den erzählten Welten[2]– hervorgehoben.

Mit dieser Kritik knüpfte Kehlmann an eine jüngere Traditionslinie der deutschsprachigen Gegenwartsliteratur an: In den späten 1990er und 2000er Jahren konnten Kehlmanns Werke plausibel als Fortsetzung der sogenannten ‚Wiederkehr' oder ‚Renaissance des Erzählens' erscheinen, die in Deutschland mit der Publikation von Sten Nadolnys *Die Entdeckung der Langsamkeit* (1983) und Patrick Süskinds *Das Parfum* (1985) begonnen hatte und an die in den 1990er Jahren etwa Christoph Ransmayr, Robert Schneider und Helmut Krausser mit ihren Werken anschlossen.[3] Die poetologischen Positionen der Autoren, die mit dieser Strömung der Gegenwartsliteratur in Verbindung gebracht werden, sind neben der bereits im Begriff ‚Renaissance des Erzählens' angezeigten „Lust am Fabulieren"[4] vor allem durch eine Ablehnung des politischen Sendungsbewusstseins der deutschsprachigen Nachkriegsliteratur charakterisiert.[5] In dezidiertem Gegensatz zur politischen Relevanzprätention der Nachkriegsliteratur zeichnet sich die Literatur der ‚Renaissance des Erzählens' durch den „Erfolg eines historisierenden, unterhaltenden, artistischen oder phantastischen Erzählens" aus.[6]

In Kehlmanns früher Werkphase – etwa in Werken wie *Beerholms Vorstellung*, *Ich und Kaminski* und vor allem *Die Vermessung der Welt* – lassen sich die zentralen Charakteristika der ‚Renaissance des Erzählens' auf mustergültige Weise beobachten. Das Programm der Lesbarkeit, des populären Schreibens sowie den Versuch eines Anschlusses an die Literatur einer gefälligeren internationalen Moderne und Postmoderne hat Kehlmann darüber hinaus explizit in

2 In seinen Göttinger Poetikvorlesungen bemerkt Kehlmann: „Ich fand Literatur immer am faszinierendsten, wenn sie nicht die Regeln der Syntax bricht, sondern die der Wirklichkeit. Das habe auch ich immer versucht, und ich war immer wieder überrascht davon, wie stark die inneren Widerstände vieler deutscher Kunstverständiger dagegen sind." Daniel Kehlmann: Diese sehr ernsten Scherze. Poetikvorlesungen. Göttingen 2007, S. 15.

3 Vgl. Nikolaus Förster: Die Wiederkehr des Erzählens. Deutschsprachige Prosa der 80er und 90er Jahre. Darmstadt 1999; Gerd Herholz (Hg.): Experiment Wirklichkeit. Renaissance des Erzählens? Poetikvorlesungen und Vorträge zum Erzählen in den 90er Jahren. Essen 1998. Explizit als Teil der Renaissance des Erzählens wird Kehlmanns Werk reklamiert bei Helmut Gollner: Die Wahrheit lügen. Die Renaissance des Erzählens in der jungen österreichischen Literatur. Innsbruck 2005, S. 18–20, 29 f.

4 Förster: S. 5.

5 Vgl. Förster: S. 6.

6 Jochen Vogt: Langer Abschied von der Nachkriegsliteratur? Ein Kommentar zum letzten westdeutschen Literaturstreit. In: ders.: ‚Erinnerung ist unsere Aufgabe'. Über Literatur, Moral und Politik 1945–1990. Opladen 1991, S. 173–187, hier S. 180.

Interviews, literaturkritischen Essays und in seiner Göttinger Poetikvorlesung propagiert.[7] In diesem Zusammenhang trat der junge Kehlmann immer wieder als scharfer Kritiker der deutschsprachigen Nachkriegsliteratur auf: Dieser Literatur sei es, unter anderem aufgrund ihres dezidierten Moralismus, nicht gelungen, an die Entwicklungen einer internationalen Moderne anzuknüpfen: „Die deutschsprachige Literatur hat aus inner- wie außerliterarischen Gründen die internationale Moderne abgelehnt und sich eine eigene Moderne, eine Pseudomoderne geschaffen."[8] Auch noch mit Blick auf die schreibenden Zeitgenossen sprach Kehlmann von der „wohlfeilen Verquältheit deutscher Gegenwartsliteratur".[9] Für sein eigenes Schreiben lehnte Kehlmann damals die Option politischen Engagements entschieden ab: „Man arrangiert nicht auf eine Botschaft zu, sondern man arrangiert um einer genaueren und überzeugenderen Präsentation der Wirklichkeit in ihrer Widersprüchlichkeit willen."[10] Eine *idée reçue* der Diskussion um das politische Schreiben aufgreifend, postulierte Kehlmann in diesen frühen poetologischen und literaturkritischen Äußerungen ein Spannungs-, wenn nicht gar ein Ausschlussverhältnis zwischen der Eigengesetzlichkeit der Literatur und einer etwaigen moralischen Überzeugungsabsicht.

Kaum zehn Jahre nach der Veröffentlichung der *Vermessung* hat sich der Ton auffallend geändert. Die politische Literatur und die Idee schriftstellerischen Engagements werden in der Frankfurter Poetikvorlesung von Kehlmann neu oder zumindest differenzierter bewertet. Die Einschätzung des schriftstellerischen und politischen Wirkens von Günter Grass kann hier als Beispiel dienen: Kehlmann hatte Grass bereits in seinen Göttinger Poetikvorlesungen verteidigt, allerdings gerade nicht als Moralisten und öffentlichen Intellektuellen, sondern als einsamen Praktiker eines Magischen Realismus in der deutschsprachigen Nachkriegsliteratur: „Selbst der eine große Magier unserer Literatur, der Autor der ‚Blechtrommel', wurde als engagierter Didakt gelesen."[11] Während Kehlmann im

---

7 Siehe zum literaturpolitischen Anspruch einer Poetik der Lesbarkeit unter besonderer Berücksichtigung Daniel Kehlmanns die Studie von Benjamin Schaper: Poetik und Politik der Lesbarkeit in der deutschen Literatur. Heidelberg 2017, besonders S. 126–143, 155–167.

8 Gollner: S. 37.

9 Daniel Kehlmann: . . . und hör'n die herrlichste Musik. Kleistpreis-Laudatio auf Max Goldt. In: ders.: Lob. Über Literatur. Reinbek bei Hamburg 2010, S. 43–50, hier S. 48.

10 Gollner: S. 30.

11 Kehlmann: Diese sehr ernsten Scherze, S. 14. Vgl. auch Felicitas von Lovenberg/Daniel Kehlmann: „Ich wollte schreiben wie ein verrückt gewordener Historiker". Ein Gespräch mit Daniel Kehlmann über unseren Nationalcharakter, das Altern, den Erfolg und das zunehmende Chaos in der modernen Welt. In: Daniel Kehlmanns „Vermessung der Welt". Materialien, Dokumente, Interpretationen. Hg. v. Gunther Nickel. Reinbek bei Hamburg 2008, S. 26–35, hier S. 34.

Jahre 2006 den „Magier" Grass noch gegen den in ästhetischen Fragen offenbar als rufschädigend empfundenen Vorwurf des schriftstellerischen Engagements in Schutz genommen hatte, stattet er acht Jahre später gerade dem Moralisten Grass Dank ab. Dessen Interventionen als öffentlicher Intellektueller stellt Kehlmann nun als historisch geboten dar (wobei zwischen Grass als Autor des Israel-Gedichts *Was gesagt werden muss* im Jahre 2012 und dem jungen Grass zur Zeit der Gruppe 47 keine klare Unterscheidung getroffen wird).

Auch wenn Kehlmann hier – wie überhaupt in den Frankfurter Vorlesungen – nicht explizit eigene Werke kommentiert, so kommt der prominent am Beginn der ersten Vorlesung positionierten, nachgereichten Reverenz gegenüber Grass und der politischen Nachkriegsliteratur doch durchaus programmatischer Charakter auch für Kehlmanns eigene Poetik zu. Hatte Kehlmann seine frühe Selbstdefinition als Erzähler wesentlich über eine Abgrenzung von der deutschsprachigen Nachkriegsliteratur vollzogen[12], so wird nun ein partieller Anschluss an das Projekt einer auch politisch verantwortungsbewussten Autorschaft gesucht. Tatsächlich hat Kehlmann den Versuch eines solchen Anschlusses seither mehrfach und in unterschiedlichen Teilbereichen seiner schriftstellerischen Tätigkeit unternommen.

Im Folgenden soll eine Entwicklung von Kehlmanns poetologischen Positionen nachgezeichnet werden, die sich etwa seit Mitte der 2010er Jahre beobachten lässt und die als ‚Wiedergewinnung des Politischen' bezeichnet werden kann. Gemeint ist damit eine Verschiebung von Kehlmanns früherer poetologischer Selbstverortung – mit ihrem Fokus auf Kunstautonomie, Lesbarkeit und dem sogenannten ‚gebrochenen Realismus' – hin zu einer verstärkten Politisierung der künstlerischen Produktion und einer öffentlichen Positionierung als engagierter Intellektueller. Um eine *Wieder*gewinnung handelt es sich dabei in einem doppelten Sinne: Erstens ist das Politische der Literatur in Kehlmanns früheren Texten, insbesondere in seinen poetologischen Äußerungen, nicht einfach abwesend, sondern wird durchaus aufgerufen, wenn auch vorwiegend im Modus der Abwehr. Die verstärkte Politisierung, die sich bei Kehlmann in den letzten Jahren beobachten lässt, bedeutet insofern nicht einfach den Zugewinn einer neuen Dimension in seinem Schaffen, sondern vielmehr eine dezidierte Revision seiner eigenen poetologischen Positionen und die Wiederaneignung eines vormals geschmähten Bereichs schriftstellerischen Wirkens. Zweitens kann von einer Wiedergewinnung des Politischen in der Hinsicht gesprochen werden,

12 Vgl. Wilhelm Haefs: „Deutschlands literarischer Superstar"? Daniel Kehlmann und sein Erfolgsroman *Die Vermessung der Welt* im literarischen Feld. In: Mediale Erregungen? Autonomie und Aufmerksamkeit im Literatur- und Kulturbetrieb der Gegenwart. Hg. v. Markus Joch u. a. Tübingen 2009, S. 233–251, hier S. 248.

dass Kehlmann die Notwendigkeit politischen Schreibens an spezifische historische Rahmenbedingungen bindet: Während die gesellschaftliche Situation der Nachkriegszeit eine politische Positionierung der Schriftsteller erforderlich machte, erachtete Kehlmann eine solche Positionierung im späteren zwanzigsten Jahrhundert offenbar als unnötig, ja sogar als hinderlich für die Entwicklung der deutschsprachigen Literatur. In der jüngeren Gegenwart hingegen identifiziert Kehlmann akute politische Spannungspotenziale, die eine neuerliche Politisierung der Autoren und der Literatur auf ähnliche Weise erforderlich machen, wie es nach 1945 der Fall war. Die Politisierung von Kehlmanns Schaffen lässt sich insofern als selektiver Anschluss an die politische Nachkriegsliteratur verstehen, und zwar sowohl hinsichtlich ihrer autorpoetischen Legitimierung als auch, wie noch zu zeigen sein wird, hinsichtlich ihrer ästhetischen Verfahren.

Kehlmanns Wiedergewinnung des Politischen wird im Folgenden in vierfacher Hinsicht erläutert, erstens: anhand von Kehlmanns Göttinger und Frankfurter Poetikvorlesungen, zweitens: anhand der Entwicklung von Kehlmanns literarischen Werken, drittens: anhand von Kehlmanns Wirken als öffentlicher Intellektueller und viertens: anhand einer exemplarischen Analyse der Theaterstücke *Die Reise der Verlorenen* und vor allem *Heilig Abend*. Auf eine präzise Definition des ‚Politischen' soll dabei zunächst bewusst verzichtet werden; stattdessen wird möglichst ergebnisoffen vom Textmaterial her argumentiert. Am Ende des Artikels soll dann im Rückgriff auf die einzelnen Teilergebnisse der Analyse der Versuch einer übergreifenden Charakterisierung und Verortung von Kehlmanns politischem Schreiben im Feld der politischen Gegenwartsliteratur unternommen werden.

## 2 Von den Göttinger zu den Frankfurter Poetikvorlesungen

Die Verschiebung hin zu einer Politisierung im Werk Daniel Kehlmanns lässt sich sehr deutlich anhand eines Vergleichs seiner beiden publizierten Poetikvorlesungen nachvollziehen: der Göttinger Poetikvorlesungen *Diese sehr ernsten Scherze* aus dem Jahre 2009 und der Frankfurter Poetikvorlesungen *Kommt, Geister* aus dem Jahre 2014. Zu Beginn seiner ersten Göttinger Poetikvorlesung thematisiert Kehlmann die Frage nach der Motivation des Schriftstellers:

> Warum man schreibt. Das Peinliche ist, daß man es wirklich nicht weiß. Vor zwanzig Jahren war es leicht, da hätte man antworten können, um die Welt ein bißchen besser zu

> machen, um zu kämpfen, damit die Menschen es irgendwann verstehen, um zu wirken. So wenig es auch ist. Das war natürlich immer schon Unsinn, aber mittlerweile hat sich das so weit herumgesprochen, daß man mit solchen Sätzen keinem mehr kommen kann.[13]

Die Option schriftstellerischen Engagements wird hier mit einem historischen Index versehen (das lapidare „[v]or zwanzig Jahren" ließe sich wohl am ehesten als Verweis auf die Zeit vor Fukuyamas notorischer Proklamation des ‚Endes der Geschichte' verstehen, also auf die Zeit vor dem Ende des Kalten Krieges[14]). In der eigenen Gegenwart, so Kehlmann, sei ein derartiges Engagement nicht mehr plausibel zu machen; aber selbst in der Vergangenheit sei es bereits „Unsinn" gewesen. Die Ablehnung des politischen Engagements als Motivation der schriftstellerischen Produktion fällt hier überaus deutlich, ja harsch aus.

In seinen Göttinger Poetikvorlesungen stellt Kehlmann eine als provinziell empfundene, durch den starren Willen zur Politisierung ästhetisch blockierte deutschsprachige Nachkriegsmoderne einer ästhetisch versierteren, internationalen Moderne gegenüber:

> Die größte literarische Revolution der zweiten Hälfte des zwanzigsten Jahrhunderts, das waren die Erzähler Südamerikas, die an Kafka anknüpften und die Grenzen zwischen Tages- und Nachtwirklichkeit, zwischen Wachen und Traum durchlässig machten. Romane als große Träume, in denen alles möglich ist. [. . .] Hierorts wollte man davon nicht viel wissen, knüpfte an den Dadaismus der Vorkriegszeit an, zog den Humor ab und nannte es ein Experiment. Lautpoesie und soziales Engagement – die zwei bedrückenden Eckpfeiler des radikalen Realismus.[15]

---

13 Kehlmann: Diese sehr ernsten Scherze, S. 7 f.

14 Auch im Gespräch mit Heinrich Detering betont Kehlmann die Bedeutung des Jahres 1989 für das Verständnis schriftstellerischen Engagements. Auf Deterings Frage, ob er „als junger Mann in irgendeinem Sinne politisch engagiert" gewesen sei, antwortet Kehlmann: „Nein, ich war nicht engagiert. Ich hätte schon die Idee empört abgelehnt. Das war wohl auch ein Luxus damals, den man sich heute so nicht mehr leisten kann. Es schien ja alles ohnehin immer besser zu werden in den Jahren nach 1989." Daniel Kehlmann: Der unsichtbare Drache. Ein Gespräch mit Heinrich Detering. Zürich 2019, S. 203.

15 Kehlmann: Diese sehr ernsten Scherze, S. 14. Moritz Baßler hat Kehlmann vorgeworfen, dass es sich bei seiner Darstellung der deutschen Nachkriegsliteratur „um eher haarsträubende Konstruktionen handel[e]". Man wird allerdings die Frage stellen dürfen, ob Baßlers in wenigen Strichen entworfene Skizze der deutschen Nachkriegsliteratur ihrerseits einer kritischen Prüfung standhält. Seine Aussage etwa, „eine dominante Tendenz sozial engagierter Literatur [sei] nirgends zu erkennen", scheint über die politische Dimension in den Werken von Borchert, Böll, Lenz, Seghers und selbst Brecht hinwegzugehen. Vgl. Moritz Baßler: Populärer Realismus. In: Kommunikation im Populären. Interdisziplinäre Perspektiven auf ein ganzheitliches Phänomen. Hg. v. Roger Lüdeke. Bielefeld 2011, S. 91–103, hier S. 98. Auch Baßlers Vorwurf, Kehlmann habe den Magischen Realismus eines Günter Grass nicht berücksichtigt (vgl. ebd.),

Das eigene literarische Schaffen versteht Kehlmann dabei als Anknüpfung an den erstgenannten Strang der Moderne, der im Nachkriegsdeutschland lange Zeit ignoriert worden sei und der selbst noch in der Gegenwart oftmals auf Ablehnung oder Unverständnis stoße.[16]

In den Frankfurter Poetikvorlesungen wird nun eine ganz andere argumentative Richtung eingeschlagen. Bereits hinsichtlich ihrer formalen Anlage unterscheiden sich die beiden Vorlesungsreihen deutlich voneinander: Während Kehlmann für die Göttinger Vorlesungen eine Interview-Instanz erfindet, die ihm Fragen zu seinem eigenen Werk stellt (in der realen Vorlesungssituation gesprochen von Heinz Ludwig Arnold), handelt es sich bei den Frankfurter Vorlesungen eher um eine Reihe literaturkritischer Essays. Anstatt explizit eigene Werke zu kommentieren, poetologische Leitlinien zu formulieren oder sich von Schriftstellerkollegen abzugrenzen, wie Kehlmann es in den Göttinger Vorlesungen noch getan hatte, konzentriert er sich in den Frankfurter Vorlesungen ganz auf die Erläuterung der Werke anderer Autoren. Im Rahmen dieser Kommentierung fremder Werke werden dabei allerdings implizit durchgängig Fragen der eigenen Poetik mitthematisiert. Dieses Verfahren einer Selbstkommentierung über Bande macht Kehlmann selbst in der ersten Vorlesung zum Thema, allerdings gerade nicht als explizites Programm, sondern als Kommentar zu Gedanken einer seiner Vorrednerinnen bei den Frankfurter Poetikvorlesungen: nämlich zu Ingeborg Bachmann und ihren Vorlesungen *Probleme zeitgenössischer Dichtung* aus dem Jahre 1959. Aus Bachmanns Poetikvorlesungen leitet Kehlmann eine „faszinierende Theorie der Subjektivität [ab]. Am unverhülltesten spreche von sich, wer von ganz anderem zu sprechen scheine."[17] In ihrer Vorlesung *Das schreibende Ich* stellt Bachmann das Verhältnis von Ich-Formen im Tagebuch ei-

---

ist nachweislich unzutreffend. Siehe Kehlmann: Diese sehr ernsten Scherze, S. 14. Auf ähnlich ungenauer Lektüre beruht Baßlers Vorwurf, Kehlmann habe die Bedeutung der Kunst in der Weimarer Klassik übergangen. Vgl. Moritz Baßler: Genie erzählen: Zu Daniel Kehlmanns Populärem Realismus. In: Gegenwartsliteratur. Ein germanistisches Jahrbuch 16 (2017), S. 37–55, hier S. 52, Anm. 4. Siehe Kehlmann: Diese sehr ernsten Scherze, S. 40. Die Liste ließe sich fortsetzen.

**16** In seinen Göttinger Poetikvorlesungen parallelisiert Kehlmann sein eigenes ästhetisches Verfahren bei der Beschreibung fiktiver Gemälde in *Ich und Kaminski* mit ästhetischen Verfahren im Werk von Jorge Luis Borges und mokiert sich dabei zugleich über das ästhetische Unverständnis und den literarischen Provinzialismus seiner – dies scheint die Implikation zu sein: deutschen – Gesprächspartner: „So etwas könne man doch nicht einfach erfinden! Wenn ich dann sagte, daß das Gesamtwerk von Borges voll sei von ebensolchen Machinationen, kam erstaunlich häufig die Gegenfrage: Borchert? Der von ‚Draußen vor der Tür'?" Kehlmann: Diese sehr ernsten Scherze, S. 21.

**17** Kehlmann: Kommt, Geister, S. 14.

nerseits und in Roman und Gedicht andererseits zur Diskussion.[18] Kehlmann spinnt nun den Gedanken der unterschiedlichen Subjektivierungsgrade in verschiedenen Genres über die Zwischenstation der Erzählung fort bis hin zu jenem Genre, für das er mit seiner vordergründig de-subjektivierten Poetikvorlesung selbst ein Beispiel liefert: dem literaturwissenschaftlichen Essay.

> Wenn es stimmt, dass die unpersönlichsten Gattungen die persönlichsten Bekenntnisse erlauben, so gibt es wohl eine Textart, die noch bekenntnishafter sein kann als eine Erzählung: ein literaturtheoretischer Essay. Hier kommt der Autor selbst gar nicht in Betracht, somit geht es womöglich am intimsten um ihn.[19]

Kehlmanns Fremdkommentierung anderer Autoren und ihrer Werke wird somit als Selbstkommentierung lesbar.[20] Bemerkenswert ist dabei, dass Kehlmann in seiner Poetikvorlesung immer wieder auf Autoren zurückkommt, die in der deutschsprachigen Nachkriegsliteratur (zunächst) kaum Erfolge zu verzeichnen hatten: etwa Leo Perutz, Paul Celan, Walter Mehring oder W.G. Sebald. Kehlmann konstruiert damit eine Gruppe der immanenten Außenseiter in der deutschsprachigen Literatur, die, so wird suggeriert, jener internationalen Moderne, zu der Kehlmann selbst sich bekennt, bereits nähergestanden haben als die arrivierten Autoren der Gruppe 47. Implizit reiht Kehlmann sich dabei in die Gruppe dieser immanenten Außenseiter ein.[21] Die Opposition zwischen einer als

18 Vgl. Ingeborg Bachmann: Frankfurter Vorlesungen. Probleme zeitgenössischer Dichtung. München 1980, S. 48 f.

19 Kehlmann: Kommt, Geister, S. 23.

20 Ein Beispiel für diese komplexe Selbstkommentierung in Form einer Fremdkommentierung bildet bereits der Titel der Vorlesungen „Kommt, Geister". Es handelt sich hierbei um ein Zitat aus dem ersten Aufzug des *Macbeth* von William Shakespeare, ein Autor, der in den Vorlesungen immer wieder auftaucht und im Zentrum der dritten Vorlesung „Robin Goodfellows Reise um die Erde in vierzig Minuten" steht. Auch darüber hinaus bilden Geister ein Leitmotiv innerhalb der Poetikvorlesungen, etwa die „Geisterwelt der Schatten und Echos" in einem Film von Peter Alexander (Kehlmann: Kommt, Geister, S. 20), der Geist Ariel in Shakespeares *Der Sturm* (vgl. ebd., S. 88) oder die Gespenster, an die Kurt Gödel glaubt (vgl. ebd., S. 156). Zugleich verweist das Geistermotiv auf Kehlmanns eigenes literarisches Werk, für welches das Übernatürliche eine wichtige Rolle spielt und in dem auch immer wieder Geister (vermeintlich) auftreten, etwa die Wächterengel in *Mahlers Zeit*, der Geist von Humboldts Mutter in *Die Vermessung der Welt*, die von Kurt Gödel imaginierten (?) Gespenster im Stück *Geister in Princeton* oder die Geister in der Spukgeschichte *Du hättest gehen sollen*. Siehe hierzu auch Friedhelm Marx: Dunkle Geschichten: Daniel Kehlmanns Gespenster. In: Gegenwartsliteratur. Ein germanistisches Jahrbuch 16 (2017), S. 57–76.

21 So konstruiert Kehlmann etwa eine kühne Linie von Grimmelshausen über Grass und Bachmann bis hin zu Borges, Nabokov und Tolkien. Vgl. Kehlmann: Kommt, Geister, S. 27.

provinziell empfundenen, deutlich politisierten deutschsprachigen Nachkriegsmoderne einerseits und einer besseren, freieren und ästhetisch interessanteren internationalen Moderne andererseits, wie sie in den Göttinger Poetikvorlesungen aufgebaut worden war, behält Kehlmann mithin auch in den Frankfurter Poetikvorlesungen bei (von Ingeborg Bachmann etwa wird behauptet, sie habe „allem Realismus der Gruppe 47 [abgesagt]“[22]). Anders als in früheren poetologischen Äußerungen wird nun jedoch auch den Werken jener Autoren, die Kehlmann schätzt, eine gewisse politische Dimension konzediert. Hervorgehoben wird nicht mehr so sehr die schriftstellerische Autonomisierung gegenüber der empirischen Realität respektive die Bedeutung der durch die Kunst vermittelten „existentielle[n] Wahrheit“ und der „Berührung mit den Grundtatsachen unseres Daseins.“[23] Stattdessen arbeitet Kehlmann konkrete Anschlüsse zwischen künstlerischer Produktion und historischen Rahmenbedingungen heraus und hebt dabei durchaus auch die politische Dimension der von ihm präferierten Teile der deutschsprachigen Nachkriegsliteratur hervor: etwa wenn Bachmann in der Erzählung *Unter Mördern und Irren* das schwierige Zusammenleben von Tätern und Opfern nach dem Ende des Zweiten Weltkriegs beschreibt[24] oder wenn Leo Perutz sich in seinem Roman *Der Judas des Leonardo* zwar nicht direkt mit der „deutschen Schuld“[25], wohl aber mit der Schuld eines Deutschen auseinandersetzt. Zugleich wird nun auch jener von Kehlmann wenig geschätzten Richtung der deutschsprachigen Nachkriegs- und potenziell auch Gegenwartsliteratur – der Moralismus des unverwüstlichen Einmischers Günter Grass kann hier *pars pro toto* stehen – eine verhaltene Reverenz erwiesen. Die Leistungen der Gruppe 47 erscheinen Kehlmann nun als durchaus legitimierbar, ja angesichts der historischen Rahmenbedingungen sogar als lobenswerte Errungenschaften:

> Es ist nicht zu leugnen: Die Verdienste der Gruppe 47 sind gewaltig. Dass Deutschland schließlich doch demokratischer wurde und dass es sich trotz allem mit der Vergangenheit beschäftigte, war wesentlich diesen Schriftstellern zu verdanken [. . .].[26]

Hinsichtlich der politischen Dimension seines eigenen Schreibens bezieht Kehlmann in den Frankfurter Vorlesungen zwar nicht explizit Stellung. Die Wiedergewinnung des Politischen, die sich im Übergang von den Göttinger zu den

22 Kehlmann: Kommt, Geister, S. 26.
23 Kehlmann: Diese sehr ernsten Scherze, S. 12.
24 Vgl. Kehlmann: Kommt, Geister, S. 15 ff.
25 Kehlmann: Kommt, Geister, S. 162.
26 Kehlmann: Kommt, Geister, S. 28.

Frankfurter Poetikvorlesungen programmatisch abzeichnet, lässt sich aber durchaus auch mit Blick auf die Entwicklung von Kehlmanns fiktional-literarischen Werken nachzeichnen.

## 3 Gegenwartsanreicherungen: Zur Werkentwicklung seit *Die Vermessung der Welt*

In den Fokus einer breiten Öffentlichkeit ist Kehlmann im Jahre 2005 mit der Publikation von *Die Vermessung der Welt* getreten. Allerdings war der Veröffentlichung dieses Romans durch den damals dreißigjährigen Autor bereits eine rege literarische und journalistische Publikationstätigkeit vorangegangen. Mit *Beerholms Vorstellung*, *Unter der Sonne*, *Mahlers Zeit*, *Der fernste Ort* und *Ich und Kaminski* lagen vor Erscheinen der *Vermessung* bereits fünf eigenständige literarische Publikationen vor. Kehlmanns frühe literarische Arbeiten zeichnen sich durch ein meist kammerspielartig reduziertes Figurenensemble und vielgestaltige Problematisierungen der menschlichen Wahrnehmung sowie des realistischen Erzählens aus. Gesellschaftliche Fragestellungen hingegen spielen in diesen Werken eher eine untergeordnete Rolle, konkrete und als normativ einzuschätzende Wirklichkeitsbezüge finden sich kaum (abgesehen vielleicht von der Gesellschaftssatire in *Ich und Kaminski*, die allerdings, da sie sich auf den Kunstbetrieb bezieht, das künstlerische Feld nicht eigentlich überschreitet[27]).

Auch die ironische Reverenz gegenüber deutschem Geist und deutscher Größe im Roman *Die Vermessung der Welt* kommt weitgehend ohne politische Gegenwartsbezüge aus.[28] Der Umschlag der preußischen Ordnungsliebe in Barbarei – gewissermaßen eine Dialektik der Aufklärung – wird im Roman zwar an zwei Stellen vage angespielt. Doch wird man diese Stellen schon allein aufgrund ihrer

27 Kehlmann bemerkt zur gesellschaftskritischen Dimension von *Ich und Kaminski*: „[E]s ist mein einziges Buch, in dem ich auch eine gesellschaftliche Botschaft sehe: die Gefahren und Auswüchse eines skrupellosen und dummen Kulturjournalismus." Michael Maar: Qualität allein reicht nicht. In: Die Weltwoche, 14.05.2008, https://www.weltwoche.ch/ausgaben/2008-20/artikel/artikel-2008-20-qualitaet-allein-reicht-nicht.html (Zuletzt angesehen am 17.10.2019).

28 Den bekannten Vorwurf gegenüber den historischen Roman, es handele sich dabei um eine Form des Eskapismus, problematisiert Kehlmann in seinem Essay *Wo ist Carlos Montúfar?*. In: ders.: Wo ist Carlos Montúfar? Über Bücher. Reinbek bei Hamburg 2005, S. 9–27.

Kürze kaum als ernsthafte Auseinandersetzungen mit deutscher Geschichte und deutscher Schuld einschätzen wollen.[29] Die beginnende Moderne wird in der *Vermessung* wesentlich in ihrer wissenschaftlichen und teils ästhetischen, nicht aber in ihrer politischen Dimension fokussiert.

In Kehlmanns literarischen Werken seit der *Vermessung* ist nun eine deutliche Zuwendung zu konkreten Themen der gesellschaftlichen Gegenwart bemerkbar. Über sein Stück *Heilig Abend*, das im Folgenden noch ausführlicher diskutiert werden soll, bemerkte Kehlmann etwa, es sei „voll von konkreter politischer Realität".[30] Eine solche politische Gegenwartsanreicherung – will sagen: eine vermehrte Referenz auf konkrete und oftmals politisch relevante Aspekte der eigenen Gegenwart – lässt sich auch in Kehlmanns jüngeren Romanen beobachten.[31] So setzt sich der Roman *Ruhm* (2009), den Heinrich Detering als „emphatisch gegenwärtige[n] Roman" bezeichnet hat[32], mit der modernen Kommunikationstechnologie, insbesondere mit der Unheimlichkeit von Handys, auseinander. Allerdings schildern die neun Erzählungen, aus denen sich der Roman zusammensetzt, weiterhin vor allem Einzelschicksale, ohne dass deren übergeordnete gesellschaftliche Relevanz thematisiert würde.

Einen stärker politischen respektive gesellschaftskritischen Index erhält der Gegenwartsbezug dann im Roman *F* (2013). Kehlmann unternimmt hier den Versuch eines weitausgreifenden Gesellschaftsromans in der Tradition des neunzehnten Jahrhunderts sowie in rezenter Anknüpfung an Jonathan Franzens *Die Korrekturen*. Die Handlung von *F* kreist – in Anlehnung an Dostojewskis *Die Brüder Karamasow* – um drei Brüder, welche mit den drei Lebens- und Existenzbereichen Religion, Wirtschaft und Kunst assoziiert sind. Bei allen dreien handelt es sich allerdings auf die eine oder andere Weise um Fälscher und Blender: Der Pfarrer Martin glaubt nicht an Gott, der Kunstkritiker Iwan betätigt sich als Kunstfälscher und der Anlageberater Eric lässt seine Kunden in Unklarheit über den desolaten Zustand ihrer Finanzen. Insbesondere anhand der Figur Eric werden dabei kritische Überlegungen zu aktuellen ökonomischen

29 Vgl. Daniel Kehlmann: Die Vermessung der Welt. Reinbek bei Hamburg 2005, S. 169, 208. Eine stärker politische Lesart von Kehlmanns Roman offeriert Hannelore Roth in ihrem Beitrag im vorliegenden Band.

30 Kehlmann/Detering: S. 11.

31 Freilich ist nicht jeder Gegenwartsbezug in fiktionalen Werken als politisch zu bewerten. Allerdings ist umgekehrt eine politische Literatur ganz ohne Gegenwartsbezüge – und zwar in der Regel Bezüge auf konkrete politische Themen oder Probleme – nur schwer vorstellbar. Zum konzeptionellen Zusammenhang von politischem Schreiben und Gegenwart siehe Jürgen Brokoff/Ursula Geitner/Kerstin Stüssel (Hg.): Engagement. Konzepte von Gegenwart und Gegenwartsliteratur. Göttingen 2016.

32 Kehlmann/Detering: S. 135.

Strukturen, zur Wirtschaftskrise und zur Korruption innerhalb der Finanzwelt entfaltet.

Mit *Tyll* (2017) schließlich kehrt Kehlmann zum Genre des historischen Romans zurück. In gewisser Weise knüpft der Autor hier an das im Roman *F* verfolgte Projekt eines gesamtgesellschaftlichen Panoramas an, wenn er seine Figur Tyll Ulenspiegel, der weniger Protagonist des Romans als vielmehr vernetzendes Element der unterschiedlichen Erzählabschnitte ist, von einem einfachen Müllerssohn zum Berater von Königen und Königinnen aufsteigen lässt und ihm auf seinem Weg durch die vom Krieg zerrütteten deutschen Lande Personen aus ganz unterschiedlichen Schichten, mit unterschiedlichen Berufen und unterschiedlichen intellektuellen und ideologischen Affinitäten begegnen.[33] Wie bei allen bisher erschienenen Romanen Kehlmanns wäre es illegitim, *Tyll* eine politische Agenda im engeren Sinne zu unterstellen. Nichtsdestoweniger lässt sich die Darstellung der politischen Konflikte im Roman als generalisierbarer kritischer Kommentar zum Dreißigjährigen Krieg sowie potenziell auch zu anderen Kriegen lesen, denjenigen der Gegenwart inklusive[34] (wobei die Figur Tyll selbst keineswegs eine Antikriegsfigur darstellt, sondern sich eher – vergleichbar etwa der Mutter Courage bei Bertolt Brecht – gewieft-opportunistisch durch die Kriegswirrnisse hindurchlaviert). Eine, wenn auch lose, Verbindung zwischen der Handlungs- und der Entstehungszeit von *Tyll* hat Kehlmann in mehreren Interviews hervorgehoben (wiewohl stets nur als mögliche Lektüreassoziation und nicht als Schlüssel zu einem adäquaten Verständnis des Romans). So erklärte Kehlmann Denis Scheck gegenüber, dass ihm nach dem Schock infolge der Wahl von Donald Trump zum US-Präsidenten die Figur Tyll, die sich selbst „in noch viel dunkleren Zeiten [. . .] souverän bewegen kann“, geholfen habe, sein eigenes Buch „in der dunklen Zeit“ zu Ende zu schreiben.[35] Und im Interview mit Barbara Bleisch wies Kehlmann auf die Parallelen zwischen dem Dreißigjährigen Krieg und dem Syrienkonflikt hin: „Syrien ist wirklich ein sehr starkes Parallelbeispiel – weil man auch dieses Ineinander hat von religiösen und politischen Motivationen.“[36] Im Roman selbst wird die Verbindung zwischen historischen und aktuellen kriegerischen

33 Im Interview begründet Kehlmann seine Wahl von Tyll als Zentralfigur seines Romans mit der Fähigkeit der Narrenfigur, sich frei durch die frühneuzeitliche Welt sowie durch alle Schichten zu bewegen. Vgl. Daniel Kehlmann: “Tyll” | druckfrisch | Das Erste. https://www.youtube.com/watch?v=vynIVIL3f9Q&t=48s (Zuletzt angesehen am 24.06.2019).

34 Siehe zur Kriegsdarstellung in *Tyll* auch den Beitrag von Simon Zeisberg im vorliegenden Band.

35 Kehlmann: “Tyll” | druckfrisch | Das Erste.

36 Daniel Kehlmann: Hält uns die Welt zum Narren? Sternstunde Philosophie. https://www.youtube.com/watch?v=HB8oeLUFgDc (Zuletzt angesehen am 24.06.2019). Siehe auch Daniel

Konflikten zwar nicht explizit hervorgehoben;[37] auch wäre es gewiss verfehlt, *Tyll* als eine indirekte literarische Auseinandersetzung mit dem Syrienkonflikt zu betrachten. Nichtsdestoweniger deuten die thematischen Schwerpunkte des Werks – Folter, Krieg, Vertreibung, aber auch die Verzahnung von Macht- und Wahrheitsansprüchen – sowie Kehlmanns paratextuelle Kommentierungen des Romans auf ein im Vergleich zu früheren Werkphasen deutlich gesteigertes Interesse am Bereich des Politischen hin.

Im Gegensatz zu den stark reduzierten Personen- und Konfliktkonstellationen des Frühwerks zeichnen sich Kehlmanns umfänglichere Erzähltexte seit *Die Vermessung der Welt* durch ein größeres und sozial stärker gemischtes Personenarsenal sowie durch einen sehr viel intensiveren Fokus auf gesamtgesellschaftliche und politische Fragen aus. Diese Referenzen auf politische Fragestellungen bleiben in den fiktionalen Erzähltexten allerdings weitgehend auf eine thematische Dimension beschränkt; eine unmittelbare politische Wirkabsicht scheint damit nicht verbunden zu sein. Eine solche Wirkabsicht wird von Kehlmann, wie im Folgenden gezeigt werden soll, eher in anderen Bereichen seiner schriftstellerischen Tätigkeit angestrebt, namentlich im Zusammenhang mit seinem Wirken als *public intellectual* sowie im Rahmen seiner dramatischen Produktion.

## 4 Kehlmann als *public intellectual*

Zeitgleich mit den beschriebenen Gegenwartsanreicherungen im literarischen Werk tritt Daniel Kehlmann in den letzten Jahren auch verstärkt öffentlich in der Rolle des *public intellectual* auf. Als Literaturkritiker war Kehlmann bereits seit Beginn seiner schriftstellerischen Laufbahn aktiv gewesen, wobei seine Besprechungen fremder Werke nicht selten kritische Kommentare zu aktuellen Kunstentwicklungen enthielten.[38] Für mediale Aufregung sorgte insbesondere Kehlmanns Eröffnungsrede der Salzburger Festspiele am 25. Juli 2009, in der er hart mit dem Regietheater ins Gericht ging. Dieses sei, so Kehlmanns Meinung,

Kehlmann/Herfried Münkler: „Zwei schwierige Wörter, deutsch und Identität". In: Der Spiegel 37, 07.09.2018, S. 110–116, hier S. 110.

37 Vgl. Fabian Lampart: Vergangene Vergangenheit? Krieg und Geschichte in Daniel Kehlmanns *Tyll* (2017). In: Der Zweite Dreißigjährige Krieg. Deutungskämpfe in der Literatur der Moderne. Hg. v. dems./Dieter Martin/Christoph Schmitt-Maaß. Baden-Baden 2019, S. 223–241, hier S. 226 f., 230.

38 Eine Auswahl von Kehlmanns literaturkritischen Essays findet sich in den beiden Bänden *Wo ist Carlos Montúfar? Über Bücher* und *Lob. Über Literatur.*

mittlerweile zu einer ästhetisch starren Form verkommen, an der das deutschsprachige Theater dogmatisch festhalte und sich damit selbst in die Irrelevanz treibe (die Schelte auf das Regietheater weist also gewisse Parallelen zu der Schelte auf die politisierte, deutschsprachige Nachkriegsliteratur auf).[39] Insgesamt wird das literarische Feld in Kehlmanns früheren kunst- und literaturkritischen Texten nur selten überschritten. Die Kompetenz, die Kehlmann hier für sich in Anspruch nimmt, ist nicht die des politischen ‚Einmischers', sondern diejenige des *poeta doctus* und aufmerksamen Beobachters zeitgenössischer künstlerischer Entwicklungen.

Etwa seit Mitte der 2010er Jahre lässt sich nun in Kehlmanns öffentlichen Äußerungen eine immer stärkere Zuwendung zu politischen Themen beobachten. Kehlmann hat sich in Gastbeiträgen in Zeitungen sowie in Interviews unter anderem zur Präsidentschaft Donald Trumps[40], zur Korruption in der Fifa[41] und zur sogenannten Flüchtlingskrise geäußert.[42] Argumente und rhetorische Strategien dieser Beiträge können an dieser Stelle nicht im Einzelnen rekonstruiert werden; eine argumentativ besonders aufschlussreiche und inhaltlich repräsentative unter Kehlmanns jüngeren politischen Einlassungen sei jedoch exemplarisch herausgegriffen und kommentiert.

---

**39** Vgl. Daniel Kehlmann: Die Lichtprobe. Eröffnungsrede der Salzburger Festspiele. In: ders.: Lob. Über Literatur. Reinbek bei Hamburg 2010, S. 179–188. Kehlmann legt in seiner Rede nahe, dass das Regietheater sogar noch den eigenen politischen Anspruch verfehlt: „In einer Kultur, in der niemand mehr Marx liest und kontroverse Diskussionen sich eigentlich nur noch um Sport drehen, ist das Regietheater zur letzten verbliebenen Schrumpfform linker Weltanschauung degeneriert." (Ebd., S. 185).

**40** Im *Willkommen Österreich*-Gespräch urteilte der in New York lebende Kehlmann über Donald Trump: „Egal, was man von ihm denkt: Er ist noch viel dümmer und noch viel gefährlicher." Daniel Kehlmann über sein neues Buch "Tyll" | Willkommen Österreich. https://www.youtube.com/watch?v=k7hIM_q8oE8 (Zuletzt angesehen am 24.06.2019). Siehe auch Daniel Kehlmann: Donald Trump. Mein Leben mit dem Monster. In: Die Zeit 4 (2017), 19.01.2017; Daniel Kehlmann/Lars Weisbrod: „Ich dachte, ich erlebe das Ende der Demokratie". In: Zeit online, 06.11.2019, https://www.zeit.de/kultur/literatur/2017-11/daniel-kehlmann-tyll-interview/komplettansicht (Zuletzt angesehen am 27.06.2019).

**41** Vgl. Daniel Kehlmann: „Das wunde Leder". Sollen wir die WM boykottieren? In: Die Zeit 25 (2018), 14.06.2018, https://www.zeit.de/2018/25/das-wunde-leder-stefan-gmuender-klaus-zeyringer-fussball-wm-boykott (Zuletzt angesehen am 17.10.2019).

**42** Vgl. Daniel Kehlmann: Angela Merkel's Unpopular Goodness. In: The New York Times, 01.04.2016, https://www.nytimes.com/2016/04/02/opinion/angela-merkels-unpopular-goodness.html (Zuletzt angesehen am 17.10.2019); ders.: „Happy End". Und stetig steigt das Meer. In: Die Zeit 50 (2017), 04.12.2017, https://www.zeit.de/2017/50/happy-end-michael-haneke-film-lob (Zuletzt angesehen am 17.10.2019).

Am 9. September 2018 hielt Daniel Kehlmann in Linz die Rede zur Eröffnung des Internationalen Brucknerfestes.[43] Für die Eröffnungsrede war das Thema ‚Tradition' vorgegeben. Kehlmann begann seine Rede mit einem persönlichen Erfahrungsbericht, der Erinnerung an ein Gedenkkonzert im ehemaligen Lager Mauthausen, das er vor 18 Jahren besucht hatte. Bei diesem Gedenkkonzert sei von den Wiener Philharmonikern Beethovens 9. Sinfonie gespielt worden, ehe eine Schauspielerin ans Mikrophon getreten sei und die Veranstaltung mit den mahnenden Worten beendet habe: „Niemals vergessen! *Never forget!*" Das eigentlich Eindrückliche an dieser Veranstaltung sei jedoch gewesen, dass Kehlmann nach dem Konzert darüber verärgert gewesen sei, dass die Zuschauermenge sich derart zögerlich zerstreut habe – ehe ihm schlagartig klargeworden sei, aus welchem präzisen Grund man dieses Gelände so schwer verlassen konnte: „Man kam nicht weg, weil der Steinbruch von Mauthausen in tückischster Weise darauf angelegt ist, es einem enorm schwer zu machen, ihn zu verlassen. [. . .] Das war kein Konzertgelände. Das war ein Konzentrationslager." Kehlmann nimmt in der Folge das Erlebnis im Konzentrationslager Mauthausen zum Anlass für eine Reflexion über das Schicksal seines Vaters Michael Kehlmann, der in einem Konzentrationslager nahe Mauthausen interniert gewesen war und der durch eine unwahrscheinliche Reihe von Zufällen – anders als der größere Teil der jüdischen Familie – das Dritte Reich überlebte. Am Ende der Rede schlägt Kehlmann den Bogen zurück zum Thema ‚Tradition':

> Letztlich heißt dieses Wort: ‚gerade erst'. Es heißt, dass das, wovon wir zunächst meinen, es sei in weite Ferne und gleichsam ins Abstrakte entrückt, uns eigentlich sehr nahe ist und fortwirkende Bedeutung hat für unser Leben [. . .]. Das gilt für die Vergangenheit von Musik und Kunst, und es gilt ebenso für die Entscheidungen der Politik.

Das Konzept ‚Tradition' wird hier von Kehlmann gerade nicht in einem gleichsam passiv-konservativen Sinne verstanden, sondern als Besinnung auf eine Vergangenheit, die für die eigene Gegenwart weiterhin handlungslenkend wirkt respektive wirken sollte. Ohne dass die Begriffe Syrien, Flüchtlingskrise oder die Namen des ÖVP-Kanzlers Sebastian Kurz und des ungarischen Ministerpräsidenten Viktor Orbán explizit genannt würden, stellt Kehlmann in seiner Rede eine leicht mit konkreten Wirklichkeitsreferenzen zu füllende Verbindung her zwischen den „allerrealsten Flüchtlingsströme[n]", die sich während der Zeit des Dritten Reichs über Europa ergossen, und den „verzweifelte[n] Menschen ohne Heimat, Pass und

---

**43** Vgl. Daniel Kehlmann: Im Steinbruch. In: OÖNachrichten, 09.09.2018, https://www.nachrichten.at/kultur/Daniel-Kehlmann-Im-Steinbruch;art16,3001741 (Zuletzt angesehen am 17.10.2019). Die folgenden wörtlichen Zitate stammen sämtlich aus dieser Quelle.

Rechte“ der eigenen Tage, die von „eine[m] jungen Kanzler“ im Bündnis mit dem „Möchtegern-Diktator Ungarns“ von „unserem reichen Europa“ ferngehalten werden sollen. Kehlmann beschließt seine Rede mit einem deutlichen politischen Appell:

> Nicht vergessen, was passiert ist, das heißt eben nicht nur, an Jahrestagen in Konzentrationslagern schöner Musik zu lauschen. Es heißt auch: Menschen helfen, die Hilfe brauchen, auch wenn sie eine andere Religion haben, eine andere Kultur, andere Sprache, andere Hautfarbe, und zwar im Angedenken an die Vertriebenen und die Toten unseres eigenen Landes vor noch nicht langer Zeit.

Die Annäherung an politische Fragestellungen erfolgt hier wie so oft bei Kehlmann nicht auf direktem Wege. Stattdessen lässt Kehlmann aktuelle gesellschaftliche und politische Entwicklungen in Dialog treten mit historischen Konstellationen. In seiner Rede vollzieht Kehlmann dabei ein ähnliches argumentatives Manöver wie bei seiner Assoziation von Syrienkonflikt und Dreißigjährigem Krieg oder bei der eigenen Positionierung als Schriftsteller im Verhältnis zu den ästhetischen und politischen Antagonismen in der Konstitutionsphase der deutschsprachigen Nachkriegsliteratur: Er greift auf Ereignisse und Konstellationen der Vergangenheit zurück, die aufgrund des zeitlichen Abstands bereits eine klarere ethische Bewertung erlauben, und legt damit eine entsprechende ethische Bewertung auch für die eigene Gegenwart nahe.[44] Konkret wird in der Rede das Schicksal der Geflüchteten in der Gegenwart parallelisiert mit dem Schicksal derjenigen, die während des Dritten Reichs vor den Nazis fliehen mussten, wobei Kehlmann die eigene Familiengeschichte hier als individualbiografisches Relais zwischen den beiden Zeitstufen dient.

Die Rede *Im Steinbruch* kreist vor allem um Fragen der Geschichtserinnerung, um individual- und familiär-biografische Erfahrungen sowie um aktuelle Entwicklungen in der europäischen Politik, namentlich die Haltung rechter Parteien und Gruppierungen zur Frage des Umgangs mit Geflüchteten. Ästhetische Belange und Kehlmanns Profession als Schriftsteller spielen demgegenüber nur eine untergeordnete Rolle. Gegen Ende der Rede kommt Kehlmann allerdings kurz auf das Verhältnis von Kunst und Politik in der Gegenwart zu sprechen:

> [W]omöglich bricht ja bald wieder eine Zeit an, in der man in Österreich über Musik, über Kunst, über schöne Dinge sprechen kann, ohne von Fliehenden und von der beunruhigenden

44 Eine ähnliche Verknüpfung von Vergangenheit und Gegenwart findet sich auch im ersten Kapitel von *Tyll*, wenn die Geister der Bewohner eines Dorfes, das im Dreißigjährigen Krieg ausgelöscht wurde, als Erzählkollektiv fungieren: „Der Tod ist immer noch neu für uns, und die Dinge der Lebenden sind uns nicht gleichgültig. Denn es ist alles nicht lange her.“ Daniel Kehlmann: Tyll. Reinbek bei Hamburg 2017, S. 29.

> österreichischen Regierung zu sprechen. Ich hoffe inständig, diese Zeit kommt. Aber sie ist noch nicht da.[45]

Die Notwendigkeit zur politischen Stellungnahme wird hier deutlich als Reaktion auf bestimmte historisch-politische Gegebenheiten konzeptualisiert. Die Schriftsteller oder allgemeiner: die Menschen, die sich für Kunst interessieren, sind offenbar nicht immer und nicht unter allen Bedingungen zur politischen Positionierung verpflichtet. In der aktuell gegebenen Situation jedoch – konkrete Referenzpunkte sind hier ganz klar Rassismus, Islamophobie, Hetze gegen Geflüchtete und die Migrationspolitik der österreichischen Bundesregierung – sollten sich all jene, die bewusst in der kulturellen und historischen Tradition wurzeln, zur politischen Stellungnahme aufgefordert fühlen. Kehlmann nimmt hier als Schriftsteller keine herausgehobene Kompetenz in politischen Fragen für sich in Anspruch, sondern macht im Gegenteil deutlich, dass er selbst sich sehr viel lieber mit ‚Kunst', ‚Musik' und ‚schönen Dingen' beschäftigen würde; nur machten die Zeitläufte den Rückzug auf eine apolitisch-ästhetizistische Position derzeit eben unmöglich.

## 5 Politische Dramatik: die Stücke *Heilig Abend* und *Die Reise der Verlorenen*

Trotz der beschriebenen zunehmenden Gegenwartsanreicherung in den literarischen Texten Daniel Kehlmanns wird man den bisher diskutierten Werken eine konkrete politische Agenda kaum unterstellen können. Kehlmanns Romane und Erzählungen gehen selten über eine vage kritische oder satirische Darstellung gesellschaftlicher, wirtschaftlicher oder militärischer Entwicklungen hinaus.

Anders liegen die Dinge im Falle von Kehlmanns dramatischer Produktion: Nachdem Kehlmanns erste beiden Theaterstücke *Geister in Princeton* (2011) und *Der Mentor* (2012) thematisch sowie formal-ästhetisch erkennbar an Kehlmanns frühe Werkphase angeknüpft hatten[46], lässt sich in Kehlmanns beiden jüngsten Stücken *Heilig Abend* (2017) und *Die Reise der Verlorenen* (2018) eine deutliche

---

**45** Kehlmann schließt hier argumentativ an Brechts berühmte Zeilen aus dem Gedicht *An die Nachgeborenen* an: „Was sind das für Zeiten, wo / Ein Gespräch über Bäume fast ein Verbrechen ist, / Weil es ein Schweigen über so viele Untaten einschließt!" Bertolt Brecht: Gesammelte Werke. Bd. 2, Gedichte 2. Frankfurt a. M. 1967, S. 723.

**46** Das Stück *Geister in Princeton* erinnert mit seiner humoristischen Geniedarstellung stark an die *Vermessung der Welt*, das Stück *Der Mentor* weist in seiner ironischen Behandlung eines generationenübergreifenden Künstler-Duos Parallelen mit *Ich und Kaminski* auf.

politische Stoßrichtung ausmachen. *Die Reise der Verlorenen* dramatisiert die historisch verbürgte Irrfahrt des Schiffes St. Louis, auf dem kurz vor Ausbruch des Zweiten Weltkriegs nahezu tausend europäische Geflüchtete versuchten, Hitlerdeutschland zu verlassen. Kehlmanns Stück basiert auf dem Tatsachenroman *The Voyage of the Damned* (1974) von Gordon Thomas und Max Morgan-Witts[47], der im Jahre 1976 bereits von Stuart Rosenberg als Spielfilm adaptiert worden war. Anders jedoch als Rosenbergs formal glatte Filmversion zeichnet sich Kehlmanns Dramenfassung durch eine Reihe von Verfremdungseffekten aus, die erkennbar an die Dramenästhetik Bertolt Brechts anknüpfen: Figuren wenden sich – die historische Distanz überbrückend – an die Personen im Zuschauerraum, kommentieren ihr eigenes Schicksal, bewerten ihr eigenes Handeln und beteuern wiederholt die historische Wahrheit des Dargestellten.[48] Die Beziehungen des Stückes zur aktuellen Geflüchteten-Thematik sind dabei, anders als im Falle möglicher Syrien-Bezüge im Roman *Tyll*, offenkundig: Das ästhetische Kalkül des Stückes besteht darin, einen Eindruck von Absurdität und Ungerechtigkeit zu erzeugen angesichts des Schicksals von fast eintausend Geflüchteten, die, nachdem sie den Atlantik überquert hatten, weder in Kuba noch in Amerika an Land gehen durften und schließlich gezwungen wurden, nach Europa zurückzukehren, was für viele der Passagiere einem Todesurteil gleichkam. Plausibel bezeichnet Kehlmanns Bühnenverlag Thomas Sessler das Stück als „zeitübergreifende[. . .] Fiktion“:[49] Die Korruption in der Dampferlinie, die beständig zu zahlenden, horrenden Bestechungssummen, die Eigeninteressen von Staatschefs, welche einzig an ihre Chancen bei der Wiederwahl denken, das Argument der vermeintlichen Aufnahmekontingente – mit all diesen im Stück verhandelten Themen werden Problemkomplexe aufgerufen, die auch in der aktuellen Geflüchteten-Diskussion präsent sind.[50]

---

**47** Vgl. Daniel Kehlmann: Die Reise der Verlorenen. In: ders.: Vier Stücke. Hamburg 2019, S. 195–285, hier S. 196.

**48** Als beispielhaft kann hier die Passage gelten, in der sich Aaron Pozner vorstellt: „Mein Name ist Aaron Pozner. Wir sind keine erfundenen Figuren, und deswegen müssen wir es auch nicht spannend machen. Ich werde meine Frau und die Kinder nie wiedersehen. Nur mein Tagebuch wird überdauern. Deshalb kennt man meine Geschichte.“ Kehlmann: Die Reise der Verlorenen, S. 203.

**49** http://sesslerverlag.at/theater/stuecke/stuecke/die-reise-der-verlorenen/ (Zuletzt angesehen am 24.06.2019).

**50** Explizit hat Kehlmann die Verbindung zwischen seinem Stück und der aktuellen Geflüchteten-Diskussion in seiner Rede *Im Steinbruch* herausgestellt: „Ich habe gerade ein Stück darüber geschrieben, wie im Jahr 1939 einem Schiff mit knapp tausend Flüchtlingen, darunter viele Österreicher, erst das Anlegen in Kuba, dann in den USA verwehrt wurde – mit Argumenten, die denen, die wir heute in der Zeitung lesen, aufs Haar gleiche. Das Boot sei voll, das Aufnah-

Die verwickelte Handlung des Stücks, ein Figurenarsenal von über dreißig Rollen, der im Verhältnis zu den drei vorangehenden Stücken deutlich größere Umfang sowie das komplexe Verhältnis zum Prätext und zum historischen Faktenmaterial – all dies erschwert eine angemessene Würdigung der politischen Dimension von *Die Reise der Verlorenen* im Rahmen eines Überblicksartikels wie dem vorliegenden.[51] Anstatt also hier weiter auf dieses Stück einzugehen, soll abschließend Kehlmanns drittes, hinsichtlich seines Umfangs und seines Personenarsenals deutlich kompakteres Bühnenwerk *Heilig Abend* kommentiert werden.

Die Uraufführung von *Heilig Abend* fand am 2. Februar 2017 am Wiener Theater in der Josefstadt statt.[52] Das Stück mit etwa anderthalb Stunden Spieldauer bringt ein in Echtzeit ablaufendes Verhör auf die Bühne, nämlich zwischen Thomas, einem Geheimdienstmitarbeiter (so steht zumindest zu vermuten, sein genauer Berufsstatus wird nicht letztgültig aufgeklärt), und Judith, einer Philosophieprofessorin mit dem Schwerpunkt *Postcolonial Studies*. Am Heiligabend wird Judith auf der Straße abgefangen, in ein nicht genauer bestimmtes Gebäude gebracht und dort verhört, da sie im Verdacht steht, für Mitternacht desselben Tages einen Terroranschlag geplant zu haben: Der Geheimdienst hatte sich zuvor Zugang zu ihrem Computer verschafft und dort einen agitatorischen Bekennertext gefunden. Zeitgleich mit Judith, so stellt sich im Laufe des Stückes heraus, wird ihr Ex-Mann Peter in einem anderen Zimmer desselben Gebäudes verhört. Als dieser schließlich auf freien Fuß gesetzt werden muss, nutzt Judith ihren einzigen Anruf, um Peter mitzuteilen: „Ich bin es. . . . Ja. Ich dich auch."[53] Durch diesen aus pragmatischer Sicht zunächst sinnlos erscheinenden Anruf wird am Ende des Stücks Thomas ebenso wie den Zuschauern suggeriert, dass Judith und ihr Ex-Mann tatsächlich einen Terroranschlag geplant haben und dass Peter, der sein Mo-

mevermögen erschöpft, die Kultur dieser Leute zu fremd. Natürlich sieht das heute absurd aus: die Vereinigten Staaten von Amerika unfähig, tausend Menschen aufzunehmen? Aber damals klang es nicht wie ein Witz, sondern wie Realpolitik." Kehlmann: Im Steinbruch.

**51** Kehlmanns Dramen sind bisher wissenschaftlich kaum erschlossen. Der meines Wissens bisher einzige einschlägige Aufsatz ist der Beitrag von Andrea Albrecht: „Im Reich der Logik sind die Toten noch da." Zu Daniel Kehlmanns *Geister in Princeton*. In: Gegenwartsliteratur. Ein germanistisches Jahrbuch 16 (2017), S. 15–35. Siehe zu *Geister in Princeton* ferner Leonhard Herrmann: Literarische Vernunftkritik im Roman der Gegenwart. Stuttgart 2017, S. 133–135; Juliane Tranacher: Geniekonzepte bei Daniel Kehlmann. Würzburg 2018, S. 237–249.

**52** Kehlmanns Dramen wurden 2019 gesammelt veröffentlicht. Vgl. Daniel Kehlmann: Vier Stücke. Hamburg 2019. Leider wurden die Regieangaben von *Heilig Abend* in der publizierten Fassung im Vergleich zur Fassung des Bühnenverlags ausgedünnt. Die Zitate aus dem Stück *Heilig Abend* beziehen sich auf die folgende, vom Thomas Sessler Verlag bereitgestellte Ausgabe: Daniel Kehlmann: Heilig Abend. Wien 2017.

**53** Kehlmann: Heilig Abend, S. 51.

biltelefon offenbar direkt nach Judiths Anruf wegwirft, nun die Bombe zünden werde. Kurz bevor die Zeiger der Uhr auf zwölf Uhr springen, „wird es dunkel."[54]

Inhaltlich changiert *Heilig Abend* zwischen dem spannungsreichen Verhältnis der beiden Figuren einerseits – wobei Bildungs- und Milieudifferenzen ebenso eine Rolle spielen wie persönliche Abneigung und erotische Anziehung – und politischen Fragen andererseits. Während letztere in Kombination mit der erzwungenen Verhörsituation dem Stück ein gewisses tagesaktuell-politisches Gewicht verleihen, sorgt der Schlagabtausch des situativ und institutionell überlegenen Thomas mit der geistig und, so scheint es zumindest über weite Teile des Stückes, auch moralisch überlegenen Judith stellenweise für humoristische Effekte:

> THOMAS: Ich habe sogar Ihre Habilitation über Frantz . . . Fan . . . Frantz Fan . . .
>
> JUDITH: Frantz Fanon.
>
> THOMAS: Ja, mit tz. Was soll denn das, Frantz mit tz!
>
> JUDITH: Die haben Sie gelesen?
>
> THOMAS: Habe ich, habe ich, habe ich. Ich habe mich sehr bemüht, daß das ein Kollege machen muß, aber Sie können sich gar nicht vorstellen, zu was für Ausreden die Leute greifen, um nicht siebenhundertvierundsechzig Seiten von *Frantz Fanons Konzept der revolutionären Gewalt* lesen zu müssen. Und ich hatte nur einen Tag Zeit.
>
> JUDITH: War es schlimm?
>
> THOMAS: Sparen Sie sich die Arroganz. Langweilig war es, nicht kompliziert, nicht schwer zu verstehen, nur langweilig. Sie und Herr Fanon machen sich Sorgen um Reich und Arm, als wäre das noch keinem aufgefallen. Sie hätten die Welt gerne besser, wer nicht!
>
> JUDITH: Bei Fanon geht es um den Kolonialismus und die Rechte der Unterdrückten, –
>
> THOMAS: – zu Gewalt zu greifen!
>
> JUDITH: Ja.
>
> THOMAS: Zu Gewalt!
>
> JUDITH: Ja.[55]

Das Stück inszeniert die Spannung zwischen einer moralisch löblichen, dem äußeren Anschein nach aber intellektuell verblasenen und an der Faktizität der Welt letztlich wenig interessierten Kritik auf der einen und einer wenig skrupulösen Befestigung des Status quo durch demokratisch unzureichend legitimierte staatliche Organe auf der anderen Seite. Der Schluss von *Heilig Abend*

54 Kehlmann: Heilig Abend, S. 53.
55 Kehlmann: Heilig Abend, S. 14.

jedoch weist die These von der Folgenlosigkeit intellektueller Kritik zumindest potenziell zurück, wenn Judiths dem ersten Anschein nach lediglich geistig-akademisches Engagement in reale politische Handlungen – im konkreten Fall: einen Terroranschlag – übergeht (die Bewertung des Terrorismus als politische Handlungsoption fällt im Stück allerdings ambivalent aus[56]). Damit problematisiert Kehlmann in *Heilig Abend* nicht nur bestimmte politische Zustände, sondern scheint – wenn auch implizit – zugleich seine eigene Position als politisch engagierter Intellektueller und Autor eines politischen Theaterstücks mit zu thematisieren (und zu nobilitieren). Ob respektive bis zu welchem Grade ein aktives Eingreifen der Intellektuellen in die politischen und gesellschaftlichen Realitäten jedoch als tatsächlich wünschenswert erscheint, muss der Zuschauer letztlich selbst entscheiden.

Im Zentrum von *Heilig Abend* stehen die Themen staatliche Überwachung, soziale Ungerechtigkeit und Terrorismus, die entweder im Gespräch respektive Verhör zwischen Thomas und Judith diskursiv verhandelt oder aber durch die auf der Bühne gezeigten Handlungen performativ exemplifiziert werden. Während Judith auf die strukturelle Plausibilität sowie die systemische Instrumentalisierung terroristischer Angriffe aufmerksam macht, verteidigt Thomas unter Verweis auf die realen Opfer terroristischer Anschläge die eigenen Sondervollmachten und spricht Intellektuellen wie Judith zugleich das Recht ab, die bestehenden Verhältnisse zu kritisieren:

> THOMAS: [. . .] Sind das Ihre Unterdrückten der Erde, die Mörder von Paris? Jemand wie Sie ist wirklich das letzte, was ich brauche. Die ganz alten Theorien. Die Wut von vorgestern. Staubige Gespenster aus dem Geschichtsseminar. Als wir auf Sie aufmerksam wurden, mußten wir lachen. „Gibt's das denn auch noch?" hat mein Kollege gesagt.
>
> JUDITH: Weil die Unterdrückung abgeschafft ist und die Armut überwunden.
>
> THOMAS: Mir wäre auch lieber, die Güter wären besser verteilt. Erstens an mich, zweitens an alle anderen. Ehrenwort. Die Banken sind skrupellos und die Regierungen käuflich, das weiß ich so gut wie Sie. Kann sogar sein, daß ich es besser weiß. [. . .] „Strukturelle Gewalt versus revolutionäre Gewalt" – wenn man liest, was Sie so schreiben, denkt man, man ist tief in den Siebziger Jahren.
>
> JUDITH: Es war damals wahr, es ist heute wahr. Es ist nur nicht mehr in Mode.[57]

56 Wenig plausibel wäre es allerdings, Kehlmann zu unterstellen, er habe mit *Heilig Abend* die Tötung von Unschuldigen im Rahmen von Terroranschlägen rechtfertigen wollen. Im Stück selbst weist Thomas darauf hin, dass bei einem Anschlag an Weihnachten wohl kaum Opfer zu beklagen wären: „[M]an könnte das als mildernden Umstand werten. Am Weihnachtstag richtet man weniger Schaden an, kaum Leute sind unterwegs, die Plätze sind leer, die Kaufhäuser sind geschlossen, die Ministerien auch. [. . .] Großes symbolisches Gewicht, wahrscheinlich keine Toten – perfekt." Kehlmann: Heilig Abend, S. 35.

57 Kehlmann: Heilig Abend, S. 16.

Thomas bezieht sich hier, so werden die meisten Zuschauer leicht aus ihrem Weltwissen ergänzen können, auf die Terroranschläge vom 13. November 2015 in Paris und/oder auf den Anschlag auf Charlie Hebdo am 7. Januar desselben Jahres. Trotz dieses Rekurses auf die realen Opfer von Terroranschlägen, mit dem Thomas das Vorgehen der exekutierenden Behörde zu legitimieren sucht, wird jedoch hier wie überall im Stück Judith als potenzielle Identifikationsfigur und Sympathieträgerin offenkundig privilegiert. Der Anschluss an eine Politisierung der Akademie, wie sie in den 1970er Jahren an westlichen Universitäten noch verbreitet gewesen war (erneut findet sich hier das für Kehlmanns Poetik charakteristische Element der Dialogizität zweier Texte, Epochen oder politischen Projekte), wird von Thomas zwar abgelehnt; angesichts der undemokratischen Überwachung der Bürger und der Eingriffe in ihre Rechte, wie sie das Stück *Heilig Abend* selbst vorführt und wie sie im Vorfeld der Uraufführung des Stückes auch medial überaus präsent gewesen waren, erscheint eine solche Repolitisierung allerdings durchaus geboten. Einer der Antriebe für das Verfassen des Stückes habe, so Kehlmann selbst, in der „Verblüffung über die Dinge [gelegen], die Edward Snowden aufgedeckt hatte: das Ausmaß der staatlichen Überwachung in der elektronischen Welt, die Willkür der Geheimdienste, die Möglichkeit der Polizei, unsere Leben in einem Ausmaß zu beobachten, wie wir es uns früher nicht hätten vorstellen können."[58] Mit *Heilig Abend*, so führt Kehlmann weiter aus, habe er „zum ersten Mal etwas im weitesten Sinn Aktuelles" geschrieben.[59] Die hier hervorgehobene Aktualität liegt dabei nicht in dem allgemeinen Gegenwartsbezug des Stückes – ein solcher lässt sich etwa auch im Roman *Ruhm* leicht ausmachen –, sondern im Rekurs auf tagesaktuell-konkrete Politika.

Die Verbindung zwischen der fiktionalen Welt des Stückes und der realen Welt der Zuschauer wird über die thematische Ebene hinaus auch noch anhand des formal auffälligsten Elements von *Heilig Abend* herausgestellt: Im Dramentext vorgeschrieben ist eine „gut erkennbar[e]"[60] Uhr, die zu Beginn des Stückes auf halb elf steht und möglichst punktgenau mit Ende des Stückes die zwölf erreichen soll. Die diegetische Zeiterfahrung wird somit mit der Zeiterfahrung der Theaterbesucher synchronisiert. Diese Technik einer Verbindung von

58 [Kehlmann über *Heilig Abend*.], https://www.josefstadt.org/programm/stuecke/action/show/stueck/heilig-abend.html (Zuletzt angesehen am 24.06.2019).

59 [Kehlmann über *Heilig Abend*.]

60 Kehlmann: Heilig Abend, S. 2.

Bühnen- und Zuschauerraum erinnert an die Durchbrechungen der ‚vierten Wand' im Theater der Moderne sowie aus der jüngeren Vergangenheit an Ferdinand von Schirachs Stück *Terror*, an dessen Ende die Zuschauer gebeten werden, über Verurteilung oder Freilassung eines Militärpiloten abzustimmen, der sich eigenmächtig für den Abschuss eines von Terroristen entführten Flugzeugs entschied, um einen terroristischen Anschlag auf ein Fußballstadion zu verhindern.[61] Anders als bei von Schirach wird die Durchbrechung der vierten Wand in *Heilig Abend* jedoch nicht genutzt, um dem Publikum die Möglichkeit einer Einflussnahme auf den Ausgang des Stückes zu eröffnen. Stattdessen dient Kehlmanns dramatischer Kniff der Produktion eines Echtzeit-Erlebnisses: Handelnde Figuren und Zuschauer durchlaufen zeitgleich dieselben Entwicklungen. Diese Synchronisierung der Zeiterfahrungen erzeugt einerseits Spannung.[62] Andererseits deutet die Uhr, die das Verrinnen der Zeit in gleicher Weise für Zuschauer und Figuren des Stückes anzeigt, darauf hin, dass die in *Heilig Abend* verhandelten Themen Relevanz für die reale Welt der Theaterbesucher besitzen: Auch diese sehen sich immer wieder mit politischen oder gesellschaftlichen Situationen konfrontiert, die eine persönliche moralische Entscheidung erforderlich machen. Konsequenterweise wird das Motiv der Entscheidung am Ende des Stückes besonders hervorgehoben.

> JUDITH: Manchmal muß man sich entscheiden. Manchmal muß man sich für jemanden entscheiden.
>
> THOMAS: Und das hast du?
>
> JUDITH: Das haben wir.
>
> *In dem Augenblick, da die Zeiger auf zwölf springen, wird es dunkel.*[63]

Zwar ist hier konkret von der Beziehung zwischen Judith und ihrem Ex-Mann Peter die Rede. Das Bekenntnis zu Peter fungiert in der konkreten Situation aber zugleich als allgemeiner Marker der politischen Widerständigkeit, hatte Ju-

---

**61** Vgl. Ferdinand von Schirach: Terror. Ein Theaterstück. München 2016.

**62** Die Inspiration für die Uhr auf der Bühne geht Kehlmann zufolge auf den Film *High Noon* (1952) von Fred Zinnemann zurück: „Seit meiner Kindheit habe ich *High Noon* geliebt, und zwar nicht so sehr wegen Gary Cooper oder der Revolverduelle, ja nicht einmal wegen Grace Kelly, sondern wegen der Uhr. [. . .] *High Noon* ist einer der wenigen perfekten Filme – nicht zuletzt weil er in Echtzeit stattfindet, weil in ihm die erzählte Zeit und die Zeit, in der der Film selbst vergeht, auf die Sekunde identisch sind. / So etwas wollte ich auch machen, immer schon. Das war der eine Antrieb zu *Heilig Abend*: die Idee von einer Uhr an der Wand, deren Zeiger sich auf den entscheidenden Moment zu bewegen, offen und groß, im Blickfeld der Bühnenfiguren wie des Publikums." [Kehlmann über *Heilig Abend*].

**63** Kehlmann: Heilig Abend, S. 53.

dith doch Peter im Verhör gedeckt, sodass dieser nun möglicherweise den gemeinsam geplanten Terroranschlag wird ausführen können. Der Übergang von „du“ zu „wir“ in den letzten Zeilen des Dramentextes kann dabei als symbolischer Übergang von einem rein persönlichen zu einem überindividuellen politischen Interesse gedeutet werden. Indem Judith am Ende des Stückes die Notwendigkeit einer Entscheidung betont, scheint sie zugleich die Zuschauer zu einer klaren politischen Positionierung aufzufordern.

## 6 Schlussbetrachtung: Kehlmann als engagierter Autor

Eine Wiedergewinnung des Politischen lässt sich in allen Bereichen von Kehlmanns schriftstellerischer Produktion beobachten. Am deutlichsten zeigt sich die politische Positionierung des Autors in den nicht-fiktionalen Texten: in Interviews, Reden und Poetikvorlesungen. Hier wird die politische Haltung Kehlmanns – die man inhaltlich einem kritischen, linken Mainstream zuordnen könnte – meist klar benannt, ohne dass der Autor dabei auf spezifische formale Verfahren der Kritik zurückgreifen würde. Auch in den literarischen Prosawerken bemüht Kehlmann keine gesonderte politische Ästhetik. In den Romanen seit der *Vermessung*, welche, wie gezeigt wurde, durchaus politische Themen behandeln, werden für die formale Gestaltung dieser Themen keine Verfahren bemüht, die Kehlmann nicht auch an anderer Stelle und zu anderen Zwecken eingesetzt hätte. Insgesamt ist die politische Dimension in Kehlmanns faktualen Texten sowie in seinen Romanen primär inhaltlich-propositionaler Natur.

Anders liegen die Dinge im Falle von Kehlmanns rezenter dramatischer Produktion. Über die politischen Themen hinaus beziehungsweise zum Zweck einer besonderen Akzentuierung derselben wird hier vereinzelt der Illusionismus der Darstellung gestört und mittels unterschiedlicher ästhetischer Verfahren eine Verbindung zwischen Bühnen- und Zuschauerraum hergestellt, wobei Kehlmann meist auf klassische Verfremdungstechniken der literarischen Moderne zurückgreift. Auch ist die politisch-appellative Dimension in den zwei jüngsten Theaterstücken Kehlmanns sehr viel deutlicher ausgeprägt als in seinen Erzählwerken. Kehlmann knüpft damit an eine Traditionslinie der deutschsprachigen Literatur an, in der gerade das Drama als privilegierte Gattung politischen Schreibens aufgefasst wird und die von Schiller über Büchner, Hauptmann und Brecht bis hin zu Jelinek, Loher und Pollesch reicht.

In welchem genauen Sinne ist Kehlmanns Schreiben nun aber als ‚politisch‘ einzustufen? Und wie lassen sich – an diese Frage anschließend – seine neueren, stärker politisierten Arbeiten und seine politische Autorschaft im Feld der politischen Gegenwartsliteratur verorten?

Die intensive literaturwissenschaftliche Diskussion des politischen Schreibens in den vergangenen Jahren hat deutlich gemacht, dass ein übergreifender, sämtliche Manifestationen des politischen Schreibens umfassender und für die Textanalyse operationalisierbarer Begriff ‚politischer Literatur' sich wohl nicht wird definieren lassen.[64] Gängige Praxis in der Literaturwissenschaft ist ohnehin ein stark induktives Vorgehen, das sich auf die Diskussion einzelner Texte und Autorenwerke beschränkt, ohne damit notwendigerweise Aussagen über eine allgemeine Definition politischen Schreibens zu treffen.[65] Eine Möglichkeit jedoch, um zumindest ein mittleres Abstraktionsniveau zu erreichen und Aussagen zur Funktionsweise größerer Gruppen von politischen Texten treffen zu können, besteht in der Bildung von Sub-Kategorien politischen Schreibens, mit ihren je eigenen politischen Anspruchshaltungen, Genreaffinitäten und Praxeologien: etwa die subversive Literatur, die Erinnerungsliteratur, die engagierte Literatur (respektive engagierte Autorschaft), die satirische Literatur, die Underground-Literatur etc.[66] Die spezifischen Beschreibungs- und Analysekriterien der verschiedenen Untergruppen politischer Literatur müssen dabei jeweils individuell konfiguriert werden. ‚Politisch' sind diese Formen von Literatur jedoch alle, insofern ihnen ein normativer Anspruch unterstellt werden kann, der nicht auf den Bereich des Privat-Individuellen beschränkt bleibt, sondern sich auf größere Teile der Gesellschaft, wenn nicht gar die Gesellschaft als Ganzes erstreckt.

Kehlmann nun lässt sich mit seiner formal eher konventionellen politischen Literatur gewiss nicht dem avancierten ästhetischen Modus der Subver-

---

64 Claas Morgenroth kommt am Ende seiner Studie zur politischen Gegenwartsliteratur zu dem Schluss, dass „‚Politik' respektive ‚das Politische' begrifflich umkämpft sind, und zwar in einem Maße, das empfiehlt, die Rede von politischer Literatur so vorsichtig wie ergebnisoffen zu führen." Claas Morgenroth: Erinnerungspolitik und Gegenwartsliteratur: Das unbesetzte Gebiet – The Church of John F. Kennedy – Really ground zero – Der Vorleser. Berlin 2014, S. 278.

65 Siehe beispielsweise Brokoff/Geitner/Stüssel (Hg.): Engagement. Konzepte von Gegenwart und Gegenwartsliteratur; Christine Lubkoll/Manuel Illi/Anna Hampel (Hg.): Politische Literatur. Begriffe, Debatten, Aktualität. Stuttgart 2018; Stefan Neuhaus/Immanuel Nover (Hg.): Das Politische in der Literatur der Gegenwart. Berlin/Boston 2019. Für einen inhaltlich neutralen, fiktionstheoretischen Vorschlag zur Konzeptualisierung politischer Literatur siehe im letztgenannten Band Michael Navratil: Jenseits des politischen Realismus. Kontrafaktik als Verfahren politischen Schreibens in der Gegenwartsliteratur (Juli Zeh, Michel Houellebecq). In: ebd., S. 359–375, besonders S. 367 f.

66 Die genannten terminologischen Vorschläge stammen aus Thomas Ernst: Literatur und Subversion. Politisches Schreiben in der Gegenwart. Bielefeld 2013, S. 81.

sion zuschlagen, dessen sich etwa Elfriede Jelinek oder Kathrin Röggla bedienen.[67] Auch steht die zunehmende Politisierung in seinem Werk autoritär-dekretierenden Formen der politischen Literatur wie dem Agitprop oder der Propaganda fern. Am ehesten ließe sich Kehlmanns Wiedergewinnung des Politischen wohl mit dem klassischen Begriff des ‚Engagements' – weniger im Sinne Sartres als im Sinne der gängigen deutschen Begriffsverwendung[68]– charakterisieren: Kehlmanns politische Interventionen bestehen in einer Vermittlung klarer Botschaften, die der Autor meist nicht so sehr in seiner Kompetenz als Künstler, sondern eher als engagierter Bürger vorträgt; seine Stellung als erfolgreicher Schriftsteller dient Kehlmann in diesem Zusammenhang lediglich dazu, sich Gehör im öffentlichen Raum zu verschaffen (mit Pierre Bourdieu könnte man hier von einem Einsatz der im literarischen Feld erworbenen Autorität im politischen Feld sprechen[69]). Damit greift Kehlmann auf ein von ihm selbst vormals entschieden abgelehntes Modell politischer Autorschaft zurück, das in der deutschsprachigen Literatur lange Zeit insbesondere von Günter Grass verkörpert worden war und dessen prominenteste Vertreterin derzeit wohl Juli Zeh sein dürfte.[70] Sein Verhältnis zu Günter Grass und dessen politischer Autorschaft reflektierend, bemerkte Kehlmann 2018 im Gespräch mit Heinrich Detering:

---

**67** Vgl. Ernst: S. 82f.

**68** Im gegebenen Zusammenhang bezeichnet ‚Engagement' – im Sinne des dominierenden deutschen Sprachgebrauchs – eine auktorial verantwortete politische Botschaft sowie den Einsatz für die Propagierung dieser Botschaft, entweder im literarischen Werk selbst oder außerhalb davon. Es sei jedoch ausdrücklich betont, dass ein solches Verständnis des Begriffs ‚Engagement' – entgegen verbreiteter Annahmen – nur sehr eingeschränkt mit Sartres Engagement-Konzeption in *Was ist Literatur?* vereinbar ist. Siehe zur problematischen Rezeption von Sartres Engagement-Begriff in Deutschland Ursula Geitner: Stand der Dinge: Engagement-Semantik und Gegenwartsliteratur-Forschung. In: Engagement. Konzepte von Gegenwart und Gegenwartsliteratur. Hg. v. Jürgen Brokoff/Ursula Geitner/Kerstin Stüssel. Göttingen 2016, S. 19–58. Zur wechselvollen Rezeption des Engagement-Konzepts in der deutschen Nachkriegsliteratur siehe Helmut Peitsch: Die Gruppe 47 und das Konzept des Engagements. In: The Gruppe 47 Fifty Years On. A Re-Appraisal of its Literary and Political Significance. Hg. v. Stuart Parkes/John J. White. Amsterdam/Atlanta 1999, S. 25–51.

**69** Vgl. Pierre Bourdieu: Die Regeln der Kunst. Genese und Struktur des literarischen Feldes. Frankfurt a. M. 1999, S. 210f.

**70** Vgl. Sabrina Wagner: Aufklärer der Gegenwart. Politische Autorschaft zu Beginn des 21. Jahrhunderts. Juli Zeh, Ilija Trojanow, Uwe Tellkamp. Göttingen 2015, S. 64–136. Unter explizitem Verweis auf Günter Grass konstatiert Wagner: „Es spricht vieles dafür, Juli Zeh als politisch engagierte Schriftstellerin in einer direkten Nachfolge von Autoren zu sehen, die mit ihrem Engagement die bundesrepublikanische Nachkriegszeit prägten" (ebd., S. 130).

> *Die Blechtrommel* ist ein großes Werk, aber als ich in meinen frühen Zwanzigern sehr, sehr stark von Nabokov beeinflusst war, da war Grass selbst für mich, vor allem wegen seines Politisierens, geradezu ein Musterbeispiel dafür, wie man es *nicht* macht. Ich hatte die Vorstellung, dass ein Schriftseller eine große Distanz zur Tagespolitik einhalten und sich nicht öffentlich dazu äußern sollte [. . .] und ich muss sagen, ich bin von diesem Rigorismus inzwischen wieder weggekommen, vielleicht auch weil sich die Welt geändert hat. Inzwischen finde ich, ist sehr wohl der Moment da, wo man sich auch als Schriftsteller nicht davor zu hüten braucht, sich politisch zu äußern.[71]

Es sind hier wiederum die spezifischen politischen Konstellationen der Gegenwart, welche die Möglichkeit schriftstellerischen Engagements (neu) eröffnen. Politisches Engagement wird dabei von Kehlmann – anders als von Sartre[72]– nicht als inhärent mit der Rolle des Schriftstellers verbunden konzeptualisiert, noch auch wird die grundsätzliche Opposition von Kunst und Politik aufgehoben.[73] Die Möglichkeit einer nicht-engagierten Autorschaft, wie Kehlmann sie in seinen früheren poetologischen Äußerungen als ästhetisch überlegen propagiert hatte, wird auch in den jüngeren Texten nicht prinzipiell in Frage gestellt. Im Gegenteil: Teils wird eine solche autonome Autorschaft von Kehlmann sogar weiterhin als entschieden wünschenswert erklärt (und *de facto* entsprechen die meisten von Kehlmanns Texten nach wie vor dem Anspruch der Autonomieästhetik). Die Wiedergewinnung des Politischen in Kehlmanns jüngeren Texten ist insofern nicht als Ausdruck einer grundlegenden Verschiebung in den poetologischen Überzeugungen oder als ein Effekt radikal gewandelter Interessenschwerpunkte einzuschätzen (tatsächlich lassen sich von Kehlmanns Erstlingsroman *Beerholms Vorstellung* bis zu den jüngsten Werken große ästhetische und thematische Kon-

---

**71** Kehlmann/Detering: S. 179 f.

**72** In *Was ist Literatur* schreibt Sartre: „Der ‚engagierte' Schriftsteller weiß, daß Sprechen handeln ist [. . .]. Er hat den unmöglichen Traum aufgegeben, ein unparteiisches Gemälde der Gesellschaft und des Menschseins zu machen." Jean-Paul Sartre: Was ist Literatur. Hg., neu übersetzt und mit einem Nachwort von Traugott König. Reinbek bei Hamburg [6]2006, S. 26.

**73** In seinem Nachruf auf Günter Grass weist Kehlmann darauf hin, dass sich die Kluft zwischen Kunst und Politik bei Grass in ein und derselben Person aufgetan habe: „Der geniale Romancier Günter Grass kam einem manchmal wie ein entfernter Verwandter der politischen Figur gleichen Namens vor – ein unberechenbarer Anarchist, ein wilder Fabulierer. Bei Heinrich Böll sieht man genau, dass der Schöpfer der Romane auch jener der Leitartikel ist; bei Grass überrascht das immer von Neuem, und man fragt sich unwillkürlich, wie diese beiden – der Anarchist und der Pfeifenraucher – es so lange in Harmonie miteinander ausgehalten haben." Daniel Kehlmann: Zum Tod von Günter Grass. Die Sonne hat Flecken. Er war der Schriftsteller der Schuld. In: Die Zeit 16/2015, 16.04.2015, https://www.zeit.de/2015/16/guenter-grass-daniel-kehlmann (Zuletzt angesehen am 17.10.2019).

tinuitäten beobachten[74]). Kehlmanns Engagement bildet vielmehr eine Reaktion auf spezifische historische, gesellschaftliche und politische Rahmenfaktoren, welche zumindest zeitweise und in gewissen Äußerungskontexten eine öffentliche Positionierung der Intellektuellen erforderlich machen. Mit Blick auf das politische Schreiben erweist sich somit einmal mehr die Dialogizität – sowohl im Sinne eines Dialogs mit vergangenen Epochen als auch im Sinne der gesellschaftlich-politischen Kontext-Reaktivität – als zentrales Charakteristikum von Kehlmanns Poetik.

## Literaturverzeichnis

[Kehlmann über *Heilig Abend*.], https://www.josefstadt.org/programm/stuecke/action/show/stueck/heilig-abend.html (Zuletzt angesehen am 24.06.2019).

Albrecht, Andrea: „Im Reich der Logik sind die Toten noch da." Zu Daniel Kehlmanns *Geister in Princeton*. In: Gegenwartsliteratur. Ein germanistisches Jahrbuch 16 (2017), S. 15–35.

Bachmann, Ingeborg: Frankfurter Vorlesungen. Probleme zeitgenössischer Dichtung. München 1980.

Baßler, Moritz: Genie erzählen: Zu Daniel Kehlmanns Populärem Realismus. In: Gegenwartsliteratur. Ein germanistisches Jahrbuch 16 (2017), S. 37–55.

Bourdieu, Pierre: Die Regeln der Kunst. Genese und Struktur des literarischen Feldes. Frankfurt a. M. 1999.

Brecht, Bertolt: An die Nachgeborenen. In: ders.: Gesammelte Werke. Bd. 2, Gedichte 2. Frankfurt a. M. 1967, S. 723.

Brokoff, Jürgen/Ursula Geitner/Kerstin Stüssel (Hg.): Engagement. Konzepte von Gegenwart und Gegenwartsliteratur. Göttingen 2016.

Daniel Kehlmann über sein neues Buch "Tyll" | Willkommen Österreich. https://www.youtube.com/watch?v=k7hIM_q8oE8 (Zuletzt angesehen am 24.06.2019).

Daniel Kehlmann: "Tyll" | druckfrisch | Das Erste. https://www.youtube.com/watch?v=vynlVIL3f9Q&t=48s (Zuletzt angesehen am 24.06.2019).

Daniel Kehlmann: Hält uns die Welt zum Narren? Sternstunde Philosophie. https://www.youtube.com/watch?v=HB8oeLUFgDc (Zuletzt angesehen am 24.06.2019).

Ernst, Thomas: Literatur und Subversion. Politisches Schreiben in der Gegenwart. Bielefeld 2013.

Förster, Nikolaus: Die Wiederkehr des Erzählens. Deutschsprachige Prosa der 80er und 90er Jahre. Darmstadt 1999.

74 In *Beerholms Vorstellung* sind die großen Themen von Kehlmanns späterem Werk bereits angelegt: die Unheimlichkeit der Mathematik, die Parallelisierung von Gott und Autor, die Verbindung von Kunst und Täuschung, das Spiegelkabinett der menschlichen Psyche und der Einbruch des Fantastischen in eine vermeintlich rational geordnete Welt. Vgl. Michael Navratil: Fantastisch modern. Zur Funktion fantastischen Erzählens im Werk Daniel Kehlmanns. In: literatur für leser 37 (2014), H. 1, S. 39–57, hier S. 42–47.

Geitner, Ursula: Stand der Dinge: Engagement-Semantik und Gegenwartsliteratur-Forschung. In: Engagement. Konzepte von Gegenwart und Gegenwartsliteratur. Hg. v. Jürgen Brokoff/Ursula Geitner/Kerstin Stüssel. Göttingen 2016, S. 19–58.

Gollner, Helmut: Die Wahrheit lügen. Die Renaissance des Erzählens in der jungen österreichischen Literatur. Innsbruck 2005.

Haefs, Wilhelm: „Deutschlands literarischer Superstar"? Daniel Kehlmann und sein Erfolgsroman *Die Vermessung der Welt* im literarischen Feld. In: Mediale Erregungen? Autonomie und Aufmerksamkeit im Literatur- und Kulturbetrieb der Gegenwart. Hg. v. Markus Joch u. a. Tübingen 2009, S. 233–251.

Herholz, Gerd (Hg.): Experiment Wirklichkeit. Renaissance des Erzählens? Poetikvorlesungen und Vorträge zum Erzählen in den 90er Jahren. Essen 1998.

Herrmann, Leonhard: Literarische Vernunftkritik im Roman der Gegenwart. Stuttgart 2017.

http://sesslerverlag.at/theater/stuecke/stuecke/die-reise-der-verlorenen/ (Zuletzt angesehen am 24.06.2019).

Kehlmann, Daniel: . . . und hör'n die herrlichste Musik. Kleistpreis-Laudatio auf Max Goldt. In: ders.: Lob. Über Literatur. Reinbek bei Hamburg 2010, S. 43–50.

Kehlmann, Daniel: „Das wunde Leder". Sollen wir die WM boykottieren? In: Die Zeit 25 (2018), 14.06.2018, https://www.zeit.de/2018/25/das-wunde-leder-stefan-gmuender-klaus-zeyringer-fussball-wm-boykott (Zuletzt angesehen am 17.10.2019).

Kehlmann, Daniel: „Happy End". Und stetig steigt das Meer. In: Die Zeit 50 (2017), 04.12.2017, https://www.zeit.de/2017/50/happy-end-michael-haneke-film-lob (Zuletzt angesehen am 17.10.2019).

Kehlmann, Daniel: Angela Merkel's Unpopular Goodness. In: The New York Times, 01.04.2016, https://www.nytimes.com/2016/04/02/opinion/angela-merkels-unpopular-goodness.html (Zuletzt angesehen am 17.10.2019).

Kehlmann, Daniel: Der unsichtbare Drache. Ein Gespräch mit Heinrich Detering. Zürich 2019.

Kehlmann, Daniel: Die Lichtprobe. Eröffnungsrede der Salzburger Festspiele. In: ders.: Lob. Über Literatur. Reinbek bei Hamburg 2010, S. 179–188.

Kehlmann, Daniel: Die Reise der Verlorenen. In: ders.: Vier Stücke. Hamburg 2019, S. 195–285.

Kehlmann, Daniel: Die Vermessung der Welt. Reinbek bei Hamburg 2005.

Kehlmann, Daniel: Diese sehr ernsten Scherze. Poetikvorlesungen. Göttingen 2007.

Kehlmann, Daniel: Donald Trump. Mein Leben mit dem Monster. In: Die Zeit 4 (2017), 19.01.2017.

Kehlmann, Daniel: Heilig Abend. Wien 2017.

Kehlmann, Daniel: Im Steinbruch. In: OÖNachrichten, 09.09.2018, https://www.nachrichten.at/kultur/Daniel-Kehlmann-Im-Steinbruch;art16,3001741 (Zuletzt angesehen am 17.10.2019).

Kehlmann, Daniel: Kommt, Geister. Frankfurter Vorlesungen. Reinbek bei Hamburg 2015.

Kehlmann, Daniel: Tyll. Reinbek bei Hamburg 2017.

Kehlmann, Daniel: Vier Stücke. Hamburg 2019.

Kehlmann, Daniel: Wo ist Carlos Montúfar? In: ders.: Wo ist Carlos Montúfar? Über Bücher. Reinbek bei Hamburg 2005, S. 9–27.

Kehlmann, Daniel: Zum Tod von Günter Grass. Die Sonne hat Flecken. Er war der Schriftsteller der Schuld. In: Die Zeit 16/2015, 16.04.2015, https://www.zeit.de/2015/16/guenter-grass-daniel-kehlmann (Zuletzt angesehen am 17.10.2019).

Kehlmann, Daniel/Herfried Münkler: „Zwei schwierige Wörter, deutsch und Identität“. In: Der Spiegel 37, 07.09.2018, S. 110–116.
Kehlmann, Daniel/Lars Weisbrod: „Ich dachte, ich erlebe das Ende der Demokratie“. In: Zeit online, 06.11.2019, https://www.zeit.de/kultur/literatur/2017-11/daniel-kehlmann-tyll-interview/komplettansicht (Zuletzt angesehen am 27.06.2019).
Lampart, Fabian: Vergangene Vergangenheit? Krieg und Geschichte in Daniel Kehlmanns *Tyll* (2017). In: Der Zweite Dreißigjährige Krieg. Deutungskämpfe in der Literatur der Moderne. Hg. v. dems./Dieter Martin/Christoph Schmitt-Maaß. Baden-Baden 2019, S. 223–241.
Lovenberg, Felicitas von/Daniel Kehlmann: „Ich wollte schreiben wie ein verrückt gewordener Historiker“. Ein Gespräch mit Daniel Kehlmann über unseren Nationalcharakter, das Altern, den Erfolg und das zunehmende Chaos in der modernen Welt. In: Daniel Kehlmanns „Vermessung der Welt“. Materialien, Dokumente, Interpretationen. Hg. v. Gunther Nickel. Reinbek bei Hamburg 2008, S. 26–35.
Lubkoll, Christine/Manuel Illi/Anna Hampel (Hg.): Politische Literatur. Begriffe, Debatten, Aktualität. Stuttgart 2018.
Marx, Friedhelm: Dunkle Geschichten: Daniel Kehlmanns Gespenster. In: Gegenwartsliteratur. Ein germanistisches Jahrbuch 16 (2017), S. 57–76.
Morgenroth, Claas: Erinnerungspolitik und Gegenwartsliteratur: Das unbesetzte Gebiet – The Church of John F. Kennedy – Really ground zero – Der Vorleser. Berlin 2014.
Navratil, Michael: Fantastisch modern. Zur Funktion fantastischen Erzählens im Werk Daniel Kehlmanns. In: literatur für leser 37 (2014), H. 1, S. 39–57.
Navratil, Michael: Jenseits des politischen Realismus. Kontrafaktik als Verfahren politischen Schreibens in der Gegenwartsliteratur (Juli Zeh, Michel Houellebecq). In: Das Politische in der Literatur der Gegenwart. Hg. v. Stefan Neuhaus/Immanuel Nover. Berlin/Boston 2019, S. 359–375.
Neuhaus, Stefan/Immanuel Nover (Hg.): Das Politische in der Literatur der Gegenwart. Berlin/Boston 2019.
Peitsch, Helmut: Die Gruppe 47 und das Konzept des Engagements. In: The Gruppe 47 Fifty Years On. A Re-Appraisal of its Literary and Political Significance. Hg. v. Stuart Parkes/John J. White. Amsterdam/Atlanta 1999, S. 25–51.
Sartre, Jean-Paul: Was ist Literatur. Hg., neu übersetzt und mit einem Nachwort von Traugott König. Reinbek bei Hamburg $^{6}$2006.
Schaper, Benjamin: Poetik und Politik der Lesbarkeit in der deutschen Literatur. Heidelberg 2017.
Schirach, Ferdinand von: Terror. Ein Theaterstück. München 2016.
Tranacher, Juliane: Geniekonzepte bei Daniel Kehlmann. Würzburg 2018.
Vogt, Jochen: Langer Abschied von der Nachkriegsliteratur? Ein Kommentar zum letzten westdeutschen Literaturstreit. In: ders.: ‚Erinnerung ist unsere Aufgabe‘. Über Literatur, Moral und Politik 1945–1990. Opladen 1991, S. 173–187.
Wagner, Sabrina: Aufklärer der Gegenwart. Politische Autorschaft zu Beginn des 21. Jahrhunderts. Juli Zeh, Ilija Trojanow, Uwe Tellkamp. Göttingen 2015.

Hannelore Roth

# Nationale Selbstentwürfe in *Die Vermessung der Welt*: Preußen und die Kulturnation als Identifikationsmodelle für die Gegenwart?

## 1 Der Bestseller

Dass Daniel Kehlmann die Gabe besitzt, wenig spektakuläre Berufe in äußerst spannungsreiche Erzählmomente zu verwandeln, das entdeckte man schon, lange bevor er zwei skurrile Wissenschaftler zu den Hauptfiguren eines weltweiten Bestsellerromans machte. Aber erst an der Seite des grillenhaften Mathematikers Carl Friedrich Gauß und des weltfremden Forschungsreisenden Alexander von Humboldt avancierte Kehlmann zur Weltberühmtheit. Der Erfolg von *Die Vermessung der Welt* war „eine Sensation".[1] Mit mehr als zwei Millionen verkauften Exemplaren allein im deutschsprachigen Raum gilt *Die Vermessung* als einer der erfolgreichsten Romane der deutschen Nachkriegszeit. Wie ist es möglich, dass ein Buch, das früher nur sogenannte Bildungsbürger interessiert hätte, jetzt plötzlich ein Massenpublikum erreichen konnte?

Denn selbstverständlich reichen der historische Rückenwind des Humboldt-Jahres 2004 und der hundertfünfzigste Todestag Gauß' 2005 sowie die lobenden Besprechungen in den Feuilletons nicht dazu aus, dass ein Buch zum Bestseller wird. Die Antwort ist einfach: *Die Vermessung der Welt* thematisiert mit Humboldt und Gauß ein Gipfeltreffen der deutschen Kultur- und Mentalitätsgeschichte, schildert diese aber auf eine so anspruchsvolle wie unterhaltsame Weise, dass der ganze Staub, der gemeinhin auf der Periode der Deutschen Klassik ruht, wie weggeblasen ist. „One might compare its satire of *die Klassik* to Christo and Jeanne-Claude's wrapping of the Reichstag in 1995, when this most somber historical side suddenly became something playful and light – for a moment", so schreibt der amerikanische Journalist Mark Anderson.[2]

Andersons Vergleich mit dem *Verhüllten Reichstag* rückt *Die Vermessung* in einen gegenwärtigen Diskurs über nationale Identität, und gerade da knüpft die folgende Analyse an. Der Roman thematisiert nämlich – so die These – nicht

1 Felicitas von Lovenberg: Vermessung eines Erfolgs. In: FAZ, 26.01.2006, https://www.faz.net/aktuell/feuilleton/buecher/buecher-vermessung-eines-erfolgs-1305840.html (Zuletzt angesehen am 01.04.2019).

2 Mark M. Anderson: Humboldt's Gift. In: The Nation, 30.04.2007, https://www.thenation.com/article/humboldts-gift/ (Zuletzt angesehen am 01.04.2019).

https://doi.org/10.1515/9783110647488-014

nur die allmähliche Erfindung der Nation im frühen neunzehnten Jahrhundert, sondern auch deren „Wiedererfindung"[3] nach 1990, indem er sich mit gegenwärtigen nationalen Identifikationsmustern wie Preußen und der Kulturnation auseinandersetzt und Humboldt und Gauß als zwei exemplarische deutsche Bildungsbürger porträtiert. Der Gegenwartsbezug wird schon ganz am Anfang des Romans evoziert. Als Gauß zusammen mit seinem ungeliebten Sohn Eugen anlässlich des Deutschen Naturforscherkongresses auf Einladung von Humboldt 1828 von Göttingen nach Berlin reist, präsentiert der Text eine Schilderung der Stadt, die sich in mehreren Hinsichten mit dem Berlin der neunziger Jahre verknüpfen lässt:

> Sie erreichten Berlin am Spätnachmittag des nächsten Tages. Tausende kleiner Häuser ohne Mittelpunkt und Anordnung, eine ausufernde Siedlung an Europas sumpfigster Stelle. Eben erst hatte man angefangen, prunkvolle Gebäude zu errichten: einen Dom, einige Paläste, ein Museum für die Funde von Humboldts großer Expedition. In ein paar Jahren, sagte Eugen, werde das hier eine Metropole sein wie Rom, Paris oder Sankt Petersburg. Niemals, sagte Gauß. Widerliche Stadt![4] (S. 13 f.)

Während diese Berlin-Textstelle ausmalt, wie sich die Stadt als Repräsentantin Preußens allmählich gestaltet, rückt in den städtebaulichen Debatten der 1990er Jahre wiederum die Gestaltung Berlins als Hauptstadt der Berliner Republik und damit als Repräsentantin der Nation in den Mittelpunkt.[5] Das zeigt sich nirgendwo deutlicher als in der Berliner Stadtschlossdebatte. Gerade die darin vorherrschende Rhetorik der verlorenen Mitte greift Kehlmanns kurze Berlin-Passage auf, indem die Stadt „ohne Mittelpunkt" (S. 13) erscheint.[6] Dieser Hinweis auf die Stadtschlossdebatte sowie auf das 2002 lancierte Projekt des Humboldt-Forums – man hat gerade angefangen, ein „Museum für die Funde von Humboldts großer Expedition" (S. 13) zu errichten – zeigt, dass Kehlmanns historischer Roman ebenfalls von der gegenwärtigen Wiedererfindung der Nation erzählt.

Für den Entwurf nationaler Identität bezog sich die neue Berliner Republik auf Preußen. Die detailtreue Rekonstruktion des preußischen Stadtschlosses, die Überführung der sterblichen Überreste Friedrichs II. und Friedrich Wilhelm I. nach Potsdam 1991, das ‚Preußenjahr 2001' – all diese Ereignisse zeugen von einem neuen, unverkrampften Umgang mit dem vor allem nach dem Zweiten Weltkrieg

---

3 Aleida Assmann: Geschichte im Gedächtnis. Von der individuellen Erfahrung zur öffentlichen Inszenierung. München 2007, S. 180.

4 Daniel Kehlmann: Die Vermessung der Welt. Reinbek bei Hamburg 2005. Im Folgenden wird nach dieser Ausgabe im Fließtext in Klammern zitiert.

5 Katharina Grabbe: Deutschland – Image und Imaginäres. Zur Dynamik der nationalen Identifizierung nach 1990. Berlin 2011.

6 Für diesen Hinweis siehe Grabbe: S. 211.

verpönten preußischen Erbe. Als selbsterklärter „Gegenwartsroman, der in der Vergangenheit spielt",[7] beteiligt sich *Die Vermessung* auf kritische Weise an diesem nationalen Preußen-Comeback nach 1990. Wie in der Analyse gezeigt werden soll, greift der Roman für den Entwurf seines Deutschlandbildes immer wieder auf stereotype preußische ‚Tugenden' wie Pflichtbewusstsein, Ordnungsliebe und (Selbst-)Zucht zurück, sodass ‚das Preußische' und ‚das Deutsche' nahezu auswechselbar werden.

Zudem kürt Kehlmann mit Alexander von Humboldt eine der Galionsfiguren der gegenwärtigen Preußen-Renaissance zum Protagonisten seines Romans. Auch mit Humboldt setzt sich *Die Vermessung* äußerst kritisch auseinander. So bildet der Roman ein Gegengewicht zu den überschwänglichen Lobliedern auf Humboldt als offenen Weltbürger und zukunftsweisenden Universalgelehrten, wie sie in den nuller Jahren etwa von Hans Magnus Enzensberger[8] oder den Befürwortern des Humboldt-Forums verbreitet werden. In Kehlmanns literarischem Humboldt-Porträt brechen gerade die Paradoxien und politischen Implikationen des aufklärerischen Ganzheitsdiskurses durch: Der preußische Gelehrte tut durch seinen grenzenlosen Vermessungswahn, blinden Harmonisierungszwang und eindimensionalen europäischen Forschungsblick nicht nur sich selbst, sondern auch der Natur und Kultur Südamerikas auf zugleich rücksichtslose und naive Weise Gewalt an. Von einem interkulturellen Dialog kann – zumindest auf den ersten Blick – nicht die Rede sein; vielmehr lässt Kehlmann die europäische Aufklärung und die südamerikanische Kultur, mit ihrer Vorliebe für das Magische im Alltäglichen, ohrenbetäubend aufeinanderprallen.

## 2 Deutsche Dichter und Denker: Glanz einer Kultur- und Bildungsnation

Darüber hinaus stilisiert Kehlmann Humboldt zur kulturellen Schachfigur der Weimarer Klassik, die in seinem Roman von Schiller, Wieland, Wilhelm von Humboldt und vor allem Goethe vertreten wird. Kehlmann bezieht sich für sein Deutschlandbild also nicht nur auf das Preußen-Revival nach 1990, sondern

7 Daniel Kehlmann: Ich wollte schreiben wie ein verrückt gewordener Historiker. Interview mit Felicitas von Lovenberg. In: FAZ, 09.02.2006, https://www.faz.net/aktuell/feuilleton/buecher/bucherfolg-ich-wollte-schreiben-wie-ein-verrueckt-gewordener-historiker-1304944.html (Zuletzt angesehen am 01.04.2019).

8 2004 brachte Enzensberger Humboldts fünfbändigen *Kosmos* als Prachtband in der „Anderen Bibliothek" heraus. Dafür entfachte er eine ungesehene Werbekampagne.

auch auf die gegenwärtige Wiederentdeckung der Kulturnation als (neokonservatives) Identifikationsmuster für Deutschland als Land der Dichter und Denker, das schon in den 1820er Jahren – also noch zu Lebzeiten Goethes – das Selbstverständnis des deutschen Bildungsbürgertums prägte.[9] Vor allem im Schiller-Jahr 2005 – also im selben Jahr, als *Die Vermessung* veröffentlicht wurde – tauchte der Begriff der Kulturnation überraschend oft in Festreden und Artikeln wieder auf. Einerseits ersetzte die Formel der Kulturnation den ideologisch belasteten Begriff des Kulturerbes aus der DDR. Andererseits wollte man den guten Ruf der deutschen Kultur wiederherstellen, der durch den Nationalsozialismus befleckt worden war: Geist und Bildung hätten mit den Fehlentwicklungen und Verbrechen der nationalen Politik nichts zu tun.[10] Auf diese unproblematische Loslösung der Kulturnation von der politischen Geschichte Deutschlands nimmt Kehlmann kritisch Bezug, nicht nur im Roman selbst, wie noch gezeigt werden soll, sondern auch in Interviews: „Es gelingt uns einfach nicht, die große Humanität der Weimarer Klassik zu betrachten, ohne mitzudenken, wie traurig und entsetzlich es ist, dass diese Tradition nicht verhindern konnte, was dann in der NS-Zeit geschah".[11] Dieser Beitrag argumentiert, dass sich der befreiende Abschied von der Kulturnation, die sich am Ende des Romans über die (erzwungene) Auswanderung Eugens nach Amerika vollzieht, allerdings nicht so sehr auf Deutschlands aufgeklärte Koryphäen *an sich* bezieht, sondern sich vielmehr gegen deren Erstarrung in monumentalen Leitbildern für den Entwurf nationaler Identität richtet.

## 3 Rahmenerzählung: Die Erfindung der Nation

Die neun episodenhaften, abwechselnd vom Leben und Forschen Humboldts und Gauß' erzählenden Kapitel werden durch die Erzählung über ein Treffen der beiden inzwischen gealterten Figuren anlässlich des Deutschen Naturforscherkongresses 1828 in Berlin gerahmt. Insbesondere diese Rahmenerzählung rückt die fiktionalisierte Doppelbiographie in den Kontext des zeitgenössischen Deutschland-Diskurses und der damals aufkommenden nationalen Bewegungen, was die gegensätzlichen Forscher-Porträts der Binnenerzählung als zwei

9 Herfried Münkler: Die Deutschen und ihre Mythen. Berlin 2009, S. 348.

10 Sigrid Weigel: Zwangshafte Einheit. Phantome der Kulturnation. In: Taz, 07.04.2008, https://www.taz.de/!5183990/ (Zuletzt angesehen am 01.04.2019); Münkler: S. 330.

11 Kehlmann: Ich wollte schreiben wie ein verrückt gewordener Historiker.

Bilder exemplarischer Deutscher lesbar werden lässt.[12] Schon auf der zweiten Seite des Romans wird Eugen, der den Vater nach Berlin begleitet, als Vertreter zweier wichtiger Gruppierungen im damaligen Nationenbildungsprozess dargestellt, die ihr nationales Pathos insbesondere aus den Erfahrungen der preußischen Befreiungskriege gegen Napoleon speisten. Zum einen gehört Eugen mit Knotenstock, langen Haaren und roter Mütze zu den Burschenschaften, zum anderen hat er das Buch *Deutsche Turnkunst* von Friedrich Ludwig Jahn, „eines seiner Lieblingsbücher" (S. 8), dabei, was ihn zum Anhänger der deutschen Turnbewegung macht. Der Kontext des aufkommenden Nationalismus wird also nicht eingehend erläutert, sondern über Attribute und modische Details beiläufig evoziert. Damit setzt der Text nicht nur ein bestimmtes Wissen bei seinem (gebildeten) Leserpublikum voraus, sondern schreibt auch einen „Modus der Kommunikation" weiter, der sich schon bei den genannten Nationalbewegungen beobachten lässt.[13] Als fester Bestandteil der ‚altdeutschen Tracht' – ein Trend, der im Zuge der napoleonischen Kriege in Abgrenzung von der französischen Mode aufkam – inszenieren der Knotenstock und das lange Haar das deutsche Nationalbewusstsein am (männlichen) Körper.[14] Auch das Turnen ist ein „nationales Kommunikationssystem, das am Körper ansetzt" und das Streben der Turnbewegung nach Überwindung der partikularstaatlichen Zersplitterung über Bewegung, Körperhaltung und inszenatorische Rituale sichtbar werden lässt.[15] Ziel der Gymnastikübungen ist es ja, ein „ganzer Kerl" (S. 232) zu werden, so wird im zweiten Teil der Rahmenerzählung verdeutlicht. So überträgt der Roman gleichsam die ästhetischen Prozeduren, die für die Nation notwendig sind, um „Vorstellungen der Einheit und Ganzheit zu schaffen,[16] in sein textuelles Verfahren.[17]

Dass es zu diesem Zeitpunkt noch keine territorial definierte Staatlichkeit gibt, die die ‚verspätete Nation' als Einheit sichtbar machen kann, wird deutlich, als ein Gendarm in einer Gastwirtschaft an einer Grenzstation die Pässe der beiden Reisenden verlangt. Der Vater kann keinen Pass vorweisen; die Überraschung

12 Vgl. Grabbe: S. 193–197.

13 Grabbe: S. 195.

14 Eva Maria Schneider: Herkunft und Verbreitungsformen der ‚Deutschen Nationaltracht der Befreiungskriege' als Ausdruck politischer Gesinnung. Bonn 2002, S. 109, https://www.burschenschaftsgeschichte.de/pdf/eva_maria_schneider_deutsche_nationaltracht_01.pdf (Zuletzt angesehen am 01.04.2019).

15 Gertrud Pfister: Frisch, fromm, fröhlich, frei. In: Deutsche Erinnerungsorte 2. Hg. v. Etienne François/Hagen Schulze. München 2002, S. 202–220, hier S. 202.

16 Albrecht Koschorke u. a.: Vorwort. In: Der fiktive Staat. Konstruktionen des politischen Körpers in der Geschichte Europas. Hg. v. dens. Frankfurt a. M. 2007, S. 9–14, hier S. 11.

17 Grabbe: S. 195.

des Gendarmen – „gar keinen Paß, [. . .] keinen Zettel, keinen Stempel, nichts?" (S. 11) – zeigt, wie sehr die preußische Obrigkeit in der Restaurationszeit auf die stichfeste Überwachung ihrer Bürger vertraut.[18] Darauf mischt sich ein anderer Gast in den Zwischenfall ein: „Das alles werde enden! Deutschland werde frei sein, und gute Bürger würden unbehelligt leben und reisen, gesund an Körper und Geist, und kein Papierzeug mehr brauchen." (S. 12) Im zweiten Teil der Rahmenerzählung werden diese Hinweise auf die heranwachsenden nationalen Bewegungen wiederaufgenommen, als Eugen in eine illegale Studentenversammlung gerät. Als Sprecher tritt der aufsässige Mann aus der Gastwirtschaft auf. Seine charismatische Erscheinung – „er war schlank und sehr groß, hatte eine Glatze und einen langen grauen Bart" (S. 230) – und seine muskulöse Rede – ein gestraffter Körper dient der Stärkung der Nation – lassen ihn als Turnvater Jahn erkennbar werden. Kehlmann führt diese nationalistische Rhetorik ad absurdum, verwandelt gleichsam die politische Tragödie in eine Komödie, indem er den Redner an seinem wackligen Stehpult einige tölpelhafte Squad-Übungen ausführen lässt. (S. 232) Die slapstickartige Komik nimmt der Szene jede Erhabenheit und stört so jeden nostalgisch-pathetischen oder identifikatorischen Reflex (bei den Lesern), den der Redner bei den Zuhörern heraufbeschwört:

> Er klopfte mit der Faust an seine Wade. Rein und stark, felgaufschwungfest, klimmzugshart, wer wolle, könne fühlen. [. . .] Wie dieses Bein sei, so müsse Deutschland werden! [. . .] Mehreren Zuhörern stand der Mund weit offen, vielen liefen Tränen über das Gesicht, einer hatte zitternd die Augen geschlossen, sein Nebenmann biß sich vor Erregung in die Finger. (S. 231)

Diese zeitweilige affektive Gemeinschaft zersplittert aber, sobald vier Gendarmen hereinkommen und den Redner verhaften. Die als ‚Schule der Männlichkeit' dargestellte preußisch-deutsche Turnbewegung, in der der gezüchtigte Körper als zentrale Vermittlungsinstanz zu ‚männlichen' Denk- und Verhaltensweisen erscheint, wird auf hyperbolische Weise als Fiktion entlarvt: Die „wackeren Burschen" „schluchzen hemmungslos" (S. 231) und flehen die Polizisten um Milde an. Später stellt sich heraus, dass der Redner gar nicht Turnvater Jahn, sondern ein Betrüger, einer seiner vielen *Lookalikes* gewesen sein soll, was die Szene letztendlich zu einer grotesken Mimikry werden lässt. So leistet der Text auf spielerische Weise Widerstand gegen starre, monolithische Vorstellungen von (nationaler) Identität und lenkt die Aufmerksamkeit auf die (zu dissimulierenden) Inszenierungsmechanismen, mit denen eine Nation oder eine Gemeinschaft sich ständig erfindet.

**18** Grabbe: S. 195.

# 4 Erziehung zum deutschen Mann: Bildung und Zucht

Durch die Rahmenerzählung über die Erfindung der Nation werden die beiden Forscherporträts der Binnenerzählung als zwei exemplarische Bilder des deutschen Bildungsbürgers lesbar. Während Humboldt sich vor allem durch extreme Leistung und Zucht kennzeichnet, erscheint Gauß als genialer Kauz, der schon als Kind die schwierigsten mathematischen Übungen lösen konnte, sich aber vor allem durch beeindruckend wenig soziale Intelligenz auszeichnet. So unterbricht er zum Beispiel seine Hochzeitsnacht, um im entscheidenden Moment eine astronomische Formel aufzuschreiben. Trotz seiner niederen Herkunft kann Gauß aufgrund seiner Begabung doch die Errungenschaften der Aufklärung genießen und erhält eine Ausbildung. Im Elternhaus lernt er dagegen die preußische Strenge und Disziplin kennen. Die erzieherischen Maßnahmen des Vaters, eines Gärtners mit ständigen Rückenschmerzen, beschränken sich auf die Aufforderung, sich immer aufrecht zu halten:

> Ein Deutscher, sagte er immer wieder, während er müde die abendliche Kartoffelsuppe aß, sei jemand, der nie krumm sitze. Einmal fragte Gauß: Nur das? Reiche das denn schon, um ein Deutscher zu sein? Sein Vater überlegte so lange, daß man es kaum mehr glauben konnte. Dann nickte er. (S. 53–54)

Auch Humboldts Erziehung zum „deutsche[n] Mann“ (S. 21) steht im Zeichen des aufklärerischen Bildungsideals und der preußischen Zucht. Zusammen mit seinem älteren Bruder Wilhelm durchläuft er ein intensives Bildungsprogramm, „zwölf Stunden am Tag, jeden Tag der Woche, ohne Pause oder Ferien“ (S. 20), das die beiden für eine Beamtenkarriere im Dienst des preußischen Staates trimmen soll. Der eine soll zum „Mann der Kultur“, der andere zum „Mann der Wissenschaft“ ausgebildet werden. Zudem gilt ihre Erziehung ganz im Sinne der Aufklärung als eine Art Bildungsexperiment, als „ein großer Versuch“ (S. 24), für den sich die Mutter bei Goethe *himself* erkundigt hat. Dessen nebelhafte Antwort – so die humoristische Pointe – konnte aber niemand wirklich verstehen. So wird Goethe nicht nur von seinem ehrwürdigen Piedestal gestoßen; die eigentliche Inhaltlosigkeit seiner Antwort macht deutlich, dass er, wie auch heute, vor allem als ein Label fungiert und sein Name stellvertretend für die Weimarer Klassik und ihre aufgeklärten Bildungsansprüche steht.[19]

**19** Grabbe: S. 202–203.

Das Label Goethe prägt auch Humboldts spätere Expeditionen. Vor seinem Aufbruch nach Südamerika geht Humboldt nach Weimar, wo Goethe ihn beiseite nimmt:

> Goethe verschränkte die Arme auf dem Rücken. Und nie solle er vergessen, von wem er komme. Humboldt verstand nicht. Er solle bedenken, wer ihn geschickt habe. Goethe machte eine Handbewegung in Richtung der bunten Zimmer, der Gipsabgüsse römischer Statuen, der Männer, die sich im Salon mit gedämpften Stimmen unterhielten. Humboldts älterer Bruder sprach über die Vorteile des Blankverses, Wieland nickte aufmerksam, auf dem Sofa saß Schiller und gähnte verstohlen. (S. 37)

Wie Katharina Grabbe bemerkt, greift Kehlmann für sein skizzenhaftes Goethe-Porträt auf ein tradiertes Goethebild aus dem Bilderarchiv des deutschen Bildungsbürgers zurück: Die schematische Darstellung des Weimarer Klassikers in nachdenklicher Pose, die Arme auf dem Rücken verschränkt, erinnert an das bekannte Gemälde *Goethe, in seinem Arbeitszimmer, dem Schreiber John diktierend* (1831) von Joseph Johann Schmeller.[20] Auch die im Text angesprochene Flucht von farbigen Zimmern in Goethes Wohnung am Weimarer Frauenplan, die seit 1998 zum UNESCO-Welterbe gehört und als Museum zu besuchen ist, wird als vertraut vorausgesetzt. Zum einen schreibt der Roman auf diese Weise tradierte Bilder der Weimarer Klassik fort und erschließt sie für eine Wiederaneignung im Hinblick auf heutige kollektive Selbstentwürfe. Die bildhafte Oberflächlichkeit der Szene – das Programm der Weimarer Klassik wird nicht erläutert, sondern mit einer schlichten Handbewegung in Richtung der römischen Statuen und der sich über Kunst und Kultur unterhaltenden Männer vor Augen geführt – macht die Weimarer Klassik als Identifikationsmodell umso anschlussfähiger. Zum anderen lenkt diese Textstelle die Aufmerksamkeit autoreferentiell auf die fiktionalen Inszenierungsmechanismen, die mit einem solchen Selbstentwurf einhergehen. Das tut sie einerseits durch ihre überspitzte Stilisierung, andererseits durch den Rückgriff auf ein Gemälde, der die malerische Inszenierung gleichsam im Medium des Textes re-inszeniert. Indem der Roman so auf die Illusion von Unmittelbarkeit verzichtet, wird jede identifizierende Bewegung von Anfang an unterbrochen.

---

**20** Grabbe: S. 203.

## 5 „Oberhalb aller Bergspitzen sei es still“: Aufklärung versus Magischer Realismus

Auch wenn Humboldt Goethes Botschaft ‚nicht versteht‘, sind die politischen Implikationen des Konzepts Kulturnation kaum zu überlesen. „Von uns kommen Sie“, so fügt Goethe emphatisch hinzu, „von hier. Unser Botschafter bleiben Sie auch überm Meer.“ (S. 37) Die statischen Kategorien von Wir versus Sie, Hier versus Dort setzt Humboldt während seiner Forschungsreisen unverändert fort. Er betrachtet den südamerikanischen Kontinent und dessen kulturelle Bräuche aus einem eindimensionalen und überlegen-europäischen Forschungsblick, mit dem er die ‚neue Welt‘ nicht nur zu erschließen, sondern sie auch seinem aufgeklärten, ‚vernünftigen‘ Weltbild zu unterwerfen versucht. „Diese Leute seien allesamt so abergläubisch, [. . .] man merke, welch weiter Weg es noch sei zu Freiheit und Vernunft“ (S. 121), so schreibt Humboldt herablassend an seinen Bruder, als seine ‚Expedition‘ in eine Grabhöhle bei den indianischen Führern heftigen Widerwillen erregt. Auch die Konfrontation mit Sklaven wird im Text gleichsam als *clash of civilizations* dargestellt. Als Humboldt bei einer Sklavenversteigerung drei Männern die Ketten abnehmen lässt, können sie ihren Befreier nur hilflos anstieren. (S. 70) Und als Humboldt sich weigert, sich in den Kordilleren, wie es Sitte ist, von Trägern schleppen zu lassen – „der Menschenwürde wegen“ (S. 165) –, sind die Träger so beleidigt, dass sie den Baron fast verprügelt hätten. (S. 165)

Das universalistische Projekt der Aufklärung scheint in Südamerika also an seine Grenzen zu stoßen und durch den vom Text implizierten kulturellen Relativismus als naive Fiktion entlarvt zu werden. Am Ende des Romans bietet der Text aber einen potentiellen Ausweg aus diesem starren kulturellen Relativismus, und zwar über die Widerlegung des Parallelaxioms Euklids durch Gauß.[21] Dieses nimmt an, dass parallele Linien sich nur in der Unendlichkeit kreuzen. Die nichteuklidische Geometrie besagt, dass das euklidische Parallelaxiom nicht auf einer Kugel und also nicht auf dem Globus gilt; auf dem Globus gebe es unendlich viele parallel zueinander verlaufende geographische Längen, die sich am Nord- bzw. am Südpol dennoch kreuzen. Kehlmann vereinfacht die Theorie auf humoristische Weise, indem er Gauß schon als Schuljunge während einer Ballonfahrt feststellen lässt, der Raum sei ‚krumm‘. (S. 66) Gauß’ Einsicht wird in einem Gespräch mit Humboldt mit den Einsichten jener Ruderer, die Humboldt in Südamerika auf dem Rio Negro begleiteten, verknüpft: „Was sei das mit dem Raum? Am Orinoko habe er Ruderer gehabt, die ähnliche Witze gemacht hätten. Er habe

21 Vgl. Stuart Taberner: Daniel Kehlmann’s *Die Vermessung der Welt* (*Measuring the World*). In: The Novel in German Since 1990. Hg. v. dems. Cambridge 2011, S. 255–269, hier S. 257, 261.

das Gefasel nie verstanden." (S. 220) Die unerwartete Verschränkung der Erkenntnisse der modernen Mathematik mit dem magisch-realistischen Weltbild der südamerikanischen Ruderer suggeriert, dass sich unterschiedliche Kulturen letztendlich doch nicht völlig getrennt, als sich niemals berührende parallele Linien entwickeln, sondern sich annähern und letztendlich kreuzen.

Diese Ruderer nehmen im Roman eine besondere Position ein: Mit ihren Vornamen Carlos, Gabriel, Mario und Julio verweisen sie auf die südamerikanische Erzähltradition des Magischen Realismus, die Kehlmanns Schreiben weitestgehend geprägt hat. Deren episodenhaften Erzählgestus zwischen Traum und Wirklichkeit hat Kehlmann in Bezug auf *Die Vermessung* als den „Anti-Weimar-Gestus"[22] schlechthin bezeichnet. Tatsächlich sind die „wirre[n] Geschichten" (S. 109) der Ruderer dem „Abgesandten Weimars in Macondo"[23] höchst unheimlich: „Er habe den Eindruck, hier werde ununterbrochen erzählt" (S. 114), so vertraut er Pater Zea an. Wie sehr sich Humboldt als Feind des Erzählens herausstellt, verdeutlicht vor allem seine bizarre Rezitation des „schönste[n] deutsche[n] Gedicht[es], frei ins Spanische übersetzt" (S. 128), von dem nur noch das thematische Gerüst übrigbleibt: „Oberhalb aller Bergspitzen sei es still, in den Bäumen kein Wind zu fühlen, auch die Vögel seien ruhig, und bald werde man tot sein" (S. 128), so paraphrasiert Humboldt Goethes ikonisches Gedicht *Ein Gleiches*. „Es komme keine Zauberei darin vor, niemand werde zu einer Pflanze, keiner könne fliegen oder esse einen anderen auf" (S. 128), so erklärt Humboldt den perplex dreinschauenden Ruderern gereizt. Natürlich scheitert der Botschafter Goethes auch deshalb, weil er ebenfalls die ästhetischen Bedingungen des ursprünglichen Gedichtes und also der eigenen Kultur ignoriert.[24] Aber die Betonung liegt doch vor allem darauf, dass Humboldt vor dem Hintergrund eines fantastischen Erzählens als typischer Deutscher und phantasieloser, ‚radikaler Realist'[25] erscheint.

Dem Phantastischen begegnet Humboldt in der Neuen Welt nicht nur in Form der kulturspezifischen Erzählhaltung des Magischen Realismus. Der ganze Kontinent wimmelt von solchen magischen „Verschiebungen in der Wirklichkeit" (S. 117): Sprechende Fische, Zwerghunde mit Flügeln, vielköpfige Menschen

22 Daniel Kehlmann: Diese sehr ernsten Scherze. Poetikvorlesungen. Göttingen 2009, S. 40.

23 Kehlmann: Diese sehr ernsten Scherze, S. 39. Macondo ist der Schauplatz des Romans *Hundert Jahre Einsamkeit* von Gabriel García Márquez.

24 Vgl. Michael Navratil: Fantastisch modern. Zur Funktion fantastischen Erzählens im Werk Daniel Kehlmanns. In: Literatur für Leser 37 (2014), H. 1, S. 39–57, hier S. 50 f.

25 Vgl. Kehlmann: Diese sehr ernsten Scherze, S. 14.

(S. 107, 137), all diese „Risse in der Realität“[26] stören die sorgfältigen Kategorisierungen des aufgeklärten Cogito, das die Natur – um es mit den Worten Humboldts zu sagen – als eine „vernünftige Einrichtung“ (S. 236) betrachtet. Um sich gegen das Clair-obscur dieser ‚gebrochenen Wirklichkeit‘[27] zur Wehr zu setzen, macht Humboldt, was er am besten kann: messen. Dazu hat ihm schon sein früherer Lehrer für Philosophie und Physik, der Kant-Schüler Marcus Herz, geraten: „Wann immer einen die Dinge erschreckten, sei es eine gute Idee, sie zu messen.“ (S. 22) Deshalb kriecht Humboldt in jedes Erdloch, er erklimmt jeden Berg und vermisst jeden Fluss, Hügel und See auf seinem Weg. (S. 19, 30, 41) „Ein Hügel, von dem man nicht wisse, wie hoch er sei“, so ermahnt Humboldt Bonpland, beleidige die Vernunft und mache ihn unruhig. [. . .] „Zahlen“, so fährt er fort, „bannten Unordnung“ (50), und die erfährt er als bedrohlich: „Man müsse selbst so genau sein, daß einem die Unordnung nichts anhaben könne.“ (S. 129) Dieser totalitäre Vermessungswahn bedeutet aber auch, dass dasjenige, was sich nicht restlos systematisieren und kontrollieren lässt, durch das überforderte Bewusstsein mit aller Gewalt ausradiert werden soll. Ein ohnmächtiges Mädchen in zerrissener Kleidung betrachtet Humboldt nicht, wie der Text suggeriert, als Opfer einer Vergewaltigung, sondern als Hitze-Opfer (S. 104–105). Auch besteht er halsstarrig darauf, dass Menschen, „selbst wenn er es sähe“ (S. 138), nicht flögen.

## 6 Dialektik der Aufklärung: „Jeder ist sein eigner Preuße“

Hinter Humboldts Verlangen, die Natur zu erforschen, steht also auch der Drang, die Natur zu beherrschen. Das gilt nicht zuletzt für die eigene Natur: Der preußische Forschungsreisende stellt sich geradezu als Inbegriff asketischer Selbstbeherrschung und nahezu roboterartiger Selbstdisziplin heraus, um sich – paradoxerweise – als denkendes Ich zu erhalten. Den Körper macht er zum reinen Instrument, indem er ihn immer wieder als Versuchsobjekt bei seinen Experimenten einsetzt und so geradezu die äußeren Zwänge seiner ‚experimentellen‘ Erziehung internalisiert: Um die Leitfähigkeit des elektrischen Stroms in der Muskulatur zu beweisen, soll ein Diener zwei Aderlasspflaster auf seinen Rücken kleben, die Blasen aufschneiden und ein

**26** Uwe Wittstock: Daniel Kehlmann und die Risse in der Realität. In: Die Welt, 16.12.2006, https://www.welt.de/print-welt/article702761/Daniel-Kehlmann-und-die-Risse-in-der-Realitaet.html (Zuletzt angesehen am 01.04.2019).

**27** Kehlmann umschreibt seine Poetologie als „gebrochene[n] Realismus“. Vgl. Kehlmann: Diese sehr ernsten Scherze, S. 20.

Stück Zink auf die Wunden legen (S. 31–33). Ferner trinkt er Gift, um die Wirkung zu erforschen. Um sich mit diesen körperlichen Schmerzen vertraut zu machen, hat er sich vor seiner Abreise eine Woche lang den Arm auf den Rücken gebunden. Diese Haltung erinnert an die nachdenkliche Pose Goethes eine Seite zuvor, die Arme auf dem Rücken verschränkt. So erscheint Humboldt gleichsam als zur Karikatur verzerrtes Abbild Goethes, als „Klassiker aus schierer Willensanstrengung".[28] Tatsächlich ‚entschließt' Humboldt sich immer wieder dazu, körperliche Unannehmlichkeiten wie Übelkeit und Schwindel einfach zu leugnen (S. 50).

Es versteht sich fast von selbst, dass sich dieser *homme maschine* als asexuell erweist.[29] An Frauen ist Humboldt nur für seine sonderbare Statistik über Kopfläuse interessiert. (S. 70) Als in seinem Zimmer ein Mädchen nackt auf ihn wartet, erweist er sich als impotent. (S. 75–76) Ein „Hochgefühl" überwältigt ihn allerdings, wenn etwas gemessen wird. Dann ist er „trunken vor Enthusiasmus", kann durch die „Erregung" gar nicht schlafen. (S. 39) Nur angedeutet werden (pädophile) homoerotische Gefühle, auf die er aber mit heftigen Abwehrreflexen reagiert. „[M]an müsse sich entsetzliche Gewalt antun", so sagt Humboldt seinem Bruder vage, der allerdings versteht, dass Alexander damit auf „die Knaben" anspielt. (S. 264) Diese latente Gewalt, diese Introversion des Opfers, bricht aber heraus, als sich ein nackter Junge in Humboldts Zelt hineinschleicht. Um seinen sexuellen Gelüsten zuvorzukommen, tritt Humboldt auf den Jungen ein, bis dessen Körper sich nicht mehr regt. Am nächsten Tag blutet Humboldt aus mehreren Schnittwunden: „Er habe versucht sich zu rasieren", sagt er dem erstaunten Bonpland, „man sei immerhin ein zivilisierter Mensch." (S. 127) Der Franzose erscheint dagegen als hedonistischer Sinnenfreund, der sich während der Reise mehrmals in amouröse Abenteuer verliert. Als ihn Humboldt eines Tages mit einer Frau ertappt, reagiert er empört: „Der Mensch sei kein Tier [. . .]. Humboldt fragte, ob er nie Kant gelesen habe." (S. 48)

Der Hinweis auf den wichtigsten Vertreter der Aufklärung sowie die Entgleisung des „zivilisierten Menschen" Humboldt rückt die hier erzählte Geschichte der Entsagung in den negativen Interpretationsrahmen der Dialektik der Aufklärung. Wissen wird hier tatsächlich instrumentell verwendet und dient der Beherrschung und Unterwerfung der äußeren sowie der inneren Natur, der Körper muss gezüchtigt, die Triebe sublimiert werden, kurzzeitige Interessen werden durch Langzeitziele ersetzt, kurz: das Leben selbst wird der

---

**28** Daniel Kehlmann: Wo ist Carlos Montúfar? In: ders.: Wo ist Carlos Montúfar? Über Bücher. Reinbek bei Hamburg 2005, S. 9–27, hier S. 23–24.

**29** Vgl. Heinz-Peter Preußer: Zur Typologie der Zivilisationskritik. Was aus Daniel Kehlmanns Roman „Die Vermessung der Welt" einen Bestseller werden ließ. In: Text + Kritik 177 (2008) [= Themenheft Daniel Kehlmann], S. 73–85, hier S. 78.

Aufklärung geopfert.[30] Für Adorno und Horkheimer ist der Pionier dieser bürgerlichen Subjektkonstitution der listreiche Grieche Odysseus, als dessen karikierter Nachkomme Humboldt in *Die Vermessung* mehrmals erscheint.[31] So lässt er sich auf dem Weg nach Neuspanien einen ganzen Tag lang fünf Meter über die Wasseroberfläche an den Bug des Schiffes fesseln, um die Höhe der Wellen zu messen. (S. 195) Und als ihm ein Wahrsager die Hand zu lesen versucht, stellt dieser fest, dass da „keiner zu sehen [sei]. [. . .] Niemand!". (S. 125) ‚Niemand', so hatte sich bekanntlich auch Odysseus genannt, um aus der Höhle des Zyklopen Polyphem zu entkommen und so das Ich gleichsam in der Selbstverleugnung zu retten.

Diese Subjektzurichtung im Rahmen der Dialektik der Aufklärung wird zudem als typisch preußisch dargestellt, und das nicht nur, weil besonders Preußen ein Zentrum der deutschen Aufklärung war. Denn auf seiner Reise hat Humboldt das Porträt der berühmtesten Figur der preußischen Geschichte, nämlich Friedrich des Großen, dabei, mit der Humboldt auffällig viele Gemeinsamkeiten aufweist. So wird auch Friedrich II., den Kant in seinem Essay *Was ist Aufklärung?* als den aufgeklärten Herrscher schlechthin bezeichnet, immer wieder als Muster von unermüdlichem Fleiß dargestellt. Zudem gibt es bei beiden Männern Vermutungen von (verdrängter) Homosexualität. Besonders wichtig in diesem Kontext ist aber ihre harte und lebensverneinende Erziehung. Die verkrüppelnde Sozialisation Friedrichs II. von einem sensiblen Knaben, der sich mehr für Literatur als für die Regierungskunst interessiert, zu einem erbarmungslosen Herrscher durch den demütigenden Vater, den ‚Soldatenkönig' Friedrich Wilhelm I., weist tatsächlich Parallelen auf mit Humboldts Sozialisation von einem „schwächlichen" (S. 20), verschlossenen und literaturliebenden (vgl. S. 24) Knaben zum Inbegriff der Selbstzucht. Statt sich dem festgelegten Bildungsprogramm zu unterwerfen, streicht Humboldt lieber durch die Wälder auf der Suche nach Käfern, bis sich der ältere Bruder einmischt: „Keiner von ihnen habe das Recht, sich gehenzulassen" (S. 24), so vermahnt er den jüngeren Bruder, und lässt ihn auf das dünne Eis eines zugefrorenen Teiches treten, woraufhin Alexander beinahe ertrinkt. Dieses Nahtoderlebnis hat den gewünschten Erfolg: „Von nun an wurden seine Noten besser. [. . .] Er bat darum, eine Nacht in dem leeren Zimmer verbringen zu dürfen, aus dem man am häufigsten nächtliche Laute hörte. Am Morgen darauf war er blaß und still, und senkrecht über seine Stirn zog sich die erste Falte." (S. 25)

---

**30** Preußer: S. 75.

**31** Vgl. Max Horkheimer/Theodor W. Adorno: Dialektik der Aufklärung. Philosophische Fragmente. Frankfurt a. M. 2003, S. 61–99.

So erscheint die preußische Version der Aufklärung als von vornherein repressiv, instrumentell und antiemanzipatorisch. In Bezug auf Friedrich II. wurde dieses Narrativ vielleicht am meisten durch die grotesken Preußen-Darstellungen des Dramatikers Heiner Müller geprägt. Mit der Aussage „Jeder ist sein eigner Preuße"[32] durch den Professor einer preußischen Irrenanstalt in *Leben Gundlings* (1976) stellt Müller die preußische Aufklärung als einen deformierenden Abtötungsprozess der menschlichen Triebstruktur durch die Verwandlung von Fremdzwängen in Selbstzwänge dar, von dem Friedrich II. das Produkt schlechthin sei.[33] Diese Zivilisationskritik ist zwar auch hörbar in *Die Vermessung*, aber sie wird bei Kehlmann ins Komische gewendet.[34] Während Müller Friedrich II. durch die harte Sozialisation zu einer autoritären Schreckensgestalt avancieren lässt, erscheint Kehlmanns Humboldt vielmehr als übertrieben pflichtbewusstes und gesellschaftlich unangepasstes Original.

Die Zivilisationskritik schwillt in *Die Vermessung* am lautesten vor dem Hintergrund des Kolonialismus an, indem unterschiedliche Figuren auf die verheerenden (kultur-)politischen, ökonomischen und militärischen Implikationen von Humboldts Vermessungsarbeit anspielen. In der Tat scheint dessen enzyklopädischer Hang zu einer homogenisierten Wissensordnung nicht nur einem neutralen theoretischen Interesse zu dienen, auch wenn Humboldt das selbst behauptet: „Man wolle wissen, [. . .] weil man wissen wolle." (S. 70) Der Abt einer Indianer-Mission widerspricht diesem Anliegen aber: „Dahinter stecke doch anderes! Niemand reise um die halbe Welt, um Land zu vermessen, das ihm nicht gehöre." (S. 71) Was der Abt nur andeutet, nämlich dass der Wissenshunger dem Zweck der Machterweiterung dient, macht Bonpland explizit. Als der Ruderer Julio erzählt, dass sich ‚Aguirre der Wahnsinnigen' an den Ufern des Orinoko zum Imperator erklärt hat, antwortet Bonpland: „Ein verrückter Mörder, [. . .] der erste Erforscher des Orinoko! Das ergebe Sinn." (S. 111) An anderen Textstellen wird auf die ökonomischen Folgen der Vermessungsarbeit hingedeutet: „Daß der Kanal jetzt auf den Karten verzeichnet sei, erklärte Humboldt, werde die Wohlfahrt des gesamten Erdteils befördern. Man könne nun Güter quer über den Kontinent bringen, neue Handelszentren würden entstehen, ungeahnte Unternehmungen seien möglich." (S. 136) Dass dies auch mit kolonialer Ausbeutung und mit der Zerstörung der Natur einhergeht, darauf

32 Heiner Müller: Leben Gundlings Friedrich von Preußen Lessings Schlaf Traum Schrei. In: ders.: Werke in zwölf Bänden. Bd. 4: Die Stücke 2, hg. v. Frank Hörnigk. Frankfurt a. M. 2002, S. 511–537, hier S. 526.

33 Wolfgang Beutin (Hg.): Deutsche Literaturgeschichte. Von den Anfängen bis zur Gegenwart. 8. Auflage. Metzler 2013, S. 576.

34 Preußer: S. 77.

verweist Humboldt selbst, jedoch ohne den zukunftsfrohen Blick zu verlieren: „Ein exakter Atlas von Neuspanien [. . .] könne die Besiedlung der Kolonie fördern, die Unterwerfung der Natur beschleunigen, das Geschick des Landes in eine günstige Richtung lenken." (S. 196) Erst in Mexiko, in der Tempelanlage von Teotihucan, wird der Fortschrittsoptimismus des „General[s] Humboldt" (S. 199), wie er in Nordamerika einmal genannt wird, gedämpft. Angesichts des Zusammenhanges von der gewaltigen wissenschaftlichen Leistung des astronomischen Kalenders, den der Bau der Pyramiden darstellt, mit den dargebrachten Menschenopfern bei der Einweihung des Tempels stößt Humboldt auf die Dialektik der Aufklärung: „So viel Zivilisation und so viel Grausamkeit, sagte Humboldt. Was für eine Paarung! Gleichsam der Gegensatz zu allem, wofür Deutschland stehe." (S. 208) Sogar der Verweis auf den Holocaust, dessen Grausamkeiten von den deutschen ‚Dichtern und Denkern' nicht verhindert werden konnten, ist viel weniger ironisch oder gar sarkastisch als vielmehr komödiantisch angelegt in dieser heiteren Fassung des bekannten Themas der Zivilisationskritik.[35]

## 7 Dummkopf, Wirrkopf, Clown: Karnevalistische Verkehrung intellektueller Hierarchien

Kehlmanns Kritik an der Kultur- und Bildungsnation, die zur Zeit der Veröffentlichung wieder auf unproblematische Weise als nationales Identifikationsmodell heraufbeschworen wurde, richtet sich aber nicht so sehr gegen Deutschlands kulturelle Helden an sich als vielmehr gegen deren Erstarrung zu monumentalen Identifikations- und Leitbildern.[36] Diese Erstarrung wird von unterschiedlichen Figuren evoziert: Humboldt bindet sich eine Woche lang den Arm auf den Rücken, der Vater Gauß' definiert einen Deutschen als „jemand, der nie krumm" sitzt (S. 53), die Hand Wilhelm von Humboldts fühlt sich „kalt und leblos" an, sein Blick ist „starr wie der einer Puppe" (S. 242). Auch wenn der Text durch nationale Stereotype geprägt ist, werden solche verklumpten Vorstellungen von (nationaler) Identität aber ständig unterminiert, indem der Text die grundsätzliche Relativität einer jeden Ordnung oder (intellektuellen) Hierarchie thematisiert. Das zeigt sich vielleicht am deutlichsten in den zwei letzten Kapiteln des Romans, „die Steppe"

35 Preußer: S. 80, 82.

36 Vgl. Marc Chraplak: Ein postmoderner historischer Roman? Menippeische Satire und karnevalistische Tradition in Daniel Kehlmanns „Die Vermessung der Welt" (2005). In: Weimarer Beiträge 61 (2015), H. 4, S. 485–509, hier S. 498.

und „der Baum“, in denen ein Generationenwechsel vollzogen wird.[37] Während Eugen bei seinem Aufbruch nach Amerika zum ‚Mann‘ geworden ist – er trägt einen Bart, raucht Pfeife (S. 295) und berührt zum ersten Mal eine Frau (S. 298) –, ist bei seinem Vater die körperliche und geistige Verkümmerung deutlich spürbar: „Sein Rücken schmerzte, sein Bauch ebenso, und in seinen Ohren rauschte es. [. . .] Immer noch konnte er denken, zwar nichts allzu Kompliziertes mehr, aber für das Nötigste reichte es.“ (S. 292) Dagegen scheint der „begriffsstutzige“ (S. 191) Eugen am Ende doch die Intelligenz des Vaters geerbt zu haben. So gewinnt er beim Kartenspiel, indem es ihm jetzt „ohne Schwierigkeiten“ gelingt, sich die Karten nach einer Methode, die ihm sein Vater früher vergeblich beizubringen versucht hat, zu merken. (S. 297) Auch wundert es ihn plötzlich, genau wie seinen Vater in dessen Kindheit, (vgl. S. 54, 89) „warum die Leute immer so lange brauchten, um zu antworten.“ (S. 299)

Während sich Eugen jetzt geistig zu entfalten vermag, werden die wissenschaftlichen Leistungen der beiden gealterten Wissenschaftler noch zu deren Lebzeiten überholt. So wird Gauß, der selbst keine Abhandlung zur nichteuklidischen Geometrie veröffentlicht hat, nicht nur von seinen jüngeren Kollegen, sondern sogar von seinem früheren Tutor Martin Bartels „überflügelt“ (S. 290); ihre Vermutungen, Euklids Geometrie sei nicht die wahre, schicken sie ihm in Abhandlungen zu. Der große Mathematiker kommt sich jetzt wie ein „Magier der dunklen Zeit“ (S. 273) vor. Ein vergleichbares Schicksal ist Humboldt beschert: Während seiner späteren Forschungsreise durch Russland erscheint er den jüngeren Mitreisenden als eine ehrwürdige Gestalt aus vergangenen Zeiten, als er mit überholten Methoden und veralteten Messgeräten die Breite der Wolga zu bestimmen versucht: „Das sei, sagte Wolodin zu Rose, als [. . .] wäre man in ein Geschichtsbuch versetzt“. (S. 275)

Auf diese Relativität einer jeden (intellektuellen) Ordnung hat Humboldt im vorigen Kapitel selbst schon hingewiesen: „Man dürfte die Leistungen des Wissenschaftlers nicht überschätzen, [. . .] ihm folgten andere, die mehr, und wieder andere, die noch mehr wüßten, bis schließlich wieder alles versinke.“ (S. 291) Gauß seinerseits kommt schon ganz am Anfang des Romans über die grundsätzliche Kontingenz des Seins ins Grübeln:

> Seltsam sei es und ungerecht, sagte Gauß, so recht ein Beispiel für die erbärmliche Zufälligkeit der Existenz, daß man in einer bestimmten Zeit geboren und ihr verhaftet sei, ob man wolle oder nicht. Es verschaffe einem einen unziemlichen Vorteil vor der Vergangenheit und mache einen zum Clown der Zukunft. (S. 9)

37 Vgl. Chraplak: S. 495–498.

Das Motiv des Clowns, das im Kontext der Verkehrung intellektueller Hierarchien eingeführt wird, erinnert an die von Michail Bachtin untersuchte volkstümliche Lachkultur.[38] Wie Bachtin in *Literatur und Karneval* darlegt, öffnet das Lachen die Welt auf eine neue und befreiende Weise: Es drückt die „fröhliche Relativität einer jeden Ordnung, Gewalt und Hierarchie aus“[39] und „dekouvriert die vermeintliche ‚Notwendigkeit‘ [. . .] als eine relative und beschränkte.“[40] Solche karnevalistischen Elemente, die eine satirische Verkleinerung des vermeintlichen Großen durchführen, gibt es im Roman viele: Goethe wird als „Esel“ (S. 158), Humboldt als „Idiot“ (S. 36) beschrieben, Kant erscheint als sabbernder Greis, der „Wurst und Sterne“ (S. 97) verlangt, als ihm Gauß seine Vermutungen über den gekrümmten Raum darlegt, die Selbstkrönung zum Imperator durch Aguirre den Wahnsinnigen erinnert an den Karnevalsritus der närrischen Krönung und häufig ist im Roman von idiotischen Figuren die Rede, von „Dummköpfen“ (S. 186, 281), „Wirrköpfen“ (S. 218), „Toren“ (S. 218) und „Narren“ (S. 219).

Dieser karnevalistischen Lektüre hat Kehlmann in Interviews und in den Göttinger Poetikvorlesungen *Diese sehr ernsten Scherze* selbst Vorschub geleistet: Mit der programmatischen Vermischung von Ernst und Scherz sowie seinem häufig wiederholten Diktum vom ‚verrückten Historiker‘ scheint sich der Autor wie in der karnevalistischen Tradition auf spielerische Weise gegen den einseitigen Ernst der offiziellen (Erinnerungs-)Kultur zu kehren: Das Buch

> beginnt [. . .] wie ein historisches Sachbuch, bis es dann plötzlich kippt, weil natürlich Dinge berichtet werden, die überhaupt nicht mehr sachbuchhaft, sondern romanhaft und frei erfunden sind. Es sollte so klingen, wie ein seriöser Historiker es schreiben würde, wenn er plötzlich verrückt geworden wäre.[41]

Für Kehlmann ist das spielerische Experimentierfeld des Romans der Ort schlechthin, wo die vermeintlichen Evidenzen und Konventionen des offiziellen Diskurses unterbrochen werden können.[42] Kehlmanns subversive Geschichtspolitik ist alles andere als monumentalisierend. Sein Roman zeugt stattdessen vom Möglichkeitssinn im Sinne Robert Musils,[43] Geschichte wird bei ihm im Modus

---

**38** Chraplak: S. 497.

**39** Michail Bachtin: Literatur und Karneval. Zur Romantheorie und Lachkultur. München 1969, S. 51.

**40** Bachtin: S. 28.

**41** Kehlmann: Ich wollte schreiben wie ein verrückt gewordener Historiker.

**42** Vgl. Kehlmann: Wo ist Carlos Montúfar?, S. 12.

**43** Darauf hat die Kritik mehrmals hingewiesen, siehe z. B. Mark M. Anderson: Der vermessende Erzähler. Mathematische Geheimnisse bei Daniel Kehlmann. In: Text + Kritik 177 (2008) [= Themenheft Daniel Kehlmann], S. 58–67, hier S. 65.

des ‚wunderbaren Konjunktivs' im Sinne Uwe Timms (um)geschrieben, und zwar buchstäblich: Der ganze Roman ist im Modus des Konjunktivs verfasst. Timms Begriff impliziert das ‚so-könnte-es-gewesen-sein' und zugleich das subversiv-utopische ‚es-könnte-auch-anders-sein'.[44]

Der uralte Baum, nach dem das Schlusskapitel betitelt ist und auf den Eugen während eines Zwischenstopps auf Teneriffa stößt, steht aber gerade für Unvergänglichkeit und Monumentalität. Es scheint sich dabei um denselben Baum zu handeln, den auch Humboldt dort Jahre zuvor gesehen hatte:

> Der Baum war riesenhaft und wohl Jahrtausende alt. Er war hier gewesen noch vor den Spaniern und vor den alten Völkern. Er war dagewesen vor Christus und Buddha, Platon und Tamerlan. Humboldt horchte an seiner Uhr. Wie sie, tickend, die Zeit in sich trug, so wehrte dieser Baum die Zeit ab: eine Klippe, an der ihr Fluß brach. (S. 47)

Indem Eugen aus dem Schatten des Baumes tritt und seine Überfahrt nach Amerika fortsetzt, wird der Generationenwechsel sowie der befreiende Abschied von der Kultur- und Bildungsnation – im Abenddunst taucht die Freiheitsstatue (anachronistisch) auf – vollzogen: „Wie leicht alles wurde, wenn man aufbrach." (S. 298) Dass sich Eugen dadurch lediglich gegen die Erstarrung in monumentalen Leitbildern richtet, zeigt sich dadurch, dass er diesen uralten Baum nicht fällt, sondern einfach aus dessen Schatten tritt. Angesichts der Herabsetzung der Heroen der Wissenschaft in *Die Vermessung* lässt sich dann, wie Marc Chraplak argumentiert, vielleicht übertragen, was Bachtin über die Karnevalslegenden aussagt: „[D]as ambivalente Karnevalslachen verbrennt alles Schwülstigste und Verknöcherte, aber vernichtet den wirklich heroischen Kern der Gestalt nicht."[45]

# 8 Übermacht der Fiktion

Das Phantasma einer stabilen Identität wurde schon in der letzten Episode des ersten Teils der Rahmenerzählung, also gerade vor dem Entwurf der zwei Bilder exemplarischer Deutscher, in seiner fiktionalen und konstruierten Verfasstheit entlarvt. Die Begrüßung zwischen Humboldt und Gauß, deren „großen Moment

44 Julia Schöll: ‚Chaos und Ordnung zugleich' – zum intra- und intertextuellen Verweissystem in Uwe Timms Erzähltexten. In: (Un-)erfüllte Wirklichkeit. Neue Studien zu Uwe Timms Werk. Hg. v. Frank Finley/Ingo Cornils. Würzburg 2006, S. 127–139, hier S. 139.

45 Michail Bachtin: Probleme der Poetik Dostoevskijs. Frankfurt a. M./Berlin/Wien 1985, S. 149.

für Deutschland“ (S. 15) Humboldt mit Hilfe der noch in den Kinderschuhen steckenden Fotografie „der fliehenden Zeit entreißen“ (S. 15) möchte, stellt sich als eine Meta-Szene heraus, die sich einerseits gegen die identitäre Erstarrung richtet und andererseits die damit einhergehenden poetologischen Strategien des Textes aufdeckt:

> Humboldt erstarrte. [. . .] Bitte auf keinen Fall bewegen! [. . .] Nur einen Augenblick, flüsterte Humboldt, fünfzehn Minuten etwa, man sei schon recht weit fortgeschritten. [. . .] Gauß stöhnte und riß sich los. [. . .] Daguerre stampfte mit dem Fuß auf. Jetzt sei der Moment für immer verloren. Wie alle anderen, sagte Gauß ruhig. Wie alle anderen. (S. 17)

Durch die Einführung des medialen Verfahrens der Fotografie lenkt diese humoristisch in die Länge gezogene Begrüßungsszene die Aufmerksamkeit auf die permanenten Inszenierungsmechanismen, die mit dem Entwurf von Identität einhergehen. Während Humboldt in einer unbeweglichen Pose ‚erstarrt‘, reißt Gauß sich los und unterbricht dadurch den „großen Moment für Deutschland“. (S. 15) Als Humboldt die Kupferplatte später untersucht, kann er nur ein „Gewirr gespenstischer Umrisse“, eine „verschwommene Zeichnung“ (S. 17) unterscheiden. Hier findet keine Monumentalisierung, sondern eine Auflösung statt; ein Bild des Ganzen ergibt sich nicht.[46] Sowie Humboldt nichts anderes als eine unscharfe und fragmentierte Zeichnung zu entdecken vermag, so sind auch die beiden fiktionalen Forscher-Biographien notwendigerweise episodisch und skizzenhaft angelegt und widersetzten sich auf diese Weise der Idee einer stabilen Identität. Zugleich wird auf die Illusion von Unmittelbarkeit und Authentizität, die dem Medium der Fotografie zu eigen ist, programmatisch verzichtet. Tatsächlich stellt der Text immer wieder seine Fiktionalisierungs- und Inszenierungsmechanismen auf spielerische Weise zur Schau, indem Humboldt und Gauß ihren fiktionalen Status reflektieren. Als Feinde des Erzählens und der Kunst im Allgemeinen greifen sie ihren Erfinder gleichsam an. So erscheint es Humboldt als ein „albernes Unterfangen, wenn ein Autor, wie es jetzt Mode werde, eine schon entrückte Vergangenheit zum Schauplatz wähle“ (S. 27), und wettert Gauß gegen das Unrecht, dass „jeder Dummkopf in zweihundert Jahren sich über ihn lustig machen und absurden Unsinn über seine Person erfinden könne.“ (S. 9) „Bühnenbilder etwa, die nicht verbergen wollten, daß sie aus Pappe seien, [. . .] Romane, die sich in Lügenmärchen verlören, weil der Verfasser seine Flausen an die Namen geschichtlicher Personen binde“, seien, darüber sind sich die beiden Wissenschaftler einig, wirklich „abscheulich“. (S. 221)

---

**46** Grabbe: S. 199.

# Literaturverzeichnis

Anderson, Mark M.: Der vermessende Erzähler. Mathematische Geheimnisse bei Daniel Kehlmann. In: Text+Kritik 177 (2008) [= Themenheft Daniel Kehlmann], S. 58–67.

Anderson, Mark M.: Humboldt's Gift. In: The Nation, 30.04.2007, https://www.thenation.com/article/humboldts-gift/ (Zuletzt angesehen am 01.04.2019).

Assmann, Aleida: Geschichte im Gedächtnis. Von der individuellen Erfahrung zur öffentlichen Inszenierung. München 2007.

Bachtin, Michail: Probleme der Poetik Dostoevskijs. Frankfurt a. M./Berlin/Wien 1985.

Bachtin, Michail: Literatur und Karneval. Zur Romantheorie und Lachkultur. München 1969.

Beutin, Wolfgang (Hg.): Deutsche Literaturgeschichte. Von den Anfängen bis zur Gegenwart. 8. Auflage. Metzler 2013.

Chraplak, Marc: Ein postmoderner historischer Roman? Menippeische Satire und karnevalistische Tradition in Daniel Kehlmanns „Die Vermessung der Welt" (2005). In: Weimarer Beiträge 61 (2015), H.4, S.485–509.

Grabbe, Katharina: Deutschland – Image und Imaginäres. Zur Dynamik der nationalen Identifizierung nach 1990. Berlin 2011.

Horkheimer, Max/Theodor W. Adorno: Dialektik der Aufklärung. Philosophische Fragmente. Frankfurt a. M. 2003.

Kehlmann, Daniel: Diese sehr ernsten Scherze. Poetikvorlesungen. Göttingen 2009.

Kehlmann, Daniel: Ich wollte schreiben wie ein verrückt gewordener Historiker. Interview mit Felicitas von Lovenberg. In: FAZ, 09.02.2006, https://www.faz.net/aktuell/feuilleton/buecher/bucherfolg-ich-wollte-schreiben-wie-ein-verrueckt-gewordener-historiker-1304944.html (Zuletzt angesehen am 01.04.2019).

Kehlmann, Daniel: Die Vermessung der Welt. Reinbek bei Hamburg 2005.

Kehlmann, Daniel: Wo ist Carlos Montúfar? In: ders.: Wo ist Carlos Montúfar? Über Bücher. Reinbek bei Hamburg 2005, S. 9–27.

Koschorke, Albrecht u. a.: Vorwort. In: Der fiktive Staat. Konstruktionen des politischen Körpers in der Geschichte Europas. Hg. v. dens. Frankfurt a. M. 2007, S. 9–14.

Lovenberg, Felicitas von: Vermessung eines Erfolgs. In: FAZ, 26.01.2006, https://www.faz.net/aktuell/feuilleton/buecher/buecher-vermessung-eines-erfolgs-1305840.html (Zuletzt angesehen am 01.04.2019).

Müller, Heiner: Leben Gundlings Friedrich von Preußen Lessings Schlaf Traum Schrei. In: ders.: Werke in zwölf Bänden. Bd. 4: Die Stücke 2, hg. v. Frank Hörnigk. Frankfurt a. M. 2002, S. 511–537.

Münkler, Herfried: Die Deutschen und ihre Mythen. Berlin 2009.

Navratil, Michael: Fantastisch modern. Zur Funktion fantastischen Erzählens im Werk Daniel Kehlmanns. In: Literatur für Leser 37 (2014), H. 1, S. 39–57.

Pfister, Gertrud: Frisch, fromm, fröhlich, frei. In: Deutsche Erinnerungsorte 2. Hg. v. Etienne François, Hagen Schulze. München 2002, S. 202–220.

Preußer, Heinz-Peter: Zur Typologie der Zivilisationskritik. Was aus Daniel Kehlmanns Roman „Die Vermessung der Welt" einen Bestseller werden ließ. In: Text+Kritik 177 (2008) [= Themenheft Daniel Kehlmann], S. 73–85.

Schneider, Eva Maria: Herkunft und Verbreitungsformen der ‚Deutschen Nationaltracht der Befreiungskriege‘ als Ausdruck politischer Gesinnung. Bonn 2002, https://www.burschenschaftsgeschichte.de/pdf/eva_maria_schneider_deutsche_nationaltracht_01.pdf (Zuletzt angesehen am 01.04.2019).

Schöll, Julia: ‚Chaos und Ordnung zugleich‘ – zum intra- und intertextuellen Verweissystem in Uwe Timms Erzähltexten. In: (Un-)erfüllte Wirklichkeit. Neue Studien zu Uwe Timms Werk. Hg. v. Frank Finley, Ingo Cornils. Würzburg 2006, S. 127–139.

Taberner, Stuart: Daniel Kehlmann's *Die Vermessung der Welt* (*Measuring the World*). In: The Novel in German Since 1990. Hg. v. dems. Cambridge 2011, S. 255–269.

Weigel, Sigrid: Zwangshafte Einheit. Phantome der Kulturnation. In: Taz, 07.04.2008, https://www.taz.de/!5183990/ (Zuletzt angesehen am 01.04.2019).

Wittstock, Uwe: Daniel Kehlmann und die Risse in der Realität. In: Die Welt, 16.12.2006, https://www.welt.de/print-welt/article702761/Daniel-Kehlmann-und-die-Risse-in-der-Realitaet.html (Zuletzt angesehen am 01.04.2019).

# III Populäres Schreiben

Michael Multhammer

# Daniel Kehlmanns ‚Frühe Neuzeit': *Tylls* Prätexte und die populäre (Re-)Konstruktion einer Epoche

Populär ist, was bei vielen Beachtung findet.[1] Diese vielleicht auf den ersten Blick etwas ungewöhnlich und trivial anmutende Beobachtung soll als Ausgangspunkt dienen, um näher zu verstehen, was Daniel Kehlmann in der Poetologie seiner Romane – als Beispiel dient der jüngst erschienene Roman *Tyll*[2] – leistet und in welcher Hinsicht Kehlmanns Werk Signaturen des Populären trägt. Zumal, und das ist durchaus bemerkenswert, Kehlmann auf eine vergleichsweise nicht-populäre Epoche setzt. Ist das Mittelalter mit seinen festgefügten Narrativen sowohl in Richtung Fantasy[3] als auch in der Richtung des historischen Romans problemlos anschlussfähig,[4] so hat es das siebzehnte Jahrhundert deutlich schwerer, in ähnlicher Weise – eben als populäres Phänomen – wahrgenommen zu werden. Über die Gründe für diese relative Unpopularität kann man spekulieren, weder Krieg noch konfessionelle Unruhen sind per se schon Indikatoren für geringe Beachtung, ganz im Gegenteil. Vielleicht mag es auch an der Schwelle zur Neuzeit selbst liegen, die Zeit ist nicht das völlig andere, Alteritäre, anderseits ist der zeitliche Abstand doch so groß, dass eine wie auch immer geartete historische Beziehung zum Gegenstand leicht fassbar wäre. Das sind nicht die besten Ausgangsbedingungen für einen Roman, der es nichtsdestotrotz in der Gunst der Leser*innen weit gebracht hat. Die Frage, die sich stellt, ist demnach die nach den Bedingungen der Möglichkeit von Popularität bei gleichzeitigem Insistieren auf literarischem Anspruch.

Die These, die ich im Folgenden gerne verfolgen würde, lautet: Daniel Kehlmann erschafft eine/seine Frühe Neuzeit und damit eine Geschichte vom Dreißigjährigen Krieg, die sich aus den populärsten Stoffen und Figuren eben jener

---

1 Thomas Hecken: Populäre Kultur. Mit einem Anhang ‚Girl und Popkultur'. Bochum 2006, S. 85.

2 Daniel Kehlmann: Tyll. Reinbek bei Hamburg 2017. Im Folgenden im Fließtext zitiert mit der Sigle T.

3 Siehe hierzu etwa: Die Literatur des Mittelalters im Fantasy-Roman. Hg. v. Nathanael Busch/Hans Rudolf Velten. Heidelberg 2017.

4 Gerade im Bereich des historischen Romans scheint das gesamte literarische Feld – von der Belletristik bis zur gepflegten Semantik – bespielbar zu sein. Für den Bereich der Literatur Erik Schilling: Der historische Roman seit der Postmoderne. Umberto Eco und die deutsche Literatur. Heidelberg 2012.

https://doi.org/10.1515/9783110647488-015

Frühen Neuzeit zusammensetzt. Er kombiniert sein Figurenarsenal aus populären Prototypen (der Gelehrte, der Ketzer, der Geschichtenerzähler, der Dichter, etc.) und setzt so das Bild einer Epoche ins Werk, die zwar nicht historisch ist, aber gerade deshalb auf eine (fiktional transportierte) Wahrheit verweisen möchte. Die intertextuellen Bezüge ergeben so eine Signatur der Epoche, die einerseits auf den Konstruktionscharakter historiographischen Schreibens verweist und die konsequent in die Erzählform des Romans überführt wird (im Gegensatz zu Steven Greenblatts *The Swerve*[5] etwa), die andererseits für den Laien in sich so stimmig erzählt ist, dass Zweifel am Plot in erster Instanz unangebracht sind. Wie schon in seinen früheren Romanen lässt sich die Erzählung dergestalt auf zwei unterschiedlichen Ebenen lesen, die klassische Unterscheidung zwischen ‚high' und ‚low' – Literatur und Belletristik – wird auf diese Art zwar nicht geleugnet, aber mit den Mitteln des Erzählens gekonnt unterlaufen.

## 1 Populär – nicht populär – unpopulär: Einige grundsätzliche Unterscheidungen

Man kann sich sicherlich relativ einfach darauf einigen, dass Daniel Kehlmann ein populärer Autor ist, der es geschafft hat, sehr populäre Romane zu schreiben.[6] Aber was heißt das eigentlich? Ist es der große Grad an Bekanntheit, der dieses Attribut sowohl der Person als auch seinem Werk zukommen lässt? Ist damit die weite Verbreitung seiner Schriften gemeint, sowohl in deutscher Sprache als auch in Übertragungen in andere Sprachen? Sind es die schieren Verkaufszahlen und die Platzierungen auf der Spiegel-Bestseller-Liste und vergleichbaren Charts und Rankings? Ist populär ein Attribut, das auf Qualität verweist oder gerade auf ihr Fehlen im Sinne einer unkritischen Massenkultur, die für alle leicht konsumierbar ist? Hinsichtlich einer historischen Semantik dürfte in jeder dieser Fragen bereits ein Stück der Antwort stecken.[7]

Nimmt man Daniel Kehlmanns Werk als Ausgangspunkt, kann man mit Andreas Reckwitz die Beobachtung teilen, dass „eine eindeutige Trennung" zwischen Hoch- und Populärkultur in heutigen Gesellschaften nicht mehr durchgängig statt

5 Steven Greenblatt: The Swerve. How the World became modern. New York/London 2011.

6 Die folgenden Überlegungen stammen nicht von mir, sondern ergaben sich aus Gesprächen an der Siegener Forschungsstelle Populäre Kulturen und wurden dort ausführlich diskutiert.

7 Siehe hierzu jetzt jüngst Niels Penke/Matthias Schaffrick: Populäre Kulturen. Zur Einführung. Hamburg 2018.

hat und sich diese Trennung weiter abschwächt.[8] Wenn die Demarkationslinie der Kultur nicht länger entlang der Unterscheidung von Hochkultur einerseits und populärer Kultur – oder bösartiger: Massenkultur – verläuft, muss man nach einer neuen Leitdifferenz fragen. Das Gegenteil des Populären wäre demnach nicht das Unpopuläre, wie man vorschnell annehmen könnte, sondern schlicht das Nicht-Populäre als dasjenige, was keine oder nur äußerst wenig Beachtung findet. Denn auch das Unpopuläre hat durchaus das Potential, äußerst populär zu werden. Es ist eine Frage der Sichtweise und des eigenen Standpunktes, was man für unpopulär oder gar vulgär hält. Dass diese Phänomene sich trotzdem mit einer durchaus umfassenden Popularität schmücken können, ob einem das nun passt oder nicht, kann nicht bestritten werden. Die Frage nach dem Populären ist also zunächst einmal eine Frage nach Quantifizierung und Messung von Beachtung. Was kennen viele, was kann als bekannt vorausgesetzt werden und wodurch kann man (weitere) Beachtung generieren? Nicht unplausibel wäre es auf die letzte Frage zu antworten: indem man an bereits Populäres anschließt. „Der quantitative Ansatz hat zunächst einmal den Vorteil, dass er die Populärkultur von den genannten, zumeist normativ vorbelasteten Vorstellungen vom *Anderen* ablöst: den Massen, dem Volk, der elitären Hochkultur."[9] Der Begriff des Populären und der Popularität soll im Folgenden in diesem nichtnormativen Sinn verwendet werden. Es geht in einer ersten Instanz gerade nicht um Wertung, sondern um die bloße Feststellung, als wie bekannt man etwas voraussetzen kann. Das wiederum generiert Frage nach der Anschlussfähigkeit bestimmter literarischer und historiographischer Texte, um die es im Weiteren gehen wird.

## 2 Tylls Prätexte: (Re-)Konstruktion einer Epoche

Daniel Kehlmanns Roman *Tyll* lebt in erster Linie von seinen Prätexten, die in ihrer Kombination dem Text eine eigene Logik verleihen. Sicherlich von allen Leser*innen wird die Referenz auf die Figur Till Eulenspiegel bemerkt. Ob das die Kenntnis – und sei es auch nur dem Namen nach – des Volksbuches *Ein kurtzweilig Lesen von Dil Ulenspiegel* [1510/11] miteinschließt, darf wohl getrost bezweifelt werden. Und doch werden schon mit diesem Rückgriff auf die literarische Vorlage einige der Praktiken Kehlmanns sichtbar. Er adaptiert insgesamt

8 Andreas Reckwitz: Die Gesellschaft der Singularitäten. Zum Strukturwandel der Moderne. Berlin 2017, S. 170.
9 Penke/Schaffrik: S. 11.

fünf der Episoden der Schwanksammlung von 1515 explizit,[10] die ersten drei Erzählungen bieten den zusätzlichen biographischen Hintergrund, den Kehlmann unterschiedlich stark aufgreift.

Neben Faust dürfte Till Eulenspiegel sicherlich die populärste spätmittelalterliche literarische Figur sein, deren Bekanntheit man bei einem lesenden Publikum allgemein voraussetzen kann. Vordergründig handelt es sich um inhaltliche Übernahmen, eine dezidierte Auseinandersetzung mit dem Stoff des Volksbuches und der langen Tradition seiner Aneignung ist es bei Kehlmann indes nicht. Die Episoden werden als solche übernommen, Tyll bringt einem Esel vermeintlich das Lesen bei, er spielt den Dorfeinwohnern einen Streich, indem er sie die Schuhe ausziehen lässt und Verwirrung stiftet. Ganz wie die Vorlage ergötzt er sich dabei an dem entstehenden Chaos und der sich anschließenden Prügelei. Der gesamte Bereich des Skatologischen und der ‚schwarzen Komik', die sich aus dem massiven, wirklichen und mitunter bleibenden Schaden von Beteiligten speist, bleibt hingegen vollständig ausgespart.[11] Tyll ist ein weitestgehend domestizierter, an moderne Lesegewohnheiten angepasster Charakter, dem es an frühneuzeitlicher Derbheit und Direktheit fehlt. Das ist nicht die einzige Anpassung, die Kehlmann vornimmt. Resultiert ein Großteil des Witzes im *Ulenspiegel*-Buch aus Sprachspielen und sprachlichen Missverständnissen, die gerade die Konstituenten der dargestellten Komik sind, so sucht man diese Art der bösen Verlachung und des Streiches bei Kehlmanns Schelm vergeblich. Er ist weit mehr als beratender Unterhalter oder unterhaltender Berater gezeichnet, der – ob seines Narrentums – einen privilegierten Zugang zur Wahrheit hat und diese auch *recte* auszusprechen gewohnt ist. Kleinere Unverschämtheiten bleiben zwar nicht aus, die Grausamkeiten der frühneuzeitlichen Vorlagen werden indes nicht erreicht. Zwar lebt Tyll gemeinsam mit seiner Gefährtin Nele als fahrendes Volk, eine kitschig-romantische Verklärung findet allerdings nicht statt. Die Freiheit des Künstlertums ist mit Entbehrungen aller Art hart erkauft. Es ist also keine flache Traditionsaneignung oder gar nur noch Motivübernahme, vielmehr stellt Kehlmann bestimmte Elemente – hier das harte Leben des fahrenden Volkes – zugunsten anderer Charakteristika zurück. Dergestalt entsteht etwas Neues, das zwar klar auf die frühneuzeitliche Vorlage verweist, ohne gleichzeitig in einen literarischen Wettstreit mit dem Original zu treten oder dessen Kenntnis gar zur Voraussetzung der Lektüre zu machen – das Gegenteil ist der Fall: Die Geschichte

---

**10** Es handelt sich um die Episoden 4, 17, 27, 28 und 29. Eine textkritische Ausgabe ist: Ein kurtzweilig Lesen von Dil Ulenspiegel. Nach dem Druck von 1515. Mit 87 Holzschnitten. Hg. v. Wolfgang Lindow. Bibliographisch ergänzte Ausg. Stuttgart 2001.

**11** Zur schwarzen Komik im *Dil Ulenspiegel* siehe jetzt jüngst Mareike von Müller: Schwarze Komik. Narrative Sinnirritationen zwischen Märe und Schwank. Heidelberg 2017.

funktioniert gerade dann besonders problemlos und geschmeidig, wenn man die Textvorlagen nicht kennt.

Schon deutlich weniger Leser*innen dürften die zweite Vorlage kennen, derer sich Kehlmann ausgiebig bedient: Carlo Ginzburgs epochemachende Ketzergeschichte *Der Käse und die Würmer*,[12] in der anhand einer genauen Aktenlektüre der Inquisitionsprozess gegen einen frühneuzeitlichen Müller durch die katholische Kirche erlebbar gemacht wird. Im Roman wird Tylls Vater, Claus, deutlich nach den Konturen von Ginzburgs realgeschichtlich greifbarem Müller Domenico Scandella, genannt Menocchio, gezeichnet. Dessen Vorstellungen vom Universum fließen ebenso in den Roman ein wie die – historisch verbürgte – Schwatzhaftigkeit gegenüber den Untersuchungsrichtern. Sowohl Menocchio als auch Claus Ulenspiegel geben bereitwillig Auskunft über ihr angelesenes Wissen, verstricken sich dergestalt immer tiefer und geraten so unentrinnbar in die Fallstricke der Inquisitoren. Menocchio ist aber nicht ob seiner Redseligkeit unter Frühneuzeithistorikern bekannt, sondern weil es Carlos Ginzburg anhand dieses Falles geglückt ist, Mentalitätsgeschichte aus dem ‚einfachen' Volk um 1600 greifbar zu machen. Popularität wird hier in zweifacher Weise adressiert: volksmäßig und eben sehr gut bekannt. Ginzburgs Buch ist ein Bestseller der Geschichtswissenschaft. Kehlmann greift also auch hier auf einen – wenn auch in deutlich geringerem Maße – gut etablierten und ‚prominenten' Text zurück. Es ist ein weiterer Baustein für seine Rekonstruktion der Frühen Neuzeit, die immer auch ein ‚best of' ist.

Noch ein letztes Beispiel in dieser Reihe: Welche literarischen Texte kennt man aus der Zeit des Dreißigjährigen Krieges? Sicherlich sind die Sonette des Andreas Gryphius in dieser Beziehung unerreicht. Der prominenteste Romantext dürfte – ohne dass ich dafür einen handfesten empirischen Beleg liefern könnte – Grimmelshausens *Abentheuerlicher Simplicissimus Teutsch* aus dem Jahre 1669 [recte 1668] sein. Auch dieser kommt an exponierter Stelle in *Tyll* vor. Martin von Wolkenstein schreibt am Ende seines Lebens seine Memoiren, und im Rückblick verlässt ihn nicht selten sein Gedächtnis – er füllt diese Lücken in der Regel mit schlicht erfundenen ‚Tatsachen' oder weicht auf andere Themen aus, wie uns der Erzähler nicht müde wird mitzuteilen.[13] Etwas anders

---

**12** Carlo Ginzburg: Der Käse und die Würmer. Die Welt eines Müllers um 1600. Berlin 2007 [deutsche Erstausgabe 1990].

**13** Zuverlässiges und unzuverlässiges Erzählen sind im gesamten Roman als Thema präsent. Martin von Wolkenstein wird als unzuverlässiger Chronist par excellence vorgestellt, dabei aber gleichzeitig als eben typisch für seine Zeit. Die Erzählerin im ersten Kapitel, Martha, die von Tyll aufgefordert wird, ihn zu begleiten, aber nach einigem Zögern ablehnt, wird sogleich mit dem Kapitelende eliminiert: ein Erzählabbruch nach wenigen Seiten, der Dreißigjährige

liegen die Verhältnisse, als er retrospektiv versucht die letzte große Feldschlacht des Dreißigjährigen Krieges, die Schlacht bei Zusmarshausen, deren Augenzeuge er war, zu beschreiben. Trotz aller notwendigen Informationen – „Namen und Orte, [. . .] Stärke der verschiedenen Einheiten, [. . .] Aufmarschpläne“ (T, S. 223), die er sich besorgt hatte, stockte seine Erzählung:

> Doch die Sätze wollten sich nicht fügen. Und so stahl er andere. In einem beliebten Roman fand er eine Beschreibung, die ihm gefiel, und wenn Menschen ihn drängten, die letzte Feldschlacht des großen deutschen Krieges zu schildern, so sagte er ihnen das, was er in Grimmelshausen *Simplicissimus* gelesen hatte. Es passte nicht recht, weil es sich um die Schlacht von Wittstock handelte, aber das störte keinen, nie fragte jemand nach. Was der dicke Graf nicht wissen konnte, war aber, dass Grimmelshausen die Schlacht von Wittstock zwar selbst erlebt, aber ebenfalls nicht hatte beschreiben können und stattdessen die Sätze eines von Martin Opitz übersetzten englischen Romans gestohlen hatte, dessen Autor nie im Leben bei einer Schlacht dabei gewesen war. (T, S. 224)

Das Gleiche könnte in schwächerer Form auch für *Tyll* selbst gelten. Es ist eine geschickte Kompilation, die auf Bekanntes und Bewährtes (insofern es Aufmerksamkeit generiert) zurückgreift, ohne sich weiter um eine historische Passgenauigkeit zu scheren. Das ist in keiner Weise abwertend gemeint, sondern beschreibt ein literarisches Verfahren, das sich im Werkzusammenhang Kehlmanns als äußerst erfolgreich erwiesen hat. Nichts, so hat der Autor verlautbaren lassen, sei ihm mehr zuwider als ein platter Realismus:

> Ich fand Literatur immer am faszinierendsten, wenn sie nicht die Regeln der Syntax bricht, sondern die der Wirklichkeit. Das habe auch ich immer versucht, und ich war immer wieder überrascht davon, wie stark die inneren Widerstände vieler deutscher Kunstverständiger dagegen sind. Man könnte daran wohl Mentalitätsbeobachtungen knüpfen; ich glaube, nirgendwo ist die Literatur, aber nirgendwo auch das Lebensgefühl so fest verankert in gutbürgerlich unzerstörbarer Wirklichkeit.[14]

Schon die Zusammenstellung des Figurentableaus in *Tyll* entspricht dieser antirealistischen Maxime, die historische Unmöglichkeiten ins Werk setzt. Moritz Baßler hat zu Recht darauf hingewiesen, dass die Form eines „populären Realismus“ sich gerade auch dadurch auszeichnet, dass man auf Bekanntes zurückgreift und es in eine wenig widerständige Erzählung überführt, ohne

Krieg fordert seine Opfer. Sie bleibt im Raum des Unbekannten, der keine Einzelschicksale kennt: „Wir aber erinnern uns, auch wenn keiner sich an uns erinnert, denn wir haben uns noch nicht damit abgefunden, nicht zu sein. Der Tod ist immer noch neu für uns, und die Dinge der Lebenden sind uns nicht gleichgültig.“ (T, S. 29). Ich kann an dieser Stelle leider nicht weiter auf diese Fragestellung nach den einzelnen Erzählinstanzen eingehen.

14 Daniel Kehlmann: Diese sehr ernsten Scherze. Göttinger Poetikvorlesungen. Göttingen 2007, S. 15.

dabei substanzlos zu werden. Vielmehr bieten sich den literarisch gebildeten Leser*innen so intertextuelle Anknüpfungspunkte und Verweise, mit denen sie sich – wie er mit Umberto Eco sagt – selbst belügen können, was das eigene Textverständnis betrifft.[15] Dieser kritische Reflex im Sinne einer unmittelbaren Wertung ist meines Erachtens überflüssig und trägt wenig zur Ergründung des Phänomens bei. Dagegen stellt sich eine ganz andere Frage.

Was haben diese Texte, viele weitere ließen sich namhaft machen, gemeinsam, bzw. was leisten diese intertextuellen Verweise für die Poetologie des Romans? Auffällig ist in erster Instanz zunächst einmal, dass Kehlmann durchweg sehr bekannte Texte als Prätexte heranzieht. Abseitiges findet sich – sicherlich je nach Sichtweise – gerade nicht. Selbst wenn der früh verstorbene Dichter Paul Fleming als Figur im Roman in Erscheinung tritt, ist das noch eine literarische Vorlage, die durchaus kanonischen Stellenwert hat. Prominenz und Kanoniziät sind die Ausgangsbedingungen, nach denen der Autor offensichtlich sein Material auswählt. Damit geht eine vergleichsweise leichte Wiedererkennbarkeit einher, die einem avancierten populären Realismus Vorschub leistet. Was die Poetologie betrifft, stiften diese intertextuellen Bezüge den literarischen Referenzrahmen, in dem der Text selbst wahrgenommen werden soll. Die Rückbindung an die literarische Tradition der Best- und Longseller stellt den Roman selbst unter die Ägide von Popularität und verweist zugleich auf Modi populären Schreibens. Das ist eben nicht nur auf der Plot-Ebene ein Thema des Romans (Paul Fleming, Athanasius Kircher und Martin von Wolkenstein denken ganz explizit aus der Warte einer modernen „Werkpolitik"[16]), sondern wird durch den Roman selbst ins Werk gesetzt.

15 Kehlmann gelinge „eine Doppelcodierung, die konstitutiv ist für die anspruchsvolleren Varianten des populären Realismus, also jene, die sich selbst auch als Hochliteratur verstehen. Er erzählt einerseits eine unterhaltsame, leicht lesbare, gut verständliche Geschichte mit hohem Identifikationspotential und gibt dem Leser andererseits das Gefühl, dass dieser ‚im Genuß dieser Reize eine privilegierte ästhetische Erfahrung vervollkommne'." Moritz Baßler: Genie erzählen: Zu Daniel Kehlmanns Populärem Realismus. In: Gegenwartsliteratur. Ein germanistisches Jahrbuch 16 (2017), S. 37–55. Das Zitat im Zitat stammt von Umberto Eco. „Der mittlere Konsument konsumiert seine Lüge." Umberto Eco: „Die Struktur des schlechten Geschmacks." In: ders.: Apokalyptiker und Integrierte. Zur kritischen Kritik der Massenkultur. Frankfurt a. M. 1984, S. 59–115, hier S. 90.

16 Steffen Martus: Werkpolitik. Zur Literaturgeschichte kritischer Kommunikation vom 17. bis ins 20. Jahrhundert mit Studien zu Klopstock, Tieck, Goethe und George. Berlin/New York 2007.

# 3 Figurensignaturen und Diskurse

Das Figurenarsenal, das uns in *Tyll* begegnet, ist beinahe schon topisch zu nennen. Wie ist das gemeint? Wenn man sich die Frage stellt, welche Figuren eine frühneuzeitliche Welt bevölkern, werden folgende Typen sicherlich vertreten sein: Handwerker, Bauern, Gaukler, fahrendes Volk, Gelehrte, Könige und Königinnen, Folterknecht und Henker sowie Militär. Zwar sind es nicht im strengen Sinn festgefügte Aktanten, wie das Vladimir Propp einst für das Märchen formuliert hat,[17] aber doch zielen die Figurentypen, die im Roman vorkommen, auf wiedererkennbare Rollenmuster. Damit ist nicht gesagt, dass es sich um eindimensionale oder gar langweilige Figuren handeln müsse, das ist im vorliegenden Roman sicher nicht der Fall, sondern es wird eine strukturelle Ebene adressiert, die es den Leser*innen ermöglicht, vergleichsweise einfach bestimmte Erwartungshaltungen zu formulieren: Der Narr spricht die Wahrheit aus, die ansonsten unausgesprochen bleiben muss, der Inquisitor verfolgt unbarmherzig Andersgläubige oder vom rechten Glauben Abgekommene und verantwortet schließlich deren Tod, König und Königin sind Spielbälle der Mächte, denen sie schlussendlich unterliegen. Diese Narrative unterscheiden sich in der Erwartungshaltung gar nicht substantiell von Plotkonstruktionen, die in einem idealisierten Mittelalter ihren Platz haben (man vergleiche nur etwa das Figurenarsenal in Umberto Ecos – ja, wiederum Bestseller – *Der Name der Rose*).[18]

## 3.1 Der Ketzer

Claus Ulenspiegel, der Vater Tylls, ist Müller. Damit kann Kehlmann auf eine historisch-literarische Koinzidenz zurückgreifen: Im Volksbuch *Ein kurtzweilig Lesen von Dil Ulenspielgel* ist das ebenso korrekt, wie es korrekt ist, dass ausgerechnet der Ketzer Carlos Ginzburgs, Menocchio, Müller ist. Kehlmann amalgamiert beide Figuren in geschickter Weise, indem er Tylls Vater zum Ketzer macht (was in der Volksbuchvorlage selbstredend nicht der Fall ist). Die Eulenspiegelgeschichten werden mit der historischen Ketzerfigur kurzgeschlossen zu einem überzeugenden Charakter, den der Autor nun vornehmlich nach der Vorlage Ginzburgs mo-

17 Vladimir Propp: Morphologie des Märchens. Frankfurt a. M. 1986.

18 Umberto Eco: Der Name der Rose. München 1982.

delliert. Claus Ulenspiegel kommt nur auf Umwegen zu seinem Beruf als Müller, er kann lesen und interessiert sich viel mehr für alchemistische Zusammenhänge, Magie, philosophisch-theologische Fragestellungen und die richtige Form der Religion. Er heilt Kranke in seinem engeren Umfeld und führt selbst astronomische Experimente durch, um dem Geheimnis des Universums zumindest ein Stück weit auf die Spur zu kommen. Zudem besitzt er einige wenige Bücher, eines, auf Latein verfasst, kann er nicht einmal lesen. Und dennoch bilden sie seinen ganzen Stolz, für seinen Brotberuf kann er sich hingegen kaum erwärmen.

Die Inquisition – hier in Form der Jesuiten Athanasius Kircher, dem berühmtesten Gelehrten der Frühen Neuzeit[19], und seinem Lehrer Oswald Tesimond, dem jesuitischen Mitwisser der Pulververschwörung am 5. November 1605 in London – wird eher durch Zufall auf den Müller mit den ketzerischen Ansichten aufmerksam, und es beginnt ein Prozess, an dessen Ende die Todesstrafe am armen Sünder vollstreckt wird. Auch hier kommt es zu einem ungewöhnlichen *meet and greet* historisch verbürgten Personals, das sich selbstredend (historisch) – Stichwort Antirealismus – so nicht zugetragen hat.

In Szene gesetzt wird die Wahrheitssuche eines einfachen Mannes, der an den Umständen seiner Zeit scheitert – er ist kein Gelehrter, sondern vielmehr dilettierender Autodidakt. Nichtsdestotrotz, oder vielmehr gerade deswegen, verzweifelt er zusehends an den ihn quälenden Fragen ob der Sinnhaftigkeit der Einrichtung der Welt: „Manchmal scheint es ihm, als wäre es Gottes Ziel gewesen, bei der Einrichtung der Welt den Verstand eines armen Müllers zu narren." (T, S. 97). Wie lässt sich die Identität zweier Birkenblätter erklären, und wenn es keinen Unterschied gibt, sind sie dann nicht als eines zu betrachten? Wie viele Körner kann man von einem Haufen wegnehmen und wann kann der Haufen nicht länger als Haufen bezeichnet werden?[20] Das sind die Fragen, die den Müller umtreiben und deren Lösung er nicht näherkommt. Es fehlt nur noch Buridans Esel, und man hätte die klassischerweise (allgemein) bekannten Problemstellungen scholastischer Philosophie beisammen. Kehlmann überführt hier die verwinkelten und komplizierten theologischen und sozialkritischen Ansichten, die Ginzburg für seinen historischen Müller rekonstruiert hat, in einfache und für die Leser*innen wiedererkennbare philosophische Paradoxa. Auch das ist eine Form möglicher Popularisierung.

---

**19** Einen ersten möglichen Einstieg (mit weiterführender Literatur) bietet John Glassie: Der letzte Mann, der alles wusste: Das Leben des exzentrischen Genies Athanasius Kircher. Berlin 2014.

**20** Siehe Glassie: S. 94.

Der Grundzug des Ketzerischen – letztlich ein *atheismo in consequentia*, der sich aus der Leugnung von Gottes Allmacht ergibt[21]– wird so vergleichsweise leicht greifbar. Vorderhand bleiben es aber die magischen Praktiken von Tylls Vater, die die historisch weniger beschlagenen Leser*innen überzeugen sollen. Dass sich die Vertreter der Kirche, allen voran der Inquisitor selbst, dergleichen Praktiken bedienen, muss dann nicht unbedingt auffallen.

Auf die Spitze getrieben wird die Parallele zum Vorbild in der Schwatzhaftigkeit des Müllers, er ist gerne bereit den Inquisitoren Auskunft über sein Weltbild zu geben, in den beiden Jesuiten findet er endlich Personen, die ihm zuhören, als er sich dabei literal um Kopf und Kragen redet. Ginzburgs Prätext wird dergestalt – mit leicht angepassten Vorzeichen – zur handlungstreibenden Kraft im Roman.

## 3.2 Der Gelehrte

Mit Athanasius Kircher bevölkert einer der profiliertesten und in der Zeit wirkmächtigsten Gelehrten die fiktive Welt des Romans. Auch hier zeigt sich Kehlmann gut informiert. Vorgeführt wird neben wissenschaftlichen Erkenntnissen und Elementen vormoderner Gelehrsamkeit (die bereits angesprochenen philosophischen Paradoxa etwa) aber auch eine Form frühneuzeitlich gelehrter Scharlatanerie, wobei nie so ganz klar zu bestimmen ist, wo die Grenze verläuft. Wenn sich Kircher zusammen mit seinen Reisegefährten (darunter der junge Dichter Paul Fleming) in Norddeutschland auf die Suche nach einem Drachen begibt, um daraus ein Heilmittel gegen die Pest herzustellen, so wirkt das im ersten Moment rein fantastisch oder – je nach Sichtweise – nachgerade absurd. Nun gibt es aber genau diese Abhandlung zur Pest von Athanasius Kircher – *Scrutinium Physico-Medicum Contagiosae Luis, quae dicitur*

---

**21** Das ist vielleicht erläuterungsbedürftig: Claus Ulenspiegel ist der Überzeugung, dass er im Besitz zweier absolut identischer Birkenblätter ist und kommt zu der letztlich ketzerischen Überzeugung, dass es sich um eines handelt. Was er nicht bedenkt, schreibt ihm der Jesuit Kircher ins Stammbuch: „‚Es gibt keine zwei gleichen Blätter in der Schöpfung', sagt Doktor Kircher. ‚Es gibt nicht einmal zwei gleiche Körner Sand. Keine zwei Dinge, zwischen denen Gott nicht Unterschiede erkennt." (T, S. 105). Ohne es zu begreifen, stellt der Müller Gottes Allwissenheit in Frage, diese Form der Hybris mündet letztlich – als eines der Attribute Gottes – in einer Leugnung der Göttlichkeit Gottes. Darin besteht das juristische sanktionierbare Vergehen.

*Pestis* (Abb. 1)[22] –, die 1658 erstmals in Rom erschien und die 1680 in gekürzter Fassung unter dem Titel *Durchgründung der laidigen ansteckenden Sucht / und so genannten Pestilenz*[23] auf Deutsch in Augsburg gedruckt wurde (Abb. 2). Das Buch ist dabei genauso wenig Phantasma wie der Drache: Das Register verweist unter dem Lemma „Drachen / wie und wo sie geboren werden" auf die Seiten 16 und 48. Dort steht – unter Bezugnahme auf Aristoteles und Hieronymus Cardanus:

> Aus solcher Gelegenheit werden jene veraisste Drachen erwachsen seyn / welche wie ARISTOTELES und CARDANUS bezeugen / in einem Hol in *Macedonien* gefunden worden / und ein so gifftigen Lufft ausgelassen / daß die / so aldorten vorbey gangen / augenblicklich getödtet worden / wäre also das gantze Land zu Grund gangen / wann sie nicht wären umgebracht worden / darauf die Pest alsobalden nachgelassen.[24]

Größere Autoritäten sind in diesem Zusammenhang unter frühneuzeitlichen Bedingungen nicht anzuführen, das Geschilderte mithin durchweg als glaubwürdig einzustufen. Die Herkunft der Drachen ist auf ganz natürlichem Wege zu erklären:

> Erstlich sehen wir / daß vil verfaulte Materi in den innerlichen Theilen der Erden sich sammelt / daß darauß allerley Thier / *Insecta* genandt / als Würm und Käfer / ja so dar auch gifftige geboren werden / als Schlangen / Kröten / Drachen in den Klüfften und Gewölbern der Erden / welche herkommen auß der Feuchtigkeit / so in den Bergen verschlossen ist / so sich alldorten befindet.[25]

Was als rein phantastisches Element anmutet, hat seinen Grund in der Gelehrsamkeit des siebzehnten Jahrhunderts. Das wirft zugleich ein Schlaglicht auf diese Formen von Gelehrsamkeit, die nicht nach den rationalistischen Überzeugungen der Moderne funktionieren. Auch die anderen Schriften Kirchers, die im Roman genannt werden – die *Musurgia universalis, sive ars magna consoni et dissoni*[26], selbstredend inklusive des populären ‚Katzenklaviers' (T, S. 356), sowie die Schriften zur Entzifferung der Hieroglyphen, *Œdipus Ægyptiacus*[27], werden korrekt benannt. Das Verhältnis von Realismus und Phantastik wird

---

**22** Abbildung nach Bayerische Staatsbibliothek digital. http://mdz-nbn-resolving.de/urn:nbn:de:bvb:12-bsb10367104-5 (Zuletzt angesehen am 06.04.2020).

**23** Athanasius Kircher: Durchgründung der laidigen ansteckenden Sucht/und so genannten Pestilenz [. . .]. Augsburg 1680. Abbildung nach Wolfenbütteler Digitale Bibliothek (WDB). http://diglib.hab.de/drucke/xb-4784/start.htm (Zuletzt angesehen am 06.04.2020).

**24** Kircher: S. 16 [Hervorhebung im Original].

**25** Kircher: S. 47 f. [Hervorhebung im Original].

**26** Siehe hierzu den Dialog auf S. 354 f.

**27** Gefolgt auf die *Lingua Ægyptiaca restituta* von 1643. „Nur weil er gelernt hatte, ganz dem Geist Gottes zu vertrauen, hatte er sein größtes Werk vollbringen können, die Entzifferung der Hieroglyphen." (T, S. 368).

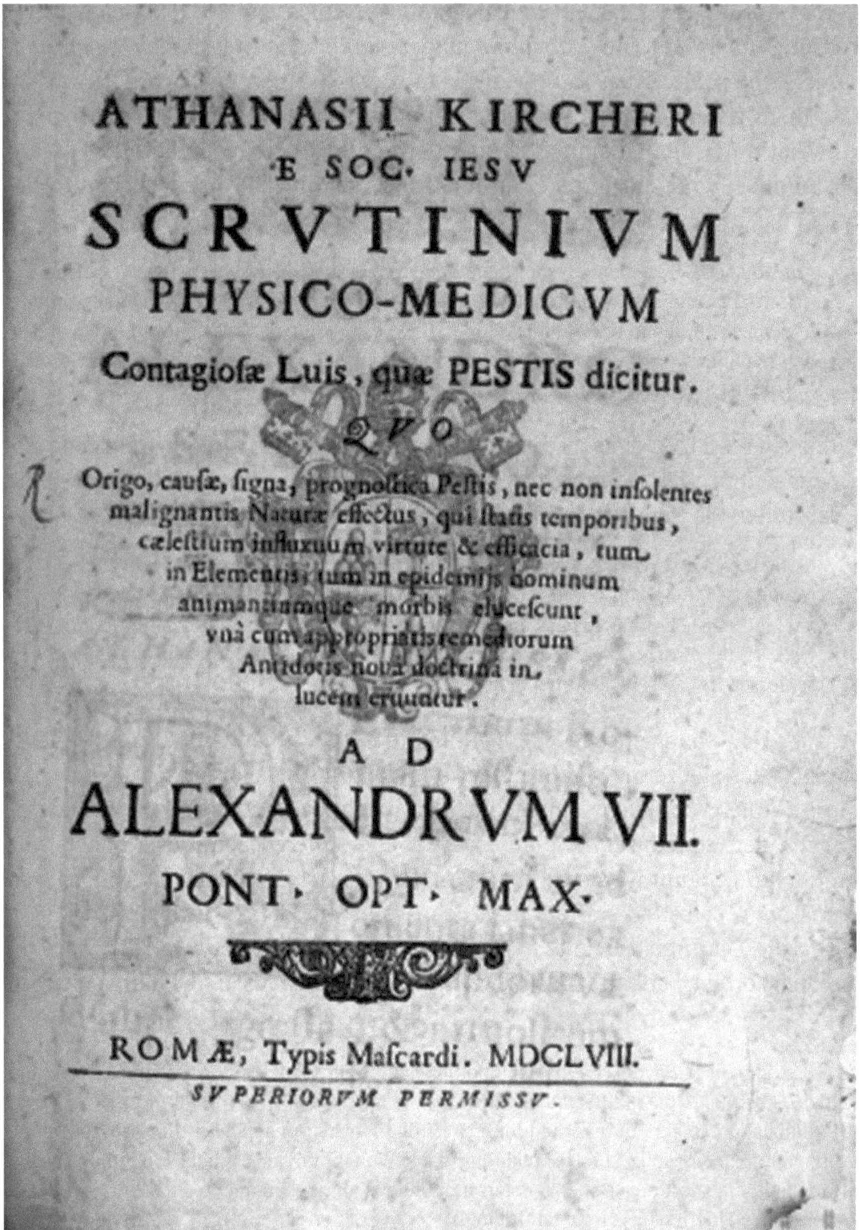

ATHANASII KIRCHERI
E SOC. IESV
SCRVTINIVM
PHYSICO-MEDICVM
Contagiosæ Luis, quæ PESTIS dicitur.
QVO
Origo, causæ, signa, prognostica Pestis, nec non insolentes malignantis Naturæ effectus, qui statis temporibus, cælestium influxuum virtute & efficacia, tum in Elementis; tum in epidemijs hominum animantiumque morbis elucescunt, vnà cum appropriatis remediorum Antidotis noua doctrina in lucem eruuntur.
A D
ALEXANDRVM VII.
PONT. OPT. MAX.
ROMÆ, Typis Mascardi. MDCLVIII.
SVPERIORVM PERMISSV.

**Abb. 1:** Titelblatt der EA des Pesttraktates.

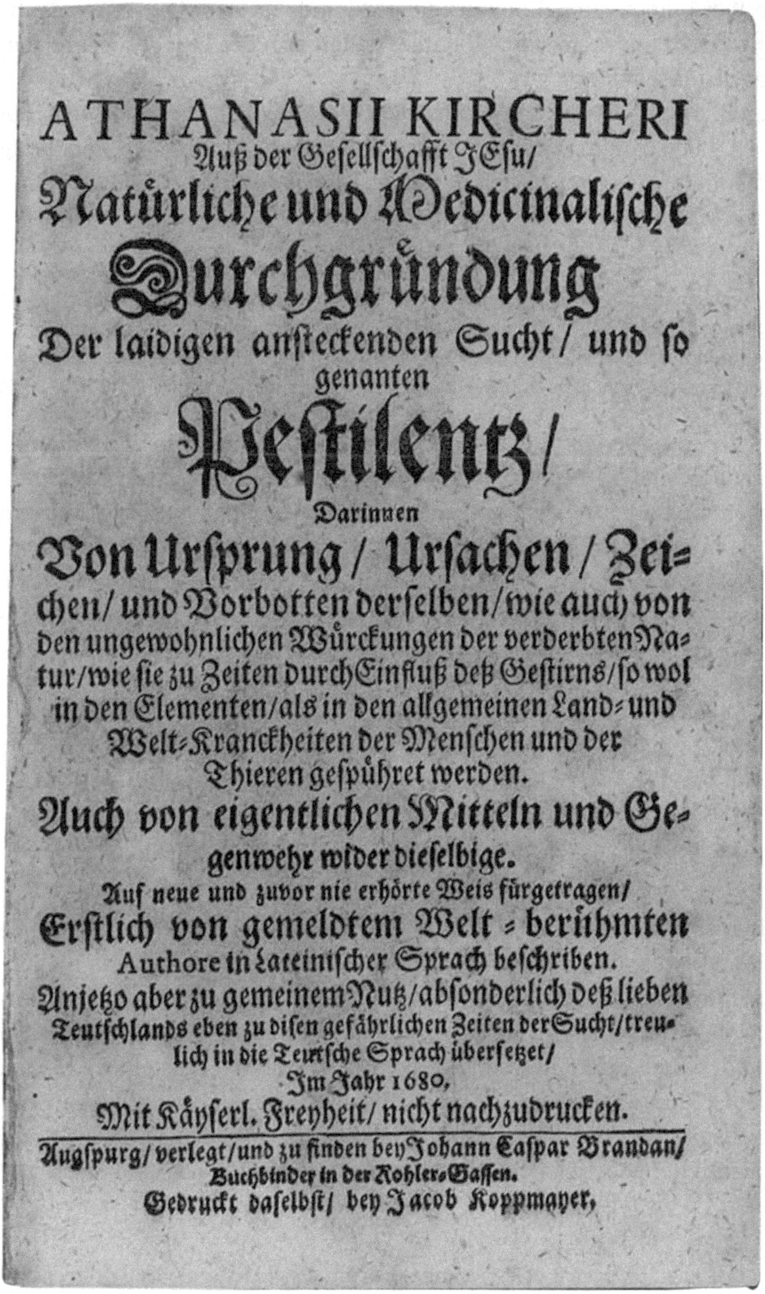

ATHANASII KIRCHERI
Auß der Gesellschafft JEsu/
Natürliche und Medicinalische
Durchgründung
Der laidigen ansteckenden Sucht/ und so
genanten
Pestilentz/
Darinnen
Von Ursprung/ Ursachen/ Zei-
chen/ und Vorbotten derselben/ wie auch von
den ungewohnlichen Würckungen der verderbten Na-
tur/ wie sie zu Zeiten durch Einfluß deß Gestirns/ so wol
in den Elementen/ als in den allgemeinen Land- und
Welt-Kranckheiten der Menschen und der
Thieren gespühret werden.
Auch von eigentlichen Mitteln und Ge-
genwehr wider dieselbige.
Auf neue und zuvor nie erhörte Weis fürgetragen/
Erstlich von gemeldtem Welt-berühmten
Authore in Lateinischer Sprach beschriben.
Anjetzo aber zu gemeinem Nutz/ absonderlich deß lieben
Teutschlands eben zu disen gefährlichen Zeiten der Sucht/ treu-
lich in die Teutsche Sprach übersetzet/
Im Jahr 1680.
Mit Käyserl. Freyheit/ nicht nachzudrucken.

Augspurg/ verlegt/ und zu finden bey Johann Caspar Brandan/
Buchbinder in der Kohler-Gassen.
Gedruckt daselbst/ bey Jacob Koppmayer.

**Abb. 2:** Titelblatt der dt. Übersetzung.

auf diese Weise noch einmal neu grundiert. Gerade an den Stellen, wo es die Leser*innen wohl am wenigsten vermuten, nähert sich der Text den Gepflogenheiten des historischen Romans.

In den Blick gerät so die Speerspitze der Gelehrsamkeit sowie die Logik, der sich diese Art Forschung noch verpflichtet fühlt und die für uns sehr fremdartig ist. Auf die Frage eines der Begleiter, ob der Drache in Norddeutschland denn gesichtet worden sei, erwidert Kircher:

> Natürlich nicht. Ein Drache, den man gesichtet hat, wäre ein Drache, der über die wichtigste Dracheneigenschaft nicht verfügt – jene nämlich, sich unauffindbar zu machen. Aus genau diesem Grund hatte man allen Berichten von Leuten, die Drachen gesichtet haben wollen, mit äußersten Unglauben zu begegnen, denn ein Drache, der sich sichten ließe, wäre a priori schon als Drache erkannt, der kein echter Drache ist. (T, S. 352)

*Quod erat demonstrandum* – genau deswegen blieb der Norden Deutschlands weitestgehend von der Pest verschont: Hier lebt einer der letzten nicht gesichteten Drachen. Gelehrtes Wissen wird uns in seiner Vergänglichkeit gezeigt und es bildet damit den Kontrapunkt zu den literarischen Texten, die nicht der gleichen Vergänglichkeit unterworfen sind, sie sind es, die die Alterität der Epoche von sich aus überwinden können – die Streiche Till Eulenspiegels haben die Zeiten in Form der Erzählung und literarischen Adaption überdauert, sei es als Kinderbuch oder in den literarischen Bearbeitungen eines de Coster[28] oder Gerhart Hauptmanns und vieler anderer.[29] Gleiches kann man für die zeitgenössisch durchaus seriös zu betreibende ‚Draconologie' nicht behaupten.

## 3.3 Der Chronist

Die Figuren sind durchaus so angelegt, dass sie eines, wenn nicht das große Thema des Romans, das Erzählen selbst und die Literatur sowie ihren Stellenwert, aus unterschiedlichen Richtungen perspektiveren. Mit der Figur des Martin von Wolkenstein tritt ein frühneuzeitlicher Chronist auf, den außer dem Namen und seiner Herkunft wenig mit Oswald von Wolkenstein verbindet. Außer vielleicht kontrafaktisch: Er versteht sich gerade nicht als Dichter, sondern als Historiker. Zwei Momente gilt es hier hervorzuheben: Thematisiert wird einerseits der generelle Konstruktionscharakter von Geschichte und ande-

28 Charles De Coster: La légende et les aventures héroiques joyeuses et glorieuses d'Ulenspiegel et de Lamme Goedzak au pays des Flandres et ailleurs. Brügge 1867.

29 Gerhart Hauptmann: Des großen Kampffliegers, Landfahrers, Gauklers und Magiers, Till Eulenspiegel Abenteuer, Streiche, Gaukeleien, Gesichte und Träume. Berlin 1928.

rerseits die Unzuverlässigkeit der eigenen Erinnerung im engeren Sinne sowie Zeitzeugenschaft im weiteren Sinne. Vielleicht kann man sogar noch einen dritten Punkt hinzunehmen, auch wenn dieser nicht gleich stark ins Gewicht fällt: Die Überzeugungskraft von Geschichtsschreibung ist nicht strikt an die Faktizität des Dargestellten gebunden. Aber der Reihe nach.

Kehlmann stellt diesen angesprochenen Konstruktionscharakter von Geschichte deutlich aus, indem er seinem Text konsequenterweise die Bezeichnung ‚Roman' voranstellt und dadurch bereits auf den Bereich des Fiktionalen und Fiktiven verweist, das der Geschichtsschreibung – in jedem Falle in der Form Martin von Wolkensteins – ebenso inhärent ist, aber unausgesprochen bleibt. Damit verweist Kehlmann auf ein ganz generelles Problem historiographischen Schreibens und expliziert das gerade in der Übernahme einer Romanpassage. Zwar war Martin von Wolkenstein Zeuge der Schlacht von Zusmarshausen, in seinen Memoiren ist er aber unfähig – trotz einschlägiger Hilfe – die selbst erlebten Geschehnisse in die Form eines Textes zu überführen.[30]

Selbst Zeitzeugenschaft und direktes Erleben können die Überführung in einen historiographisch vertrauenswürdigen Text nicht verbürgen. Zu Hilfe kommt dem Chronisten ausgerechnet die Literatur, die ein Mehr an Wahrhaftigkeit verspricht: Martin von Wolkenstein greift auf die Darstellung Grimmelshausens zurück,[31] verwandelt markierte Fiktion in unmarkierte Geschichtsschreibung.[32] Der

**30** Zur Erinnerung hier noch einmal die bereits in Auszügen zitierte Stelle, der eine ganz zentrale Funktion im Roman hinsichtlich seiner eigenen Poetik zukommt: „Jahre später befragte er den unglücklichen Grafen Gronsfeld, [. . .]. Zahnlos, müde und hustend nannte der einstige Befehlshaber der bayerischen Truppen ihm die Namen und Orte, er beschrieb die Stärke der verschiedenen Einheiten und zeichnete Aufmarschpläne, sodass es dem dicken Grafen einigermaßen gelang, sich Rechenschaft abzulegen, wo ungefähr er gewesen und was ihm und seinen Gefährten widerfahren war. Doch die Sätze wollten sich nicht fügen. Und so stahl er andere." (T, S. 223 f.).

**31** „In einem beliebten Roman fand er eine Beschreibung, die ihm gefiel, und wenn Menschen ihn drängten, die letzte Feldschlacht des großen deutschen Krieges zu schildern, so sagte er ihnen das, was er in Grimmelshausens *Simplicissimus* gelesen hatte. Es passte nicht recht, weil es sich dort um die Schlacht von Wittstock handelte, aber das störte keinen, nie fragte jemand nach. Was der dicke Graf nicht wissen konnte, war aber, dass Grimmelshausen die Schlacht bei Wittstock zwar erlebt, aber ebenfalls nicht hatte beschreiben können und stattdessen die Sätze eines von Martin Opitz übersetzten englischen Romans gestohlen hatte, dessen Autor nie im Leben bei einer Schlacht dabei gewesen war." (T, S. 224) Die entsprechende Stelle findet sich im XXVII. Capitel des II. Buches. Hans Jacob Christoffel von Grimmelshausen: Simplicissimus Teutsch. Hg. v. Dieter Breuer. Frankfurt a. M. 2013, S. 213–217.

**32** Diese Differenz hat weitreichende Folgen auch für den Stellenwert der Figuren respektive Personen. Siehe hierzu die kluge Darstellung von Johannes Süßmann: Charakterisieren. Dilemma und Kunst der historiographischen Figurenzeichnung. In: Figurenwissen. Funktionen von Wissen bei der narrativen Figurendarstellung. Hg. v. Lilith Jappe/Olav Krämer/Fabian Lam-

Hinweis darauf, dass dieser Kategorienwechsel unbemerkt bleibt, unterstreicht noch einmal die enge Verwandtschaft der beiden Schreibweisen. Unterschiedslos sind sie deswegen freilich nicht. Was Kehlmann hier launig in Form der Anekdote verhandelt, ist nichts anderes als die seit Aristoteles virulente Frage nach der Wahrheit der Dichtung in Form einer Kunst des Möglichen, die unter Umständen mehr Wahrheit für sich beanspruchen kann als die Geschichtsschreibung selbst.[33]

Der Erzähler im Roman versäumt überdies kaum eine Gelegenheit die Glaubwürdigkeit des Chronisten zu diskreditieren und ihn mindestens als einen unzuverlässigen Erzähler erscheinen zu lassen.[34] Geschichtsschreibung und Literatur werden immer wieder gegeneinander ausgespielt, mit einer deutlichen Präferierung der letzteren. Auch hier haben wir wieder so einen Baustein, der gerechtfertigter Weise die These zulässt, dass *Tyll* in erster Linie kein Roman über die Verwicklungen eines Narren in die Wirren des Dreißigjährigen Krieges ist – das ist er nur auf der Plot-Ebene –, sondern vielmehr ein Roman über die Literatur selbst.

---

part. Berlin/Boston 2012, S. 114–132. Für die Möglichkeiten der Darstellung – auch in Bezug auf Kehlmanns *Tyll* – siehe jetzt Dirk Werle: Erzählen vom Dreißigjährigen Krieg. Hannover 2020.

**33** Im 9. Buch von Aristoteles' *Poetik* findet sich die kanonische Stelle: „Aus dem Gesagten ergibt sich auch, daß es nicht Aufgabe des Dichters ist mitzuteilen, was wirklich geschehen ist, sondern vielmehr, was geschehen könnte, d. h. das nach den Regeln der Wahrscheinlichkeit oder Notwendigkeit Mögliche. Denn der Geschichtsschreiber und der Dichter unterscheiden sich nicht dadurch voneinander, daß sich der eine in Versen und der andere in Prosa mitteilt – [. . .] –; sie unterscheiden sich vielmehr dadurch, daß der eine das wirklich Geschehene mitteilt, der andere, was geschehen könnte." Aristoteles: Poetik [1451a–1451b]. Hier zitiert in der deutschen Übersetzung von Manfred Fuhrmann. Aristoteles: Poetik. Griechisch/Deutsch. Hg. v. Manfred Fuhrmann. Bibliographisch ergänzte Ausg. Stuttgart 1994, S. 29. Siehe hierzu ferner Andreas Kablitz: Die Kunst des Möglichen. Theorie der Literatur. Freiburg i. Br./Berlin/Wien 2013.

**34** Etwa dergestalt: „Sie starrten in die Nacht. Mit einem Mal erfüllte den dicken Grafen das Gefühl, dass dies alles ein Traum sein musste, mit solcher Stärke, dass es ihm in der Erinnerung scheinen sollte, als wäre es auch einer gewesen und als wäre er gleich darauf aufgewacht, am hellen Morgen, trocken und ausgeschlafen. Es konnte sich so nicht abgespielt haben, aber statt sich mit der Erinnerung abzumühen, schob er zwölf Seiten kunstvoll verschachtelter Sätze über seine Mutter ein." (T, S. 195). Die Beispiele ließen sich noch vermehren. Zum narratologischen Konzept siehe den Überblick bei Monika Fludernik: Unreliability vs. Discordance: Kritische Betrachtungen zum literaturwissenschaftlichen Konzept der erzählerischen ‚Unzuverlässigkeit'. In: ‚Was stimmt denn jetzt?' Unzuverlässiges Erzählen in Literatur und Film. Hg. v. Fabienne Liptay/Yvonne Wolf. München 2005, S. 39–59.

## 3.4 Der Dichter

Der Barockdichter Paul Fleming gilt als einer der ersten, der das literaturpolitische Programm des Martin Opitz, das dieser in seinem epochalen *Buch von der deutschen Poeterey* (1624) vorgelegt hat,[35] am konsequentesten verfolgt hat. Wenn uns hier im Roman das Projekt einer deutschen und vor allem deutschsprachigen Nationalliteratur vorgestellt wird, dann ist das sicherlich kein Zufall. Denn zu deren Vertretern gehört Kehlmann selbstverständlich auch, der Abstand von mehr als dreihundert Jahren mag das zwar leicht übersehen lassen, aber der Autor von *Tyll* ist selbstredend Glied in dieser langen Traditionskette, die mit den Versreformen eines Martin Opitz beginnt.

Kehlmann führt uns als Leser*innen in die frühneuzeitlich topische Gesprächssituation der Kutschfahrt,[36] wo sich die drei Gelehrten Kircher, Fleming und Olearius über allerlei gelehrte Gegenstände austauschen. Der junge Fleming nutzt seine Chance und bringt das Gespräch auf die Dichtung und seine eigenen Versuche, in deutscher Sprache zu dichten. Die Leser*innen wohnen hier der Geburtsstunde der deutschen Dichtung als einer nicht länger neulateinischen, sondern genuin deutschsprachigen Literatur *in nuce* bei.

> „Warum schreibt ihr Eure Gedichte denn auf Deutsch?" fragte Kircher schließlich.
> „Ich weiß, das klingt wunderlich", sagte Fleming, der auf diese Frage gewartet hatte. „Aber es lässt sich machen! Unsere Sprache wird gerade erst geboren. Hier sitzen wir, drei Männer aus dem gleichen Land, und sprechen Latein. Warum? Jetzt mag das Deutsche noch ungelenk sein, ein kochendes Gebräu, ein Geschöpf im Werden, aber eines Tages ist es erwachsen". (T, S. 356)

Und weiter heißt es:

> „Noch ist unsere Sprache ein Wirrnis aus Dialekten", sagte Fleming. „Weiß man im Satz nicht weiter, greift man sich das passende Wort aus dem Lateinischen oder Italienischen oder sogar Französischen, und die Sätze biegt man irgendwie in lateinischer Manier zurecht. Aber das wird sich ändern! Man muss eine Sprache nähern und pflegen, man muss ihr helfen, auf dass sie gedeiht! Und ihr helfen, das heißt: dichten!" (T, S. 357)

Dichtung wird uns hier präsentiert als Mittel der Sprachpflege und Sprachentwicklung. Dabei darf man den größeren Zusammenhang nicht übersehen: Das Projekt einer deutschsprachigen Literatur war zugleich der Versuch das kulturelle Niveau in Deutschland ganz allgemein anzuheben, guten Geschmack weiter

---

**35** Zu den politischen Aspekten siehe insb. Herbert Jaumann: Nachwort. In: Martin Opitz: Buch von der Deutschen Poeterey. Hg. v. Herbert Jaumann. Stuttgart 2002, S. 191–213.
**36** Man denke nur etwa an Christian Thomasius' *Monatsgespräche* [1688 ff.].

auszubreiten. Es handelte sich – der Idee nach – um ein zivilisatorisches Vorhaben und ist dem, was ein gutes Jahrhundert später unter dem Begriff der Volksaufklärung verhandelt wird, der Sache nach durchaus verwandt – auf Deutsch zu dichten ist auch ein Akt von Popularisierung. Anspruchsvolle Literatur soll eben nicht nur im Lateinischen möglich sein, sondern auch in der Volkssprache. „Aber wer wollte schon ohne Vorwarnung Gedichte hören, und dann auch noch auf Deutsch?" fragt der schon ältere deutsche Gelehrte Olearius, der noch ganz in der Tradition der Latinität verhaftet ist (T, S. 356). Die Antwort auf diese rhetorisch gemeinte Frage müsste selbstredend ‚niemand' lauten. Dichtung ist eine elitäre Veranstaltung, von Wenigen für Wenige. Dass eine breite Beachtung als Parameter für Erfolg angesehen werden kann und vor allem auch Qualität durchaus tangiert, das ist eine Idee, die zuerst im Ausgang des achtzehnten Jahrhunderts angedacht und diskutiert wird, am prominentesten sicher in der sogenannten Bürger-Schiller-Kontroverse, und die sich im Fortgang des neunzehnten Jahrhunderts deutlich intensiviert. Volkssprache, Volksdichtung und Fragen nach Popularität und Reichweite sind spätestens seit den Arbeiten Herders[37] und Greilings[38] auf das Engste miteinander verknüpft. Kehlmann rekonstruiert einen Teilbereich der Frühen Neuzeit als Geburtsstunde einer deutschsprachigen Literatur und ihrer Formen der Traditionsbildung. Er schreibt sich mit der Wahl seiner Prätexte in diese Tradition der deutschen Literatur ein, im Allgemeinen und die Form populärer – sprich erfolgreicher – Literatur im Speziellen. Fragen nach Popularisierung und Literaturpolitik als Werkpolitik gehen hier auf einer metapoetologischen Ebene Hand in Hand. Das kann nicht verwundern, denn es geht im Roman durchgängig um Literatur.

## 4 Tyll und die Literatur

Tyll ist sicherlich der außergewöhnlichste Charakter in diesem Roman, derjenige, der sich einem einfachen Zugriff am konsequentesten entzieht. Das beginnt schon damit, dass er als lebender Anachronismus zum Titelhelden wird, wenn er aus dem vierzehnten Jahrhundert in das siebzehnte versetzt wird und

37 Siehe hierzu auch Michael Multhammer.: ‚Wer ist kein Autor?' Anonymität und Authentizität in der Volksliedddichtung um 1800. In: Publications of the English Goethe-Society, Special Issue, H. 3 (2019), S. 150–161. Herder unterscheidet strikt zwischen ‚Volk' und ‚Pöbel': „Volk heißt nicht der Pöbel auf den Gassen, der singt und dichtet niemals, sondern schreyt und verstümmelt." [Johann Gottfried Herder:] Volkslieder. Nebst untermischten andern Stücken. Zweiter Theil. Leipzig 1779, S. 19.

38 Johann Christoph Greiling: Theorie der Popularität. Magdeburg 1805.

nun Zeuge und Protagonist des Dreißigjährigen Krieges und der zeitgenössischen Politik ist. Eine ganz eigene Form von Unsterblichkeit wird hier in Szene gesetzt – wir werden darauf zurückkommen.

Schon der Beginn markiert eine Besonderheit, denn Tyll betritt die Bühne des Romans zunächst als mediales Ereignis:

> Auf dem Kutschbock aber saß ein Mann, den wir erkannten, obgleich er noch nie hier gewesen war, und als die ersten sich erinnerten und seinen Namen riefen, erinnerten sich auch andere, und so rief es bald von überall und mit vielen Stimmen: „Tyll ist hier!", „Tyll ist gekommen!", „Schaut, der Tyll ist da!" Es konnte kein anderer sein. (T, S. 8)

Tylls Popularität eilt ihm voraus, obwohl er diesen entlegenen Landstrich und das Dorf zuvor nie besucht hatte, wird er sogleich erkannt – man erinnert sich an ihn. Er ist berühmt. Aber woher rührt die Kenntnis des Spaßmachers, persönliche Bekanntschaft scheint es ja gerade nicht zu sein?[39]

> Sogar zu uns kamen Flugschriften. Sie kamen durch den Wald, der Wind trug sie mit sich, Händler brachten sie – draußen in der Welt wurden mehr davon gedruckt, als irgendwer zählen konnte. Sie handelten vom Schiff der Narren und von der großen Pfaffentorheit und vom bösen Papst in Rom und vom teuflischen Martinus Luther zu Wittenberg und dem Zauberer Horridus und dem Doktor Faust und dem Helden Gawain von der runden Tafel und eben von ihm, Tyll Ulenspiegel, der jetzt selbst zu uns gekommen war. Wir kannten sein geschecktes Wams, wir kannten die zerbeulte Kapuze und den Mantel aus Kalbsfell, wir kannten sein hageres Gesicht, die kleinen Augen, die hohlen Wangen und die Hasenzähne. (T, S. 8 f.)

Ulenspiegel und seine Streiche sind Teil des frühneuzeitlichen Nachrichtenwesens,[40] das Literatur und Politik in gleichem Maße umfasst, wie Kehlmann mit seiner Aufzählung deutlich macht. Die Kenntnis von Sebastian Brandts *Narrenschiff* oder Fausts ist gleichgestellt mit (welt-)politischen Ereignissen des sechzehnten Jahrhunderts und deren Folgen, die hier offensichtlich mit deutlicher Verspätung ankommen. Das sind alles wiederum populäre Stoffe, die hier gelistet werden. Tyll wird zunächst einmal als ein literarisches Phänomen eingeführt und den Leser*innen bekannt gemacht. Das gilt auch für den weiteren Verlauf des ersten Kapitels, denn was sich dort abspielt, ist in guten Teilen schlicht identisch mit der vierten Historie des Volksbuches. Tyll steht auf dem

---

**39** Allgemein zu Identifizierungsstrategien im Übergang zur Frühen Neuzeit Valentin Groebner: Der Schein der Person. Steckbrief, Ausweis und Kontrolle im Europa des Mittelalters. München 2004.

**40** Kerstin te Heesen: Das illustrierte Flugblatt als Wissensmedium der Frühen Neuzeit. Opladen 2011. Ferner für die Herausbildung einer neuen Form von Öffentlichkeit Daniel Bellingradt: Flugpublizistik und Öffentlichkeit um 1700. Dynamiken, Akteure und Strukturen im urbanen Raum des Alten Reiches. Stuttgart 2011.

Seil und bittet die Bewohner des Dorfes darum, ihren Schuh auszuziehen. Bei der sich anschließenden Suche nach den eigenen Schuhen kommt es – ganz wie in der Vorlage – zu allgemeinem Tumult und einer ausgewachsenen Prügelei. Gegenüber der Kürze und der schematischen Darstellung allgemeiner Lasterhaftigkeit des Menschen als Teil der *conditio humana* haben wir bei Kehlmann ein deutlich komplexeres Geflecht, das die gemeinschaftlichen Strukturen des Dorfes und ihre intimen Verflechtungen und Feindschaften vorführt. Das ist denkbar weit von der ursprünglichen Episode entfernt. Es entsteht der Eindruck, als wenn der historische Prätext – teilweise mit verwunderlicher Detailgenauigkeit – immer wieder in den Romantext hineinragt, bisweilen ganz explizit und doch stets in neuer Funktion. Dergestalt bleibt der literarische Charakter der Figur ‚Tyll' immer präsent, seine mediale Verfasstheit konstitutiv.

Sieht man in Tyll bloß einen Narren und mit ihm den Typus, dann ist es zumindest im Rahmen des Erwartbaren, dass er sich vergleichsweise problemlos zwischen allen gesellschaftlichen Schichten bewegen kann. Er selbst ist Teil des rechtlosen fahrenden Volkes, nachdem er nach der Hinrichtung seines Vaters endgültig von zu Hause geflohen ist. Diese dem ‚Narren' eigene Mobilität zwischen den Schichten – er verkehrt unter Marktleuten ebenso selbstverständlich wie in adligen Kreisen oder monastischen Zirkeln – teilt er indes mit der Literatur. Durchlässig sind die ansonsten streng getrennten, noch nicht funktional differenzierten Schichten tatsächlich für das Schriftgut der Zeit. Es gibt keine ‚adeligen' oder ‚bäuerlichen' Flugblätter, die frühneuzeitliche Tagespublizistik ist eine vergleichsweise egalitäre Veranstaltung. Sicher, das gilt nicht für jedes Medium, aber für die preiswerten Blätter mit ihrem polyvalenten Adressatenkreis aus Text und Bild wohl in besonderem Maße, wie wir ihn gerade auch in der Tradition des Eulenspiegelstoffes finden. Literatur, zumal Erzählliteratur, ist prädestiniert dafür, diese gesellschaftlichen Schranken zu überwinden und ein Gespräch zu stiften, dessen Fluchtpunkt – ähnlich wie beim Narren – auf Wahrheit verweist.

Es gibt noch eine weitere Eigenschaft, die Tyll mit der Literatur teilt: er stirbt nicht. Dabei besteht dazu im Roman reichlich Gelegenheit – er überlebt wie durch ein Wunder als er unter das väterliche Mühlrad gezwungen wird, er übersteht die einsame Nacht im Wald, er fällt nicht, als ihn bei Zusmarshausen eine Kugel in den Rücken trifft, und er stirbt auch nicht, als er auf der Rückreise aus dem Heerlager Gustav Adolfs zusammen mit Friedrich II. beinahe erfriert.

Noch zwei Mal wird das Nicht-Sterben explizit thematisiert. Tyll wird bei den Mineuren verschüttet, die Situation wird als ausweglos geschildert:

> Er macht einen Sprung, als stünde er auf dem Seil. [. . .] „Und ich sterbe auch nicht morgen und an keinem anderen Tag. Ich will nicht! Ich mach's nicht, hörst du?"

> Der Korff antwortet nicht, aber vielleicht kann er noch hören.
> Also ruft Tyll: „Ich mach's nicht, ich geh jetzt, mir gefällt es hier nicht mehr."
> Ein Knall, ein Zittern, noch ein Stein fällt und streift seine Schulter.
> „Ich geh jetzt. So hab ich's immer gehalten. Wenn es eng wird, gehe ich. Ich sterbe hier nicht. Ich sterbe nicht heute. Ich sterbe nicht!" (T, S. 424 f.)

Tyll wird Recht behalten, er stirbt nicht, und doch erfahren die Leser*innen nicht, wie sich der Verschüttete schlussendlich befreien kann. Das kann man als ein Element des magischen Realismus begreifen, mit dem Kehlmann sicherlich sympathisiert und den Moritz Baßler[41] nicht ganz zu Unrecht betont hat – Schwierigkeiten bleiben. Denn es gilt zu bedenken, dass ein möglicher magischer Moment hier gerade nicht ausgestellt wird, vielmehr könnte man auch von einer Lücke im Erzählkontinuum, einer Ellipse, sprechen: Dann handelte es sich um eine Leerstelle an delikatem Ort. Denn dass hier nicht gestorben wird und Tyll mit seiner Prophezeiung Recht behält, wissen die Leser*innen, eine ausreichende Motivation der Geschehnisse sucht man allerdings vergebens. Insofern könnte man aus narratologischer Sicht behaupten, dass es sich nicht um ein ‚Ereignis' im eigentlichen Sinne handelt. Man kann das Geschehen aber auch aus einer Warte der (Literatur-)Theorie heraus perspektivieren, dann wird das magische Element zum Normalfall. Denn spätestens seit Michel Foucault kennt man das Phänomen der Textemergenz,[42] wenn verschüttete Texte in neuen Diskurszusammenhängen aus ihrer Versenkung hervortreten und durch diese Neukontextualisierung eine neue Bedeutung gewinnen. Diese Engführung muss man jetzt nicht überbelasten, schon gar nicht nach des Autors Foucault-Lektüre und -verständ-

**41** Baßler: Populärer Realismus, S. 44. Die Diskussion ist in sich vielschichtig und mittlerweile mitunter ein wenig verworren. Das hat in erster Linie mit der grundsätzlichen Problematik zu tun, wenn man versucht komplexe literarische Phänomene mit einem eindeutigen Label zu etikettieren. Aus heuristischer Sicht – um zuvor Übersehenes sichtbar zu machen – sind diese Versuche aber durchaus fruchtbar. Siehe hierzu also ferner Klaus Zeyringer: Gewinnen wird die Erzählkunst. Ansätze und Anfänge von Daniel Kehlmanns „Gebrochenem Realismus". In: Text + Kritik 177 (2008) [= Themenheft Daniel Kehlmann], S. 36–44; Gunther Nickel: Von „Beerholms Vorstellung" zur „Vermessung der Welt". Die Wiedergeburt des magischen Realismus aus dem Geist der modernen Mathematik. In: Daniel Kehlmanns „Vermessung der Welt". Materialien, Dokumente, Interpretationen. Hg. v. dens. Reinbek bei Hamburg 2008, S. 151–168; Friedhelm Marx: Dunkle Geschichten: Daniel Kehlmanns Gespenster. In: Gegenwartsliteratur. Ein germanistisches Jahrbuch 16 (2017), S. 57–76.

**42** Siehe hierzu die grundsätzlichen Überlegungen bei Thomas Wägenbaur: Emergenz. Der Sprung von der Evolutions- in die Kommunikationstheorie und Ästhetik. In: Parapluie. elektronische zeitschrift für kulturen · künste · literaturen, no 7: Der Sprung. Online unter https://parapluie.de/archiv/sprung/emergenz/ (Zuletzt angesehen am 22.11.2018).

nis fragen, aber als mögliche Erklärungsfolie bietet es sich zumindest an, Tradition bricht gerade nicht ab.

Das gilt auch noch ganz am Ende des Buches, auch hier kommt die Rede – wenn man die uneigentliche Ebene in der Lektüre bereit ist zu akzeptieren – auf den zukünftigen Fortgang der Tradition, das Ende des Romans ist erreicht, das heißt aber nicht, dass auch ‚Schluss' ist, wie Tyll in seinem letzten Gespräch mit Liz bemerkt:

> „Um der alten Zeiten willen", sagte sie. „Du weißt so gut wie ich, dass der Kaiser sich früher oder später über dich ärgert. Dann bist du wieder auf der Straße. Du hast es besser bei mir."
> „Willst mir Gnadenbrot geben, kleine Liz? Eine tägliche Suppe und eine dicke Decke und warme Pantoffeln, bis ich friedlich sterbe?"
> „So schlecht ist das nicht."
> „Aber weißt du, was besser ist? Noch besser als friedlich sterben?"
> „Sag es mir."
> „Nicht sterben, kleine Liz. Das ist viel besser." (T, S. 473)

Von einer Allegorie im konkreten Sinn zu sprechen, würde sicherlich ein wenig zu weit führen, aber die Parallelen sind doch sehr auffällig, die Zeichnung der Figur Tylls wohl nicht nur zufällig mit Eigenschaften der Literatur angereichert. Die Figur des Till Eulenspiegel ist der literarische Grenzgänger zwischen den Zeiten und der Garant für den Zusammenhalt der Konstruktion einer ganzen Epoche. Wenn eingangs von einem Anachronismus und einer Unmöglichkeit gesprochen wurde, dann ist das hier mit einer neuen Volte zu formulieren. Denn unmöglich ist das ja gerade nicht, dass eine literarische Tradition durch die Jahrhunderte hindurch fortlebt und Einfluss ausübt. Ungewöhnlich ist vielmehr, dass uns als Leser*innen die literarische Tradition in Form einer Figur entgegentritt, zumal einer so populären. Daher übersieht man nur allzu leicht, mit wem man es eigentlich zu tun hat.

## Literaturverzeichnis

Aristoteles: Poetik. Griechisch/Deutsch. Hg. v. Manfred Fuhrmann. Bibliographisch ergänzte Ausg. Stuttgart 1994.

Baßler, Moritz: Genie erzählen: Zu Daniel Kehlmanns Populärem Realismus. In: Gegenwartsliteratur. Ein germanistisches Jahrbuch 16 (2017), S. 37–55.

Bayerische Staatsbibliothek digital. http://mdz-nbn-resolving.de/urn:nbn:de:bvb:12-bsb10367104-5 (Zuletzt angesehen am 06.04.2020).

Bellingradt, Daniel: Flugpublizistik und Öffentlichkeit um 1700. Dynamiken, Akteure und Strukturen im urbanen Raum des Alten Reiches. Stuttgart 2011.

Busch, Nathanael/Velten, Hans Rudolph (Hg.): Die Literatur des Mittelalters im Fantasy-Roman. Heidelberg 2017.

De Coster, Charles: La légende et les aventures héroiques joyeuses et glorieuses d'Ulenspiegel et de Lamme Goedzak au pays des Flandres et ailleurs. Brügge 1867.

Eco, Umberto: „Die Struktur des schlechten Geschmacks.“ In: ders.: Apokalyptiker und Integrierte. Zur kritischen Kritik der Massenkultur. Frankfurt a. M. 1984, S. 59–115.

Eco, Umberto: Der Name der Rose. München 1982.

Fludernik, Monika: Unreliability vs. Discordance: Kritische Betrachtungen zum literaturwissenschaftlichen Konzept der erzählerischen ‚Unzuverlässigkeit‘. In: ‚Was stimmt denn jetzt?‘ Unzuverlässiges Erzählen in Literatur und Film. Hg. v. Fabienne Liptay, Yvonne Wolf. München 2005, S. 39–59.

Ginzburg, Carlo: Der Käse und die Würmer. Die Welt eines Müllers um 1600. Berlin 2007 [deutsche Erstausgabe 1990].

Glassie, John: Der letzte Mann, der alles wusste: Das Leben des exzentrischen Genies Athanasius Kircher. Berlin 2014.

Greenblatt, Steven: The Swerve. How the World became modern. New York/London 2011.

Greiling, Johann Christoph: Theorie der Popularität. Magdeburg 1805.

Grimmelshausen, Hans Jacob Christoffel von: Simplicissimus Teutsch. Hg. v. Dieter Breuer. Frankfurt a. M. 2013.

Groebner, Valentin: Der Schein der Person. Steckbrief, Ausweis und Kontrolle im Europa des Mittelalters. München 2004.

Hauptmann, Gerhart: Des großen Kampffliegers, Landfahrers, Gauklers und Magiers, Till Eulenspiegel Abenteuer, Streiche, Gaukeleien, Gesichte und Träume. Berlin 1928.

Hecken, Thomas: Populäre Kultur. Mit einem Anhang ‚Girl und Popkultur‘. Bochum 2006.

Herder, Johann Gottfried: Volkslieder. Nebst untermischten andern Stücken. Zweiter Theil. Leipzig 1779.

Jaumann, Herbert: Nachwort. In: Martin Opitz: Buch von der Deutschen Poeterey. Hg. v. Herbert Jaumann. Stuttgart 2002, S. 191–213.

Kablitz, Andreas: Die Kunst des Möglichen. Theorie der Literatur. Freiburg i. Br./Berlin/Wien 2013.

Kehlmann, Daniel: Tyll. Reinbek bei Hamburg 2017.

Kehlmann, Daniel: Diese sehr ernsten Scherze. Göttinger Poetikvorlesungen. Göttingen 2007.

Kircher, Athanasius: Durchgründung der laidigen ansteckenden Sucht/und so genannten Pestilenz [. . .]. Augsburg 1680.

Martus, Steffen: Werkpolitik. Zur Literaturgeschichte kritischer Kommunikation vom 17. bis ins 20. Jahrhundert mit Studien zu Klopstock, Tieck, Goethe und George. Berlin/New York 2007.

Marx, Friedhelm: Dunkle Geschichten: Daniel Kehlmanns Gespenster. In: Gegenwartsliteratur. Ein germanistisches Jahrbuch 16 (2017), S. 57–76.

Müller, Mareike von: Schwarze Komik. Narrative Sinnirritationen zwischen Märe und Schwank. Heidelberg 2017.

Multhammer, Michael: ‚Wer ist kein Autor?‘ Anonymität und Authentizität in der Volksliedddichtung um 1800. In: Publications of the English Goethe-Society, Special Issue, H. 3 (2019), S. 150–161.

Nickel, Gunther: Von „Beerholms Vorstellung“ zur „Vermessung der Welt“. Die Wiedergeburt des magischen Realismus aus dem Geist der modernen Mathematik. In: Daniel

Kehlmanns „Vermessung der Welt“. Materialien, Dokumente, Interpretationen. Hg. v. dens. Reinbek bei Hamburg 2008, S. 151–168.
o.V.: Ein kurtzweilig Lesen von Dil Ulenspiegel. Nach dem Druck von 1515. Mit 87 Holzschnitten. Hg. v. Wolfgang Lindow. Bibliographisch ergänzte Ausg. Stuttgart 2001.
Penke, Niels /Matthias Schaffrick: Populäre Kulturen. Zur Einführung. Hamburg 2018.
Propp, Vladimir: Morphologie des Märchens. Frankfurt a. M. 1986.
Reckwitz, Andreas: Die Gesellschaft der Singularitäten. Zum Strukturwandel der Moderne. Berlin 2017.
Schilling, Erik: Der historische Roman seit der Postmoderne. Umberto Eco und die deutsche Literatur. Heidelberg 2012.
Süßmann, Johannes: Charakterisieren. Dilemma und Kunst der historiographischen Figurenzeichnung. In: Figurenwissen. Funktionen von Wissen bei der narrativen Figurendarstellung. Hg. v. Lilith Jappe, Olav Krämer, Fabian Lampart. Berlin/Boston 2012, S. 114–132.
te Heesen, Kerstin: Das illustrierte Flugblatt als Wissensmedium der Frühen Neuzeit. Opladen 2011.
Wägenbaur, Thomas: Emergenz. Der Sprung von der Evolutions- in die Kommunikationstheorie und Ästhetik. In: Parapluie. elektronische zeitschrift für kulturen · künste · literaturen, no 7: Der Sprung, https://parapluie.de/archiv/sprung/emergenz/ (Zuletzt angesehen am 22.11.2018).
Werle, Dirk: Erzählen vom Dreißigjährigen Krieg. Hannover 2020.
Wolfenbütteler Digitale Bibliothek (WDB). http://diglib.hab.de/drucke/xb-4784/start.htm (Zuletzt angesehen am 06.04.2020).
Zeyringer, Klaus: Gewinnen wird die Erzählkunst. Ansätze und Anfänge von Daniel Kehlmanns „Gebrochenem Realismus“. In: Text + Kritik 177 (2008) [= Themenheft Daniel Kehlmann], S. 36–44.

Claude Haas

# „Die Regeln der Wirklichkeit brechen“? Probleme des Neorealismus in Daniel Kehlmanns historischen Romanen

## 1 Kehlmann und die ‚Germanistik‘

Zu den größten Eigentümlichkeiten der deutschsprachigen Gegenwartsliteratur dürfte das Interesse zählen, das ihre AutorInnen seit gut zehn Jahren verstärkt an literarischen Texten bekunden, zeitgenössischen wie historischen. Der alte, aber gute Witz Marcel Reich-Ranickis, „daß die meisten Schriftsteller von der Literatur nicht mehr verstehen als die Vögel von der Ornithologie“,[1] scheint auf derzeitige Generationen kaum mehr anwendbar. Die Explosion insbesondere der Poetikvorlesungen, die für AutorInnen freilich längst eine oft unentbehrliche Einnahmequelle darstellen, hat im deutschsprachigen Teil der Welt zu einer erstaunlichen Blüte der literarischen Essayistik geführt.[2]

Obwohl man von literatur*wissenschaftlicher* Seite aus nach wie vor gut daran tut, den Urteilen von AutorInnen vor allem über ihre eigenen Texte keinen privilegierten Status in der Erkenntnisbildung einzuräumen,[3] wird man neidlos konzedieren müssen, dass Kenntnisstand, Umsicht und Reflexionsniveau vieler der erwähnten Vorlesungen und der aus ihnen erwachsenen Schriften ausgesprochen hoch sind. Selbstverständlich gibt es hierbei gewichtige Unterschiede und ebenso selbstverständlich unterliegen Einordnungen auch in diesem Bereich stets dem subjektiven Geschmacksurteil. Dennoch scheint evident, dass die Essays etwa von Brigitte Kronauer,[4] Sibylle Lewitscharoff,[5] Thomas Hettche,[6] Marcel Beyer[7] oder eben auch Daniel Kehlmann (um nur diese fünf zu nennen) manchen wissen-

1 Marcel Reich-Ranicki: Mein Leben. Stuttgart 1999, S. 343.

2 Vgl. zu wissenschaftlichen Bestandsaufnahmen der Poetikvorlesungen Johanna Bohley: Dichter am Pult – Altes/Neues aus Poetikvorlesungen 2010–2015. In: Gegenwart schreiben. Zur deutschsprachigen Literatur 2000–2015. Hg. v. Corina Caduff/Ulrike Vedder. Paderborn 2017, S. 243–254; Matteo Galli: The Artist ist Present. Das Zeitalter der Poetikvorlesungen. In: Merkur 68 (2014), H. 1, S. 61–65.

3 Vgl. zum Verhältnis von Gegenwartsliteratur und Philologie aus systematischer Perspektive Carlos Spoerhase: Literaturwissenschaft und Gegenwartsliteratur. In: Merkur 68 (2014), H. 1, S. 15–24.

4 Vgl. etwa Brigitte Kronauer: Favoriten. Aufsätze zur Literatur. Stuttgart 2010.

5 Vgl. etwa Sibylle Lewitscharoff: Vom Guten, Wahren und Schönen. Berlin 2012.

6 Vgl. etwa Thomas Hettche: Unsere leeren Herzen. Über Literatur. Köln 2017.

7 Vgl. etwa Marcel Beyer: Das blindgeweinte Jahrhundert. Bild und Ton. Berlin 2017.

https://doi.org/10.1515/9783110647488-016

schaftlichen Aufsatz und sicher auch manche Dissertation oder Habilitation ziemlich alt aussehen lassen.

Und das liegt nicht ausschließlich an einer gemeinhin ansprechenderen Ausdrucksweise oder am Fehlen methodischer Zwänge. Auffällig ist zunächst gerade bei Daniel Kehlmann, dass viele seiner Aufsätze, Nachworte oder Interventionen mit wenigen Griffen verwissenschaftlicht werden könnten. Zwar würde er selbst dieses Kompliment vermutlich als vergiftet betrachten, denn das Adjektiv „germanistisch" zumindest stellt in seinen Überlegungen zur Literatur kein positives Prädikat dar. So verwirft er beispielsweise in seiner in Form eines Selbstinterviews erschienenen Poetikvorlesung *Diese sehr ernsten Scherze* die eigene Deutung der Landvermesser-Episoden aus *Die Vermessung der Welt* im Sinne einer „Kafka-Umkehrung" schließlich als „zu germanistisch".[8]

Das ist aber nichts anderes als ein gleich dreifach guter Trick, mit dem sich der Autor erstens für die (sei es kritische) Kafka-Nachfolge ins Gespräch bringt, mit dem er diesen (vermeintlich wie tatsächlich) größenwahnsinnigen *faux-pas* zweitens umgehend wieder relativiert und mit dem er drittens insofern auf breite Zustimmung hoffen kann, als „Germanisten" auch und gerade bei einem literarisch interessierten Publikum in der Regel auf nur wenig epistemologische oder affektive Sympathie oder Identifikationsbereitschaft stoßen – vor allem bei anderen Germanisten.

Fest steht jedenfalls, dass Kehlmann ein exzellenter Kenner und sensibler Interpret der literarischen Tradition ist. Wenn Verlage Neuauflagen von Klassikern wie Orwells *1984* oder Hamsuns *Hunger* mit einem Nachwort von Daniel Kehlmann abdrucken, mag dies zunächst dem genuin literarischen Ruhm des Autors geschuldet sein.[9] Zugleich können die Leser in dem Fall indes zuverlässig damit rechnen, am Ende des Buches einen gut informierten und sauber geschriebenen Text vorzufinden.

Kurrente wissenschaftliche Methoden wie Mentalitätsgeschichte, Kulturwissenschaft oder Wissenspoetik beherrscht Kehlmann, ohne sie penetrant zu zelebrieren und sich bestimmten Schulen oder Richtungen ausdrücklich zu verpflichten. Besonders eindringlich zeigt sich dies in seinen letzten – Frankfurter – Poetikvorlesungen, die 2015 unter dem Titel *Kommt, Geister* publiziert worden sind. In einer ersten mit

8 Daniel Kehlmann: Diese sehr ernsten Scherze. Poetikvorlesungen. 5. Aufl. Göttingen 2016 [2007], S. 34. Im Folgenden mit Sigle (ES, Seitenzahl) im laufenden Text zitiert. Siehe zu Kehlmanns Verhältnis zur Literaturwissenschaft auch den Beitrag von Jens Krumeich im vorliegenden Band.

9 George Orwell: 1984. Übersetzt von Michael Walter. Mit einem Nachwort von Daniel Kehlmann. 43. Aufl. Berlin 2017, S. 377–384; Knut Hamsun: Hunger. Aus dem Norwegischen von Siegfried Weibel. Mit einem Nachwort von Daniel Kehlmann. 2. Aufl. Berlin 2018, S. 231–236.

dem Titel „Illyrien“ gelingt Kehlmann anhand der Filme Peter Alexanders eine überaus diskussionswürdige Bestandsaufnahme der deutschsprachigen Nachkriegskultur.[10] In der letzten „Unvollständigkeit“ betitelten Vorlesung konfrontiert er die Romane und Erzählungen seines Leib- und Magenautors Leo Perutz mit der Logik Kurt Gödels. Für die bis heute wesentlich stärker narratologisch als wissensgeschichtlich interessierte Perutz-Forschung könnte dieser Text m. E. einen wichtigen Impuls bilden. Aber auch die Essays über Grimmelshausen oder Shakespeare sind alles in allem auf der Höhe der Zeit und des (wie man sagt) gültigen Forschungsstandes.[11]

Dies betrifft übrigens nicht nur Kehlmanns poetologische Ausführungen im engeren Sinn, sondern lässt sich verschiedentlich auch seinen Erzählungen und Romanen ablesen. In *Tyll* etwa findet sich am Beispiel der Schlacht von Zusmarshausen die folgende hintersinnige Passage:

> In einem beliebten Roman fand er [der fiktive Graf Martin von Wolkenstein, CH] eine Beschreibung, die ihm gefiel, und wenn Menschen ihn drängten, die letzte Feldschlacht des großen deutschen Krieges zu schildern, so sagte er ihnen das, was er in Grimmelshausens *Simplicissimus* gelesen hatte. Es passte nicht recht, weil es sich dort um die Schlacht von Wittstock handelte, aber das störte keinen, nie fragte jemand nach. Was der dicke Graf nicht wissen konnte, war aber, dass Grimmelshausen die Schlacht von Wittstock zwar selbst erlebt, aber ebenfalls nicht hatte beschreiben können und stattdessen die Sätze eines von Martin Opitz übersetzten englischen Romans gestohlen hatte, dessen Autor nie im Leben bei einer Schlacht dabei gewesen war.[12]

Das konnte der dicke Graf in seiner im frühen achtzehnten Jahrhundert verfassten „Lebensbeschreibung“ (T, 183) nun in der Tat „nicht wissen“. Denn die verwickelte Geschichte von Grimmelshausens Schlacht-Vorlage, auf die Kehlmann hier anspielt, wird der Germanist Hans Geulen erst in einem Aufsatz von 1969 aufdecken.[13] Auch wenn die Quellenlage im Roman etwas vereinfacht alludiert wird, kann es keinem Zweifel unterliegen, dass Kehlmann mit Geulens bis heute viel zitiertem Aufsatz vertraut ist, wenn vielleicht auch aus zweiter Hand. Das heißt nicht, dass man die Forschungsdiskussion um die Schlacht von Witt-

---

**10** Daniel Kehlmann: Illyrien. In: ders.: Kommt, Geister. Frankfurter Vorlesungen. Reinbek bei Hamburg 2016, S. 9–41; Daniel Kehlmann: Unvollständigkeit. In: ders.: Kommt, Geister, S. 133–170.

**11** Aus Sicht der Spezialforschung lässt sich das dann sicher auch wieder bestreiten. Siehe zu Kehlmanns Aneignung der Forschung zur Frühen Neuzeit die Beiträge von Michael Multhammer und Simon Zeisberg im vorliegenden Band, dazu wiederum den Beitrag von Jens Krumeich.

**12** Daniel Kehlmann: Tyll. Reinbek bei Hamburg 2017, S. 224. Im Folgenden mit der Sigle (T, Seitenzahl) im laufenden Text zitiert.

**13** Hans Geulen: Arcadische Simpliciana. Zu einer Quelle Grimmelshausens und ihrer strukturellen Bedeutung für seinen Roman. In: Euphorion 63 (1969), S. 426–437.

stock unbedingt kennen muss, um die entsprechende Passage aus *Tyll* zu goutieren. Dass Kehlmann aber auch solche Leser bedient, die sich ob ihres Wissens gerne einmal selbst auf die Schulter klopfen, wird man nicht ernsthaft bestreiten können.

Für Kehlmanns Selbstverständnis stellt dies aber offenbar ein Problem dar. Möglicherweise hat sein Unbehagen an der ‚Germanistik' seinen tieferen Grund darin, das eigene Schreiben als potenziell ‚germanistisch' affiziert zu verdächtigen. Unverständlich ist das nicht, denn wer würde schon selbst für sich in Anspruch nehmen wollen, Germanistenprosa zu schreiben? Auffällig scheint jedenfalls, dass der Autor Kehlmann sich primär nicht als Könner oder Macher präsentiert. Bereits im ersten Absatz von *Diese sehr ernsten Scherze* liest man den apodiktischen Hauptsatz: „Es gibt keine Professionalität beim Schreiben." (ES, 5) Hier schlägt der Titel des Buches – bekanntlich ein verbreitetes Goethe-Zitat über *Faust II* (!) – der Aussage mithin ein Schnippchen. Kehlmann ist der Profi schlechthin – ob „ernst" oder nicht: Dies abzustreiten, kann streng genommen nur ein „Scherz" sein.[14]

## 2 „Wirklichkeit" oder „Syntax"?

Als solcher kenntlich gemacht oder gar eingestanden wird er in diesem Fall bezeichnenderweise jedoch nicht. Kehlmann will im Gegenteil bei allem sorgfältig aufbereiteten Bildungsinventar mit seinem Schreiben keine gehobene Unterhaltung liefern, sondern aufs Ganze gehen. In *Diese sehr ernsten Scherze* wird das in mehreren Anläufen programmatisch formuliert, am interessantesten vielleicht im Rahmen des Wirklichkeitsbegriffs. Dieser stellt in der Regel das Herzstück moderner Poetiken dar, und Kehlmann ist versiert genug, hier keine Ausnahme zu bilden:

> Ich fand Literatur immer am faszinierendsten, wenn sie nicht die Regeln der Syntax bricht, sondern die der Wirklichkeit. Das habe ich auch immer versucht, und ich war immer wieder überrascht davon, wie stark die inneren Widerstände vieler deutscher Kunstverständiger dagegen sind. Man könnte daran wohl Mentalitätsbeobachtungen knüpfen; ich glaube, nirgendwo ist die Literatur, aber nirgendwo auch das Lebensgefühl so fest verankert in gutbürgerlich unzerstörbarer Wirklichkeit. García Márquez sagt in einem Gesprächsbuch, daß man als Kolumbianer ganz von selbst zum Surrealisten wird, weil die einen umgebende *Welt* so unwirklich ist. So gesehen, sind wir hier wohl das andere Extrem. Hier ist das Wirkliche so geordnet, daß wir in Planquadraten träumen. (ES, 15)

14 Vgl. zu Kehlmanns Inszenierung von Autorschaft Julia Schöll: Entwürfe des auktorialen Subjekts im 21. Jahrhundert. Daniel Kehlmann und Thomas Glavinic. In: Das erste Jahrzehnt. Narrative und Poetiken des 21. Jahrhunderts. Hg. v. ders./Johanna Bohley. Würzburg 2011, S. 279–292.

Diese Stelle ist wünschenswert klar und womöglich doch interpretationsbedürftiger und problematischer als es auf den ersten Blick scheint. Verräterisch scheint insbesondere der erste Satz. Wenn Kehlmann lieber die „Gesetze der Wirklichkeit“ bricht als die der „Syntax“ kann er sich auf den Applaus genau jener „gutbürgerlich unzerstörbare[n] Wirklichkeit“ verlassen, die er wenige Zeilen später schmäht. Denn diese stößt sich seit Alters her zuverlässiger an einer sprachlich experimentellen Literatur als an einer solchen, die einen naiven Realismus aufzusprengen versucht. Zunächst „bricht“ Kehlmann hier zwischen den Zeilen allerdings mit einem zentralen Paradigma der modernen Literarästhetik. Denn mag es nun um konkrete Regelbrüche gehen oder nicht: Die vollständige *Einheit* und damit auch Unauflösbarkeit von „Syntax“ und „Wirklichkeit“ bildet letztlich das Credo weiter Teile der modernen Literatur. Das Bekenntnis etwa Marcel Prousts, der „Stil“ sei „keine Frage der Technik, sondern der Vision,“[15] würden zahlreiche AutorInnen bis heute ohne jedes Zögern für ihr Produktion vereinnahmen. Wenn Kehlmann auch nur die Möglichkeit einer Entkoppelung von sprachlicher Darstellung und Darstellung der Realität avisiert, arbeitet er unter der Hand einer letztlich rhetorischen und ornamentalen Sicht ausgerechnet der Literatursprache zu. In einer fulminanten Zuspitzung Moritz Baßlers: „[. . .] Welt entsteht [hier] nicht aus Sprache, sondern Sprache wird dazu verwendet, Welt darzustellen.“[16] Die „Syntax“ transportiert dann gleichsam die ‚Inhalte‘ der Literatur, zugleich droht sie aber, deren ‚Wirklichkeit‘ genau dort zu restaurieren, wo Kehlmann mit dieser zu ‚brechen‘ versucht. Eine heil bleibende „Syntax“ heilt unmittelbar jede Wunde, die der von ihr dargestellten Wirklichkeit geschlagen wird.

---

**15** Die viel zitierte Stelle lautet im Original: „[. . .] car le style pour l’écrivain aussi bien que la couleur pour le peintre est une question non de technique mais de vision.“ Marcel Proust: A la recherche du temps perdu. Hg. v. Jean-Yves Tadié u. a. 4 Bde. Paris 1987 ff., Bd. 4, S. 474.

**16** Moritz Baßler: Genie erzählen. Zu Daniel Kehlmanns Populärem Realismus. In: Gegenwartsliteratur. Ein germanistisches Jahrbuch 16 (2017), S. 37–55, hier S. 41. Baßler geht m. E. ganz richtig davon aus, dass sowohl Kehlmann als auch das Gros seiner AnhängerInnen einen „Realismus als Verfahren“ mit einer „Realistik des Dargestellten“ (ebd., S. 40) verwechseln, wenn seine Romane dem ‚magischen‘ oder ‚gebrochenen‘ Realismus zugeschlagen werden. Denn ‚gebrochen‘ oder ‚verzaubert‘ wird ausschließlich die zweitgenannte ‚Realistik‘. Ich halte Baßlers Analyse für maßgeblich und unerreicht. Anders als seine Studie gilt das Interesse der vorliegenden primär allerdings kulturhistorischen Symptomatiken tatsächlich einer ‚Realistik des Dargestellten‘ und weniger den Spielarten des Verfahrens oder strukturellen Genre-Fragen, trotz des Fokus auf den historischen Roman. Den Begriff des ‚Neorealismus‘ halte ich aus dem Grund für (etwas) treffender als den von Baßler gewählten des ‚Populären Realismus‘, weil er die (sei es immanente) Aufkündigung eines sprachlichen oder stilistischen Selbstverständnisses der modernen Literatur zugunsten just ihrer Gegenstände mitimpliziert. Dass ich den Begriff polemisch und gegen Kehlmann verwende, sei dabei offen zugestanden.

Mit der Trennung von „Syntax“ und „Wirklichkeit“ weist Kehlmann indirekt alle Zumutungen und alle Absolutheitsansprüche der modernen Literatur und der ästhetischen Autonomie von sich. Diese Trennung ist „gutbürgerlich“ durch und durch und ihr dürfte auch und nicht zuletzt die von Literatur und Lebenswirklichkeit entsprechen.

Die „Widerstände“ vieler „deutscher Kunstverständiger“ gegen Kehlmann gehen – anders als die zitierte Passage suggeriert – bis heute denn auch oft nicht von seinem „Bruch“ mit der „Wirklichkeit“ aus, sondern attackieren seine Bücher vielmehr als ‚Kunstgewerbe‘.[17] An Kehlmanns Prosa stört sie gemeinhin nicht die *Zerstörung*, sondern im Gegenteil die *Instandhaltung* der Wirklichkeit. Tückisch ist dabei allerdings, dass Kehlmann mitunter Wendungen findet, die prägnant das genaue Gegenteil seiner offiziellen Intention einfangen und das, was man vermutlich als seine unfreiwillige Poetik bezeichnen könnte, suggestiv umkreisen. „In Planquadraten träumen“ – das ist womöglich die treffendste poetologische Metapher für seine bisher publizierte Prosa.

## 3 Wirklichkeitsproblematik und Boom des historischen Romans

In erster Linie scheint mir dies für seine viel gerühmten historischen Romane zu gelten. Zwar fügen sich diese im Augenblick in einen Boom des Genres ein, dessen Funktionen im Rahmen einer Autorenanalyse kaum zu erfassen sind. Den Kehlmann’schen Bestsellern *Die Vermessung der Welt* (2005) und *Tyll* (2017) wären u. a. Felicitas Hoppes *Johanna* (2006), Christian Krachts *Imperium* (2012), Thomas Hettches *Pfaueninsel* (2014), Franzobels *Das Floß der Medusa* (2017) oder Karen Duves *Fräulein Nettes kurzer Sommer* (2018) zur Seite zu stellen.[18] Es ist denkwürdig, dass

17 Vgl. den Überblick der Kehlmann-Rezeption bei Rickes, dessen Koordinaten auch heute noch gültig sind. Joachim Rickes: Daniel Kehlmann und die lateinamerikanische Literatur. Würzburg 2012, S. 9–17.

18 Dieser Boom ist vom postmodernen historischen Roman der 1980er Jahre zu unterschieden. Vgl. Erik Schilling: Der historische Roman seit der Postmoderne. Umberto Eco und die deutsche Literatur. Heidelberg 2012; Stephanie Catani: Was bleibt von der Geschichte? Form und Funktion historisch-fiktionalen Erzählens im 21. Jahrhundert. In: Das erste Jahrzehnt. Narrative und Poetiken des 21. Jahrhunderts. Hg. v. Julia Schöll/Johanna Bohley. Würzburg 2011, S. 23–35; Gerhard Scholz: Inselhopping durch die Jahrhunderte. Der historische Roman seit 2000 am Beispiel von Christian Krachts *Imperium* und Thomas Hettches *Pfaueninsel*. In: Gegenwart schreiben. Zur deutschsprachigen Literatur 2000–2015. Hg. v. Corina Caduff/Ulrike Vedder. Paderborn 2017, S. 151–161.

weltweite Krisen sich einem breiten gesellschaftspolitischen Konsens zufolge in den letzten Jahren massiv beschleunigt und verschärft haben, dass ein dominantes Interesse deutschsprachiger AutorInnen jedoch in der Geschichte und nicht in der Gegenwart zu liegen scheint. Und denkwürdig ist das um so mehr, als *eine* wichtige Signatur des zeitgenössischen historischen Romans darin besteht, jede direkte Konfrontation *mit* oder Identifikation *von* Vergangenheit und Gegenwart zu verweigern.[19]

Gerade dieser Gestus könnte das Genre allerdings in die Nähe von Kehlmanns Wirklichkeitsreflexion bringen. Was Ansgar Nünning als Ziel des englischsprachigen historischen Romans nach 1960 veranschlagt hat, scheint alles in allem auch (noch) auf die derzeitige deutsche Tradition zuzutreffen, nämlich die „Durchbrechung der restriktiven Konventionen des realistischen Erzählens".[20] Kehlmanns Gefallen an dem Genre dürfte rudimentär realismusskeptisch motiviert sein. Schließlich kann ein Blick in die menschliche Geschichte die „Gesetze der Wirklichkeit" zumindest prinzipiell relativieren oder gar zu Fall bringen, indem er die gegenwärtige ‚Wirklichkeit' ihrer Selbstverständlichkeit beraubt. Freilich darf ein solches Unterfangen nicht einfach für den (real existierenden) historischen Roman in Rechnung gestellt werden. Denn dieser unterliegt selbst massivem historischem Wandel, der in erster Linie vom Bild der (modernen) Geschichte zehrt, dem die Form im neunzehnten Jahrhundert ihre Existenz verdankt.

Entgegen der apodiktischen Gattungstypologie von Lukács hat Lampart überzeugend gezeigt, dass Aufkommen und Erfolg des historischen Romans im neunzehnten Jahrhundert auf das engste mit jenem neuen Verständnis von Zeit und Geschichte zusammenhängen, wie es von Reinhart Koselleck präzise erfasst wurde.[21] Der moderne Geschichtsbegriff geht von der Vorstellung einer

---

**19** Vgl. zu diesem Problem spezifisch für *Tyll* sowie darüber hinaus zur Einbettung des Textes in die Tradition des historischen Romans grundlegend Fabian Lampart: Vergangene Vergangenheit? Krieg und Geschichte in Daniel Kehlmanns *Tyll* (2017). In: Der Zweite Dreißigjährige Krieg. Deutungskämpfe in der Literatur der Moderne. Hg. v. dems./Dieter Martin/Christoph Schmitt-Maaß. Baden-Baden 2019, S. 223–241; vgl. aus essayistischer Perspektive Claude Haas: Zur Aktualität des Dreißigjährigen Krieges (II.). „Denn es ist alles nicht lang her"? Daniel Kehlmanns Roman *Tyll*. In: https://www.zflprojekte.de/zfl-blog/2018/05/31/claude-haas-zur-aktualitaet-des-dreissigjaehrigen-krieges-ii-denn-es-ist-alles-nicht-lang-her-daniel-kehlmanns-roman-tyll/ (Zuletzt angesehen am 26.10.2019). Vgl. abweichend den Beitrag von Hannelore Roth im vorliegenden Band.

**20** Ansgar Nünning: Von historischer Fiktion zu historiographischer Metafiktion. Bd. 1. Theorie, Typologie und Poetik des historischen Romans. Trier 1995, S. 11.

**21** Vgl. Fabian Lampart: Zeit und Geschichte. Die mehrfachen Anfänge des historischen Romans bei Scott, Arnim, Vigny und Manzoni. Würzburg 2002, hierzu insbesondere S. 15–38;

menschlichen Machbarkeit der Geschichte und folglich vom Bild einer ‚offenen' Zukunft aus.[22] Sein wichtigstes Merkmal ist der von Koselleck so genannte ‚Kollektivsingular'. Eine Vielfalt von Geschicht*en*, wie sie etwa die antike oder mittelalterliche Historiografie auszeichnen, wird Ende des achtzehnten Jahrhunderts verabschiedet zugunsten einer Vorstellung von Geschicht*e* als einheitlichem und unilinearem Prozess.

Ein derartiges Verständnis von Geschichte dürfte im Rahmen von Kehlmanns Realismus-Reflexion nun aber erst einmal wenig hergeben. Denn die Einordnung der Vergangenheit in *eine* Entwicklung, die sie mit der Gegenwart verbindet, muss Differenzen in der Wahrnehmung der ‚Wirklichkeit' beider Epochen strenggenommen neutralisieren. Erst dort, wo das Bild *einer* Geschichte an Verbindlichkeit zu verlieren beginnt, können auch unterschiedliche Wirklichkeiten keiner totalisierenden Entwicklungslogik mehr unterworfen werden. Genau dies scheint heute zusehends der Fall zu sein. Während die so genannte *posthistoire* als Imagination in dem Maße selbst einheitlich blieb, in dem sie sich gegen die Vorstellung einer einheitlichen und v. a. sinnhaften Geschichte richtete, scheint derzeit der Kollektivsingular als solcher zur Disposition zu stehen. Die Geschicht*e* droht heute wieder in einer Vielfalt von Geschicht*en* zu zerbröseln. Und vielleicht geht der derzeitige Aufschwung des historischen Romans zumindest unterschwellig von diesem Verdacht oder Befund aus. Eine in Geschicht*en* sich auflösende Geschicht*e* vermag die Gegenwart jedenfalls nicht mehr einzuordnen und zu erklären, sie macht sie gerade fremd und besitzt wenigstens ‚theoretisch' das Potenzial, die „Regeln der Wirklichkeit" aufzusprengen.

Die (wenn man so will) Post-*posthistoire* könnte sich demnach als passgenaue zeitdiagnostische Entsprechung oder sogar als Ursache der Kehlmann'schen Realismus-Kritik erweisen. Das Erstaunliche an seinen historischen Romanen besteht vor diesem Hintergrund allerdings darin, dass sie dem Bruch mit einem neuzeitlichen Geschichtsbild nicht recht zu trauen scheinen und der angestrebte Bruch mit der Wirklichkeit aus diesem Grund auf fast schon irritierende Art und Weise ausbleibt. Kehlmanns historische Romane zeugen unfreiwillig von der anhaltenden Attraktivität sowohl eines unilinearen und fortschrittlichen Geschichts- als auch eines ‚realistischen' Wirklichkeitsbildes.

---

vgl. auch die materialreiche Studie von Hans Vilmar Geppert: Der Historische Roman. Geschichte umerzählt – von Walter Scott bis zur Gegenwart. Tübingen 2009.

**22** Vgl. Reinhart Koselleck: Vergangene Zukunft. Zur Semantik geschichtlicher Zeiten. Frankfurt a. M. 1989; vgl. spezifisch zum Verhältnis von moderner Geschichte und Konzeption der Zukunft auch Lucian Hölscher: Die Entdeckung der Zukunft. Göttingen 2016.

## 4 Zur Trennung von Wissenschaft, „Syntax" und Form in *Die Vermessung der Welt*

Dies zeigt sich bereits an der *Vermessung der Welt* und es hängt hier mit der erwähnten Arbeitsteilung von „Syntax" und „Wirklichkeit" ebenso zusammen wie mit bestimmten Vorlieben der ‚Germanistik'. Der Roman über den Mathematiker Gauß und den Naturforscher Alexander von Humboldt erschien schließlich 2005 und folglich zu einer Zeit, als das ‚Wissen' das vielleicht wichtigste Schlagwort des germanistischen Tagungs- und Dissertationswesens darstellte.[23] Zweifelsohne hat die breite Erforschung der Wissenschaftsgeschichte und die Offenlegung oft tiefer Affinitäten zwischen wissenschaftlichen und literarischen Darstellungsweisen die Literaturwissenschaft bis heute nachhaltig geprägt und beflügelt. Von diesem ‚Wissen' zehrt auch Kehlmanns Roman, aber er schöpft es nicht aus, weil er die Bereiche der „Syntax" und der „Wirklichkeit" sauber getrennt hält.

In anderen Worten: Die Sprache und die gesamte Darstellungsebene des Romans bleiben von den naturwissenschaftlichen Inhalten weitestgehend unberührt.[24] Ablesen lässt sich dies in erster Linie bezeichnenderweise der immanenten Realismus-Reflexion, die der Roman konsequent in die Darstellung von Mathematik und Naturforschung einlässt. Greifbar wird sie vor allem in der Motivik des Raums; auch dies keineswegs zufällig ein populäres Studienobjekt der zeitgenössischen Literaturwissenschaft.[25]

Während Humboldt den Raum als eine „Abstraktion" (VW, 115) betrachtet und sich ein Gespräch zwischen ihm und einem Jesuitenpater am Ufer des Amazonas dahingehend zusammenfassen lässt, dass der Pater diese Sicht der Dinge für eine aufklärerische und abendländische Mystifikation hält, ist Gauß bestrebt, sowohl die euklidische Geometrie als auch den kantischen Erkennt-

---

**23** Vgl. zu einer Art Initialzündung Poetologien des Wissens um 1800. Hg. v. Joseph Vogl. München 1999.

**24** Vgl. zur (unfreiwilligen) Separation von Diegese und Text und zur Banalität der Mathematik bei Kehlmann grundlegend bereits Moritz Baßler: Genie erzählen, S. 45–52. Vgl. dagegen v. a. Mark M. Anderson: Der vermessende Erzähler. Mathematische Geheimnisse bei Daniel Kehlmann. In: Text + Kritik 177 (2008), S. 58–67; vgl. dagegen auch die apologetische Untersuchung von Gasser, der eine interessante Verbindung zwischen Textorganisation und Humboldt'schem Messverfahren herstellt. Markus Gasser: Das Königreich im Meer. Daniel Kehlmanns Geheimnis. Göttingen 2010, S. 102; vgl. Andrea Albrecht: „Spuren menschlicher Herkunft". Mathematik und Mathematikgeschichte in der deutschen Gegenwartsliteratur (Daniel Kehlmann, Michael Köhlmeier, Dietmar Dath). In: Zahlen, Zeichen und Figuren. Mathematische Inspirationen in Kunst und Literatur. Hg. v. ders./Gesa von Essen/Werner Frick. Berlin 2011, S. 543–563.

**25** Vgl. Raumtheorie. Grundlagentexte aus Philosophie und Kulturwissenschaften. Hg. v. Jörg Dünne/Stephan Günzel. Frankfurt a. M. 2006.

nisapparat zu widerlegen. Der Raum ist in seinen Augen keine „Form unserer Anschauung“ (VW, 95), er ist „faltig, gekrümmt und sehr seltsam.“ (VW, 96) Im Gegensatz zu Humboldt hält Gauß den Raum (und damit auch die Wirklichkeit) demnach für ein real existierendes, zugleich aber auch für ein zutiefst beunruhigendes und unzuverlässiges Phänomen.

Der Roman trägt die Wirklichkeitsproblematik zum einen also unmissverständlich in die naturwissenschaftlich perspektivierte Spannung zwischen den beiden Hauptfiguren Gauß und Humboldt ein. Zum anderen greift diese Spannung aber weder auf die „Syntax“ noch auf die Form des Textes über. Die symmetrisch angelegten Geschichten von Gauß und Humboldt werden jedenfalls eher wie „Planquadrate“ organisiert, als dass sie „Faltiges“ oder „Gekrümmtes“ offenbarten. Sprache und Aufbau des Romans hinterlassen einen ausgesprochen aufgeräumten[26] und transparenten Eindruck.

Die dargestellte Welt des Wissens bleibt folglich streng genommen anekdotisch. *Die Vermessung der Welt* betreibt über weite Strecken Gelehrtensatire.[27] Diese kann man mit gutem Recht unterhaltsam finden, aber sie dürfte die „gutbürgerlich unzerstörbare Wirklichkeit“ vollends intakt lassen. Wenn Gauß als Figur seine Fortschrittsgläubigkeit gleich zu Beginn des Romans in der Überzeugung ausdrückt, die Geschichte „verschaffe einem einen unziemlichen Vorteil vor der Vergangenheit und mache einen zum Clown der Zukunft“ (VW, 9), dann arbeitet der Text genau diesem Bild von Geschichte eher zu als dass er es aufspalten wollte. Vergangene Bräuche, Denkgewohnheiten und Hoffnungen bringt er weniger als verstörende Größen denn als possierliches Kuriosum in den Blick. Sie überführen nicht die gegenwärtige ‚Wirklichkeit‘ ihrer Bedingtheit oder Kontingenz, sondern werden unterschwellig tatsächlich als Produkte von „Clowns“ ausgegeben.

Das liegt nicht zuletzt daran, dass die Gegenwart in Kehlmanns historischen Romanen zwar nie direkt in die diegetische Welt Einzug hält, dass sie in der Regel aber in einer Erzählstimme vernehmbar wird, die mittels von Humor- und Ironie-Effekten den alleinigen Maßstab der Beurteilung von Vergangenheit bildet. Die Grundarroganz des Romans besteht dabei darin, dass er sich Gauß wie Humboldt aus historischen Gründen überlegen fühlt und sich ihre jeweilige Wirklichkeitswahrnehmung als bloße Schrulle ausmalt. Der in den Poetikvorlesungen annoncierte Angriff auf die „Wirklichkeit“ fällt in der *Vermessung der*

---

**26** Die Metapher verdanke ich einer kleinen Kehlmann-Korrespondenz mit Mona Körte.

**27** Vgl. zu einer treffenden formalen und ideologischen Verortung der humoristischen Tendenzen des Textes Heinz-Peter Preußer: Zur Typologie der Zivilisationskritik. Was aus Daniel Kehlmanns Roman *Die Vermessung der Welt* einen Bestseller werden ließ. In: Text + Kritik 177 (2008), S. 73–85.

*Welt* auf buchstäblich lächerliche Art und Weise aus. Denn den Horizont des Textes bildet ein gänzlich intaktes und „gutbürgerlich“ integres Bild von Wirklichkeit und Geschichte. Vermutlich stellt Ironie von vornherein kein probates Mittel dar, die „Regeln der Wirklichkeit“ zu brechen.

## 5 Von Gespenstern, Drachen und sprechenden Eseln: Übernatürliches in *Tyll*

Kehlmann hat ein großes Faible für die übernatürliche Welt. Auch dieses dürfte sich zunächst über das Programm seines avisierten Bruchs mit den „Regeln der Wirklichkeit“ erklären. So taucht in *Die Vermessung der Welt* neben einem UFO an zwei entscheidenden Stellen der Geist von Humboldts verstorbener Mutter auf und seine bereits erwähnten Frankfurter Poetikvorlesungen stellt Kehlmann ausdrücklich und im Rahmen bereits des einem *Macbeth*-Vers entlehnten Titels – *Kommt, Geister* –[28] in den Dienst der Gespensterbeschwörung. Es ließe sich in diesem Kontext einmal mehr auf eine gemeinsame Faszination von Kehlmann und der ‚Germanistik‘ hinweisen.[29] Allerdings scheint sie in seinem Fall konkreter literarhistorisch motiviert und insbesondere dem Magischen Realismus Lateinamerikas und dem Œuvre von Leo Perutz geschuldet.

Auffällig ist dabei, dass der ontologische Status des Magischen, Übernatürlichen oder Gespenstischen bei Kehlmann von den Texten oft wieder selbst in Zweifel gezogen wird und sich somit präziser vielleicht von ‚fantastischen‘ Momenten sprechen ließe; zumindest wenn man seiner Literatur die viel beachtete Definition Todorovs zugrunde legt, die den Zweifel oder das Zögern *(„hésitation“)* am Übernatürlichen bekanntlich als konstitutives Merkmal des Fantastischen (in Abgrenzung etwa zum ‚Wunderbaren‘) auszuweisen versucht.[30]

In *Die Vermessung der Welt* erscheint der Geist von Humboldts Mutter zum zweiten Mal über das Medium eines siebzehnjährigen Mädchens im Verlauf einer *Séance*, die von einem Herrn Lorenzi organisiert wird. Dieser fliegt schließlich als Scharlatan auf, da er kurzzeitig vergisst, mit italienischem Akzent zu sprechen (vgl. VW, 256). Damit wird der ‚Realitätsgehalt‘ der zwielichtigen Welt selbst in Zweifel gezogen, keineswegs aber einfach aufgehoben.

---

**28** Kehlmann: Kommt, Geister, S. 68.

**29** Vgl. etwa Gespenster des Wissens. Hg. v. Ute Holl/Claus Pias/Burkhardt Wolf. Zürich 2017.

**30** Vgl. Tzvetan Todorov: Introduction à la littérature fantastique. Paris 1970; vgl. zur Unterscheidung von Magischem Realismus und Fantastik bei Kehlmann Rickes: Daniel Kehlmann und die lateinamerikanische Literatur, S. 13.

Solche Unentschiedenheiten kennzeichnen über weite Strecken das übernatürliche Inventar auch von Kehlmanns letztem Roman *Tyll.* So scheint sich hinter einem sprechenden Esel namens Origenes mal der Bauchredner Tyll Ulenspiegel zu verbergen, mal aber auch nicht. Solche Passagen lesen sich gerade in ihren ausgestellten Unauflösbarkeiten dann fast schon wie eine Bebilderung Todorovs, kaum aber wie eine Heimsuchung der „Wirklichkeit“ durch das Fantastische. Jedenfalls strahlt die Reflexion der „Wirklichkeit“ auch in *Tyll* oft ein so hohes Maß an ‚gutbürgerlicher‘ Heiterkeit aus, dass die „Wirklichkeit“ den potenziellen Bruch mit ihr relativ unbeschadet überstehen dürfte.[31]

Hiervon auszunehmen sind in *Tyll* allenfalls die Gespenster, die der Roman über eine Art Vorspann als Kriegstote auftreten lässt, damit sie Zeugnis über ihre eigene grausame Tötung abzulegen vermögen:

> Wir aber erinnern uns, auch wenn keiner sich an uns erinnert, denn wir haben uns noch nicht damit abgefunden, nicht zu sein. Der Tod ist immer noch neu für uns, und die Dinge der Lebenden sind uns nicht gleichgültig. Denn es ist alles nicht lang her. (T, 29)

Indem diese Erzählstimme das gesamte erste Kapitel trägt, ist der Versuch in *Tyll* unübersehbar, die Geister – und folglich den Bruch mit den „Regeln der Wirklichkeit“ – stärker in die Narration und in die Formstruktur aufzunehmen als dies m. E. über die Geister oder die Naturwissenschaft in *Die Vermessung der Welt* der Fall war. In *Tyll* infizieren die Gespenster sehr wohl einen Teil der „Syntax“, schon aufgrund der Tatsache, dass sie selbst zur Sprache kommen.

Weitaus schwieriger zu beurteilen scheint indes das Verhältnis von Wirklichkeit und Geschichte in *Tyll.* Wenn die Geister der Meinung sind, ihr Tod und der Dreißigjährige Krieg seien „nicht lang her“, so verwahrt sich der Roman selbst (wie bereits angedeutet) gegen jede vorschnelle oder billige Identifikation von Gegenwart und Vergangenheit.[32] Den Gespenstern des ersten Kapitels redet der Text folglich nicht einfach das Wort. Das Problem scheint eher darin zu bestehen, dass *Tyll* genau wie *Die Vermessung der Welt* die Gegenwart als immanente Beurteilungsinstanz vergangener Überzeugungen und vergangenen Glaubens einsetzt und Geschichts- wie Wirklichkeitsdarstellung jeder potenziellen Alterität oder Subversion über diesen Gestus konsequent beraubt werden. Die Parallele zwischen beiden Romanen würde demnach darin bestehen, dass sie

---

**31** Ein Esel namens Origenes mutet seinem Publikum nicht wesentlich mehr zu als *Ein Hund namens Beethoven.*

**32** Freilich können solche Identifikationen auch höchst niveauvoll ausfallen, wie am Beispiel des Dreißigjährigen Kriegs die ambitionierte Studie von Herfried Münkler gezeigt hat. Vgl. hierzu Claude Haas: Zur Aktualität des Dreißigjährigen Krieges (I.) Übungsplatz für strategisches Denken. Herfried Münklers Studie *Der Dreißigjährige Krieg.* In: http://www.zflprojekte.

die „Regeln der Wirklichkeit" genau dort unfreiwillig intakt lassen oder gar restaurieren, wo der intendierte Bruch mit ihnen am Offensichtlichsten hervortritt.

Dies ist in *Tyll* wiederum vor allem in den wissensgeschichtlichen Passagen der Fall. Eine wesentliche Rolle spielt dabei der barocke Jesuit und Universalgelehrte Athanasius Kircher, dem der Text zwei bedeutende Auftritte einräumt. Kircher ist unheilvoll in einen Hexenprozess gegen Tylls Vater, einen okkultisch inspirierten Müllermeister involviert. Dieser Müller gehört zugleich zu den vielleicht wichtigsten intertextuellen Figurationen des Romans, indem er sich u. a. als eine Art Wiedergänger der Müllerfigur aus Leo Perutz' *Der schwedische Reiter* (1936) lesen lässt.[33] Anders als es der Titel in Konfrontation mit *Tyll* suggerieren könnte, wird dieser Roman von Perutz nicht im Dreißigjährigen Krieg angesiedelt. Der Müller ist eine zutiefst verstörende Figur, da er erstens tatsächlich ein einmal im Jahr auftauchendes Gespenst ist und zweitens sowohl als Opfer als auch als Mittäter kirchlicher Verbrechen firmiert.[34]

Interessant ist nun, dass das Perutz'sche Gespenst als literarischer *Wiedergänger* in *Tyll* seinen Status als Gespenst paradoxerweise verliert und die Dämonenbeschwörungen des Müllers die Figur auf das von Athanasius Kircher maßgeblich mitbereitete Schafott bringen. Will man den Müller also als Perutz-Reminiszenz lesen, dann würde *Tyll* letztlich alle Verstörungen und Ambivalenzen, die *Der schwedische Reiter* in der Figur verankert hatte, wieder tilgen. Mit Blick auf den Hexenprozess bestätigt sich die Tendenz, selbst wenn man Perutz aus dem Spiel lässt. Das gesamte vom Text aufbereitete und einmontierte Wissen – und es ist dieses Wissen wie in *Die Vermessung der Welt* als solches durchaus erheblich – wird nicht als möglicher Bruch mit der „Wirklichkeit" genutzt, sondern verkümmert zur epistemologisch wohlfeilen Kirchenkritik.

Ersichtlich wird dies am Motivkomplex v. a. der Drakontologie, die bekanntlich tatsächlich zum weiten Betätigungsfeld von Athanasius Kircher gehörte und die der Roman in Sachen Realistik mit Unentschiedenheiten überzieht, die strukturell an den sprechenden Esel gemahnen.

---

de/zfl-blog/2018/04/04/claude-haas-zur-aktualitaet-des-dreissigjaehrigen-krieges-i-uebungsplatz-fuer-strategisches-denken-herfried-muenklers-studie-der-dreissigjaehrige-krieg/ (Zuletzt angesehen am 26.10.2019).

**33** Mit Blick auf den Müller stellt Perutz mitnichten den einzigen Prätext dar, eine ganz entscheidende Rolle dürfte auch Carlo Ginzburgs kulturgeschichtlicher Best- und Longseller *Der Käse und die Würmer* spielen. Für den Hinweis auf Ginzburg danke ich Michael Navratil.

**34** Vgl. Leo Perutz: Der schwedische Reiter. Hg. und mit einem Nachwort von Hans-Harald Müller. Wien/Darmstadt 1990, S. 76–88.

So handelt ein erstes längeres Gespräch zwischen den Jesuiten, dem Müller Claus und seinem Sohn Tyll vom Problem der Unsichtbarkeit der Drachen. Dass niemand sie sieht, betrachten die Patres freilich als Beleg gerade für ihre Existenz:

> „Je mehr ein Drakontologe von seinem Geschäft versteht", sagt Doktor Tesimond, „desto besser kann er die Absenz des Drachen durch Substitution ausgleichen. Die höchste Weihe aber liegt darin, nicht den Körper des Drachen, sondern, sein . . . Wie ist das Wort?"
> „Wissen", sagt Doktor Kircher.
> „Sein Wissen zu nützen. Schon Plinius berichtet, dass Drachen ein Kraut kennen, mit dessen Hilfe sie tote Artgenossen wieder beleben. Dieses Kraut zu finden wäre der heilige Gral unserer Wissenschaft."
> „Aber woher weiß man, dass es Drachen gibt?", fragt der Junge.
> Doktor Tesimond runzelt die Stirn. Claus beugt sich vor und gibt seinem Sohn eine Ohrfeige.
> „Wegen der Wirksamkeit der Substitute", sagt Doktor Kircher. „Woher soll denn ein mickriges Tier wie der Engerling Heilkraft haben, wenn nicht durch seine Ähnlichkeit mit dem Drachen! [. . .]" (T, 101)

Dieser Dialog ist nicht ohne Witz und er wartet anhand der ‚Substitution', des „Prinzips der Ähnlichkeit" oder eben auch der Plinius-Anspielung solide mit frühneuzeitlichen und antiken Wissensbeständen auf. Über Art und Anordnung der Dialoge bewertet der Roman dieses Wissen aber einmal mehr von einem heutigen ‚fortschrittlichen' Standpunkt aus, der es von vornherein um seine wirklichkeitsdestruierenden Chancen bringt. Denn alles in allem geht *Tyll* so weit, noch nicht einmal die Jesuiten eindeutig an Drachen oder die Substitution glauben zu lassen und zu insinuieren, sie seien im Endeffekt Schwindler. Von der Warte eines heutigen ‚gesunden Menschenverstands' aus gesehen mag dies seine Berechtigung haben, aber derartige Arrangements können der „Wirklichkeit" nichts anhaben, da sie die religiöse Tradition gar nicht (mehr) ernst nehmen. Man vergleiche die zitierten Dialoge aus *Tyll* kontrastiv nur mit einem denkbar lapidar geäußerten Gedanken des norwegischen Erfolgsautors Karl Ove Knausgård über die religiöse Opferpraxis: „Außerdem ist das Opfer niemals bloß ein Verlust, da im Opfer auch immer etwas gewonnen wird, also was verlor Abraham, als das Opfer widerrufen wurde?"[35] Der Monstrosität solchen Nachsinnens über vergangene ‚Wirklichkeiten' hat sich Kehlmann nie gestellt. Sein ‚gebrochener' Realismus erweist sich letzten Endes als verdruckster Neorealismus.

Das Hinterlistige auch und gerade an seinen historischen Romanen besteht indes darin, dass er dies sehr wohl zu ahnen scheint und er diese uneingestan-

35 Karl Ove Knausgård: Kämpfen. Aus dem Norwegischen von Paul Berf/Ulrich Sonnenberg. München 2017, S. 772.

dene Grundtendenz seines Schreibens selbst zu konterkarieren versucht. Gegen Ende von *Tyll* staunt man jedenfalls nicht schlecht bei der Lektüre der folgenden Sätze: „Im selben Jahr [rekonstruieren lässt sich das Jahr 1683, CH] starb in der Holsteinischen Ebene der letzte Drache des Nordens. Er war siebzehntausend Jahre alt, und war es müde, sich zu verstecken." (T, 392)

Die ‚Germanistik' hat methodisch nichts an der Hand, den Realitätsgehalt eines Drachen innerhalb der fiktiven Welt eines Romans anzuzweifeln. Wissenschaftlich lässt sich folglich nicht behaupten, den „letzten Drachen des Nordens" würde es in *Tyll* gar nicht ‚wirklich' geben. Und doch drängt sich die Frage auf, ob der erwähnte Dialog über die Rolle etwa der Substitution in der frühneuzeitlichen Drakontologie eine fiktive Realexistenz des Drachen tatsächlich noch glaubwürdig zulassen kann. Der Drache in der Holsteinischen Ebene wirkt vor diesem Hintergrund jedenfalls merkwürdig angestrengt, es ist ein Drache *ex machina.* Seine Funktion dürfte vornehmlich im Bruch mit den „Regeln der Wirklichkeit" liegen. Sie scheint mir als solche aber viel zu durchsichtig, um zu verfangen. Die ‚Germanistik' kann dies (wie gesagt) nicht nachweisen und hermeneutisch angesichts solcher Passagen nur kapitulieren. Das könnte aber (auch) daran liegen, dass der „letzte Drache" im Hinblick auf eine solche Kapitulation als Spur vielleicht überhaupt erst gelegt wurde. Und so mag es nicht zuletzt die virtuose Beherrschung der Möglichkeiten wie der Grenzen ausgerechnet der ‚Germanistik' sein, die Glanz und Elend des Schriftstellers Daniel Kehlmann gleichermaßen verbürgt.

## Literaturverzeichnis


Albrecht, Andrea: „Spuren menschlicher Herkunft". Mathematik und Mathematikgeschichte in der deutschen Gegenwartsliteratur (Daniel Kehlmann, Michael Köhlmeier, Dietmar Dath). In: Zahlen, Zeichen und Figuren. Mathematische Inspirationen in Kunst und Literatur. Hg. v. ders., Gesa von Essen, Werner Frick. Berlin 2011, S. 543–563.

Anderson, Mark M.: Der vermessende Erzähler. Mathematische Geheimnisse bei Daniel Kehlmann. In: Text+Kritik 177 (2008), S. 58–67.

Baßler, Moritz: Genie erzählen. Zu Daniel Kehlmanns Populärem Realismus. In: Gegenwartsliteratur. Ein germanistisches Jahrbuch 16 (2017), S. 37–55.

Beyer, Marcel: Das blindgeweinte Jahrhundert. Bild und Ton. Berlin 2017.

Bohley, Johanna: Dichter am Pult – Altes/Neues aus Poetikvorlesungen 2010–2015. In: Gegenwart schreiben. Zur deutschsprachigen Literatur 2000–2015. Hg. v. Corina Caduff, Ulrike Vedder. Paderborn 2017, S. 243–254.

Catani, Stephanie: Was bleibt von der Geschichte? Form und Funktion historisch-fiktionalen Erzählens im 21. Jahrhundert. In: Das erste Jahrzehnt. Narrative und Poetiken des 21. Jahrhunderts. Hg. v. Julia Schöll, Johanna Bohley. Würzburg 2011, S. 23–35.

Dünne, Jörg/Stephan Günzel (Hg.): Raumtheorie. Grundlagentexte aus Philosophie und Kulturwissenschaften. Frankfurt a. M. 2006.

Galli, Matteo: The Artist ist Present. Das Zeitalter der Poetikvorlesungen. In: Merkur 68 (2014), H. 1, S. 61–65.

Gasser, Markus: Das Königreich im Meer. Daniel Kehlmanns Geheimnis. Göttingen 2010.

Geppert, Hans Vilmar: Der Historische Roman. Geschichte umerzählt – von Walter Scott bis zur Gegenwart. Tübingen 2009.

Geulen, Hans: Arcadische Simpliciana. Zu einer Quelle Grimmelshausens und ihrer strukturellen Bedeutung für seinen Roman. In: Euphorion 63 (1969), S. 426–437.

Haas, Claude: Zur Aktualität des Dreißigjährigen Krieges (I.) Übungsplatz für strategisches Denken. Herfried Münklers Studie *Der Dreißigjährige Krieg*, http://www.zflprojekte.de/zfl-blog/2018/04/04/claude-haas-zur-aktualitaet-des-dreissigjaehrigen-krieges-i-uebungsplatz-fuer-strategisches-denken-herfried-muenklers-studie-der-dreissigjaehrige-krieg/ (Zuletzt angesehen am 26.10.2019).

Haas, Claude: Zur Aktualität des Dreißigjährigen Krieges (II.). „Denn es ist alles nicht lang her"? Daniel Kehlmanns Roman *Tyll*. In: https://www.zflprojekte.de/zfl-blog/2018/05/31/claude-haas-zur-aktualitaet-des-dreissigjaehrigen-krieges-ii-denn-es-ist-alles-nicht-lang-her-daniel-kehlmanns-roman-tyll/ (Zuletzt angesehen am 26.10.2019).

Hamsun, Knut: Hunger. Aus dem Norwegischen von Siegfried Weibel. Mit einem Nachwort von Daniel Kehlmann. 2. Aufl. Berlin 2018, S. 231–236.

Hettche, Thomas: Unsere leeren Herzen. Über Literatur. Köln 2017.

Holl, Ute/Claus Pias/Burkhardt Wolf (Hg.): Gespenster des Wissens. Zürich 2017.

Hölscher, Lucian: Die Entdeckung der Zukunft. Göttingen 2016.

Kehlmann, Daniel: Tyll. Reinbek bei Hamburg 2017.

Kehlmann, Daniel: Illyrien. In: ders.: Kommt, Geister. Frankfurter Vorlesungen. Reinbek bei Hamburg 2016, S. 9–41.

Kehlmann, Daniel: Unvollständigkeit. In: ders.: Kommt, Geister. Frankfurter Vorlesungen. Reinbek bei Hamburg 2016, S. 133–170.

Kehlmann, Daniel: Diese sehr ernsten Scherze. Poetikvorlesungen. 5. Aufl. Göttingen 2016 [2007].

Knausgård, Karl Ove: Kämpfen. Aus dem Norwegischen von Paul Berf/Ulrich Sonnenberg. München 2017.

Koselleck, Reinhart: Vergangene Zukunft. Zur Semantik geschichtlicher Zeiten. Frankfurt a. M. 1989.

Kronauer, Brigitte: Favoriten. Aufsätze zur Literatur. Stuttgart 2010.

Lampart, Fabian: Vergangene Vergangenheit? Krieg und Geschichte in Daniel Kehlmanns *Tyll* (2017). In: Der Zweite Dreißigjährige Krieg. Deutungskämpfe in der Literatur der Moderne. Hg. v. dems., Dieter Martin, Christoph Schmitt-Maaß. Baden-Baden 2019, S. 223–241.

Lampart, Fabian: Zeit und Geschichte. Die mehrfachen Anfänge des historischen Romans bei Scott, Arnim, Vigny und Manzoni. Würzburg 2002.

Lewitscharoff, Sibylle: Vom Guten, Wahren und Schönen. Berlin 2012.

Nünning, Ansgar: Von historischer Fiktion zu historiographischer Metafiktion. Bd. 1. Theorie, Typologie und Poetik des historischen Romans. Trier 1995.

Orwell, George: 1984. Übersetzt von Michael Walter. Mit einem Nachwort von Daniel Kehlmann. 43. Aufl. Berlin 2017, S. 377–384.

Perutz, Leo: Der schwedische Reiter. Hg. und mit einem Nachwort von Hans-Harald Müller. Wien/Darmstadt 1990, S. 76–88.

Preußer, Heinz-Peter: Zur Typologie der Zivilisationskritik. Was aus Daniel Kehlmanns Roman *Die Vermessung der Welt* einen Bestseller werden ließ. In: Text+Kritik 177 (2008), S. 73–85.
Proust, Marcel: A la recherche du temps perdu. Bd. 4. Hg. v. Jean-Yves Tadié u. a. 4 Bde. Paris 1987.
Reich-Ranicki, Marcel: Mein Leben. Stuttgart 1999.
Rickes, Joachim: Daniel Kehlmann und die lateinamerikanische Literatur. Würzburg 2012.
Schilling, Erik: Der historische Roman seit der Postmoderne. Umberto Eco und die deutsche Literatur. Heidelberg 2012.
Schöll, Julia: Entwürfe des auktorialen Subjekts im 21. Jahrhundert. Daniel Kehlmann und Thomas Glavinic. In: Das erste Jahrzehnt. Narrative und Poetiken des 21. Jahrhunderts. Hg. v. ders., Johanna Bohley. Würzburg 2011, S. 279–292.
Scholz, Gerhard: Inselhopping durch die Jahrhunderte. Der historische Roman seit 2000 am Beispiel von Christian Krachts *Imperium* und Thomas Hettches *Pfaueninsel*. In: Gegenwart schreiben. Zur deutschsprachigen Literatur 2000–2015. Hg. v. Corina Caduff, Ulrike Vedder. Paderborn 2017, S. 151–161.
Spoerhase, Carlos: Literaturwissenschaft und Gegenwartsliteratur. In: Merkur 68 (2014), H. 1, S. 15–24.
Todorov, Tzvetan: Introduction à la littérature fantastique. Paris 1970.
Vogl, Joseph (Hg.): Poetologien des Wissens um 1800. München 1999.

Natalie Moser

# Die Vermessung populären Erzählens: Zur Genre- und Medienreflexion in Daniel Kehlmanns *Du hättest gehen sollen*

Auf der ersten Seite von Daniel Kehlmanns Erzählung *Du hättest gehen sollen* wird ein Neubeginn beschworen. „Neue Umgebung, neue Ideen, ein neuer Anfang“,[1] so hält der Ich-Erzähler in seinem neuen Notizbuch fest. In Letzterem hat er soeben die Eröffnungssequenz eines Films verzeichnet: „Jana und Ella fahren auf dem Tandem die Landstraße entlang. Die Sonne scheint, die Halme wogen, heitere Musik. [. . .] Schmerzensschreie. Die Musik bricht ab, Schwarzblende, Anfangstitel. Setzt gleich den richtigen Ton.“[2] Der Neubeginn wird nicht nur relativiert, weil es sich bei dem Film mit dem trivialen Titel *„Allerbeste Freundin II“*[3] um eine Fortsetzung handelt, sondern auch, weil er sich eines bekannten Narrativs – zwei Freundinnen sind unzertrennlich, bis sich ein Hindernis bzw. ein Mann zwischen sie schiebt und die Freundschaft zerbricht – und einer gängigen Spannungssteigerungstechnik – Unheilvolles wird akustisch und visuell lediglich angedeutet – bedient. Weder inhaltlich noch formal verspricht der Film innovativ zu sein, was freilich der Gestaltung eines Verkaufsschlagers für sich genommen nicht widerspräche. Das Kriterium der Neuheit wurde auch in Rezensionen zu Kehlmanns Erzählung bemüht, allerdings ausschließlich im Rahmen von negativen Kritiken. Kehlmann wurde aufgrund seiner Erzählung Epigonentum vorgeworfen und es wurde angedeutet, dass er Schemaliteratur produziere; eine Zuschreibung, die Kehlmann seit seinen ersten Bestsellern begleitet. Sigrid Löfflers Kritik mit dem Titel „Schwache Erzählung mit alten Motiven“ kann stellvertretend für diejenigen Rezensionen stehen, die das Fehlen von Neuem beanstandet haben: „Mit dieser mit neunzig Seiten nicht nur schmalen, sondern auch dünnen Erzählung wirkt Kehlmann wie ein matter Epigone von Stephen King. Auch bei Stanley Kubricks ‚Shining‘ hat er sich deutlich, aber kraftlos bedient.“[4] Mit Blick auf den Anfang der Erzählung, wo die Idee des

1 Daniel Kehlmann: Du hättest gehen sollen. Reinbek bei Hamburg 2016, S. 7.

2 Kehlmann: Du hättest gehen sollen, S. 7.

3 Kehlmann: Du hättest gehen sollen, S. 10.

4 Sigrid Löffler: Daniel Kehlmann: „Du hättest gehen sollen“. Schwache Erzählung mit alten Motiven. In: Deutschlandfunk Kultur, 21.10.2016, https://www.deutschlandfunkkultur.de/daniel-kehlmann-du-haettest-gehen-sollen-schwache.950.de.html?dram:article_id=369114 (Zuletzt angesehen am 09.10.2019).

https://doi.org/10.1515/9783110647488-017

Neuen ausgestellt wird, stellt sich allerdings die Frage, ob es sich bei der kurzen Erzählung nicht um einen Beleg für ein reflektiertes Epigonentum und eine kraftvolle Inszenierung der Aneignung alter Motive handelt. Durch den eingangs gesetzten Hinweis auf den sehr alten Glauben an das Neue bricht Kehlmann eine Lanze für Bestehendes, Traditionelles und ‚Altes', indem er zeigt, dass ‚Neues' nur in Relation zu Bestehendem erkannt werden kann und Innovation häufig in der Form eines Regelbruchs auftritt. Was läge nun näher, als in einer Erzählung die Regelbrüche ihrer Prätexte zu fokussieren und die Gattungskonventionen auszureizen, um innovativ erzählen zu können?

Der nachfolgende Aufsatz untersucht, wie sich Kehlmann in *Du hättest gehen sollen* auf die Tradition populären Erzählens im Bereich des Schauer- und Horrorgenres bezieht und die entsprechenden Erwartungshaltungen in seiner Erzählung antizipiert, reflektiert und kommentiert. Im ersten Teil des Aufsatzes werden der responsive Charakter der Erzählung sowie die werkpolitische Bedeutung von Aneignungsprozessen und ihrer Reflexion herausgearbeitet. Im zweiten Teil soll ausgehend von der Buchgestaltung, die der bildende Künstler Thomas Demand verantwortet, nach einer Verbindung der Darstellungs- und Reflexionsweisen der beiden Künstler gefragt werden, um in einem dritten Teil zu zeigen, dass ungeachtet inhaltlicher Vorbehalte die Erzählung aufgrund ihrer Genrereflexion wie Demands Fotografien als Meta-Kunstwerk verstanden werden kann.

## 1 Gattungskonventionen als Gegenstand einer Erzählung

Kehlmanns Erzählung *Du hättest gehen sollen* ist 2016 bei Rowohlt erschienen. Sie handelt von einem Ehepaar, das mit seiner vierjährigen Tochter in eine alpine Region verreist und in einem modernen Ferienhaus wohnt. Der Schauplatz wird nicht spezifiziert, aufgrund von Stereotypen – dem unverständlichen Dialekt und hohen Lebensmittelpreisen – kann er jedoch in den Schweizer Alpen verortet werden. Während Susanna, die von Beruf Schauspielerin ist, die Tage mit ihrem Ehemann und der gemeinsamen Tochter Esther als Erholungsurlaub nutzen möchte, verspricht sich der Protagonist, der als Ich-Erzähler fungiert, eine intensive Arbeitsphase, um das Drehbuch für eine Komödie fertigstellen zu können. Das Drehbuch handelt von den Freundinnen Jana und Ella, deren Wohngemeinschaft aufgrund einer Liaison Ellas mit Janas Exfreund Martin aufgelöst wird. Nicht nur zwischen Jana und Martin, sondern auch zwischen Ella und Martin kommt es im Alltag zu Spannungen. Zudem wird erzählt, wie sich das Liebespaar gegenseitig etwas vorspielt und Ella wieder die Nähe von Jana sucht. In thematischer Hinsicht gibt es Parallelen zwischen dem Drehbuch und dem Leben des Verfassers des Drehbuchs. Die unterschiedlichen Erwartungshaltungen an den Aufenthalt in den Bergen und an das jeweilige Gegenüber – ein, wenn nicht sogar *das* zentrale Thema der Erzählung – führen zu Konflikten zwischen dem Drehbuchautor und seiner Frau Susanna, die sich während einer Wanderung verstärken und nach der Entdeckung von Susannas Affäre in einem Streit münden. Parallel zu den Konflikten des Ehepaars verändert sich die Wahrnehmung des schreibenden Protagonisten, der sein Spiegelbild plötzlich nicht mehr sehen kann, im Haus jedoch neue Bilder, Räume und Figuren entdeckt. Nach der Abreise Susannas versucht der Protagonist zusammen mit seiner Tochter aus dem Ferienhaus zu fliehen, wird trotz eines längeren Marsches in Richtung Dorf jedoch wieder zum Ausgangspunkt zurückgelenkt, wo er zurückbleibt, nachdem er seine Tochter der zurückgekehrten Frau übergeben konnte, und, so suggeriert es der abrupte Schluss des Textes, endgültig am Weiterschreiben gehindert wird.

Während Sigrid Löffler in Kehlmanns Erzählung eine schwache Kopie von Kings Roman *Shining* und Kubricks gleichnamigen Film sieht, machen für Judith von Sternburg die intermedialen Bezugnahmen den Reiz der Erzählung aus: „‚Du hättest gehen sollen' spielt mit dem Gruselgenre, hat merklich Spaß daran, gibt sich auch gar keine Mühe, zu raffiniert zu sein."[5] Christoph Schröder weist in seiner Rezension der Erzählung ebenfalls auf das Spiel mit Gattungskonventionen hin, sieht darin letztlich aber nur eine „Fingerübung eines routinierten Autors",[6] die, so lässt er durchscheinen, nicht sehr gelungen sei. Die Rezensionen von Löffler, von Sternburg und Schröder zeigen exemplarisch, dass die Erwartungshaltungen durch das Kriterium der Originalität geprägt sind. Obwohl der Verlag die Erzählung im Klappentext als „phantastische Erzählung" und nicht als Schauer- oder Horrorgeschichte angepriesen hat, stützen sich Literaturkritiker*innen auf die auffällig leicht identifizierbaren Intertexte, Stephen Kings Roman *Shining*

5 Judith von Sternburg: In den Wellen der Zeit. In: Frankfurter Rundschau, 24.11.2016, https://www.fr.de/kultur/literatur/wellen-zeit-11645583.html (Zuletzt angesehen am 09.10.2019). Im Gegensatz dazu spricht Ursula März von einer „raffinierte[n] Spukgeschichte", siehe Ursula März: Ist dieser Text von Geisterhand geschrieben? In: Zeit online, 20.10.2016, https://www.zeit.de/2016/44/daniel-kehlmann-du-haettest-gehen-sollen (Zuletzt angesehen am 09.10.2019).

6 Christoph Schröder: Daniel Kehlmann „Du hättest gehen sollen". Fingerübung eines routinierten Autors. In: Deutschlandfunk, 23.11.2016, https://www.deutschlandfunk.de/daniel-kehlmann-du-haettest-gehen-sollen-fingeruebung-eines.700.de.html?dram:article_id=372129 (Zuletzt angesehen am 09.10.2019).

(1977) und Stanley Kubricks gleichnamige Literaturverfilmung aus dem Jahr 1980,[7] und vermissen während der Lektüre der Erzählung die gattungskonventionelle Spannung. Die bekannten Horrorszenen aus Kubricks *The Shining*, in denen die Protagonistin des Films ihren Mann mit einem Baseballschläger auf Distanz zu halten versucht oder der Protagonist Frau und Kind mit einer Axt verfolgt, sucht man in Kehlmanns Erzählung vergebens. Sie werden wie der Unfall im zitierten Drehbuchbeginn ausgespart. Genretypische Elemente wie das *haunted house*, belebte Gegenstände oder Geister sind durchaus in Gebrauch. Trotzdem zeigt sich bei der Erzeugung von Spannungsmomenten, wie man von Sternburg beipflichten kann, keine große Raffinesse, die Reaktionen der Figuren sind vorhersehbar.

Raffiniert sind – wenn man an den Wertungsdiskurs der Literaturkritik anschließen möchte – hingegen die Überlegungen zu Spannungserzeugungstechniken in der zitierten Eingangssequenz des Drehbuchs oder zu genretypischen Erwartungshaltungen im ganzen ersten Kapitel der Erzählung. Die genretypischen Figuren und Motive sind – wie von Sternburg und Schröder festgehalten haben – Bestandteil eines Spiels oder, so könnte man mit Blick auf Kehlmanns frühere Texte ergänzen, sie sind das Material, um zeitgenössische Formen des Erzählens kenntlich machen und ihren Einfluss auf die Wahrnehmung der ‚Wirklichkeit' aufzeigen zu können. Mit Blick auf das Genre der Schauerliteratur ist Spannungsarmut ein negatives Kriterium, da wenig Spannung nicht gattungskonform ist; eine explizite Verweigerung gegenüber genrespezifischen Spannungserwartungen verweist jedoch auch auf die Metareflexivität eines Erzählens, das Genreversatzstücke weniger für die eigene Erzählung benutzt, sondern sie vielmehr als Versatzstücke ausstellt. „Kehlmanns Erzählen erweitert oder ‚bricht' gar nicht die Regeln ‚der Wirklichkeit'", so resümiert Moritz Baßler seine Überlegungen zu *Die Vermessung der Welt* (2005), „sondern allenfalls Genreregeln"[8], was im Fall von *Du hättest gehen sollen* zu den zitierten negativen Rezensionen geführt hat.[9] Die Verletzung von Gattungskonventionen wie der Spannung, die Reflexion über das Prinzip der Spannung und die Verweigerung

7 Im Gespräch mit Heinrich Detering unterstreicht Kehlmann die Wichtigkeit von David Lynchs Œuvre für die Erzählung *Du hättest gehen sollen*, obwohl in Kehlmanns erzählter Welt im Unterschied zu Lynchs Welt keine Er- und Auflösung vorgesehen ist und es kein Außerhalb der Endlosschleife gibt. Vgl. Daniel Kehlmann: Der unsichtbare Drache. Ein Gespräch mit Heinrich Detering. Zürich 2019, S. 83–87.

8 Moritz Baßler: Genie erzählen. Zu Daniel Kehlmanns Populärem Realismus. In: Gegenwartsliteratur. Ein germanistisches Jahrbuch 16 (2017), S. 37–55, hier S. 42.

9 Weitere Beispiele für negative Rezensionen sind: Rainer Moritz: Das kleine Grauen in den Bergen. In: Neue Zürcher Zeitung, 21.10.2016, S. 40 oder Jan Wiele: Wenn der Mond aus Käse ist. In: Frankfurter Allgemeine Zeitung, 22.10.2016, S. 12.

einer Spannungserzeugung schaffen wiederum einen Spielraum, um andere Krisen wie die zum Alltag gewordene Ehe- und Schreibkrise zu fokussieren, die im Unterschied zur Ehe- und Schreibkrise in Kubricks Film keiner filmreifen Spannungsdramaturgie verpflichtet ist, oder um der Leserschaft und ihren Erwartungen einen Spiegel vorzuhalten.

Kehlmanns Text ist gerade aufgrund des Vorzeigens von Gattungsmustern und -elementen und der Inszenierung ihrer Auswirkung auf die Weltwahrnehmung innovativ, wie sich beispielsweise im Gespräch zeigt, welches das Ehepaar während der Wanderung führt. Susanna hält hinsichtlich des Ferienhauses fest:

> Jetzt, wo du es erwähnst, sagte Susanna. Ich habe ein paarmal an diesen Film denken müssen. Diesen guten Film nach dem nicht so guten Buch.
> Welchen Film?
> Der mit den vielen Steadicam-Aufnahmen.
> Ach ja, sagte ich, Steadicam. Es ärgerte mich, dass ich nicht wusste, was eine Steadicam war.[10]

Der Protagonist scheint sich nicht an Buch und Film zu erinnern und kennt sich für einen Drehbuchautor mit Filmaufnahmen erstaunlich schlecht aus, obwohl er in den eingangs zitierten ersten Zeilen des Drehbuchs unterschiedliche Darstellungstechniken erwähnt. Als Leser*in fragt man sich nicht nur, ob hier wie in vielen von Kehlmanns Texten ein unzuverlässiger Erzähler vorliegt, sondern auch, ob auf ein nicht so gutes Buch und einen darauf aufbauenden guten Film nun zwangsweise ein sehr gutes Buch folgen muss – und es sich hier folglich um eine versteckte Eigenwerbung Kehlmanns handelt.[11] Im Unterschied zu seiner Figur hat Kehlmann u. a. in einem Essay in *Lob. Über Literatur* (2010) seiner Bewunderung für Kings Roman Ausdruck verliehen,[12] sodass Autor- und Figurenperspektive nicht zusammenfallen. Dass der Protagonist die von seiner Frau genannten Medien nicht kennt, obwohl sie aus dem Bereich der Unterhaltung und nicht der von der Frau favorisierten Hochkultur stammen, ist ebenfalls

---

**10** Kehlmann: Du hättest gehen sollen, S. 47.

**11** Wie Kehlmann im Gespräch mit Detering verrät, wird seine Erzählung von Blumhouse, einer Horrorfilm-Produktionsgesellschaft in Hollywood, verfilmt, sodass auf die Reihe ‚Roman–Film–Erzählung' wieder ein Film, gemäß Kehlmann ein traditioneller Horrorfilm, folgt. Vgl. Kehlmann: Der unsichtbare Drache, S. 152.

**12** „In kaum einem Buch ist das Phänomen des Spuks besser zu Ende gedacht als in *Shining*", vgl. Daniel Kehlmann: Kein ehrlicher Rock 'n' Roll. *Stephen King: Puls*. In: ders.: Lob. Über Literatur. Hamburg 2011, S. 35–42, hier S. 35. Vgl. zudem auch Friedhelm Marx: Dunkle Geschichten: Daniel Kehlmanns Gespenster. In: Gegenwartsliteratur. Ein germanistisches Jahrbuch 16 (2017), S. 57–76, hier S. 73.

erstaunlich. Aufgrund seines Konkurrenzdenkens verpasst er die Botschaft, die in der intertextuellen Referenz verborgen ist, ähnlich wie er die rätselhaften Warnungen, wegzugehen, übersieht und anschließend ignoriert. Sogar als er die Nachrichten seiner Frau und ihres Geliebten liest, denkt er zuerst an die Verwertbarkeit der Nachrichten, nicht an deren Bedeutung für sein (Ehe-)Leben. Die Begegnungen im Dorf werden ebenfalls sogleich als Material taxiert, während der Versuch einer Verständigung ausbleibt: „Grüß schön Gott, sagte er – oder etwas Ähnliches, ich verstand es nicht, denn er war sofort in Dialekt gefallen. Fehringer muss ihn spielen, dachte ich. Das alles kann ich gebrauchen, und Fehringer wäre perfekt!"[13] Die Wirklichkeitswahrnehmung des Protagonisten ist nicht nur hinsichtlich der Selbstwahrnehmung und der Wahrnehmung seines Umfeldes gestört, sondern seit Beginn der Erzählung auch (oder vielleicht gerade deshalb) durch eine Orientierung an der Verwertbarkeit von Erlebnissen geprägt. Der Titel der Erzählung „Du hättest gehen sollen", der auf die Aufforderung „Geh weg, bevor es zu spät ist"[14] verweist, unterstützt diese Interpretation. Der zweite Teil dieses Satzes ist identisch mit dem letzten Teilsatz in Thomas Bernhards Skandaltext *Holzfällen. Eine Erregung* (1984),[15] dem Kehlmann einen eigenen Text gewidmet hat.[16] Bernhards Ich-Erzähler will sich beeilen, alles niederzuschreiben, bevor es zu spät ist, doch wie in anderen Texten Bernhards – und in Kehlmanns Erzählung – entsteht kein Manuskript und der Text endet – auch hier bestehen durchaus Parallelen – mit einem Hinweis auf ein Scheitern beim Versuch der Verwertung, das Leben und Schreiben gleichermaßen betrifft. Die Erzählung beinhaltet allerdings auch sehr allgemeine Anspielungen auf die Unterhaltungsbranche und könnte auch als Reaktion auf Versuche, Kehlmann in diesem Bereich zu verorten, verstanden werden.

Auf der Ebene der Form werden denn auch andere Genres und Gattungen als das populäre Schauer- und Horrorgenre bedient. Die sechs Kapitel der Erzählung sind beispielsweise auf den zweiten bis siebten Dezember datiert und damit als Tagebuch- oder, mit Blick auf die erste Seite der Erzählung, als Notizbucheinträge gekennzeichnet. „Streitigkeiten und Ausflüge werden im Nachhinein, plötzliche Geschehnisse und Beobachtungen beim Schreiben jedoch unmittelbar,

13 Kehlmann: Du hättest gehen sollen, S. 29.

14 Kehlmann: Du hättest gehen sollen, S. 87.

15 Vgl. Thomas Bernhard: Holzfällen. Eine Erregung. Frankfurt a. M. 1988, S. 321.

16 Vgl. Daniel Kehlmann: Der melancholische Lobbyist. Thomas Bernhard: Holzfällen. In: ders.: Lob. Über Literatur. Hamburg 2010, S. 11–20.

gleichsam in Echtzeit, wiedergeben [sic!]",[17] so Henning Bobzins Beobachtung, d. h. Alltagsbeschreibungen und Skizzen für das Drehbuch vermischen sich und die Aufzeichnungen sind nicht chronologisch. Da der Text mit drei nummerierten Vakatseiten endet, entsteht der Eindruck, dass es sich beim Haupttext um das Notizbuch des Protagonisten handelt. An einer prominenten Stelle kommt eine Metalepse zum Einsatz, die auf der Rezeptionsebene das Sich-Abhanden-Kommen des Protagonisten quasi erfahrbar macht. Wenn sich der Protagonist so fühlt, „als wäre [er] in einen [s]einer Filme geraten",[18] oder er über das Verhältnis von Traum und Wirklichkeit reflektiert,[19] wird allerdings auch das metaleptische Erzählverfahren intradiegetisch reflektiert und als Technik ausgestellt. Diese Art von Metareflexionen kennt man wiederum aus Kehlmanns *Ruhm. Ein Roman in neun Geschichten* (2009), in dem Figuren und ihre Urheber*innen ihre Positionen tauschen, intradiegetische Erwartungshaltungen an Texte und ihre Verfasser*innen sichtbar gemacht werden und eine Reflexion über außertextuelle Erwartungshaltungen und Wahrnehmungsweisen angestoßen wird.

In *Du hättest gehen sollen* werden im ersten Kapitel die Erwartungshaltungen explizit benannt, die in einem der Unterhaltung verpflichteten Genre verdichtet sind und sowohl die Produktion als auch Rezeption von Texten steuern. Beiläufig bzw. ausgehend vom Motiv des Drehbuches werden zudem Erzählverfahren wie das serielle Erzählen, Erzählweisen wie das an der Mündlichkeit orientierte Erzählen, Formate wie Slapstick oder Backstory und Überlegungen zur Unterscheidung von Hoch- und Trivialliteratur sowie diejenigen zwischen der Komödie des Protagonisten und zwei bürgerlichen Lustspielen thematisiert. Der Protagonist denkt zudem über die Wirkung bestimmter Szenen seines Drehbuches nach und überlegt, dass „wenn er [der Protagonist des Films, N.M.] genau in dem Moment hereinkommt, sieht es zu sehr nach Sitcom aus, das ist reiner Boulevard. Aber wenn nicht er, wer sonst? Irgendwer sollte hereinkommen."[20] Wenn der Drehbuchautor zu einem späteren Zeitpunkt in der Erzählung den Liebhaber seiner Frau als Schauspieler oder Tänzer imaginiert und sich dann ermahnt, keine Klischees zu reproduzieren,[21] zeigt sich, dass er im Hinblick auf Darstellungsverfahren und Wahrnehmungsweisen nicht zwischen seinem Leben und dem Drehbuch unterscheidet. Neben genretypischen Erwartungshaltungen wird auch die Verkaufbar-

---

**17** Henning Bobzin: Daniel Kehlmann. In: Munzinger Online/KLG – Kritisches Lexikon zur deutschsprachigen Gegenwartsliteratur, http://www.munzinger.de/document/16000000708 (Zuletzt angesehen am 09.10.2019).

**18** Kehlmann: Du hättest gehen sollen, S. 52.

**19** Vgl. Kehlmann: Du hättest gehen sollen, S. 45.

**20** Kehlmann: Du hättest gehen sollen, S. 17.

**21** Vgl. Kehlmann: Du hättest gehen sollen, S. 57.

keit künstlerischer Erzeugnisse thematisiert und über das Dasein eines Berufskünstlers reflektiert, der zwischen Autonomiebestrebungen und Marktansprüchen hin- und hergerissen ist. Sehr früh im Text wird, wie die Beispiele gezeigt haben, eine mehrdimensionale medienreflexive Ebene installiert, die bei einer ausschließlichen Fokussierung des Schauer- und Horrorgenres übersehen wird.

Nicht nur gattungstypologische Merkmale und Verfahren, sondern auch frühere Texte des Autors wecken Erwartungen, die bei Erfüllung zu einer ähnlich positiven Resonanz der Texte führen können. Mit Blick auf Kehlmanns Œuvre zeigt sich zwischen der Erzählung *Der fernste Ort* (2001), die vor Kehlmanns Bestsellern entstanden ist, und *Du hättest gehen sollen* beispielsweise eine motivische Verwandtschaft. In der älteren Erzählung ist ebenfalls von einem gemieteten Haus in den Bergen die Rede, in dem der Protagonist von Stimmen heimgesucht wird und Einrichtungsgegenstände und Wände vor ihm zurückweichen.[22] Obwohl wiederholt auf eine Sehstörung des Protagonisten hingewiesen und den Leser*innen mit Hinweis auf die fehlende Brille eine Erklärung angeboten wird,[23] lassen sich die Zweifel des Protagonisten an räumlichen Perspektiven und Naturgesetzen nicht restlos logisch erklären.[24] Das ‚Horrorsetting' in *Du hättest gehen sollen* ist zu großen Teilen eine Wiederaneignung von Elementen dieses früheren Textes. In der späteren Erzählung bezeichnet der Protagonist die Wiedererkennbarkeit im Hinblick auf die Fortsetzung seiner Drehbuchhandlung als Erfolgsprinzip. „Also, wie reagiert Jana? Wir wissen, wie impulsiv sie ist. Jeder erinnert sich an ihren Wutanfall im ersten Teil, [. . .]. So etwas muss wieder geschehen, aber anders, weil alle darauf warten."[25] Erwartungshaltungen müssen sowohl bedient als auch enttäuscht werden, Regelkonformität und Regelbruch gehen Hand in Hand.

In Kehlmanns Erzählung werden nicht nur Versatzstücke aus Vorgängerwerken wiederverwertet, sondern auch Verknüpfungstechniken und Darstellungsformate – also ihre Machart – ausgestellt, wenn beispielsweise am Ende des ersten Kapitels erzählt wird, dass Esther ihrer Puppe den Arm gebrochen hat – wie der Protagonist in Kings *Shining* seinem Sohn – und ihr Vater die kindliche Hoffnung auf ein Wunder belächelt sowie konstatiert, dass das Ding kaputt sei. Diese Aussage wirkt bei der Lektüre des unmittelbar danach folgenden Einwortsatzes „Ehe"[26] nach, die, wie man in den nachfolgenden Kapiteln erfährt, ebenfalls ‚kaputt' ist. Am Anfang des darauffolgenden Kapitels verweist

22 Vgl. Daniel Kehlmann: Der fernste Ort. Frankfurt a. M. 2001, S. 49.

23 Vgl. Kehlmann: Der fernste Ort, S. 22.

24 Vgl. Kehlmann: Der fernste Ort, S. 113.

25 Kehlmann: Du hättest gehen sollen, S. 15.

26 Kehlmann: Du hättest gehen sollen, S. 12.

Susanna auf die Technik des Slapsticks sowie auf das Eigenleben von Dingen, was auf die vor dem Protagonisten zurückweichenden Gegenstände wie den Wasserhahn[27] oder Wände sowie auf sich ausdehnende und zusammenziehende Räume[28] vorausdeutet, aber auch auf die Verdoppelung des Protagonisten aufgrund einer verzögerten Bildübertragung durch das Babyfon. Bevor von etwas erzählt wird, erfahren die Leser*innen, wie es erzählt werden wird. Der Fokus auf Dinge und Gegenstände weist auch in die Richtung von Kubricks Film, dank dem die Axt und der Baseballschläger ins kollektive (Film-)Gedächtnis eingegangen sind und instantan mit Horror in Verbindung gebracht werden. Kehlmanns Protagonist befürchtet wiederum, dass er sich selbst als Person begegnen könnte, wenn er die Haustür öffnet,[29] und imaginiert sich und seine Tochter als Gespenster.[30] Der Produzent des Films, für den der Protagonist das Drehbruch schreibt, wendet hingegen die Aufspaltung als Technik an, um durch einen Hinweis auf ungeduldige Produzenten Druck aufzubauen und keine Verantwortung übernehmen zu müssen, weil er in diesem Moment vorgibt, nicht als Produzent zu sprechen.[31] Eine ähnliche professionelle Spaltung liegt auch bei Susanna vor, die im Ehealltag stellenweise als (schlechte) ‚Schauspielerin' agiert – so die Beurteilung des Ehemannes,[32] der sich hinsichtlich seines Drehbuches ebenfalls in einen Autor und einen Erzähler aufspaltet. Die wiederholten Teilungen verweisen nicht nur auf das romantische Motiv des bedrohlichen Doppelgängers, sondern stellen ebenfalls auf der Figurenebene die der ‚doppelten Optik'[33] zugrundeliegende Technik aus. Die Leser*innen der Erzählung müssen folglich eine Metaperspektive einnehmen, um die unterschiedlichen Ebenen des Textes wahrnehmen und die ‚doppelte Optik' als Technik erkennen zu können.

Wie die Rezensionen von *Du hättest gehen sollen* zeigen, haben einige Literaturkritiker*innen die im Text mit Blick auf ein Unterhaltungsgenre par excellence thematisierte Erwartungshaltung, die Erwartung an eine durch vorhergehende eigene oder fremde Texte gestützte Verständlichkeit des Textes, an Kehlmanns Text

27 Vgl. Kehlmann: Du hättest gehen sollen, S. 39.

28 Vgl. Kehlmann: Du hättest gehen sollen, S. 79 und S. 89.

29 Vgl. Kehlmann: Du hättest gehen sollen, S. 44–45.

30 Vgl. Kehlmann: Du hättest gehen sollen, S. 80.

31 Vgl. Kehlmann: Du hättest gehen sollen, S. 18.

32 Vgl. Kehlmann: Du hättest gehen sollen, S. 11. Spaltungen und Doppelungen prägen nicht nur Kehlmanns fiktionale Texte wie *Ruhm*, sondern auch seine autopoetologischen Texte wie die im 2007 herausgegebenen Band *Diese sehr ernsten Scherze* publizierten Lichtenberg-Poetikvorlesungen an der Universität Göttingen, in denen sich der Autor in die Rolle des Fragenden und des Befragten aufspaltet.

33 Zur Herkunft des Begriffs vgl. Joachim Rickes: Daniel Kehlmann und die lateinamerikanische Literatur. Würzburg 2012, S. 15.

herangetragen. Wenn sie Kehlmanns Erzählung entweder an Kehlmanns Vorgängerwerken – eine „Fingerübung eines routinierten Autors" – oder an gattungskonstitutiven Schauererzählungen – ‚matt' und ‚schwach' im Vergleich zu Kings und Kubricks Erzählen – messen, muss zwangsweise eine Irritation auftreten, da dieses Messen und Vergleichen – die Erwartungshaltungen – im Text selbst thematisiert und kritisiert wird, womit indirekt und für einen Kehlmann'schen Text nicht untypisch auf die Eigengesetzlichkeit von Literatur bzw. Kunst hingewiesen wird.

> Die Besonderheit von Daniel Kehlmann ist die Ernsthaftigkeit und Beharrlichkeit, mit der er ein eigenes Werk aufbaut, ein Werk, das eine eigene Handschrift, Gemeinsamkeiten in Motiven und Form aufweist, sich aber nicht in der Wiederholung gleicher Muster verliert.[34]

Kehlmanns „Handschrift" zeigt sich in *Du hättest gehen sollen* in erster Linie nicht im Rahmen einer neuen Komposition im vom (Schauerliteratur-)Genre vorgegebenen Rahmen, sondern in einer offensiven und mehrdimensionalen Bezugnahme auf Gattungsmuster und -elemente und einer Thematisierung der von Genres evozierten Erwartungshaltungen und entsprechender Wirklichkeitswahrnehmungen, wie in Rekurs auf Bobzins Beobachtung und in Abgrenzung von den Rezensionen festgehalten werden kann. Gerade weil die Erzählung verfahrenstechnisch und inhaltlich an frühere Texte Kehlmanns anschließt, den Traditionsbezug mit Rekurs auf Genreliteratur sichtbar macht und auch paratextuell innovativ ist, wie im zweiten Teil des Aufsatzes gezeigt werden soll, nimmt sie eine interessante Position innerhalb von Kehlmanns Gesamtwerk ein.[35]

## 2 Umschlagsgestaltung und Erzählprogrammatik

Kehlmanns Auseinandersetzung mit Gattungskonventionen und Erzähltraditionen ist Teil seiner Werkpolitik und beschränkt sich im Fall von *Du hättest gehen sollen* nicht auf den Haupttext, sondern umfasst auch den gesamten Paratext.[36] Im Unterschied zur Buchgestaltung früherer Texte erfolgte die Gestaltung von *Du*

34 Bobzin: Daniel Kehlmann. Einen Einblick in Kehlmanns frühere Texte (allerdings nur bis und mit *Ruhm*) erhält man bei Markus Gasser: Das Königreich im Meer. Göttingen 2010.

35 Im Unterschied zu den sehr kritischen Rezensent*innen bezeichnet Ronald Pohl die Erzählung als einen der wichtigsten Texte Kehlmanns. Vgl. Ronald Pohl: Wie die Zeit vergeht. Angst vor der Wiederkehr des schlechten Gleichen. In: Der Standard, 01.11.2016, https://www.derstandard.at/story/2000046648568/angst-vor-der-wiederkehr-des-schlechten-gleichen (Zuletzt angesehen am 09.10.2019).

36 Zu einer (allerdings lediglich impliziten) werkpolitischen Betrachtung des Layouts der Texte eines Autors, in diesem Fall bei Christian Kracht. Vgl. Bernhard Metz: „. . . mehr als ein Text!"

*hättest gehen sollen* durch einen bildenden Künstler, weswegen im Folgenden das Zusammenspiel von künstlerischer Gestaltung des Buches und textinterner Reflexion über Erwartungshaltungen und Darstellungskonventionen untersucht werden soll. Die Hardcover-Ausgabe der Erzählung hat einen Schutzumschlag sowie ein Leseband und weist im Unterschied beispielsweise zum 2017 erschienenen Roman *Tyll* eine sehr dezente Farbgestaltung auf, die lediglich vom 2013 erschienenen Roman *F* mit seinem konsequenten Schwarz-Weiß-Layout an Schlichtheit übertroffen respektive unterboten wird.[37] Das Bild des Umschlags stammt von Thomas Demand, einem in München geborenen Künstler, der vor allem für seine großformatigen Fotografien bekannt und 2018 mit dem Großen Kunstpreis Berlin ausgezeichnet worden ist. Aufgrund der Bekanntheit Demands kann davon ausgegangen werden, dass ihn Kehlmann persönlich für die Buchgestaltung gewonnen hat. Demand bezeichnet sich selbst als Dieb von Bildern, da seine Kunstwerke der Idee der Aneignung verpflichtet seien.[38] Frei zugängliche Pressefotografien, die zu Stellvertretern einzelner Ereignisse – wie etwa Uwe Barschel in der Badewanne – wurden, dienen ihm als Vorlage für Skizzen, ausgehend von denen er lebensgroße Modelle anfertigt. Die Modelle fotografiert Demand und entsorgt sie anschließend, während die Fotografien in Großformat ausgestellt werden. Demands Konstruktionen, die bevorzugt Innenräume modellieren,[39] sind aus Papier gefertigt und halten sich hinsichtlich des Maßstabes an die ausgehend von der Pressefotografie rekonstruierte Wirklichkeit, was wiederum eine akribische und zeitintensive Detailarbeit erfordert. Die Fotografien bilden die aus Papier geformten Szenen ab und werden in Ausstellungen tief gehängt, sodass sie aufgrund ihrer wirklichkeitsgetreuen Größe quasi

---

Bücher, Buchgestaltung und Typografie bei Christian Kracht. In: Christian Kracht revisited. Irritation und Rezeption. Hg. v. Matthias N. Lorenz/Christine Riniker. Berlin 2017, S. 263–330.

**37** Im Allgemeinen fällt auf, dass die Gestaltung von Kehlmanns Büchern mit Ausnahme der Typographie, die nur geringfügig verändert wird, sehr abwechslungsreich ist und dass darauf verzichtet wird, über das Layout der Bücher eine Werkeinheit zu suggerieren, was allerdings auch eine werkpolitische Entscheidung ist.

**38** Vgl. Cosima Lutz: Thomas Demand – Ein Dieb der Bilder. In: Berliner Morgenpost, 20.03.2018, https://www.morgenpost.de/kultur/article213767405/Thomas-Demand-Ein-Dieb-der-Bilder.html?utm_term=Autofeed&utm_campaign=Echobox&utm_medium=Social&utm_source=Twitter#link_time=1521523707 (Zuletzt angesehen am 09.10.2019). Aufgrund der Variation der Bilder steht Demand nicht in direkter Nachfolge der in den 1970er und 1980er Jahren florierenden *Appropriation Art*, wie diese kann sein Schaffen jedoch als Konzeptkunst charakterisiert werden.

**39** Einen Einblick in Thomas Demands Werk gewinnt man auf seiner professionellen Website: http://www.thomasdemand.info/images/photographs/ (Zuletzt angesehen am 09.10.2019) oder im chronologisch gegliederten Werkkatalog: Thomas Demand: The Complete Papers. London 2018.

zum Betreten einladen. Auf den ersten Blick wirken die Fotografien wie Abbildungen der Wirklichkeit und erst auf den zweiten Blick erkennt man, dass keine Personen und keine Schriftzüge zu sehen sind und es sich um eine Täuschung handelt. Genau genommen sehen Betrachter*innen Papier in unterschiedlichen Formen und Formaten, d. h. das abfotografierte Modell aus Papier. Die Fotografien wirken gleichermaßen steril und elegant. Aufgrund der fehlenden Personen rücken Strukturen und Details in den Fokus der Aufmerksamkeit. Das Fehlen menschlicher Spuren auf einem aus dem Jahr 1995 stammenden Bild, das den Titel „Büro" trägt,[40] ist besonders aussagekräftig, da es auf eine massenmedial verbreitete Fotografie eines verwüsteten Büros im Hauptquartier der Staatssicherheit referiert und gerade das, was die Personen in diesem Büro gesucht haben, nämlich ihre Akten bzw. die Einträge in den Akten, auf dem Bild nicht zu sehen ist. Demands Fotografien zeigen Nachwirkungen eines gesellschaftlich bedeutsamen Ereignisses, allerdings ohne menschliche Protagonist*innen. Aufgrund der fehlenden Schrift transportiert das Bild keine politische Botschaft, sondern zeigt vielmehr auf, welche Wirkung vermeintliche (Ab-)Bilder der Wirklichkeit haben können und dass auch Authentizität ein möglicher Effekt von Bildern ist, da das Ausgangsmedium, die Pressefotografie, wiederum bestimmten Darstellungskonventionen und Gattungsregeln folgt. Der Fotorealismus von Demands Bildern macht deutlich, dass die potenzierten Fotografien, i. e. Abbildungen von Modellen von Abbildungen, gleichsam, auch und gerade ohne direkten Wirklichkeitsbezug ‚spontan' authentisch wirken. Zudem wird die mit dem Medium der Fotografie verbundene Erwartungshaltung, eine realistische Abbildung der Wirklichkeit vorliegen zu haben, erfahrbar. Durch die Potenzierung von Abbildungsverhältnissen wird auf die Medialität von Wirklichkeit verwiesen und damit einem naiven Realismus-Glauben eine Absage erteilt,[41] was gerade deshalb so gut funktioniert, weil die Fotografien qua Medium zu einer realistischen Les- bzw. Sehart einladen.

Sucht man nach Verbindungen zwischen Demand und Kehlmann, stößt man auf den Band *Nationalgalerie. „How German is it?"*, den Demand zusammen mit Udo Kittelmann, dem Direktor der Berliner Nationalgalerie, als Fortführung der

40 Vgl. das Bild in der digitalen Sammlung des Städel Museums in Frankfurt: https://sammlung.staedelmuseum.de/de/werk/buero (Zuletzt angesehen am 09.10.2019).

41 Die Realismus-Frage und der Realismus-Begriff (v. a. in der Variante des ‚gebrochenen Realismus') werden auch an Kehlmanns Werk herangetragen. Wenn man Realismus wie in „Detailrealismus" als Erzählverfahren versteht, kann auch mit Blick auf Kehlmanns Texte, die oftmals phantastische Elemente aufweisen, von Realismus gesprochen werden.

seine Einzelausstellung[42] begleitenden Vorträge im Jahr 2011 bei Suhrkamp herausgegeben hat und in dem der vierte Akt von Kehlmanns Theaterstück *Geister in Princeton* (2011 uraufgeführt) abgedruckt ist.[43] Kehlmann führt Demand in der Danksagung des Poetikvorlesungsbandes *Kommt, Geister* (2015) auf, allerdings ohne Hinweise auf die Art des Austausches oder der Zusammenarbeit. Demand und Kehlmann sind beide Künstler, die nicht dezidiert politische Kunst schaffen, sich jedoch regelmäßig in gesellschaftliche Debatten einbringen, und medientheoretisch und philosophisch gebildet sind, d. h. die Diskurse kennen, in die sie sich mit ihren Werken einschreiben. Im Hinblick auf *Du hättest gehen sollen* fungiert Demand nicht nur als Ideengeber oder Impulsspender, sondern stellt für die Gestaltung des Buchumschlags eine Fotografie zur Verfügung, die prototypische Züge Demand'scher Kunstwerke trägt. Die auf der Vorderseite des Buches abgebildete Fotografie ist auf der Rückseite des Buches um 180° gedreht abgedruckt und füllt die vordere wie die hintere Seite des Buchumschlags komplett aus. Die Fotografie weist eine untere und eine obere Hälfte auf, die allerdings nur vermeintlich symmetrisch sind, worauf die unterschiedlichen Licht- und Schattenverhältnisse sowie die Zweiteilung und Spiegelung des Titels hinweisen. Betrachtet man den Umschlag insgesamt, sind die Hälften der beiden Fotografien über Kreuz gespiegelt. Hauptaugenmerke bilden eine schwarze Fläche in der Mitte, die in beide Bildhälften hineinragt und wie bei einem Kippbild sowohl als Boden wie auch als Decke wahrgenommen werden kann, sowie durch Lichteinfall markierte, türähnliche Öffnungen, wodurch eine Verbindung von Innen (Bild) und Außen (restlicher Buchumschlag) angedeutet wird, die übertragbar ist auf den Buchinhalt und seine Form. Buchrücken sowie Innenklappen des Buchumschlags sind wie der Titel des Buches hellgelb koloriert, während Autor- und Verlagsname in Weiß gehalten sind,[44] wodurch eine Verbindung von Demands Fotografie inklusive ihrer Schriftzüge und des restlichen Layouts des Buches entsteht.[45] Sogar das Autorenporträt, das allerdings nicht von Demand, sondern wie üblich bei Kehlmann von den Fotograf*innen der Agentur *billy & hells* stammt,

42 Thomas Demand. Nationalgalerie, 18.09.2009–17.01.2010, https://www.smb.museum/museen-und-einrichtungen/nationalgalerie/ausstellungen/detail/thomas-demand.html (Zuletzt angesehen am 09.10.2019).

43 Vgl. Daniel Kehlmann. Schriftsteller. In: Nationalgalerie. „How German is it?". Hg. v. Thomas Demand/Udo Kittelmann. Berlin 2011, S. 90–99. Die Frage nach dem, was das Deutschsein ausmacht, ist eine, die Kehlmann – unter anderem in *Die Vermessung der Welt* – und Demand gleichermaßen beschäftigt.

44 Zur Farbwahl bei der Buchumschlagsgestaltung vgl. auch den Beitrag von Jörg Magenau im vorliegenden Band.

45 Als Verantwortliche für die Typographie ist Naomi Mizusaki aufgeführt, die wiederum für das Layout von Demands Kunstbüchern und Katalogen zuständig ist.

passt zum geometrisch und abstrakt gestalteten, harmonisch eingefärbten Umschlag, da Kehlmanns Jackett und der Hintergrund der Fotografie den beiden anderen Hauptfarben der Umschlagsfotografie – Grau und Schwarz – entsprechen.[46] Die gedeckten Farben und die leichte Unschärfe der Umschlagsfotografie können als Vergangenheitsmarker – man denke an vergilbte Fotografien und Papiere – und mit Blick auf die Prätexte der Erzählung als Referenz auf die 1970er und 1980er Jahre interpretiert werden.

Die Buchgestaltung unterstreicht mehrere zentrale Aspekte von Kehlmanns Erzählung, wobei nicht nur eine Veranschaulichung der Erzählprogrammatik durch die Umschlagsgestaltung vorliegt, sondern auch eine Überschneidung von Demands Kunst(programm) und dem Erzählprogramm in Kehlmanns Erzählung. Die Buchgestaltung, so die These, ist Bestandteil von Kehlmanns Spiel mit Erwartungshaltungen hinsichtlich der Lektüre und der Produktionsmaßstäbe des Autors und damit ein zentrales werkpolitisches Signal. Demands Bild bietet, wie auch fast alle Texte Kehlmanns, eine doppelte Lesart oder – mit Blick auf die Fotografie passt der Begriff besonders gut – eine ‚doppelte Optik' an, die Kehlmann in seinem Text ausstellt. Aufgrund der wohlproportionierten Formen kann man die Fotografie zum einen als ‚schönes', weil symmetrisches Bild wahrnehmen und zum anderen – und insbesondere wenn man den Urheber des Bildes bzw. sein Kunstverständnis kennt – auf die Problematik einer zwangsweise medial vorgeprägten Wirklichkeitswahrnehmung und -darstellung aufmerksam werden und im Anschluss über das Verhältnis von Raum, Zeit und Geschichte sowie die eigene Wahrnehmungsperspektive nachdenken.

# 3 Die Vermessung populären Erzählens

Vergleicht man Demands Kunstwerke mit Kehlmanns Erzählung, fällt auf, dass beide Künstler mit bekannten Geschichten sowie mit Zwischenschritten bzw. -medien arbeiten. Demand baut Modelle aus Papier, um sie fotografisch abzubilden. In Kehlmanns Erzählung übernimmt das fiktive Medium ‚Drehbuch'[47] eine ähnliche Funktion wie das Modell bei Demand. Das Drehbuch wird im Verlauf

46 Auch in *Tyll* besteht eine Korrespondenz zwischen der Fotografie des Autors, dessen ausdrucksloses Gesicht und Hemd aus dem Dunkeln hervorzutreten scheinen, und der lachenden Narrenmaske auf Francisco de Goyas Gemälde, das die Buchvorderseite und den Buchrücken ziert.

47 Im Text werden außer dem Notizbuch Kinderbücher, eine Dorfchronik, Mobiltelefone, ein Festnetztelefon, ein Babyfon und ein Fernseher genannt, die alle je eigene (und teilweise verzerrte) Wirklichkeiten zeigen.

der Erzählung zum Maßstab nicht nur der Aufzeichnungen, sondern der Wirklichkeitswahrnehmung des Protagonisten. Dass das Drehbuch und die anderen Aufzeichnungen des Ich-Erzählers gegen Ende des Textes immer schlechter auseinandergehalten werden können, entspricht der Täuschung, der man bei der Betrachtung von Demands Fotografien unterliegt, welche nicht auf Anhieb als Abbildungen von Modellen von Abbildungen eines Wirklichkeitsausschnittes wahrgenommen werden können. Folgende Beschreibung, die zu Beginn der Erzählung eine Vermischung von Aufzeichnungen und Wahrnehmung andeutet, liest sich denn auch beinahe wie die Charakteristik einer Fotografie von Demand: „Tief unten liegt das Tal mit seinen würfelkleinen Häusern, der Länge nach durchschnitten von drei Bändern: Straße, Fluss, Eisenbahn. Wie ein dünner Bleistiftstrich zweigt die Serpentinenstraße ab, auf der wir heraufgekommen sind.“[48] Die Landschaft wird als geometrisches Gebilde beschrieben; „[W]ürfel“, „Bänder[]“ und „Bleistiftstrich“ referieren auf Aufzeichnungen und Strukturelemente eines Notiz- oder Skizzenbuches. Über das Ferienhaus erfährt man, dass es „[k]ein moderiges Alpenhüttchen, sondern zweistöckig, neu und minimalistisch, mit schmalem Balkon oben und großem Wohnzimmerfenster, eindeutig ein Architektenhaus“ sei.[49] Wie die Beschreibungen der Landschaft und der Architektur des Ferienhauses zeigen, liegt nicht nur eine puristische Landschaft und Behausung vor, sondern auch ein puristischer Stil, da in Übereinstimmung mit den Drehbuch-Skizzen mit Ellipsen und Satzabbrüchen gearbeitet und über altmodische Begriffe reflektiert wird, die es gemäß dem Protagonisten zu vermeiden gilt. Implizit wird angedeutet, dass zwischen den Drehbuchnotizen und den anderen Aufzeichnungen, in die sie eingebettet sind, kein Unterschied hinsichtlich ihres Wirklichkeitsgehalts besteht. Das Verhältnis der Aufzeichnungen des Ich-Erzählers zum Buch, welches die Leser*innen in den Händen halten, setzt auch auf die Verwischung eines Unterschiedes, da suggeriert wird, dass die Enden des Notizbuches (fiktives Artefakt), der Aufzeichnungen (fiktionale Erzählung) und des Buches (reales Artefakt) zusammenfallen.

Der Titel von Kehlmanns Erzählung scheint nicht nur auf Bernhards *Holzfällen* zu referieren, sondern auch auf die für Demands Raumbilder ebenfalls zentralen Parameter Raum und Zeit, auf eine Bewegung und einen verpassten Zeitpunkt, wobei der Irrealis der Vergangenheit für eine Unmöglichkeit oder

---

**48** Kehlmann: Du hättest gehen sollen, S. 8. Die Serpentinenstraße erinnert an die lange, aus der Vogelperspektive gefilmte Eröffnungsszene von Kubricks *The Shining*, aber auch an die Eröffnungssequenz von Kehlmanns *Der fernste Ort*, in der sich der Protagonist auf einer geschwungenen Serpentine auf den Weg zum See macht, in dem er ertrinken wird, vgl. Kehlmann: Der fernste Ort, S. 9.

**49** Kehlmann: Du hättest gehen sollen, S. 8–9.

Nicht-Wirklichkeit steht. Friedhelm Marx spricht mit Blick auf Kehlmanns Werk von den „Zeit- und Raumordnungen des Gespenstischen“,[50] da Gespenster oder Geister „die gewohnten Raumordnungen auf[heben] und [. . .] die linearen Zeitordnungen“[51] sprengen. Dabei scheint die Idee leitend zu sein, dass die Zeit zwar vergeht, frühere Zustände jedoch bestehen bleiben, was auch dem Konzept der Zeitreise zugrunde liegt. Einen ähnlichen Effekt haben die absenten Personen auf Demands Fotografien, da das Fehlen von Personen bei der Betrachtung des Bildes auffällt. Kehlmann fokussiert in seiner Poetikvorlesung *Elben, Spinnen, Schicksalsschwestern*, in der er auch auf Prätexte von *Du hättest gehen sollen* eingeht,[52] die Ursachen von Geistererscheinungen und bezieht sich ebenfalls auf die Parameter ‚Raum‘ und ‚Zeit‘: „Gespenster erstehen aus unserer Angst vor der Vergangenheit der Räume, in denen wir leben – nicht so sehr der Angst vor einer konkreten Vergangenheit, sondern der Angst vor dem Umstand, dass sie überhaupt Vergangenheit haben.“[53] Gemäß Marx „verkörpern [die Gespenster, N.M.] eine bevorstehende Todesgefahr oder eine dunkle, an Todesräume gekoppelte Vorgeschichte.“[54] Die von Kehlmann und darauf referierend von Marx beschriebene Form des Gespenstischen prägt auch die Wahrnehmung des Protagonisten, der sein Spiegelbild im Fenster nicht (mehr) sehen kann, alternativ aber Bilder, Räume und Figuren sieht, die er vorher nicht wahrgenommen hat.[55] Vergangenes wird anhand von Räumen erfahrbar, während Räume sich zeitlich zu entfalten beginnen. Die als Geister skizzierten Figuren verkörpern diese Grenzgänge zwischen Realität und Fiktion und insbesondere zwischen Logik und Imagination,[56] weshalb Marx Kehlmanns Gespenster als Verkörperung der Grenzen sprengenden Literatur interpretiert, wozu im

---

**50** Marx: Dunkle Geschichten, S. 59.

**51** Marx: Dunkle Geschichten, S. 71.

**52** Kehlmann thematisiert – allerdings ohne Verweis auf die erst nach den Poetikvorlesungen veröffentlichte Erzählung *Du hättest gehen sollen* – Jeremias Gotthelfs *Die schwarze Spinne* (S. 42–52) und Stephen Kings *Shining* (S. 62–65). Vgl. Daniel Kehlmann: Elben, Spinnen, Schicksalsschwestern. In: ders.: Kommt, Geister. Reinbek bei Hamburg 2016, S. 42–72.

**53** Kehlmann: Elben, Spinnen, Schicksalsschwestern, S. 65.

**54** Marx: Dunkle Geschichten, S. 71.

**55** Auch an dieser Stelle sind die Parallelen zu Kubricks *The Shining* offensichtlich, da eine (in der Erzählung allerdings von Anfang an als bedrohlich markierte) Frau auftritt, sich neue Räume auftun, in der die Vorgeschichte zu leben scheint – hier kann auch an Demands Verarbeitung bedeutsamer Ereignisse gedacht werden –, und sich der Protagonist Jack und sein Sohn Danny, aus dem der seherisch veranlagte Tony spricht, in zwei Persönlichkeiten aufzuspalten scheint.

**56** Vgl. Hartmut Vollmer: Erzählerische Grenz-Gänge. Über das Werk Daniel Kehlmanns. In: Wirkendes Wort. Deutsche Sprache und Literatur in Forschung und Lehre 60 (2010), H. 3, S. 467–489, hier S. 468.

Fall der hier untersuchten Erzählung auch die Unterhaltungsliteratur zählen würde.

Im Unterschied zu früheren Texten wie etwa in *Mahlers Zeit* (1999) treten in *Du hättest gehen sollen* keine Wissensautoritäten wie der Nobelpreisträger und Professor Boris Valentinov auf, sondern ein Hilfsmittel aus den Bereichen Mathematik und Technisches Zeichnen dient als Maßstab im buchstäblichen Sinn. Es handelt sich um ein Geodreieck, das der Gemüsehändler dem Protagonisten überreicht, nachdem er ihm von der Vorgeschichte des Hauses und seiner Bewohner*innen erzählt hat, damit er die rechten Winkel im Haus nachmessen kann. Die Resultate verstören den Protagonisten, da er nicht entscheiden kann, ob der Maßstab, seine Wahrnehmung oder aber die Wirklichkeit fehlerhaft ist.[57] Während in *Die Vermessung der Welt* zwei Wissenschaftler die Welt vermessen, vermisst in *Du hättest gehen sollen* ein erfolgloser Drehbuchautor seinen aktuellen Arbeits- und Imaginationsraum. Folgt man Marx' Interpretation der Erzählung, dass „Kehlmanns *Du hättest gehen sollen* [. . .] sich als Psychogramm eines Menschen lesen [lässt], der in den Wahnsinn abrutscht, zuletzt möglicherweise an diesem Wahnsinn zugrunde geht und stirbt",[58] vermisst die Erzählung Innenräume bzw. die Psyche des Protagonisten – die bedrohliche Frau auf der Fotografie wird im Traum zu Susanna[59]– und, wenn man in Richtung Rezipient*innen und ihrer Erwartungshaltungen weiterdenkt, den Erwartungshorizont der Adressat*innen eines populären Erzählens. Nicht nur zufällig ist der Protagonist, dessen Psyche vermessen wird, ein (Auftrags-)Künstler und ein unzuverlässiger Erzähler, der beispielsweise von einem Sturz auf der Treppe erzählt,[60] der in den unmittelbar vorhergehenden Schilderungen seiner Bewegungen nicht erwähnt wurde, so als ob ein Film nicht sorgfältig geschnitten worden wäre. Auf der zweitletzten bedruckten Buchseite fragt sich der Erzähler, der sich als gespaltenes Wesen wahrnimmt, das sich in den letzten Zeilen von seinem Körper emanzipiert hat und in den Fenstern nicht gespiegelt wird, welchen Namen er eigentlich hat. Auch die vereinzelten Aufforderungen, wegzugehen, deuten eine zweite Stimme oder Instanz an, die Ratschläge erteilt, jedoch nicht eindeutig zugeordnet werden kann.[61]

**57** Vgl. Kehlmann: Du hättest gehen sollen, S. 53–54.

**58** Marx: Dunkle Geschichten, S. 70.

**59** Vgl. Kehlmann: Du hättest gehen sollen, S. 43.

**60** Vgl. Kehlmann: Du hättest gehen sollen, S. 62.

**61** Der Protagonist verdächtigt zuerst seine Frau, verwirft den Gedanken aufgrund gegenteiliger Indizien jedoch wieder. Marx interpretiert die Aufforderungen als Warnungen von Gespenstern, wobei er andeutet, dass die Gespenster lediglich eine Seite des schreibenden Ichs darstellen. Vgl. Marx: Dunkle Geschichten, S. 71.

In diesem Kontext sind auch die vielen fiktionalen Erzählungen in der Erzählung zu verorten. Zwischen der Komödie *Allerbeste Freundin II*, der Sage vom Nikolaus, den Kindergeschichten von der Maus und dem Käse, dem Maulfängli-Bär oder dem Dschungelbuch und den von den Dorfbewohner*innen transportierten Gerüchten, wie demjenigen vom verschollenen Urlauber oder von Hans Ägerli – der Name schließt klanglich an die Geschichte von Maulfängli-Bär an –, besteht hinsichtlich ihrer Wirklichkeitsreferenz und Sinnhaftigkeit nur ein kleiner Unterschied, insbesondere wenn hinsichtlich jeder Erzählung betont wird, dass es sich um eine schlechte oder dem Verstehen nicht zuträgliche Geschichte handle. So heißt es beispielsweise: „[K]leine Kinder sind keine guten Erzähler",[62] da ihre Erzähllogik nicht dem ‚Entweder-Oder' verpflichtet sei. Kindliches Erzählen steht folglich dem fantastischen oder ‚gebrochen-realistischen' Erzählen besonders nahe, was wiederum gut zu Stephen Kings Horrorszenarien passt, in denen oft Kinder im Zentrum stehen, die den archaischen (frühkindlich-traumatischen) Schrecken entweder erleben (etwa in Kings *It*) oder ihn auslösen (die Geister der Kinder in *Shining*).[63] Die Frage danach, wie heute noch erzählt werden kann, wird auch via Buchgestaltung aufgeworfen, da Demand ebenfalls ein Genre – dasjenige der Tatort- oder allgemeinen Pressefotografie – bespielt und zugleich die im Genre verdichteten Erwartungshaltungen sichtbar macht, indem er sie eben nur vermeintlich bedient. Die intertextuellen Referenzen werden ergänzt durch einen intermedialen, an der Schwelle des Buches stehenden Dialog, der wiederum Kehlmanns Auseinandersetzung insbesondere mit Kubrick und King spiegelt. Kehlmanns Erzählung ist insofern nicht zuletzt ein Kommentar zu Kings Buch, das – über die Zwischenstation seiner Verfilmung – interpretierend variiert wird. Kehlmann hält in seiner oben zitierten Poetikvorlesung fest, dass „Kings Schrecken [. . .] irdischer Art" seien,[64] da er Gewalt, Trinksucht und Ähnliches schonungslos darstelle. Auch in Kehlmanns Erzählung finden sich Schrecken irdischer Art, insbesondere der Konflikt zwischen den Ehepartnern und das Desinteresse des Protagonisten hinsichtlich der Bedürfnisse seines Kindes und seiner Frau oder auch seine Angst beim Autofahren. Diese alltäglichen Schrecken werden vor allem durch das markierte Aussparen von genretypischen Schauermomenten sichtbar gemacht. Bereits Kubrick hat die offen fantastischen Elemente in Kings Roman reduziert, um die zwischenmenschlichen und psychologischen Konflikte stärker in den Fokus zu rücken.[65] Es handelt sich bei Kehlmanns Erzählung folglich um eine konsequente Fortsetzung bzw. Überbietung der beiden Vorläufer. Während Kubricks Film mit dem

62 Kehlmann: Du hättest gehen sollen, S. 39.
63 Für diesen Hinweis danke ich Michael Navratil.
64 Kehlmann: Elben, Spinnen, Schicksalsschwestern, S. 63.
65 Vgl. Kehlmann: Lob, S. 35.

Tod des Protagonisten und der Flucht von Frau und Sohn endet, lässt Kehlmanns Erzählung offen, welches Schicksal den Protagonisten ereilt. Im Unterschied zum Film, gegen dessen Ende der Vater auf der Suche nach seinem Sohn durch ein verschneites Labyrinth hetzt[66] und letztlich dort stirbt, markiert Kehlmanns Ende die Materialität von Schrift, indem diese – wie bereits auf Demands Fotografien – fehlt und gerade aufgrund ihres Fehlens einen Hyperrealitätseffekt erzeugt. Der unvollständige letzte Satz „Und dabei bin ich erst ganz am“[67] verweist wiederum auf den Anfang des Buches, da man bei der Lektüre automatisch das Wort ‚Anfang‘ ergänzt und damit den Text zu einem Ganzen macht. Ob nun Geister oder andere Autor*innen mitschreiben oder eine Geistergeschichte vorliegt, welche die geplante Komödie *Allerbeste Freundin II* qualitativ übertrifft, wie Marx festgehalten hat,[68] scheint hinsichtlich dieser Perspektive irrelevant zu sein, da die Erwartungen an einen zeitgenössischen Schriftsteller thematisiert werden. Es handelt sich bei der Erzählung folglich um die Vermessung eines populären Erzählens, die wiederum Parallelen zu Demands Reflexion über Pressefotografien anhand von Modelle abbildenden Fotografien aufweist. Sie macht Gattungskonventionen sichtbar, indem eine bereits adaptierte bekannte Schauergeschichte aufgegriffen und variiert wird, gerade so wie Demand in seinem künstlerischen Werk Presse- und insbesondere Tatort-Fotografien verarbeitet. Dabei wird das Genre als Maßstab kenntlich gemacht, an dem Erzählungen hinsichtlich ihrer Produktion und Rezeption gemessen werden. Diese potenzierte Form der Bezugnahme auf bekannte Werke wird wiederum in der Buchgestaltung gespiegelt, da Demands Werk ebenfalls medienreflexiv funktioniert und im Übrigen wie Kehlmanns Bücher an die Grenze zwischen Hoch- und Trivialkunst vorzustoßen versucht, um sie in Nahkontakt zu beobachten und zu reflektieren.

## Literaturverzeichnis

Baßler, Moritz: Genie erzählen. Zu Daniel Kehlmanns Populärem Realismus. In: Gegenwartsliteratur. Ein germanistisches Jahrbuch 16 (2017), S. 37–55.

Bernhard, Thomas: Holzfällen. Eine Erregung. Frankfurt a. M. 1988.

Bobzin, Henning: Daniel Kehlmann. In: Munzinger Online/KLG – Kritisches Lexikon zur deutschsprachigen Gegenwartsliteratur, http://www.munzinger.de/document/16000000708 (Zuletzt angesehen am 09.10.2019).

66 In Kehlmanns Text wird sowohl das Ferienhaus als auch die Aufzeichnungen des Protagonisten als Labyrinth beschrieben, d. h. das Außenlabyrinth bei Kubrick wird zum Innenlabyrinth des Schauplatzes und Textes.

67 Kehlmann: Du hättest gehen sollen, S. 92.

68 Vgl. Marx: Dunkle Geschichten, S. 71.

Daniel Kehlmann. Schriftsteller. In: Nationalgalerie. „How German is it?“. Hg. v. Thomas Demand/Udo Kittelmann. Berlin 2011, S. 90–99.
Demand, Thomas: Das Büro, https://sammlung.staedelmuseum.de/de/werk/buero (Zuletzt angesehen am 09.10.2019).
Demand, Thomas: Website, http://www.thomasdemand.info/images/photographs/ (Zuletzt angesehen am 09.10.2019).
Demand, Thomas: The Complete Papers. London 2018.
Gasser, Markus: Das Königreich im Meer. Daniel Kehlmanns Geheimnis. Göttingen 2010.
Kehlmann, Daniel: Der unsichtbare Drache. Ein Gespräch mit Heinrich Detering. Zürich 2019.
Kehlmann, Daniel: Du hättest gehen sollen. Reinbek bei Hamburg 2016.
Kehlmann, Daniel: Elben, Spinnen, Schicksalsschwestern. In: ders.: Kommt, Geister. Reinbek bei Hamburg 2016, S. 42–72.
Kehlmann, Daniel: Kein ehrlicher Rock ’n’ Roll. *Stephen King: Puls*. In: ders.: Lob. Über Literatur. Hamburg 2011, S. 35–42.
Kehlmann, Daniel: Der melancholische Lobbyist. Thomas Bernhard: Holzfällen. In: ders.: Lob. Über Literatur. Hamburg 2010, S. 11–20.
Kehlmann, Daniel: Der fernste Ort. Frankfurt a. M. 2001.
Löffler, Sigrid: Daniel Kehlmann: „Du hättest gehen sollen“. Schwache Erzählung mit alten Motiven. In: Deutschlandfunk Kultur, 21.10.2016, https://www.deutschlandfunkkultur.de/daniel-kehlmann-du-haettest-gehen-sollen-schwache.950.de.html?dram:article_id=369114 (Zuletzt angesehen am 09.10.2019).
Lutz, Cosima: Thomas Demand – Ein Dieb der Bilder. In: Berliner Morgenpost, 20.03.2018, https://www.morgenpost.de/kultur/article213767405/Thomas-Demand-Ein-Dieb-der-Bilder.html?utm_term=Autofeed&utm_campaign=Echobox&utm_medium=Social&utm_source=Twitter#link_time=1521523707 (Zuletzt angesehen am 09.10.2019).
Marx, Friedhelm: Dunkle Geschichten: Daniel Kehlmanns Gespenster. In: Gegenwartsliteratur. Ein germanistisches Jahrbuch 16 (2017), S. 57–76.
März, Ursula: Ist dieser Text von Geisterhand geschrieben? In: Zeit online, 20.10.2016, https://www.zeit.de/2016/44/daniel-kehlmann-du-haettest-gehen-sollen (Zuletzt angesehen am 09.10.2019).
Metz, Bernhard: „ . . . mehr als ein Text!“ Bücher, Buchgestaltung und Typografie bei Christian Kracht. In: Christian Kracht revisited. Irritation und Rezeption. Hg. v. Matthias N. Lorenz/Christine Riniker. Berlin 2017, S. 263–330.
Moritz, Rainer: Das kleine Grauen in den Bergen. In: Neue Zürcher Zeitung, 21.10.2016, S. 4.
Pohl, Ronald: Wie die Zeit vergeht. Angst vor der Wiederkehr des schlechten Gleichen. In: Der Standard, 01.11.2016, https://www.derstandard.at/story/2000046648568/angst-vor-der-wiederkehr-des-schlechten-gleichen (Zuletzt angesehen am 09.10.2019).
Rickes, Joachim: Daniel Kehlmann und die lateinamerikanische Literatur. Würzburg 2012.
Schröder, Christoph: Daniel Kehlmann „Du hättest gehen sollen“. Fingerübung eines routinierten Autors. In: Deutschlandfunk, 23.11.2016, https://www.deutschlandfunk.de/daniel-kehlmann-du-haettest-gehen-sollen-fingeruebung-eines.700.de.html?dram:article_id=372129 (Zuletzt angesehen am 09.10.2019).
Sternburg, Judith von: In den Wellen der Zeit. In: Frankfurter Rundschau, 24.11.2016, https://www.fr.de/kultur/literatur/wellen-zeit-11645583.html (Zuletzt angesehen am 09.10.2019).

Thomas Demand. Nationalgalerie, 18.09.2009–17.01.2010, https://www.smb.museum/museen-und-einrichtungen/nationalgalerie/ausstellungen/detail/thomas-demand.html (Zuletzt angesehen am 09.10.2019).

Vollmer, Hartmut: Erzählerische Grenz-Gänge. Über das Werk Daniel Kehlmanns. In: Wirkendes Wort. Deutsche Sprache und Literatur in Forschung und Lehre 60 (2010), H. 3, S. 467–489.

Wiele, Jan: Wenn der Mond aus Käse ist. In: Frankfurter Allgemeine Zeitung, 22.10.2016, S. 12.

Jörg Magenau

# Was Bestseller zu Bestellern macht: Daniel Kehlmanns *Die Vermessung der Welt*

Worin könnte der Erfolg von Daniel Kehlmanns *Die Vermessung der Welt* bestehen? Dieser ironische, komische und hartnäckig in indirekter Rede erzählte Roman über Alexander von Humboldt und den Mathematiker Carl Friedrich Gauß aus der Frühzeit der bürgerlichen Epoche stand 37 Wochen lang auf Platz 1 der Bestsellerliste und verkaufte sich in dieser Zeit mehr als eine Million Mal. Bis 2012 waren es 2,3 Millionen, bei einer weltweiten Auflage von ca. 6 Millionen.[1] Das hätte wahrlich niemand im Voraus erwarten können, weder der Autor, noch der Verlag. Ein Buch über Humboldt und Gauß?! Suhrkamp, wo Kehlmanns Bücher bis dahin mit überschaubaren Verkaufszahlen erschienen waren, hatte ihn ausgerechnet mit diesem Titel zu Rowohlt ziehen lassen und musste den märchenhaften Erfolg nun aus der Ferne ertragen. Wieder einmal zeigte sich die grandiose Unberechenbarkeit der Buchkäufer. Die Käufer oder Leser sind es, die über den Erfolg entscheiden, und manchmal lieben sie es offensichtlich, nicht nur die Marketingexperten zu überraschen, sondern auch sich selbst. Denn auch die Leserschaft konnte nicht ahnen, dass sie sich für Humboldt und Gauß interessieren würde.

Bis heute wird an den Ursachen dieses exorbitanten Erfolgs herumgerätselt. Das Humboldtjahr zum 250. Geburtstag wurde zwar erst 2019 ausgerufen, doch konnte Kehlmann 2005 auf das im Jahr zuvor erschienene Humboldt-Projekt von Hans Magnus Enzensberger aufbauen, der in der „Anderen Bibliothek" drei Humboldt-Prachtbände herausbrachte, damit gewissermaßen die Materialbasis für Kehlmanns Roman legte und den Naturforscher schon zuvor ins öffentliche Bewusstsein rückte. Das reicht zwar nicht als Erklärung für den Millionenerfolg aus – ebenso wenig wie der 150. Todestag des sehr viel weniger bekannten Gauß im Jahr 2005 –, auch wenn die Ankoppelung an ein wie auch immer geartetes Jubiläum und eine bereits vorhandene öffentliche Präsenz des Themas markttechnisch gesehen immer von Vorteil sind. Eine Erklärung des Erfolgs, der trotz aller Erklärungsversuche unerklärlich zu sein scheint, muss ausbleiben, Anmerkungen zu den Elementen, die sich im Erfolgsfall wiederholen, bestenfalls notwendige – aber niemals hinreichende – Bedingungen des Erfolgs sollen an ihre Stelle treten.[2]

---

**1** https://de.wikipedia.org/wiki/Die_Vermessung_der_Welt (Zuletzt angesehen am 26.10.2019).

**2** Beim vorliegenden Text handelt es sich um eine geringfügig überarbeitete Version eines am 13. Dezember 2018 gehaltenen Vortrags an der Universität Potsdam.

https://doi.org/10.1515/9783110647488-018

# 1 Keine Bestseller-Formel

Bestseller sind keine isolierten Ereignisse. Sie stehen in vielfältigen gesellschaftlichen Bezügen und Abhängigkeiten. Das Geheimnis ihres Erfolges liegt nicht einfach und nicht allein im Buch und noch weniger im Autor – und auch nicht bloß in den Lesern und ihren Erwartungen, sondern im Zusammentreffen von Buch und Leserschaft und einem gemeinsamen Dritten, auf dem sie beruhen: Das ist der historische Boden, der Augenblick, die gesellschaftliche Stimmung. Der Erfolg erlaubt deshalb nur wenige Rückschlüsse darauf, wie ein Bestseller gestrickt sein muss. Es gibt keine Bestseller-Formel. Gäbe es sie, hätten die Verleger sie längst entschlüsselt und müssten nicht mit jedem Buch erneut das Risiko unwägbarer Kalkulation eingehen. Im Besitz der Zauberformel oder eines Erfolgs-Algorithmus könnten sie ganz einfach errechnen, welche Themen in welchem Augenblick zünden und welche Autoren, Schreibweisen und Werbestrategien ratsam wären, um der Zündung dann auch das erhoffte Verkaufsfeuerwerk folgen zu lassen. Dass das nicht funktioniert, spricht für uns als Leser. Darin besteht unsere Freiheit.

Allerdings behauptete 2016 das Autorenduo Jodie Archer und Matthew L. Jockers, den „Bestseller-Code" geknackt zu haben.[3] In empirischen Studien an 5000 Romanen aus 30 Jahren hatten sie nach Gemeinsamkeiten in Bestsellern gesucht und ein Computerprogramm entwickelt, das Bestseller angeblich mit einer Trefferwahrscheinlichkeit von 80 Prozent erkennen kann. Ob Rowling, King, Brown oder Grisham – gibt es bestimmte Muster, die den Erfolg ausmachen? Die Antwort der Lektorin und des Englischprofessors lautete: Ja. Es handelt sich dabei um eher banale Einsichten. Wichtig sei vor allem, dass ein Buch nicht mehr als zwei Themen behandle, am besten solche, die miteinander in Konflikt stehen und eigentlich zusammengehören. Liebe oder Familie versus Krieg oder Krankheit wäre ein Beispiel. Erfolgsprinzip Nummer eins ist also: Einfachheit und Übersichtlichkeit und Verzicht auf komplexe Strukturen.

Blockbuster-Leser würden in erster Linie etwas über sich selbst erfahren wollen, über Leute und Milieus, die so sind wie sie. Prinzip Nummer zwei lautet demnach: Keine Experimente, sondern Altvertrautes! Keinesfalls fehlen dürfe – Prinzip Nummer drei – „menschliche Nähe"[4]. Damit ist nicht etwa Sex gemeint, sondern Passagen, in denen Menschen über ihr Verhältnis zueinander sprechen. Sex sei sogar kontraproduktiv, denn er spiele doppelt so häufig in Büchern eine

---

3 Jodie Archer/Matthew L. Jockers: The Bestseller Code. Anatomy of the Blockbuster Novel. New York 2016.

4 Marc Felix Serrao: Der Bestseller-Code. In: Frankfurter Allgemeine Sonntagszeitung, 23.10.2016, S. 21.

Rolle, die keine Bestseller werden. Heldinnen sind immer gut – schon deshalb, weil Frauen die Mehrheit der Leserschaft bilden – Philosophie, Monster und Revolutionen dagegen eher schädlich. Hunde sind verkaufsträchtiger als Katzen und es darf insgesamt auch durchaus düster zugehen. Wenn die Verben „brauchen“, „wollen“, „vermissen“ und „lieben“ vorkommen, dann ist das schon fast die halbe Miete, und dass Spannungskurven eine Rolle spielen, ist auch nicht besonders verblüffend.

Viel mehr als ein Gag war diese empirische Erfolgsforschung nicht, und wenn der Computer tatsächlich 80 Prozent der Bestseller erkennen sollte, dann eben auch nur im Nachhinein. Es würde Verlagen wenig nutzen, Manuskripte mit diesem Programm zu prüfen. Vor allem fehlt dieser Untersuchungsmethode der Bezug zur Zeitgeschichte, zum Moment des Erscheinens und zu den unterschiedlichen Voraussetzungen in verschiedenen Ländern. Der „Code“ kann nur bei industriell gefertigter Roman-Markenware aus den Bestsellerfabriken funktionieren, die von vornherein für den internationalen Markt und für eher unspezifische und zeitlose Unterhaltungsbedürfnisse konzipiert worden sind. Doch wenn derlei Waren alle immer gleich wären und es erfolgshalber nur noch Hunde gäbe und keine Katzen, wären sie eben auch immer gleich eintönig und bald nicht mehr erfolgreich. Die Katzenliebhaberin Elke Heidenreich hat hinreichend bewiesen, dass Bestseller über Katzen sehr wohl möglich sind.[5]

Tatsächlich lassen sich Bestseller weder berechnen noch planen noch erzwingen. Darüber sind sich alle Experten einig. Mal bleibt der erwartete Erfolg eines hoch gehandelten Titels aus, mal stellt er sich unerklärlicherweise an anderer, unvermuteter Stelle ein. Ein paar Kriterien gibt es allerdings schon. Sachbücher, die kein „heißes“ Thema verhandeln, haben es schwer. Aufregende, persönliche Geschichten – ein Musterbeispiel dafür war Hildegard Knefs Autobiographie „Der geschenkte Gaul“ – haben dagegen gute Chancen. „Ein Bestseller ist wie ein Eintopf, in den sehr viele Zutaten gehören“,[6] sagt eine erfahrene Lektorin. Ein aktuelles und akutes Thema ist demnach die wichtigste Ingredienz, aber es kommt eben immer auch auf den „Glücksfaktor“ an, um den richtigen Moment mit historischem Rückenwind und entsprechender medialer Verstärkung zu erwischen. Erfolge lassen sich deshalb nur unter bestimmten Voraussetzungen aus anderen Ländern und Erscheinungsmomenten importieren. Sehr oft gelingt die Verpflanzung in ein anderes kulturelles Biotop und einen anderen Debattenzusammenhang nicht. Zu viele unkalkulierbare Faktoren spielen dabei eine Rolle, und es ist allemal einfacher, im

5 Elke Heidenreich: Nero Corleone. Eine Katzengeschichte. München 1995.

6 Annette C. Anton: „Ein Bestseller ist wie ein Eintopf . . .“. Programmleiterin Annette C. Anton über Werner Tiki Küstenmachers und Lothar Seiwerts *Simplify your life*. In: Seitenweise Erfolg. 40 Bestseller und ihre Geschichte. Hg. v. o.A. München 2008, S. 33–37, hier S. 33.

Nachhinein nach den Gründen zu suchen, die den Erfolg ausgemacht haben könnten, als ihn planend zu erzwingen. Abschließend folgt eine weitere Verlagsauskunft: „Wichtig bei einem Bestseller ist auch, dass man das Buch in einem Satz zusammenfassen kann.“[7] Aber auch das reicht kaum aus. Denn wen würde wohl der Satz „Gauß trifft Humboldt – und mit ihnen prallen zwei Prinzipien der Weltwahrnehmung aufeinander“ befriedigen?

## 2 Mentalitätsgeschichte: Stimmungen

Unabhängig von der tendenziellen Unerklärbarkeit lässt sich an den Bestsellern eine Geschichte der sich wandelnden Mentalitäten in der Bundesrepublik Deutschland ablesen. Die Erfolgstitel sind Indikatoren, die über sich selbst hinausweisen. Ihre Geschichte handelt davon, warum bestimmte Themen zu einer bestimmten Zeit so mächtig geworden sind. Sie handelt von dem, was die Leserschaft bewegt hat, von ihren persönlichen Sorgen, den gesellschaftlichen Stimmungen und politischen Erregtheiten – und von dem, was wir liebten. Kein Bestseller ohne eine Stimmung, die ihn trägt. Werner Faulstich bezeichnet Bestseller deshalb als „eine Art kollektiver Träume“.[8] Und es wäre folglich zu fragen, wovon die millionenfache Leser- oder zumindest Käuferschaft Kehlmanns im Jahr 2005 zu träumen entschlossen war; aus welcher Stimmung heraus der Massenzuspruch wirksam werden konnte.

„Stimmungen dürfen allerdings nicht als rein private Zustände und bloß persönliche Empfindungen missverstanden werden“, schreibt der Soziologe Heinz Bude in seiner Analyse des Phänomens.[9] Er definiert den Begriff in ganz anderer, umfassenderer Weise als im Alltagsgebrauch, weil Stimmung über den Einzelnen und sein wechselndes Empfinden hinausgeht. Im Anschluss an den Philosophen Martin Heidegger, für den die Stimmung oder die „Gestimmtheit“ Grundlage des menschlichen In-der-Welt-Seins gewesen ist, sind Stimmungen für Bude „Grundton oder Gesamtfärbung des Auffassens und Erlebens einer Objektivität, die das Ich zu sich selbst herausfordert.“ Objektivität ist an dieser Stelle vielleicht schon zu viel gesagt, weil Stimmung etwas ist, das „weder in

7 Anton: S. 34.

8 Werner Faulstich: Bestseller – ein Phänomen des 20. Jahrhunderts. Über den Zusammenhang von Wertewandel, Marktmechanismus und Literaturfunktionen aus medienkulturhistorischer Sicht. In: Wolfenbütteler Notizen zur Buchgeschichte. Hg. v. Werner Arnold/Erdmann Weyrauch. Wiesbaden 1996, S. 132–149, hier S. 136.

9 Heinz Bude: Das Gefühl der Welt. Über die Macht der Stimmungen. München 2016, S. 22.

mir noch in der Welt“ seinen Grund hat. Vielmehr bringt sie „die Art und Weise, wie ich in der Welt bin, zum Ausdruck“.[10]

Wenn Bude dabei von „leiblichen Regungen“ spricht, mit denen und an denen entlang man in die jeweilige Stimmung gerät, dann ist der Leib dabei ein nicht-subjektiver und nicht-objektiver Raum des Erlebens. Wir sind „weder Autor noch Zeuge“ unserer Stimmungen; wir „verstehen“ uns vielmehr in dieser oder jener Stimmung, in die wir gerade versetzt sind. Es ist, in einfachen Worten gesagt, ein „Gesamtgefühl“, das uns beherrscht und das uns erlaubt, „bestimmte Gefühle zu fühlen, bestimmte Erwartungen zu erwarten und bestimmte Vorhersagen vorherzusagen.“[11] Die Stimmung ist weiter gespannt als wir selbst es sind, weil sie nicht nur uns selbst enthält und nicht nur von uns allein stammt. Wir laufen ihr hinterher oder voraus. Als Stimmungsgestimmte sind wir aufnahmebereit für dies oder jenes. Insofern geraten wir dadurch sowohl in ein Verhältnis zur Welt als auch ins Verhältnis zu uns selbst.[12]

In diesen Bereich der Stimmungen gehören auch die „Stimmungsmacher“[13] in den Medien und auf Marktplätzen, die versuchen, Ängste zu schüren oder Hoffnungen zu wecken, an die Vernunft zu appellieren oder auch nur ans Ressentiment. Keine Politik ohne Politik der Stimmungen – und eben auch kein Bestseller ohne eine Stimmung, die seinen Erfolg trägt. Noch einmal Bude: „‚Stimmung‘ liefert eine Schlüsselkategorie für den ganzen Menschen, der die Welt nicht nur über den Verstand analysiert und ordnet, sondern zugleich über die Vernunft sich selbst als Teil jener Welt begreift und erfährt, in der er sich selbst vorfindet.“[14]

„Stimmung“ als Seeleneigenschaft ist nicht zufällig ein metaphorischer Begriff aus dem Bereich der Musik, wo sie – und es gibt verschiedene Arten des „Stimmens“ – die Tonhöhe definiert und den Zusammenklang in festgelegter Harmonie ermöglicht. Musik als etwas Flüchtiges, das nicht materiell greifbar ist und doch auf Instrumenten „hergestellt“ werden kann, ist das Urbild der Stimmung. Die Künste generell dienen als Medien, die dazu geeignet sind, bestimmte Stimmungen schwingen und klingen zu lassen und sie überhaupt erst erlebbar zu machen. In der Musik geschieht das im Zuhörer, bei der Literatur in uns Lesern. Der Text „stimmt uns ein“, so dass wir einen Resonanzraum bilden für diese oder jene Stimmung.

---

**10** Bude: S. 38 f.

**11** Bude: S. 39.

**12** Bude: S. 40.

**13** Bude: S. 9.

**14** Bude: S. 34.

Das gilt zunächst und zuerst für den Autor selbst. Auch er wird „eingestimmt" vom eigenen Schreiben, in dem er ganz enthalten ist – aber eben auch nicht, weil der stimmende, stimmige Text mehr ist als er selbst. Das Schreiben ist etwas, das ihm widerfährt. Ein Schriftsteller spricht nicht im eigenen Namen, meinte der mexikanische Nobelpreisträger Octavio Paz. „Das erste, was ein wahrhaftiger Schriftsteller tut, ist, an seiner eigenen Existenz zu zweifeln. Literatur beginnt, wenn einer sich fragt: wer spricht in mir, wenn ich spreche?"[15] Die Stimme des Schriftstellers hat für Paz ihren Ursprung in einer „Nichtübereinstimmung mit der Welt oder mit sich selbst". Sie ist Ausdruck eines Schwindelgefühls „angesichts der sich auflösenden Identität". Doch dieser Schwindel, dieses Verschwinden des bewusstseinsgesteuerten Ich, verkleinert das Gesagte keineswegs, sondern erweitert es: „Das Wort des Schriftstellers ist mächtig, weil es einer Position der Nicht-Macht entspringt." Weil der Schriftsteller seine Zweifel, seine Schwäche, seine Zerrissenheit in die Sprache projiziert, ist Literatur zugleich Kritik. Octavio Paz weiter: „Die Poesie ist *Enthüllung*, weil sie Kritik ist: sie schließt auf, deckt auf, bringt das Verborgene zum Vorschein – die geheimen Leidenschaften, die nächtliche Seite der Dinge, die Kehrseite der Zeichen."[16]

Was Paz über Schriftsteller sagt, trifft genauso auch auf uns Leser zu, denn wir sind die komplementären Gegengewichte zum Autor. Wir stehen auf der anderen Seite des Textes und öffnen ihn von uns aus – oder vielmehr: Wir lassen uns öffnen von ihm. Wir bringen den Text in der uns gemäßen Lesart zum Sprechen, so wie er uns auf seine Weise einstimmt. Die Stimmung ist der Raum, in dem wir und der Text einander vorfinden. Sie wird uns also nicht einfach vorgegeben, und wir reagieren auch nicht beliebig; Stimmung ist das Gemeinsame, ist Bewegung, ist Begegnung. Als Leser sind wir eine Art Stimmungsavantgarde, und weil das nicht nur für uns als Einzelne gilt, sondern für alle Leser, gibt es immer wieder Empfindungsverdichtungen und Interessensverknotungen an einer Stelle, an der sich gesellschaftliche Aufmerksamkeit verdichtet. Genau da entstehen aus unseren vielfachen Leseerwartungen und Leseerfahrungen unsere Bestseller.

## 3 Funktion der Bestsellerliste

Sichtbar werden diese Verdichtungen in der Bestsellerliste, wenn man sie jenseits der unspezifischen Unterhaltungsware betrachtet. In der Forschung hat sich

15 Botho Strauß zitiert diesen für alle große Literatur zentralen Satz in seinem Band: ders.: Paare, Passanten. Frankfurt a. M. 1981, S. 103.

16 Octavio Paz: Essays 1. Frankfurt a. M. 1984, S. 253f.

die Definition von Sonja Marjasch behauptet, die den Bestseller als einen „Massenartikel“ bezeichnete, „der innerhalb einer bestimmten Zeitspanne, in einem bestimmten Absatzgebiet, im Vergleich zu den übrigen Büchern derselben Warengattung (während der gleichen Zeit am gleichen Ort) eine Höchstzahl von verkauften Exemplaren erreicht.“[17] Die zeitliche und räumliche Eingrenzung ist wichtig, um überhaupt zu überschaubaren Aussagen zu finden. Dabei haben wir uns daran gewöhnt, Bestseller im Wochenrhythmus und bezogen auf eine Nation zu ermitteln. Kürzere Zeiträume als eine Woche sind kaum zu erfassen[18] und wären auch nicht adäquat zu rezipieren. Längere Perioden, Monatsrhythmen beispielweise, könnten kurzfristige Erfolge, die sich vielleicht nur eine oder zwei Wochen halten, nicht erfassen.[19] Jahresbestsellerlisten, wie sie der „Spiegel“ erstellt, werden aus den wöchentlichen Erhebungen hochgerechnet und bieten eine zusätzliche Orientierung, die gerade im Rückblick wichtig ist. Um die großen Themenkonjunkturen zu erfassen, reicht der Blick in die Jahresbestsellerlisten völlig aus; da verdichten sich die Titel, die mehr gewesen sind als nur ein Augenblickswetterleuchten. Dabei kann durchaus auch ein Buch auf Platz 1 des Jahres landen, das auf den Wochenlisten nie ganz vorne stand, wenn es sich das ganze Jahr über gut verkauft hat und es ihm also gelang, zu einem „Longseller“[20] zu werden.

Die räumliche Eingrenzung auf eine Nation scheint im Zeitalter der Globalisierung weniger zwingend als die zeitliche Beschränkung. Man könnte statt der Staatsgrenzen ja auch den Grenzen folgen, die einen gemeinsamen Sprachraum

---

**17** Sonja Marjasch: Der amerikanische Bestseller. Sein Wesen und seine Verbreitung unter besonderer Berücksichtigung der Schweiz. Bern 1946, S. 12.

**18** Allerdings aktualisiert der Online-Buchhändler Amazon das interne Verkaufsranking auf den vorderen Plätzen stündlich, auf den hinteren immer noch mehrmals am Tag. Hier lassen sich deshalb auch kurzfristige Kaufimpulse ablesen und manchmal sind Bücher dort schon vor Erscheinen nur aufgrund der Vorbestellungen auf vorderen Bestsellerplätzen.

**19** Die SWR-Bestenliste, die von Kritikern erstellt wird, erscheint zwar monatlich und bietet die Bücher des Monats. Sie ist aber eben keine Bestsellerliste, da es dabei allein um inhaltliche, nicht aber um ökonomische Aspekte geht.

**20** Burkhart R. Lauterbach bezeichnet Longseller als „steady bestseller“ und nennt als ein Beispiel für Bücher mit „sehr gutem Umsatz während der Dauer von zwei oder mehr Messzeiten“ Margaret Mitchells *Gone with the Wind* (Burkhart R. Lauterbach: Bestseller. Tübingen 1979, S. 9). Dale Carnegies *Sorge dich nicht, lebe* wäre ein anderes Beispiel oder aus der jüngsten Vergangenheit Peter Wohllebens *Das geheime Leben der Bäume*. Auf der Jahresbestsellerliste des *Spiegel* gibt es immer wieder Bücher, die sich dort über mehrere Jahre halten. So belegte Christiane F. mit *Wir Kinder vom Bahnhof Zoo* von 1979 bis 1981 drei Mal in Folge Platz 1 der Sachbuchbestsellerliste. Dieses Buch mit seinen erzählerischen, durchaus romanhaften Qualitäten ist auch ein Beispiel dafür, wie schwer es ist, zwischen Sachbuch und Belletristik, Fiction und Non-Fiction präzise zu unterscheiden.

umschließen, also beispielsweise den Buchmarkt Deutschlands, Österreichs und der deutschsprachigen Schweiz zusammenfassen, der ja tatsächlich von denselben Verlagen mit denselben Titeln beliefert wird und also, ganz im Sinne von Sonja Marjasch, ein einheitliches Absatzgebiet bildet. Die Unterschiede und regionalen Besonderheiten in den verschiedenen Ländern bestehen ja auch zwischen verschiedenen Regionen innerhalb Deutschlands, und trotzdem existieren keine eigenen süddeutschen oder ostdeutschen Bestsellerlisten, keine Listen einzelner Bundesländer oder eine Großstadt- und eine Provinzliste.

Doch die Nation hat sich als Bezugsgröße fraglos etabliert. Auch dieser Akzeptanz liegt etwas Stimmungshaftes zugrunde, eine fast schon naturgemäße Selbstverständlichkeit, in der sich der Glaube ausspricht, dass Bestseller etwas mit den jeweiligen nationalen Besonderheiten zu tun haben. „Bestseller sind kulturelle Barometer unserer Zeit“,[21] schreibt Sonja Marjasch, und sie sind das in jedem nationalen Gebilde auf besondere Weise. Hätten Bestsellerlisten ausschließlich die Funktion, das Marktgeschehen abzubilden, wäre die Aufteilung des deutschsprachigen Buchmarktes in mehrere nationale Räume nicht sinnvoll. Nimmt man sie aber als Ausdruck unterschiedlicher nationaler Befindlichkeiten, die Rückschlüsse auf Stimmungen erlauben (und die diese Stimmungen zugleich erzeugen oder stärken), dann ist diese Aufteilung folgerichtig.

Dabei sind die Bestsellerlisten nicht nur ein Abbild des Verkaufsgeschehens in den Buchhandlungen. Vielmehr dienen sie ihrerseits als Marketinginstrument. Bücher, die sich gut verkaufen, schaffen es auf die Bestsellerlisten, aber haben sie es dorthin geschafft, verkaufen sie sich noch viel besser. Man muss also zwei Phasen unterscheiden.[22] Die erste Phase, in der das Buch auf den Markt kommt und „abgeht“ wie eine Rakete, ist die rätselhaftere, weil beim Start so viele unbekannte Faktoren eine Rolle spielen. Werbung allein macht keinen Erfolg, sondern unterstützt ihn bloß. Es kommt auch auf den richtigen Moment und auf die gerade vorherrschenden Stimmungen an, die nur schwer auszurechnen sind. Mundpropaganda oder der Austausch in Internetforen spielen in dieser Phase eine wichtige Rolle. Doch einmal auf der Bestsellerliste angekommen, generieren sich Bestseller in einem „Selbstinduktions-Effekt“[23] dadurch, dass sie Bestseller sind. Damit zündet Stufe zwei der Erfolgs-Rakete. Die höheren Sphären werden erreicht, und die Spitzentitel bleiben auf den vorderen Plätzen einfach deshalb, weil sie schon da sind.

---

**21** Lauterbach: S. 108.

**22** Vgl. Eva Illouz: Die neue Liebesordnung. Frauen, Männer und *Shades of Grey*. Berlin 2013, S. 20 f.

**23** Dieter E. Zimmer: „Die Herzen großer Publikumszahlen . . .“. Über die Karriere eines Bestsellers, am Beispiel Eric Malpass. In: Literaturbetrieb in Deutschland. Hg. v. Heinz Ludwig Arnold. München 1971, S. 98–116, hier S. 113.

„Danach muss man kaum noch etwas tun", wissen Verlagsmitarbeiter. „Es entsteht eine Eigendynamik, und der Handel bestellt den Titel fortwährend nach. Die Liste ist ein Segen, sobald man einen Selbstläufer darauf stehen hat. Sie ist ein Fluch, wenn man nicht hinein kommt. Wir alle gieren danach, auf die Liste zu kommen."[24]

## 4 Wer ist ein Bestsellerautor?

Erfolg als Bedingung des Erfolgs gilt nicht nur für das einzelne Buch, sondern auch für den Autor, dessen Name sich in einen Markenartikel verwandelt, sodass seine Bücher schon deshalb gekauft werden, weil sie von ihm oder ihr sind. Das Buch eines berühmten Autors wird erfolgreicher sein als das eines Unbekannten, und zwar völlig unabhängig davon, was drinsteht und unabhängig von der literarischen Qualität. Der neue Dan Brown wird gekauft, der neue Daniel Kehlmann auch.[25] Wenn es sich um gute Romane handelt, die zu lesen für uns ein Gewinn ist, dann haben wir Glück gehabt. Gekauft haben wir sie dann aber schon, weil wir ihrem Versprechen – Spannung, Unterhaltung, Bildung, Qualität – geglaubt haben.

Der Erfolgsautor kommt aber nicht alleine auf uns zu. Er braucht auch den richtigen Verlag, also einen, der ihn mit aller Kraft auf den Markt bringt und der zu ihm passt. Dan Brown ist bei Bastei-Lübbe gut aufgehoben, Daniel Kehlmann besser bei Rowohlt. Das Image des jeweiligen Verlages mit seinem besonderen Standort zwischen Hochkultur und Trash verbindet sich dabei mit dem Markennamen des Autors. Fügen sie sich nicht in ein einheitliches Bild, dann geht die Rechnung nicht auf.

In diesem Zusammenhang spielt auch das Cover seine Rolle. Bei Dan Browns *Origin* ist auf den ersten Blick zu erkennen, dass es sich um einen Thriller mit Elementen des historischen Romans handelt. Das signalisieren die stilisierten, blutroten Lettern des Titels über den Türmen einer Kathedrale, der Sagrada Família in Barcelona. Damit ist auch schon ein zentraler Ort der Handlung markiert. Ähnlich auch bei Kehlmanns *Tyll*, wo die Buchstaben T Y L L großflächig zu tanzen scheinen, so wie auch die abgebildete mittelalterliche Menschenmenge. Dieses Buch verspricht optisch ein Fest und Lesefreude, und es ist sofort klar, dass es sich um eine Eulenspiegeliade handelt und also um

**24** Anton: S. 35.

**25** Im Oktober 2017 führten sie gemeinsam die Bestsellerliste an, Dan Brown mit *Origin*, Daniel Kehlmann mit *Tyll*.

einen historischen Roman. Kehlmann kehrt damit zu dem Genre zurück, das seinen Erfolg begründet hat. So kennen wir ihn seit der *Vermessung der Welt.*

Das Publikum ist konservativ und will trotzdem immer wieder etwas Neues. Am liebsten will es das Altbekannte in Gestalt von etwas Neuem. Dieses Kunststück müssen Bestseller vollbringen, wofür ja nicht zuletzt der Autor mit seinem Namen einsteht: Er schreibt auf seine besondere Weise und bleibt, auch wenn er neue, überraschende Bücher vorlegt, doch auch erkennbar er selbst. Das Bestsellerprinzip der Serie beliefert am besten die Serie: Reihen mit einem gleichbleibenden Helden, so wie es Kriminalromane mit dem neuen Fall eines altbekannten Kommissars leisten.

Erfolg zeitigt Erfolg. Bestsellerautoren schreiben Bestseller. Wissenschaftlich betrachtet ist jedoch nicht ganz klar, ab wann man von einer Bestsellerautorin oder einem Bestsellerautor spricht. Die Germanistin Karin Liebenstein setzte für ihre statistische Untersuchung des Phänomens mindestens fünf Platzierungen mit unterschiedlichen Büchern in den Jahres-Top-Ten voraus. Das ist eine Zahl, die vor allem Ausschlusskriterien folgt: Ausgeschieden werden damit all die Autorinnen und Autoren, die bloß einen einzigen großen Bestseller hatten, in dessen Gefolge sich dann auch die nächsten zwei, drei Bücher gut verkauften. Kehlmann ist nach dieser Definition nicht dabei – aber er hat ja noch ein paar Jahrzehnte und ein paar Versuche vor sich, vermutlich. Erst bei mindestens fünf Titeln – so der Ansatz von Karin Liebenstein – hat man die Gewähr, dass der Erfolg sich verstetigt hat und nicht nur an einem einzelnen Werk hängt.

Für ihren Beobachtungszeitraum von 1962 bis 2001 kommt sie unter dieser Bedingung auf nicht mehr als neun Bestsellerautoren in Deutschland. Das sind, in chronologischer Reihenfolge: Heinrich Böll, Günter Grass, Johannes Mario Simmel, Siegfried Lenz, Ephraim Kishon, Isabel Allende, Rosamunde Pilcher, John Grisham und Donna Leon.[26] Dass darunter drei Frauen sind, ist, wie Liebenstein anmerkt, ein Novum. In früheren Beobachtungszeiträumen fanden sich keine Frauen, die das genannte Kriterium erfüllten. Das beginnt sich erst seit den 1970er Jahren langsam zu ändern. Bei den Sachbüchern ist das Verhältnis von Männern und Frauen noch eklatanter. Da gibt es überhaupt nur fünf Männer und keine einzige Frau, die das Bestsellerautoren-Kriterium erfüllen. Es sind: Klaus Mehnert, Erich von Däniken, Hoimar von Ditfurth, Sebastian Haffner und Peter Scholl-Latour. Das Verhältnis der männlichen zu den weiblichen Autoren auf den Jahresbestsellerlisten ist

**26** Karina Liebenstein: Bestsellerlisten 1962 bis 2001. Eine statistische Analyse. Erlangen 2005, S. 25.

ungefähr Zehn zu Eins. Darin hat sich bis in die Gegenwart nur wenig geändert.[27] Das ist umso erstaunlicher, als Frauen doch die Mehrzahl der Leserschaft stellen.[28]

## 5 Das Cover: Kehlmann-Blau

Was in den Buchhandlungen vorne liegt, ist neu. Das Neue geht vor und die Verweildauer einzelner Titel im Buchhandel ist kurz, oft nur wenige Monate bis zur nächsten saisonalen Welle. Verlage bezahlen für den Platz an der Kasse, für eigene Aufsteller, für Auslagen im Schaufenster. Deshalb sind die Entdeckungen, die wir zu machen glauben, schon nicht mehr ganz unschuldig. Unsere Wünsche kommen von außen auf uns zu. Aber dann entscheiden wir doch selbst. Ob ein Buch mit seinem Umschlag uns anspricht und auf uns wirkt, liegt nicht nur an ihm, sondern auch an uns.

Der Umschlag signalisiert, dass es sich um eine Ware handelt, die um Aufmerksamkeit buhlt. In vorkapitalistischen Zeiten blieben die Bücher nackt. Erst der spätere Besitzer ließ sie dann nach seinem Geschmack beim Buchbinder binden, möglichst gediegen, möglichst mit schweinsledernem Ewigkeitsversprechen. Alles Wissen erhielt in den privaten und öffentlichen Bibliotheken auf diese Weise ein einheitliches Gewand. Jedes einzelne Buch gliederte sich in eine beruhigende, gediegene Homogenität ein. Das Wissen war eine Wand. Dieser vergangenen Epoche wäre die grellbunte Farbigkeit der heutigen Bücher ein Gräuel gewesen. Erst mit den Massenauflagen des neunzehnten Jahrhunderts, mit der Ausbreitung des Buchhandels und mit der Demokratisierung des Lesens erhielten die Umschläge ihre Bedeutung als Kaufimpulsgeber und die Bücher eine individuelle Erscheinungsform.

Das Cover ist angeblich bei rund 70 Prozent aller Buchkäufe der entscheidende Faktor, auch wenn jeder Kunde um die sprichwörtliche Mahnung weiß, der zufolge man ein Buch nicht nach seiner Verpackung beurteilen soll.[29] Doch dieser Augen-Blick des Hinsehens vollzieht sich im Bruchteil einer Sekunde. Mögliche Käufer müssen sofort verstehen, worum es geht – vielleicht noch bevor sie den Titel gelesen haben. Statistiker haben ermittelt, dass

**27** Liebenstein: S. 51 f.

**28** Für aktuelle Zahlen vgl. https://www.boersenverein.de/de/portal/Umfragen/643909 (Zuletzt angesehen am 26.10.2019).

**29** Marc Reichwein: Diese schönen Bücher könnten auf den Catwalk gehen. In: Die Welt, 04.08.2015, https://www.welt.de/kultur/literarischewelt/article144809942/Diese-schoenen-Buecher-koennten-auf-den-Catwalk-gehen.html (Zuletzt angesehen am 26.10.2019).

man selbst dann, wenn man konzentriert hinschaut, höchstens acht Sekunden einen Umschlag betrachtet.[30] Kompliziertere Botschaften kann man in so kurzer Zeit nicht verarbeiten, sie sind deshalb zu vermeiden. „Ein Cover muss sein Versprechen klar machen", sagte Jochen Kunstmann als Marketing-Experte im Verlag Droemer-Knaur.[31] Die schlichteste, eingängigste Botschaft aber ist der Autorenname, die Marke. Die erste Grundregel der Gestaltung leitet sich daraus ab: Je bekannter ein Autor, umso größer erscheint sein Name auf dem Cover.

Wie ein eindeutiges Cover funktioniert, demonstriert mustergültig Sebastian Fitzeks Bestseller *Das Paket.*[32] Der Umschlag ist so gestaltet, dass das Buch wie ein Päckchen aussieht, braunes Packpapier mit einem Paketaufkleber, auf dem der Titel eingefügt ist, und zur näheren Spezifizierung auch gleich das Genre „Psychothriller". Sehr viel größer aber und in roten Lettern gedruckt prangt darunter der Name des Autors, den man für den Paketempfänger halten könnte. Der Name wird so zur eigentlichen Botschaft. Wenn man es kauft, dann kauft man dieses Buch vor allem deshalb, weil es von Sebastian Fitzek ist. *Das Paket* stieg im Oktober 2016 als Neuerscheinung direkt auf Platz 1 der Spiegel-Bestsellerliste ein.

Ein gelungener Umschlag macht sichtbar, um was für eine Art von Literatur es sich handelt, ob Trash oder Hochkultur erwartet werden darf, ob Fantasy oder ein Ratgeber. „Unsere Cover wollen vermitteln: Hier hast du gute Literatur, die aber auch gut lesbar ist", sagt Attila Zoltan, Werbeleiter bei Luchterhand.[33] Eine Zauberformel gibt es natürlich nicht. Oft sind es einfach nur modische Trends, fast wie in der Textilbranche. Mal dominiert Weiß als Grundton, dann wieder das kleine Schwarze, knapp geschnitten. Oft sind es die großen Erfolge der Vorsaison, die solche Trends setzen. So konnte man zum Beispiel die Blautöne, die auf dem Cover von Daniel Kehlmanns *Die Vermessung der Welt* dominierten, in den folgenden Jahren geradezu inflationär auf den Tischen mit den Neuerscheinungen wiederentdecken. Bei Hape Kerkelings *Ich bin dann mal weg* aus dem Jahr 2006 dominierte das Kehlmann-Blau ebenso wie auch noch bei Richard David Prechts *Wer bin ich – und wenn ja wie viele* aus dem Jahr 2008. Das heißt nicht, dass nur zartblaue Bücher Bestseller werden können; allerdings

30 Hans von Trotha: Wieso Verlage uralte Signalreize nutzen. In: Deutschlandfunk Kultur, Lesart, 04.09.2017, http://www.deutschlandfunkkultur.de/trends-auf-deutschen-buchcovern-wieso-verlage-uralte.1270.de.html?dram%3Aarticle_id=395061 (Zuletzt angesehen am 26.10.2019).

31 Christiane Lutz: Wie sieht das perfekte Buchcover aus? In: Süddeutsche Zeitung, 15.11.2016, http://www.sueddeutsche.de/kultur/literatur-wie-sieht-das-perfekte-buchcover-aus-1.3249138 (Zuletzt angesehen am 26.10.2019).

32 Sebastian Fitzek: Das Paket. München 2016.

33 Lutz.

gibt es wiederholbare Muster im Sinne eines Reiz-Reaktions-Mechanismus, auf die die PR-Abteilungen der Verlage setzen. Und wer in der Buchhandlung auf Thomas D. Seeleys *Auf der Spur der wilden Bienen* stieß, der konnte bei der Kombination aus sanftem Grün und sachlichen Großbuchstaben, in denen der Titel gesetzt war, fast glauben, es handle sich um ein neues Buch unseres Lieblingsförsters Peter Wohlleben. Vielleicht reicht farbliche Mimikry tatsächlich aus, um einen ersten Impuls zum Hinschauen und Zugreifen auszulösen – allerdings nur, solange nicht zu viele Bücher dieselbe Strategie verfolgen. Dann schlägt der Effekt ins Gegenteil um. Zu viel Kehlmann-Blau oder Wohlleben-Grün macht ununterscheidbar, das schadet jedem Nachfolger. Auch das beste und erfolgversprechendste Werk kann durch den falschen Titel oder ein misslungenes Cover vernichtet werden und nicht über die Hürde der ersten Begegnung hinausgelangen.

## 6 Einheit der Gegensätze

Umschläge erzählen bereits eine Menge über den Geist der Zeit und ihre technischen Möglichkeiten. Sie zeigen die Erwartung der Verleger; sie bündeln all das, was von den Produzenten als Bedürfnis in der Leserschaft vermutet wird; sie sind Angebote, Hinwendungen, Umschmeichelungen der individuellen Sehnsüchte und Wissbegierden, sodass Bestseller schon äußerlich sichtbar machen können, welche Sorgen und Begehrlichkeiten, welche Mängel und welcher Überfluss die Epoche prägten.

Schaut man sich den Umschlag der *Vermessung der Welt* genauer an, dann sieht man einerseits, dass Illustration und Titel exakt zusammenpassen. Zu sehen sind unter kehlmannblauem Himmel verschneite Berggipfel, ein ferner Vulkan, ein Gletscherpanorama, das aus einer Landkarte gebildet scheint. Auf der Rückseite Wolken, Himmel, Meeresdunst – Motive, die Unbegrenztheit, Weite und Abenteuer versprechen. Das wird gekontert durch das vom Vulkan ausgehende schwebende Netz, das auch ein raum-zeitliches Raster sein könnte, und eine geometrische Linie. Da werden sichtbar Gegensätze miteinander verklammert: Abenteuer und Ordnung, Offenheit und Exaktheit, Weite der Natur und Penibilität der Berechnung, Globalisierung und Ortsgebundenheit. Nimmt man die Personen dazu, wird die Spannung der Gegensätze zum Konstruktionsprinzip des Romans: Der Abenteurer und der Stubenhocker, der Anschauungssüchtige und der Abstraktionskünstler, der Welterkunder und der Weltberechner, der Geograph und der Mathematiker. Auf der einen Seite also Bergsteiger- und Entdeckerromantik, wie sie vielleicht auch die Bücher von Reinhold Messner liefern, auf der anderen Seite Exaktheit und Strenge des wissenschaftlichen Arbeitens.

Die Soziologin Eva Illouz vertritt in ihrer Studie über den Erfolg von *Shades of Grey* die These, Bestseller zeichneten sich dadurch aus, dass sie bestehende gesellschaftliche Widersprüche integrieren und in einer Figur oder einem Figurenpaar erlebbar machen. Je besser ihnen das gelingt, umso größer ihre Notwendigkeit und ihr Erfolg. In *Shades of Grey*, so wie sie das durchführt, besteht der integrierte Widerspruch im emanzipatorischen Bedürfnis nach Gleichheit von Mann und Frau und im Bedürfnis danach, dass das erotische Spannungsverhältnis, das gerade auf der Differenz beruht, nicht verloren geht. Wichtiger als dieser Aspekt, der im Kapitel „Last und Lust der Listen" in meinem Buch *Bestseller* ausführlicher behandelt wird,[34] ist hier die Frage, welche gesellschaftlichen Widersprüche Kehlmann zu bündeln versteht. Die thesenhafte Antwort kann nur lauten: das Wissen um die Unhintergehbarkeit wissenschaftlicher Erkenntnisse und die wachsende Gewissheit, dass es doch gerade der technologische und wissenschaftliche Fortschritt ist, der in die wachsende, dramatische Umweltproblematik mit Klimawandel, Ausbeutung und Zerstörung der Meere und so weiter geführt hat. Es gibt keine Alternative dazu, die Welt zu vermessen, aber indem wir das tun, zerstören wir sie auch.

Kehlmann geht mit seinem Roman in die Anfangszeit der bürgerlichen, kapitalistischen, aufklärerischen Epoche zurück – einer Epoche der Zuversicht und des Aufbruchs. Obwohl er im Grunde nur die Biographien der beiden gegensätzlichen Protagonisten erzählte, gelang es ihm, aus der Gegenüberstellung des Entdeckers und des notorischen Zuhausebleibers komische Funken zu schlagen. Da wurden im Kontrast zueinander zwei Lebensweisen deutlich, die auf unterschiedliche Art ein gemeinsames Ziel hatten, das unseren Wünschen entsprach: Die Welt erkennbar und verfügbar zu machen, sie zu kartographieren und zu berechnen und zu ordnen, sei es in Raum und Zeit oder im abstrakten Prinzip der Zahl. Der Weltreisende und der Schreibtischmensch unterschieden sich so gesehen kaum als Diener einer gemeinsamen Sache, die in der Gegenwart in die Krise geraten ist. Aber sonst unterschieden sie sich eben sehr, zwei völlig verschiedene Typen im Dienst derselben Sache – der Überhebliche und der Bescheidene – das ist die ganze Spannbreite der Aufklärung. Das erzählerische Tempo, mit dem Kehlmann seine Helden aufeinanderprallen ließ, tat ein Übriges. Er versöhnte Bildungsbedürfnis und Unterhaltsamkeit, Ernst und Heiterkeit, und es gelang

34 Vgl. Jörg Magenau: Bestseller. Bücher, die wir liebten – und was sie über uns verraten. Hamburg 2018, S. 90–104.

ihm, die Sehnsucht nach dem verlorenen Zeitalter des bürgerlichen Aufbruchs hinter einem milde ironischen Tonfall zu verbergen.

Bestseller handeln – auch das sei noch vermerkt – sehr häufig von verschwindenden oder verschwundenen Dingen. In diesem Fall ist es der Fortschrittsoptimismus und die Selbstgewissheit des bürgerlichen Zeitalters, die in ironischer Brechung dargestellt werden. Das Bürgertum ist immer dann am prächtigsten, wenn es untergeht und sich darin auf sich selbst besinnt. Der Schmerz des Verlustes ist ihm als Melancholie von Anfang an eingeschrieben, weil es den Wandel und Fortschritt und also seine eigene Abschaffung propagiert. Ähnlich funktioniert der seit Jahren andauernde Naturboom auf dem Buchmarkt. Bücher wie Peter Wohllebens *Das geheime Leben der Bäume* handeln von etwas, das es nicht mehr gibt. Je grundsätzlicher uns die Natur abhandenkommt, umso unerbittlicher setzen wir ihr lesend nach. Naturbücher antworten auf unsere Trauer um das Verlorene. Sie sind eine Verlustkompensation: Wir erlesen uns, was wir nicht mehr haben.

Von Literatur verlangen wir normalerweise mehr und anders, als nur dass sie Recht hat, denn sie soll gerade das Widerstreitende verklammern. Sie soll die Wirklichkeit abbilden, so getreu wie nur möglich, und zugleich offen sein für unsere Träume und Sehnsüchte. Wir wünschen sie uns voller Mitgefühl und zugleich hart genug, um widerstandsfähig zu sein gegen Sentimentalitäten aller Art. Sie soll „welthaltig“ sein, um dieses abgeschmackte Kritikerwort einmal zu benutzen, zugleich aber ganz nah bei uns und unserer doch eher überschaubaren Alltagswelt. Das Fremde soll sie uns zeigen, aber bitte so, dass es uns vertraut erscheint. Das Unwahrscheinliche soll sie möglich machen. Sie soll bewahren, was uns in der Wirklichkeit verloren geht und uns zugleich auf neue, bessere Ideen bringen. Sie soll Geschichte aufbewahren, Vergangenheit „bewältigen“ – noch so ein Unwort – und trotzdem immer zupackend, aktuell, gegenwärtig sein. Sie soll das Allgemeine sichtbar machen und doch immer dicht am einzelnen Schicksal bleiben, damit wir mitleiden und mitfiebern und uns zurechtfinden im historischen Großzusammenhang. All diese Bedürfnisse befriedigt *Die Vermessung der Welt* auf geradezu ideale Weise.

## 7 Weltflucht: Es gibt keinen Eskapismus

*Die Vermessung der Welt* fiel im Herbst 2005 in eine Stimmungslage, die durch große politische und naturhafte Verunsicherung geprägt war. Die Welt zeigte, wie schwer zu berechnen sie ist, ob vermessen oder nicht. In den USA wütete der Hurrikan Katrina, in Pakistan kamen Anfang Oktober bei einem gewaltigen Erdbeben 80.000 Menschen ums Leben. Es gab Terrorattacken – vor allem in

Ägypten und im Irak, die Flüchtlingsproblematik spielte bereits eine Rolle, als Afrikaner die spanische Exklave Melilla in Marokko stürmten, und in Deutschland ging die Ära der rot-grünen Koalition zu Ende, Angela Merkel wurde Bundeskanzlerin und – auch das war 2005 – wir wurden Papst in Gestalt von Kardinal Ratzinger. Mag sein, dass das Trostbedürfnis mit all diesen Ereignissen gewachsen ist – und vielleicht auch das Bedürfnis, sich von der unübersichtlichen Gegenwart ab- und einer besser geordneten Vergangenheit zuzuwenden.

Bestseller bedienen häufig diesen Fluchtmechanismus, das Bedürfnis, den Problemen der Gegenwart zu entkommen. Bestes Beispiel dafür sind die 1980er Jahre, die auch als Jahrzehnt der „German Angst" gelten. Waldsterben und Nato-Nachrüstung beherrschten die Debatten und die apokalyptische Gefühlslage. Die Anti-AKW-Bewegung protestierte in Gorleben, Brokdorf, Wyhl und Wackersdorf und erhielt schließlich in der Reaktorkatastrophe von Tschernobyl ihre Bestätigung. Aber auch dieser Super-GAU erwies sich schließlich als überlebbar, sodass paradoxerweise gerade das Eintreffen der Katastrophe das Ende der Angst einläutete. Wie zum Ausgleich dafür gab es einen literarischen Großtrend hin zu phantastischen Gegenwelten. Das ging los mit den Romanen von Michael Ende, *Momo* und die *Unendliche Geschichte*, 1980 wurde Tolkiens *Herr der Ringe* zum meistverkauften Roman in der Bundesrepublik, es folgten Umberto Eco mit *Der Name der Rose*, Patrick Süskind mit *Das Parfum* und schließlich der lateinamerikanische Magische Realismus von Gabriel García Marquez und Isabel Allende.

Das Bedürfnis nach phantastischen Gegenwelten war groß – und doch verwiesen diese literarischen Eskapaden zurück auf die Probleme der Gegenwart. Wenn sich *Momo* mit den grauen Männern, die den Menschen die Zeit stehlen und sie als Zigarren verrauchen, als antikapitalistisches Märchen lesen lässt, so arbeitete Tolkien die Erfahrung der beiden Weltkriege zum Kampf um Mittelerde um. Die Hobbits als erdverbundene Wesen erschienen zu Beginn der 1980er Jahre plötzlich wie zeitgemäße Vorläufer der Grünen, die mit den Zyklen der Natur und ohne die Hektik industrieller Produktionsweise gut zu leben verstanden. Wenn die finsteren Orks Bäume ausrissen und Wälder zerstörten, beschworen sie den Widerstand der Natur herauf. In den Kampf um Mittelerde griffen schließlich auch die Bäume ein. Auch dieses Motiv erhielt eine aktuelle Bedeutung, schien es doch so, als hätte Tolkien das Waldsterben schon vorausgeahnt.

Die Bewegung aus der Geschichte heraus, die die phantastische Literatur vollzieht, führt immer wieder dorthin zurück. Lesen ist eine Doppelbewegung, die auf dem Umweg über andere Welten unser eigenes Leben neu und anders zu beleuchten vermag. Der serbische Autor Bora Ćosić hat das einmal so formuliert: „Lesen ist Flucht, aber nicht aus der ‚Wirklichkeit' in ein profanes Exil, Lesen platziert den

Leser in einer außergewöhnlichen zeitlichen Kapsel."[35] Lesen ist eine Flucht, aber es ist eine Flucht in die verwandelte Wirklichkeit und in die Vorstellung, dass das Leben auch ganz anders sein könnte als immer bloß so, wie es gerade ist. Lesen heißt fliehen, um verwandelt zurückzukehren. Auch träumen ist erlaubt. Darin liegt die subversive Kraft der Bücher.

# 8 Das depravierte Genie

Diese Doppelbewegung aus der Welt hinaus und verwandelt in sie zurück ereignet sich über die Figur des Helden. Und auch da gibt es bei Bestsellern eine auffallende Häufung. Sehr oft sind die Helden irgendwie genial, kommen aber aus schwierigen sozialen Verhältnissen und sind mit körperlichen Defiziten geschlagen. Sie haben, wie Grenouille in Patrick Süskinds *Parfum* einen Buckel, zugleich aber eine übersinnliche Fähigkeit – in diesem Fall der Geruchssinn. Bei Kehlmanns Gauß ist die Lage ähnlich: Er kommt aus ärmlichen Verhältnissen, ist arrogant, verhaltensauffällig und gebrechlich – aber eben ein mathematisches Genie, das ihn so weit über seine Mitmenschen erhebt, dass er sie in ihrer Dummheit gar nicht ertragen kann. Ähnlich Humboldt, der in seiner Alterskurrilität gezeichnet wird. Genie ist bei beiden etwas Beneidenswertes, zugleich wird es durch Witz und Ironie heruntergeholt ins Alltäglich-Erreichbare.

Bereits Grenouille stand mit seinen sinnlich-übersinnlichen Fähigkeiten in einer Reihe von bestsellertauglichen Romanen, in denen ähnliche Eigenschaften eine Rolle spielen. Meist sind es Kinder, jedenfalls zu Beginn. Da ist Alice im Wunderland, die in ein Kaninchenloch stürzt und erlebt, wie variabel Körpergröße sein kann. Da ist Oskar Matzerath in der *Blechtrommel* von Günter Grass, der im Alter von vier Jahren beschließt, das Wachstum einzustellen. Das kann er sich leisten, weil er von Geburt an mit überragender Intelligenz ausgestattet ist und auch die Fähigkeit besitzt, mit seiner Stimme Glas zerspringen zu lassen. Da ist das Mädchen Momo im gleichnamigen Roman von Michael Ende. Sie hat eine Schildkröte als Helferin, die eine halbe Stunde weit in die Zukunft schauen kann und das, als wäre sie ein technisches Gerät, mit einer Leuchtschrift auf ihrem Panzer mitteilt. Und da betritt schließlich, zwölf Jahre nach Jean-Baptiste Grenouille, der Zauberlehrling Harry Potter die Bühne der Weltliteratur, der nette Junge von nebenan, der sich magische Fähigkeiten erwirbt, so wie sie sich wohl jedes Kind wünscht. Johannes Elias Alder aus Robert Schneiders Roman *Schlafes Bruder* aus dem Jahr 1992 ist ein direkter Nachfolger

**35** Bora Ćosić: Konsul in Belgrad. Wien/Bozen 2016, S. 50.

Grenouilles, der statt eines überscharfen Geruchssinnes mit einem hochsensiblen Gehör ausgestattet ist. Schneiders Erfolg wäre ohne das vorbereitende *Parfum* wohl nicht denkbar gewesen. Doch all diese Helden der Sinnlichkeit müssen für ihre Fähigkeiten auch einen Preis bezahlen. Sie sind Außenseiter in ihrer Welt, so herausgehoben wie unverstanden. Sie sind kleinwüchsig wie Oskar, bucklig und hinkend wie Grenouille oder gezeichnet wie Harry Potter, der eine Narbe in Form eines Blitzes auf der Stirn trägt. Und sie haben stets ein schweres Los und eine harte Kindheit, der zu entkommen ihr Lebensantrieb ist.

Grenouille erinnert an David Copperfield von Charles Dickens, so erbärmlich sind die Elends- und Gewaltverhältnisse, denen er entstammt. Es ist, als hätte Süskind es darauf angelegt, die marxistischen Tendenzen der 1970er und 1980er Jahre aufzunehmen. Wer *Das Kapital* gelesen hatte mit den Kapiteln über Ausbeutung und Kinderarbeit im England des neunzehnten Jahrhunderts, sah dessen Befund in *Das Parfum* bestätigt, auch wenn der Roman ein Jahrhundert früher und in Frankreich spielt. Wichtig jedoch, dass die sozialkritische, sozialromantische Gemütslage der 1980er Jahre darin aufgehoben war und der Held in diesem Milieu zur Identifikationsfigur werden konnte. Seine erbärmliche Herkunft wurde ihm zum Ansporn: Er musste sie, um etwas aus sich zu machen, hinter sich lassen. Mit seinem Geruchssinn war er eine Ausnahmeerscheinung, aber auf einem Gebiet, das uns allen erreichbar war. Genie, das lernten wir bei ihm, war zunächst einmal nichts anderes als die ins Extreme gesteigerte Normalität. Aber auch das hat seinen Preis. Grenouille entwickelt sein Geruchsvermögen, indem der optische Sinn zurückbleibt und sein Sprachvermögen ebenfalls zu wünschen übrig lässt. Wir können ihn für eine Fähigkeit bewundern und beneiden – und müssen ihn zugleich bedauern.

Patrick Süskind mag als Autor so ähnlich vorgegangen sein wie sein Held, der seine Parfums mit schlafwandlerischer Sicherheit mischte, ohne auch nur irgendetwas abzumessen oder zu wiegen. So wie Grenouille instinktiv zu seinen Tinkturen und Destillaten griff, nahm Süskind die Genres, die auf dem Bestsellermarkt die größte Aufmerksamkeit versprechen, und mischte Elemente des Kriminalromans, des Schauerromans, des historischen Romans und des Bildungsromans mit einem Hauch Fantasy, würzte mit einer Prise Thriller nach und ließ das alles aufgehen im Stil des realistischen Erzählens des neunzehnten Jahrhunderts, den er als konventionelles Lösungsmittel benutzte, gerade so, als handle es sich um einen Roman von Dickens oder von Honoré de Balzac. Mit dem Phantastischen lag er im Trend des Jahrzehnts, für das Tolkien und Michael Ende den Boden bereitet hatten. Ein Vorläufer als historischer Roman war Umberto Ecos *Der Name der Rose*, das einzige Werk, das der *Unendlichen Geschichte* und *Momo* von Michael Ende in den Jahren zuvor auf der Bestsellerliste Paroli bieten konnte. Das ist das Beste, was einem Buch passieren kann: dass es auf den Boden fällt, den die Bestseller vor ihm bereitet haben. Auch dieses Prinzip gehört zur Erfolgsgeschichte von Daniel Kehlmann.

# 9 Das Rätsel des Lesens

All das sind Anhaltspunkte, keine Erklärungen für den Erfolg. Die kann es schon deshalb nicht geben, weil das, was Lesen bedeutet und was sich dabei ereignet, selbst kaum zu erklären ist. Mancher Satz entgleitet uns schon, während wir ihn lesen, und wer behält auch nur die zuletzt gelesenen Sätze mehr als schemenhaft im Gedächtnis? Wie nehmen wir Sinn und Bedeutung auf, wenn wir mit den Augen doch immer am gerade aktuell gelesenen Wort kleben? Wie stellen wir Bezüge her? Wie machen wir Erfahrungen im Lesen und wo lagern sie sich ab? Was nehmen wir auf von einem Text, den wir nicht in all seiner Tiefe verstehen? Welche Spuren hinterlässt er, wenn wir ihn längst vergessen haben? Was suchen wir in ihm? Und was heißt das überhaupt: verstehen?

„Was Lesen ist und wie Lesen geschieht, scheint mir eines der noch dunkelsten und einer phänomenologischen Analyse am meisten bedürftigen Dinge“, schrieb der Begründer der philosophischen Hermeneutik Hans-Georg Gadamer.[36] Wir werfen unsere ganze Biographie, all unsere Urteile und Vorurteile, unser Wissen und Nichtwissen, unsere Herkunft und unsere gesellschaftliche Stellung in den Leseprozess hinein und werfen damit aber auch alles weg und vergessen es für den Moment.[37] Beides geschieht zur gleichen Zeit, wir sind da und nicht da. Wir werden berührt, gefesselt, aufgewühlt, manchmal auch bloß gelangweilt oder verärgert und abgestoßen. Spannung stellt sich ein, Neugier und manchmal diese seltsame Art von Nähe, wenn es gelingt, ganz in die erzählte Geschichte einzutreten, als wäre es nicht ein anderes Leben, das vor uns abläuft, sondern tatsächlich das eigene. So erweitern wir unseren Horizont.

Der Schweizer Schriftsteller Peter Bichsel drückte das einmal so aus: „Lesen ist für mich sozusagen immer und unabhängig vom Inhalt der Eintritt in eine Gegenwelt.“[38] Als Leser befinde er sich in einer anderen Welt mit anderen Qualitäten.

---

**36** Hans-Georg Gadamer: Philosophie und Literatur. In: Was ist Literatur? Phänomenologische Forschungen 11 (1981), S. 18–46, hier S. 27.

**37** „Lesen ist biografisch/lebensgeschichtlich und gesellschaftlich geprägt: Familie, Leserbiografien, Schule, (schulisches vs. individuelles Lesen), Medienzusammenhang, gesellschaftliche Einschätzungen, Erwartungen, geschlechtsspezifische Unterschiede.“ Thomas Kopfermann: LesenSprechenLesen – Sprechen als Mittel der Leseförderung (2004). In: ders.: „Lies, damit ich ihn selbst höre“. Schriften zur Kommunikationspädagogik. St. Ingbert 2008, S. 61–72, hier S. 64.

**38** Peter Bichsel: Der Leser. Das Erzählen. Frankfurt 1982, S. 33.

„Nur wer Lesen als eine Gegenwelt erfährt, wird zum Leser.“[39] Das ist mehr als bloß eine unterhaltsame Beschäftigung oder ein Hobby. Es hat etwas mit Leidenschaft zu tun, ja mit Berauschtheit, denn Leser spüren „ein leichtes Abheben vom Boden, das sich steigern kann bis zum Gefühl der Schwerelosigkeit.“[40] Es ist ein leiblicher Vorgang, etwas, das sich in uns vollzieht wie das Atmen und das einen Übergang in einen anderen Bewusstseinszustand bezeichnet wie das Einschlafen. Es setzt viel Zeit voraus, Langsamkeit, Bereitschaft, also so etwas wie Muße. Lesen ist nichts für Zwischendurch, kein Zeitvertreib, sondern ein Aufgehen in der Zeit. Es ist, wie Bora Ćosić meint, „gar kein Aufenthalt in der Zeit, sondern außerhalb von ihr.“[41]

Was sich im Lesen ereignet, ist etwas anderes als bloßer Wissenstransfer. Jedes Wort, jeder Satz schillert in seiner Bedeutungsvielfalt. Je genauer wir uns als Leser auf eine Bedeutung festlegen, indem wir das Gelesene deuten, umso mehr verengen wir es und nehmen ihm damit womöglich seine Eigenart. Gerade literarische Texte – Prosa ebenso wie Lyrik – gehen niemals in einer Deutung auf. Jeder Text ist größer als das darin Gemeinte. „Lesen geschieht in der abenteuerlichen Offenheit des Nichtverstehens“, schreibt der Schweizer Literaturwissenschaftler Hans-Jost Frey. Es findet in einem Zwischenraum statt, der sich zwischen „der Absicht des Schreibers“ und den „Vorurteilen des Lesers“ öffnet.

Lesen ist weder rein passive Aufnahme, noch kreativer Schöpfungsakt. Es ist auch etwas anderes als die Wahrnehmung eines Gegenstandes: Zwar erfassen wir den Text sinnlich mit den Augen, doch er bleibt dabei etwas Zeichenhaftes, das auf einen Sinn verweist, der nicht sichtbar ist. Frey nennt den Vorgang des Lesens den „Vollzug“ des Textes. Das verlangt, wie er kompliziert, aber treffend formuliert, „dass man den Standpunkt aufgibt, von dem aus man ihm gegenüber ist. Die Vollzugsbewegung ist die des Textes selbst. Lesen ist deshalb, wie das Schreiben und anders, eine Art Hervorbringung des Textes, den es zwar immer schon geben muss, wenn er gelesen werden soll, der aber auch jedesmal, wenn er gelesen wird, noch einmal entsteht.“[42]

Was heißt das über Bestseller? Dann wiederholt sich dieser im Verborgenen und einzeln stattfindende Vorgang des Lesens massenhaft. Wenn sich schon nicht berechnen lässt, wie ein einzelner Leser reagiert, wie soll man dann voraussagen, wie die Leserschaft als kritische Masse sich verhalten wird? Aber diese Unberechenbarkeit ist ja gerade das Schöne am Lesen und am Buchmarkt. Die Leserschaft ist eben keine berechenbare Größe und deshalb sind es die Bucherfolge auch nicht.

---

**39** Bichsel: S. 43.
**40** Bichsel: S. 33.
**41** Ćosić: S. 50.
**42** Hans-Jost Frey: Lesen und Schreiben. Basel/Weil am Rhein 1998, S. 8 f.

# Literaturverzeichnis

Anton, Annette C.: „Ein Bestseller ist wie ein Eintopf . . .“. Programmleiterin Annette C. Anton über Werner Tiki Küstenmachers und Lothar Seiwerts *Simplify your life*. In: Seitenweise Erfolg. 40 Bestseller und ihre Geschichte. Hg. v. o.A. München 2008, S. 33–37.
Archer, Jodie/Matthew L. Jockers: The Bestseller Code. Anatomy of the Blockbuster Novel. New York 2016.
Bichsel, Peter: Der Leser. Das Erzählen. Frankfurt 1982.
Börsenverein, https://www.boersenverein.de/de/portal/Umfragen/643909 (Zuletzt angesehen am 26.10.2019).
Bude, Heinz: Das Gefühl der Welt. Über die Macht der Stimmungen. München 2016.
Ćosić, Bora: Konsul in Belgrad. Wien/Bozen 2016.
Die Vermessung der Welt. In: Wikipedia.de, https://de.wikipedia.org/wiki/Die_Vermessung_der_Welt (Zuletzt angesehen am 26.10.2019).
Faulstich, Werner: Bestseller – ein Phänomen des 20. Jahrhunderts. Über den Zusammenhang von Wertewandel, Marktmechanismus und Literaturfunktionen aus medienkulturhistorischer Sicht. In: Wolfenbütteler Notizen zur Buchgeschichte. Hg. v. Werner Arnold, Erdmann Weyrauch. Wiesbaden 1996, S. 132–149.
Fitzek, Sebastian: Das Paket. München 2016.
Frey, Hans-Jost: Lesen und Schreiben. Basel/Weil am Rhein 1998.
Gadamer, Hans-Georg: Philosophie und Literatur. In: Was ist Literatur? Phänomenologische Forschungen 11 (1981), S. 18–46.
Heidenreich, Elke: Nero Corleone. Eine Katzengeschichte. München 1995.
Illouz, Eva: Die neue Liebesordnung. Frauen, Männer und *Shades of Grey*. Berlin 2013.
Kopfermann, Thomas: LesenSprechenLesen – Sprechen als Mittel der Leseförderung (2004). In: ders.: „Lies, damit ich ihn selbst höre“. Schriften zur Kommunikationspädagogik. St. Ingbert 2008, S. 61–72.
Lauterbach, Burkhart R.: Bestseller. Tübingen 1979.
Liebenstein, Karina: Bestsellerlisten 1962 bis 2001. Eine statistische Analyse. Erlangen 2005.
Lutz, Christiane: Wie sieht das perfekte Buchcover aus? In: Süddeutsche Zeitung, 15.11.2016, http://www.sueddeutsche.de/kultur/literatur-wie-sieht-das-perfekte-buchcover-aus-1.3249138 (Zuletzt angesehen am 26.10.2019).
Magenau, Jörg: Bestseller. Bücher, die wir liebten – und was sie über uns verraten. Hamburg 2018.
Marjasch, Sonja: Der amerikanische Bestseller. Sein Wesen und seine Verbreitung unter besonderer Berücksichtigung der Schweiz. Bern 1946.
Paz, Octavio: Essays 1. Frankfurt a. M. 1984.
Reichwein, Marc: Diese schönen Bücher könnten auf den Catwalk gehen. In: Die Welt, 04.08.2015, https://www.welt.de/kultur/literarischewelt/article144809942/Diese-schoenen-Buecher-koennten-auf-den-Catwalk-gehen.html (Zuletzt angesehen am 26.10.2019).
Serrao, Marc Felix: Der Bestseller-Code. In: Frankfurter Allgemeine Sonntagszeitung, 23.10.2016.
Strauß, Botho: Paare, Passanten. Frankfurt a. M. 1981.

Trotha, Hans von: Wieso Verlage uralte Signalreize nutzen. In: Deutschlandfunk Kultur, Lesart, 04.09.2017, http://www.deutschlandfunkkultur.de/trends-auf-deutschen-buchcovern-wieso-verlage-uralte.1270.de.html?dram%3Aarticle_id=395061 (Zuletzt angesehen am 26.10.2019).
Zimmer, Dieter E.: „Die Herzen großer Publikumszahlen . . .“. Über die Karriere eines Bestsellers, am Beispiel Eric Malpass. In: Literaturbetrieb in Deutschland. Hg. v. Heinz Ludwig Arnold. München 1971, S. 98–116.

# Autor*innenverzeichnis

**Dr. Iuditha Balint.** Studium der Germanistik und Philosophie in Mannheim und Heidelberg. Dissertation zu Narrationen entgrenzter Arbeit in Prosatexten um die Jahrtausendwende. Seit 2018 Direktorin des Fritz-Hüser-Instituts für Literatur und Kultur der Arbeitswelt. Forschungsschwerpunkte: Literarische Ökonomik (Arbeit, Geld, Finanzkrisen), Narratologie (Ereignishaftigkeit, Fokalisierung, Figur), Metapherntheorie, Begriffsgeschichte und historische Semantik, Literatur der Romantik, der Weimarer Klassik und Gegenwartsliteratur.

**Dr. J. Alexander Bareis.** Studium der Germanistik und allgemeinen/skandinavischen Literaturwissenschaft an den Universitäten Stockholm, Göteborg und Berlin (HU). Dissertation zur Fiktions- und Erzähltheorie an der Universität Göteborg 2007. Zwischen 2008 und 2012 Forschungstelle an der Universität Lund mit Mitteln des Schwedischen Wissenschaftsrats, seit 2013 *universitetslektor* und *docent* (habilitationsäquivalent) ebenda. Forschungsschwerpunkte: Fiktionstheorie, Erzähltheorie, Intermedialität, komparative Literaturwissenschaft und deutschsprachige Gegenwartsliteratur.

**Dr. Marie Gunreben.** Studium der Germanistik und Philosophie in Würzburg und Bamberg. Promotion zum Alter in der Literatur der Moderne in Bamberg und Düsseldorf. Seit 2016 wissenschaftliche Mitarbeiterin am Fachbereich Literatur-, Kunst- und Medienwissenschaften der Universität Konstanz. Forschungsschwerpunkte: Gegenwartsliteratur, Theorie und Geschichte des Romans, Theorie der Figur, Literatur des 18. Jahrhunderts.

**Dr. Claude Haas.** Studium der Germanistik und Romanistik in Luxemburg und Bonn. Promotion zu Thomas Bernhards Prosa in Bonn. Derzeit Leitung des Forschungsschwerpunkts „Weltliteratur" am Leibniz-Zentrum für Literatur- und Kulturforschung in Berlin. Forschungsschwerpunkte: Klassisches Drama, Theorie und Geschichte von Heroismus und Souveränität, Literarizität theoretischer und wissenschaftlicher Texte.

**PD Dr. Leonhard Herrmann.** Studium der Geschichte und Germanistik in Leipzig und Montpellier (F). 2008 Dissertation zur Rezeptionsgeschichte von W. Heinses Roman „Ardinghello und die glückseligen Inseln" (1787). 2016 Habilitationsschrift zur literarischen Vernunftkritik im Roman der Gegenwart. Laufendes Forschungsprojekt zum skeptischen Realismus im 19. Jahrhundert. Forschungsschwerpunkte: deutschsprachige Literatur des 19.–21. Jahrhunderts, Verhältnis von Literatur und Erkenntnis, Kanontheorie.

**Anna-Marie Humbert.** Studium der Germanistik und Evangelischen Religion in Göttingen. Seit 2017 wissenschaftliche Mitarbeiterin am Institut für Germanistik der Universität Potsdam und am Theodor-Fontane-Archiv Potsdam. Dissertationsprojekt zu Tier- und Umweltdarstellungen in der Gegenwartsliteratur. Forschungsschwerpunkte: Nachkriegs- und Gegenwartsliteratur, Animal Studies und Ecocriticism.

**Jens Krumeich.** Studium der Germanistik und Philosophie in Stuttgart und Luxemburg. Seit 2018 Dissertationsprojekt zur Theorie und Praxis des Komischen von der NS-Zeit bis in die frühe Adenauer-Ära an der Universität Heidelberg. Forschungsschwerpunkte: Komiktheorie und literarische Satire, Fach- und Wissenschaftsgeschichte der Germanistik, Deutsche Literaturgeschichte von der Weimarer Republik bis zur Nachkriegszeit sowie Gegenwartsliteratur.

https://doi.org/10.1515/9783110647488-019

**Prof. Dr. Fabian Lampart.** Studium der Allgemeinen und Vergleichenden Literaturwissenschaft in Augsburg, Sussex und Bologna. Promotion zu den Anfängen des historischen Romans um 1800. Seit 2016 Professor für Neuere deutsche Literaturwissenschaft am Institut für Germanistik der Universität Potsdam. Forschungsschwerpunkte: Literatur und Wissen (Geschichte, Ökonomie), Literatur und Raum, Inter- und Transmedialität, Lyrik und Lyriktheorie, Literatur vom 18. bis 21. Jahrhundert.

**Jörg Magenau.** Studium der Philosophie und Germanistik an der FU Berlin. Freier Autor und Literaturkritiker, u. a. für Süddeutsche Zeitung, Deutschlandfunk Kultur und rbb. Biographien über Christa Wolf, Martin Walser und die Brüder Ernst und Friedrich Georg Jünger. Zuletzt erschienen: *Princeton '66. Die abenteuerliche Reise der Gruppe 47* (Klett-Cotta) und *Bestseller. Bücher, die wir liebten und was sie über uns verraten* (Hoffmann & Campe).

**Prof. Dr. Michael Multhammer.** Studium der Germanistik und Philosophie in München. Promotion zu Lessings frühen religionskritischen Schriften in Erfurt/Gotha. Seit 2015 Juniorprofessor für Neuere deutsche Literaturwissenschaft am Germanistischen Seminar der Universität Siegen. Forschungsschwerpunkte: Literatur- und Kulturgeschichte der Frühen Neuzeit, Philosophiegeschichte und Radikalaufklärung, Autorschaftstheorien, Gattungstheorie, Gegenwartsliteratur.

**Dr. Natalie Moser.** Studium der Philosophie und Germanistik in Basel und München. Promotion zu Wilhelm Raabes Spätwerk in Basel. Derzeit Vertretung der W3-Professur Neuere deutsche Literatur/19.–21. Jahrhundert am Institut für Germanistik der Universität Potsdam. Forschungsschwerpunkte: Literatur und Theorien des Realismus, Nachkriegs- und Gegenwartsliteratur sowie Zeit- und Bildtheorien.

**Dr. Michael Navratil.** Studium der Germanistik, Anglistik und Philosophie in Freiburg, Oxford und Berlin. 2020 Promotion mit einer Arbeit zur politischen Kontrafaktik in der deutschsprachigen Gegenwartsliteratur an der Universität Potsdam, seit 2019 wissenschaftlicher Mitarbeiter daselbst. Forschungsschwerpunkte: Fiktionstheorie, politisches Schreiben, Literatur und Psychologie, Gender Studies, Geschichte und Medialität des Dramas sowie die Literatur der Frühen Moderne und Gegenwartsliteratur.

**Prof. Dr. Joachim Rickes.** Professor für deutsche Literatur an der Humboldt-Universität zu Berlin. Promotion über Christoph Martin Wieland, Habilitation über Thomas Mann. Aktuelle Forschungsschwerpunkte: Daniel Kehlmann, Heinrich Heine, Max Ernst als Schriftsteller des Dadaismus und Surrealismus.

**Hannelore Roth.** Studium der Germanistik, Niederlandistik und Latinistik in Löwen. Seit 2015 Dissertationsprojekt (FWO – Flandern) zum preußischen Phantasma in der deutschen Literatur des 20. und 21. Jahrhunderts an der Universität Löwen. Forschungsschwerpunkte: Politik und Ästhetik, Gender Studies (insbesondere Männlichkeitsforschung), Konservative Revolution sowie Gegenwartsliteratur.

**Verena Russlies.** Studium der Germanistik und Politikwissenschaft in Leipzig. Seit 2019 akademische Mitarbeiterin an der Universität Stuttgart. Dissertationsprojekt zur Repräsentation und Semantik von Vergänglichkeit in deutschsprachigen Erzähltexten der Gegenwart. Forschungsschwerpunkte: Gegenwartsliteratur, literarische Zeitsemantik, Literatur und Religion.

**Dr. Benjamin Schaper**. Studium der Germanistik und Anglistik in München und Oxford. Promotion zum poetologischen Begriff der Lesbarkeit in der deutschen Literatur an der Universität Oxford. Seit 2019 Lecturer in German Studies in Oxford. Forschungsschwerpunkte: Gegenwartsliteratur, Narratologie, Film und Fernsehen, Einsamkeit im Kontext der Interaktion zwischen Mensch und Maschine von der Romantik bis zur Gegenwart.

**PD Dr. Sascha Seiler**. Studium der AVL, Amerikanistik und Hispanoromanistik in Mainz. 2006 Promotion zur Rezeption populärer Kultur in der deutschen Literatur, 2016 Habilitation in Mainz. Vertritt derzeit die W3-Professur für AVL am Gutenberg-Institut für Weltliteratur und schriftorientierte Medien in Mainz. Herausgeber der Zeitschrift ‚Komparatistik bei Literaturkritik.de'. Forschungsschwerpunkte: Globalisierungsdiskurse, Populäre Kultur, Literaturvermittlung, Transatlantische Literaturbeziehungen.

**Rena Ukena**. Studium der Germanistik, Komparatistik und Bildungswissenschaften in Göttingen und Pau. 2018/2019 museumspädagogische Projektkoordinatorin bei der Kulturstiftung Lübeck. Seit Ende 2019 Referentin bei der Studienstiftung des deutschen Volkes.

**Dr. Simon Zeisberg**. Studium der Neueren deutschen Literatur, Älteren deutschen Literatur, Publizistik und Kommunikationswissenschaft in Berlin. Promotion zum pikarischen Roman des 17. Jahrhunderts. Seit 2015 Wissenschaftlicher Mitarbeiter an der Freien Universität Berlin. Mitglied des SFB 980 ‚Episteme in Bewegung' an der FU Berlin. Forschungsschwerpunkte: Literatur der Frühen Neuzeit, Literatur und Ökonomie, Literatur und Wissen, Konzepte des Dokumentarischen in der Literatur, Theorie und Geschichte der europäischen Avantgarden.

# Personen- und Werkregister



https://doi.org/10.1515/9783110647488-020